秘密交通権の確立

高見・岡本国賠訴訟の記録

高見・岡本国賠訴訟弁護団[編]

現代人文社

秘密交通権の確立
高見・岡本国賠訴訟の記録

◉刊行にあたって

一　被疑者・被告人が身体拘束されている場合の弁護活動の中心は、被疑者・被告人との接見であり、まさに接見こそが弁護活動のαでありΩである。弁護人としては、接見を通じて、被疑者・被告人から事実関係やそれに関連する事項のほか、取調べ状況などを詳細に聴取して、被疑者・被告人が防御権を行使するにあたって適切なアドバイスを行うとともに、被疑者・被告人をとりまく日常生活上の困難をできるだけ取り除く努力をする。その場合、憲法に由来する被疑者・被告人と弁護人との秘密交通権の内容に照らせば、接見は被疑者・被告人と弁護人が直接面会するという狭義の「接見」にとどまらず、信書の交換によってこれが可能となることが保障されなければならないのは当然である。

しかしながら、従来、代用監獄や拘置所に収容されている被疑者・被告人と弁護人との間の信書についても、監獄法上の規定によって、弁護人以外の一般人との信書と同様に「検閲」されているのではないか、とりわけ、争いのある事件では「信書の内容については、検察官にも知らされていて、検察官は弁護側の手の内を事前に知っているのではないか」と危惧されてきた。そのために、防御権行使の機微にわたる打合せについては、弁護人も被疑者・被告人も、信書の交換によることなく、直接面談することによって行ってきたというのが実情であった。

二　私達が関与した「高見・岡本国賠訴訟」は、従来からの危惧が検察官の「ミス」によって露呈し現実化するに至った事案である。すなわち、拘置所在監中の被告人と弁護人との間で授受された信書について、①拘置所長が弁護人以外の者との区別をせずにその内容を検閲して「書信表」に記録したこと、②検察官が弁護人以外の者と区別することなく刑訴法一九七条二項に基いて被告人の信書の授受の状況を拘置所に照会し、拘置所がこれに応じたこと、そして、③あろうことか、検察官が右照会に対する回答書を証拠として公判に提出しようとしたという事案である。

この訴訟は、被疑者・被告人と弁護人との秘密交通権の根幹にかかわるものであり、その重要性を認識した全国各地の二八三名もの弁護士が高見・岡本両弁護士の代理人を引き受けて下さった。第一回口頭弁論期日から結審まで約一年間というスピード訴訟であったが、極めて充実した審理の後、二〇〇〇年五月二五日判決が言い渡された。判決内容は、おそらく私達が現時点で望みうる上の部類に属する勝訴判決であったと評することができる。

判旨は、「被拘禁者と弁護人との間の信書の授受についても、刑訴法三九条一項は、できる限り接見に準じ、その内容についての秘密保護を要請しているというべきである。」とし、「信書の開披等をしてその内容を閲読して弁護人宛のもの、あるいは弁護人からのものであることが判明した以上、前記の秘密保護の要請から、それ以上に信書の内容に収容施設側が立ち入ってはならないと解すべきである」としたのである。本判決が、なお信書の開披を許すとした点で、未だ弁護人と被疑者・被告人との間の信書による秘密交通権の保障に対する不徹底さは批判されるべきであるが、少なくとも現在の被疑者・被告人と弁護人との間の信書の発受に関する実務の取扱いに重要な変更を迫るものであることは疑いない。そして、判決の論理は、信書の外形からみて、被疑者・被告人と弁護人が発受する信書だと判断できれば、もはや開披は許されないという帰結を導くものであって、封筒などに被疑者・被告人と弁護人が発受する信書であることを示す工夫を凝らすことによって、信書に対する「検閲」を防止する方策も考えられるだろう。

三　本書は、高見・岡本国賠訴訟の訴訟記録とそれぞれの担当者らの論攷を集めたものであって、高見・岡本国賠訴訟における訴訟活動の内容とそれが一定の成果を勝ち得たことを全国に報告するとともに、その活動内容と成果を全国的に共有することを願って発刊するに至ったものである。

本書に掲載された活動内容や成果が全国で利用されることにより、被疑者・被告人と弁護人との間の真の秘密交通権の獲得に、いくぶんかでも資することができれば望外の幸せである。

二〇〇一年六月

高見・岡本国賠訴訟弁護団長　浦　功

髙見・岡本国賠訴訟弁護団名簿

浦　功
小坂井　久
足立　毅
青木　佳史
秋田　真志
淺田　敏一
麻田　光広
吾郷　計宜
赤松　範夫
浅井　正
浅野　元広
淺野　省三
石松　竹雄
五十嵐　二葉
井奥　圭介
池田　直樹
井上　洋子
井上　元
石井　義人
岩本　朗
岩井　羊一
岩城　裕

伊神　喜弘
石田　法子
市川　智
井上　寛
今村　峰夫
岩佐　嘉彦
位田　浩
岩嶋　修治
岩城　穣
石川　元也
池内　清一郎
上野　勝
梅山　光法
梅澤　幸二郎
内田　雅敏
内山　新吾
上田　卓哉
浦中　裕孝
氏家　都子
内山　成樹
岡　慎一
岡嶋　豊

大川　一夫
大川　治
大槻　和夫
太田　真美
大川　真郎
太田　健義
小田　幸児
小川　秀世
岡田　尚
大石　和昭
大迫　唯志
加島　宏
角山　正
加藤　高志
川下　清
金子　武嗣
金澤　昌史
加納　雄二
河原林　昌樹
笠松　健一
冠木　克彦
川村　和久

神谷　誠人
岸上　英二
岸本　達司
北岡　秀晃
木村　哲也
北潟谷　仁
吉川　法生
桑原　豊
久保井　聡明
黒田　一弘
国松　治一
小山　操子
甲田　通昭
小出　重義
小林　美智子
小泉　征一郎
後藤　尚三
小林　つとむ
後藤　貞人
越尾　邦仁
東風　龍明
小久保　哲郎

児玉　晃一
斎藤　利幸
佐々木　寛
坂和　優
笹田　参三
沢田　篤志
佐藤　裕己
佐田元　眞己
坂本　宏一
財前　昌和
城塚　健之
塩野　隆史
下川　和男
下村　忠利
下村　幸雄
島尾　恵理
澁谷　眞
篠原　俊一
四ノ宮　啓
幣原　廣
菅　充行
杉本　吉史

末永　睦男
杉岡　茂
鈴木　和憲
砂田　徹也
関谷　信夫
千本　忠一
髙山　宏之
竹下　育男
竹之内　明
田村　明
田口　光伸
武井　康年
谷村　慎介
高階　叙男
高橋　博之
髙野　嘉雄
高瀬　久美子
竹下　政行
武村　二三夫
竹森　茂夫
巽　昌章
谷田　豊一

田仲　美穂
近森　土雄
津田　浩克
辻　公雄
辻田　博子
辻野　和一
塚本　誠一
佃　克彦
出口　崇
戸谷　茂樹
豊川　義明
内藤　秀文
中道　武美
中　紀人
中村　元弥
中村　真喜子
仲田　隆明
中井　洋恵
永嶋　靖久
中村　順英
中川　祐夫
西村　渡
西村　健
新谷　充則
西野　弘一
西　晃

丹羽　雅雄
西田　隆二
西村　正治
信岡　登紫子
野村　務
橋口　玲
服部　敬
原田　裕
原野　早知子
林　敏彦
羽柴　修
萩原　猛
平山　泰士郎
久岡　英樹
平井　康博
平栗　勲
福田　健次
福島　康夫
藤田　雄士
藤田　正隆
裵　薫
丸橋　茂
増田　隆男
松山　理香
前田　裕司
松井　仁

松岡　泰洪
水田　通治
明賀　英樹
美奈川　成章
三木　孝彦
宮崎　明佳
村中　徹
村岡　啓一
森野　嘉郎
元永　佐緒里
森　徳和
森下　弘
森下　文雄
山口　健一
山下　潔
山本　明人
山西　賢次
安元　義博
山西　美明
山名　邦彦
山尾　哲也
山崎　博幸
横内　勝次
吉田　肇
吉峯　康博
若松　芳也

和田　秀治
渡邊　隆文
丹治　初彦
正木　隆造
金井塚　康弘
佐藤　健二
渡部　一郎
髙野　隆
阪田　健夫
林　範夫
田中　稔子
小松　琢
吉田　誠司
草地　邦晴
野々山　宏
永井　弘二
吉田　麓人
幸長　裕美
伊藤　知之
塚本　博美
釜井　英法
河本　充弘
石川　寛俊
川崎　伸男
内橋　裕和
三嶋　周治

加藤　清和
井上　二郎
坂田　宗彦
大石　一二
三好　邦幸
森　博行
外川　裕
江口　陽三
西村　陽子
野村　直之
佐井　孝和
吉田　義弘
増田　勝洋
谷野　哲夫
宮本　健治
桑城　秀樹
延澤　信博
井上　克巳
福本　基次
三上　陸
石那田　隆之
森川　憲二
出田　健一
桜井　健雄
多田　徹
松岡　隆雄

片見　冨士夫
中西　哲也
野村　公平
岡崎　守延
能瀬　敏文
川村　俊明
里見　和夫
相川　嘉良
内海　和男
住川　和夫
戸越　照吉
在間　秀和
井上　計雄
池田　裕彦
長野　浩三
梶谷　哲夫
平　哲也
河村　利行
柳川　博昭
松本　剛
小橋　るり

秘密交通権の確立
高見・岡本国賠訴訟の記録
目次

第1部 秘密交通権の確立を求めて

第2部
資料編―髙見・岡本国賠訴訟の記録

【記録】

【書証】

第1部
秘密交通権の確立を求めて

第一章

事件・裁判・弁護団活動の概要

髙見　秀一

はじめに

本件は、少なくとも公訴提起後は対等な当事者となるとされている被告人と検察官のうちの一方当事者である検察官が、相手方当事者である被告人とその弁護人である二名の弁護士との間で発受した信書について、そのすべての発受の日及びその内容の要旨が記載された回答書を拘置所から入手し、こともあろうにその回答書を接見禁止請求の疎明資料として裁判所に提出し、また、書証としてまでも取調請求したことによって発覚した。

原告となった二名の弁護士は、いずれも当番弁護士としての接見依頼を受けて、弁護人となった。そして弁護の過程で発覚した、拘置所の被告人と弁護人との間の信書についての日常の検閲・記録化の過程、検察官から拘置所への照会行為及び拘置所の回答行為の過程がいずれも違憲・違法であることを裁判所に明確に宣言してもらうことによって、現状の実務運用の改善がなされ、監獄法及び監獄法施行規則の改正がなされることまでをも見据えて、国家賠償請求訴訟を提起したものである。

二名の原告の出発点は、ショックと怒りであった。そして、本件については、訴訟提起時において二一二名、判決言い渡し時において二八三名の弁護士が両名の代理人となっている。代理人となった弁護士は、日本各地の弁護士であり、また、二名の原告が所属する大阪弁護士会所属の代理人の中には、刑事弁護を日常的にはしていない弁護士も少なからず存在する。これは、たまたま二名の原告が、自らの刑事弁護の過程で、許しがたく放置できない事態に接してしまったため原告となっただけのことであることをあらわしている（上述の通り、原告両名はいずれも当番弁護士として出動した弁護士である）。代理人となった弁護士たちは、本件を、刑事弁護を行う可能性のある日本中すべての弁護士に突きつけられた問題として、そのアイデンティティーを賭けて、「そんな馬鹿なことが許されてよいはずがない」と憤り代理人になってくれたのである。

なお、この訴訟の基となる刑事事件（強盗致傷事件）の概要（主な事柄の時系列）は、別掲「髙見・岡本国賠事件の基になる刑事事件・経過一覧表」（五〇五頁）を参照されたい。

1　事件の概要と弁護活動の概要

原告髙見・岡本の両名はそれぞれ別の被疑者の弁護人であるが、重複にわたる部分が多いため、主に原告高見の弁護活動を中心に紹介する。

1　原告岡本は、一九九七（平成九）年八月五日に窃盗の被疑事実で逮捕されたB被疑者の両親から、同月一一日に、弁護士会に当番弁護士としての出動依頼があったため、応援当番弁護士としてB被疑者に接見してB被疑者の私選弁護人となった。

B被疑者は八月一五日に、本件の強盗傷人で再逮捕された。

２　原告髙見は、一九九七年八月一七日の当番弁護士であった。八月一五日に強盗致傷の被疑罪名で通常逮捕され、八月一六日に強盗傷人で勾留された被疑者Ａについて、弁護士会に八月一七日に接見申込みがあったため、同日勾留されていた天王寺警察署に接見に赴いた。

３　本事件については、刑訴法八一条の接見禁止決定が付されていたうえ、いわゆる通知事件となっており、検察官が接見指定をしたため、接見時間も一回あたり三〇分程度しかなかった。

４　Ａ被疑者は、当時一九歳の少年であった。本人は原告髙見が接見した当初の段階から、「被害者からひったくりをしようとしたことは間違いないが、強盗をしようとは思っていない。引きずったかどうかもわからなかったし、見ていない」旨を一貫して主張していた。

５　原告髙見は八月一八日に、Ａ被疑者の妻と父親に来てもらい、本人が「弁護人を選任したい」旨述べていることを伝え、法律扶助制度の刑事被疑者援助制度を利用することとし、妻から弁護人選任届を受領し、同日検察庁に提出した。

同日午後の接見の際に本人からも弁護人選任届を受領し、翌日（一九日）の午前に検察官に面談した際に本人からの弁護人選任届も提出した。

八月二五日、原告岡本が申し立てた接見禁止の一部解除の申立を入れ、裁判所がＢ被疑者とその両親との間の接見禁止決定を解除した。

八月二九日、Ａ被疑者は家裁に送致された。

九月三日、成人逆送決定で、Ａ被疑者は大阪拘置所へ移監された。

九月四日、Ｂ被疑者も家裁に送致された。

九月八日、Ｂ被疑者も成人逆送決定で、大阪拘置所へ移監された。

九月一二日、被疑者Ａ・Ｂ両名は、強盗致傷で起訴された。原告高見もＡ被疑者の国選弁護人に選任された。

２　刑事裁判での起訴後の審理経過について（起訴後の接見及び信書のやりとり）

１　捜査段階の当初から、Ａ被疑者は強盗致傷の事実については、強盗の故意もなかったし、客観的にも強盗の実行行為と評価されるべき実行行為はしていないと主張していた。Ａ被疑者の態度は起訴後も変わらなかった。したがって、被告事件に対する陳述をどうするのか、という点についての検討事項は、Ａ被告人が捜査段階から原告高見に説明してきていた内容をどのように法律的に構成して主張するか、ということだけであり、原告高見とＡ被告人の方針は初めから一貫していた。

また、事件の流れについて詳しく説明させるため、原告高見は事件の流れを手紙に書いて送るように接見の際に指示をした。それにより、弁護人として、事件の流れを正確に把握し、被告人の言い分を正しく認識するためである。

２　捜査段階の接見では、事件に関しては、「今何を聞かれてどのように答えているのか」「今何を調べられているのか」「どんな供述調書が作成されているのか」等を聞き、最低限きちんと言い分通りの調書を録取してもらうようにアドバイスすることぐらいしかできなかった。もちろん実行行為とされている前後の事実関係について聞く中で、大まかには事件の流れについて理解をしていた。しかし、本件については、捜査段階では検察官が接見指定をしたため、一回について三〇分程度しか接見することができず、そのため、事件後の経緯や、実行行為とされている事実について詳細に事実関係を正確に把握することはできなかった。したがって、原告高見はＡ被疑者にそれを手紙に書いて、送ってもらうことで、事実関係についての認識を被告人と共通化することが必要と考えたのである。

また、事件からさほど時間が経過していない時期に、被告人自身の供述書を作成しておくという意味もある。被告人も文章を書く段階で、再度事件の経緯について記憶を喚起し、記憶を整理することができる。さらに、それを書面化しておくことによって、将来の公判で利用することもできる。

さらに書証について、どの部分が問題であるのか、第三者の供述調書のどの部分が問題なのか等を正しく理解するためにも、後日の証人尋問の際に、有効な反対尋問をするためにも、たいへんに有効な資料となる。

3　これらの作業は、接見のみでは極めて難しい作業であり、また、膨大な時間がかかる。正確性の点でも、被告人本人に書面を作成させれば、弁護人がメモをとる場合に入る誤謬の可能性を考える必要がない。また、接見では弁護人の質問に対して答えてもらうことになるわけで、その時点における弁護人の問題意識についてしか聞き取ることができなくなる。そうなると、思わぬ重要な事実が発生していたことを認識できない可能性もある。

3　回答書について

本件回答書が裁判所に提出されていたことを発見した経緯及び本件回答書が書証として取調請求され一部請求却下されるまでの経過はつぎのとおりである。

1　原告高見は、乙証人の尋問終了後直ちに、第二回目の保釈請求をすることを予定していたため、第一回目の保釈請求（一九九七〔平成九〕年一二月二二日付）に対して検察官がどのような意見を述べて反対していたのかを把握した上で第二回目の保釈請求書を起案しなければならないと考え、一九九八（平成一〇）年二月二七日（金）、裁判所に記録を閲覧に行った。

刑事裁判記録の第三分類に、被告人の身体拘束関係についての書類が綴られている。検察官の一九九七（平成九）年一二月二四日付意見書を閲覧した後、一九九八年二月六日付接見禁止請求書を閲覧した際に、本件回答書が添付されていたことを発見した。それを見て、原告髙見はたいへんな衝撃を受けた。

回答書には、被告人が拘置所に入所して以降の信書の発受状況がすべて記載されていたのだが、その中には、弁護人との信書の授受と、その内容の要約まで記載されていたのである。従前から、収容者と弁護人との間の信書についてさえ、検察官が、やろうと思えば拘置所から秘密裡にその内容を把握することが可能であり、それを防ぐ制度的な手だてが何もないことは感じていたが、現実にそれがなされていたことを目の当たりにしたので、たいへんなショックを受けた。

被告人との間の打合せの内容が検察官に把握されていたということは、裁判での手の内を対立当事者に把握されていたということである。少なくとも公訴提起後は法廷では対等な当事者として対峙するはずの相手方に、自らの打合せの内容を知られていたのでは、裁判とは言えない。弁護人が法廷で行う諸活動を、事前に相手に知られていたら、まるで茶番である。さらに裁判所にまで提出されていたことには愕然とした。

２　一九九八年三月二日（月）の第五回公判期日は、午前一〇時に開廷した。
検察官は、甲証人の検察官調書を刑訴法三二一条一項二号書面として請求するにあたり、その特信性を立証するためとして、本件回答書を書証として取調請求してきた。

原告両名には、この取調請求については事前に何らの連絡もなく、検察官からの証拠関係カードの準備もないまま、口頭でのいきなりの証拠調請求であったため、その点でも驚いたが、こともあろうに、弁護人との信書の授受及びその内容について記載のある本件回答書を、書証としてまで取調請求されたことにショックを受けた。

裁判長から「弁護人、書証についてのご意見は？」と聞かれた原告髙見は、「この書証には、弁護人と被告人との間で授受した信書についてまで記載されており、そのようなものを取調請求されたことについて、ショックでうまく意見を言えない」旨答え、次回までに書面で意見を述べると答えた。

するとK検察官は、「証拠能力に関する事実の証明は、自由な証明で足るから、弁護人の同意がなくても、是非とも採用されたい」旨の意見を述べた。

3　原告高見は本件回答書の証拠調請求に対する意見書を作成するため、第五回公判終了後の三月一七日に、裁判所に対し、刑事記録（第三分類）に綴られている接見禁止請求書及び添付資料を謄写請求するとともに、検察庁に対し、第五回公判期日で書証として取調請求のあった本件回答書の謄写請求をし、それらの写しを入手した。

そして改めてその内容をじっくり読んでみて、裁判所は、接見禁止決定をする際にこの回答書を見て、いったいどう思っただろうか、と考えた。

原告高見とA被告人との信書については、原告高見が事件の流れを詳しく書いて送るように指示をしていたことや、検察官からの取調請求書証をコピーして送り、それについて事実と違う記載がある部分を書いて送るように指示していたことから、事件の内容について記載させたものもたくさんあった。被害者への謝罪の意思を伝えるために、被害者へあてた謝罪文を同封させたものもたくさんあった。また、被害者に対して申し訳ないという気持ちを真摯に伝えてきている手紙もあった。

本件回答書のようなものが、検察官や裁判官の目に触れる状態が日常的にあるということは、刑事裁判の大原則を、根本からないがしろにするものだと思われた。

4　証拠請求に対する意見書は三月二三日（月）の第六回公判期日の前日にほぼ完成し、二三日昼ごろ、期日前にあらかじめ検討してもらうために、原告高見は、裁判所と検察庁にそれぞれファックスした。意見書を作成する過程で、判例や学説を調べるにつけ、原告高見は、自分が抱いた怒りがまともなものであったという思いを強くした。『大コンメンタール刑事訴訟法』（一九九五年、青林書院）の河上和雄氏（元東京地検特捜部長）は、検事退官後、弁護士登録して以降、マスコミに度々登場して、検察官的立場ないし発想からさまざまなコメントを発表しているが、その河上氏でさえ、「弁護人と被疑者間で授受される信書については、接見が秘密交通権を保障されているのと同様に、検察官はその内容を調査することができないと解するのが、憲法三一条一項の論理的帰結である」（同書第一巻四二一頁）とはっきり述べていたので、河上氏の執筆部分をあえて引用して意見書を作成した。

5　第六回公判期日は一九九八年三月二三日午後三時四〇分に開廷した。

前日に原告高見がファックスした意見書を読み、その後十分検討する時間があったと思われるのに、K検察官は開廷前、書記官と「甲証人の検察官調書を持ってくるのを忘れちゃった」などと言って談笑しており、正直言って、その点でも問題意識のなさに驚いてしまった。あの意見書を読んだら「まずいことをしてしまった」と、多少顔が青白くなって然るべきと思っていたからである。開廷後も、検察官は、取調請求の撤回も、一部撤回も、全くしなかった。

次に、本件回答書についての証拠の採否に移った。原告高見は「意見書の通り」と意見を述べ、原告岡本も同様の意見を述べた。しかし裁判所は、「被告人と両弁護人との間における信書の授受部分については却下し、その余については採用する」と証拠決定した。原告両名はその証拠決定に対し、「証拠決定は違法である」と異議を申し立てた。

これに対し、裁判長から意見を求められたK検察官は「被告人と弁護人との間の信書の内容を検閲する行為は法律に基づくものであって、何ら問題はない」と意見を述べた。右意見を述べる際のK検察官の対応は、裁判所の一部却下決定が極めて意外であったように思えた。

裁判所は、原告両名の異議の申立を棄却した。しかし、検察官は採用部分についての抄本を作成して来ていなかった。検察官が抄本を用意していなかったのは、本件回答書についての取調請求が一部却下されることを全く予想していなかったためだろうと思われた。原告両名は、この法廷でのK検察官の対応にも、同じ法書としてショックを受けた。

被告人と弁護人との間の信書の授受について拘置所に照会を求め、またその回答書を裁判所に提出したばかりか、書証としても取調請求してしまったという自分の行為の重大さにまだ気づいていないようだったからである。

悪びれた様子も全くなく、弁護人と被疑者・被告人との秘密交通を犯しているのに、悪いことをしてしまった、という認識も感じられなかった。

結局、検察官は、弁護人の弁護活動について、何らの尊重もしていないし、尊重すべき対象とも認識していないのだな、と改めて認識させられた原告両名のショックは極めて大きかった。

4　国賠訴訟提起に至るまで

１　一九九八年三月一一日の当番弁護士全国経験交流集会　原告高見は、京都で開催された、日弁連主催の当番弁護士全国経験交流集会の懇親会の席で、懇親会に参加していた弁護士に、「二月二七日に裁判所に記録を閲覧に行った際に、接見禁止請求書の添付資料として本件回答書が綴られていたのを発見したこと、三月八日の公判期日で、本件回答書が取調請求までされたこと」を話したところ、全員が、その検察官の行為に驚くとともに、多くの弁護士に「拘置所の行為が白日の下に晒される動かぬ証拠が存在する以上、絶対に国賠訴訟を起こさんとあかん」と、半分以上本気で、けしかけられた。その中に、後に弁護団事務局長となってくれた小坂井久弁護士がいた。

原告両名は、当該刑事事件自体もかなりしんどい事件であり、刑事弁護人としてかなりのエネルギーが必要な事件を抱えながら、併行して国賠訴訟の原告となっていくことについてのしんどさが先に立ったが、このまま何もせず放置してもよいのか、という自責と、放置すればおそらく後悔するであろうという気持ちがだんだんと強くなっていった。

２　そして、三月二三日の第六回公判期日での検察官の対応に、改めてショックを受けた原告両名は、国賠訴訟の提起を決意するに至り、小坂井弁護士に相談した。「私たち原告は、まな板の上の鯉です。何とでも料理して下さい」と。また、日弁連の刑事弁護センターの委員長でもあり、大阪弁護士会刑事弁護委員会の歴代委員長でもある浦功弁護士に弁護団長をお願いした。

３　弁護団会議及び代理人就任の呼びかけ　小坂井弁護士が、国賠訴訟提起についての弁護団の立ち上げを呼びかけてくれた。第一回の弁護団会議が一九九八年四月一三日に開催された。

この第一回弁護団会議（原告両名を含み一七名の参加）から、その後判決言い渡し前日の二〇〇〇（平成一二）年五月二四日まで、弁護団会議は合計六〇回に及んだ。訴状、準備書面、当事者照会、証人尋問、原告本人尋問等の準備が行われた。

４　訴額を各一〇〇〇万円とした経緯　本件訴訟で、原告両名が求めた賠償額は各原告に対し、それぞれ一〇〇〇万円である。これまでの接見国賠訴訟においては、訴額はほぼ一〇〇万円であり、認容額も三〇万円がせいぜいであった。

原告両名としては、「額よりも内容」と考え、当初、極端なことを言えば、訴額はいくらでもよく、一〇〇万円くらいかと考えていた。しかし、弁護団会議を重ねる中で、「権利侵害の重大さから考えて、一〇〇万円なんて低すぎてとんでもない。一億円請求してもおかしくない事件である」という声が挙がった。そして、権利侵害の重大性を裁判所に正しく認識してもらうためにも、訴額を自ら低く抑えるのは間違いであるという説が多数を占め、訴額を一〇〇〇万円と決めた。

結果的には、この選択は正しかった。

５　大阪弁護士会刑事弁護委員会　委員会内に、「高見・岡本国賠プロジェクトチーム」を設置してもらい、委員会としても全面的にバックアップする体制が整えられた。

６　刑事弁護委員会夏合宿（一九九八年八月二八日～二九日）　一九九八年八月二九日、訴状骨子案を検討した。訴状は骨組みで提出し、その後の準備書面で詳しく主張すべきか（A案）、訴状自体を、最終準備書面に匹敵するくらい充実させて作成してから提出すべきか（B案）について議論した。ここで、A案・B案それぞれ作成することを目指し、どちらを選択すべきかについては、できあがった訴状案を比較して検討することとなったが、この方針を受けて、夏合宿後作成されたB案の訴状が、本件訴訟を勝訴に導いた。

B案訴状は、特に金子武嗣弁護士の尽力の賜物であった。金子弁護士は、刑務所職員から暴行を受けた受刑者が提起した国賠訴訟の原告代理人となっていたところ、原告本人との訴訟に関する打合せが、被告国の職員である刑務所の職員が立会った上でしか許されなかったこと等について、原告本人として国賠訴訟を提起して、徳島地裁（一九九六年三月一五日）及び高松高裁（一九九七年一一月二五日）で画期的な原告勝訴の判決を得ていた弁護士であったが、自らの経験及び調査に基づく、国際人権規約、近時の判例を引用した訴状案を起案してくれた。

その緻密で詳細な訴状案には、金子弁護士の熱意が満ちあふれており、本件に関与した原告本人や代理人弁護団への力強い叱咤・激励となった。

７　提訴　このような経緯を経て、一九九八（平成一〇）年一二月二五日、大阪地方裁判所に訴状を提出した。提訴時の代理人数は全国から二一二名に上った。

訴状提出時の状況は、マスコミにも大きく報道された。

５　判決言い渡し前後の動き

提訴後の経緯は別掲「髙見・岡本国賠訴訟審理経過一覧表」（五〇八頁）のとおりである。ここでは、判決言い渡し前後の動きを紹介する。

１　弁護団声明　原告両名及び弁護団は、いくつかの弁護団声明を事前に準備して、判決言い渡し期日（二〇〇〇年五月二五日）を迎えた。現実に発表した弁護団声明は、用意していた中で、二番目に良い内容の声明に若干手を入れたものとなった。即ち、花丸とは行かないが、二重丸に極めて近い内容の判決であったからである。声明の内容を引用すると、

「本日の判決は、私たちの主張を基本的に受け容れた判決であると高く評価する。

すなわち、判決は、弁護人と被疑者・被告人間の信書の内容を検察官が拘置所に照会し、その回答を得て、これを裁判所に提出するなどして利用した行為について、これが違法であることを明確に認めている。また、拘置所における被疑者・被告人と弁護人間との信書の検閲についての問題点をも指摘し、記録化については明確に違法である旨判示しており、これは現状実務に根本的な改革を迫る判決といえる。

国は、本日の判決を真摯に受け止め、検察官によるかような照会行為などを直ちに取り止めることはもちろんのこと、現憲法下に残る明治時代からの監獄法体制そのものを根本的に改善し、全国の拘置所において、弁護人と被疑者・被告人間の信書の検閲を直ちに取り止めるべきである。

私たちは、本日の判決を高く評価し、裁判所に敬意を表するとともに、この判決を踏まえ、弁護団として国に対し、上記のとおり強く求めるものである。」

2　大阪弁護士会長声明　国からの控訴は必至であると予想されたが、控訴期限の六月八日の経過をもって、この判決は確定した。
判決確定を受けて、六月九日、大阪弁護士会長声明が出された。

その要旨は、次のようなものである。

「……この判決の確定により、大阪拘置所は当然として、全国の拘置所において、弁護人と被疑者・被告人間の信書の内容の確認およびその記録化を直ちに取り止める措置を講ずるべきであり、さらに、国は現憲法下に残る明治時代からの監獄法・監獄法施行規則を根本的に変更しなければならない。

当会としては、国が上記責務をすみやかに全うすることを強く求めるとともに、弁護人と被疑者・被告人間の秘密交通権を完全に保障するシステムの構築に向けて、さらに提言を行い、今後とも、弁護権を侵害する事態の発生を許さぬよう、全会を挙げて取り組む所存である」

3　判決確定を踏まえての大阪弁護士会から拘置所への申し入れ等　八月二日、大阪弁護士会として、大阪拘置所及び法務省に対し、次のような照会をなし、回答を求めている（脱稿時において正式な回答は未了）。
「本判決確定により信書の内容精査・記録化を改善するために取られた具体的な措置とその措置が取られた時期
措置の内容の詳細
上記のために出された通達等があれば、その時期及び内容」

4　判決確定後の扱いの変更（司法事務協議会）　二〇〇〇年一一月二九日、大阪高裁、大阪地裁、大阪高検、大阪地検、大阪法務局、大阪拘置所が一堂に会し、実務運用改善を協議する機会で、大阪拘置所は弁護士会の次の協議事項の提出に対して、次のように回答した。

（大阪弁護士会）

弁護人の信書検閲国賠訴訟判決後の大阪拘置所における運用改善状況を明らかにされたい。

「理由」大阪地方裁判所平成一〇年（ワ）第一三九三四号事件判決により、弁護人と被疑者・被告人間の信書については、精査・記録化が違法であることが確認されたので、これに対応した大阪拘置所の運用改善状況の報告をお願いしたい。

（大阪拘置所）

信書の内容については、単に、「刑事裁判に関する内容」とだけ記録する取扱としている。

■第二章　判決の評価と今後の展望

髙見・岡本判決が示した地平と展望

小坂井　久

1　はじめに

本判決は、画期的判決である。それはいうまでもなく、本判決が、弁護人と身体を拘束された被疑者・被告人（以下、被拘禁者という）間の接見による秘密交通権の絶対性を認め、信書による交通についても秘密の絶対性が志向されるべき旨示し、拘置所における実務運用のみならず監獄法・同施行規則それ自体の根本的改革を迫る内容となっているからである。

われわれは、この判決が示した地平を確固たるものとしつつ、次の段階に進んでいかなければならない。本稿は、そのための視点を提供し、本判決が示した原理を今一度確認し、そのうえでのさらなる展望を論じようとするものである。なお、併せて、本判決の問題点をも指摘することとするが、これらについては、本稿に続く各論稿において、より詳しく展開されている。

2　接見における秘密交通権の絶対性について

本判決の第一の意義は、接見における秘密交通権のいわば絶対不可侵性を明らかにしたことである。すなわち、本判決は、一九九九（平成一一）年三月二四日の大法廷判決を参照しながら、刑訴法三九条一項を「憲法の保障に由来するもの」として、同項の交通権は、「弁護人の側からは、その固有権の中でも極めて重要なものであるということができる」とし、刑訴法八〇条および八一条の規定と対照しつつ、弁護人との間の右交通権の確保の重要性を指摘した。そのうえで、「弁護人から有効かつ適切な援助を受ける機会をもつためには、被拘禁者とその弁護人との間において、相互に十分な意思疎通と情報提供や法的助言等が何らの干渉なくされることが必要不可欠」との見地に立ち、「接見についての秘密交通権」が保障されていることを明言した。そして、「……被拘禁者とその弁護人との間の接見において、仮に訴追機関や収容施設側が重大な関心をもつと考えられる被拘禁者側からの罪証隠滅の希望や示唆、更には被拘禁者の心情の著しい変化等の内容にわたる可能性があったとしても、それを理由に右の接見についての秘密交通権自体を否定することは法的にはできないというべきである。同条二項にいう『必要な措置』の中には接見による秘密交通権自体を否定することまでは含まれないと解される」と判断したのである。

これは、当然の法理の明示とはいえ、「罪証隠滅の希望や示唆」の可能性があっても秘密の絶対性が守られるべき旨を明言している点で、重要な意義を有しよう。実際、このことを直接明言した判決ははじめてと思われるし、この理が大法廷判決に則って導かれているという点も重要といえよう。要するに、本判決は大法廷判決の「……弁護人に相談し、その助言を受けるなど弁護人から援助を受ける機会を持つことを実質的に保障している」との法理が、秘密交通権を自明の前提としていることを明言したというべきである。

3　信書における秘密交通権について

刑訴法三九条一項のかかる趣旨から、本判決は「被拘禁者と弁護人との間の信書の授受についても、刑訴法三九条一項は、できるかぎり接見に準じ、その内容についての秘密保護を要請しているというべきである。……かような観点を徹底するならば、被拘禁者と弁護人との間の信書は収容施設においても一切開封することなく常に封緘したままでその授受を認める扱いを要請することになる」と述べ、信書の授受についても接見と同様に秘密交通権の絶対性が志向されるべきことを明言した。これも高く評価すべき判示ということができる。信書検閲を被拘禁者と弁護人間の「コミュニケーションの手段又は方法を規制する効果を有するにすぎない」などとして、その合法性を自明視した先例（浦和地判平成八年三月二二日判時一六一六号一三三頁参照）に比すれば、本判決の右判断が、その理論と実態の把握において、卓越した認識を示していることは明らかである。

しかし他方、本判決は「信書の授受の場合には、収容施設側において封緘された信書の中に信書以外の物又は書類が混入されていないか、第三者宛の信書又は第三者からの信書が混入されていないか、更には間違いなく弁護人からの信書なのかどうかを確認する必要があるといわなければならない。また、弁護人との間であるから極めて例外的な事態であるとは考えられるが、危険物や禁制品が混入されていないかどうかも確認する必要がある」とし、「封緘したまま信書の授受を認めるには、そのための前提条件、すなわち、何らかの手続的な措置（例えば、発信者や宛先を手続上予め明確にする措置や特別の封筒を使用すること等が考えられる）が少なくとも法令の規定によってとられることがどうしても必要となるといわなければならない。……一切開封することなく封緘されたままで弁護人との信書の授受を認めるには、法令の規定で右の点をも考慮したそのための手続的措置を設ける必要があるといわざるをえない」と判断したうえで、「そのような明文の規定が見当たらない現行法の下では、刑訴法三九条一項は、弁護人との間の信書については開披しないままその授受を認める扱いまでを要求しているものと解することはできない」と述べ、「混入物の存否や実際に弁護人との間の信書であるか否かなどの確認を許容する以上、その目的の限度で信書を開披し、その内容を収容施設側が閲読することも、許容されているといわざるをえない」という論理を展開した。この論理によって、開披自体を違憲・違法であるとする原告らの主張を斥けたわけである。

率直に言うと、ここに本判決の限界が示されている。接見によるものであれ、信書によるものであれ、秘密交通権は「憲法で保障された弁護人を依頼する権利の保障に由来する極めて重要なものであることは明らか」であり、本判決の論理においても、信書についての秘密交通権の絶対性が志向されるべきことは憲法上の要請であると解しうるのであって、法の欠缺を理由に現状を追認するという論理は、必ずしも筋の通ったものとはいえない。少なくとも、その筋を貫く論理展開は可能なはずであり、われわれは、その筋を追求していかなければならない。なお、「手続的な措置」が、「法令（明文）の規定……で必要」か否かについても当然議論の余地があろう（監獄法施行規則一三〇条の位置づけ・理解に関わる問題ともなろうが、ここでは、これ以上立ち入らない）。

4　刑訴法体制と監獄法体制との二元体制の克服について

以上のとおり述べた後、本判決は、本件各所為の違法性を明確に判示していくのであるが、本判決の圧巻は、この点について、次のように言い切っているところである。すなわち、被拘禁者の信書の授受について、刑訴法とは別個に監獄法が規定しているとして、監獄法四六条一項、五〇条、同施行規則一三〇条、一三九条について、本判決は「このような監獄法及び監獄法施行規則の各規定は、……弁護人との間の信書の授受とそれ以外の者との信書の授受についても何ら区別を設けておらず、……少なくとも右各規定の文言どおりの意味は、弁護人との間の信書の授受についてその三九条で別に規定する刑訴法の内容とは相当に異なるものといわざるをえず、憲法が規定する弁護人を依頼する権利に対する配慮が窺えない不備なものといわざるをえない。したがって、監獄法及び監獄法施行の右各規定と刑訴法の右各規定とを整合性を有するように解釈する必要があることは明らかである」と判示している。そして、本判決は「刑訴法三九条一項の……内容が憲法で保障された弁護人を依頼する権利に由来するものであるのに対し、監獄法や監獄法施行規則の前記規定が弁護人を依頼する権利についての憲法の規定に対する配慮がないことに照らすと、法解釈としては、監獄法及び監獄法施行規則の規定を、少なくとも弁護人との間の信書に関する限り、刑訴法の各規定、特に三九条一項についての……内容に整合するように解釈すべきである」と判示した。

この理にもとづき、本判決は「弁護人との間の信書の授受については、……同法四六条一項の解釈としては、信書の授受自体の不許可、すなわち禁止はできないものと解すべきである。……また、同規則一三〇条に基づいて発信の信書は封緘をせずに所長に差し出させ、受信の信書はこれを開披し、いずれもその内容を閲読することまでは許されるが、それは、あくまで、前判示のとおり、信書以外の物や第三者の信書又は第三者宛の信書が含まれていないかどうか、更には弁護人からの信書かどうかを確認する限度で行われるべきもので、それ以上に、その内容を精査することは許されないというべきである。そして、同規則一三九条については、弁護人との間の接見の場合と同様に（この場合には接見の内容の要旨が記載されることはあり得ない）、その内容の要旨を記載することは、……極めて例外的な場合を除いては同条からは除かれており、それを記載することは、『処遇上其他参考ト為ル可キ事項』としても、禁止されていると解すべきである」と断じたのである。「但し、違憲とまではいえない」との「但し書き」が付され、この「合法限定解釈」という手法も本判決の限界を示したものといわざるをえないけれども、その実質は、まさしく合憲限定解釈と解する外はない。

要するに、監獄法五〇条の「接見ノ立会、信書ノ検閲其他接見及信書ニ関スル制限ハ命令ヲ以テ之ヲ定ム」という全くの包括的白紙委任規定によって監獄法施行規則の諸規定が存在しているという問題状況、より根本的には、明治時代からの遺制という外はない監獄法・監獄法施行規則が二一世紀の今日なお生きているという問題状況に対して、本判決は、極めて的確な判断を下したといわなければならない。本判決は、まさに今日まで放置されてきた刑訴法体制と監獄法体制の二元体制を克服する視点を提供しているということができる。右二元体制について、今後は、「憲法の規定に対する配慮」にもとづいて整合的な一元解釈を施さなければならないことが示されたのである。それは、基本的に刑訴法優位の解釈を導かざるをえないであろう。また、このことは、憲法原則上疑義のある監獄法・監獄法施行規則の諸規定について、その改正が現実の必然的課題であることを指し示したものというべきである。

5　システムそのものの問題が問われたこと

このように、本判決は、被拘禁者と弁護人間の信書について、これが大阪拘置所において他の信書と区別されることなく検閲されたことについては（監獄法四六条一項、同五〇条、監獄法施行規則一三〇条参照）、これを限定的に容認したものの、その発受状況と内容の要旨が身分帳簿としての書信表に記載されたことについては（監獄法施行規則一三九条参照）、弁護人との間の信書内容の要旨を記録化すること自体を違法と明快に断じた。そして、これに続く各行為、すなわち、信書内容の要旨を記録化した「書信表」に対して検察官が照会したという行為も、これに対する拘置所の回答行為も、そして、当然のことながら検察官の利用行為も、いずれについても違法と判断したのである。かくて、本判決は、「原告らの弁護権」侵害について被告国に対し、原告両名に各一〇〇万円を賠償するよう命じ、本判決は双方控訴せず確定するに至った。

率直にいうと、原告両名が、それぞれ発受している信書の回数・頻度には明らかに差異があったので、弁護団としては、認容額に差異の設けられることを懸念していた。差異が設けられたとき、システムそのものの問題性に対する指摘が後退するようにも思われたからである。しかし、これは杞憂に終わった。この認容額自体、本判決が、国のシステムそのものの違法性を問題にしたことを端的に表現していよう。

さらに、この点で付言するならば、本判決によって、接見交通権侵害国賠訴訟の賠償額は、一〇〇万円時代を迎えたというべきである。われわれは、国の接見交通権侵害行為に対して、当然このレベル以上の賠償請求をすべき段階に至ったといえるわけで、請求額を控え目にする必要などはない。慰謝料が「無形の利益の侵害に対して人びとの懐く感情に社会が置く価値を、社会の代弁者としての裁判官が、その自由な判断によって、あえて一定の金額に形象化したもの」である以上（四宮和夫『不法行為』〔青林書院・一九九〇年〕五九五頁参照）、われわれは請求額を控え目になどすべきではないのである。

6　示された地平と問題点

もっとも、既に言及したとおり、本判決には、いくつかの問題がある。すなわち、開披を許容した点、実質合憲限定解釈が「違憲とまではいえない」との「判断」を伴った「合法限定解釈」ともいうべき手法によってなされている点は本判決の限界であり、これらは問題点として残されている。また、拘置所長については「法的専門家でない」として過失は認められないとした点なども問題にすべき点である（冒頭に言及したとおり、これらについては後の各論稿で詳しく展開されている）。さらに、そもそもより根本的には、ごく常識的な見解として、監獄法施行規則一三〇条を本判決の如くに読み直せということ自体、本来、無理があるのではないかとの感も払拭できないであろう。要は、より端的かつ明確に違憲判決を言い渡しうるという土壌自体が、現在の司法界において失われてしまっているということについて、われわれは厳しい現状認識を抱かざるをえないと思う。

しかし、まずは本判決のうち積極的に評価しうる点を確認すべきである。それは、既に言及したとおり、第一には、本判決が、秘密交通権について、明確な地平を指し示したということである。繰り返すが、そのひとつは接見における秘密交通権の絶対性であり、今一つは、信書における秘密交通権の絶対性への志向である。

第二には、憲法の要請を受けた刑訴法の規定が監獄法・監獄法施行規則の解釈を限定するという刑訴法優位の解釈論の展開である。

そして、第三は、弁護人と被拘禁者間の信書による交通についての現在のシステムそのものが問題であることをはっきりと示したということである。現在のシステムは間違っていると判決は明言した。

さらに、第四として言えば、本判決は基本的には、その論理展開も的確であり、その判断の根底には刑事司法においてフェアネスの精神が貫かれるべきことを示唆するところがあり、相当の射程距離をもって論じうるところがあろう。この点も高く評価しうるのではないだろうか。

7　展望について

われわれは、本判決の確定を受けて、すみやかに実務上の改革を果たさなければならない。個々の弁護実践のなかでも、その改革は追求されるべきであるが、同時に弁護士会として、そのシステム全体の改革にすみやかに取り組む必要がある。

現在、この点、大阪弁護士会刑事弁護委員会としては、弁護士間との信書であることを明示するシール（シリアルナンバーあるいは会員登録ナンバーを附したもの）を弁護士会が作成し、それを利用し、拘置所側に本判決に従った運用をするよう求めることを検討している。また、本判決を受けて、日弁連内でも信書検閲に関する協議会が、関連各委員会からの委員選出によって設置されるに至っている。今後、右シール案をひとつの軸として具体案が練られることになると思われるが、いずれにしても、われわれは、監獄法・監獄法施行規則の改正問題をも視野に入れつつ、われわれの手によって、信書による秘密交通の絶対性が全うされる制度を構築していかなければならない。われわれは、秘密交通権そのものを「不断の努力によって」確立させる使命を負託されているというべきである。

（本稿は、大阪弁護士会刑事弁護委員会「刑弁情報」二一号〔二〇〇〇年〕一一頁以下に大幅な加筆・補正を施したものである）。

■第二章　判決の評価と今後の展望

秘密交通権を憲法上の権利に

黒田　一弘

1　はじめに

既に「髙見・岡本判決が示した地平と展望」（本書二九頁収録）の中でも触れられたとおり、本判決が示した秘密交通権についての憲法及び刑訴法の解釈は画期的なものである。今後は、秘密交通権の絶対性への志向を示した本判決をより一層定着させ、発展させる必要があることはもとより、本判決に内在する限界を克服する努力が求められているといえよう。

本判決は秘密交通権を憲法三四条前段を受け刑訴法三九条によって認められた権利であると明確にその位置づけを与えたが、この解釈は実質的に秘密交通権を憲法上の権利と位置づけたに等しいというべきであろう。そして、本判決は実質的には合憲限定解釈の手法を用いながら、監獄法・監獄法施行規則等本件で問題になった各法令を整合的に解釈するという手法を用いている。

しかし、本判決では、本件で問題になった各法令が憲法に違反しない旨を明記した部分が散見され、また、形式的には、憲法の趣旨を直接受けて規定された接見交通権に関する刑訴法三九条一項の刑訴法一九九条、監獄法、監獄法施行規則等に対する優位性を前提に本件で問題になった各法令を整合的に解釈するという手法を用いている。この手法は、いわば「合法限定解釈」とも評すべきものであろうが、本判決がこの手法を採用したがために本判決の内容に翳りを与えていることは否定できない。このような手法をとらざるを得なかったところが本判決の限界だったといえよう。

　したがって、本判決の手法についての問題点を検討し、今後は秘密交通権を憲法上の権利として確立させていくこと、つまり、弁護人としては、秘密交通権が憲法上の権利であるという自覚を持って、これを実践していくことが課題となる。このような課題解決の糸口になることを願って、以下若干の考察を試みたい。

2　秘密交通権の位置づけに関して

１　本判決は、憲法三四条前段について、「したがって、右規定は、単に被疑者が弁護人を選任することを官憲が妨害してはならないというにとどまるものではなく、被疑者に対し、弁護人を選任した上で、弁護人に相談し、その助言を受けるなど弁護人から援助を受ける機会を持つことを実質的に保障しているものと解すべきである」と判示する。また、刑訴法三九条一項について、「憲法三四条の右の趣旨にのっとり、身体の拘束を受けている被疑者が弁護人等と相談し、その助言を受けるなど弁護人等から援助を受ける機会を確保する目的で設けられたものであり、その意味で、刑訴法の右規定は、憲法の保障に由来するということができる。」と判示する。
　本判決では、接見等の交通権は、憲法三四条前段により直接保障されたものではなく、憲法三四条前段に由来する刑訴法三九条一項の規定によって保障されるものとしている。また、このような憲法・刑訴法の解釈を前提に、刑訴法三九条一項の解釈として秘密交通権を認めている。本判決が秘密交通権を憲法上の権利として明確な位置づけを与えなかったことは遺憾であるものの、これは一九九九（平一一）年三月二四日最高裁大法廷判決を受け、秘密交通権について同最高裁判決をさらに発展させたものと評することができよう。

２　本判決に翳りを与える原因となっているのは以下に述べるところにあると思われる。憲法三四条前段が「被疑者に対し、弁護人を選任した上で、弁護人に相談し、その助言を受けるなど弁護人から援助を受ける機会を持つことを実質的に保障している」点には異論はないであろう。しかし、問題は「弁護人から援助を受ける機会」とは具体的にいかなる手段・方法によって設けられた機会を意味するのかというところにある。この「機会」が実質的に保障される手段・方法が具体的に明らかにされなければ「機会を持つことを実質的に保障」することなどできないと思われるからである。

被疑者が弁護人を依頼するためには、被疑者が依頼の対象となる弁護人に対し依頼の意思を表明し、この被疑者の意思を受領する弁護人が実際に存在しなければならない。つまり、弁護人依頼権は、被疑者と弁護人との間の意思疎通を当然の内容としている。そして、弁護人依頼後は弁護人から継続的な援助を受けるための意思疎通の機会が不可欠なのである。このことから、弁護人依頼権は、直接面会する接見や例えば信書の授受など通信手段によって意思疎通の機会が確保されなければならないことを含む権利である。「弁護人から援助を受ける機会」というのは抽象的なものではなく、個々のケースで被疑者が弁護人と直接面会しあるいは信書の授受が行われるなど具体的な意思疎通の機会を意味しているのであり、その機会を持つことを「実質的に保障」する趣旨と捉える以上は、弁護人依頼権はそのような具体的な機会を憲法上保障する趣旨、つまり接見等の交通権が憲法上の権利として認められていると解さなければならない。

憲法三四条前段は「被疑者が、弁護人を選任することを官憲が妨害してはならない」としているから、弁護人との間で意思疎通の機会が保障されるためには官憲からの影響から自由であることが要請されている。つまり、憲法三四条前段は秘密交通権をも当然に定めていると解される。

また、秘密交通権は国家の刑罰権行使の適正を確保する上で必要不可欠なものとして歴史的に形成されてきて、現行憲法に規定されており、それ故に憲法上の権利として認められていると解するのが自然である。

したがって、接見交通権及びその一内容としての秘密交通権は憲法上の権利であると解されるのであるが、本判決では「弁護人から援助を受ける機会」について具体的な検討がなされておらず、「実質的に保障している」という抽象的な把握にとどまっている。この点が、本判決に翳りを与える原因になっていると思われる。

3　本判決は、刑訴法三九条一項に基づく「秘密交通権の絶対性を認め、信書による交通についても秘密の絶対性が志向されるべき旨」及び刑訴法三九条一項の優位を示しながら、監獄法等の規定に「合法限定解釈」を施している。これは、既に述べたとおり、実質的には「合憲限定解釈」を施したものに他ならない。このような「合法限定解釈」の手法の根拠には憲法三四条前段が秘密交通権を保障していることあるいはそのような認識が不可欠であるから、本判決は、前記大法廷判決の「……弁護人に相談し、その助言を受けるなど弁護人から援助を受ける機会を持つことを実質的に保障している」との法理に秘密交通権の保障が含まれていることを自明の前提としているといってよい。

そのような前提に立つ本判決が、正面から「合憲限定解釈」の手法をとらず「合法限定解釈」によったことは、わが国の司法において必要に応じて憲法判断を明確に示すことが困難な状況にあることや、その困難を容易には克服できない壁があることを感じさせるもので、残念なことである。以下、「合法限定解釈」の手法について言及したい。

3　「合法限定解釈」について

1　本判決は、監獄法四六条一項、五〇条、監獄法施行規則一三〇条、一三九条の各規定（以下「本件各法令」とい

う）が憲法に違反し無効であるかどうかという本件各法令の合憲性についての争点に関し、以下のように位置づけている。

本判決は、「原告らが主張すべき国家賠償請求権の請求原因のうち、信書の開披、その内容の確認及びその要旨の記録化に関する違法性の有無を判断するための主張としては」、刑訴法三九条一項、二項、ならびに秘密交通権の保障（被告人の包括的防御権及びこれを支える弁護権の一環としての秘密交通権）にいずれも反するという「原告らの主張で必要かつ十分と考えられるが」（以下「争点1」という）、憲法三四条、三七条、二一条、一三条、三一条、三八条及び国際人権B規約（以下「B規約」という）一四条三項(b)に違反し無効であるという主張（以下「争点2」という）は、「原告らが国家賠償法上の違法性を基礎づける重要な事情として主張しているものと解される」としたうえで、争点2、争点1の順序で判断した。

本判決の内容については、既に「髙見・岡本判決が示した地平と展望」の中で詳細に紹介されているので割愛させていただくが、要するに、本判決では、争点2は本件各法令が憲法に違反し無効であるかどうかという本件各法令の合憲性を直接問題にしており、争点1は本件各法令の憲法適合性の問題に直接かかわらないものとして位置づけている。

また、本判決は、争点1の判断は必要不可欠であるが争点2は必ずしもそうではなく、原告らが「重要な事情」として主張するので争点2として取り上げて判断するとしている。そして、争点2に関し、本判決は、本件信書の開披等による内容確認及び記録化の根拠となる本件各法令は、憲法三四条前段に反せず、二一条二項の「検閲」にも該当せず、二一条のその余の部分にも違反せず、「弁護人を依頼する権利以外の関係で、憲法その他の条項に違反するとする根拠は見当たらない」し、B規約一四条、一七条にも違反しないとした。

もっとも、本判決は、「本件各法令は、確かに、その文言上は、かなり緩やかな要件の下で制限を可能としているようにも見られるが、弁護人との間の信書の授受については、刑訴法三九条との関係で、後記二で判示するとおりに解するのが相当であり、それを前提とすると、結局、その内容は、被拘禁者が弁護人から援助を受ける機会を持つことを保障するという趣旨を実質的に損なうことにはならないと考えられる。したがって、本件各法令の規定は憲法三四条前段に反しない」と判示する。本判決は、要するに、本件各法令は刑訴法三九条一項と整合的に解釈でき、その解釈を前提にすると憲法三四条前段に反しないと述べているのである。

2　本判決は本件各法令を刑訴法三九条一項と整合的に解釈できるというが、もともと、憲法三四条前段の趣旨に基づいて刑訴法三九条一項の解釈を行い、このような憲法・刑訴法の解釈を前提に本件各法令を解釈する以上、本件各法令が憲法三四条前段に違反しないのは至極当然のことである。本判決がトートロジックな印象を与えるのは否めないところであるが、実質的にとらえるなら、憲法三四条前段とこれを受けて接見等の交通権について具体的に定めた刑訴法三九条一項の規定をあわせ考慮すれば、憲法上の権利として秘密交通権が認められ、弁護人との間の信書の授受にはこの秘密交通権の保障が及ぶと判示しているといっても過言ではないだろう。

また、「合憲限定解釈」を行っても、本判決が指摘する弁護人との間の信書の授受に伴う問題点については（岡本栄一「開披許容の問題について」（本書四七頁収録）で指摘されているとおり、本判決の指摘する問題点がそもそも本判決の立場と整合するのかという問題はある）、憲法レベルでの権利調整の問題として処理することもできたはずであるから、「合憲限定解釈」により本件各法令を判断することに特段の支障はなかったと思われる。つまり、本判決が「接見交通権も、被拘禁者が収容施設内に拘禁されていることを前提とする以上、収容施設内の物的条件等による事実上の制約又は調整があり得ることは不可避であって、このような制約又は調整が、被拘禁者が弁護人から援助を受ける機会を持つことを保障する趣旨を実質的に損なうことにならない限りにおいて、憲法も刑訴法もこれを予定しているものというべきである」と判示しているところからして、合憲限定解釈による判断を回避する必然性は見あたらないように思われるのである。

では、なぜ本判決は「合憲限定解釈」を形式的にも採用しなかったのであろうか。

接見の監獄官吏の立会に関しては、監獄法施行規則一二七条一項但書があり、弁護人と弁護人以外の者との場合を区別している。本件各法令についても「但刑事被告人と弁護人との間の信書の授受はこの限りにあらず」という形で規定されるべきであったのであり、この点で立法の対応が立ち後れていることは明白である。それ故、逆に本判決が、合憲限定解釈により、信書の授受に関する規定の不備を指摘することもできたはずである。仮に本判決が本件各法令に合憲限定解釈を施して判断したということになれば、弁護人との間の信書の授受についての立法をも促進する機能も果たしうるものである。これは司法の重要な憲法上の役割・機能であると思われる。

それ故、本判決が形式上も「合憲限定解釈」という手法を採用しなかったのは、おそらく、司法判断の立法・行政との関係で果たす役割・機能について必ずしも自覚的でないことにあったのではないかと思われるのである。あるいは、わが国の司法において一部でも違憲判断を伴うような判断をなす土壌が司法内部に十分培われておらず、そのため本判決も司法権の果たす役割について十分な自覚がないままに消極的な態度をとって形式的にも「合憲限定解釈」を採用しなかったように思われる。

３　本判決は、刑訴法三九条優位の根拠を同条が憲法三四条前段に由来しているというところに求めているが、監獄法も憲法上の根拠を全く有していないわけではないであろう。それなのに、なぜ刑訴法三九条が優位するのかという原理的な根拠について、本判決は必ずしも明らかにするところではない。法律の規定が矛盾する場合の効力関係をいかに解するかについていくつかの理論があるが、「合法限定解釈」はある法令の解釈を他の別の法令の解釈によって限定的に解釈することを認めるものであるから、「合法限定解釈」の原理的な根拠について法の効力関係に関する理論から説明することは困難に思われる。したがって、本判決のとった「合法限定解釈」で、現在の刑訴法体制と監獄法体制の二元性に潜む矛盾を完全に克服することができるかは疑問が残るところである。

やはり、現在の刑訴法体制と監獄法体制の二元性に潜む矛盾を克服する視点として重要なのは、秘密交通権が憲法上の権利であるという憲法解釈を踏まえた上で刑訴法及び監獄法を一元的に解釈することであり、それによって、法解釈の整合性が保持されるべきものであろう。秘密交通権自体に憲法上の権利としての位置づけを与えなければ、たとえば、接見には秘密交通権は保障されるが信書の授受についてはその限りでなく、弁護人との間の信書については刑訴法の解釈に委ねられ、刑訴法上弁護人との間の信書の授受には秘密交通権は保障されないという解釈も違憲ではないということになる。つまり、秘密交通権を憲法上の権利として位置づけなければ、接見以外の手段による弁護人との間の意思疎通の秘密性は、刑訴法の解釈如何でいかようにも伸縮可能な内容に変容してしまう危険を内在していることは否定できない。また、刑訴法三九条の優位性についても解釈上それが否定される危険がないわけではない。秘密交通権が憲法上はもとより刑訴法上も脆弱な権利であってはならない。

本判決の刑訴法解釈が今後も堅持される限り、刑訴法上も弁護人との間の信書の授受には秘密交通権は保障されないという解釈が行われることはないと思われるが、もう一歩進めて、弁護人との間の信書の授受を憲法上の秘密交通権の保障の下にあるとする解釈を確立する必要は大きいだろう。

4　おわりに

１　本判決の争点2の部分は、本件各法令の憲法適合性を直接問題として判断しているので、憲法判例として先例拘束性を認めうるとすれば、今後本件各法令が憲法に違反するという主張は無意味なものになるのではないかとの疑問が生ずる。本判決では、自ら述べるとおり、本来的には争点2についての判断は不要であったから、本件各法令について合憲であるという本件判決部分はいわゆる傍論というべきものである。したがって議論の余地はあろうが、本判決の争点2の判断部分について憲法判例としての先例拘束性はないと思われる。それゆえ、秘密交通権を憲法上の権利として位置づける解釈を引き続き主張することに大きな支障はないだろう。

2　本判決は、「髙見・岡本判決が示した地平と展望」の中でも再三述べられているとおり、練りに練られた画期的な判決ではあるが、「合法限定解釈」ともいうべき技巧に走りすぎたきらいがあり、そのためにすっきりとした内容になっているとは思われない。しかし、本判決が秘密交通権の確立、発展のための大きな地歩を固めたことは否定しようがない。われわれの課題は、本判決を足がかりに、本判決の問題点を乗り越えるべく、新たな取り組みを行うことであろう。そのためには個々の弁護活動の中だけでなく弁護士会としても正面から取り組んでいく必要がある。

■第二章　判決の評価と今後の展望

開披許容の問題について

岡本　栄市

1　本判決の骨子

被拘禁者・弁護人間の信書授受に対する秘密保護の要請について、本判決は、「刑訴法三九条一項は、できる限り接見に準じ、その内容についての秘密保護を要請している」とし、特に弁護人の接見が困難な場合には、信書の授受は接見に代替する機能を営むことも考えられ、このような観点を徹底すれば、一切開封せず封緘したままでの信書の授受を認める扱いを要請することになると判示している。

しかし、本判決は、接見との比較において、信書の授受には前記の観点を徹底できない収容施設側の事情があるという。すなわち、接見の場合には、収容施設側において施設内の接見室の設備等の物的条件を整えることによって、施設内の規律及び秩序維持等の目的を達しながら接見についての秘密交通権を確保することが可能であるが、信書の授受の場合には、信書が封緘されたままでは、収容施設側が器械等の物的な条件を備えることによっても、次のような事実を確認することが極めて困難であるという。

①信書への信書以外の物や書類の混入の有無
②第三者宛の信書や第三者からの信書の混入の有無
③弁護人からの信書か否か
④危険物、禁制品の混入の有無

そして、「封緘したまま信書の授受を認めるには、そのための前提条件、すなわち、何らかの手続的な措置（例えば、発信者や宛先を手続上予め明確にする措置や特別の封筒を使用することなどが考えられる。）が少なくとも法令の規定によってとられることがどうしても必要となる」という。

本判決は、以上の点を考慮すると、「一切開封することなく封緘されたままで弁護人との信書の授受を認めるには、法令の規定で右の点をも考慮したそのための手続的措置を設ける必要があるといわざるを得ないのであって、そのような明文の規定が見当たらない現行法の下では、刑訴法三九条一項は、弁護人との間の信書については開披しないままその授受を認める扱いまで要求しているものと解することはできない」とし、被拘禁者と弁護人との間で授受される信書について、収容施設側が混入物の存否や実際に弁護人との間の信書であるか否か等の確認の限度で信書を開披しその内容を閲読することは許容されると結論付けている。

2　本判決の問題点

1　秘密保護の要請の不徹底

本判決が、刑訴法三九条一項の解釈として、被拘禁者と弁護人との間の信書についても、接見に準じた秘密性保護の要請が及ぶことを明言したことは、高く評価できる。刑訴法三九条一項は、接見については「立会人なくして」という文言により秘密交通権を保障していることは明らかであったが、信書を含む「書類若しくは物」の授受については、そのような文言はなく、信書の内容の秘密性は保護されていないとの解釈も可能だったからである。

さらに、本判決は、弁護人が接見困難な場合には、信書の授受が接見に代替する機能を持つことにも言及し、この観点を徹底すれば、被拘禁者と弁護人との間の信書は収容施設においても一切開封することなく常に封緘したままでその授受を認める扱いを要請すると判示していることは極めて意義あることである。

ところが、本判決は、ここまで言及しておきながら、以下に述べるように根拠とならないような根拠を挙げて、自らが述べた信書に対する秘密性保護の要請の徹底を放棄しているのである。これは、被拘禁者と弁護人との間の信書についても、これを開披しその内容を閲読してきたこれまでの収容施設側の実務に配慮したものというほかない。

このように本判決は一方で信書授受の接見に準じた、さらには接見に代替する機能を認め、秘密性保護の要請に言及しながら、他方で収容施設側の実務に配慮しその要請を徹底していないのである。

2　信書開披の根拠

本判決は、接見の場合に比較して、信書授受の場合は、収容施設側が次の四点を確認する必要があり、そのためには封緘された信書を開披しその内容を閲読することを許容せざるを得ないとしている。

①信書への信書以外の物や書類の混入の有無
②第三者宛の信書や第三者からの信書の混入の有無
③弁護人からの信書か否か
④危険物、禁制品の混入の有無

これら四点の事項は、以下に述べるとおり、接見の場合に比較して、いずれも確認の必要がないか、信書を開披しなくても確認できる方法が存するものであって、信書授受に対する秘密性保護の要請を接見に比して後退させる合理的な根拠となるものではない。

(1)　信書への信書以外の物や書類の混入について

まず、信書以外の物の混入については、信書を開披しなくてもその形状や重量等によって確認することが可能である。また、金属類であれば、それを探知する機器が発達しているので容易に確認できるはずである。

次に、信書以外の書類の混入については、信書を開披しなければその存否を確認することは困難であろう。しかし、このような書類の混入した信書授受の当事者は弁護人なのであり、弁護人は弁護人の判断で書類を混入させ、また被告人が混入させた書類を受領してその処理を判断するのである。したがって、弁護人の判断によって、混入された書類の取り扱いの適正さは担保されるものであるから、混入を確認し阻止する必要はないのである。むしろ、弁護人が被告人から信書とともに重要な証拠書類を受領したり、また弁護人が証拠書類のコピーを信書に同封して打ち合わせを行うことは弁護活動にとって必要なことである。

また、接見の場合にも、接見室で被告人に証拠物や証拠書類を見せて打ち合わせを行っているのであって、これと同様のことが信書の授受による場合にも行える必要がある。

さらに言えば、本判決は手続的な措置が法令で定められれば、開封することなく封緘したままでの信書の授受ができると言っているが、法令で定めても前記のような信書以外の物や書類の混入の可能性はあるのであるから、そもそも混入を確認する必要はないと言えるのである。

(2)　第三者宛の信書や第三者からの信書の混入について

まず、第三者宛の信書が被告人から弁護人宛の信書に同封されていても、弁護人がその第三者宛の信書の宛先、内容等をチェックしてそれを当該第三者に渡すか否か判断するのであるから、第三者宛の信書の混入を確認し阻止する必要はない。

次に、第三者からの信書を弁護人から被告人への信書に同封する場合には、弁護人が第三者の信書をチェックし、弁護活動に必要であると判断して被告人への信書に同封しているのであるから、第三者からの信書の混入を確認し阻止する必要もない。

また、接見の場合にも、弁護人は被告人から第三者への伝言を依頼されたり、第三者からの手紙を被告人に見せたりすることがあり、これは弁護人の判断で行われていることであるが、収容施設側に事前にチェックされることはないのであるから、信書の場合に、第三者宛の信書や第三者からの信書の混入を確認し阻止する必要はない。

要するに、信書の場合も接見の場合も、同じく弁護人の判断がスクリーニング機能を果たしているのであるから、信書の場合にだけそれ以上の制約を課す合理的な根拠はないのである。

(3)　弁護人からの信書か否かについて

弁護人からの信書であるか否かは、信書を開披しなくても封筒に弁護士である旨の記載があるのが通常であるから封筒を見ればわかるはずである。弁護人からの信書か否か疑問のあるものについては、信書を開披するのではなく、当該弁護人に問い合わせて確認すれば、容易かつ確実に確認できることである。

また、弁護人が信書の封筒に弁護士である旨表示して氏名を記載していないとか、第三者が弁護人の氏名を使用して信書を出す場合等については、弁護士会と収容施設との申し合わせ等により、弁護人からの信書であることを示す方式（例えば、シリアルナンバーを付したシールをはること）を用いるようにすれば、信書を開披しての確認の必要はない。

(4)　危険物、禁制品の混入について

まず、信書への危険物、禁制品の混入については、前記信書以外の物の混入について述べたとおりであり、信書を開披しなくてもその形状や重量、金属探知器等によって確認することが可能である。

また、信書への危険物、禁制品の混入については、本判決も認めているように、弁護人との間のことであるから極めて例外的な事態であるが、この種の危険は弁護人が十分な弁護活動を行えるように被告人との秘密の接触を認めることに伴う危険であり、この危険防止は第一次的には弁護人の判断で行なわれるべきであり、最終的には、危険が現実化したときに当該弁護人に対する弁護士会の懲戒処分や処罰によって図るべきである。
したがって、危険物、禁制品の混入の危険性、しかも極めて例外的な事態で考え得るに過ぎない危険性を理由に、信書に対する秘密性保護の要請を後退させ、信書の開披を認めることはできない。

3　法令の規定による手続的措置

本判決は、収容施設側は混入物の存否や実際に弁護人との間の信書であるか否か等の確認ができないことから、直ちに、信書の秘密性を保護できないと言っているのではない。本判決は、「封緘したまま信書の授受を認めるには、そのための前提条件、すなわち、何らかの手続的な措置（例えば、発信者や宛先を手続上予め明確にする措置や特別の封筒を使用することなどが考えられる。）が少なくとも法令の規定によってとられることがどうしても必要となる」としているのである。

しかし、この手続的な措置が法令の規定によって定められる必要があるということの趣旨、根拠は明らかでない。本判決が想定している手続的措置は、発信者や宛先を手続上予め明確にする措置や特別の封筒を使用することなどとしているが、このような手続的措置は、わざわざ法令で規定しなくても可能なことである。すなわち、弁護士会の取り決めや収容施設との申し合わせにより、このような手続的な措置は容易に実現できる。

このような手続的な措置が法令によって規定されていないから、現行法下では、被拘禁者と弁護人との間の信書授受の秘密性を接見の場合と同様に保護できないという本判決の論理は、不合理であり、根拠のないものと言わなければならない。

3　今後の対応

本判決は、被拘禁者と弁護人との信書の授受は、接見に準じ、さらには接見に代替する機能を持つものとして、秘密性保護の要請が及ぶと言及しながら、結論として収容施設側が信書の開披、閲読を行う現行の実務の取り扱いを許容していることは、残念である。

しかし、本判決が弁護人との信書授受に対する秘密保護の要請を明確に認めたことは重要であり、今後は、この判決の趣旨が生かされるように対応する必要がある。すなわち、本判決が懸念する混入物の存否や実際に弁護人との間の信書であるか否か等の確認の必要について、弁護人・弁護士会側がそのような確認の必要がないような手続的措置や申し合わせ等を行い、本判決の懸念が根拠のないものであることを示して行くべきである。

■第二章　判決の評価と今後の展望

国賠訴訟における過失について

澁谷　眞

１　本判決の問題点

本判決は、「大阪拘置所長の信書記録化行為・照会回答行為は違法である」旨明快に判断していながら、結局のところ大阪拘置所長に過失はない旨判断している。本判決が原告勝訴の判決であるとはいえ、あくまで「検察官の過失」認定による勝訴判決であって、判決理由では大阪拘置所長に「過失はない」となっていることの問題点を認識すべきであると思われる。すなわち、本判決は、監獄法及び監獄法施行規則の規定を少なくとも弁護人との間の信書に関する限り、刑訴法の各規定、特に三九条一項の内容に整合するように解釈すべきであるとしながら、そのように解釈せずに弁護人と被拘禁者間の信書記録化行為・照会回答行為をした大阪拘置所長に「過失はない」としているのである。

２　本判決が大阪拘置所長に過失はないとした理由

本判決は「大阪拘置所長の信書記録化行為」については「長きにわたって施行されてきたものであって、しかも、拘置所等の収容施設内の実際の取扱もそのように扱うのが一般的であったこと、特にその点について本件において問題にされるまで訴訟においてとりたてて問題とされたこともなかったこと」とし、「大阪拘置所長の回答行為」については、「京都弁護士会の勧告があり、京都拘置所長は、指摘を理解し、全国的な問題であるので法務省と相談し、善処する旨の回答をしていたこと、法務省矯正局長通達には、捜査の必要性との比較衡量や弁護権に対する配慮については特段の指摘がされていない」事実を認定した後、「本件回答をすることが違法であることを法律の専門家以外の者が知ってそれに応じた処理をすることは極めて困難な状況であった」としている。その上で、大阪拘置所長には過失はないという判断を導いている。

信書記録化行為についての直接の責任判断は示されていない。これは、回答行為について大阪拘置所長に過失はないのであるから、信書記録化行為についてはいうまでもないという趣旨であろうか。監獄法及び監獄法施行規則の規定を刑訴法三九条一項の内容に整合するように限定解釈すべきであった大阪拘置所長を、このような理由で無過失にできるのであろうか。

3　本判決の引用する判例について

１　本判決は、大阪拘置所長が無過失であったという判断を示した際に最三小判平成三年七月九日・民集四五巻六号一〇四九頁を引用している。

右判例は、拘置所長が、監獄法施行規則（平成三年法務省令第二二条による改正前のもの）一二〇条に従い、被勾留者とその養親の孫（当時一〇歳）との接見を許さなかったので、その被勾留者が国に対し国家賠償を請求した事件についてのものである。

監獄法四五条一項は「在監者ニ接見センコトヲ請フ者アルトキハ之ヲ許ス」と規定しており、監獄法五〇条は「接見ノ立会、信書ノ検閲其他接見及ヒ信書ニ関スル制限ハ命令ヲ以テ之ヲ定ム」と規定しており、監獄法施行規則（平成三年法務省令第二二条による改正前のもの）一二〇条は「一四歳未満ノ者ニハ在監者ト接見ヲ為スコトヲ許サス」と規定し、同一二四条は「所長ニ於イテ處遇上其他必要アリト認ムルトキハ前四条ノ制限ニ依ラサルコトヲ得」と規定していた。

右の判例は、監獄法施行規則（平成三年法務省令第二二条による改正前のもの）一二〇条及び一二四条の各規定は、未決勾留により拘禁された者と一四歳未満の者との接見を許さないとする限度において、監獄法五〇条の委任の範囲を超え、無効であるとした。

その上で、拘置所長が監獄法四五条一項に違反して未決勾留により拘禁された者と一四歳未満の者との接見を許さない旨の処分をした場合において、右処分は監獄法施行規則（平成三年法務省令第二二条による改正前のもの）一二〇条に従ってされたものであり、かつ右規則一二〇条及びその例外を定める一二四条は明治四一年に公布されて以来長きにわたって施行され、その間これらの規定の有効性に実務上特に疑いを差し挟む解釈がされなかったなど判示の事情があるときは、「……規則一二〇条（及び一二四条）が右の限度において法五〇条の委任の範囲を超えることが当該法令の執行者にとって容易に理解可能であったということはできないのであって、このことは国家公務員として法令に従ってその職務を遂行すべき義務を負う監獄の長にとっても同様であり、監獄の長が本件処分当時右のようなことを予見し、又は予見すべきであったということはできない。」として、拘置所長が右処分をしたことにつき国家賠償法一条一項にいう過失があったということはできないとしているのである。

この判例は、国賠法一条一項の「過失」の意義について、権力的行政活動においては、法が国民への権利侵害を予定しているので、結果発生の予見可能性だけでは結果回避義務を認めることはできない、したがって、行為規範の存在についても予見可能性がなければならないという立場を採り、権力的行政活動においては予見可能性の対象が結果だけではなく違法性も含まれるということを前提として、規則一二〇条（及び一二四条）が法五〇条の委任の範囲を超えて違法であることの予見可能性がなかったので結果回避義務は生ぜず、過失は認められないとしたものとされている。

2　これに対して、上記判例の原審は、規則一二〇条及び一二四条は、幼年者の心情の保護を目的とするものであり、これに対する具体的な危険を避けるため必要な範囲で監獄の長が幼年者と被勾留者との接見を制限することを認めたものであるという限定解釈をした上、法はそのような制限を容認しているから、右各規定が監獄法五〇条の委任の範囲を超え、無効ということはできないと判断し、次に、所長のした処分につき裁量権の範囲を超え又はこれを濫用した違法があり、かつ、所長に国家賠償法一条一項にいう過失があるというものであった。

確かに、「一四歳未満ノ者ニハ在監者ト接見ヲ為スコトヲ許サス」という規則一二〇条、「所長ニ於イテ處遇上其他必要アリト認ムルトキハ前四条ノ制限ニ依ラサルコトヲ得」という規則一二四条を、「在監者ニ接見センコトヲ請フ者アルトキハ之ヲ許ス」と規定する監獄法四五条一項、「接見ノ立会、信書ノ検閲其他接見及ヒ信書ニ関スル制限ハ命令ヲ以テ之ヲ定ム」と規定する監獄法五〇条に適合するように解釈するとすれば、「規則一二〇条及び一二四条は、幼年者の心情の保護を目的とするものであり、これに対する具体的な危険を避けるため必要な範囲で監獄の長が幼年者と被勾留者との接見を制限することを認めたもの」とする他ないであろう。そして、監獄の長には、その判断が可能である、そのような限定解釈をした規則一二〇条・一二四条の執行が監獄の長に可能であるという判断にたって、裁量権の範囲を超え又はこれを濫用した違法があるとしているのである。なお、右の点について上告審は、規則一二〇条（及び一二四条）は、原審のような限定的な解釈を施したとしても、なお法の容認する接見の自由を制限するものとして、法五〇条の委任の範囲を超えた無効のものという他はない、と明確に判断している。

3　すなわち、右の判例による拘置所長の無過失判断には、原審とは異なり、拘置所長による規則の合法的執行が不可能であった（限定的な解釈を施したとしても、なお法の容認する接見の自由を制限するものであった）という認識が前提となっており、合法的執行が不可能であるような規則は無効であるとの論理になっているのである。

4　この判例に対しては、拘置所長の主観を重視しすぎており、無効の規則によって被害を受けた者が救済されないとの批判がなされているが、本判決はこの判例を引用しつつ、大阪拘置所長の本件信書記録化行為・回答行為について過失がないと判断している。

4　本判決での限定解釈と違法の予見可能性について

1　大阪拘置所長の行為についてのみの判断ではあるが、本判決が、右判例を引用しながら、合法限定解釈によって法令無効判断を回避し、なおかつ、法令の合法的執行が不可能であるから過失はないなどと判示するのは論理的に成り立たないと思われる。

2　本判決によれば「監獄法及び監獄法施行規則の規定を少なくとも弁護人との間の信書に関する限り、刑訴法の各規定、特に三九条一項の内容に整合するように解釈」すれば、弁護人と在監者との信書の授受について、監獄法四六条一項の解釈として信書に授受自体の不許可はできない、監獄法施行規則一三〇条の解釈として精査してはならない、監獄法施行規則一三九条の解釈として内容の要旨の記載は「処遇上其他参考ト為ル可キ事項」であっても禁止されている、としている。なお、監獄法四六条一項は「在監者ニハ信書ヲ発シ又ハ之ヲ受クルコトヲ許ス」と規定されており、監獄法五〇条「接見ノ立会、信書ノ検閲其他接見及ヒ信書ニ関スル制限ハ命令ヲ以テ之ヲ定ム」により授権された監獄法施行規則一三〇条は「在監者ノ発受スル信書ハ所長之ヲ検閲ス可シ」「発信ハ封緘ヲ為サスシテ之ヲ所長ニ差出サシメ受信ハ所長之ヲ開披シ検印ヲ押捺ス可シ」と規定し、監獄法施行規則一三九条は「接見ノ立会及ヒ信書ノ検閲ノ際処遇上其他参考ト為ル可キ事項ヲ発見シタルトキハ其要旨ヲ本人ノ身分帳簿ニ記載ス可シ」と規定されている。

3　本判決の述べる監獄法四六条一項・監獄法施行規則一三〇条・一三九条の限定解釈は、それぞれの条文に「但弁護人トノ信書ハ此限ニ在ラス」を付け加えるものである。そして、そのような限定を加えた解釈をすることが「当該法令の執行者（大阪拘置所長）にとって容易に理解可能であったということはできない」とする。しかし、現行監獄法施行規則においても、弁護人との関係で除外する監獄法施行規則一二一条「接見ノ時間ハ三十分以内トス但弁護人トノ接見ハ此限ニ在ラス」や同一二七条一項「接見ニハ監獄官吏之ニ立会フ可シ但刑事被告人ト弁護人トノ接見ハ此限ニ在ラス」という規定は存在する。この弁護人との関係で除外する規定は、憲法に由来する刑訴法三九条一項の内容に整合するように規定されているのであり、刑事事件の被疑者・被告人を収容する施設の長である大阪拘置所長がそのことを知らないわけはない（知らなければ、そのこと自体が「過失」を基礎付ける落ち度である）。信書に関する制限についても、監獄法四六条一項・監獄法施行規則一三〇条・一三九条を弁護人との関係で除外すべきだと理解することは当該法令の執行者（大阪拘置所長）にとって容易であるという他ないのである。信書の場合に、接見のような明文の除外規定がなくとも、監獄法・監獄施行規則の執行者（拘置所長）において、行為規範（弁護人との関係で除外すべき義務）の存在について予見可能性があったことは明らかである。

5　法令の無効と限定解釈について

1　権力的行政活動において行為規範の存在について予見可能性がないと判断されるような法令は、無効とされるべきである。しかし、本判決のように、弁護人との関係で適用する場合のみ違法と判断するようないわゆる質的一部無効の場合、法令自体の無効を宣言することは困難であったのかも知れない。したがって、法令の限定解釈により弁護士と被拘禁者間の信書への適用を違法とする他なかったと思われる。ただ、法令の限定解釈による有効判断は、その執行者（拘置所長）にとって、法令の合法的執行が可能であることによって根拠付けられるはずである。可能な合法的執行をしなかった拘置所長を「法律の専門家以外の者が知ってそれに応じた処理をすることは極めて困難な状況であった」から無過失であるとするのは論理的に矛盾していると言わなければならない。その意味で、本判決が前述の判例を引用したことは出発点において疑問である。また、拘置所長の無過失を認めた先例として引用したとすれば「事案が異なる」という他ない。

２　本判決のように、大阪拘置所長の行為は「刑訴法三九条一項並びに前記六、七のとおりに解釈すべき監獄法及び監獄法施行規則に違反して違法であるというべきである（判決七八頁）。」とするのであれば、法令を限定解釈して適用すべき義務を怠った大阪拘置所長の過失は明らかと言わなければならない。

この場合に、法令を限定解釈して適用すべき「法律の専門家」とは監獄法及び監獄法施行規則の専門家であり、大阪拘置所長を「法律の専門家以外の者」とするのは信じがたい判断である。本判決のように、法令の限定解釈説を採用するならば、合法的執行が可能なはずの拘置所長がその裁量権の範囲を超え又はその濫用をしたと考える他ないのであるから、そこに所長の過失を見出すのは当然のことではなかろうか。

３　国家賠償請求訴訟の場合、法令の違憲・違法判断が先行しても無過失判断によって個別救済（勝訴判決）を得ることができない場合が〔現在の判例の立場では〕ありうる。その意味で、本判決のように、大阪拘置所長の行為についてのみの判断ではあるが、限定解釈によって法令無効判断を回避し、なおかつ、合法的執行が不可能であるから過失はないなどという論理は看過しえない問題を含んでいるのである。本判決が検察官の過失認定による勝訴判決であるとはいえ、隠れた問題点として敢えて指摘する次第である。

第2部
資料編—高見・岡本国賠訴訟の記録

◎訴訟記録の収録にあたって

1　弁論・証言関係は全部、書証等については重要なものを選択した。また、明らかな誤字の訂正以外は原文のまま収録した。

2　誤字であっても、記録の相互の関連上そのままにした部分は、ママと表記した。

3　訴訟関係者の名前は、プライバシーなどを配慮して、匿名化とスミ塗りをしたものがある。

口頭弁論調書（第一回〜第一一回〔判決言渡〕）

第一回口頭弁論調書

事件の表示　平成一〇年（ワ）第一三九三四号
場所及び公開の有無　大阪地方裁判所第七民事部法廷で公開
期日　平成一一年三月二三日午前一〇時三〇分
裁判長裁判官　八木良一
裁判官　青木　亮
裁判官　谷口哲也
裁判所書記官　宇野良明
出頭した当事者等
　別紙のとおり（略）
指定期日　平成一一年五月二五日午前一一時

【弁論の要領】

原告ら
　七一頁一一行目の「発受信書」とあるのを「発受信者」と訂正のうえ、訴状陳述
被告
　答弁書陳述
原告ら
　釈明等を求める申立書（平成一一年三月一九日付）陳述
原告髙見
　意見陳述書（平成一一年三月二三日付）陳述
原告岡本
　意見陳述書（平成一一年三月二三日付）陳述
原告ら
一　意見書（平成一一年三月二三日付）陳述
二　事実関係の主張の記載は訴状の一五頁までである。
裁判長
一　被告に対し、事実関係の認否に関する準備書面の提出期間を平成一一年四月三〇日と、法律論をふまえた主張に関する準備書面の提出期間を平成一一年五月一四日と定める。
二　原告らに対し、法律論をふまえた主張に関する準備書面の提出期間を平成一一年五月一四日と定める。
証拠関係別紙のとおり

裁判所書記官　宇野良明

第二回口頭弁論調書

事件の表示　平成一〇年（ワ）第一三九三四号
期日　平成一一年五月二五日午前一一時
場所及び公開の有無　大阪地方裁判所第七民事部法廷で公開
裁判長裁判官　八木良一
裁判官　青木　亮
裁判官　谷口哲也

裁判所書記官　星川純一
出頭した当事者等
原告　髙見秀一
同　岡本栄市
原告ら代理人　（略）
被告指定代理人　（略）
指定期日　平成一一年七月九日午前一一時三〇分

【弁論の要領】

被告
一　第一準備書面（平成一一年四月三〇日付）陳述
二　第二準備書面（平成一一年五月二五日付）陳述

原告ら
一　釈明等を求める申立書（平成一一年五月一〇日付）陳述
二　準備書面（平成一一年五月一四日付）陳述
三　被告が認める本件照会の「違法」がいかなる法規違反をいうのか、右「違法」の理由、何を侵害するのかという点について明らかにされたい。

裁判長
一　被告に対し、左記釈明命令
1　監獄法施行規則一三九条に基づいて記録するものが「書信票」であるのか否か。
2　同規則一三九条に基づいて記載する場合の記載要領の有無。
3　同規則一三九条の「処遇上その他参考となるべき事項」についての運用状況
(1)　いかなる事項がこれに当たるとしているのか、運用基準について
(2)　誰がどのように判断しているのか。
(3)　本件原告らとの間の信書の記載はこの事項に該当するのか。
二　被告に対し、準備書面の提出期日を平成一一年六月三〇日までと定める。

裁判所書記官　星川純一

第三回口頭弁論調書

事件の表示　平成一〇年（ワ）第一三九三四号
期日　平成一一年七月九日午前一一時三〇分
場所及び公開の有無　大阪地方裁判所第七民事部法廷で公開
裁判長裁判官　八木良一
裁判官　青木　亮
裁判官　谷口哲也
裁判所書記官　星川純一
出頭した当事者等
原告　髙見秀一
同　岡本栄市
原告ら代理人　（略）
被告指定代理人　（略）
指定期日　平成一一年九月一六日午前一一時

【弁論の要領】

原告ら
　釈明を求める申立書（平成一一年六月八日付）陳述
被告
　準備書面（平成一一年七月九日付）陳述
裁判長
　一　被告に対し、原告らの釈明を求める申立書（平成一一年六月八日付）に対する回答及び乙第一号証に関する準備書面の提出期日を平成一一年八月九日までと定める。

第四回口頭弁論調書

事件の表示　平成一〇年（ワ）第一三九三四号
期日　平成一一年九月一六日午前一一時
場所及び公開の有無　大阪地方裁判所第七民事部法廷で公開
裁判長裁判官　八木良一
裁判官　青木　亮
裁判官　谷口哲也
裁判所書記官　星川純一
出頭した当事者等
　原告　髙見秀一
同　岡本栄市
　原告ら代理人　（略）
　被告指定代理人　（略）
指定期日　平成一一年一一月一六日午前一〇時三〇分

【弁論の要領】

被告
　第四準備書面（平成一一年九月一六日付）陳述
原告ら
　第二回準備書面（平成一一年九月九日付）陳述
裁判長
　被告に対し、平成一一年九月一六日付求釈明書に関する準備書面の提出期日を平成一一年一〇月二九日までと定める。
証拠関係別紙のとおり

裁判所書記官　星川純一

第五回口頭弁論調書

事件の表示　平成一〇年（ワ）第一三九三四号
期日　平成一一年一一月一六日午前一〇時三〇分
場所及び公開の有無　大阪地方裁判所第七民事部法廷で公開
裁判長裁判官　八木良一
裁判官　青木　亮
裁判官　谷口哲也
裁判所書記官　星川純一
出頭した当事者等
　原告　髙見秀一
同　岡本栄市
　原告ら代理人　（略）
　被告指定代理人　（略）
指定期日　平成一一年一二月二日午後一時一五分

平成一一年一二月一四日午前一〇時三〇分
平成一一年一二月一四日午後一時三〇分
平成一二年二月一日午後一時三〇分

【弁論の要領】

原告ら

釈明を求める申立書（平成一一年一一月一二日付）陳述

被告

一　第五回準備書面（平成一一年一一月一六日付）陳述

二　右釈明を求める申立書（平成一一年一一月一二日付）について次のとおり回答する。

1　求釈明事項一について

「視察表」に記載されたものはない。

2　求釈明事項二について

「視察表」を書証として提出する必要性はないと考える。

裁判長

被告に対し、証人H及び同Yの陳述書の提出期日を平成一一年一一月二六日までと、証人Kの陳述書の提出期日を平成一一年一二月七日までとそれぞれ定める。

証拠関係別紙のとおり

裁判所書記官　星川純一

第六回口頭弁論調書

事件の表示　平成一〇年（ワ）第一三九三四号
期日　平成一一年一二月二日午後一時一五分
場所及び公開の有無　大阪地方裁判所第七民事部法廷で公開
裁判長裁判官　八木良一
裁判官　青木　亮
裁判官　谷口哲也
裁判所書記官　星川純一
出頭した当事者等
原告　髙見秀一
同　岡本栄市
原告ら代理人　（略）
被告指定代理人　（略）
指定期日　平成一一年一二月一四日午前一〇時三〇分（指定告知済）
平成一一年一二月一四日午後一時三〇分（指定告知済）
平成一二年二月一日午後一時三〇分（指定告知済）

【弁論の要領】

裁判所速記官矢野治美、中村清貴、大野弥生立会い

証拠関係別紙のとおり

裁判所書記官　星川純一

第七回口頭弁論調書

事件の表示　平成一〇年（ワ）第一三九三四号
期日　平成一一年一二月一四日午前一〇時三〇分
場所及び公開の有無　大阪地方裁判所第七民事部法廷で公開

裁判長裁判官　　八木良一
裁判官　　青木　亮
裁判官　　谷口哲也
裁判所書記官　　星川純一
出頭した当事者等
　原告　　髙見秀一
同　　岡本栄市
　原告ら代理人　　（略）
　被告指定代理人　　（略）
指定期日　　平成一一年一二月一四日午後一時三〇分
（指定告知済）
　　　　平成一二年二月一日午後一時三〇分
（指定告知済）
【弁論の要領】
　裁判所速記官矢野治美、大野弥生立会い
　証拠関係別紙のとおり

　　裁判所書記官　星川純一

第八回口頭弁論調書

事件の表示　　平成一〇年（ワ）第一三九三四号
期日　　平成一一年一二月一四日午後一時三〇分
場所及び公開の有無　大阪地方裁判所第七民事部法廷で公開
裁判長裁判官　　八木良一
裁判官　　青木　亮
裁判官　　谷口哲也
裁判所書記官　　星川純一
出頭した当事者等
　原告　　髙見秀一
同　　岡本栄市
　原告ら代理人　　（略）
　被告指定代理人　　（略）
指定期日　　平成一二年二月一日午後一時三〇分
（指定告知済）
　　　　平成一二年三月一四日午前一一時
【弁論の要領】
　裁判所速記官矢野治美、中村清貴、大野弥生立会い
原告ら
　法律論の意見書を二通提出する予定である。一通は平成一二年一月末頃に、もう一通は平成一二年二月中旬に提出できる。
裁判長
　原告らに対し、法律論の意見書の内、最初に提出するものの提出期日を平成一二年二月一日までと、二通目の提出期日を平成一二年二月一五日までとそれぞれ定める。
証拠関係別紙のとおり

　　裁判所書記官　星川純一

第九回口頭弁論調書

事件の表示　平成一〇年（ワ）第一三九三四号
期日　平成一二年二月一日午後一時三〇分
場所及び公開の有無　大阪地方裁判所第七民事部法廷で公開
裁判長裁判官　八木良一
裁判官　青木　亮
裁判官　谷口哲也
裁判所書記官　星川純一
出頭した当事者等
　原告　髙見秀一
　同　岡本栄市
　原告ら代理人　（略）
　被告指定代理人　（略）
指定期日　平成一二年三月一四日午前一一時
（指定告知済）

【弁論の要領】
裁判所速記官矢野治美、中村清貴、大野弥生立会い
原告ら
　法律論の意見書のうち一通は二月八日までに、もう一通は二月一五日までに提出する。
当事者双方
　次回に最終準備書面を提出する。
証拠関係別紙のとおり

裁判所書記官　星川純一

第一〇回口頭弁論調書

事件の表示　平成一〇年（ワ）第一三九三四号
期日　平成一二年三月一四日午前一一時
場所及び公開の有無　大阪地方裁判所第七民事部法廷で公開
裁判長裁判官　八木良一
裁判官　青木　亮
裁判官　谷口哲也
裁判所書記官　星川純一
出頭した当事者等
　原告　髙見秀一
　同　岡本栄市
　原告ら代理人　（略）
　被告指定代理人　（略）
指定期日　平成一二年五月二五日午前一〇時　判決言渡

【弁論の要領】
原告ら
　第三回準備書面（平成一二年三月一三日付）陳述
被告
　最終準備書面（平成一二年三月一四日付）陳述
原告高見
　最終意見陳述書（平成一二年三月一四日付）陳述
原告岡本

意見書（平成一二年三月一四日付）陳述
証拠関係別紙のとおり　裁判長
弁論終結
裁判所書記官　星川純一

第一一回口頭弁論調書（判決言渡）

事件の表示　平成一〇年（ワ）第一三九三四号
期日　平成一二年五月二五日午前一〇時
場所及び公開の有無　大阪地方裁判所第七民事部法廷で公開
裁判長裁判官　山下郁夫
裁判官　青木　亮
裁判官　山田真依子
裁判所書記官　山田啓介
出頭した当事者等
原告　髙見秀一
同　岡本栄市
原告ら代理人　（略）

【弁論の要領】
裁判長
判決原本に基づき判決言渡し
裁判所書記官　山田啓介

訴状

1998（平10）年12月25日

請求の趣旨

一　被告は原告髙見秀一に対し、金一〇〇〇万円及びこれに対する訴状送達の日の翌日から支払済まで年五分の割合による金員を支払え。

二　被告は原告岡本栄市に対し、金一〇〇〇万円及びこれに対する訴状送達の日の翌日から支払済まで年五分の割合による金員を支払え。

三　訴訟費用は被告の負担とする。

との判決並びに仮執行の宣言を求める。

請求の原因

目次

第一　当事者など

一　原告ら

1　原告らは、いずれも大阪弁護士会所属の弁護士である。

２　原告高見秀一（以下、原告高見という）は、一九九七（平成九）年八月一九日、後記二項１に記載する被告人（当時、被疑者）Ａ（以下、Ａ被告人という）から、財団法人法律扶助協会大阪支部の被疑者弁護援助制度を利用した、いわゆる扶助選任の私選弁護人に選任され、同年九月一七日、同私選弁護人を辞任のうえ、大阪地方裁判所から、Ａ被告人の国選弁護人に選任された者である。

３　原告岡本栄市（以下、原告岡本という）は、一九九七（平成九）年八月一一日、後記二項２に記載する被告人（当時、被疑者）Ｂ（以下、Ｂ被告人という）から、弁護人に選任された者である。

二　被告人ら

１　Ａ被告人とＢ被告人は、一九九六（平成八）年三月二四日午後一〇時ころ、大阪市鶴見区において、普通乗用自動車を窃取し、同月二五日午前一時ころ、大阪市浪速区日本橋四丁目路上において、右自動車を用いてひったくりをしたとして、大阪地方検察庁検察官により一九九七（平成九）年九月一二日、大阪地方裁判所に窃盗罪及び強盗致傷罪で公訴提起された（事件番号大阪地方裁判所平成九年（わ）第三七五三号、強盗致傷・窃盗被告事件）。

２　Ａ被告人は一九九七（平成九）年九月三日以降、Ｂ被告人は一九九七（平成九）年九月八日以降、大阪拘置所に勾留されている。

三　大阪拘置所

１　訴外Ｏは、一九九七（平成九）年九月から一九九八（平成一〇）年一月当時、大阪拘置所所長であった者である（以下、同訴外人をＯ大阪拘置所所長という）。

２　被告国は、Ｏ大阪拘置所所長をして、大阪拘置所に収容されている未決勾留者の勾留の職務を遂行させ、もって公権力の行使にあたらせていた。

四　検察官

１　訴外Ｋは、一九九七（平成九）年九月から一九九八（平成一〇）年三月当時、大阪地方検察庁検察官検事であった者である（以下、同訴外人をＫ検察官という）。

２　被告国は、右被告事件の公判およびこれに伴う職務に関し、Ｋ検察官をして公判立会させる等してその職務を遂行させ、もって公権力の行使にあたらせていた。

第二　本件事実関係

一　信書の発受

１　Ａ被告人の弁護人である原告高見は、大阪拘置所在監中のＡ被告人と別紙一覧表（一）のとおりの信書を発受した。

２　Ｂ被告人の弁護人である原告岡本は、大阪拘置所在監中のＢ被告人と別紙一覧表（二）のとおりの信書を発受した。

二　信書の検閲とその記録化

１　Ｏ大阪拘置所所長は、前記一項各一覧表記載の信書発受がなされた当時、原告高見とＡ被告人との間の信書について、また、原告岡本とＢ被告人との間の信書について、係官をして検閲させた。

２　右検閲は、その内容を不適当と認める場合には、信書の一部ないし全部を墨塗りするなどの方法で、その表現行為（の伝達）を禁止することまで想定して、なされていたものである。

３　さらに、Ｏ大阪拘置所所長は、右検閲にもとづいて、係官をして各信書の内容を記述させ、これを記録化していた。

三　検察官の照会

1　K検察官は、前記二項の信書の検閲がなされ、その内容を記載した記録が存在することを前提に、一九九七（平成九）年一二月二四日、O大阪拘置所所長に対し、A被告人及びB被告人が発受した全ての信書の発受状況とその内容について、これを明らかにするよう照会した。

2　この照会は、A被告人と弁護人である原告高見との間の別紙一覧表（一）の信書並びにB被告人と弁護人である原告岡本との間の別紙一覧表（二）の信書の各発受状況とその内容を何ら除外することなくなされた。

3　右の如き照会は、検察官によって日常的に行われているものである。

四　拘置所の回答

1　O大阪拘置所所長は、一九九八（平成一〇）年一月九日、右照会に対して「捜査関係事項の照会について（回答）」と題する文書を発し、右照会に回答した（以下、この文書を本件回答書という）。

2　本件回答書には、各被告人が大阪拘置所に勾留されてから後、一九九八（平成一〇）年一月七日までの間に発受した信書について、その年月日、発受の別、信書の相手の氏名・住所、信書の内容（要旨）が記載されており、その記載には、A被告人と弁護人である原告高見との間の別紙一覧表（一）の信書並びにB被告人と弁護人である原告岡本との間の別紙一覧表（二）の信書も含まれていた。

3　本件回答書の如き回答は、日常的になされているものである。

五　検察官の覚知

本件回答書は、同年一月一四日、大阪地方検察庁に到達し、K検察官は、本件回答書の内容を覚知し、A被告人と弁護人である原告高見との間の別紙一覧表（一）の信書並びにB被告人と弁護人である原告岡本との間の別紙一覧表（二）の信書の各内容をも覚知した。

六　検察官の利用

1　K検察官は、同年二月六日、大阪地方裁判所に対し、各被告人について、刑事訴訟法八一条の接見等禁止を請求し、その際、請求書に本件回答書を添付して裁判所に提出した。

なお、同裁判所は、同年二月九日、接見等禁止決定をなした。

2　さらに、K検察官は、同年二月二七日、右被告事件において証人となって証言した訴外甲の検察官調書を刑事訴訟法三二一条一項二号後段書面として、期日外で取調請求した。そして、K検察官は、同年三月二日の第五回公判期日において、本件回答書を、「両被告人の大阪拘置所での書信状況について（甲の検察官調書の特信性に関して）」を立証する証拠、すなわち、刑事訴訟法三二一条一項二号後段の「特信性」立証のためとして、証拠として取調請求した。

なお、原告らは、同年三月二三日の第六回公判期日において、右取調請求に対して異議がある旨意見を述べたが、大阪地方裁判所は、同期日において、本件回答書の取調請求について「被告人と各弁護人との間における信書の授受部分につき、却下し、その余については、採用決定」した。さらに、原告らは、右証拠決定について、憲法二一条、三一条、三四条、刑訴法三九条一項および二項に違反することを理由に異議を申し立てたが、K検察官は、これに対して、「被告人と弁護人との間の信書の内容を検閲する行為は法律に基づくものであって、何ら問題はなく、原告らの異議申立には理由がない」との意見を述べ、裁判所は、原告らの異議申立を棄却している。

七　原告らの衝撃など

原告髙見は、同年二月二七日、裁判所で右被告事件の記録を閲覧した際に、大阪拘置所において検閲された結果の記載された本件回答書が、接見等禁止請求に添付されていることを知って、甚だしい衝撃を受けた。そして原告髙見は、この事実を原告岡本に報告し、原告岡本も、これに驚き、その弁護権侵害に憤慨した。

さらに、右三月二日の取調請求については、原告らは、その衝撃のゆえに即座に意見を言えない程であった。

かかる原告らの損害については、後記第一〇において述べるとおりである。

第三　弁護人と被告人との間の秘密交通権と弁護権

一　秘密交通権の重要性とその内容

1　秘密交通権と信書の秘密

後記第四以下で論じるとおり、弁護人と被疑者・被告人（以下、一括して被告人と表現する）との間の秘密交通権は、憲法・国際人権自由権規約・刑事訴訟法において保障されている。身体を拘束された被告人と弁護人との間の秘密交通権は、後にも言及するとおり、如何なる制約をも受けえないものである。

そして、身体を拘束された被告人と弁護人との打合せと意思疎通（交通）は、面会（接見）、あるいは、信書、その他によってなされるが、面会（接見）も信書も、そのいずれについても、その内容を知られないこと、すなわち、秘密の保持は、その交通権の基本的内容である。信書を秘密交通権の対象外とすることは絶対に許されない。

2　秘密交通権は誰に対する権利か

被告人と弁護人との間の交通内容についての秘密は、当該被告人を刑事訴追の対象とし、その身体を拘束している国家との関係で侵されてはならないものである。けだし、弁護人と被告人の意思疎通の過程を国家が監視し、これに干渉するとするならば、被告人が自己に関する情報を的確かつ十分に弁護人に対して伝達することが抑制され、弁護人に不正確または不十分な情報しか与えないこととなり、その結果、弁護人から実質的で効果的な弁護を受けることができないか、あるいは、極めて不十分な弁護しか受けられなくなってしまうからであり、他方、弁護人においても、両者の意思疎通過程が国家により監視・干渉され、重要な情報や弁護活動の内容を国家に覚知されてしまうとすると、被告人とのコミュニケーションを差し控え、国家に覚知されないかどうかを気にしながら行動するなど、弁護活動に萎縮効果をもたらし、被告人に対する実質的で効果的な弁護活動を十分に行うことができなくなってしまうからである。このように両者の間の意思疎通過程を国家が監視し、その過程に干渉することは、被告人の防御権・弁護人の弁護権の保障を無意味にしてしまう。

以上述べたところからすると、とりわけ、刑事訴追の過程で、対立当事者となって対峙している国家機関たる検察官との間で、この秘密が絶対に侵されてはならないことは自明のことである。また、直接的な拘束者となっている国家機関（本件の場合、大阪拘置所）からこれが侵されてはならないことも明らかというべきである。

二　弁護士の弁護権

後にも論じるとおり、憲法・国際人権自由権規約・刑事訴訟法は、弁護人依頼権・秘密交通権を保障し、刑事司法手続において、弁護人となる弁護士を必要不可欠の存在として予定している。その意味で、弁護士は特別の地位を与えられていると考えなければならない。

わが国においても、弁護士法は、弁護士に対し「基本的人権を擁護し、社会正義を実現することを使命」とし（弁護士法一条一項）、この「使命に基づき、誠実にその職務を行い、社会秩序の維持及び法律制度の改善に努力」することを定め（同条二項）、また、厳格な秘密保持の義務を定め（弁護士法二三条。なお、刑法一三四条一項参照）、その他様々な義務を定めており（弁護士法二五条ないし三〇条）、さらに、懲戒手続をも定めている（弁護士法五六条ないし六四条）。また、弁護士倫理九条は、刑事弁護の心構えとして「弁護士は、被疑者及び被告人の正当な利益と権利を擁護するため、常に最善の弁護活動に努める」ことを定めている。これらは、憲法・国際人権自由権規約・刑事訴訟法によって認められている被告人の権利を擁護するという弁護士の特別の地位に照らして定められたものといえる。

このような弁護士の地位は、一面で義務である。が、その地位は、右弁護士の使命及び義務の遂行が第三者により妨げられないという意味では権利である。すなわち、かかる特別の地位の定めは、弁護士の右使命および義務の遂行を弁護士に対して保障しているものである。

このように、弁護士は弁護権を有している。そして、身体を拘束された被告人との間の秘密交通権は、後に論じるとおり、かかる弁護権の中核を構成するものである。それゆえ、被告人と弁護人たる弁護士との間で信書が発受された場合に、その「秘密交通権たる信書の秘密」を侵害することは、当然当該弁護人たる弁護士の弁護権に対する侵害となる。

以下、第四において本件が憲法違反である所以を、第五において本件が国際人権自由権規約に反している所以を、第六において本件が刑事訴訟法違反である所以を、各々詳論することとする。

第四　弁護人と被告人との間の秘密交通権は憲法上の権利であって、その侵害は違憲である

以下にみるとおり、弁護人と被告人との間の秘密交通権、そして、信書の秘密は、憲法の左の各条項によって、それぞれ固有の根拠にもとづき、かつ、根底において共通する普遍的な原理にもとづいて、明確に保障されている。そして、後述するとおり、憲法は、これを制約する法理の存在を認めてはいない。要するに、秘密交通権は不可侵である。したがって、第二の二項及び四項におけるO大阪拘置所所長の行為、並びに、第二の三項、五項及び六項のK検察官の行為は、いずれも違憲・違法であることが明らかである。

一　憲法三四条・三七条三項

1　憲法の定める弁護人依頼権

㈠　憲法三四条は「何人も、理由を直ちに告げられ、且つ、直ちに弁護人に依頼する権利を与へられなければ、抑留又は拘禁されない」と定め、憲法三七条三項は「刑事被告人は、いかなる場合にも、

資格を有する弁護人を依頼することができる。被告人が自らこれを依頼することができないときは、国でこれを附する」と定める。

このように、憲法は、国家からその身体を拘束される個人、そして国家により刑事訴追を受けた個人に、弁護人依頼権を保障している。

㈡　もとより、憲法の定める弁護人依頼権とは、弁護人による実質的で効果的な援助を受ける権利を意味している。一個人が国家からその身体の拘束を受け、あるいは、刑事訴追の対象とされているとき、弁護人は、国家と対峙する私人にすぎない一個人の唯一の援助者というべきであって、弁護人依頼権は、単に弁護人を「依頼する」だけの権利などではありえない。この点、札幌地決昭和三四年五月二一日（下刑集一巻五号一三三七頁）も「ここに弁護人依頼権とは、被疑者が弁護人を選任し、且つ、実質的にその弁護を受けられる権利を意味するのは当然であって、単に弁護人を選任することができるという趣旨であればかかる弁護人依頼権は全く無意味である」と明言しているが、これは当然の事理を明らかにしたものである。

２　弁護人依頼権の中核としての秘密交通権

実質的で効果的な弁護を受ける権利が保障されているとき、国家によって身体を拘束されている被告人と弁護人との間の自由かつ十全な意思疎通を欠くことができないことは明らかである。けだし、実質的で効果的な弁護を受けるためには、被告人は、弁護人に対し必要かつ充分な情報を提供し、これに応じて、弁護人から適切な助言を得、この過程を繰り返す等、弁護人との間で必要かつ充分なコミュニケーションをとることが不可欠で、それ無くして実質的で効果的な弁護などはありえないからである。その交通において、極めて重要な地位を占める信書による交通が秘密でなければならないことはいうまでもない。かかる弁護人と身体を拘束された被告人との間の通信の秘匿特権は弁護権の本質的要素である。

それゆえ、両者の意思疎通（交通）については、拘束者である国家からの干渉は一切許されない。すなわち、秘密交通権は、弁護人依頼権の中核を構成するものとして、憲法が保障するものである。いうまでもないが、対立当事者である検察官に対して、その交通過程が秘匿されるべきことは、憲法が定める弁護人依頼権の絶対的要請に外ならない。

３　最判理論の存在

身体を拘束された被告人と弁護人との間の秘密交通権が憲法上保障されていることは、最判（一小）昭和五三年七月一〇日（民集三二巻五号八二〇頁）からも明らかである。

すなわち、同判決は、

「……・憲法三四条前段は、何人も直ちに弁護人に依頼する権利を与えられなければ抑留・拘禁されることがないことを規定し、刑訴法三九条一項は、この趣旨にのっとり、身体の拘束をうけている被疑者・被告人は、弁護人又は弁護人となろうとする者（以下「弁護人等」という）と立会いなしに接見し、書類や物の授受をすることができると規定する。この弁護人等の接見交通権は、身体を拘束された被疑者が弁護人の援助を受けることができるための刑事手続上最も重要な基本的権利に属するものであるとともに、弁護人からいえばその固有権の最も重要なものの一つであることはいうまでもない」

と判示し（傍線引用者）、

「弁護人等の接見交通権（は）……憲法の保障に由来するもの」と

した。

まさしく、最高裁判例も秘密交通権の重要性を認め、その交通の秘密が侵されることを認めていないのであり、かつ、これを弁護人の固有権の最も重要な権利としていることが明らかである。また、右判示からみて、右最判においても、信書の授受は当然秘密交通権に含まれているものと解されているというべきである。

4　小括に代えて

以上要するに、憲法三四条・同三七条三項の弁護人依頼権は、弁護人と被告人の間の秘密交通権の保障を包含している。弁護人と被告人の間の信書の授受が国家に対して秘密とされなければならないことは、憲法上の弁護人依頼権の当然の内容なのである。これを国家が覚知することの違法性は明らかであり、まして、対立当事者たる検察官がこれを覚知するなどということは、秘密交通権を中核とする弁護人依頼権の全き否定以外の何ものでもなく、およそ許される余地がない。

二　憲法二一条

1　憲法の定める表現の自由・通信の秘密とその優越的地位

憲法二一条は、

その一項において「集会、結社及び言論、出版その他一切の表現の自由は、これを保障する」と定め、

その二項では、「検閲は、これをしてはならない。通信の秘密は、これを侵してはならない」と定めている。

いわゆる表現の自由・通信の秘密の保障であるが、これは、思想・信条・意見・知識・事実・感情など個人の精神活動に関わる一切のもの（これを包括して「情報」と呼ぶことができる）の伝達に関する活動の自由と解される。また、情報を伝達する行為は情報をうけとる行為があってはじめて有意的となるから、この自由は、情報をうけとる権利（情報受領権）を包含すると解される。このように憲法二一条は、情報流通過程（コミュニケーション過程）を保障しているのであって、当然、被告人と弁護人との間のコミュニケーション過程は、憲法二一条の保障を受ける。

そして、右の保障は、情報の流通に関わる、かかる国民の諸活動が、公権力により妨げられないことを意味する。これは、情報流通過程の中身について国家が関与しえないということ、換言すれば、その自由は、その秘密と不即不離の関係にあるということに外ならない。かかる自由が、個人の自己実現、立憲民主主義の維持・運営（国民の自己統治）、真理への到達等にとって不可欠とされ、いわゆる優越的地位を占めるとされていることに照らすと、その制限が原則として許されないものであることは多言を要しない。

以下、憲法二一条の各条文に則して、論じることとする。

2　通信の秘密としての秘密交通権（憲法二一条二項後段）

憲法二一条二項後段の通信の秘密の保障は、個人間のコミュニケーション過程を保護するもので、個人間において、国家に干渉されることのない接触・交通を可能とするところに、本来的な意義を有している。これは、私生活の秘密・自由ないしプライバシーの権利の保護の一環としての性格を有する（それゆえ、憲法上の通信の秘密の規定の根底には憲法一三条が存在する）。

このような通信の秘密の保障は、封書及び葉書などの内容の秘密はもちろんのこと、それのみならず、電信電話の秘密をも包摂するものであり、その主たる内容は、公権力によって封書を開披されたり、通信の内容及び通信の存在自体に関する事柄（信書の差出人・

受取人の氏名・住所、信書の差し出し個数・年月日など、電報の発信人もしくは受信人又は市外通話の通話申込者もしくは相手方の氏名・住所、発信もしくは配達又は通話の日時など）について調査の対象とはされないことを意味している。これは、一般に通信の検閲の禁止として理解されているところであり（郵便法八条及び電気通信事業法三条。なお、郵便法九条及び電気通信事業法四条参照）、後述する憲法二一条二項前段の検閲の禁止の場合と異なり、事前審査に限定されないし、積極的に通信の内容及び通信の存在自体に関する事柄について公権力が覚知する行為そのものを禁止するものである。

このような通信の秘密の保障は、被告人と弁護人間の通信にも当然妥当する。むしろ、前記した弁護人の弁護権の存在意義に照らすと、被告人と弁護人との間のコミュニケーション過程において通信が用いられる場合に、このような保障が、特に要請されることは明らかである。したがって、通信の秘密の保障の一環としても、秘密交通権としての信書の秘密が保障されている。

いうまでもなく、憲法二一条二項後段の保障に対する制約はきわめて限定的かつ厳格な基準によってしかなされえない。本件の場合、拘置所に対して、その秘密が守られないのみならず、検察官に対してさえ、その秘密が漏出したというのであるから、これが憲法二一条二項後段からも許されないことは明らかである。

3　検閲禁止の対象としての秘密交通権（憲法二一条二項前段）

㈠　被告人と弁護人間の信書の秘密が強く保障されねばならないことからすると、むしろ、被告人と弁護人との間の信書の検閲は、憲法二一条二項前段の定めによって、絶対的に禁止されているものと解すべきである。

表現の自由の保障が事前抑制の原則的禁止の趣旨を含むものであることは一般的に承認されている。事前抑制とは、表現行為に先立ち公権力が何らかの方法で抑制すること、及びこれと実質的に同視できるような影響を表現行為に及ぼす規制方法を行うことをいう。このような事前抑制が原則的に禁止されるのは、それが、情報を「市場」に出す前に抑止するというものであり、実際上の抑止効果において事後的規制の場合に比べて余りに問題が多いからに外ならない。

そして、憲法二一条二項前段の検閲禁止は、憲法二一条一項の事前抑制の原則的禁止の趣旨を受けて、わが国の歴史的経緯に鑑み定められたものである。すなわち、憲法二一条二項前段の検閲とは、表現行為に先立ち行政権がその内容を事前に審査し、不適当と認める場合にその表現行為（の伝達）を禁止することを意味し、この種の事前抑制を絶対的に禁止する趣旨であると解すべきである。この趣旨は、表現行為全て（の伝達）を禁止する場合だけではなく、その一部を何らかの方法で禁止する場合にも及ぶものと解される。

この検閲の定義からすれば、拘置所所長が被告人と弁護人間で授受される信書の内容について、その内容を不適当と認める場合に一部を墨塗りするなどの方法で表現行為（の伝達）を禁止することまで想定し、これを被告人ないし弁護人が受領する前に審査することは、憲法二一条二項前段の検閲に該当し、絶対的に禁止されるといわねばならない。

㈡　この点、最大判昭和五九年一二月一二日（民集三八巻一二号一三〇八頁）も次のとおり判示している。

「憲法二一条前段は『検閲は、これをしてはならない』と規定する。憲法が、表現の自由につき、広くこれを保障する旨の一般的規定を同条一項に置きながら、別に検閲の禁止についてかような特別の規定を設けたのは、検閲がその性質上表現の自由に対する最も厳しい制約となるものであることにかんがみ、これについては公共の福祉を理由とする例外の許容（憲法一二条、一三条参照）をも認めない趣旨を明らかにしたものと解すべきである」（傍線引用者）。

まさしく検閲は一切許されないのである。

もっとも、他方で、右最大判は、

「憲法二一条二項にいう検閲とは、

① 行政権が主体となって、

② 思想内容等の表現物を対象とし、

③ その全部又は一部の発表の禁止を目的として、

④ 対象とされる一定の表現物につき網羅的一般的に、発表前にその内容を審査した上、

⑤ 不適当と認めるものの発表を禁止することを、その特質として備えるものを指すと解すべきである」と判示している（番号引用者）。

しかし、これらの基準は、必ずしも厳密に過不足なく検閲という概念を定義し尽くしたものと解されているというわけではない。それゆえ、これらの基準をもって、被告人と弁護人との間の信書の検閲を憲法二一条二項にいう検閲でないとすることは出来ない。

しかも、被告人と弁護人との間の信書の検閲について、右基準をあてはめてみると、むしろ、この基準を十分充たしているというべきなのである。すなわち、上記①の基準を充たしていることはいうまでもない。また、表現物たる被告人と弁護人間の信書を対象とし、かかる信書が個人の自己実現、真理への到達等に不可欠であることに照らすと、②の基準も充たしている。③④⑤についても、審査は未決勾留者一般の信書を網羅的に対象とするものであり、弁護人との間の信書を何ら除外せず、しかも、信書の内容によっては、拘置所所長が不適切と認めるものについて、全部又は一部の墨塗りを行うなどの方法により事前に相手方に到達する前に知らしめないようにするものなのであって、このようにして外部への伝達を断つということは、発表の契機自体を断つことに外ならず、これらの基準をも充たすことが明らかである。したがって、最高裁判所判例の検閲の定義に従っても、拘置所所長が未決拘禁者の信書の内容を監視し、そこに干渉することは憲法二一条二項の検閲に該当する。

㈢ 仮に、右最高裁判例の基準をもって、被告人と弁護人との間の信書についての検閲が、この基準を充たさないというのであれば、右基準は、憲法の表現の自由の保障としては、不当に狭い基準といわざるをえない。いずれにしても、本件の如き信書の検閲は、憲法二一条二項前段の検閲であることを免れることはないというべきである。それを許容するとすれば、その萎縮効果は余りに絶大という外はなく、これを許容する余地はない。

4 事前抑制の原則的禁止（憲法二一条一項）

さらに仮に、本件の如き信書の検閲が憲法二一条二項前段の検閲の概念には該当しないとされた場合であっても、事前抑制の原則的禁止の法理が妥当することは明らかである。

もとより、事前抑制の原則的禁止の法理は、検閲禁止とは異なり、一切の例外を認めないというものではない。が、公権力のうち、特に行政権が行なうものは、公正な法の手続を踏まえてなされる司法権による場合とは異なり、例外が許容される余地は極めて小さいものといわなければならない。本件の如き信書の検閲が、右最高裁判例のいう検閲の基準をほとんど充たしていること自体は、右に述べ

たところで疑いようもないのであるから、本件の如き信書の検閲は、憲法が事前抑制を原則的に禁止した趣旨から逸脱した行為であることが明白である。

５　小括

以上、いずれにしても、憲法二一条によっても、被告人と弁護人間の信書による秘密交通権は保障されている。本件が憲法二一条に違反することは明らかである。

三　**憲法一三条・三一条・（三二条）・三七条一項・三八条一項**

１　憲法一三条

㈠　上述したところからすると、そもそも、被告人と弁護人との間の信書の秘密は、憲法一三条によって保障されているというべきである。

すなわち、憲法一三条がプライバシーの権利を保障していることは疑いがないが、プライバシーの権利は、個人が道徳的自律の存在として、自ら善であると判断する目的を追求して、他者とコミュニケートし、自己の存在にかかわる情報を開示する範囲を選択できる権利を包含していると解すべきである。その情報が被告人（そして、被告人とコミュニケートしている弁護人）の意にかかわらずに漏出するなどということは、およそ認められない。かかるプライバシーの権利は、私法、特に不法行為法によって保護され、その侵害に対しては損害賠償等の救済が与えられてきている。プライバシーの権利は、人格的利益の一つとして憲法一三条の幸福追求権によって保障され、公法私法を問わず妥当する基本的な人格的価値である。

そして、被告人のプライバシーの権利が特に保障されなければならない場面は、刑事裁判における自己の防御権を適切かつ効果的に行使するために弁護人とコミュニケーションを取り、必要な情報を開示する場面である。同様に弁護人にとっても、弁護人が被告人の防御権を擁護するために被告人との間で自らの弁護権にもとづいて必要なコミュニケーションを取る場面は、憲法一三条の保障を受けるというべきである。

㈡　高松高判平成九年一一月二五日（判タ九七七号六五頁）は、「受刑者が自己の民事事件の訴訟代理人である弁護士と接見する権利ないし自由は広い意味において憲法一三条の保障する権利ないし自由に含まれると解することができ」ると判示し、かつ、その接見が立ち会いなしになされるべき旨判示した。

右判示は、受刑者と代理人弁護士の間の秘密交通権が憲法一三条により保障されるというものであり、憲法三四条・同三七条三項で権利として具体的に保障されている被告人と弁護人間との秘密交通権の事例とは事案自体は異なる。が、有罪が確定して刑罰権に服している受刑者について憲法一三条の保障が及ぶとされているのであるから、まして無罪の推定が働く被告人については当然に憲法一三条の保障が及ぶことはいうまでもない。したがって、憲法一三条の保障は当然被告人と弁護人との交通についても妥当する。

身体を拘束された被告人にとって、それは最低限の人格権の担保というべきであり、被告人の防御権を支える憲法上の保障である。そして、その重要性に鑑み特別の地位を有する弁護人の弁護権が存在するのであって、秘密交通権は憲法一三条によっても保障されていることが明らかである。

２　憲法三一条

また、国家の側が、弁護人と被告人の秘密交通権に立ち入るなどということ、とりわけ、対立当事者たる検察官が、弁護人と被告人との間のコミュニケーション過程を監視し、さらにその内容を知るということ、あるいは、それらの可能性があるということは、憲法上保障された被告人の防御の利益を著しく無視し、あるいは、損なうものであり、刑事司法に適正手続を要請する憲法三一条にも明らかに反するといわなければならない。秘密交通権を侵され、あるいはそれを危殆化させるところに適正な手続など存在しえない。

実際、効果的かつ実質的な弁護を受けられない被告人が検察官と相対峙して刑事裁判を追行することは、いわば素人がプロボクサーとボクシングの試合をするようなものである。効果的かつ実質的な弁護を受けて初めてボクシングとしての試合が成立するものであるから、被告人が刑事手続においてその主体性を確立し、防御権を行使し、効果的実質的弁護を受ける権利は極めて重要であり、そのためには秘密交通権が保障されなければならないのである。

したがって、秘密交通権は、適正な手続の要請を実現するために不可欠なものとして、憲法三一条によっても保障されている。

3 憲法三七条一項(同三二条)

憲法三七条一項が被告人において有するとする「公平な裁判所の……裁判を受ける権利」が、フェアトライアルの理念を要請していることは明らかである(その背景には、憲法三二条の裁判を受ける権利があり、これは、実質的な意味で実効性のある裁判を受ける権利を意味していると解されよう)。それゆえ、被告人は、その防御権の一環として、弁護人は、その弁護権の一環として、フェアトライアルを要請する権利を有しているというべきである。

ところで、フェアトライアルというのは、対立当事者が、武器対等の原則のもとで、主張立証を尽くすべきであるということを意味する。そして、被告人が刑事手続上の一方当事者であることは疑いようがなく、対立当事者が検察官であることも疑いようがない。

それゆえ、検察官は、フェアトライアルの理念の当然の要請として、職務上、刑事被告人の一方当事者としての地位を尊重し、かつ、武器対等の原則を初めとするフェアトライアルを追行する義務と責任があるというべきである。まして、検察官は、強大な国家権力を背景に捜査を行い、公判準備のための証拠資料を収集する権能を有しているのであるから、武器対等の原則を初めとするフェアトライアルを追行する義務と責任は検察官に課せられた極めて重大な職務上の義務といわなければならない。

他方で、弁護人と被告人との間のコミュニケーション過程を保護する秘密交通権は、国家の側がその強大な権力を背景に公判準備のための証拠資料収集をなす権能を有していることに鑑み、フェアトライアルの理念・武器対等の原則の要請としても、憲法上保障された権利というべきである。秘密交通権はフェアトライアルの理念を要請する憲法三七条一項によっても保障されている。

したがって、国家、とりわけ、対立当事者たる検察官が、被告人と弁護人との間のコミュニケーション過程を監視し、あるいはその内容を覚知するなどということは、およそ許されない。それは、俗的な比喩を用いるならば、プロ野球の試合における「サイン盗」の如くに恥ずべき所為である。

ともあれ、被告人の防御権・弁護権の本質的要素である秘密交通の内容を対立当事者の側が踏み込んで知るなどということ、いわんや、それを利用するなどということは、憲法三七条一項からも到底許されないのである。

4 憲法三八条一項

憲法三八条一項の黙秘権=自己負罪拒否特権とは、そもそも、対立当事者である国家、とりわけ捜査機関・訴追機関、すなわち、まさに検察官に対して、被告人が供述を提供する義務などのないことを定めているものである。それは検察官に対し情報提供を拒む権利なのであり、換言すれば、被告人の国家に対する情報（供述）提供は、国家に対する情報（供述）提供であることを十分認識したうえで、あくまでも、その自由意思でなされるべきだということを意味する。その反面として、被告人が自らの援助者たる弁護人に与える情報は、まさに防御上相対峙する対立当事者である検察官に対しては秘匿されるべきであるということが自己負罪拒否特権のうちに当然に含まれるといわなければならない。弁護人と被告人との間のコミュニケーション過程の秘匿特権は、自己負罪拒否特権の当然の帰結である。

それゆえ、弁護人との間の信書の内容について、これを何時でも検察官が覚知でき、現に覚知しているというのは、自己負罪拒否特権を侵すものである。それは、強制的に被告人から供述を得て情報を得るということではないとしても、被告人が、その自由意思によってしか国家に情報（供述）を提供することはないとの原則を蹂躙するものであって、これは、黙秘権を明らかに侵害するものといわなければならない。

以上のとおり、秘密交通権は憲法三八条一項によっても保障されている。

四　憲法上、秘密交通権を制約する法理は存在しない

1　ところで、最高裁判所理論によれば、

「未決勾留は、……刑事司法上の目的のために必要やむをえない措置として一定の範囲で個人の自由を拘束するものであり、他方、これにより拘禁される者は、当該拘禁関係に伴う制約の範囲外においては、原則として一般市民としての自由を保障されるべき者である」とされ、その自由を制限する場合は、

「……真に必要と認められる限度にとどめられるべきもの」で、

「……放置することのできない程度の障害が生ずる相当の蓋然性があると認められることが必要であり、かつ、その場合においても、右の制限の程度は、右の障害発生の防止のために必要かつ合理的な範囲にとどまるべきものと解するのが相当である」とされている（最大判昭和五八年六月二二日民集三七巻五号七九三頁。傍線引用者）。

2　右最高裁判例において、上述した憲法上保障された秘密交通権の存在が、どのように捉えられているのかは必ずしも定かではない。が、被告人にとって、その弁護人との間で秘密かつ自由に信書のやりとりをし、情報を提供し、かつ、情報を受領することは、その防御権を全うするために必要不可欠で、まさしく、その者の個人の自己実現、真理への到達等のための必要最低限の精神活動であることは疑いを容れない。また、弁護権という固有の権利を有する弁護人にとっても、これは同様で、その秘密交通を欠くことのできないことは明らかである。いわば、秘密交通権は、身体拘束（未決勾留）の代償として特に憲法上保障されたものということができるのである。

このことからすると、秘密交通権は刑事司法上の目的に必要不可欠のものとして組み込まれているのであって、これについて「刑事司法上の目的のために必要やむをえない措置として一定の範囲で個人の自由」が拘束されうる余地はおよそ見出しえない。それゆえ、

これは、「当該拘禁関係に伴う制約」を受けえないと解される。

他方、一般的にみても、未決勾留者と弁護人との間の信書の秘密について、これを制限しなければならないような真の必要性などはおよそ存在し難いし、その秘密を維持させることによって「放置することのできない程度の障害が生ずる相当の蓋然性がある」とも、およそ認められない。

したがって、右最高裁判例理論によっても、秘密交通権が制約されることはない。

3　以上述べたとおりであるから、少なくとも被告人と右特別の地位に在る弁護人との間の信書の発受については、その内容につき如何なる制約をも受けるべきものではない。憲法上、これを制約する法理が存在しないことは明らかである。

五　アメリカ憲法と判例法から

以上述べたとおり、弁護人と身体を拘束された被告人との間の信書による秘密交通権は憲法上保障されているものであるが、このことは、わが憲法の母胎ともいうべきアメリカ合衆国憲法の修正一条、修正六条、修正一四条における定めと、連邦最高裁判所の判例の展開からも明らかである。

1　アメリカ合衆国憲法の定め

アメリカ合衆国憲法の修正第一条は、

「連邦議会は、言論および出版の自由を制限し、あるいは人民の平穏に集会する権利、ないし苦痛事の救済に関し政府に請願する権利を侵す法律を制定してはならない」

と定め、

修正第六条は、

「すべて刑事上の訴追においては、被告人は、犯行があった州およびあらかじめ法律によって規定される〔司法〕地区の、公平な陪審員によって行われる、迅速な公開裁判をうけ、かつ告訴の性質と理由とについて告知をうける権利を有する。刑事被告人はまた自己に不利益な証人との対面を求め、強制的手続により、自己に有利な証人を求め、また弁護人を依頼する権利を有する」

と定め、

修正第一四条は、「また、何州といえども、正当な法の手続によらないで、何人からも生命、自由または財産を奪ってはならない。また、その管轄内にある何人に対しても、法律の平等なる保護を拒んではならない」

と定めている。

2　アメリカにおける判例理論（その1）

これら修正条項の保障として、弁護人と身体を拘束された被告人との間の信書の秘密については、連邦最高裁で、次のとおりの判例の展開がなされている。

すなわち、連邦最高裁は、一九七四年のウルフ・マクダネル事件判決において、監獄に収容されている者と弁護士・弁護人との信書の秘密は憲法上の権利であることを認めた。これは、ネブラスカ州刑務所に服役中の者が、弁護士との信書を検閲する手続など所内の処遇に関する差し止めと損害賠償を請求する訴訟を提起したもので、当時、所内では、弁護人・弁護士との信書の授受も、一般人と同じく開封・閲読をすることとなっていたものである。が、連邦最高裁は、監獄の被収容者と弁護士との信書の自由は修正第一条の表現の自由、修正第六条の弁護人依頼権、修正第一四条の適正手続の権利などの条文で保障されていることを認める旨判決したのである。

もっとも、高等裁判所が、弁護士・弁護人からの信書の開披の要件として、禁制品の封入の疑いのある場合など「然るべき事情」まで要求したのは過重すぎるとして破棄し、「弁護士・弁護人からの信書であることが明白であっても、禁制品が封入されている可能性がある以上、監獄職員がこれを開披することは認められてよい」としている。しかし、弁護士・弁護人から被収容者に宛てられた信書については、本人の面前で禁制品の所在について開披して点検する限度で検閲することとしか許されないとしたのであった。

そして、右連邦最高裁判決の前後から連邦下級裁判所の判決でも、被疑者・被告人や服役囚と弁護士・弁護人との信書の自由は憲法上の権利として認められ、内容の閲読を伴う検閲は違憲とするものが相次いでいるという状況にある。

3　アメリカにおける判例理論（その2）

さらに、アメリカ判例理論にあっては、弁護人依頼権の内容が強化・拡充されており、例えば、弁護人依頼権を無視して、被告人の供述が証拠とされることはないとの法理が確立されていることにも留意しておかねばならない。

すなわち、連邦最高裁は、一九六四年のマサイア判決で、訴追側が身体不拘束の共犯者の協力を得て麻薬取締法違反で起訴後保釈中の被告人との会話を秘かに傍受し、その供述内容を証拠として被告人が有罪とされた事案につき、被告人から計画的に採取した供述を被告人に不利な証拠として用いるのは修正第六条の弁護人依頼権を侵害することになるとして原判決を破棄した。憲法上の弁護人の援助を受ける権利の侵害を理由に共犯者に対する当該自白を証拠排除したのである。マサイア判決は次のように述べている。

「……起訴後、弁護人が立ち会うことによって提供されるところの保護なしに、被告人を秘かに取り調べることは、刑事事件の処理方法の根底にある公正の命令および犯罪で告発された人の基本的権利を侵害することになる……われわれは、連邦捜査官が起訴後の被告人から弁護人のいないところで意図的に採取した被告人自身の負罪的言葉が公判で被告人に不利に用いられたとき、被告人はかかる保障の基本的保護を否定されたことになると判示する。……本件では、被告人は自分が連邦捜査官によって取調べを受けていることすら知らなかったのであるから、被告人はさらに本当にだまされていたのである」。

次いで、同年のエスコビード判決が、正式起訴の前の被告人取調について修正第六条の弁護人依頼権侵害があるとし、一九六六年のミランダ判決が修正第五条の自己負罪拒否特権の手続的保護措置としての弁護人立会権を認めたことは周知のとおりであるが、憲法上の権利として、弁護人依頼権が、まさに実質的で効果的な援助を常時受ける権利として確立されていることは明らかである。そして、被告人が弁護権を無視された状態で、その供述を訴追側に秘かに獲得されて利用されることなどないとの法理も確立されているのである。

そうだとすると、その弁護権の中核たる秘密交通権に訴追側が立ち入る（そして、さらにそれを証拠として利用する）などということが、如何に不公正極まるかは、あえて論じるまでもないであろう。

六　まとめに代えて

以上のとおり、弁護人と身体を拘束された被告人との信書の発受による秘密交通権が、わが憲法によって保障されていることは明らかである。拘禁する側の無条件の検閲はもちろん許されないし、ましてや、対立当事者である検察官から、その秘密が侵害されることなど許される余地がない。

本件は、明らかに違憲である。

第五　弁護人と被告人との間の秘密交通権は国際人権自由権規約でも保障されており、その侵害は国際人権自由権規約違反である

わが国は、一九六六年に第二回国連総会で採択された市民的及び政治的権利に関する国際規約（以下、国際人権自由権規約という）を一九七九年八月四日に批准し、これは、同年九月二一日に発効しているが、弁護人と被告人との信書による秘密交通権は、かかる国際人権自由権規約でも保障されている。いわんや、対立当事者たる検察官が、その秘密交通の内容を知るに至るということ、さらには、これを利用するというようなことは、国際人権自由権規約がおよそ容認しないところである。

一　国際人権自由権規約の定めと効力

1　その定め

㈠　自由権規約一四条は、次のとおり定めている。
「1　すべての者は、裁判所の前に平等とする。すべての者は、その刑事上の罪の決定又は民事上の権利及び義務の争いについての決定のため、法律で設置された、権限のある、独立の、かつ、公平な裁判所による公正な公開審理を受ける権利を有する。……
2　刑事上の罪に問われているすべての者は、法律に基づいて有罪とされるまでは、無罪と推定される権利を有する。
3　すべての者は、刑事上の罪の決定について、十分平等に、少なくとも次の保障を受ける権利を有する。
……
(b)　防御の準備のために十分な時間及び便益を与えられ並びに自ら選任する弁護人と連絡すること。……」。
㈡　また、自由権規約一七条は次のとおり定めている。
「1　何人も、その私生活、家族、住居若しくは通信に対して恣意的に若しくは不法に干渉され又は名誉及び信用を不法に攻撃されない。
2　すべての者は、1の干渉又は攻撃に対する法律の保護を受ける権利を有する」。

2　その効力

国際人権自由権規約（いわゆるB規約）は、国内法としての直接的効力を有し、しかも、法律に優位する効力を有する。このことは、前掲高松高判平成九年一一月二五日、徳島地判平成八年三月一五日（判時一五九七号一一五頁）が、次のとおり明快に判示している。

「憲法九八条二項は、『日本国が締結した条約及び確立された国際法規は、これを誠実に遵守することを必要とする』と規定するが、これは、わが国において、条約は批准・公布によりそのまま国法の一形式として受け入れられ、特段の立法措置を待つまでもなく国内法関係に適用され、かつ、条約が一般の法律に優位する効力を有することを定めているものと解される。もっとも、わが国が締結した条約の全てが右の効力を有するものではなく、その条約が抽象的・一般的な原則あるいは政治的な義務の宣言にとどまるものであるような場合は、それを具体化する立法措置が当然に必要となる。ところで、B規約は、自由権的な基本権を内容とし、当該権利が人類社会のすべての構成員によって享受されるべきであるとの考え方に立

脚し、個人を主体として当該権利が保障されるという規定形式を採用しているものであり、このような自由権規定としての性格と規定形式からすれば、これが抽象的・一般的な原則等の宣言にとどまるものとは解されず、したがって、国内法としての直接的効力、しかも法律に優位する効力を有するものというべきである」（傍線引用者）。

国際人権自由権規約（B規約）が国内法としての直接的効力を有し、かつ、法律に優位するものであることは、既に、判例理論として確立されるに至っているのである（東京高判平成五年二月三日—東京高等裁判所平成四年㈢第一一三八号—、大阪高判平成六年一〇月二八日・判タ八六八号五九頁、札幌地判平成九年三月二七日・判タ一五九八号三三頁、徳島地判平成一〇年七月二一日—徳島地方裁判所平成九年㈧第一号—参照）。

二　国際人権自由権規約の解釈

前掲高松高判・前掲徳島地判は、自由権規約の解釈について、次のとおり判示している。

「条約の解釈については、昭和五六年八月一日発効の条約法に関するウィーン条約が存するところ、同条約は遡及効を持たないため、それ以前に発効していたB規約の解釈に直接の適用はないが、それが国際慣習法として形成適用されてきた条約法の諸原則を成文化したものであることを考えると、B規約の解釈に際しても一定の指針となり得るものというべきである。条約法に関するウィーン条約は第三節において条約の解釈に関する国際法上のルールを定めているが、その三一条は、条約の解釈に関する一般的な規則として、1項において、条約は文脈により解釈されなければならないと規定し、3項において、文脈とともに、a条約の解釈又は適用につき当事国の間で後にされた合意、b条約の適用につき後に生じた慣行であって、条約の解釈についての当事国の合意を確立するもの、c 当事国の間の関係において適用される国際法の関連規則をも解釈の際に考慮しなければならないと定めている」。

この見地から、自由権規約一四条、同一七条は解釈されねばならない。すなわち、次のとおりである。

1　一般的意見（ゼネラルコメント）など

㈠　条約の適用につき後に生じた慣行であって条約の解釈について当事国の合意を確立するものとして、国連規約人権委員会の一般的意見（ゼネラルコメント）がある。前掲大阪高判平成六年一〇月二八日判決も、

「ところで、B規約二八条以下の規定に基づいて、高潔な人格を有し人権の分野において能力を認められ締結国の国民一八名で構成され、締結国から提出された報告を審査すること並びに市民的及び政治的権利に関する国際規約についての選択議定書（わが国は未批准）に基づくB規約にかか《ママ》げられている諸権利の侵害の犠牲者であると主張する個人からの通知を審理し、これに対する「見解」を送付することをその主な職務とする規約人権委員会が設置されている。同委員会は、B規約の個々の条文を解釈するガイドラインとなる『一般的意見』を公表しており、右『一般的意見』や『見解』がB規約の解釈の補足的手段として依拠すべきものと解される」と判示し（傍線引用者）、規約人権委員会の一般的意見が解釈の補足的手段として依拠されるべきであることを認めている。

㈡　自由権規約一四条三項のゼネラルコメントによると

「三項bは、被告人が、防御の準備のために十分な時間及び便益を

与えられ並びに自ら選任する弁護人と連絡できなければならないと定める。『十分な時間』がどの程度であるかは、それぞれの場合によるが、この便益には、弁護人を依頼し、連絡する機会をもつことのみならず、訴訟の準備に被告人が必要とする書類その他の証拠にアクセスすることも含まれなければならない。被告人が直接に防御することを欲しない場合又は自ら選任する人若しくは団体に依頼することを欲しない場合には、被告人は、弁護士を利用することができるべきである。さらに、本項は、弁護人に対し、交通の秘密を十分尊重するという条件で被告人と交通することを要求する。弁護士は、いかなる方面からも制限、影響、圧力又は不当な干渉を受けることなく確立した専門的水準及び判断に従って、依頼者に助言し、依頼者を代理することができるべきである」（傍線引用者）。

㈢　そして、自由権規約一四条一項については、前掲高松高判が、次のように述べるとおりである。

「……なお、規約人権委員会（B規約二八条）は、モラエル対フランス事件において、市民的及び政治的権利に関する国際規約の選択議定書（B規約第一選択議定書）五条四項に基づき、B規約一四条一項における公正な審理の概念は、武器の平等、当事者対等の訴訟手続の遵守を要求していると解釈すべきである、との見解を示していることも前記解釈について参考とすべき事情といえる」（傍線引用者）。

実際、規約人権委員会は、一九八九年モラエル対フランス事件で、「委員会はこの点で、問題の条項（規約一四条一項）は刑事上の問題だけでなく民事的性格の権利・義務に関する争いにも適用することに留意する。一四条は、（刑事上の罪の決定を扱う同条三項とは違って）訴訟事件における『公正な裁判』とは何かを説明していないけれども、規約一四条一項における公正な審理の概念は、武器の平等、当事者対等の訴訟手続の原則、即決判決の職権《ママ》による加重及び略式手続の排除などの多くの条件を要求しているものと解釈すべきである」との解釈を述べている（傍線引用者）。

2　被拘禁者保護原則など

㈠　さらに、前掲高松高判が次のとおり認めるように、一九八八年に国連第四三回総会決議で採択された被拘禁者保護原則も自由権規約の解釈指針となる。

「また、被拘禁者保護原則は国連総会で採択された決議であって、直ちに法規範性を有するものではなく、被拘禁者の弁護士との接見に関して定めたこの原則18に関し、当事国による適用が繰り返され慣行となっているとまで認めるに足りる証拠はなく、条約法条約三一条三項bの『条約の適用につき後に生じた慣行であって、条約の解釈についての当事国の合意を確立するもの』に該当すると解することは困難である。しかし、右被拘禁者保護原則は『法体系又は経済発展の程度の如何にかかわりなく、ほとんどの諸国においてさしたる困難もなく受入れうるもの』として専門家によって起草され、慎重な審議が行われた後に積極的な反対がないうちに採択されたものであることを考慮すれば、被拘禁者保護について国際的な基準としての意義を有しており、条約法条約三一条三項bに該当しないものであっても、B規約一四条一項の解釈に際して指針となしうるものと解される」（傍線引用者）。

㈡　自由権規約の重要な解釈指針となる被拘禁者保護原則は、その原則⑱で次のように定めている。

「①　抑留又は拘禁された者は、自己の弁護人と通信し、相談する権利を有する。

② 抑留又は拘禁された者は、自己の弁護人と相談するため十分な事件《ママ》と便益を与えられるものとする。

③ 抑留又は拘禁された者が、遅滞なく、また検閲されることなく完全に秘密を保障されて自己の弁護人の訪問を受け、弁護人と相談又は通信する権利は停止又は制限することはできない。ただし、法律もしくは法に従った規則に定められかつ司法機関もしくはその他の機関により安全と秩序を維持するために不可欠であると判断された例外的な場合を除く」（傍線引用者）。

まさしく、被拘禁者保護原則18は、拘置所による弁護人と被告人との間の通信につき、その秘密が守られねばならず、常時一律の検閲などが許されないことを明言しているのである。

㈢ さらに、被拘禁者保護原則は原則⑱において、次のとおり定めている。

「⑤ 本原則に定める拘禁又は収監された者と弁護人との間の通信は、それが犯罪の継続もしくは犯罪の企図と関連する場合を除き、拘禁又は収監《ママ》された者に対する証拠としては許容されることはない」（傍線引用者）。

被告人と弁護人との間の信書が対立当事者側から証拠として提出されるようなことは自由権規約の禁ずるところであることは余りに明らかである。

㈣ また、一九九〇年一二月一四日、国連第四五回総会決議が採択した「弁護士の役割に関する基本原則」八条は、次のとおり定めている。

「すべての逮捕、抑留又は拘禁された者は、遅滞、妨害又は検閲なしに完全な秘密裡に弁護士と面会し、連絡をとり、相談するために十分な機会、時間及び便益を与えられるものとする。かかる相談は法執行官の監視の下であっても聴取されることはない」（傍線引用者）。

なお、同二二条は、次のとおり定めている。

「政府は、弁護士と依頼人との間の職務に関するすべての交通と相談が秘密に行われることを認め、尊重しなければならない」（傍線引用者）。

これらは、自由権規約一四条三項bの解釈指針となる。

㈤ 被拘禁者処遇最低基準規則（一九五五年第一回国連犯罪防止会議採択、一九五七年国連経済社会理事会による承認）の九三条は、

「未決被拘禁者は、自己の弁護のため、無料の法律扶助が可能なところでは、これを求め、自己の弁護を目的として弁護人の訪問を受けかつ、秘密の指示文書を準備して、これを弁護人に手渡せなければならない。この目的のため、未決被拘禁者の希望があれば、必要な筆記用具が与えられなければならない」

と規定している（傍線引用者）。

これは、明らかに被告人と弁護人との間の信書の秘密を保障したものである。この決議も自由権規約一四条三項bの解釈指針となる。

3　ヨーロッパ人権裁判所の判例

㈠ 前掲高松高判が、次のとおり認めるように、ヨーロッパ人権条約についてのヨーロッパ人権裁判所の判例も、自由権規約の解釈指針として重要である。ヨーロッパ人権条約は、国際人権自由権規約の母胎ともいえるからである。

「ヨーロッパ人権条約は、その加盟国がB規約加盟国の一部にすぎず、我が国も加盟していないことから、条約法条約三一条三項bの『当事国の間の関係において適用される国際法の関連規則』とはいえないとしても、ヨーロッパの多くの国々が加盟した地域的人権条

約としてその重要性を評価すべきものであるうえ、前記のようなB規約との関連性も考慮すると、条約法条約三一条三項における位置づけはともかくとして、そこに含まれる一般的法原則あるいは法理念についてはB規約一四条一項の解釈に際して指針とすることができるというべきである」（傍線引用者）。

㈡　ヨーロッパ人権条約は、自由権規約一七条に類する規定として八条に左のとおりの規定を定めている。

「①　すべての者は、その私生活及び家族生活、住居並びに通信の尊重を受ける権利を有する。

②　この権利の行使については法律に基づき、かつ、国の安全、公共の安全若しくは道徳の保護のため、又は他の者の権利及び自由の保護のため民主的社会において必要なもの以外のいかなる公の機関による干渉もあってはならない」（傍線引用者）。

なお、ヨーロッパ人権条約は、その六条で、国際人権自由権規約一四条一項ないし三項と同旨の規定を設けている。

㈢　ヨーロッパ人権裁判所は、受刑者との訴訟準備のための代理人弁護士との信書の検閲についても、一九九二年三月二五日、キャンベル対イギリス国の事件で、次のとおり判示する。

「確かに、……訴訟準備のための信書と一般的性質の信書との間に境界線を引くことは困難であり、また弁護士との信書は、訴訟と殆ど又はまったく関係のない事柄に言及していることもあるだろう。しかし、当法廷は弁護士との間の信書に種々のカテゴリーを設ける理由はないと考える。それらは、目的は何であろうと、私的かつ秘密の事項に関するものであって八条の下で特別扱いを受けるものである。……そのような信書が、その内容に直接的な利害を有するかもしれない個人又は機関によって規則的な検閲を受けるということは、弁護士とその依頼人との関係に付随する秘密保持の原則及び職業的特権に合致しない。……刑務所当局は、通常の検査方法によっては発見できないような不法な内容物を含んでいると疑うべき十分な理由がある場合には、受刑者に対する弁護士からの手紙を開封することができる。しかし、信書は開封されるだけであって閲読すべきではない。たとえば、信書の閲読を防止するための適切な保障措置（受刑者の立ち会いの下で開封するなど）を講じるべきである。……」（傍線引用者）。

㈣　以上のとおり、ヨーロッパ人権裁判所は、拘禁された者と弁護士との間の信書の検閲につきヨーロッパ人権条約八条違反を認めている。このヨーロッパ人権条約八条についての解釈は自由権規約一七条の解釈指針となる。

4　その他

右の外に、次の如き国際人権文書が、国際人権自由権規約の有力な解釈を提供していることはいうまでもない。

㈠　世界人権宣言（一九四八年第三回国連総会採択）は、

その一一条一項で「犯罪の訴追を受けた者は、すべて、自己の弁護に必要なすべての保障を与えられた公開の裁判において法律に従って有罪の立証があるまでは、無罪と推定される権利を有する」とし、

その一二条で「何人も、自己の私事、家族、家庭若しくは通信に対して、ほしいままに干渉され、又は名誉及び信用に対して攻撃を受けることはない。人はすべて、このような干渉又は攻撃に対して法の保護を受ける権利を有する」と規定する。

これによって、被告人と弁護人との間の自由かつ秘密のコミュニケーションが保障されていることは明らかというべきである。

(二)　米州人権条約（一九七八年発効）八条二項は、

「あらゆる人は、手続中、次の最小限の保障を完全に平等に受ける権利を有する」として、

「c　自己の弁護の準備のために十分な時間及び手段

d　自ら自己を弁護するか又は自己の選任する弁護人による援助を受ける被告人の権利及び自己の弁護人と自由かつ私的に連絡する被告人の権利」と規定し、

弁護人と被告人との間のコミュニケーション過程が、自由、かつ、「私的」であること、すなわち秘密である権利を保障している。

(三)　ヨーロッパ刑務所規則（一九八七年採択）九三条は、

「未決被拘禁者は、拘禁の後、直ちに弁護人を選任する権利、又は利用できる場合には無料の法的援助を申し出ることが認められるものとし、自己の弁護のために弁護人の訪問を受け、秘密の指示を準備し弁護人に渡し、かつ受け取ることが認められるものとする。要求により、未決拘禁者は、このためのすべての必要な便益を与えられる。とくに、当局とのすべての基本的連絡及び弁護のために無料の通訳の援助を与えられる。未決拘禁者とその弁護人との間の接見は、警察又は拘置施設の係官の視野にあっても直接又は間接に聴取されない範囲内で行うことができる」

と規定する（傍線引用者）。

ここでも、「秘密の指示を準備し弁護人に渡し、かつ受け取る」権利が保障されているのである。

これらは、国際人権自由権規約の解釈指針を提供しているというべきである。

5　国際的な人権水準の例（ドイツの場合）

右にみた国際人権自由権規約が明らかにしている国際的な人権水準というものを端的に示す例として、弁護人と被告人間の信書に関してのドイツの例をみておくこととする。

すなわち、ドイツにおいては、未決拘禁施設に収容された被疑者・被告人と弁護人との書面交通は、刑法一二九条aのテロ結社罪の被疑・被告事件を除いて、その内容を検閲するなどの施設側のコントロールというものにおよそ服さないとされている（ドイツ刑事訴訟法一四八条）。被告人が弁護人に宛てた書面、および弁護人が被告人に宛てた信書で、表に「弁護人〔宛ないし発〕信書」と記載された書面は、封書のほか電報や大部のコピーの類であっても、これを施設側が開披することはできないのである。

拘禁施設側がチェックできるのは、「弁護人信書」と表書きされた信書の発受信書《(ママ)》の間に、実際に弁護人としての適法な選任が存するかどうかを確認することだけである。選任関係があると確認できない場合（施設側に弁護人選任が通知されていない場合など）は、その旨の通知を添えて、書面をそのまま（開披せず、封をしたまま）発信者に返却・返送する扱いになっている。

適法な選任のある弁護人が発した書面かどうかを調べるために、あるいは、施設内に持ち込んではならない物件を同封していないかどうかを調べるためであっても、「弁護人信書」と表書きされた書面を施設側が開披するということは許されない。要するに、「弁護人信書」と表書きされた書面については、どんな場合であっても、これを開披することは絶対に禁止されており、秘密性が絶対的に保障されているわけである。

ドイツでは、身体拘束された依頼人（被疑者・被告人）に対し弁護人は選任後すぐに、この「弁護人信書」の制度について教示しなければならないとされている。すなわち、弁護人に宛てた、事件の

実体に関する書面（通信）については、書面の内容を検閲させないために、そのすべてに「弁護人信書」とはっきり表書きしておくことが必要だと教示すべきだとされているのである。

三　まとめに代えて

1　以上からすると、自由権規約一四条三項bおよび同規約一七条が、弁護人と身体拘束された被告人との間の秘密交通権を保障していることは明らかである。すなわち、信書の秘密につき、拘禁している当局はもちろん、第三者からの侵害が許されないことを保障しているのである。本件が、右自由権規約に反していることの説明はもはや不要というべきであろう。

なお、自由権規約においては、拘禁当局は、通常の検査方法によっては発見できないような不法な内容を含んでいると疑うべき十分な理由があるときには、本人の立会いの下で開披することができるとの立場である。しかし、閲読はできないのである。

2　そして、自由権規約一四条一項は、当事者対等の原則・武器対等の原則を定めており、対立当事者たる検察官が弁護人と身体を拘束された被告人間との信書の内容を覚知するような事態をおよそ認めてはいない。ましてや、検察官によるその信書の利用などはおよそ禁じられているのである。

本件が、これに反していることも余りに明らかという外はない。

第六　弁護人と被告人との間の秘密交通権は当然刑事訴訟法も、これを保障しており、その侵害は明らかに違法である

一　刑事訴訟法三九条について

1　その定め

周知のとおり、刑事訴訟法三九条は、

①　身体の拘束を受けている被告人又は被疑者は、弁護人又は弁護人を選任することができる者の依頼により弁護人となろうとする者……と立会人なくして接見し、又は書類若しくは物の授受をすることができる。

②　前項の接見又は授受については、法令（裁判所の規則を含む。以下同じ。）で、被告人又は被疑者の逃亡、罪証の隠滅又は戒護に支障のある物の授受を防ぐため必要な措置を規定することができる。

③　検察官、検察事務官又は司法警察職員……は、捜査のため必要があるときは、公訴の提起前に限り、第一項の接見又は授受に関し、その日時、場所及び時間を指定することができる。但し、その指定は、被疑者が防禦の準備をする権利を不当に制限するようなものであってはならない。

と定めている。

すなわち、刑事訴訟法三九条は、その第一項で秘密交通権が原則であることを明記している。そして、その例外として、第二項では一定の事由ある場合の、法令による、その交通の制約を、第三項で被疑者段階での接見交通等の日時、場所、時間についての捜査の必要からの指定を規定している。

2　刑事訴訟法三九条一項と秘密交通権

刑事訴訟法三九条一項が、弁護人と身体を拘束された被疑者・被告人との間の秘密交通権を保障し、書類の授受も秘密交通権の対象であることは、前掲最判（一小）昭和五三年七月一〇日が判示しているとおりである。実際、刑事訴訟法三九条の解釈は、憲法、法に優位する効力を有する自由権規約に合致するようになされなければ

ならないが、そのとき右の如き解釈しかあり得ないことはいうまでもない。

右条文そのものの解釈としても、一項は、口頭の接見の秘密を保障していることは自明であり、書類・物の授受はこれと同一文章中で保障されているのであって、両者は同性質の権利であり、ともに秘密・自由と解さなければならない。刑事訴訟法八〇条の規定と対比しても、八〇条とは別にわざわざ三九条一項で書類の授受を保障していることからすると、刑事訴訟法は、弁護人との間の信書の授受について、弁護人以外の者との間の信書の授受とは異なり、「秘密を保持された書類の授受」としての信書の授受を、保障していることが明らかである。また、このことは、弁護人以外の者との間の書類について（すなわち、弁護人との間のそれを除いて）、裁判所のみが厳格な要件のもとで、検閲することができる旨の刑事訴訟法八一条の規定によっても裏付けられていよう。

実質的にも、被告人と弁護人は、検閲の不安がある以上、書類・物の授受によって防御の打合せを行えなくなってしまう。防御は萎縮し抑制される。信書については秘密が保持されないというのであれば、権利保障の意味がなくなってしまう。あえて平たく表現するならば、接見（面会）が秘密でなければならないことは自明であるが、接見（面会）の内容を国家は「聞いてはいけない」というのに、信書になった途端、その内容を国家が「見てもいい」というとすれば、それはナンセンスという外はないのである

二　刑事訴訟法三九条二項の制限について

ところで、刑事訴訟法三九条二項は、一項の原則の例外として、「……法令……で、被告人又は被疑者の逃亡、罪証の隠滅又は戒護に支障のある物の授受を防ぐため必要な措置を規定することができる」と定めた。

しかし、秘密交通権の保障が法三九条の本質であり、原則であるから、その例外としての制限は、秘密を保障する限度でしかなしえない。

前記のとおり、その制限は、法に優位する憲法並びに国際人権自由権規約の制限の範囲でなければならないし、刑事訴訟法それ自体の解釈としても、三九条二項が、秘密交通権の保障を没却するような措置を採ることを認めていると解することはできない（仮に、法三九条二項をそのように解することができるというのであれば、同項は違憲の規定であることを免れない）。

すなわち、「法令」の定めであっても「立会いなしの接見」の制限（接見への立会）が許されないことは自明であるが、信書の授受についても、いくら「法令」の定めであっても、その秘密は保持されねばならず、まして、一律無条件の検閲を定めることなどはできないのである。法三九条二項が「被疑者の逃亡、罪証の隠滅又は戒護に支障のある物の授受を防ぐため」との制限を定め、法令に委任しているのも、秘密交通を前提としているが故であると解すべきである。けだし、信書において常時一律に検閲できるとすれば、法三九条二項の右制限は全く無意味となるからである。

また、法三九条三項は、公訴提起前の段階において検察官等が、捜査のため必要な場合、接見又は物の授受に関し、その日時、場所、時間のみを指定できるとしているが（この規定は違憲と解されるが、その議論は、さて措き）、同項ですら「接見」「授受」に関し、指定できるのは、右「日時」「場所」「時間」のみであって、秘密交通権を侵害する指定権など付与していない。このことからも法三九条が

秘密交通権を保障していることを裏付けることができる。そして、この指定については、防禦の準備をする権利を不当に制限できない旨定められているのであって、この趣旨は、同条二項の措置についても当然適用され、このことからも信書の秘密が保持されるべきことは明らかである。

なお、法三九条二項は、右事由にもとづく措置を刑事訴訟法以外の別の法令で定めるべきとしていると解される。けだし、刑事訴訟法上必要な措置であるならば、それは、三九条自身のなかに規定されているはずだからである。

三　当事者対等の原則と包括的防御権

右にみたとおり、刑事訴訟法三九条は、被疑者・被告人と弁護人の間の秘密交通権を保障している。まさしく刑事事件の一方当事者である検察官が、対立当事者の被告人の権利を侵害することが許されないことは、刑事訴訟法三九条自身が明らかにしているところである。このように、刑事訴訟法自体が、当事者対等の原則、武器対等の原則、被告人の包括的防御権を保障しているということができる。

実際、被告人は、刑事手続上予定された一方当事者としての存在であることから、既にみたとおり、憲法上も、前述した諸条項によって、その権利が保障されている。これら憲法上の各権利の定めは、断片的で個別的権利であるというわけではない。憲法上の右の諸規定は、国家から犯罪の疑いをかけられた者が、捜査・訴追側に対し防御のために活動を行うことを前提に、防御のための活動のうち歴史的にも特に重要なものを列挙して定められたという経緯であって、黙秘権の保障（憲法三八条一項）や拷問の禁止（憲法三六条）などが定められた歴史的経緯からも、これは、明らかである。結局、これらの諸規定は、被告人が防御のために必要な活動を自由かつ合理的に行うことができるという被告人の包括的防御権を保障したものというべきである。

このように憲法が被告人の包括的防御権を保障していることを受けて、刑事訴訟法も被告人の包括的防御権を定めていると解される。例えば、右にみたとおり、刑事訴訟法三九条三項の防御準備権の規定があり、さらに法三一二条四項は、同旨の防御準備権の一環として、訴因変更後の防御準備のための公判手続停止を定め、その他、法二五六条四項但書、法二九五条、法三一三条二項、法三九〇条等に包括的防御権から導かれたと解される規定が存在している。また、刑訴規則一八三条三項、規則二一〇条、規則一七九条の五、規則一七九条の六、規則二〇一条二項、規則二一二条等にも、包括的防御権を裏付ける規定がある。さらに、国際人権自由権規約一四条三項(b)で防御準備とそのための弁護人との連絡の権利が保障されていることは既にみたとおりである。

このように、被告人の包括的防御権は、刑事訴訟法上も保障されているのであって、かかる包括的防御権の保障を十全化するためには弁護人の助言・助力を受けることが必要不可欠であり、弁護人の地位・役割は、刑事訴訟法上も特別なものとされているというべきである。また、刑事訴訟法において、例えば、公判における証拠調手続において、いわゆる当事者主義が貫かれていることは多言を要さないであろう（法二九一条、法二九三条、法二九六条、法二九七条、法二九八条等）。

以上のとおりであるから、刑事訴訟法自体が当事者対等の原則・武器対等の原則を志向していることは疑いがなく、秘密交通権は、この原則に則って、被告人の包括的防御権、これを支える弁護権の一環として存在していることが明らかである。検察官が弁護人と被告人との秘密交通権の内容である信書の秘密を侵害することなどが、およそ許されないことは刑事訴訟法自体からも自明のことなのである。

四　まとめ

以上、刑事訴訟法からみても、弁護人と被告人との秘密交通権として信書の秘密は、完全に保障されていると解すべきであり、その侵害が許容される余地はない。

第七　O大阪拘置所所長の行為の違法性

第四ないし第六で述べたところで、本件におけるO大阪拘置所所長の所為が、違憲・違法であることはもはや明らかであるが、以下、念の為、その違法性について論及しておくこととする。

一　信書検閲等の根拠について

O大阪拘置所所長がなした本件検閲等の行為の根拠は、必ずしも明らかではないが、次のとおりと推察される。

すなわち、刑事訴訟法三九条二項が「前項の接見又は授受については、法令（裁判所の規則を含む。）で、被告人又は被疑者の逃亡、罪証の隠滅又は戒護に支障のある物の授受を防ぐため必要な措置を規定することができる」と定め、その法の定めとして監獄法五〇条が、「……信書ノ検閲其他……信書ニ関スル制限ハ命令ヲ以テ之ヲ定ム」とし、これを受けて、監獄法施行規則一三〇条は、次の通り定めている。

「①　在監者ノ発受スル信書ハ所長之ヲ検閲ス可シ
②　発信ハ封緘ヲ為サスシテ之ヲ所長ニ差出サシメ受信ハ所長之ヲ開披シ検印ヲ押捺ス可シ」

右によれば、監獄法に定めはなく、同法の委任をうけた規則において、規定上、無条件・一律の検閲が可能である旨の規定があるわけである。

二　O大阪拘置所所長の各行為の違法性

1　検閲行為の違法性

㈠　刑訴法三九条二項の定め、すなわち「法令……で、被告人又は被疑者の逃亡、罪証の隠滅又は戒護に支障のある物の授受を防ぐため必要な措置を規定する」との定めが、同条一項に定める秘密交通権の秘密自体を制約しえないことは既に述べた。また、刑事訴訟法三九条二項の定めが、無条件・一律の拘置所所長による検閲を認める趣旨のものではありえないこともすでに明らかにした。

仮に、刑事訴訟法三九条二項が被告人と弁護人との間で発受されている信書についても無条件・一律の拘置所所長による検閲を認めているとすれば、同項が憲法・国際人権自由権規約に違反することは、余りに明らかである。刑事訴訟法三九条二項の解釈は憲法・国際人権自由権規約に適合するものとして解釈しなければならない。

そうとすると、被告人と弁護人との間で発受される信書について刑事訴訟法が規定している「必要な措置」とは、次の如き限度の措置でしかあり得ない。

すなわち、「通常の検査方法により発見できないような不法な物が入っているということを疑うべき十分な理由があるとき、本人の立会いのもとで開披することはできるが、閲読はできない」という限度である。

しかも、その措置は、「法令」に基づき定められなければならないのである。
(二)　監獄法五〇条の違憲無効
監獄法五〇条は、信書に関する制限について命令に委任している。その委任に基づく規定が同施行規則一三〇条である。

監獄法五〇条の信書に関する制限についての命令及び規則への委任は、前記憲法、国際人権自由権規約、刑事訴訟法の趣旨に則ってなされなければならない。そして、同条が、刑事訴訟法三九条二項にいう法令として、監獄法施行規則に委任できるのは、防御のための書類等の授受の秘密・自由を侵害しない範囲で、逃亡・罪証隠滅防止の措置を定めることに限られることは明らかである。

しかし、同条は、この範囲の権限のみを授権しているとは解釈しえない。けだし、同条の文理は一般人の手紙と弁護人の書類等の授受を何ら区別せず、後者の秘密・自由を保障する内容には全くなっていないからである。同条は、信書検閲に関し、全く白紙に包括的に監獄法施行規則に委任しているのである。

要するに、監獄法五〇条の文理自体が、被告人と弁護人との防御のための書類等の授受の秘密・自由を制約しているといわざるをえないのであって、少なくとも、同条は、被告人と弁護人との信書の授受に関する限り、違憲無効という外はない。
(三)　同施行規則一三〇条の違憲・違法・無効
前述のとおり、少なくとも弁護人と被告人との間で授受される信書についての検閲を、憲法、国際人権自由権規約、刑事訴訟法が許容しているとの解釈論は採りえない。

ところが、規則一三〇条は、無条件・一律の検閲を認める規定となっている。それゆえ、これは、憲法、国際人権自由権規約で保障された、身体を拘束された被告人と弁護人との秘密交通権を侵害するものといわざるをえない。

したがって、監獄法施行規則一三〇条は、少なくとも、被告人と弁護人との信書の授受に関する限り、法の委任を超えるものであって明らかに無効である。

なお、判例は、被告人と一四歳未満の者との面会禁止を定めた旧監獄法施行規則一二〇条について、法の委任の範囲を超えるもので無効としている（最判平成三年七月九日・民集四五巻六号一〇四九頁）。これは、一九〇八（明治四一）年に施行された監獄法が現憲法下の法制にはおよそ適合していないことを端的に示しているといえよう。
(四)　本件検閲行為の違法性
仮に、監獄法施行規則一三〇条が文言上無効ではない（すなわち同条は、被告人と弁護人との間の信書の発受について無限定・一律の検閲を認めているわけではない）と解釈することが万が一可能であったとしても、O大阪拘置所所長は、右条項を本件被告人らと原告ら弁護人との間で授受される信書に適用して、一律に検閲をなしている。したがって、この行為が違法であることを疑う余地はない。
2　記録化の違法性
O大阪拘置所所長は、信書の内容を要約して記録に残している。しかし、その行為が「検閲」の概念には含まれないことは明らかである。

仮に、右行為が、監獄法施行規則一三九条に基づく行為であるとしても、少なくとも、被告人と弁護人との間の信書の内容についてまで、その内容を要約して記録に残すことなどは、刑訴法三九条二項によって委任され得ない行為である。このことは、これまで述べたところから明らかであって、それゆえ、かかる記録化自体が違法である。

３　回答行為の違法性（目的外使用及び法令の授権なき行為）

㈠　Ｏ大阪拘置所所長が、検察官からの照会に対して、被告人が弁護人との間で発受している信書の内容を本件回答書をもって回答した行為は、右１及び２で述べた違法に加え、さらに、検閲によって入手した情報を拘置所の拘禁目的以外に使用したという意味において、質的に異なる更なる重大な違法行為である。

㈡　Ｏ大阪拘置所所長が、Ｋ検察官からの照会に対し、被告人が弁護人との間で発受している信書の内容を回答した行為は、憲法・国際人権自由権規約・刑事訴訟法が保障する秘密交通権という権利の根幹を侵害・破壊するものである。

しかもＯ大阪拘置所所長の回答行為には、「法令」の根拠は存在せず、何らの権限なき行為であって、違法である。

㈢　また、これは国家公務員法一〇〇条の守秘義務に違反する行為であって、この点においても違法である。

三　まとめ

以上、いかなる観点からみても、Ｏ大阪拘置所所長の前記各所為は違憲・違法である。

第八　Ｋ検察官の行為の違法性

本件におけるＫ検察官の所為が違憲・違法であることは、第四ないし第六で論じたところにおいて、既に明白であるが、以下、念の為、その所為につき若干言及しておく。

一　Ｋ検察官の照会と覚知

１　前記のとおり、弁護人と被告人との信書の秘密を侵害する一律の無条件検閲が違法であることは明らかである。当然第三者が右信書の秘密を侵害することも許されないが、その第三者が検察官という立場であればこれが絶対に許されないことは疑う余地もない。

検察官は訴追権限を有し（刑事訴訟法二四七条）、訴追された被告人と対立する当事者の立場にある。このような訴追側が、対立当事者である被告人とその唯一の援助者である弁護人との打合せの内容を知ることができるというのは、一方当事者に一方的な情報収集の機会を与え、かつ、他方当事者にこれを一方的に受忍させるものに外ならない。その結果、一方当事者である検察官は、事前に被告人の攻撃防御方法及び証拠等を知り、これに即応でき、被告人の応訴を実質的に制限できることになる。これにより、前述した当事者対等の原則は完全に破壊される。

そうでなくとも、検察官は強制力を行使して容易に人的・物的証拠を収集し、被疑者の身体を拘束し、取調べができるとされ、その取得した証拠は、証拠法上被告人側の証拠より有利に取扱われる面もあって、検察官は、一個人たる被告人に対して圧倒的に優位な立場に立っているのである。そのうえに、弁護人と被告人との間の交通内容（信書の内容）をそのまま知ることができるというのであるから、当事者対等の原則などまさに画餅に帰するという外ないのであって、第四で述べた憲法の各条項は、およそ死滅するといわねばならない。

Ｋ検察官が、Ｏ大阪拘置所所長に対し、両被告人と原告ら弁護人との信書の内容を照会し覚知しようとし、現に覚知した行為は、憲法に違反する。

２　また、既述のとおり、国際人権自由権規約一四条一項は、刑事手続に適用されることは明らかであり、これは、前掲高松高判が、「以上の諸事情を総合して勘案すれば、Ｂ規約一四条一項は、その内容として武器平等ないし当事者対等の原則を保障し、……その趣旨を没却するような接見の制限が許されないことはもとより、監獄法及び同法施行規則の接見に関する条項についても、右Ｂ規約一四条一項の趣旨に則って解釈されなくてはならない」と判示しているとおりである。

まさしく、Ｋ検察官の本件照会とその覚知行為は、法に優位する国際人権自由権規約一四条一項に違反する。

３　そして、Ｋ検察官の所為が、刑事訴訟法自体に反するものであることは、前記第六で述べたところにおいて明らかである。これによって、被告人らの防御権・原告ら弁護人の弁護権が侵害されたことは論を俟たない。

二　Ｋ検察官の利用

Ｋ検察官は、両被告人の接見等禁止決定の請求の際、本件信書の内容を含む本件回答書を証拠として裁判所に提出し、さらに、刑事訴訟法三二一条一項二号の「特信性」の立証のため、本件回答書を取調請求したのであるが、これは弁護人と被告人との接見内容を被告人に不利益な証拠として刑事手続上裁判において使用したものである。Ｋ検察官のかかる行為は、既に述べたとおり、憲法・国際人権自由権規約・刑事訴訟法に反する重大な違法行為である。

三　まとめ

Ｋ検察官の上記各行為が、弁護人と被告人との秘密接見交通権を侵害する違憲・違法なものであることは、如何なる観点からみても、およそ疑義を差し挟む余地がない。

第九　責任原因

一　Ｏ大阪拘置所所長及び同Ｋ検察官は、いずれも国の公権力の行使にあたっていた公務員である。

二　前記各行為は、いずれも職務を行うにつきなされた不法行為である。それゆえ、被告国は国家賠償法一条一項により、原告らが被った後記損害を賠償すべき責任がある。

第一〇　損害の発生

一　弁護権侵害の各場面

原告らは、第二で述べた通りの経緯で

１　Ｏ大阪拘置所所長により秘密交通権の内容をなす信書を検閲されたうえ、

２　それを記録化され、

３　対立当事者である検察官によって、被告人との間の信書の内容を照会され、

４　さらにこれが回答されて、検察官にこれを覚知され、

５　その内容を含む本件回答書を裁判所に提出されて、接見禁止等決定請求の際に、裁判所によって右内容を覚知され、

６　さらに刑訴法三二一条一項二号後段の特信性を立証するために取調請求された。

原告らが、信書を用いて被告人の弁護をする権利を侵害されたの

は、右の各場面に及ぶのである。

二　その損害

右により、原告らは甚だしい精神的苦痛を受け、弁護権を著しく侵害された。

1　そもそも被告人と弁護人との間の信書の発受状況及びその内容が、国家、とりわけ、対立当事者であるところの検察官に把握されてしまうのでは、当事者対等の原則は「画に描いた餅」であり、秘密交通権を保障する趣旨が全く没却されてしまう。

秘密で、少なくとも、およそ検察官にはその内容を覚知されないという前提があるからこそ、弁護人は被告人に信書を送り、また、弁護人宛に被告人から信書を書かせるのである。

これが、対立当事者である検察官に把握されてしまうのでは、信書を用いて弁護人から被告人へ援助をする手段を剥奪され、被告人も信書を用いて弁護人に援助を求めることができなくなり、接見以外には事件についての事情聴取等が不可能となる。その結果、例えば、現在の裁判実務上、決定的に重要な証拠とされる捜査段階で作成された調書等の内容について、正確な事実確認等も困難となり、弁護権及び防御権の行使に著しい支障が生じる。

2　原告らは、右の各場面において、信書の手段による弁護権の行使を捜査段階及び公判段階を通して反復継続して侵害された。

原告両名の受けた本件と同じ弁護権の侵害は、被告国において長期間にわたり、全国の弁護人とその弁護を受ける被疑者・被告人の間の信書について行われ、その人権侵害の延べ回数は何千万回に達するか数えきれない集積となりこれが氷山をなし、原告両名に対してその一角を現したのに過ぎない。

原告両名に対する本件各弁護権侵害の違法性を評価し、これを償うに足りる賠償額は、被告国の行ってきた全国的規模で大量かつ長年に及ぶ違法行為の甚大さを勘案したものでなければならない。

3　原告両名は、それぞれ被告人との間の信書の発受状況のみならず、その内容を検察官に把握されてしまったことを知って、慄然とし、大変な衝撃を受けた。これは、いわば右氷山の存在を眼のあたりにしたことによる衝撃に外ならない。このことによる精神的損害も極めて甚大といわなければならない。

4　原告両名の精神的損害、そして、原告両名に対する極めて重大な弁護権の侵害に対する損害賠償額は、各原告についてそれぞれ金一〇〇〇万円を下ることはない。

第一一　結語

これまで述べてきたとおり、本件においては、K検察官の行為とO大阪拘置所所長の行為が、いわば重畳的に違法行為を構成している。が、被告国において、いかなる弁明をもなしえない致命的な違法原因をあえて一つ挙げるとするならば、それは次の点となろう。

すなわち、検察官が被告人と弁護人との間で授受された信書の内容を覚知したという事実である。これは弁護人の弁護権（同時に被告人の防御権）の根本を棄損する行為である。また、憲法・国際人権自由権規約・刑事訴訟法が想定する当事者対等の原則の根幹を破壊する行為でもある。

仮に民事訴訟において、一方の当事者あるいはその代理人弁護士が、相手方代理人弁護士とその依頼者たる相手方当事者本人との信書の内容を覚知しようとしている場面や、それを覚知しているという場面を想定してみればよい。これは裁判における絶対的な禁忌を犯しているというほどにおぞましい場面というべきである。さらに、それを法廷で証拠として用いようとする場面など、余りに現実離れしていて、およそ想定することすら出来ないと言わなければならない。

いわんや、本件においては、刑罰権を有する国家が、その刑事訴訟手続の過程で、その公権力を用いて右の如き所為に及んでいるのである。要するに、本件のような行為は絶対に許されてはならない。

原告らは裁判所におかれて、これが違憲・違法であることを明確に宣明され、そのことによって、法の正義を示されることを希求する。

よって、原告らは被告に対し、国家賠償法に基づき、請求の趣旨記載の判決を求め、本訴に及んだ。

原告髙見とＡ被告人との信書発受一覧表（一）

発：原告髙見→Ａ被告人　受：Ａ被告人→原告髙見

年 月 日	発受	年 月 日	発受
H 9. 9. 9	受	H 9. 10. 28	受
H 9. 9. 11	受	H 9. 11. 4	受
H 9. 9. 11	発	H 9. 11. 6	受
H 9. 9. 12	受	H 9. 11. 10	受
H 9. 9. 18	受	H 9. 11. 18	受
H 9. 9. 29	受	H 9. 11. 19	受
H 9. 10. 1	受	H 9. 11. 20	受
H 9. 10. 6	受	H 9. 11. 22	発
H 9. 10. 9	受	H 9. 11. 25	受
H 9. 10. 13	受	H 9. 12. 8	受
H 9. 10. 15	受	H 9. 12. 16	発
H 9. 10. 20	受	H 9. 12. 22	受
H 9. 10. 21	受	H 9. 12. 24	発
H 9. 10. 27	受	H10. 1. 5	受

原告岡本とＢ被告人との信書発受一覧表（二）

発：原告岡本→Ｂ被告人

受：Ｂ被告人→原告岡本

年 月 日	発受
H 9. 9. 19	受
H 9. 10. 3	受
H 9. 10. 24	受
H 9. 11. 12	受
H 9. 11. 17	発

答弁書

1999（平11）年3月23日

平成一〇年（ワ）第一三九三四号　損害賠償請求事件

原告　髙見秀一ほか一名

被告　国

答弁書

平成一一年三月二三日

右被告指定代理人

〒五四〇―八五四四　大阪市中央区谷町二丁目一番一七号

大阪第二法務合同庁舎

大阪法務局訟務部民事訟務部門（送達場所）

（電話）〇六―六九四二―一四八一（内線二二一七）

（FAX）〇六―六九二〇―二〇一九

部付（検事）　谷岡賀美

訟　務　官　太田義弘

〒五四〇―〇〇〇八　大阪市中央区大手前四丁目一番六七号

大阪合同庁舎第二号館

大阪矯正管区

法務事務官　島田佳雄

法務事務官　小嶌一平

〒五三四―八五八五　大阪市都島区友渕町一丁目二番五号

大阪拘置所

法務事務官　成田良造

法務事務官　杉尾健二

法務事務官　茨木正輝

大阪地方裁判所第七民事部合議一係　御中

第一　請求の趣旨に対する答弁

原告らの請求を棄却する

訴訟費用は原告らの負担とする

との判決を求める。

なお、仮執行の宣言を付することは相当でないが、仮にその宣言を付する場合には、担保を条件とする仮執行免脱の宣言を求める。

第二　請求の原因に対する認否及び被告の主張

事実関係を調査するとともに、今月二四日に言渡しが予定されている弁護人の接見交通権についての最高裁判所大法廷判決（最高裁平成五年（オ）第一一八九号損害賠償請求事件）を踏まえて、認否及び主張を行う。

釈明等を求める申立書

1999（平11）年3月19日

平成一〇年（ワ）第一三九三四号
損害賠償請求事件

原　告　髙見秀一
　　　　岡本栄市
被　告　国

釈明等を求める申立書
（請求原因の認否を直ちに行うよう求める申立書）

一九九九（平成一一）年三月一九日

原告ら訴訟代理人
弁護士　浦　功
右　同　弁護士　小坂井　久

大阪地方裁判所
第七民事部　御中

記

一　被告は、本年三月一六日、ファクシミリを利用する送信により答弁書を原告に直送され、かつ、裁判所に提出されたが、同答弁書には、請求の趣旨に対する答弁はあるものの、請求原因に対する認否が全くなされていない。しかし、答弁書には、請求の趣旨に対する答弁を記載するほか、訴状に記載された事実に対する認否および抗弁事実を具体的に記載し、かつ、立証を要する事由ごとに、当該事実に関連する事実で重要なものおよび証拠を記載しなければならないとされている（規則八〇条一項。なお、争点に関する重要な書証の写しも添付しなければならないとされているし—規則八〇条二項、また、いわゆる単純否認は許されず、否認する理由を付した積極否認をしなければならないとされている—規則七九条三項）。

これらの定めが、法二条の精神・法一五六条の趣旨にもとづき、当事者双方の具体的な言い分を対照して、早期に事件の争点を顕在化・明確化するためのものであることは明らかであるが、本件答弁書は、かかる法の趣旨に明らかに背くものである。とりわけ「事実に対する認否」は、双方当事者が訴訟を開始させるスタートライン（その出発点）をなすものであるから、これを欠く点は、容易に看過できることではない。

もっとも、右規則については一般的には、被告側にあっては、第一回期日の直前になって代理人がつくことも必ずしもまれではなく、そのような場合で期日までに十分な準備時間が得られないなどのやむを得ない事由により、答弁書に記載すべき事項を記載し得ないことはありうるといわれている。この場合は、答弁書の提出後すみやかにこれを追完することができるものとされているのであるが（規則八〇条一項後段など）、しかし、これは右のような、やむを得ない事由がある場合のことである。

二　右答弁書において、請求原因に対する認否がなされていない、いわば所以として、被告が述べていることは、

①　事実関係の調査中であること、

②　三月二四日の最高裁大法廷判決を踏まえて答弁したい、

という二点に要約出来よう。

しかし、本件事案の事実関係それ自体は、シンプルなものであって、少なくとも基本的な事実関係についての認否をすることについて、格別の調査を要するものとは思われない。実際にも、既に、その事実関係は、被告国の代理人において把握されていることは明らかというべきである（遅くとも、本訴が訴提起された昨年一二月二五日以降、相応の調査は開始されたとみられるし、訴状自体、本年二月一五日に送達されており、一ケ月という期間は、その調査がその体制上、容易・簡便なことに照らしても、少なくとも「事実」確認については十分な時間であることは明らかである）。もとより、「第一回期日の直前になって代理人がつき」というような事情のないことも明白である。したがって、①の点は、「事実に対する認否」をしない理由・「やむを得ない事由」には全くならない。

また右②の点も、「事実に対する認否」に何ら関係しえようもないことは明らかである。さらに言えば、法律上の見解をめぐる点についてさえ、右大法廷判決を踏まえなければ、現に自らが行ってきたことを根拠づける自らの法的スタンスを明確にしえない（明確にならない）というのも奇妙な話という外はない。しかも、右大法廷判決は、刑事訴訟法三九条三項の憲法適合性如何を判断するものであって、その意味では、本件事案とは事案の局面を異にするところもあり、いずれにせよ、右大法廷判決を踏まえなければ、被告において、請求原因の認否さえも出来ないというような関係が存在するとも思われない。いずれにしても、右②の点も、およそ「やむを得ない事由」にはなりえない。

三　以上のとおりであるから、被告は、遅くとも第一回期日（三月二三日）には、請求原因「事実」に対する認否を行わなければならない。訴状「請求の原因」第一および第二（同七頁～一五頁）で主張された「事実」に対する認否をなしえないということなど全く考えられないことであるから、この部分については、第一回期日において必ず認否すべきである。

なお、規則七九条および八〇条は訓示的規定であると解されてはいるが、答弁書の記載が規則の定めを欠いているときは、第一回期日前であっても、これが裁判長による釈明の対象になるとされている（法一四九条一項）。

以上の次第で、右のとおり、直ちに請求原因「事実」の認否を行うよう被告に求めるとともに、裁判所におかれては、法一四九条の釈明権等の行使の一環として、その旨被告に促され、それがなされないときは、「やむを得ない事由」を明らかにされるよう釈明されることを求めるものである。

以上

原告本人意見陳述（髙見秀一）

1999（平11）年3月23日

平成一一（一九九九）年三月二三日

原告本人／髙見　秀一

一

1　私は司法研修所第40期修了の弁護士で、平成二年五月から大阪弁護士会に登録しておりますが、修習修了直後の昭和六三年四月から平成二年三月まで、大阪地方裁判所第五刑事部の左陪席裁判官をしておりました。

2　私は、裁判官を退官して弁護士になってから、検察官が有している絶大な権力に対比して、弁護人にはいかに権限がなく、また、憲法や刑事訴訟法の理念からすると、どうにも説明できないような実務運用上の弁護活動への制約が種々存在していて、歯ぎしりしながら弁護活動をしなくてはならないということを実感しました。裁判官時代には、全くわからなかったことです。

3　そして、そのように制約された弁護活動の中で、被疑者・被告人とのコミュニケーションの確保がいかに容易でなく、しかしまた大切なことなのか、またそのために、被疑者・被告人との信書の授受が、弁護活動にとって、いかに重要な役割を持っているのかという点を、本訴訟を提起するにあたり、最初に述べたいと思います。

二

1　現行刑事訴訟法は、被告人と検察官は対等な訴訟当事者であるという建前に立っていると言われています。

しかしながら、現実には、検察官が有している力と、被告人の有している力とには、圧倒的な力の差があり、当事者主義と言っても、要するに、「公訴提起後は、法廷において、被告人と検察官は対立する訴訟の当事者となる」というだけであって、到底「対等な」力を有しているものではありません。

2　例えば、捜査機関は、公訴提起前には、被疑者の意思に反して、被疑者の身体を拘束することができます。そして身体拘束下では、強制的に取調をすることができるという前提で実務運用されており、少なくとも現在の実務運用上、その取調に弁護人が立ち会う権利は認められておらず、捜査機関は意のままに調書を作成することができます。

そして刑事裁判実務上、この被疑者の調書の任意性が否定されることは皆無と言ってよく、被疑者の調書は、公訴提起後は証拠の王として運用されています。

3　また、捜査機関は、なかば強制的に参考人を呼び出すことができ、これについても意のままに調書を作成することができます。そして検察官が作成した調書は、公訴提起後に被告人が不同意（刑訴法三二六条）にしても、法三二一条一項二号後段書面として、ほぼ一〇〇パーセント、証拠能力が認められてしまっています。

４　人的・物的設備の面でも、捜査機関は、多人数で、組織的に証拠を収集してその分析をすることができ、またその証拠収集権限については、捜索・差押令状が発付されていれば、根こそぎ資料を強制的に入手でき、令状が発付されていない場合でも、任意提出を求めるという形で、様々な証拠資料を半強制的に収集しているのが実情です。

５　ところが、弁護人側には、強制的に証拠を収集する権限は全く与えられておらず、わずかに弁護士法二三条の二によって、弁護士会名で公務所又は公私の団体に照会をすることができるだけであり、また、この照会には、強制力がないため、照会先から回答を拒否されることもしばしばであります。

６　また、被疑者・被告人側から、捜査機関が作成ないし収集した資料に対してアクセスすることができる規定は全くなく、前述のようにして捜査機関が収集した証拠類は、弁護人に開示されることは全くありません。仮に捜査機関において、被疑者・被告人の無実ないし無罪を証明する証拠を収集していたとしても、それを被疑者・被告人に開示することは絶対にありません。

７　公訴提起後の弁護人の最も重要な活動は、ほとんどの場合、検察官の取調請求書証や証人の証言を弾劾する作業となるわけですが、既述のように、圧倒的な、人的・物的設備の差や、情報量の差がある状態で、検察官が取調請求する書証や証人について、書証の記載内容の真偽を確認し、また証人の証言を弾劾する資料や、手だてをさがすためには、被告人と接見し、また信書を授受する方法で、被告人の記憶の中から、事件の内容や、調書の記載内容の真偽、予想される証人の証言を弾劾する事実や資料の存否を引き出し、それを確認することが最も重要な仕事の内容となります。

８　ところで、拘置所の接見については、受付時間及び接見可能時間について制限があり、いつでも自由にできるという訳ではありません。午前八時三〇分から一一時三〇分までと午後一時から四時までの間に接見を申し込み、接見は午前一二時までと、午後五時までに終わらなくてはなりません。また、原則として、土・日の接見は認められておらず、翌週の週明け早々に公判が予定されている場合に、土曜日の午前中に限って接見が認められるだけです（これについても前日に拘置所に事前連絡しておくことが必要です）。さらに、接見を申し込んでから実際の接見までに、一時間近く待たされることも稀ではありません。従って、接見の時間を確保すること自体がそう容易なことではありません。

９　また特に、現在の裁判実務上、決定的に重要な証拠とされている供述調書等の記載内容の真偽を確認する作業を接見のみで行うことは不可能ですから、検察官取調請求書証をコピーして差し入れ（なおこれについては、午後三時三〇分までに手続をしなくてはなりません）、虚偽の記載がされている部分を、弁護人あての信書に記載させて送付させるということが、極めて重要な弁護活動の内容となります。

種々制約された弁護活動の中で、これは実質的で効果的な弁護を行うための唯一の手だてと言ってもよいものです。

10　ところが本件では、その信書の内容が、拘置所によって検閲され、その内容が記録化されたうえ、検察官によって、その内容が把握されてしまっていたのです。実質的で効果的な弁護を行うための弁護人の重要な手だてさえ、侵害されていたということなのです。

11　少なくとも公訴提起後は、法廷において対等な当事者であるはずの相手方である検察官に、被告人との打ち合わせ内容が把握されてしまっていたということを知って、私は大変なショックを受けました。

そして、このようなシステムがまかり通っていることに心から憤りを覚えました。

少なくとも、検察官は、建前上であるとは言え、「公訴提起後は被告人と検察官は対等な当事者である」という言い方をしています。公訴提起後、弁護人の証拠開示請求を拒否する理由として、検察官が必ず述べることです。ところが、その対等な相手方当事者であるはずの被告人と弁護人の打ち合わせ内容を、密かに入手して訴訟活動をしていたとは、いったい何ということでしょうか。

検察官の行為は、同じ法曹の一員として、絶対にしてはならないことであり、こんなことが許されるなら、この国の刑事裁判制度というのはいったい何なんだ、茶番にさえなってしまうのではないか、というのが偽らざる気持ちです。

12　また一方当事者である検察官にくみして、密かに被告人と弁護人との信書の内容を検察官に回答していたということを、拘置所はどのように説明するというのでしょうか。

三

1　本件は、絶対に負けられない訴訟です。刑事裁判制度や、法の支配の根幹に関わる訴訟です。

2　裁判所におかれては、本件における被告国の行為が、憲法・刑訴法等に違反する、絶対に許されない行為であることを、明確に宣言していただき、また、それによって、現在の信書の取扱に関する監獄法及び監獄法施行規則が改正され、現在の実務運用が改善されることを祈念するものであります。

以上

原告本人意見陳述（岡本栄市）

1999（平11）年3月23日

大阪地方裁判所第七民事部合議一係　御中

一九九九年三月二三日

意　見　書

平成一〇年（ワ）第一三九三四号損害賠償請求事件の審理を始めるにあたって、原告岡本栄市は、下記のとおり意見を陳述する。

原告本人／岡本　栄市

記

一　初めての経験

私は、司法研修所第44期修習終了の弁護士です。平成四年に弁護士登録し、七年近くになりますが、公判立会検事が拘置所を通じて被告人と弁護人がやりとりした手紙の内容を知るという行為が公然となされていることが判明したのは、私の刑事弁護の経験上で初めてのことです。

これまで、拘置所が弁護人と被告人との間の手紙を検閲していることは知っていましたが、具体的な事件の公判立会の検事が見ているとは思いませんでした。

しかし、今回このような事実が明らかになり、強い衝撃を受けるとともに、こんなことが行われて刑事弁護、ひいては刑事裁判制度が成り立つのかという疑問を抱かざるをえませんでした。

二　問題の重大性

この問題の重大性は、一方の当事者が他方の当事者の手の内をみることができるというのでは、当事者主義を基本構造とする訴訟は成り立たないというところにあります。

ましてや、強大な権力を持つ検察官が、弁護人の手の内をみることができるというのでは、刑事裁判は成り立ちません。

また、弁護士が被告人の人権擁護という弁護人の職責を全うすることはできません。

三　行為の日常性

今回の担当検察官の対応は、全く悪びれた様子もなく、この問題の重大性を全く意識していないようでした。これは、このような行為が検察内部で日常的に行われていることを示していると思います。

四　提訴の意義

この裁判は、裁判制度の根幹に関わる重要問題を提起するものです。私たちは、この問題をこのまま放置すれば、このような行為が公然とくり返されるという思いから、提訴するに至ったものです。

請求額の大きさは問題の重要性を表します。また、代理人弁護士の多さは、この問題が原告ら個人の問題ではなく、弁護士全体の問題であることを示しています。

裁判所におかれては、今回の検察官らの行為が、このような裁判制度の根幹を揺るがすような行為であり、このようなことが絶対に行われてならないことを明確にしていただきたい。

以上

意見書（浦　功）

1999（平11）年3月23日

平成一〇年（ワ）第一三九三四号
損害賠償請求事件

意　見　書

原告　髙見秀一ほか一名
被告　国

原告両名訴訟代理人
弁護士　浦　功

平成一一年三月二三日

大阪地方裁判所
第七民事部　御中

本件の冒頭にあたって、まず、裁判所が原告らに意見陳述の機会を与えられたことを感謝したい。

ここでは本件で問われている問題は何かについて、ごく簡易に述べたい。

一、さて、周知のとおり、本一九九九年は、わが国の刑事訴訟法施行五〇周年に当たり、ジュリストや法律時報等の法律雑誌も特集号を組んでおり、また、日弁連も今秋開催される人権擁護大会において刑事訴訟法五〇周年を期して、シンポジウムを開催する予定である。

1　五〇年前に刑訴法の全面改正が行われたのであるが、いくつかある刑訴法全面改正の理念の一つに、刑訴法の「憲法化」が挙げられることはいうまでもない。すなわち、刑訴法は憲法の精神・目的に即応してその要請を充足するものとして改正されたのである。憲法は、適正手続の保障を定めた三一条から刑事補償に関する四〇条までの、新憲法の全条文の約一割に相当する条文を、刑事法上の人権保障に関する規定に充てている。しかも、その中の憲法三四条と三七条三項には、合計三ヵ所に「弁護人」という用語が憲法の文言として用いられているのであって、そのことからしても、現行憲法が、いかに「弁護人」、換言すれば、自己防御権を実効あらしめるための被疑者・被告人の弁護人依頼権を重視しているかは、その条文の体裁を一見するだけでも明らかである。現行刑訴法は、このような憲法の諸規定の精神・目的を実現し、その要請に沿うものでなければならず、またそのように解釈・運用されなければならないことは多言を要しないだろう。

2　さらに、現行刑訴法の理念の一つは、いうまでもなく、「当事者主義化」ということである。すなわち、現行刑訴法は、捜査と公判を断絶させて、当事者の主導権を認め、当事者の主張・立証を軸として手続きを進行させるという当事者主義を採用した。この当事者主義は、絶大な権力を駆使する捜査機関に対し徒手空拳で対抗関係に立たされる被疑者・被告人を援助するため、当然のこととして、弁護人依頼権の保障を結論づけることになるのはもとよりのこと、捜査・公判を通じて、武器対等の原則に従って、当事者主義が実質化されるべきことが要請されるのである。

二、しかしながら、この五〇年間に、どこで回路を誤ったのか、現行刑訴法の理念は貫徹されず、憲法の理念からも大きく離れ、また当事者主義も実質化されることなく刑事手続の実態は大きく歪められてきたと言ってよい。

1　すなわち、強大な捜査権限を有する捜査機関による被疑者取調べと自白の獲得を中心とする詳密な捜査が行われたうえ、起訴独占主義・起訴便宜主義に基く検察官の訴追裁量による起訴・不起訴の選別がなされ、公判は単に捜査書類の追認ないしは引継ぎ場と化してしまって、公判審理の形骸化等が指摘されるという事態に至っている。まさに旧刑訴法下の「糺問主義的検察官司法」と呼ばれる実態が現出しているのである。

また、被疑者の弁護人依頼権の根幹ともいうべき弁護人との接見交通権については、刑訴法三九条三項に基く捜査機関の「指定権」なるものによって著しく限局され、その運用は憲法の理念から全く隔絶して、実質的当事者主義の実現とは完全に逆行する事態が現出されてきた。

2　まず、この接見交通権については、違法な接見指定に対するいわゆる接見国賠や日弁連の接見交通権確立実行委員会の活動を通じて、一般的指定を廃絶させるなど、徐々にではあるが、自由な接見交通権の確立を実現してきた。

そして、刑訴法施行四〇年から五〇年にかけてのこの一〇年間は、当番弁護士制度の全国実施とその定着、さらには日弁連刑事弁護センターの活動によって、「糺問的検察官司法」に対する弁護の側からする改革の動きが、これまた徐々にではあるが、現れつつあると言ってよい。

3　加えて、わが国の刑事手続の現状に対しては、国際人権法の見地からも極めて重大な指摘がなされている。この点については、国連規約人権委員会は、一九九八年一一月に、わが国の被疑者・被告人の人権を含む多岐にわたる数多くの点について、国際自由権規約にてらして問題があると指摘して、これらの点を同規約の各条項に従って改革するよう勧告しているところである。とりわけ、規約人権委員会は、わが国の未決拘禁制度について、未決拘禁が警察の管理下で二三日間も継続可能であって、速やかで効果的な司法的コントロールを受けていないこと、二三日間の間保釈の権利を認められていないこと、取調べについて規制が存在せず、また弁護人の立会いも認められていないこと、勾留中の被疑者に国選弁護人が付されないこと、刑訴法三九条三項の下では、被疑者の弁護人へのアクセスが厳しく制限されていることにおいて、国際自由権規約九・一〇および一四条に基く権利保障が、わが国では完全に守られていないことを深く憂慮するとして、右の各点について右各条項に従って、直ちに改革することを強く勧告しているのである。

このように、わが国の刑事手続は、国際的見地からも早急な改革が迫られているのである。

三、このような状況下において、本件では、身体拘束された被告人の防御権ならびに弁護人依頼権の根幹ともいうべき弁護人との間の自由な信書の授受が、あろうことか刑事手続の対立当事者である検察官の手で蹂躙されるという事態が発生したのである。

身体を拘束された被疑者・被告人は、検閲を受けることなく弁護人との間で自由に信書の授受ができなければならないのであって、それは憲法が明定する弁護人依頼権のコロラリーというべきであり、また、現行刑訴法の理念たる当事者主義の当然の帰結でなければならないであろう。このような被疑者・被告人の権利が対立当事者たる検察官によって侵害されて、被疑者・被告人と弁護人との間の信書が官憲によって事前の検閲が行われたうえ、あまつさえ、その信書の内容が検察官側から訴訟の資料として提出されるという事態は、わが国の憲法の規定や刑訴法の理念に対する真向からの挑戦以外の何ものでもない。

また、現在、被疑者段階の国費による弁護制度の実現に向けて、日弁連と法務省・最高裁との間で、「刑事被疑者弁護に関する意見交換会」が行われているが、その中で法務省は多くの事例を示して、いわゆる「不適切弁護」について言及するに至っていて、それに反論する日弁連との間で激しい議論が行われている。日弁連刑事弁護センターでは、この点に関する法務省の見解に対しては、むしろ、検察官が被疑者・被告人に対して弁護人の解任を「慫慂《しょうよう》」する事例など、弁護活動の違法・不当な妨害ともいうべき検察官の行動が目立つと指摘されているところである。そして、弁護人と被告人との間の信書を、訴訟の資料として使用してはならないということに思い至らなかった本件における検察官の対応は、まさに弁護活動に対する違法・不当な検察官の妨害事例の極めて顕著なものというべきである。

四、以上述べてきたことからも明らかなように、本件で問われるべき点としては、次のような点を挙示できよう。

1　本件では、まず憲法・刑訴法の解釈論として弁護人と身体拘束された被疑者・被告人との間の信書について、官憲による事前検閲は許されるべきものではないし、ましてやそれを検察官が訴訟の資料として使用することは絶対に許されないものであることを明らかにすること。

2　二一世紀に向けた刑事手続において、刑事弁護をどのようにとらえ、その中で被疑者・被告人の弁護人依頼権をどのように位置づけるかという、刑事手続の改革課題の面からみた検討がなされなければならないこと。

3　加えて、この改革課題の検討は国際人権法の観点からもなされるべきであって、前述したような国連規約人権委員会の勧告に沿って、国際的水準を充足するに足りるものとされなければならないこと。

4　さらには、身体拘束された被疑者・被告人と弁護人との間の信書を検察官が訴訟資料として使用するという所為に対して、あるべき検察官準則からみた検討がなされるべきこと。

このように本件裁判は刑事弁護のみならず、刑事手続全体にわたって極めて重大な問題を孕むものであり、本件裁判の帰すうはわが国の刑事手続の根幹を左右しかねないものと言ってよい。それ故にこそ、第一回口頭弁論期日には五〇名に及ぶ弁護士らが原告代理人として出席し、また短期間の間に全国から多数の弁護士が原告らの代理人になる旨の申し出をしてきているのである。

裁判所としては、本件裁判の重要性を充分に認識されたうえ、充全な審理を遂げられて、わが国の刑事手続の改革・発展に資する裁判、また国際的な基準を充足させるに足りる判断をされるよう、強く要望するところである。

以上

第一準備書面（被告）

1999（平11）年4月30日

平成一〇年（ワ）第一三九三四号　損害賠償請求事件
原　告　髙見秀一ほか一名
被　告　国

第一準備書面

平成一一年四月三〇日

右被告指定代理人
田邊　哲夫
伊藤　　隆
竹田御眞木
谷岡　賀美
太田　義弘
島田　佳雄
小嶌　一平
成田　良造
杉尾　健二
茨木　正輝

大阪地方裁判所第七民事部合議一係　御中

請求の原因に対する認否

一　請求の原因第一について

1　一項について

㈠　1は認める

㈡　2のうち、原告髙見秀一が被告人A（以下「A被告人」という。）の弁護人であることは認め、その余は不知。

㈢　3のうち、原告岡本栄市が被告人B（以下「B被告人」という。）の弁護人であることは認め、その余は不知。

2　二項について

㈠　1は認める。

なお、A被告人に対する公訴事実は、B被告人との共謀による窃盗二件及び強盗致傷一件であるが、B被告人に対する公訴事実は、右のほか窃盗が五件ある。

㈡　2は認める。

3　三項及び四項について

いずれも認める。

二　請求の原因第二について

1　一項について

認める。

2　二項について

㈠　1は認める。

㈡　2は認める。ただし、信書の削除・抹消は、当該信書の内容が勾留目的を阻害するような内容の場合に必要かつ合理的な限度内で行われることがあり得るにとどまり、しかも、原告髙見とA被告人との間の訴状別紙一覧表㈠記載の信書及び原告岡本とB被告人との間の訴状別紙一覧表㈡記載の信書（以下「本件各信書」という。）については、被告人とその弁護人との間で発受されたものであるから、被告人両名の防御権及び原告ら両名の弁護権を尊重し、これに十分配慮して、原則としてその内容を削除・抹消するなどして表現行為を禁止することは想定していなかったし、実際にも削除・抹消は全く行っていない。

㈢　3は、検閲の際、信書の内容すべてを書き写して記録した趣旨であれば否認する。本件各信書については、被告人とその弁護人との間で発受されたものであることから、被告人両名の防御権及び原告ら両名の弁護権を尊重し、主に「事件の流れを書きます。」などと信書を発信する用件を記録するにとどめ、できるだけ信書の具体的な内容は記録しないように配慮していた。

3　三項について

㈠　1及び2は認める。ただし、捜査関係事項照会書には、「右両名は貴所に勾留中の者ですが、現在に至るまでの間、右両名の間及びその他の者との通信状況について書信票を精査の上、その日時、信書等の種類、信書の内容について至急回答願います。」と記載したのみで、被告人両名と原告らとの間で発受された信書を除外して照会する旨の記載はしていなかったが、K検察官は、被告人両名と原告らとの間で発受された信書の発受状況等を照会する意図はなかった。

㈡　3は否認する。日常的に行われているものではない。

4　四項について

㈠　1及び2は認める。ただし、本件回答書には、本件各信書について、その内容欄には、主に「事件の流れを書きます。」などと本件各信書を発信する用件を簡潔に一行一文程度で記載しているのみで、当該信書の具体的内容は判明しないように配慮していた。

㈡　3は否認する。日常的に行われているものではない。

5　五項について

K検察官が、本件回答書の内容を覚知したことは認めるが、本件各信書の各内容を覚知したという点は否認する。

6　六項について

認める。

7　七項について

検察官が本件回答書の取調べを請求した平成一〇年三月二日、原告らがそれに対する意見を述べなかったことは認め、その余は不知。

第二準備書面（被告）

1999（平11）年5月25日

平成一〇年（ワ）第一三九三四号損害賠償請求事件
原　告　髙見秀一ほか一名
被　告　国

第二準備書面

平成一一年五月二五日

右被告指定代理人
田邊　哲夫
伊藤　　隆
竹田御眞木
谷岡　賀美
太田　義弘
島田　佳雄
小嶌　一平
成田　良造
杉尾　健二
茨木　正輝

大阪地方裁判所第七民事部合議一係　御中

目次

(4)　その他について

(三)　B規約一四条3について

(四)　B規約一七条1について

3　本件信書の内容確認等について

三　本件回答について

1　刑訴法一九七条二項に基づく回答義務

2　本件回答について

3　B規約一四条1第一文及び第二文

四　本件照会について

五　本件利用について

六　損害について

被告は、本準備書面において、訴状請求の原因第三以下についての認否をするとともに、原告らの主張に対する被告の反論を述べる。

第一　請求の原因第三以下に対する認否

一　請求の原因第三について

1　一について

(一)　1について

第一段落については、刑訴法三九条一項が、「身体の拘束を受けている被告人又は被疑者は、弁護人又は弁護人を選任することができる者の依頼により弁護人となろうとする者（弁護士でない者にあつては、第三十一条第二項の許可があつた後に限る。）と立会人なくして接見し、又は書類若しくは物の授受をすることができる」と規定して接見交通権を保障していること、右規定が憲法の保障に由来するものであること、国際人権自由権規約（正確には、「市民的及び政治的権利に関する国際規約」であり、以下「B規約」という。）一四条3(b)が、すべての者は、その刑事上の罪の決定について、「防御の準備のために十分な時間及び便益を与えられ並びに自ら選任する弁護人と連絡すること」と規定して弁護人との接見交通権を保障しているという限度で認め、その余は争う。

第二段落については、身体を拘束された被告人と弁護人との打合せと意思疎通（交通）が、面会（接見）あるいは信書その他によってなされることは認めるが、その余は争う。

(二)　2について

争う。

2　二について

第一段落については、憲法、B規約及び刑訴法が、弁護人依頼権を保障していること、前記1(一)記載のとおり、刑訴法及びB規約が接見交通権を保障していること、その限りで弁護士は特別の地位を与えられていることは認め、その余は争う。

第二段落は認め、第三段落は争う。

第四段落については、弁護士が弁護権を有すること、弁護人と被告人との間の信書の発受に関し、交通権の侵害となる行為があった場合には、それが弁護権の侵害にもなり得るという限度で認めるが、その余は争う。

二　請求の原因第四について

1　冒頭部分について

争う。

2　一について

(一)　1について

㈠は認める。
㈡は、憲法の定める弁護人依頼権は、弁護人を選任した上で、弁護人に相談し、その助言を受けるなど弁護人から援助を受ける機会を持つことを実質的に保障していること、原告らの引用する裁判例があることは認めるが、その余は争う。
㈡　2について
争う。
㈢　3について
原告らの引用する最高裁判例があることは認めるが、その余は争う。
㈣　4について
弁護人と被告人との間の接見交通権が憲法の保障に由来する権利であることは認めるが、その余は争う。
3　二について
㈠　1について
原告らの引用する憲法の条項があることは認めるが、その余は争う。
㈡　2について
通信の秘密の保障が被告人と弁護人間の通信にも妥当することは認めるが、絶対無制約ではなく、一定の制約があり得るものである。その余は争う。
㈢　3について
㈠は争う。
㈡は、原告らの引用する最高裁判例があることは認め、その余は争う。
㈢は、争う。
㈣　4について
争う。
㈤　5について
争う。
4　三について
㈠　1について
㈠は争う。
㈡は、原告らの引用する裁判例があることは認めるが、その余は争う。
㈡　2ないし4について
いずれも争う。
5　四について
㈠　1について
原告らの引用する最高裁判例があることは認める。
㈡　2及び3について
いずれも争う。
6　五について
認否の必要がない。
7　六について
争う。

三　請求の原因第五について
1　冒頭部分について
B規約が一九六六（昭和四一）年第二一回国連総会で採択されたこと（訴状には第二回とあるが、誤記と思われる。）、我が国が一九七九（昭和五四）年六月二一日批准書を寄託（訴状には八月四日に批准したとあるが、公布した日である。）し、同年九月二一日に発効したことは認め、その余は争う。

2　一について

㈠　1について

㈠は認める。ただし、B規約一四条3本文の「すべての者は、」と「刑事上の罪の」の間に「その」が入る。

㈡は認める。

㈡　2について

原告らの引用する裁判例があることは認めるが、その余は争う。

3　二について

㈠　冒頭部分について

原告らの引用する裁判例があることは認めるが、その余は争う。

㈡　1について

㈠については、原告らの引用する裁判例があることは認めるが（ただし、「B規約にかかげられている」とある部分は、「B規約に掲げられている」が正しい。）、その余は争う。

㈡及び㈢のようなコメントがあることは認めるが、そこで示されている解釈等の当否は争う（ただし、㈢のモラエル対フランス事件における規約人権委員会の見解中、「即決判決」とあるのは「既決判決」が正しい。）。

㈢　2について

原告らの引用する裁判例並びに被拘禁者保護原則、弁護士の役割に関する基本原則及び被拘禁者処遇最低基準規則の各条項があることは認める（ただし、被拘禁者保護原則18の②で「事件」とあるのは「時間」が正しい。また、同①ないし③の「抑留又は拘禁された者」の原文と同⑤の「拘禁又は収監された者」の原文とは、いずれも「a detained or imprisoned person」であるから、⑤も「抑留又は拘禁された者」とするのが正しい。）が、その余は争う。

㈣　3について

㈠については、原告らの引用する裁判例があることは認めるが、その余は争う。

㈡及び㈢は認める（ただし、ヨーロッパ人権条約八条の②の「国の安全、公共の安全若しくは」と「道徳の保護のため」との間に「国の経済的福利のため、無秩序若しくは犯罪防止のため、健康若しくは」が入る。）。

㈣は争う。

㈤　4について

原告らの引用する世界人権宣言、米州人権条約、ヨーロッパ刑務所規則の各条項があることは認めるが、その余は争う。

㈥　5について

不知

4　三について

争う。

四　請求の原因第六について

1　一について

㈠　1について

認める。ただし、刑訴法三九条一項の「立会人なくして」は、「接見し」にのみかかるものであり、「書類若しくは物の授受」にはかからない。

㈡　2について

争う。

2　二について
第一段落は認める。

第二段落及び第三段落は、いずれも争う。

第四段落については、刑訴法三九条二項が規定する「法令」の定めでも「接見への立会」が許されないことは認め、その余は争う。

第五段落は争う。

第六段落は争う。刑訴法三九条二項に規定する「法令」には、刑訴法も含まれるものと解すべきである。
3　三及び四について
争う。

五　請求の原因第七について
1　冒頭部分について
争う。
2　一について
認める。ただし、監獄法四六条一項は、在監者の信書の発受に許可制を採用することを規定しており、同法五〇条は、信書に関する制限には検閲を含むことを規定しているから、監獄法施行規則一三〇条の規定は、監獄法の許容する範囲内のものである。
3　二及び三について
争う。
六　請求の原因第八について
争う。
七　請求の原因第九について
1　一について
認める。
2　二について
争う。
八　請求の原因第一〇について
争う。
九　請求の原因第一一について
争う。

第二　被告の主張

一　事実経過
本件の事実経過については、既に被告第一準備書面において認否したとおりであるが、補足すると以下のとおりである。
1　大阪地方検察庁（以下「大阪地検」という。）検察官は、平成九年九月一二日、大阪地方裁判所（以下「大阪地裁」という。）に対し、A（以下「A被告人」という。）及びB（以下「B被告人」といい、A被告人と併せて「被告人両名」という。）の両名を、強盗致傷及び窃盗（以下「本件刑事事件」という。）により起訴した。A被告人に対する公訴事実は、B被告人との共謀による強盗致傷一件及び窃盗二件であるが、B被告人に対する公訴事実は、右のほか窃盗五件がある。
このうち、強盗致傷の公訴事実は、被告人両名が通行人から所持品等を強取することを共謀し、A被告人が走行中の自動車内から通行中の被害女性のショルダーバッグをひったくり、B被告人が自動車を急加速させて同女を路上に転倒させて引きずるなどし、同女に入院加療約三か月間を要する傷害を負わせたというものであった。

被告人両名は、捜査段階では、強盗致傷及び窃盗の各犯行を認めていた。

２　被告人両名の本件刑事事件は併合して審理されることとなったが、平成九年一〇月二七日に行われた第一回公判期日において、A被告人は、公訴事実のうち、窃盗の事実及び強盗致傷の外形的事実は認めたものの、強盗の犯意及びショルダーバッグを強く引っ張った事実を否認する旨の意見を陳述し、B被告人は、公訴事実についての意見を留保した。

そして、B被告人は、同年一二月八日に行われた第二回公判期日において、公訴事実のうち、窃盗の事実及び強盗致傷の外形的事実は認めたものの、強盗の犯意を否認するとともに、A被告人がショルダーバッグを引っ張ったところ及び被害女性を転倒させたところは見ておらず、また、自分は自動車を急加速させたことはない旨、A被告人の陳述した意見に沿った内容の意見を陳述した。

３　本件刑事事件の公判立会検察官であったK検察官は、B被告人がA被告人の陳述した意見に沿った内容の意見を陳述したことから、大阪拘置所に勾留中の被告人両名が直接にあるいは家族、友人等を介して間接に、信書を発受信するなどして通謀し、罪証隠滅工作を行っている可能性があると考え、大阪拘置所長に対し、被告人両名の信書の発受状況を照会することとした。その際、K検察官は、被告人両名が各弁護人を介して通謀を行っている可能性があるとは考えていなかったため、被告人両名と各弁護人との間で発受された信書の内容等を照会する意図は全くなかったが、その旨を明記しないまま、平成九年一二月二四日、大阪拘置所長に対し、刑訴法一九七条二項に基づき、被告人両名につき、「右両名は貴所に勾留中のものですが、現在に至るまでの間、右両名の間及びその他の者との通信状況について書信票（ママ。なお正しくは「書信表」以下すべて同じ——編者注）を精査の上、その日時、信書等の種類、信書の内容について至急回答願います。」と記載した捜査関係事項照会書をもって照会（以下「本件照会」という。）を行った。

４　O大阪拘置所長（以下「O拘置所長」という。）は、監獄法五〇条、同法施行規則一三〇条一項に基づき、被告人両名が発受する信書（このうち、被告人両名と原告らとの間の信書を、以下「本件信書」という。）の内容を確認し、同規則一三九条に基づき、処遇上その他参考となるべき事項の要旨を記録していた（以下「本件信書の内容確認等」という。）。

O拘置所長は、本件照会が被告人両名と各弁護人との間で発受された信書を除外していなかったため、これを含めて回答することとし、平成一〇年一月九日、本件照会に対し、大拘丙収第一五三八号の「捜査関係事項の照会について（回答）」（甲A第一号証。以下「本件回答書」という。）をもって回答（以下「本件回答」という。）を行った。

５　K検察官は、本件回答書を検討した結果、第二回公判期日の二日前である平成九年一二月一六日に、B被告人がA被告人から受信した信書には、「一緒に罪名変えへんか。俺はそれだけを思っている。」という内容の記載があるのを発見し、B被告人が第二回公判期日で供述を覆す契機となったのが右信書であると考えた。また、被告人両名は、証人予定者である甲との間でも複数回にわたり信書の発受を行っていたことも発見した。甲は、検察官の取調べに対し、被告人両名による強盗致傷事件の直後、B被告人から当該事件の概要について打ち明けられた状況を具体的に供述していたが、弁護人である原告らが、その供述を録取した供述調書（以下「甲調書」という。）の取調べに一部不同意の意見を述べていた。

なお、K検察官は、本件回答書の中に、被告人両名とその弁護人である原告らとの間で発受された本件信書の発受状況なども含まれていることに気付いたが、本件信書の内容欄に記載されている内容は、極めて簡略で抽象的なものばかりであって、具体的な内容は全く含まれておらず、被告人両名の防御権やその弁護人らの弁護権を侵害するものではないと考えた。

6　そこで、K検察官は、被告人両名が通謀して罪証隠滅を行おうとしており、これを防ぐためには、被告人両名相互間及び被告人両名と関係者との間の接見交通を禁止する必要があると判断し、平成一〇年二月六日、大阪地裁に対し、本件回答書の写しを疎明資料として添付した接見禁止等請求書を提出して、被告人両名につき接見禁止等の決定を求める申立てを行った。K検察官は、右接見禁止等請求書に、B被告人がA被告人から受信した平成九年一二月一六日の信書の内容や証人予定者である甲との間でも信書を発受していることなどを右申立てを行う理由として記載したが、弁護人である原告らとの間で発受された信書については何ら触れていない。

その結果、大阪地裁は、後述の甲に対する証人尋問終了後の同月九日、被告人両名につき接見等を禁止する旨決定した。

7　また、K検察官は、平成一〇年二月九日に行われた第四回公判期日において実施された証人尋問において、証人となった甲が、B被告人から当該事件の概要について打ち明けられた状況について、「覚えていない。分からない。」などと甲調書と実質的に相反するあいまいな証言に終始したことから、甲調書は刑訴法三二一条一項二号書面に該当するとして、証拠調請求書を提出して、甲調書の取調べを請求した。K検察官は、右証拠調請求書に、甲調書に特信性が認められる理由として、甲が被告人両名と複数回にわたり信書を発受しており、しかも、甲はB被告人に対する平成九年一〇月二七日の信書に、「一日でも早く帰ってきて」と記載していたことなどから、被告人両名と親しく交遊していたためかばおうとしていることが明白である旨の意見を記載しているが、弁護人である原告らとの間で発受された信書については何ら触れていない。

8　K検察官は、平成一〇年三月二日に行われた第五回公判期日において、甲調書の特信性を立証するため、本件回答書を、被告人両名の大阪拘置所での書信状況を立証趣旨として証拠申請した。

9　平成一〇年三月二三日に行われた第六回公判期日において、原告らは、本件回答書を採用すべきではない旨の意見を述べたが、大阪地裁は、本件回答書のうち、被告人両名と各弁護人との間における信書の発受部分を却下し、その余を採用する旨決定した。これに対して、原告らが異議申立てを行い、また、K検察官が、拘置所長の行為は法律に基づくものであって何ら問題なく、右弁護人らの異議申立ては理由がない旨の意見を述べたところ、大阪地裁は、異議申立てを棄却した。そこで、K検察官は、本件回答書のうち、却下された部分を除いた抄本を裁判所に提出した（以上述べた態様で、K検察官が本件回答書を証拠等として利用した行為を、以下「本件利用」という。）。

また、原告らは、甲調書が刑訴法三二一条一項二号書面に該当しない旨の意見を述べたが、大阪地裁は、その採否を検討するため、K検察官に対し、甲調書の提出を命じた。なお、甲調書は第八回公判期日において採用された。

二　本件信書の内容確認等の適法性

1　監獄法四六条一項、五〇条、同法施行規則一三〇条、一三九条の合憲性

㈠　本件信書の内容確認等についての法令の根拠等

刑訴法三九条は、一項において、「身体の拘束を受けている被告人又は被疑者は、弁護人又は弁護人を選任することができる者の依頼により弁護人となろうとする者（弁護士でない者にあつては、第三十一条第二項の許可があつた後に限る。）と立会人なくして接見し、又は書類若しくは物の授受をすることができる。」として、接見交通権を規定するとともに、二項において、「前項の接見又は授受については、法令（裁判所の規則を含む。以下同じ。）で、被告人又は被疑者の逃亡、罪証の隠滅又は戒護に支障のある物の授受を防ぐため必要な措置を規定することができる。」として、一定の場合に法令で接見交通権を制限し得ることを規定する。同項の法令とは、国会の制定する法律及び行政機関の制定する命令とを意味するが、○拘置所長が行った本件信書の内容確認等は、同項の法令に該当する監獄法四六条一項、五〇条、同法施行規則一三〇条、一三九条（以下これらを併せて「本件法令」という。）の各規定に基づくものである。

すなわち、監獄法四六条一項は、「在監者ニハ信書ヲ発シ又ハ之ヲ受クルコトヲ許ス」として信書の発受について許可制を採用した上、同法五〇条は、「接見ノ立会、信書ノ検閲其他接見及ヒ信書ニ関スル制限ハ命令ヲ以テ之ヲ定ム」と規定しているところ、同条の委任を受けて同法施行規則一三〇条一項は、「在監者ノ発受スル信書ハ所長之ヲ検閲ス可シ」と規定し、また、同規則一三九条は、「接見ノ立会及ヒ信書ノ検閲ノ際処遇上其他参考ト為ル可キ事項ヲ発見シタルトキハ其要旨ヲ本人ノ身分帳簿ニ記載ス可シ」と規定しており、拘置所長は、被告人と弁護人との間で発受される信書についても、これらの規定に基づいてその内容を確認し、処遇上その他参考となるべき事項の要旨を記録しているのである。

原告らは、これらの規定が憲法三四条、三七条三項、二一条等に違反して無効である旨主張するが、以下述べるとおり、原告らの右主張は失当である。

㈡　憲法三四条、三七条三項について

原告らは、本件法令が、憲法三四条、三七条三項によって保障された弁護人と被告人との秘密交通権を侵害する旨主張するので、まず、この点について反論する。

⑴　憲法三四条は、抑留又は拘禁された者の弁護人依頼権を保障し、同法三七条三項は、刑事被告人の弁護人依頼権を保障している。これらの規定は、単に身体の拘束を受けている被疑者又は被告人が弁護人を選任することを官憲が妨害してはならないというにとどまるものではなく、被疑者又は被告人に対し、弁護人を選任した上で、弁護人に相談し、その助言を受けるなど弁護人から援助を受ける機会を持つことを実質的に保障しているものと解される。そして、刑訴法三九条一項が、身体の拘束を受けている被告人又は被疑者と弁護人又は弁護人を選任することができる者の依頼により弁護人となろうとする者（以下「弁護人等」という。）との接見交通権を規定しているのは、憲法三四条、三七条三項の右の趣旨にのっとり、身体の拘束を受けている被告人又は被疑者が弁護人と相談し、その助言を受けるなど弁護人から援助を受ける機会を確保する目的で設けられたものであり、その意味で、刑訴法の右規定は憲法の保障に由来するものである（最高裁平成五年（オ）第一一八九号同一一年三月二四日大法廷判決参照。以下「安藤事件判決」という。）。

⑵　一方、未決勾留は、刑訴法の規定に基づき、逃亡又は罪証隠滅の防止を目的として、被告人又は被疑者の居住を監獄内に限定す

るものであって、右の勾留により拘禁された者は、その限度で身体的行動の自由を制約されるのみならず、前記逃亡又は罪証隠滅の防止の目的のために必要かつ合理的な範囲において、それ以外の行為の自由をも制限されることを免れないのであり、このことは、憲法三四条が認める未決勾留そのものの予定するところである。また、監獄は、多数の被拘禁者を外部から隔離して収容する施設であり、右施設内でこれらの者を集団として管理するにあたっては、内部における規律及び秩序を維持し、その正常な状態を保持する必要があるから、この目的のために必要がある場合には、被告人又は被疑者についても、この面からその者の身体的自由及びその他の行為の自由に一定の制限が加えられることは、やむを得ないところというべきである（最高裁昭和五八年六月二二日大法廷判決・民集三七巻五号七九三ページ参照）。

(3)　したがって、身体の拘束を受けている被告人又は被疑者と弁護人との信書の発受は、刑訴法三九条一項に規定されている接見交通権の一内容であり、憲法三四条、三七条三項の保障に由来するとしても、絶対無制約な権利であるということはできないのであって、弁護人から援助を受ける機会を持つことを保障するという趣旨が実質的に損なわれない限りにおいて、法律及びその委任を受けた命令により、憲法三四条の予定する未決勾留の目的のために必要かつ合理的な範囲で右信書の発受について制限を加えることが否定されるものではないというべきである（安藤事件判決参照）。

(4)　そこで検討するに、以下に述べるとおり、監獄の長による信書の内容確認等を規定した本件法令は、刑訴法三九条二項にいう「必要な措置」として許容されるものであって、憲法三四条、三七条三項の保障を実質的に損なうものではなく、これらの憲法の規定に違反する違憲な法令ではない。

すなわち、

ア　前掲最高裁昭和五八年六月二二日大法廷判決もいうように、拘置所長は、未決勾留によって拘禁された被告人又は被疑者（以下「未決拘禁者」という。）に対し、逃亡又は罪証隠滅の防止の目的のため、さらに、施設内における規律及び秩序を維持し、その正常な状態を保持する目的のため、必要な範囲で未決拘禁者の身体的自由及びその他の行為の自由に一定の制限を加えることができる。

ところで、未決拘禁者にとって、信書の発受が外部との意思疎通手段として重要なものであることはいうまでもない。それだけに、未決拘禁者が信書を利用して第三者と逃亡又は罪証隠滅を通謀したり、施設内の規律及び秩序を乱す行為に出ることを通謀したり、あるいは、第三者に対して自殺を示唆する心情等を吐露することなども十分に予想される。

このことは、未決拘禁者と弁護人との間で発受される信書においても同様である。すなわち、未決拘禁者が弁護人に宛てた信書においても、逃亡、罪証隠滅、施設内の規律・秩序を乱す行為又は自殺を示唆する心情等を吐露するなどの可能性を否定できない上、そのような内容を記載した第三者宛ての信書を弁護人宛ての信書に同封する可能性も否定できないところである。また、外形上は弁護人が未決拘禁者に宛てた信書の体裁を有するものであっても、実際には弁護人以外の者が発した信書である場合も考えられる上、第三者が作成した信書等が弁護人の信書に同封されて、未決拘禁者と弁護人以外の者とが逃亡、罪証隠滅又は施設内の規律・秩序を乱す行為を通謀したり、未決拘禁者の自殺を誘発するような情報を伝えるなどの可能性も考えられるところである。

そこで、監獄の長である拘置所長は、逃亡又は罪証隠滅の防止並びに施設内における規律及び秩序を維持する目的のために、未決拘禁者に関する情報を集めてその心情を把握する必要があり、さらに、右目的のために、やむを得ず、信書の発受を禁止したり、その一部を抹消するなどの措置を講ずることが必要となる場合もある。このように未決拘禁者に関する情報を集め、かつ、信書の発受禁止等の措置を講ずるためには、信書の内容を確認するほかないのであって、未決拘禁者が発受する信書の内容確認やその発受の禁止などといった未決拘禁者の権利に対する制限は未決勾留制度上やむを得ないものである。

また、信書の内容を確認した際に、未決拘禁者が、逃亡、罪証隠滅又は施設内の規律・秩序の維持を乱す行動をとろうとしていることがうかがわれる内容が記載されている場合や、その者の心情を把握できる事情が記載されている場合などのように、処遇上その他参考となるべき事項が記載されていることを発見したときには、その要旨を記録して、処遇や施設内の規律・秩序の維持に役立てることも必要かつ合理的である。

このように、未決拘禁者が弁護人を含む第三者との間で発受する信書の内容を、監獄の長において確認し、あるいは、その発受を禁止するなどの措置を講じ、さらには、処遇上その他参考となるべき事項を発見したときに、その要旨を記録することは、右の未決勾留の目的を達する上で必要かつ合理的な範囲における制限である。

イ　また、監獄の長が、未決拘禁者と第三者との間で発受される信書の内容を確認し、その要旨を記録したとしても、監獄の長は、信書の内容について、職務上知ることのできた秘密として守秘義務を負っている（国家公務員法一〇〇条）。したがって、監獄の長が職務上知ることのできた右信書の内容は、正当な理由がない限り、他に漏らしてはならない。

ところで、未決拘禁者と弁護人との間で交わされる信書については、防御権ないし弁護権との関係で、発受の制限等について十分な配慮をすべきことは当然であり、実際にも、そのように運用されている。すなわち、未決拘禁者と弁護人との間で交わされる信書については、原則としてその内容を削除・抹消するようなことはなく、かつ、処遇上その他参考となるべき事項の要旨を記録するに当たっても、主に「事件の流れを書きます。」などと信書を発受する用件のみを記録するにとどめ、弁護人と被告人との間で行われた事件に関する打合せの内容については、記載しないように配慮している。

ウ　このように、本件法令の規定による信書の内容の確認等は、未決拘禁者と弁護人との信書の発受にも及ぶものであるが、それは、未決勾留の目的及び施設内の規律・秩序の維持の観点から必要かつ合理的な制限である上、右信書の秘密は守秘義務によって守られ、さらには本件法令の規定は未決拘禁者の防御権や弁護人の弁護権にも十分に配慮しなければならないと解釈され、実際そのように運用されていることからすると、本件法令の規定は、憲法三四条、三七条三項による弁護人から援助を受ける機会を持つことを保障するという趣旨を実質的に損なうものとは到底認められない。したがって、本件法令の規定は、憲法三四条、三七条三項に反しないというべきである。

㈢　憲法二一条について

次に、原告らは、本件法令の規定する信書の内容の確認等が、憲法二一条二項前段で禁止された検閲に該当し、また、同項後段で保障された通信の秘密を侵害し、同条一項で保障された表現の自由を侵害する旨主張するので、以下この点について反論する。
(1)　憲法二一条二項前段は、検閲の絶対的禁止を宣言した趣旨と解されるが、同項前段の禁止する検閲とは、「行政権が主体となって、思想内容等の表現物を対象とし、その全部又は一部の発表の禁止を目的として、対象とされる一定の表現物につき網羅的一般的に、発表前にその内容を審査した上、不適当と認めるものの発表を禁止することを、その特質として備えるものを指す」と解すべきである（最高裁昭和五九年一二月一二日大法廷判決・民集三八巻一二号一三〇八ページ。以下「関税定率法事件判決」という。）。したがって、監獄法五〇条、監獄法施行規則一三〇条による「検閲」としての信書の内容の確認は、「思想内容等の表現物」を対象としたその「発表の禁止」を目的とするものとはいい難いし、「網羅的一般的に」審査するものともいえないから（新村正人・最高裁判所判例解説民事篇昭和五九年度四八八ページ参照）、憲法二一条二項前段の「検閲」には該当しない。最高裁平成六年一〇月二七日第一小法廷判決（判例時報一五一三号九一ページ）も、「監獄法五〇条、監獄法施行規則一三〇条に基づく信書に関する制限が憲法二一条二項前段にいう検閲に当たらないことは、当裁判所大法廷判決（最高裁昭和五七年(行ツ)第一五六号同五九年一二月一二日判決・民集三八巻一二号一三〇八頁、最高裁昭和五六年（オ）第六〇九号同六一年六月一一日判決・民集四〇巻四号八七二頁）の趣旨に徴して明らかであり、右の信書に関する制限を定めた所論の法令の規定が憲法二一条に違反するものでないことも、当裁判所大法廷判決（最高裁昭和四〇年（オ）第一四二五号同四五年九月一六日判決・民集二四巻一〇号一四一〇頁、前示昭和五八年六月二二日判決）の趣旨に徴して明らかである」と判示している。

(2)　憲法二一条二項後段の保障する通信の秘密の保障は、弁護人と被告人との間で交わされる信書についても及ぶと解すべきであるが、通信の秘密の保障は、検閲の禁止とは異なり、絶対無制約なものではなく、一定の制約に服するものであることは、一般に承認されているところであり（宮沢俊義＝芦部信喜補訂・全訂日本国憲法二五一ページ、浦部法穂・注釈日本国憲法上巻五〇九ページ参照）、前記のとおり、本件法令による通信の秘密に対する制約は、合理的かつ必要やむを得ないものであるから、憲法二一条二項後段に違反するものではない。

(3)　憲法二一条一項が保障する「表現の自由は、憲法の保障する基本的人権の中でも特に重要視されるべきものであるが、さりとて絶対無制限なものではなく、公共の福祉による制限の下にある」と解すべきである（関税定率法事件判決参照）。本件法令による表現の自由に対する制限は、前記のとおり、合理的かつ必要やむを得ないものというべきであるから、憲法二一条一項に違反するものでもない。

(4)　以上のとおり、本件法令の規定は、憲法二一条のいずれの規定にも違反するものではない。

㈣　その他の憲法違反の主張について
原告らは、さらに、本件法令が憲法一三条、三一条、三二条、三七条一項、三八条一項に違反する旨主張するが、以下のとおり、いずれも失当である。

(1)　憲法一三条について
原告らは、被告人と弁護人との間の信書の秘密が憲法一三条によっても保護されている旨主張する。

しかしながら、憲法一三条は直接被告人と弁護人との信書の秘密を保護する規定ではなく、端的に憲法三四条、三七条三項、二一条の問題として論じれば十分であり、本件法令がこれらの憲法の規定に違反しないことは、既に述べたとおりである。また、仮に原告らが主張するようにプライバシー権として憲法一三条の保護を受けるとしても、それは公共の福祉による制約を免れないものであり、憲法三四条、三七条三項、二一条に関して述べたように、本件法令は、被告人及び弁護人に対し、公共の福祉の観点から必要やむを得ない制約を定めたものであるから、憲法一三条には違反しない。

(2)　憲法三一条、三二条、三七条一項について

原告らは、本件法令が、適正手続や公平な裁判を受ける権利を保障したこれら憲法の規定に違反する旨主張する。

しかし、既に述べたとおり、本件法令は憲法三四条、三七条三項に違反しないのであって、そうである以上、適正手続や公平な裁判を受ける権利にも反することはないというべきである。

(3)　憲法三八条一項について

原告らは、本件法令が不利益な供述の強要を禁止した憲法三八条一項に違反している旨主張する。

しかしながら、本件法令は捜査機関が被告人と弁護人との間の信書の内容を確認することを許容する規定ではなく、原告らの主張はこの点で失当である上、憲法三八条一項の不利益供述の強要の禁止を実効的に保障するためどのような措置が採られるべきかは、基本的には捜査の実状等を踏まえた上での立法政策の問題に帰するものというべきであり、右にいう不利益供述の強要の禁止の定めから被告人と弁護人との接見交通権の保障が当然に導き出されるものともいえないのであるから（安藤事件判決参照）、この点においても、原告らの主張は失当というべきである。

２　本件信書の内容確認等のＢ規約適合性

㈠　原告らの主張の要旨及び反論の概要

原告らは、Ｂ規約は、国内法としての直接的効力を有し、しかも、法律に優位する効力を有すると主張した上、Ｂ規約一四条３(b)及び一七条は、弁護人と身体を拘束された被告人との間の秘密交通権を保障しているから、拘禁している当局はもちろん、第三者からの侵害も許されないと主張する。

また、原告らは、規約人権委員会の一般的意見、被拘禁者保護原則、ヨーロッパ人権裁判所の判例などをＢ規約を解釈する際の指針としなければならないなどと主張する。

しかしながら、Ｂ規約一四条３(b)及び一七条は、本件法令と何ら矛盾するものではなく、かつ、原告らが指摘する規約人権委員会の一般的意見、被拘禁者保護原則、ヨーロッパ人権裁判所の判例などは我が国に対して法的拘束力を持つものではないから、Ｂ規約一四条３(b)及び一七条が国内裁判所において直接適用されるかどうかを検討するまでもなく、原告らの右主張はその前提において誤っており、失当といわざるを得ない。

そこで、以下、まず、原告らの主張する解釈指針について反論し、次いでＢ規約の前記規定の解釈について述べる。

㈡　Ｂ規約の解釈指針について

(1)　一般的意見について

原告らは、国連規約人権委員会の一般的意見がＢ規約の解釈の補足手段として依拠されるべきであるとし、一四条３(b)は、「弁護人に対し、交通の秘密を十分尊重するという条件で被告人と交通することを要求する。」という規約人権委員会の一般的意見などを紹介している。

しかしながら、規約人権委員会の一般的意見は、B規約締約国に対して法的拘束力を持つものではなく、B規約の解釈指針としなければならないものではない。

(2)　被拘禁者保護原則などについて

また、原告らは、国連第四三回総会決議で採択された被拘禁者保護原則18が、「抑留又は拘禁された者が、遅滞なく、また検閲されることなく完全に秘密を保障されて自己の弁護人の訪問を受け、弁護人と相談又は通信する権利は停止又は制限することはできない。」と定めていること、国連第四五回総会決議が採択した弁護士の役割に関する基本原則八条が、「すべての逮捕、抑留又は拘禁された者は、遅滞、妨害又は検閲なしに完全な秘密裡に弁護士と面会し、連絡をとり、相談するために十分な機会、時間及び便益を与えられるものとする。」と定めていること、第一回国連犯罪防止会議で採択された被拘禁者処遇最低基準規則九三条は、「未決被拘禁者は、自己の弁護のため、無料の法律扶助が可能なところでは、これを求め、自己の弁護を目的として弁護人の訪問を受けかつ、秘密の指示文書を準備して、これを弁護人に手渡せなければならない。」と定めていることを挙げ、これらもB規約の解釈指針となると主張する。

しかしながら、これらは国連加盟国に対して何らの法的拘束力を有するものでない上、B規約の解釈基準を定めたものでもない。これらは、各国の司法制度が異なることを前提として、各国がそれぞれの社会、文化、伝統に照らして、最も適当と認める制度を確立運営していくことを否定する趣旨ではなく、あくまでもガイドラインを示したものにすぎない。

(3)　ヨーロッパ人権裁判所の判例について

さらに、原告らは、ヨーロッパ人権条約に基づくヨーロッパ人権裁判所の判例も、B規約の解釈指針として重要であるとし、同裁判所が受刑者と訴訟準備のための代理人弁護士との信書の検閲について、「それらは、目的は何であろうと、私的かつ秘密の事項に関するものであって八条の下で特別扱いを受けるものである。……そのような信書が、その内容に直接的な利害を有するかもしれない個人又は機関によって規則的な検閲を受けるということは、弁護士とその依頼人との関係に付随する秘密保持の原則及び職業的特権に合致しない。」と判示したことを挙げている。

しかしながら、ヨーロッパ人権条約の締約国はB規約の締約国の一部にすぎない上、我が国がヨーロッパ人権条約の締約国でないことはいうまでもない。ヨーロッパ人権条約と何ら法的関係のないB規約の解釈が、同条約の解釈によって左右される理由はない。

(4)　その他について

原告らは、世界人権宣言、米州人権条約、ヨーロッパ刑務所規則も、B規約の解釈指針として重要であると主張する。

しかしながら、世界人権宣言は国連加盟国に対して何らの法的拘束力を有するものではなく、米州人権条約及びヨーロッパ刑務所規則は我が国が締約国となっているわけではない。

(三)　B規約一四条3について

B規約一四条3は、「すべての者は、その刑事上の罪の決定について、十分平等に、少なくとも次の保障を受ける権利を有する。」とし、その(b)において、「自ら選任する弁護人と連絡すること。」と規定する。

B規約も他の条約と同様に、文脈によりかつその趣旨及び目的に照らして与えられる用語の通常の意味に従い、誠実に解釈されるべきところ、B規約一四条3(b)は、被疑者又は被告人と弁護人との接見交通権を規定するものと解されるが、文理上は必ずしもその秘密性まで保障するものであるか否かは明確ではない。しかし、仮に同条項が接見交通権の秘密性を保障する趣旨であるとしても、その文言からすれば、これが絶対無制約な秘密交通権、すなわち秘密交通権に対する合理的な制限すらも一切禁止するものとは到底解し得ない。

前記のとおり、未決勾留は、刑訴法の規定に基づき、逃亡又は罪証隠滅の防止を目的として、被疑者又は被告人の居住を監獄内に限定するものであって、右の勾留により拘禁された者は、その限度で身体的行動の自由を制約されるのみならず、前記逃亡又は罪証隠滅の防止の目的のために必要かつ合理的な範囲において、それ以外の行為の自由をも制限されることを免れないのであるが、未決勾留はB規約自体が予定するところであるから、右のような制限は、B規約自体も予定するところであると解される。また、監獄は、多数の被拘禁者を外部から隔離して収容する施設であり、右施設内でこれらの者を集団として管理するにあたっては、内部における規律及び秩序を維持し、その正常な状態を保持する必要があるから、この目的のために必要がある場合には、被疑者又は被告人についても、この面からその者の身体的自由及びその他の行為の自由に一定の制限が加えられることは、B規約の下においても、やむを得ないところというべきである。

したがって、本件法令は、B規約一四条３(b)と何ら矛盾するものではない。

(四)　B規約一七条１について

さらに、B規約一七条１は、「何人も、……通信に対して恣意的に若しくは不法に干渉され……ない」と規定し、通信の秘密を保障する。同規定は、通信等に対する恣意的又は不法な干渉を禁止するものであり、同規定が絶対無制約な通信の秘密を保障するものではないことは、文理上明らかである。

そうすると、本件法令に基づき、被告人と弁護人との間で発受される信書についても、その内容を確認し、処遇上その他参考となるべき事項の要旨を記録することは、通信の秘密に対する制限として、合理的かつ必要やむを得ないものというべきであるから、本件法令は、B規約一七条１と何ら矛盾するものでもない。

３　本件信書の内容確認等について

既に述べたように、本件法令は、未決勾留によって身柄を拘束された被告人等について、逃亡、罪証隠滅の防止、施設内の規律・秩序の維持のために必要な措置を定めた法令として、原告らが指摘する憲法のいずれの規定にも違反しないものであり、また、原告らが指摘するB規約の規定とも何ら矛盾するものではない。

O拘置所長は、本件法令に基づき、逃亡又は罪証隠滅の防止という未決勾留の目的並びに施設内の規律・秩序の維持の観点から本件信書の内容の確認を行ったものであり、しかも、被告人両名の防御権及びその弁護人である原告ら両名の弁護権にも十分配慮して、本件信書については、いずれも削除・抹消することなく、そのまま被告人両名に交付し、あるいは、原告らに発送した。また、本件信書について、処遇上その他参考となるべき事項の要旨を記録するにあたっても、主に「事件の流れを書きます。」などと信書を発受する用件のみを記録するにとどめ、弁護人と被告人との間で行われた事件に関する打合せの内容については記載しないように配慮していた。

したがって、O拘置所長のした本件信書の内容の確認及び処遇上その他参考となるべき事項の要旨の記録は、本件法令の趣旨に沿った適法なものというべきである。

三　本件回答について

1　刑訴法一九七条二項に基づく回答義務

㈠　刑訴法一九七条二項は、捜査機関が、捜査について必要があるときは、公務所等に照会して必要な事項の報告を求めることができる旨規定しているが、同条項に基づく照会を受けた公務所は、照会に係る事項について報告すべき義務を負うと解されている。そして、国家公務員法一〇〇条により守秘義務を負う事項について照会があった場合に、照会を求められた公務所において、いずれの義務を優先させるべきかは、一般的には、報告を求められた事項の捜査上の必要性と守秘義務の内容、すなわち、それによって保護されるべき権利・利益の重要性とを比較衡量して決すべきである（馬場義宣・大コンメンタール刑事訴訟法第三巻一五七ページ参照）。

㈡　ところで、前記二で述べたように、監獄の長は、本件法令に基づき、未決拘禁者と弁護人との間で発受された信書についても、その内容を確認し、処遇上その他参考となるべき事項の要旨を記録することができるが、それは、飽くまでも、逃亡又は罪証隠滅の防止という未決勾留の目的や施設内における規律・秩序の維持〔の〕ためであり、そこで知った信書の内容及び処遇上その他参考となるべき事項の要旨の記録の内容について、監獄の長は守秘義務を負っている（国家公務員法一〇〇条）。

そのため、検察官から、刑訴法一九七条二項に基づき、未決拘禁者と弁護人との間で発受された信書の内容等についての報告を求められた場合、監獄の長は、その捜査上の必要性と守秘義務によって保護されるべき権利・利益の重要性とを比較衡量して右の求めに応ずるか否かを決しなければならない。

しかしながら、監獄の長は、一般に、捜査の必要性について把握できる立場にない。また、捜査の密行性の観点から、監獄の長が、捜査の必要性について検察官に説明を求めることも適当でない。そのため、当該監獄の長は、通常の業務の過程で知り得た特段の事情に基づき、捜査の必要性がないことが明らかに認められるような場合を除いては、検察官の判断を信頼して捜査の必要性があると判断せざるを得ないのであって、そのようにして捜査の必要性があると判断したとしても、その判断は合理的なものというべきである。

2　本件回答について

そこで、O拘置所長による本件回答の適法性について検討する。

㈠　まず、本件照会は、被告人両名についての「現在に至るまでの、右両名の間及びその他の者との通信状況について」、「書信票を精査の上」、「その日時、信書等の内容」についての回答を求めるものであったところ、文面上は被告人両名とその各弁護人であった原告らとの間の信書も対象であるように読めるから、これらをも含むと解釈したO拘置所長の判断は合理的なものであったというほかない。

㈡　次に、O拘置所長は、K検察官から刑訴法一九七条二項に基づく本件照会を受けて、捜査上の必要と守秘義務の内容とを比較衡量するにあたり、通常の業務の過程で知り得た事情に基づき、捜査の必要性がないことが明らかに認められるような場合ではなかったため、捜査の必要性があるとのK検察官の判断を信頼し、捜査の必要性があることを前提として、回答するか否かを検討した。そこで、O拘置所長は、回答の前提となる書信票の記載内容が、本件法令に沿った限度にとどめられていること、すなわち、被告人両名とその弁護人である原告らとの間の信書の発受状況等の記載については、防御権ないし弁護権に十分配慮されていることを確認した上、当該書信票の記載に基づき、各発受年月日のほか、各信書については、「来週接見に行きます。」とか「自分の調書で言い間違えていたところを書きます。」などというように、当該信書の用件のみの回答を行ったもので、被告人と弁護人との間の弁護に関する具体的な打合せの内容については回答していない。したがって、O拘置所長の本件回答は、検察官の判断を信頼して捜査の必要性があると判断する一方、被告人両名の防御権及び原告らの弁護権にも十分配慮したものであって、何ら違法ではない。

㈢　なお、原告らは、O拘置所長のK検察官に対する本件回答は、その内容の程度いかんにかかわらず、原告ら弁護人の弁護活動に萎縮効果をもたらし、ひいては、その弁護権を侵害する旨主張する。

しかしながら、守秘義務を負っている拘置所長が、本件のような一般的な通信状況に関する照会に対して、被告人とその弁護人との間で発受された信書の具体的内容を検察官に回答することはない。したがって、本件回答のように、信書の用件等が簡潔に回答されたからといって、さらにこれ以上に具体的な内容が回答されるということはないのであって、弁護人の弁護活動に支障を来たし、ひいてはその萎縮効果をもたらすことにもならないというべきである。

㈣　以上のとおりであって、O拘置所長が本件回答をするにあたってした判断に違法はない。

3　B規約一四条1第一文及び第二文

なお、原告らは、B規約が国内法としての直接的効力を有し、しかも、法律に優位する効力を有すると主張した上、B規約一四条1第一文及び第二文は、当事者対等の原則、武器対等の原則を定めているから、対立当事者である検察官が弁護人と身体を拘束された被告人との間で発受された信書の内容を覚知するような事態をおよそ認めておらず、まして、検察官によるその信書の利用などはおよそ禁じられていると主張する。

B規約一四条1は、その第一文において、「すべての者は、裁判所の前に平等とする。」と規定し、第二文において、「すべての者は、その刑事上の罪の決定又は民事上の権利及び義務の争いについての決定のため、法律で設置された、権限のある、独立の、かつ、公平な裁判所による公正な公開審理を受ける権利を有する。」と規定する。

同規定の解釈は、その規約の趣旨と目的に照らし、文脈の全体の中で、その用語の通常の意味に即してされるべきところ、B規約一四条1の第一文は、すべての者は裁判所の前には平等に取り扱われるべきものとしており、したがって、例えば、「人種、皮膚の色、性、言語、宗教、政治的意見その他の意見、国民的若しくは社会的出身、財産、出生又は他の地位等」（B規約二条1）のいかんなどによって、裁判所の門戸が閉ざされたり、法律が不平等に適用され判断が偏ったりすることは許されないとの意であると解される。また、第二文は、すべての者が、刑事・民事を問わないすべての裁判について、「法律で設置された、権限のある、独立の、かつ、公平な裁判所による公正な公開審理を受ける権利を有する」ことを規定するものであることが明らかである。すなわち、第一文及び第二文は、すべての者に対して裁判の拒絶の禁止を保障するものであり、また、それ以上の特別の意味を有するものではない。したがって、B規約一四条1の第一文及び第二文が、「対立当事者である検察官が弁護人と身体を拘束された被告人との間で発受された信書の内容を覚知するような事態をおよそ認めてはいない」とは到底解されない。

我が国の憲法は、一四条一項において法の下の平等を保障し、三二条において適式な訴えに対する司法拒絶を禁止して、裁判を受ける権利を保障し、さらに、三七条一項においては、刑事被告人が公平な裁判所の迅速な公開裁判を受ける権利を有することを規定しているが、B規約の前記規定は憲法の前記規定と同旨であり、憲法の保障を越える権利保障を包含するものとは解し得ない。したがって、B規約一四条1で保障する権利は、我が国においては既に憲法によって保障され、B規約上の権利とその精神、原理原則の点において何ら相違するところはなく、両者の間にいささかの矛盾もない。

四　本件照会について

検察官は、刑訴法一九七条二項に基づき、公務所に対し、捜査に必要な事項を照会することができるが、この照会は、公務所に報告義務を課すことになるから、捜査の必要性がある場合にのみ行使することが許され、捜査の必要性がないのに照会を求めることは許されない。

ところで、K検察官が本件照会を行うに至った経緯は、前記一で述べたとおりであって、被告人両名の公訴事実に対する意見陳述の経緯及び内容から、被告人両名が直接あるいは家族、友人等を介して間接に通謀を行っている可能性があると考え、これを解明するため、大阪拘置所長に対し、刑訴法一九七条二項に基づいて、本件照会を行ったものであるから、その限りでは捜査の必要性があった事案であって、これが適法であることは明らかである。

もっとも、K検察官は、被告人両名がその弁護人である原告らを介して通謀を行っている可能性があるとは考えていなかったため、被告人両名と原告らとの間で発受された信書に関しては照会の対象とする意図は有していなかったのに、その旨を明記せず、被告人両名と原告らとの間で発受された信書を含む趣旨の照会であると解釈される照会を行い、現に拘置所長をして本件回答を行わせた。したがって、K検察官の行った本件照会は、この点において適切さを欠いたものであったことは否定できず、違法と評価されることもやむを得ないが、そもそも捜査の必要性がない事項につき回答を得る目的であえて照会を行った場合に比べて、その違法性の程度は軽微である。

五　本件利用について

原告らは、K検察官が、本件信書の内容を含む本件回答書を裁判所に提出したという本件利用について、「これは弁護人と被告人との接見内容を被告人に不利益な証拠として刑事手続上裁判において使用したものである。K検察官のかかる行為は、既に述べたとおり、憲法・国際人権自由権規約・刑事訴訟法に反する重大な違法行為である。」と主張する。

しかしながら、K検察官は、確かに、まず本件回答書の写しを接見禁止等請求書の添付資料として裁判所に提出し、次に本件回答書を刑訴法三二一条一項二号の特信性を立証する証拠として裁判所に証拠調請求をしたが、被告人両名とその弁護人である原告らとの信書の発受状況等の記載部分を証拠資料として利用する意図は全くなかったものである。

すなわち、K検察官は、接見禁止等請求書の添付資料として本件回答書の写しを利用した際に、右接見禁止等請求書に、B被告人が

A被告人から受信した平成九年一二月一六日の信書の内容や証人予定者である甲との間でも信書を発受していることなどを右申立てを行う理由として記載したが、弁護人である原告らとの間で発受された信書については何ら触れていない。また、K検察官は、本件回答書を刑訴法三二一条一項二号の特信性を立証する証拠として裁判所に証拠調請求をした際にも、証拠調請求書に、甲調書に特信性が認められる理由として、甲が被告人両名と複数回にわたり信書を発受しており、しかも、甲はB被告人に対する平成九年一〇月二七日の信書に「一日でも早く帰ってきて」と記載していたことなどから、被告人両名と親しく交遊していたためかばおうとしていることが明白である旨の意見を記載していたが、弁護人である原告らとの間で発受された信書については何ら触れていない。さらにいえば、被告人両名とその弁護人である原告らとの間で発受された本件信書の発受状況等を記載した部分は、右の接見禁止請求や刑訴法三二一条一項二号の特信性の立証には何らの証拠価値もない部分である。裁判所も、本件回答書を刑訴法三二一条一項二号の特信性を立証する証拠として採用するに当たり、本件回答書のうち、「被告人と各弁護人との間における信書の授受部分」につき却下し、その余の部分を採用した上（K検察官は本件回答書のうち、却下された部分を除いた抄本を裁判所に提出した。）、甲調書の特信性を認めて、刑訴法三二一条一項二号に該当する書面としてその取調べを決定したのである。

　したがって、本件回答書のうち、被告人両名とその弁護人である原告らとの間で発受された信書の発受状況等を記載した部分は、実質的には全く利用されていないのであり、原告らの前記主張はその前提において誤っている。また、本件回答書には本件信書の具体的内容は記載されていないから、これが証拠として裁判所に提出されたからといって、原告らの弁護権の行使等に不当な影響を及ぼすものとも到底認められない。

　もっとも、K検察官が、本件回答書のうち、被告人両名とその弁護人である原告らとの間で発受された信書の発受状況等を記載した部分を証拠として利用するつもりが全くなく、かつ、右記載部分を証拠として利用する必要性もなかったのであるから、本件回答書の右記載部分を抹消するなどした上で利用すべきであったともいえる。したがって、K検察官の本件利用は、この点において、適切さを欠いたものであったことは否定できず、違法と評価されることもやむを得ないが、その程度は極めて軽微である。

六　損害について

　前記のとおり、本件回答書には、被告人両名と各弁護人との間で発受された各信書の発受年月日、用件等が簡潔に記載されているだけであり、本件信書の具体的内容にわたるものではなかった。そのため、K検察官が本件回答書の内容を覚知しても、原告らの弁護権の行使等に不当な影響を及ぼすものとは到底認められない。実際にも、K検察官は、本件回答書のうち、本件信書の発受状況等を記載した部分については、実質的には全く利用していなかったのであるから、原告らには何らの損害も生じていないというべきである。

　また、仮に損害が生じていたとしても、それは軽微であるから、損害額を争うものである。

釈明等を求める申立書

1999（平11）年5月10日

次回期日・五月二五日午前一一時〇〇分

平成一〇年（ワ）第一三九三四号

損害賠償請求事件

釈明等を求める申立書

原　告　髙見　秀一
　　　　岡本　栄市

被　告　国

一九九九（平成一一）年五月一〇日

原告ら訴訟代理人
弁護士　浦　　功

右　同　弁護士　小坂井　久

大阪地方裁判所
第七民事部　御中

記

被告は、平成一一年四月三〇日付第一準備書面において、訴状「請求の原因」第一および第二についての認否を行っているが、その趣旨甚だ定かでない部分などもあるので、以下の諸点につき、次回期日迄に明らかにされるよう釈明を求めたい。

一　請求の原因第二の二項の2について、すなわち、「（本件における）検閲は、その内容を不適当と認める場合には、信書の一部ないし全部を墨塗りするなどの方法で、その表現行為（の伝達）を禁止することまで想定して、なされていたものである」との原告主張について、被告は「認める」と認否されながら、他方で、「ただし、信書の削除・抹消は、当該信書の内容が勾留目的を阻害するような内容の場合に必要かつ合理的な限度内で行われることがあり得るにとどまり、しかも、原告髙見とA被告人との間の訴状別紙一覧表㈠記載の信書及び原告岡本とB被告人との間の訴状別紙一覧表㈡記載の信書（以下「本件各信書」という。）については、被告人とその弁護人との間で発受されたものであるから、被告人両名の防御権及び原告ら両名の弁護権を尊重し、これに十分配慮して、原則としてその内容を削除・抹消するなどして表現行為を禁止することは想定していなかったし、実際にも削除・抹消は全く行っていない」と主張されているが、

1　削除・抹消によって、表現行為（の伝達）を禁止することを想定していたことを、一方で「認め」ながら、他方で、「原則として……想定していなかった」と主張されていて、主張の趣旨が不明確になっているといわざるをえない。それゆえ、右認否と主張の関係を整合的に明確に主張されたい（整合的に主張しえない場合は、いずれの主張を維持されるのか明確にされたい）。

2　「信書の削除・抹消は、当該信書の内容が勾留目的を阻害するような内容の場合に必要かつ合理的な限度内で行われることがあり得る」と言われているが、具体的には、どのような場合を指すのか。今日迄の具体例を示して明らかにされたい。また、その場合、誰が判断して、削除・抹消を行うのか。さらに、右についての準則・内規などは存在するのか。存在するとすれば、その内容を明らかにされ、書証として提出されたい。

3　弁護人との間の信書について「防御権……弁護権を尊重し、これに十分配慮して」と主張されているが、右「尊重……配慮」を明示した準則・内規などは存在するのか。存在するとすれば、その内容を明らかにされ、書証として提出されたい。

4　右1ないし3とも関連するが、原告主張を認めたうえで、「原則として……想定していなかった」と主張されているところからすると、弁護人との間の信書・書類についても、少なくとも例外的には削除・抹消することがあるとの趣旨としか解されないところ、その例外に該ることは誰がどのような手続を経て判断するのか。その原則と例外を示す準則・内規などは存在するのか。存在するとすれば、その内容を明らかにされ、書証として提出されたい。また、弁護人との間の信書・書類について「削除・抹消」を行う法的根拠を明示され、その旨の内規・規定などがあれば、これを明らかにされたうえで書証として提出されたい。

5　「……実際にも削除・抹消は全く行っていない」と主張されているのは、

①　およそ被疑者・被告人と他の者との書類の授受全般について、言われているのか。

②　弁護人との間の書類の授受に限定して言われているのか。

③　本件では行われなかったということのみを主張されているのか。

以上、いずれの趣旨かを明確にされたい。

6　右5に関連して、弁護人との間の書類の授受について、削除・抹消を施したケースは今日迄ないという趣旨であるのか否かを明確にされたい。もし存在するのであれば、どのようなケースについて、何時、どのような部分について、削除・抹消がなされたのかを明らかにされたい。

7　「削除・抹消」については、信書あるいは書類をあらかじめコピーしたうえで行うのか、それとも、そのようなコピーをとらないまま行うのかを明らかにされたい。コピーをとらないで行うとすれば、「削除・抹消」前の状態を記録化しないのか、何らかの方法で記録化しているのであれば、その方法を明らかにされたい。

二　請求の原因の第二の二項の3、すなわち、「……O拘置所所長は、右検閲にもとづいて、係官をして各信書の内容を記述させ、これを記録化していた」との原告主張について、「検閲の際、信書の内容すべてを書き写して記録した趣旨であれば否認する。本件各信書については、被告人とその弁護人との間で発受されたものであることから、被告人両名の防御権及び原告ら両名の弁護権を尊重し、主に『事件の流れを書きます』などと信書を発信する用件を記録するにとどめ、できるだけ信書の具体的な内容は記録しないように配慮していた」と認否・主張されているが、

1　右は弁護人以外の者との間の信書については、「すべてを書き写して記録」しているという趣旨か。そうでないとすれば、信書全般についての記録化につき、その記録部分の取捨選択は、誰によ

って、どのようになされているのか。何らかの準則・内規等が存在するのか。存在するとすれば、それを書証として提出されたい。

2　弁護人との間の信書についての右「配慮」について、これを示す準則・内規等が存在するのか。存在するとすれば、それを書証として提出されたい。

3　そもそも「できるだけ信書の具体的な内容は記録しないように」しているのだとすれば、一体、如何なる目的で記録化がなされているのか。具体的に明らかにされたい。

4　また、本件各信書についての記録化に際しては、誰が、どのような基準のもとに判断して、「できるだけ信書の具体的な内容は記録しないように」したというのか。これも具体的に明らかにされたい。

5　「できるだけ信書の具体的な内容は記録しないように」というのは、場合によっては「具体的な内容を記録」することがあるという趣旨か。そうとすれば、どのような場合かを明らかにされたい。

6　記録することそれ自体の法的根拠も明らかにされたい。記録化それ自体について、内規・規定等があれば、それを書証として提出されたい。

7　その記録というものは、後記三項で表示する書信票における記載を意味するのか否かを明らかにされたい。

8　そもそも、記録化に際しては、信書をコピーするという取扱いをしている（あるいは、コピーをする場合がある）のか否かを明確にされたい。

三　同三項の1及び2について、これを認めつつ、「ただし、捜査関係事項照会書には、『右両名は貴所に勾留中の者ですが、現在に至るまでの間、右両名の間及びその他の者との通信状況について書信票を精査の上、その日時、信書等の種類、信書の内容について至急回答願います。』と記載したのみで、被告人両名と原告らとの間で発受された信書を除外して照会する旨の記載はしていなかったが、K検察官は、被告人両名と原告らとの間で発受された信書の発受状況等を照会する意図はなかった」と認否・主張されているが、

1　右照会書を書証として提出されたい。

2　右書信票を書証として提出されたい。また、書信票には、通常、何が記載されているのか。それは如何なる法的根拠にもとづき作成されているものか。書信票作成についての準則・内規等は存在するのか。あれば、これも書証として提出されたい。

3　右書信票の記載内容と本件回答の記載内容は同一なのか否か。同一でない場合、如何なる点が異なっているのかを明確にされ、誰の判断によって（如何なる手続を経て）、何故、異なったのかを明らかにされたい。

4　「K検察官は、被告人両名と原告らとの間で発受された信書の発受状況等を照会する意図はなかった」といわれるが、これは、除外して照会すべきであったが、これを怠ったという趣旨であるのか。

5　また、「意図がなかった」というのは、被告人両名と原告らとの間で発受された信書について回答がなされることについての認識があったことをも否定するという趣旨なのか。

6　そもそも、右の如き意図がなかったにもかかわらず、なぜ、除外しての照会がなされなかったのか、その理由を明らかにされたい。

7　また、右の如き意図がなかったにもかかわらず、当該回答を

そのまま利用して裁判所に提出し、また書証として取調請求したのは何故かを明らかにされたい。

四　同三項の3および同四項の3につき、これを否認され、「日常的に行われているものではない」との単純否認をされているが、いわゆる単純否認は許されず、否認する理由を付した積極否認をしなければならないとされているので（規則七九条三項参照）、次の各点を明らかにされたい。

1　右単純否認の意味は、およそ信書全般について、その照会および回答というものが、本件以外には存在しないとの趣旨か。あるいは、本件の如き弁護人との間の信書を除外しない照会および回答（ないし、検察官への連絡）は、本件以外には存在しないとの趣旨か。そのいずれでもないのか。

2　右1につき、いずれでもないとすれば、本件の如き照会および回答（ないし、検察官への連絡）が「日常的でない」といえる具体的な根拠を明らかにされたい。

3　そもそも、如何なる場合に、かかる照会がなされ回答（ないし検察官への連絡）がなされるのか。例えば、否認事件の場合には照会さらに回答（ないし、検察官への連絡）がなされるという取扱いなのか。その基準を明確にされたい。また、右照会と回答について、各々、マニュアル・準則などはあるのか。存在するとすれば、これを書証として提出されたい。

4　弁護人との間の信書を除外して照会したケースが本件以前に存在するのか。存在するとすれば、何時、如何なるケースについてなされたのかを具体的に明確にされたい。

5　照会事項如何に問わず、弁護人との間の信書については除外されて回答ないし連絡されたケースがあるのか否か。あるとすれば、何時、如何なるケースであったのかを具体的に明らかにされたい。

6　そもそも、一九九七（平成九）年、一九九八（平成一〇）年の二年間に限定する限りにおいて、

①　大阪地方検察庁所属の検察官から拘置所などの未決拘禁施設などに対して、信書についての照会がなされたことはあるのか。あるとすれば、その回数、各事件名、各時期を明らかにされたい。

②　右①につき、どの施設に対して照会したのかを明らかにされたい。

③　大阪拘置所から検察官などに対して、信書についての回答ないし連絡がなされたことはあるのか。あるとすれば、その回数、各事件名、各時期を明らかにされたい。

④　右③につき、何処に対して回答ないし連絡したのかを明らかにされたい。

⑤　右①ないし④を示す資料となる照会書綴りおよび回答書綴り等は具体的には如何なる名称のものか。名称を明らかにされたうえで、これを書証として提出されたい。

⑥　大阪拘置所において、検察官から信書についての照会がなされたにもかかわらず、回答しなかったことがあるのか。あるとすれば、それは如何なる照会に対して回答しなかったのかを、その理由を附して、具体的に明らかにされたい。

7　また、そもそも、信書全般につき、信書の写自体の送付を求めるなどして、その内容全体を照会したケースが存在しているのか否かを明らかにされ、存在するならば、6の①②と同様の点を明らかにされたい。

8　また、そもそも、信書全般につき、信書の写自体を送付する

などして、その内容全体を回答ないし連絡したケースが存在しているのか否かを明らかにされ、存在するならば、6の③④と同様の点を明らかにされたい。

五　同四項の1及び2につき、「認める」とされながら、「ただし、本件回答書には、本件各信書について、その内容欄には、主に『事件の流れを書きます。』などと本件各信書を発信する用件を簡潔に一行一文程度で記載しているのみで、当該信書の具体的内容は判明しないように配慮していた」とされているが、

1　これは、弁護人との間の信書のみに限定されて言われているのか、それとも信書全般について言われているのか。また、「具体的内容」が「判明しないように」するための取捨選択は誰がどのような基準にもとづいて判断して、これを行っているのか。

2　右「配慮」について、あるいは、かような回答全般について、何らかの準則・内規などが存在するのか。存在するとすれば、それを書証として提出されたい。

3　また、本件各信書についての回答書作成に際しては、誰が、どのような基準のもとに判断して、「当該信書の具体的な内容は判明しないように」したというのか。具体的に明らかにされたい。

4　「信書の内容について……回答」を求められながら、その回答につき「具体的内容は判明しないように配慮していた」とは如何なる趣旨か。拘置所において、「信書の内容について……回答」を求められたことを不当と判断したという意味か。それ以外の意味・理由があるのか。この点、明確にされたい。

以上

第一回準備書面（原告ら）

1999（平11）年5月14日

次回期日・五月二五日午前一一時〇〇分

平成一〇年（ワ）第一三九三四号

損害賠償請求事件

原　告　髙見　秀一

　　　　岡本　栄市

被　告　国

第一回準備書面（原告ら）

一九九九（平成一一）年五月一四日

原告ら訴訟代理人

弁護士　浦　　功

右同　弁護士　小坂井　久

大阪地方裁判所

第七民事部　御中

記

（最高裁大法廷判決と本件について）

目　次

最高裁判所大法廷は、本年三月二四日、刑訴法三九条三項の規定が、法令違憲でない旨の判決を言渡したが、同大法廷判決は、本件との関係で言えば、明らかに原告主張を裏付ける内容となっている。もっとも、同判決が刑訴法三九条三項を合憲とした判示においては幾つかの点で問題が孕まれていることは否定しえない。

それゆえ、本準備書面においては、まず、右大法廷判決が原告主張を裏付けている所以を明らかにし（一項）、次いで、本件とは関係しないが、その関係しない所以を明らかにする意味で、念の為、右大法廷判決の問題点について言及し（二項）、最後に再度、大法廷判決と本件の関係を総括しておくこととする（三項）。

一　大法廷判決の意義と本件

既述したとおり、本件に関して言えば、大法廷判決は、原告主張を明らかに裏付けるものとなっている。

1　憲法が「実質的」弁護を要請しているとの判示

右大法廷判決は、憲法三四条前段の弁護人に依頼する権利につき、これは、「身体の拘束を受けている被疑者が、拘束の原因となっている嫌疑を晴らしたり、人身の自由を回復するための手段を講じたりするなど自己の自由と権利を守るため弁護人から援助を受けられるようにすることを目的とするものである。したがって、右規定は、単に被疑者が弁護人を選任することを官憲が妨害してはならないというにとどまるものではなく、被疑者に対し、弁護人を選任した上で、弁護人に相談し、その助言を受けるなど弁護人から援助を受ける機会を持つことを実質的に保障しているものと解すべきである」と判示した。要するに、訴状「請求の原因」（一一頁～一二頁）で原告らが主張しているとおり、弁護人依頼権が、まさしく「実質的で効果的な援助を受ける権利」に外ならないことを、右大法廷判決は最高裁として、はっきりと判示するに至ったのである。

憲法三四条の弁護人依頼権が実質的な弁護を受ける権利であるとの解釈は、憲法学説上の通説であって（芦部信喜編『憲法Ⅲ人権⑵』〈杉原康夫〉一九八一年・一四六頁～一五三頁、佐藤功『新版ポケット註釈・憲法（上）』一九八三年・五四三頁～五四四頁、樋口陽一＝佐藤幸治＝中村睦男＝浦部法穂『注釈日本国憲法（上）』〈佐藤幸治〉一九八四年・七四〇頁～七四二頁、有倉遼吉＝小林孝輔編『基本法コンメンタール憲法（第三版）』〈江橋崇〉一九八六年・一五二頁など参照）、その意味では、大法廷判決は、従来からの通説を当然の事理として肯認したものである、が、五〇年まえの大法廷判決は、この点を消極的に解しているようにも思われていただけに最高裁において、「実質的」弁護が憲法上の要請であると明言されたことの意義は大きい。この点が、大法廷判決の理論の根幹であることはおよそ疑問の余地のないところであって、弁護人依頼権の実質的保障という視点こそ、まさしく本件に適合する視点に外ならない。

2　秘密交通権の憲法上の権利性について

右判示に続けて、同大法廷判決は、刑事訴訟法三九条一項の弁護人との間の交通権の規定につき、これは「憲法三四条の右の趣旨にのっとり、身体の拘束を受けている被疑者が弁護人等と相談し、その助言を受けるなど弁護人等から援助を受ける機会を確保する目的で設けられたものであり、その意味で、刑訴法の右規定は、憲法の保障に由来するものであるということができる」としている。大法廷判決において、右交通権の憲法上の権利性が明確に肯認されたものと解されよう。そうだとすると、原告が主張しているように、交通権の「秘密」性が絶対的なものであることは明らかである。「秘密」が守られないのであれば、「弁護人から援助を受ける機会を持つこと」が「実質的に保障」されえないことはいうまでもないからである。

既に訴状「請求の原因」（一六頁～一七頁）で述べたとおり、弁護人と被告人とのコミュニケーション過程を国家が監視し、これに干渉するとするならば、被告人が自己に関する情報を的確かつ十分に弁護人に対して伝達することが抑制されてしまう。弁護人に不正確または不十分な情報しか与えないこととなり、その結果、弁護人から実質的で効果的な弁護を受けることはできなくなってしまう。弁護人においても、両者のコミュニケーション過程が国家により監視・干渉され、その情報や弁護活動の内容を国家に覚知されてしまうとすると、被告人とのコミュニケーションを差し控え、国家に覚知されないかどうかを気にしながら行動する外はない。弁護活動に甚だしい萎縮効果をもたらすことは必然であって、被告人に対する実質的で効果的な弁護活動を十分に行うことはできなくなってしまうのである。

３　「秘密」性に「調整論」が関わりえないことについて

後に言及するとおり、右大法廷判決は、刑訴法三九条三項については、「接見交通権の行使と捜査権の行使との間に合理的な調整を図らなければならない」として、「憲法三四条は、身体の拘束を受けている被疑者に対して弁護人から援助を受ける機会を持つことを保障するという趣旨が実質的に損なわれない限りにおいて、法律に右の調整の規定を設けることを否定するものではないというべきである」と述べているけれども（その議論自体の問題点は後に批判するとおりであるが）、これは、あくまでも被疑者取調と弁護人接見との時間的「調整」を念頭に置くものであることは、その判示自体において明らかである。こと「秘密」性に関しては、そのような「調整論」が入り込む余地はない。

本件にあって、もっとも問題とされている点は、いうまでもなく、対立当事者の側が相手側の手の内をのぞき込んだということである。それは、およそ裁判における対審というルール自体を成り立たせなくする。そのようにして「秘密」が侵されるとき、「弁護人から援助を受ける機会を持つことを保障するという趣旨」は「実質的に損なわれ」ることが余りに明らかである。本件の如きもの、すなわち、「秘密」性の侵害について、大法廷判決がおよそ「調整」などということを想定もしていないことは、その拠って立つ理論の根幹から自明のことという外はない。要するに、本件所為が憲法三四条に違反することは右大法廷判決からも最早明白になったというべきである。

４　憲法三七条三項に関して

なお、右大法廷判決は、憲法三七条三項の規定について、「憲法三七条は全体として公訴提起後の被告人の権利について規定していると解されることなどからみて、同条三項も公訴提起後の被告人に関する規定」であるとしている（この問題点についても、後記するとおりである）。が、本件にあっては、公訴提起後の被告人と弁護人との間の交通も問題となっているところであって、本件が憲法三七条三項に反することは、右大法廷判決によって、何ら否定されない。このことも併せ付言しておきたい。

二　大法廷判決の批判的検討など

ところで、大法廷判決は刑訴法三九条三項の規定を合憲とするについて、いくつかの判断を示しているが、この点に関する判示については、以下のとおりの批判を免れない。これについても、念の為、以下、言及しておくこととする。

１　「調整論」の問題

右大法廷判決は、刑訴法三九条三項の合憲論の前提として、「捜査権を行使するためには、身体を拘束して被疑者を取調べる必要が生ずることもあるが、憲法はこのような取調べを否定するものではない」といい、「接見交通権の行使と捜査権の行使との間に合理的な調整を図らなければならない」という理論的枠組を設定した。が、これ自体が正しくないといわなければならない。

けだし、これに続いて、同判決は、身体拘束下の被疑者取調が認められていることと被疑者の身体拘束が二三日間（または二八日間）とされていることなどから、法三九条三項本文が右「調整論」に適ったものである旨判示していくのであるが、そもそも弁護人との接見時間が一日せいぜい二〇分ないし三〇分程度までであり、他方、取調時間が八時間とか一〇時間（あるいはそれ以上の時間）におよぶといったことを想定してみただけでも、かかる「調整論」なるものは、およそ妥当性をもった前提となりうるとは思われないからである。それは、「調整論」と言いつつ、実質的には捜査権絶対優先論であるとの憾をおよそ免れない。

但し、既に述べたとおり、かかる「調整論」は、あくまでも取調と接見との時間的「調整」の理論である。その判旨から明らかなように、それ以外の領域に言及されるべき要素は全く存在しない。

2　接見の原則自由と「原則として」接見指定される各場合との関係についての問題

同判決は、「……刑訴法三九条の立法趣旨、内容に照らすと、捜査機関は、弁護人等から被疑者との接見等の申し出があったときは、原則として何時でも接見等の機会を与えなければならないのであり、同条三項本文にいう『捜査のため必要があるとき』とは、右接見等を認めると取調の中断等により捜査に顕著な支障が生ずる場合に限られ、右要件が具備され、接見等の日時等の指定をする場合には、捜査機関は、弁護人等と協議してできる限り速やかな接見等のための日時等を指定し、被疑者が弁護人などと防御の準備をすることができるような措置を採らなければならないものと解すべきである」と判示する。これが、接見の自由こそが原則である旨を明示した判示であることはいうまでもない。

ところが、大法廷判決は、右「調整論」を採った故か、これにすぐ続けて、「弁護人等から接見等の申出を受けた時に、捜査機関が現に被疑者を取調べ中である場合や実況見分、検証等に立ち会わせている場合、また、間近い時に右取調べ等をする確実な予定があって、弁護人等の申出に沿った接見等を認めたのでは、右取調べ等が予定どおり開始できなくなるおそれがある場合などは、原則として右にいう取調べの中断等により捜査に顕著な支障が生ずる場合に当たると解すべきである」と判示している。「原則として何時でも自由に接見できるはずのものが、右の如き場合は「原則として」接見指定されるというのは、およそ整合的な判示とは言い難いのではないか。矛盾が語られているといわざるをえないところがあるが、この点を整合的に理解しようとすれば、後記7のとおりに解する外ないであろう。

3　接見指定権者の問題

接見等の指定権限が「被疑者側と対立する関係にある捜査機関」に付与されている点については、同大法廷判決は、準抗告によって「簡易な迅速な司法審査の道」が開かれているとして、これによって、右の点は違憲の根拠とならないとしている。

しかしながら、司法審査の道が存在すること自体はあたりまえのことであって、それが違憲性を否定する根拠になるものとも思われない。ましてや現実の準抗告審が、およそ「簡易迅速な」解決手段足りえていないことは、かかる実務に携わっている弁護士にとっては自明のことであるから、かかる判断は、実務についての無知に由来しているとしか思われないところがある。

４　出頭・滞留義務の問題

いわゆる取調受忍義務に関連して、「身体の拘束を受けている被疑者に取調べのために出頭し、滞留する義務があると解することが、直ちに被疑者からその意思に反して供述することを拒否する自由を奪うことを意味するものでないことは明らか」として、出頭・滞留義務の存在を、最高裁として、はじめて肯定的に判示したことも、学説の動向に全く添っていないと思われる。

表現は直接的ではなく、もとより出頭・滞留義務の全面承認とは解されないが、少なくとも、今後は「直ちに」の部分に、どんな条件設定が可能なのかという問題に実務上の議論が限定されていくものとも思われ、この判示は、やはり問題を孕んでいよう。

５　憲法三七条三項に関する問題

憲法三七条三項について「公訴提起後の被告人に関する規定であって、これが公訴提起前の被疑者についても適用されるものと解する余地はない」としたことも、およそ正しいとは思われない。

近時においては、身体拘束下の被疑者は、憲法三七条三項の被告人として捉えられるとの解釈が有力であっただけに、この点の理論展開が拒まれたという意味で、この判示も不当といわなければならない。

もっとも、既にみたとおり、大法廷判決は、憲法三四条に「拘束の原因となっている嫌疑を晴ら」すための弁護人依頼権を認めているので、その意味では、憲法三四条のなかに対立当事者としての防禦権の存在を読み込んでいることは明らかというべきである。

６　黙秘権に関する問題

「憲法三八条一項の不利益供述の強要の禁止を実効的に保障するためどのような措置が採られるべきかは、基本的には捜査の実状等を踏まえた上での立法政策の問題に帰するものというべきであり、憲法三八条一項の不利益供述の強要の禁止の定めから身体の拘束を受けている被疑者と弁護人等との接見交通権の保障が当然に導き出されるとはいえない」としたことも、黙秘権（自己負罪拒否特権）を実効的に保障するための措置（いわゆる手続的保護措置）をどう設定するかは、基本的には憲法上の必然的要請ではない（立法政策の問題）と言うのであって、問題を孕んでいよう。

但し、これも刑訴法三九条三項本文の接見指定が違憲でない旨の判示（その文脈のなかでの判断）であって、接見の内容や交通の中身それ自体の制約を黙秘権との関係で立法政策の問題になるとしているわけでないことはいうまでもない。

７　大法廷判決の本旨について

以上の如き問題点は指摘されるけれども、大法廷判決の本来の趣旨は、接見の原則自由を最大限認めた点にあろう。けだし、「弁護人等からされた接見等の申出を全面的に拒むことを許すものではなく、単に接見等の日時を弁護人等の申出とは別の日時とするか、接見等の時間を申出より短縮させることができるものにすぎ」ないとして「捜査機関において接見等の指定ができるのは、弁護人等から接見等の申出を受けた時に現に捜査機関において被疑者を取調べ中である場合などのように、接見等を認めると取調べの中断等により捜査に顕著な支障が生ずる場合に限られ、しかも、右要件を具備する場合には、捜査機関は、弁護人等と協議してできる限り速やかな接見等のための日時等を指定し、被疑者が弁護人等と防御の準備をすることができるような措置を採らなければならない」としている点に、その趣旨は十分窺われるというべきだからである。

その意味では、右2で挙示した「原則として……捜査に顕著な支障が生じる場合に当たると解すべき」各場面については、大法廷判決は、その趣旨において浅井事件最高裁判決（最判平成三年五月一〇日・判時一三九〇号二一頁）の次の如き坂上補足意見を当然に含んでいるものと解されよう。すなわち、同意見は、「捜査機関が、弁護人等の接見申出を受けた時に、現に被疑者を取調べ中であっても、その日の取調べを終了するまで続けることなく一段落した時点で右接見を認めても、捜査の中断による支障が顕著なものにならない場合がないとはいえないと思われるし、また、間近い時に取調べをする確実な予定をしているときであっても、その予定開始時刻を若干遅らせることが常に捜査の中断による支障が顕著な場合に結びつくとは限らないものと考える。したがって、捜査機関は接見等の日時等を指定する要件の存否を判断する際には、単に被疑者の取調状況から形式的に即断することなく、右のような措置が可能かどうかについて十分検討を加える必要があり、その指定権の行使は条理に適ったものでなければならない」というものであるが、このように解してはじめて、かろうじてであれ、接見の原則自由というものが貫かれることになるだろうからである。したがって、右の「原則として……捜査に顕著な支障が生じる場合に当たると解すべき」各場合というものは、広く例外を認める趣旨としか解しえないというべきである。

三　結語に代えて（大法廷判決と本件）

以上縷述したとおり、大法廷判決の本旨は、接見の原則自由という点にあることは明らかであるが、他方、右二項1ないし6にみたとおりの種々の問題点が見出される。そして、これらの問題についての判示は、国際人権（自由権）規約委員会が一九九八（平成一〇）年一一月、その「最終見解」の二二項で、「刑訴法三九条三項のもとでは弁護人へのアクセスが厳しく制限され」ているとして、これを改革するよう日本政府に強く勧告したことにも明らかにそぐわないものといわなければならない。

しかし、右二項で逐一摘示した各問題において明白なように、これらの諸点は、いずれも、本件事案とは、その適用場面をおよそ異にする部分でのみ見出されるものである。要は、大法廷判決は、刑訴法三九条三項本文の指定権行使をめぐって様々の問題点が指摘されうるものであるが、それらの問題は、本件には全く関係がない。

改めて言及するまでもないことであるが、刑訴法三九条三項をめぐる様々の紛争とこれに対する判例は、いずれも接見指定それ自体の是非をめぐって論じられてきたものである。接見の中身もしくは交通の内容それ自体が相手方当事者側から制約（ないし侵害）されうるなどという議論は、もとより今日迄の判例のなかの何処にも存在していないし、どの判例も、そのようなことは、およそ想定もしてこなかったことが明らかである。

本件において、被告国は、その答弁書で、「大法廷判決を踏まえて」自らの法的主張を行いたい旨述べたのであったが（答弁書一頁）、大法廷判決を俟たなければ、自らが現に行ってきた行為についての法的スタンスを明確にしえないということ自体、全く奇妙という外はない。もともと刑訴法三九条三項をめぐって判断のなされる大法廷判決にあって、本件における被告国の法的スタンスを指し示してもらえるというような期待をもたれるということ自体が土台無理な話だったといわねばならないのである（この点、既に一九九九―平成一一年三月一九日付「釈明等を求める申立書」において論及したとおりである)。

大法廷判決は、弁護権・交通権の実質的保障を明言している点に意義がある。本件に関していえば、このことこそが重要かつ有意味であることは明らかである。大法廷判決によって、原告主張の正当性が肯認されたことを疑う余地はない。

以上

当事者照会書

平成一〇年（ワ）第一三九三四号損害賠償請求事件

1999（平11）年5月17日

当事者照会書

原　告　髙見　秀一　岡本　栄市

被　告　国

頭書事件について、原告らは被告に対し、民事訴訟法第一六三条に基づき、左記の事項に関し、本書到達後四週間以内に後記回答先まで書面により回答されますよう照会いたします。

一九九九（平成一一）年五月一七日

原告ら訴訟代理人　弁護士　浦　　功

右　同　弁護士　小坂井　久

被告国指定代理人　殿

記

一　回答先

〒五三〇—〇〇四七

大阪市北区西天満六丁目六番四号　田渕ビル二階

小坂井法律事務所　弁護士　小坂井　久

電　話　〇六（六三一二）三二五一

ＦＡＸ　〇六（六三一二）六三九五

二　照会事項

頭書事件の事実関係について、大阪拘置所（係官）が、訴状添付の別紙「原告髙見とA被告人との信書発受一覧表㈠」及び同「原告岡本とB被告人との信書発受一覧表㈡」各記載の信書（以下「本件信書」という）を閲読した事実が明らかになっているが、原告らの主張・立証の準備のため、後記第三項の照会の必要性があるので、次の事項につき回答されたい。

なお、以下、A被告人についての原告髙見以外の者との間の信書及びB被告人についての原告岡本以外の者との間の信書を「本件外信書」といい、さらに、「本件信書」及び「本件外信書」に限定されない信書全般については「信書全般」と表現して、照会事項中に記載していることをお断りしておく。

1　信書閲読の体制などについて

㈠本件信書を閲読した者について、その氏名及び所属部課名を明らかにされたい。本件外信書についても同様に明らかにされたい。

㈡閲読担当者は本件信書の内容をすべて閲読したのか。本件外信書についてはどうか。信書全般について、すべて閲読するのか、そうでない場合があるのかを明らかにされたい。

㈢信書全般につき、信書の閲読について、何名の職員が担当しているのか。

㈣信書全般につき、一九九七年（平成九年）及び一九九八年（平成一〇年）の二年間において、各月別の信書の発受回数を明らかにされたい。また、各年度別一日あたりの信書の発受回数の平均はどれくらいだったかを明らかにされたい。

㈤信書全般につき、右二年間において、弁護人との間の信書について閲読しなかったことはあったか。あったとすれば何件あったか。いかなる場合に閲読しなかったのか。弁護人以外の者との間の信書についてはどうか。

２　記録化について

㈠本件信書の内容を書き写して記録化しているが、それを行った者の氏名及び所属部課名を明らかにされたい。本件外信書についても同様に明らかにされたい。

㈡本件信書の内容をどの程度書き写したのか。本件外信書についてはどうか。各々、コピーはしていないのか。信書全般についてはどうか。

㈢本件信書のコピーをとっていた場合、そのコピーの保管・管理はどのように行っていたのか。本件外信書についてはどうか。信書全般についても明らかにされたい。

㈣本件信書の内容を書き写す方法として、単に手書きでメモを取っていたのか、それとも直接ワープロなどに入力するなどの方法で行っていたのか。本件外信書についてはどうか。信書全般についても明らかにされたい。

㈤本件信書の内容について手書きでメモを取っていた場合、メモの保管・管理はどのように行っていたのか。本件外信書についてはどうか。信書全般についても明らかにされたい。

㈥本件信書の内容についてワープロなどに入力した場合、本件信書の磁気記録はどのように保管・管理されていたのか。本件外信書についてはどうか。信書全般についても明らかにされたい。

㈦本件信書の磁気記録化の方法として、入力装置はワープロかパソコンかそれ以外の装置であればいかなるものか。また、当該入力装置で使用するソフトウェアはワープロソフトか、表計算ソフトか、データーベースソフトか、それ以外のソフトウェアならいかなるソフトウェアか。本件外信書についてはどうか。信書全般についても明らかにされたい。

㈧信書全般につき、信書の記録化については、何名の職員で対応しているのか。

㈨また、信書全般につき、一九九七年（平成九年）及び一九九八年（平成一〇年）の二年間に、弁護人との間の信書について記録化しなかったことはあったか。あったとすれば何件あったか。いかなる場合に記録化しなかったのか。弁護人以外の者との間の信書についてはどうか。

㈩信書全般につき、右二年間に、弁護人との間の信書についてコピーしたり、内容の具体的なメモを取ったことはあったか。あったとすれば何件あったか。弁護人以外の者との間の信書についてはどうか。

３　書信票などについて

㈠書信票とは何か。書信票と本件信書の内容を書き写して記録化したものとは同じものか。書信票とは別に本件信書の内容を書き写して記録化したものがあるのか。あるとすればその名称を明らかにされたい。本件外信書についてはどうか。信書全般についても明らかにされたい。

㈡本件信書についての書信票の保管・管理は、どのように行っているのか。本件外信書についてはどうか。信書全般の書信票一般についても明らかにされたい。

4　削除・抹消について

㈠信書全般につき、その全部ないし一部の削除・抹消の際に検察官の指示を受けるのか否か。

㈡信書全般につき、全部ないし一部の削除・抹消をしたことがあった場合、抹消はいかなる方法で行っているのか。その場合、削除・抹消した部分にどのような記載があったかを後日どのようにして確認するのか。確認することを可能にするためにいかなる方法をとっているのか。

5　検察官からの照会に対する回答について

㈠検察官からの照会に対する回答において、誰が本件回答書（甲A第一号証）を実際に作成したのか。氏名・所属部課名を明らかにされたい。また、右回答書に加え、本件信書ないし本件外信書のコピーないしその内容を記載したメモを添付したということはないか。添付したとすればその資料は後日すべて回収しているのか。過去における信書全般についての回答についても同様の点を明確にされたい。

㈡本件回答書は郵送したのか、それとも検察官のもとへ持参したのか。持参した場合、誰が持参したのか。持参した場合、本件信書の内容を検察官に口頭で伝えたことはあったのか。本件外信書についてはどうか。過去における信書全般についても、同様の点について、明らかにされたい。

㈢本件回答書の内容について検察官から問い合わせがなされたことはあったか。あったとしたら、その具体的内容と問い合わせに対する回答はいかなるものであったか。本件信書ないし本件外信書のコピーないしその内容を記載したメモを交付ないし送付しなかったか。過去における信書全般に関してはどうか。

㈣信書全般につき、過去に、信書の発受状況に関し回答を拒否したことはあったか。あったとすれば何件あったか。それはいつ、どのようなケースについてだったか。

三　照会の必要性

本件は、大阪拘置所における弁護人と被告人間の信書が、大阪拘置所において閲読され、それが記録化され、かつ、記録化されたものが検察官の照会に対する回答書に記載され回答されたという事案である。

大阪拘置所における信書の閲読、記録化及び回答の各過程及び方法等についての具体的な事実関係並びにこれを示す資料は、本件における被告の各行為の違法性を基礎づける事実関係であり、かつ、これに関する重要な資料であることは明らかである。また、弁護人と弁護人以外の者との間でいかなる区別のもとで処理がなされているかどうかも弁護権ないし被告人の防御権との関係で極めて重要な事実であり、これに関する事実関係は被告の各行為の違法性を基礎づけるものである。したがって、これらの事実とこれに関する資料が本件において重要な事実ないし証拠資料となることは明らかである。原告らとしては、その事実関係を掌握し、かつ、これに関する証拠資料を収集する必要性が極めて高い。

しかしながら、原告らには右事実に関する資料は存在しない。それゆえ、本件での主張・立証を充分に準備するために、右照会事項についての回答が不可欠である。

よって、本書をもって被告に対し照会する次第である。

当事者照会に対する回答書

１９９９（平11）年６月30日

大阪地方裁判所
平成一〇年（ワ）第一三九三四号損害賠償請求事件
原　告　髙見秀一ほか一名
被　告　国

当事者照会に対する回答書

平成一一年六月三〇日

右被告指定代理人
田邊　哲夫
伊藤　　隆
竹田御眞木
岩倉　広修
谷岡　賀美
太田　義弘
島田　佳雄
小嶌　一平
成田　良造
杉尾　健二
茨木　正輝

原告ら訴訟代理人弁護士　小坂井　久　殿

原告らの平成一一年五月一七日付け当事者照会書については、被告の第三準備書面をもって回答する。

なお、照会事項のうち、同準備書面に記載のない事項については、主張又は立証を準備するために明らかに必要ではない事項と思料したものである。

釈明を求める申立書

1999（平11）年6月8日

次回期日・七月九日午前一一時三〇分
平成一〇年（ワ）第一三九三四号損害賠償請求事件

釈明を求める申立書

原　告　髙見　秀一
　　　　岡本　栄市
被　告　国

一九九九（平成一一）年六月八日

原告ら訴訟代理人
弁護士　浦　　　功
右　同　弁護士　小坂井　久

大阪地方裁判所
第七民事部　御中

記

被告は、平成一一年五月二五日付第二準備書面において、訴状「請求の原因」第三以下についての認否を行い、かつ、被告の主張を展開しているが、その趣旨定かでない部分があり、また、本件の争点を明確にするためには、より具体化して論じられるべきところも多々存すると思料される。本件審理において今後の攻防が展開されるにあたっては、以下の諸点について、明確にされることが不可欠と思われるので、次のとおり、釈明を求めたい。

第一　右準備書面第一「請求の原因第三以下に対する認否」に関連して

一　被告は、その一頁～二頁において、刑訴法三九条一項の規定を引用し、これを接見交通権の保障としたうえで、同規定を「憲法の保障に由来するものである」とし、かつ、国際人権自由権規約の一四条3(b)を引用し、「弁護人との接見交通権を保障している」として、その「限度で認め、その余は争う」と認否されているが、

1　「その余は争う」とされている部分が必ずしも明瞭でないように思われるので、何をどう「争う」のかを具体的に明示されたい。併せて、これは憲法・国際人権自由権規約・刑事訴訟法において弁護人との間の「秘密」交通権が保障されているということ自体を「争う」という趣旨なのかどうかを明確にされたい。

2　右1に関連するが、被告の用いられる「接見交通権」という語は「秘密交通権」と同一と理解してよいか。その異同を明確にされ、異なるということであれば、その異なりを具体的に明らかにされたい。

二　その二頁で、訴状一六頁の原告主張・第三の一項の2「秘密交通権は誰に対する権利か」の部分を単に「争う」とされているが、より具体的に論及・反論しうるものと思われるので、その争う部分・争う所以を具体的に明確にして反論されたい。

三　その三頁において、「……弁護人は特別の地位を与えられていることは認め」とされ、かつ、「交通権の侵害となる行為があった場合には、それが弁護権の侵害にもなり得るという限度で認める」ともいわれながら、訴状一八頁〜一九頁・二項の第三段落を「争う」とされているのは如何なる趣旨か、明確にされたい。また、原告主張の同第一段落及び第四段落についても「その余は争う」とされているが、その趣旨が不明確なので、如何なる点を争われるのか具体的に明らかにされたい。

四　その四頁において、訴状二一頁〜二二頁の第四の一項1「憲法の定める弁護人依頼権」の㈡につき、「その余は争う」とされているが、「その余」といわれる部分が具体的に明瞭でないので、これを明らかにされ、どう争うのかを明確にされたい。

五　その四頁で、訴状二二頁〜二三頁の第四の一項の2「弁護人依頼権の中核としての秘密交通権」につき単に「争う」とされているが、これも具体的には何を争おうとされているのか明確でないので、具体的に争う部分・所以を明らかにして反論されたい。

六　その六頁で「争う」とされているところにおいては、原告が、本件の如き検閲について「その萎縮効果は余りに絶大」と主張する部分も含まれているようであるが（訴状三四頁参照）、被告は、本件の如き検閲が「萎縮効果」を生じること自体を否定されるのか否かを明確にされたい。

七　その七頁において、訴状四六頁・第四の五項「アメリカ憲法と判例法から」について「認否の必要がない」とされているが、アメリカ合衆国憲法とその判例法が、わが憲法の解釈にとって無意味ということはありえないし、また、右原告主張は、国際人権水準の一例としても主張されていることは訴状全体の趣旨から明らかであり、次に述べるとおり、ドイツの例については、一応認否されているのであるから、この点、明確に認否されたい。併せて、その一一頁において、訴状七〇頁・第五の二項の5「国際的な人権水準の例（ドイツの場合）」につき「不知」とされているところであるが、これについて被告国において全く情報を入手しておられないとは到底思われないので、この点も、認めうる部分は明確に認められたい。

八　その一二頁〜一三頁において、刑訴法三九条の解釈について、原告主張を「争う」とされているが、必ずしも、その争いの内容は明確にはされていないし、具体的に述べられてもいない。それゆえ、この点の原告主張に対しての具体的反論をされたい。
とりわけ、刑訴法三九条一項と同二項の関係をどのように解し、また、刑訴法三九条一項と八〇条・八一条との関係をどう解しているのかを明らかにされたい。

九　その一三頁において、原告の訴状八〇頁・第六の三項「当事者対等の原則と包括的防御権」の主張を「争う」とされている点についても前項で述べたところと同様である。この点についての被告の刑事訴訟法解釈を具体的に明らかにされたい。

一〇　その一三頁において「監獄法四六条一項は、在監者の信書の発受に許可制を採用することを規定しており、同法五〇条は、信書に関する制限には検閲を含むことを規定しているから、監獄法施行規則一三〇条の規定は、監獄法の許容する範囲内のものである」と述べられているが、その趣旨が必ずしも明瞭ではないので、以下の点を明確にされたい。

1　ここで主張されている「許可制」というのは如何なる意味か。

2　許可制と無条件・一律の検閲が不即不離の関係にあるという趣旨か。そうとすれば、その理由を明らかにされたい。

一一　訴状九〇頁～九四頁の「第八　K検察官の行為の違法性」について、単に「争う」とされているが、原告主張に対して具体的に反論されたい。

とりわけ、後記するとおり、K検察官の所為の違法性自体は、これを被告において認めておられるのであるから、どの点をどう争われるのか、具体的に明らかにされるべきである。

第二　「被告の主張」に関連して（その1）

一　その二六頁あるいは三四頁などにおいて、「処遇上その他参考となるべき事項」に言及されているが、

1　原告らと被告人らとの間の本件信書において、「処遇上その他参考となるべき事項」が存在していたという趣旨か。存在していたとすれば「処遇上……参考となるべき事項」であったのか、あるいは、「その他参考となるべき事項」であったのか。いずれであったかを明確にされ、本件信書の如何なる内容が、それにどう該当したのかを明らかにされたい。

2　原告らと被告人らとの間の本件信書において、「処遇上その他参考となるべき事項」が存在していた場合、本件信書において「処遇上……参考となるべき事項」ないし「その他参考となるべき事項」に該当すると判断したのは誰か、その地位・肩書き及び氏名を明らかにされたい。また、いかなる基準に基づいて、その該当性を判断するのか。判断基準について、通達・内規・準則等があればその内容及び名称を明らかにされ、書証として提出されたい。

3　原告らと被告人らとの間の本件信書において、「処遇上その他参考となるべき事項」が存在していた場合、身分帳簿にどのような記載をしたのか。当該記載のある身分帳簿の写しを書証として提出されたい。

また、当該記載のある身分帳簿について、その保管担当部署名及び具体的な保管方法を明らかにされたい。

4　原告らと被告人らとの間の本件信書において、「処遇上……参考となるべき事項」ないし「その他参考となるべき事項」が存在し、身分帳簿に記載がある場合、その記載が実際の処遇上どのように活用され、あるいは活用によっていかなる効果があったのか、具体的に明らかにされたい。

5　被疑者・被告人の発受する信書一般について、信書のいかなる内容が「処遇上……参考となるべき事項」に該当するのか。あるいは、いかなる内容が「その他参考となるべき事項」に該当するのか。実際に存在する具体例を挙げて明らかにしたうえで、両者の異同について説明されたい。

6　被疑者・被告人の発受する信書一般について、「処遇上……参考となるべき事項」ないし「その他参考となるべき事項」に該当すると判断するのは誰か、その地位・肩書き及び氏名を明らかにされたい。また、いかなる基準に基づいて、その該当性を判断するの

か。判断基準について、通達・内規・準則等があればその内容及び名称を明らかにされ、書証として提出されたい。

7　被疑者・被告人の発受する信書一般について、その内容が「処遇上……参考となるべき事項」ないし「その他参考となるべき事項」に該当すると判断された場合、身分帳簿にどのような記載をするのか、実際に存在する具体例を挙げて明らかにされたい。また、当該記載のある身分帳簿について、その保管担当部署名及び具体的な保管方法を明らかにされたい。

8　被疑者・被告人の発受する信書一般について、その内容が「処遇上……参考となるべき事項」ないし「その他参考となるべき事項」に該当し、身分帳簿にその記載がある場合、その記載が実際の処遇上どのように活用され、あるいは活用によっていかなる効果があったのか、実際に存在する具体例を挙げて明らかにされたい。

二　その三四頁（あるいは三五頁）に、「処遇上その他参考となるべき事項を発見したときに、その要旨を記録する」とあるが、本件にあっては、各被告人（被疑者段階を含む）の発受する全ての信書について要旨が記載されているとしかみられないところ、この点、本件被告人の発受する全ての信書について、その要旨を記載しているという理解でよいのか。

三　その三二頁から三三頁において、未決拘禁者と弁護人間で発受される信書の内容を確認する理由として、

①　未決拘禁者が弁護人に宛てた信書においても、逃亡、罪証隠滅、施設内の規律・秩序を乱す行為又は自殺を示唆する心情等を吐露するなどの可能性を否定できない

②　そのような内容を記載した第三者宛ての信書を弁護人宛ての信書に同封する可能性も否定できない

③　外形上は弁護人が未決拘禁者に宛てた信書の体裁を有するものであっても、実際には弁護人以外の者が発した信書である場合も考えられる

④　第三者が作成した信書等が弁護人の信書に同封されて未決拘禁者と弁護人以外の者とが逃亡、罪証隠滅又は施設内の規律・秩序を乱す行為を通謀したり、未決拘禁者の自殺を誘発するような情報を伝えるなどの可能性も考えられる

以上、四点が挙げられているが、

1　未決拘禁者と弁護人の間で発受される信書の内容を確認する理由は、この四点に尽きるということか。これ以外にも存在するといわれるのであれば、直ちに明らかにされたい。

2　また、以上四点は、未決拘禁者と弁護人の間で発受される信書について、いずれも単なる可能性を主張しているにすぎないのか、それとも過去にこのような事例が存在したとの趣旨か。過去に事例が存在した場合は、その事例毎に、以上四点のどの点にどのように該当したのかを具体的に明らかにされ、当該具体例に対してどのような対応を採ったのかを明らかにされたい。

四　三五頁において「監獄の長が、未決拘禁者と第三者との間で発受される信書の内容を確認し、その要旨を記録したとしても、監獄の長は、信書の内容について、職務上知ることのできた秘密として守秘義務を負っている（国家公務員法一〇〇条）」と主張され、また、五六頁において「監獄の長が未決拘禁者と弁護人との間で発受された信書についても、その内容を確認し、処遇上その他参考と

なるべき事項の要旨を記録することができるのは、あくまでも、逃亡又は罪証隠滅の防止という未決勾留の目的や施設内における規律・秩序の維持のためであり、そこで知った信書の内容及び処遇上その他参考となるべき事項の要旨の記録の内容について、監獄の長は守秘義務を負っている（国家公務員法一〇〇条）」と主張され、「したがって、監獄の長が職務上知ることができた右信書の内容は、正当な理由がない限り、他に漏らしてはならない」とされている（三五頁）。ところが、他方、五七頁では「検察官から刑訴法一九七条二項に基づき、未決拘禁者と弁護人との間で発受された信書の内容等についての報告を求められた場合、監獄の長は、その捜査上の必要性と守秘義務によって保護されるべき権利・利益の重要性とを比較衡量して右の求めに応ずるか否かを決しなければならない」としつつ「監獄の長は、一般に、捜査の必要性について把握できる立場にない。また、捜査の密行性の観点から、監獄の長が、捜査の必要性について検察官に説明を求めることも適当でない」として、「捜査の必要性がないことが明らかに認められるような場合を除いては、検察官の判断を信頼して捜査の必要性があると判断せざるを得ないのであって、そのようにして捜査の必要性があると判断したとしても、その判断は合理的なものというべきである」と主張されていて（五七頁）、五八頁ないし五九頁では、そのいうところの比較衡量に言及しておられるようではあるものの、その比較衡量のありようは理解困難なところがあって、結局、その主張の趣旨が判然としないといわざるをえない。それゆえ、以下の点を明確にされたい。

1　これは、結局のところは、捜査の必要性があれば、守秘義務を解除する正当な理由となるという趣旨なのか。そうだとすれば、何故、捜査の必要性があれば、守秘義務を解除する正当な理由となるというのか、その根拠を示されたい。

2　捜査の必要性があると認められる場合に、回答を行うか否かをさらに判断するという趣旨であるとすれば、その場合は、どのような要素を考慮して判断しているといわれるのか。

3　右2の場合、被告人の防御権ないし弁護権以外の判断要素は存在するのか。通信の秘密の保障については考慮の対象になっているのか否か。

この場合も、それらの要素を考慮したときに守秘義務が何故解除されるのか、その所以を明らかにされたい。

4　回答を行うか否かの判断につき通達・内規・準則などの基準は存在するのか。もし存在すれば、その名称及び内容を明らかにされ、書証として提出されたい。

5　「捜査の密行性の観点から……検察官に説明を求めることも適当でない」とあるが、これは検察官からの照会については一切問い合わせを拘置所からはしないという趣旨か。

6　右に関連して、検察官からの照会の有無にかかわらず、拘置所の側からは、信書（弁護人間とのものを含めて）に関しては検察官に何らかの連絡や問い合わせをすること自体一切ないということなのかどうかを明らかにされたい。信書に関して検察官に連絡や問い合わせをすることがあるとすれば、それは如何なる場合に、どのようにして連絡ないし問い合わせをするのか。過去の具体例をもって明らかにされたい。また、これについての通達・内規・準則が存在すれば、その名称及び内容を明らかにされ、書証として提出されたい。

7　検察官からの照会があって、「捜査の必要性がないことが明らかに認められるような場合」とは、どのような場合か。過去にそのようなケースがあったのか。あったとすれば、具体的に明らかにされたい。

五　右五項に関連して、拘置所長の判断につき、本件回答を行ったことについて、被告は、拘置所長が検察官から刑訴法一九七条二項にもとづく照会を求められた場合、捜査の必要性の存在については検察官の判断を信頼すること、本件においては記載内容が本件法令に沿った限度にとどめられているために回答しても違法ではないと判断した旨主張しているが（五五頁～五九頁）、

1　「本件法令に沿った限度にとどめられている」ことと「……防御権ないし弁護権に十分配慮されている」ことが「すなわち」で繋がれているが（五九頁）、これは両者は同じ意味だということか。そうとすれば前者において後者が自明視される所以を明らかにされたい。

2　捜査の必要性について検察官の判断を信頼するとの点および本件法令に沿った限度にとどめられていれば回答してよいとの点は、何らかの通達・内規・準則などの基準にもとづくものか。そうであればその基準の名称及び内容を明らかにされ、書証として提出されたい。

六　その三五頁から三七頁にかけて、繰り返し「配慮」について言及されているが、

1　これについての通達・内規・準則は存在するのか、あれば、その名称および内容を示して、これを書証として提出されたい。また、「配慮」しているかどうかは誰がどのように判断しているのか。

2　「配慮」の例として

①「原則としてその内容を削除・抹消するようなことはなく」

②「……要旨を記録するに当たっても……事件の打ち合わせの内容については記載しないように」

の二点を挙げているが、この二点に尽きるのか。これ以外にも「配慮」の例があれば、直ちに明らかにされたい。

七　被告は、「本件のような一般的な通信状況に関する照会に対して、被告人とその弁護人との間で発受された信書の具体的内容を検察官に回答することはない」と主張しているが（六〇頁）、

1　これは検察官からの照会に対して、被告人と弁護人間の信書の具体的内容を回答することは一切ないとの意味か。それとも、照会の仕方によっては、具体的内容を回答することもあるとの趣旨なのかを明らかにされたい。

2　右1につき、後者とすれば、具体的内容を回答することがある場合の照会の仕方とは具体的にどのようなものか。また、この場合は、何故、具体的内容を回答できるのか、その理由を明確にされたい。

3　右1および2についての取扱いに関する通達・内規・準則などの基準は存在するか。存在する場合はその名称および内容を明らかにされ、書証として提出されたい。

八　被告は、K検察官が弁護人被告人間の信書を除外せずに照会した点につき、適切さを欠いたものと認めているが（六五頁）、この点につき、

1　本件のような照会に関し、検察庁内部での一般的な基準は設

けられているのか。もし設けられているのであれば、K検察官は、これに違反したということか。また、もし、その基準が文書で設けられているのであれば、その文書の名称および内容を明らかにされ、書証として提出されたい。

2　K検察官以外の検察官は、この点どのような照会方法をとっているのか。これにつき、被告国として把握しているか。もし把握していればその内容を明らかにされたい。

九　本件照会について、被告は、「……K検察官は、被告人両名がその弁護人である原告らを介して通謀を行っている可能性があるとは考えていなかったため、被告人両名と原告らとの間で発受された信書に関しては照会の対象とする意図は有していなかったのに、その旨を明記せず、被告人両名と原告らとの間で発受された信書を含む趣旨の照会であると解釈される照会を行い、現に拘置所長をして本件回答を行わせた。したがって、K検察官の行った本件照会は、この点において適切さを欠いたものであったことは否定できず、違法と評価されることもやむを得ない」としているが（六五頁）、

1　その違法は、如何なる法規に違反したとの趣旨か。憲法違反であるという趣旨か。国際人権自由権規約違反であるという趣旨か。刑訴法三九条一項違反であるという趣旨か。これらの点につき、明確にされたい。

2　また、その違法性の所以は、弁護権侵害であること、あるいはまた、秘密交通権侵害であるという趣旨か。この点、明確にされたい。

3　「その違法性の程度は軽微である」とも主張されるが、そもそも「違法性の程度は軽微」であるとは如何なる意味で、それが本件にどのように影響するという趣旨なのか。また、「軽微である」所以も明らかでないので、より具体的に明らかにされたい。

一〇　本件利用につき、被告は「……K検察官が、本件回答書のうち、被告人両名とその弁護人である原告らとの間で発受された信書の発受状況等を記載した部分を証拠として利用するつもりが全くなく、かつ、右記載部分を証拠として利用する必要性もなかったのであるから、本件回答書の右記載部分を抹消するなどした上で利用すべきであったともいえる。したがって、K検察官の本件利用は、この点において、適切さを欠いたものであったことは否定できず、違法と評価されることもやむを得ない」としているが（六九頁）、

1　その違法は、如何なる法規に違反したとの趣旨か。憲法違反であるという趣旨か。国際人権自由権規約違反であるという趣旨か。刑訴法三九条一項違反であるという趣旨か。これらの点につき、明確にされたい。

2　また、その違法性の所以は、弁護権侵害であること、あるいはまた、秘密交通権侵害であるという趣旨か。この点、明確にされたい。

3　また、「その程度は極めて軽微である」とされているが、そもそも「その程度は極めて軽微」であるとは如何なる意味で、それが本件にどのように影響するという趣旨なのか。また、「極めて軽微である」所以も全く明らかでないので、明確にされたい。

第三　「被告の主張」に関連して（その2）

一　その四〇頁以下で、憲法二一条について、「前記のとおり、本件法令による通信の秘密に対する制約は、合理的かつ必要やむを

得ないものであるから……」とされているが、その制約を「合理的かつ必要をやむを得ないもの」と結論づける根拠が必ずしも明確でないので、この点、通信の秘密との関係で具体的に論じられたい。また、「本件法令による表現の自由に対する制限は、前記のとおり、合理的かつ必要やむを得ないものというべき」とあるが、憲法二一条一項で保障される事前抑制の原則的禁止の法理との関係でも、具体的に明らかにされたい。

二　その四一頁以下で、憲法一三条について、「本件法令は、被告人および弁護人に対し、公共の福祉の観点から必要やむを得ない制約を定めたものである」と主張されているが、この主張もその根拠が必ずしも明確でないので、その根拠をプライバシーの権利との関係で、より具体的に論じられて、必要やむを得ない制約の内容を具体的に明らかにされたい。

三　四二頁以下で、憲法三一条、三二条、三七条一項について述べられているが、その四三頁二行目ないし四行目の主張の趣旨が不明なので、明確に明らかにされたい。すなわち、何故、「憲法三四条・三七条三項に違反しない」ことが「適正手続や公平な裁判を受ける権利にも反」しないといえるのか、具体的に論及されたい。

四　被告は、その四四頁以下で、国際人権自由権規約につき、これが監獄法・監獄法施行規則と「何ら矛盾するものではなく」として、「国内裁判所において直接適用されるかどうかを検討するまでもなく」としているが、論理の順序としても、「矛盾」するか否かを論じる前に、その適用如何が決せられて然るべきであるから、

1　被告は、国際人権自由権規約が、国内法としての直接的効力を有することを認めるのか否か明らかにされたい。

2　被告は、国際人権自由権規約が、刑訴法、監獄法（同施行規則）に優位することを認めるのか否か明らかにされたい。

五　また、被告は「B規約一四条3(b)および一七条は本件法令（監獄法、施行規則）と何ら矛盾するものではない」と主張しているが（B規約一四条1についても六一頁以下で同旨の主張をしているが）、その理由は単に結論のみが述べられ、右各規定をどのように解釈するのか、積極的なかたちでは何も定立されて論じられていないので、

1　被告は、B規約一四条1につき、これを、どのようなものと解釈しているのか。

2　被告は、B規約一四条3(b)につき、これを、どのようなものと解釈しているのか。

3　被告は、B規約一七条につき、これを、どのようなものと解釈しているのか。

4　右1ないし3につき、その根拠を明らかにされたい。

以上

第三準備書面（被告）

1999（平11）年7月9日

平成一〇年（ワ）第一三九三四号損害賠償請求事件
原　告　髙見秀一ほか一名
被　告　国

第三準備書面

平成一一年七月九日

右被告指定代理人
田邊　哲夫
伊藤　　隆
竹田御眞木
岩倉　広修
谷岡　賀美
太田　義弘
島田　佳雄
小嶌　一平
成田　良造
杉尾　健二
茨木　正輝

大阪地方裁判所第七民事部合議一係　御中

被告は、原告らの一九九九（平成一一）年五月一〇日付け「釈明等を求める申立書」（以下「求釈明書」という。）及び平成一一年五月二五日の第二回口頭弁論期日における原告らの求釈明並びに裁判所の釈明権の行使に対し、釈明の要否を含め、以下のとおり、回答するとともに、従来の主張を補充する。なお、用語の略称については、特に断らない限り、従前のとおりである。

第一　求釈明書について

一　求釈明事項一について

1　求釈明事項一1について

被告の認否とただし書の記載は整合している。すなわち、被告は、一般論として、被収容者が発受する信書の内容が、勾留目的を阻害するような場合には、必要かつ合理的な限度内において、削除・抹消を行うこともあり得るし、弁護人と被告人との間で発受される信書についても、理論上はこの一般論が妥当することから「認める」とした。しかし、弁護人と被告人との間で発受される信書については、被告人の防御権及び弁護人の弁護権を尊重し、これに十分配慮する必要があることから、信書を閲読して要旨を身分帳簿に記載するものの、「原則として」、その内容の削除・抹消は行わない取扱いが実務上定着していることにかんがみ、大阪拘置所長が、被告人両名と原告両名との間で発受された本件各信書（訴状別紙一覧表(一)(二)記載の信書。以下同じ。）について、その内容を削除・抹消することまでは実際には想定していなかったことを念のため述べたものである。

２　同２について

「勾留目的を阻害するような内容」とは、被告の平成一一年五月二五日付け第二準備書面（以下「被告第二準備書面」という。）第二の二１㈡⑷（三〇ページ以下）において述べたとおりである。

また、信書の削除・抹消（実務上は、「信書の発受についての全部又は一部の不許可」と呼ばれている。）の判断は、拘置所長が行う。

なお、原告らは、大阪拘置所長が信書の内容を「勾留目的を阻害するような内容」であると判断して削除・抹消した「今日迄の具体例」及び信書の「削除・抹消」についての準則・内規の存否・内容についても釈明を求めているが、本件においては信書の「削除・抹消」を全く行っていない以上、この点の求釈明は本件の争点とは明らかに関係がなく、釈明の必要はない。また、以下においても、被告の主張を明確にするために必要な限りにおいて、信書の検閲制度に関する釈明には応ずるが、そのような必要性の認められない事項については釈明の限りでない。

３　同３について

防御権・弁護権を尊重し、これに十分配慮すべきことを明示した準則・内規は存在しない。

４　同４について

信書の削除・抹消は、信書を閲読した書信係の報告により、拘置所長が判断する。

信書の削除・抹消の原則と例外を示す準則・内規の存否及び内容については、前記２に記載したとおり、釈明の必要はない。

弁護人と被収容者との間の信書について、削除・抹消を行う法的根拠は、刑訴法三九条二項、監獄法四六条一項である。

５　同５及び６について

文脈から明らかなとおり、本件各信書についてのことである。もっとも、被告人両名の発受した信書は、本件各信書以外の信書を含めて、全く削除・抹消を行っていない。

原告らは、被収容者と弁護人との間の「書類」について、削除・抹消を施した例の存否及び具体例についても釈明を求めているが、前記２に記載したとおり、釈明の必要はない。

６　同７について

所長が信書の全部又は一部の発受を不許可とした場合には、不許可とした部分及び内容を確認することができるようにするため、そのコピーを身分帳簿の一部である視察表に編綴している。

二　求釈明事項二について

１　求釈明事項二１について

被告の主張は、被収容者と弁護人以外の者との間の信書については、「信書の内容すべてを書き写して記録」しているという趣旨ではない。

書信係の職員が、処遇上その他参考となる事項の要旨を当該被収容者の書信表に記載しているが、要旨を記載するに当たっての取捨選択に関する準則・内規は存在しない。

２　同２について

前記一３に記載したとおりである。

３　同３について

記録化の目的は、被告第二準備書面三一ないし三五ページに記載したとおりである。

4　同4について

当該信書を検閲した書信係のHらが、弁護人である原告らと被告人両名との間で行われた事件に関する打合せの具体的内容については、記載しないようにしたということであり、前記のとおり、その具体的な準則・内規はない。

5　同5について

事件に関する打合せ以外の事項で処遇上その他参考となる事項があれば、具体的な内容を記録することはあり得るという趣旨である。

6　同6について

記録することの法的根拠については、被告第二準備書面第二の二において詳述したとおりである（特に、同準備書面二六ページ参照）。

7　同7について

身分帳簿の一部である書信表（求釈明書には「書信票」とあるが、「書信表」が正しい。）に記載することを意味する。

8　同8について

大阪拘置所では、書信表に手書きすることにより記録しており、コピーを用いることはない。

三　求釈明事項三について

1　求釈明事項三1について

照会書を乙号証として提出する。

2　同2について

原告らにおいて、被告人両名の書面による同意を得た場合には、書信表を乙号証として提出する用意がある。

書信表には、信書の発受の許否、書信の要旨、相手方の氏名等が記載されている。

書信表の様式及び記載要領は、「被収容者身分帳簿及び名籍事務関係各帳簿様式」（平成六・三・二四矯保訓七五一法務大臣訓令）、「被収容者身分帳簿及び名籍事務関係各帳簿の取扱いについて」（平成六・三・二四矯保七五二法務省矯正局長通達）に定められており、乙号証として提出する。

3　同3について

書信表と本件回答書の記載内容はほぼ同一である。

4　同4について

被告第二準備書面六五ページに記載したとおりである。

5　同5について

K検察官は、被告人両名と原告らとの間の信書について回答がなされることの認識を欠いていた。

6　同6及び7について

単にK検察官の配慮が足りなかったことによるものである。

四　求釈明事項四について

1　求釈明事項四の1ないし3について

「日常的とはいえない」と主張した趣旨は、一般的な取扱いとして行われてはいないという趣旨である。

検察官がいかなる場合にいかなる照会をすべきかは、各検察官の判断にゆだねられており、マニュアル、準則などはない。また、拘置所長がいかなる場合にいかなる回答をすべきかについては、被告第二準備書面第二の三1に記載したとおりである（被告第二準備書面五五ページ）。

2　同4ないし8について

本件においては、被告人両名と弁護人である原告らとの間の信書に関する捜査照会及び回答の当否が、原告らの弁護権との関係で争点となっているものであり、被収容者の発受する信書全般についての捜査照会及び回答は、右争点と関連性がなく、被告の主張を明確にするために必要な事項でもない上、他事件の被告人を始めとする関係者のプライバシー及び捜査上の秘密にもかかわるから、釈明の必要はない。

五　求釈明事項五について

１　求釈明事項五１について

文脈から明らかなとおり、「本件各信書について」である。

判断については、記録化の段階では前記二４に記載したとおり、当該信書を検閲した書信係が判断し、回答書作成の段階では、回答書起案者が書信表を見て判断し、さらに決裁者が回答書を見て判断する。判断基準については、弁護人との間の信書であれば、当該信書の具体的内容を回答しないということである（被告第二準備書面三五、三六ページ参照。）。

２　同２について

準則・内規は存在しない。

３　同３について

本件回答書は書信表の記載のみに基づき、当時大阪拘置所処遇部処遇部門主任矯正処遇官であったYが起案し、同拘置所長Oの決裁を経て作成されたのであるが、前記二４に記載したとおり、弁護人と被告人との間で行われた事件に関する打合せの具体的内容については、そもそも書信表に記載しないという取扱いが実務上定着していたので、書信表の記載に基づいて作成される回答書には、右事件に関する打合せの具体的内容が記載されないこととなる。この本件回答書の作成に当たっては、書信表ひいては本件回答書に、弁護人との間で行われた事件に関する打合せの具体的内容が記載されていないことを確認していた。

４　同４について

被告人両名の信書の中でも、「本件各信書について」は、被告人両名とその弁護人である原告らとの間で発受された信書であることから、防御権ないし弁護権に配慮して、打合せの「具体的内容は判明しないように配慮していた」ものである。

第二　第二回口頭弁論期日における原告らの求釈明について

一　被告第二準備書面六五ページにいう違法とはいかなる法規に違反したというのか。また違法の理由いかん。

（回答）

国家賠償法（以下「国賠法」という。）一条一項にいう違法を指す。ここでいう「違法」とは、公務員が個別の国民に対して負担する職務上の法的義務に違背することをいう（最高裁昭和六〇年一一月二一日第一小法廷判決・民集三九巻七号一五一二ページ）。

すなわち、検察官が、公務所に対し、当該公務所が守秘義務を負う事項につき刑訴法一九七条二項による照会をする場合、当該公務所が守秘義務と同条項によって負うことになる報告義務のいずれを優先すべきかについて適切な判断をなし得るようにするために、検察官においても、その判断を誤らしめるようなことをしてはならないという法的義務が課されているというべきである。そして、検察官の右法的義務は、公務所に対する義務であると同時に、公務所の守秘義務によって守られるべき権利・利益を有する個別の国民に対して負担する法的義務であると考えられなくもない。

本件について、これをみると、K検察官は、原告らと被告人両名との間の信書の発受状況等については、これを照会すべき捜査上の必要性がないことを認識し、照会する意図もなかったのであるから、大阪拘置所長に対し、同条項による照会をするに当たっては、右発受状況等を除外するものであることが分かるような記載をして照会し、同所長の右判断を誤らせないようにすべきであったにもかかわらず、それを怠ったとして、国賠法一条一項の適用上違法と評価されることもやむを得ないと考えられるのである。

二　**被告第二準備書面六九ページにいう違法とはいかなる法規に違反したというのか。また違法の理由いかん。**

（回答）

前記一と同様、国賠法一条一項にいう違法を指す。

すなわち、検察官は、公判等において適正な証拠をもって事実の立証を行うべきであり、明らかに不必要な証拠の申請、提出によって国民の権利・利益をいたずらに侵害してはならないという法的義務を負っているものと考えられよう。

本件においては、K検察官は、本件回答書のうち、原告らと被告人両名との間の信書に関する部分を証拠として利用する意図はなかったものであり、その意味において当該部分は検察官の立証上不必要なものであったこと、原告らと被告人両名との間の信書については、刑訴法三九条一項に規定されている弁護人の接見交通権の行使にかかわるものであるから、当該部分を公判等において証拠として利用することは慎重であるべきこと、当該部分の収集手続において前記一のような瑕疵があることが認められる。したがって、K検察官の本件利用行為は、前述したような法的義務に違背したと評価できなくもないものであり、その結果、国賠法一条一項の適用上違法と評価されてもやむを得ないと考えられるものである。

第三　第二回口頭弁論期日における裁判所の釈明権の行使について

一　**監獄法施行規則一三九条にいう「身分帳簿」が書信表なるものか。**

（回答）

監獄法施行規則一三九条に基づき、「信書ノ検閲ノ際処遇上其他参考ト為ル可キ事項」の要旨を記載すべき身分帳簿とは、書信表のことである。書信表は身分帳簿の一部である。

二　**書信表の記載要領を規定したものは存在するのか。**

（回答）

「被収容者身分帳簿及び名籍事務関係各帳簿様式」（平成六・三・二四矯保訓七五一法務大臣訓令）において書信表の様式が定められており、「被収容者身分帳簿及び名籍事務関係各帳簿の取扱いについて」（平成六・三・二四矯保七五二法務省矯正局長通達）において書信表の記載要領が定められている。

三　**監獄法施行規則一三九条にいう「処遇上其他参考ト為ル可キ事項」とはどのような事項か。また、実際には誰が判断しているのか。**

（回答）

1　「処遇上其他参考ト為ル可キ事項」とは、「処遇上参考となるべき事項」と「その他参考となるべき事項」の二者を含む。

㈠「処遇上参考となるべき事項」

「処遇上参考となるべき事項」とは、当該被収容者を処遇する上で参考となるべき事項のことである。Ａ被告人及びＢ被告人は、いずれも未決勾留中であるが、未決勾留は、逃亡又は罪証隠滅の防止を目的として、被告人又は被疑者の居住を監獄内に限定するものである。また、未決勾留に限らず、監獄は、多数の被拘禁者を外部から隔離して収容する施設であり、右施設内でこれらの者を集団として管理するに当たっては、内部における規律及び秩序を維持し、その正常な状態を保持する必要がある。このような未決拘禁目的の下に、行刑施設では、未決拘禁者の身柄を強制的に社会から隔離して拘禁しており、その動静を二四時間間断なく監視している。このような被収容者の「処遇」とは、衣食住の提供や職員による働きかけなど被収容者が意識できる部分はもちろんであるが、被収容者を監視するなどし、被収容者に関する情報を集めてその心情を把握することも広い意味では「処遇」に含まれる。そのような意味で、信書の内容において、被収容者の「処遇上参考となるべき事項」というのは、実に多岐にわたるものである。

典型的なものとしては、被収容者本人の心情に大きな影響を与える可能性が高い情報、例えば、本人の親族や親しい友人の動向（親族が死亡したとか、妻が本人との離婚の意思を有しているとか、友人が身元引受人となる約束をしていたが家族の反対で不可となった等）などを挙げることができる。さらに、刑事事件について弁護人ときちんと連絡を取り合っているかどうか、しょく罪意識や家族への思いから心情が不安定になっていないかどうかを知り、場合によっては職員が被収容者の心情把握のため何らかの働きかけを起こすか否かを決める材料になる事項なども挙げることができる。

㈡「その他参考となるべき事項」

「その他参考となるべき事項」とは、被収容者本人の処遇の参考にできる情報以外であっても、記録に残しておくべき重要な情報のことである。例えば、当該被収容者本人とは直接関係のないことではあっても、暴力団同士の抗争に関する情報や施設や職員に対する嫌がらせなどを行う動きがある旨の情報などがこれに該当する。こうした情報の入手を契機として情報収集を行うことで、対立する暴力団関係者の接触を避けたり、施設全体の万全を期すなどし、不測の事態を避けることができるのである。

2　「処遇上其他参考ト為ル可キ事項」を実際に判断しているのは、信書を検閲した職員（拘置所長から書信係として指定された職員）である。

四　本件各信書の記載が「処遇上其他参考ト為ル可キ事項」に該当するのか。

（回答）

本件各信書は、前記三のとおり、その信書を発受する用件自体が、刑事事件について弁護人ときちんと連絡を取り合っているかどうかなどに関する情報であるため、前記の「処遇上参考となるべき事項」に該当するから、監獄法施行規則一三九条に規定する「処遇上其他参考ト為ル可キ事項」に該当するものである。

第四　従来の主張の補充

一　本件各信書の閲読について

大阪拘置所は、本件当時、処遇部処遇部門に配属されている職員の中から、信書の発受に関する業務を担当する書信係の職員を一一名指名し、これら書信係に指名された職員において、弁護人との間の信書を含め、被収容者が発受するすべての信書を閲読していた。なお、書信係が休暇等により不在となった場合には、処遇部門のその余の職員を臨時に書信係に配置して、書信係の業務を行わせたこともあった。

本件各信書を閲読したのは、当時、右書信係に指名されていたHらであった。

二　本件各信書の要旨の書信表への記載について

監獄法施行規則一三九条は、「……信書ノ検閲ノ際処遇上其他参考ト為ル可キ事項ヲ発見シタルトキハ其要旨ヲ本人ノ身分帳簿ニ記載ス可シ」と規定している。

この「処遇上其他参考ト為ル可キ事項」にいう「処遇」には、前記第三の三で述べたとおり、被収容者に関する情報を集めてその心情を把握することも含まれることから、「処遇上其他参考ト為ル可キ事項」の内容は、多岐にわたる。被収容者が誰といつどのような用件で信書を発受したかということ自体も、被収容者の心情を把握するための情報の一つである。そのため、被収容者が発受する信書のすべてに、多かれ少なかれ、この「処遇上其他参考ト為ル可キ事項」が含まれているのであり、この「処遇上其他参考ト為ル可キ事項」が全く含まれていない信書はあり得ない。例えば、被告人と弁護人との間で発受される信書は、その信書を発受する用件自体が、刑事事件について弁護人ときちんと連絡を取り合っているかどうかなどに関する情報であって、被収容者の心情を把握するために必要な情報の一つである。そのため、被収容者が発受するすべての信書について、この「処遇上其他参考ト為ル可キ事項」の要旨を「本人ノ身分帳簿」の一部である「書信表」に記載することになるのである。このような書信表への記載は、当該信書を閲読した前記書信係が行っていた。この書信表は、被収容者ごとに作成されていた。

本件各信書についても、前記第三の四で述べたとおり、当該信書を発受する用件自体が、刑事事件について弁護人ときちんと連絡を取り合っているかどうかなどに関する情報であって、「処遇上其他参考ト為ル可キ事項」となるから、これを閲読した書信係の前記Hらにおいて、主に信書を発受する用件の要旨を右書信表に記載した。

この本件各信書についての「処遇上其他参考ト為ル可キ事項」の要旨の記載に当たっては、被告第二準備書面第二の二3（五四ページ）で述べたとおり、前記Hらは、被告人両名の防御権及びその弁護人である原告ら両名の弁護権にも十分配慮して、弁護人と被告人との間で行われた事件に関する打合せの具体的な内容については記載しないように配慮していた。

この要旨を記載するに当たっての取捨選択に関する準則・内規は存在しないが、右のような配慮を行うことは実務上定着した取扱いであった。

書信表への記載内容は、おおむね本件回答書（甲A第一号証）の内容欄に記載した程度のものであった。

三　本件各信書に記載されていた事件に関する打合せの具体的内容の漏出防止について

大阪拘置所では、書信表への記載について、ワープロなどは使用せず、すべて手書きしており、また、コピーをとって書信表に添付することもなければ、書信表とは別に信書のメモを保管することもない。本件各信書についての「処遇上其他参考ト為ル可キ事項」の要旨の記載に当たっても、前記Ｈらは、いずれも、手書きで、直接、書信表に記載し、当該書信表は、書信室において保管し管理しており、コピーはとっていないし、メモもない。本件各信書の発受を行った後で、大阪拘置所側において、本件各信書の記載内容について、書信表の記載以外には全く分からないようになっていた。

このように、大阪拘置所側において、書信表に記載されたもの以外にその内容を知るすべはなく、しかも、書信表には、もともと被告人と弁護人との間の事件についての打合せの具体的内容は記載されていなかった。したがって、本件各信書について、大阪拘置所の書信係が閲読し、「処遇上其他参考ト為ル可キ事項」の要旨を書信表に記載したからといって、本件各信書に記載されていたかもしれないところの弁護人である原告らと被告人両名との間の事件についての打合せの具体的内容が他に漏れるおそれはなく、原告らの弁護権が侵害される具体的な危険性がなかったことは明らかである。

ちなみに、本件各信書の検閲及び信書の発受等の許否は、大阪拘置所長の権限に属するから、当然のことながら、検察官の指示を受けることはない。

四　本件回答書の作成について

本件回答書は、当時大阪拘置所処遇部処遇部門主任矯正処遇官であったＹが、書信表のみに基づいて起案し、同拘置所長Ｏの決裁を経て作成した。

この本件回答書の作成に当たり、右Ｙが書信表を見た上、更に右Ｏが回答書を見て、そこに弁護人との間で行われた事件に関する打合せの具体的内容が記載されていないことを確認していた。

また、本件回答書には、本件各信書のコピーないしメモ等の資料は添付していない。前記三で述べたとおり、それらのコピーないしメモ等はもともと存在していなかったのである。

ちなみに、Ｋ検察官は、本件照会書において、それらの資料の添付を求めてもいなかった。

五　本件回答書の送付について

大阪拘置所では、週に三回、定期的に庶務課事務員が大阪地方検察庁まで書類等を届けており、本件回答書も、これを利用してＫ検察官のもとに届けられた。右事務員は、単に書類等を届けるだけで、本件各信書の内容はもとより、当該回答書の内容に関することも知らず、それらの内容を検察官に口頭で伝えることはなかった。

また、本件回答書の内容についてＫ検察官から問い合わせはなかった。

第四準備書面（被告）

1999（平11）年9月16日

平成一〇年（ワ）第一三九三四号　損害賠償請求事件

原　告　髙見秀一ほか一名

被　告　国

第四準備書面

平成一一年九月一六日

右被告指定代理人

田邊　哲夫

伊藤　隆

竹田御眞木

岩倉　広修

谷岡　賀美

太田　義弘

島田　佳雄

小嶌　一平

成田　良造

杉尾　健二

茨木　正輝

大阪地方裁判所第七民事部合議一係　御中

被告は、原告らの一九九九（平成一一）年六月八日付け「釈明等を求める申立書」（以下「求釈明書」という。）及び平成一一年七月九日の第三回口頭弁論期日における原告らの求釈明に対し、釈明の要否を含め、以下のとおり、回答する。なお、用語の略称については、特にことわらない限り、従前のとおりである。

第一　求釈明書について

一　求釈明書第一について

1　求釈明事項一について

㈠　同1について

原告らは、身体を拘束された被告人と弁護人との間の秘密交通権がいかなる制約をも受け得ない旨主張しているところ、被告の平成一一年五月二五日付け第二準備書面（以下「被告第二準備書面」という。）第二の二1㈡（二七ページ以下）で述べたとおり、被告は、刑訴法三九条一項に規定されている接見交通権も絶対無制約な権利ではないと主張するものである。また、憲法、国際人権自由権規約（正確には、「市民的及び政治的権利に関する国際規約」であり、以下「B規約」という。）及び刑訴法との関係についての被告の主張は、被告第二準備書面第二の二1㈡及び3（五三ページ以下）で述べたとおりである。

㈡　同2について

被告のいう接見交通権は、刑訴法三九条一項の規定するところのものをいう。

２　求釈明事項二について

被告が「争う」としたのは、原告が接見交通権の秘密性は国家との間で侵されてはならないと主張しているのに対し、被告第二準備書面第一の二３(二)（五ページ）で述べたとおり、憲法の保障に由来する接見交通権といえども絶対無制約ではなく、一定の制約があり得ると主張する趣旨である。

３　求釈明事項三について

第一段落について、「その余は争う」とした趣旨は、原告がいかなる制約をも受けない秘密交通権が保障されている旨主張するのに対し、被告は、第二準備書面第二の二１(二)(1)（二七ページ以下）で述べたとおり、絶対無制約な秘密交通権までは保障されていないと主張して争うものである。

第三段落について、「争う」としたのは、原告らが指摘する弁護士法の規定は、弁護士の責務等について規定したものであり、原告らの主張するような権利を保障したものとはいえないからである。原告らにおいて、当該規定が権利を保障した規定であると主張するのであれば、更に法的根拠を示して主張すべきである。

第四段落について、「その余は争う」とした趣旨は、原告らが「その『秘密交通権たる信書の秘密』を侵害することは、当然当該弁護人たる弁護士の弁護権に対する侵害となる」と主張している点について、被告は、法令に基づき、監獄官吏が弁護人と被告人との間の信書を閲読するなどしても、弁護権の侵害となるものではないと主張して争うものである。

４　求釈明事項四について

原告らは、「憲法の定める弁護人依頼権とは、弁護人による実質的で効果的な援助を受ける権利を意味している。」と主張するが、被告は、この弁護人依頼権について、被告第二準備書面第二の二１(二)(1)（二七ページ以下）のとおり主張して争うものである。仮に原告らにおいて、右の原告らの主張する弁護人依頼権の内容が、被告第二準備書面第二の二１(二)(1)と全く同じ意味として主張したものであるといわれるのであれば、被告としても認否を変更する用意がある。

５　求釈明事項五について

原告らは、弁護人と身体を拘束された被告人との意思疎通（交通）については、拘束者である国家からの干渉は一切許されないと主張しているが、被告第二準備書面第二の二１(二)（二七ページ以下）で述べたとおり、一切許されないものではないと主張して争うものである。

６　求釈明事項六について

本件のごとき検閲は、罪証隠滅などの違法な行為を抑止する効果はあるとしても、弁護活動を萎縮させるようなものではない。

７　求釈明事項七について

従前の認否を変更する必要を認めない。

８　求釈明事項八について

原告らは、訴状請求の原因第六の一（七四ページ以下）において、刑訴法三九条一項が弁護人と身体を拘束された被疑者・被告人との間の秘密交通権を保障し、書類の授受も秘密交通権の対象であることは、最高裁昭和五三年七月一〇日第一小法廷判決（民集三二巻五号八二〇ページ）が判示しているとおりであると主張する。

しかしながら、右判決は、原告らが主張するような判示はしておらず、原告らが何を根拠に右のような主張をするのか、被告には理解し難い。もっとも、右判決は、「刑訴法三九条一項は、この趣旨にのっとり、身体の拘束を受けている被疑者・被告人は、弁護人又は弁護人となろうとする者（以下「弁護人等」という。）と立会人なしに接見し、書類や物の授受をすることができると規定する。」と判示しているが、これは同項を要約して引用しているだけであって、それ以上に「立会人なしに書類や物の授受をすることができる」ことまで判示しているわけではない。

また、原告らは、刑訴法八〇条及び八一条の規定と対比しても、刑訴法三九条一項が弁護人との間の信書の授受について、「秘密を保持された書類の授受」として信書の授受を保障していることが明らかであると主張する。

しかしながら、監獄法五〇条、同法施行規則一三〇条は、刑訴法八一条とは別に、拘禁目的達成の見地から右の書類の授受に制約を加えるものであって、刑訴法八〇条、八一条が、同条項に定める要件を満たす場合以外に、他の法律が他の目的から被拘禁者の書類の授受に制約を加えることを禁じる趣旨とは解されない（川上拓一・大コンメンタール刑事訴訟法第二巻一二〇ページ）。そして、右監獄法の規定が、刑訴法三九条一項の認める弁護人等の接見交通権に対する制限として、同条二項が許容する法令による制限として合理的であることは、被告第二準備書面第二の二1（一）（二四ページ以下）で述べたとおりである。

9　求釈明事項九について

原告らの主張するような包括的防御権なるものが刑訴法上保障されているとする根拠はなく、例えば、刑訴法三九条一項及び二項の解釈についても、被告第二準備書面第二の二1（一）（二四ページ以下）で述べたとおりであるから、原告らの主張を争うものである。

10　求釈明事項一〇について

（一）　同1について

監獄法四六条一項が在監者の信書の発受に許可制を採用することを規定しているという趣旨は、在監者は、信書の発受を監獄の長（所長）の許可によってのみ認められるということを規定しているという趣旨である（小野清一郎ほか責任編集・改訂監獄法三五〇ページ参照）。

（二）　同2について

被告第二準備書面第二の二1（二）(4)（三〇ページ以下）で述べたとおりである。

11　求釈明事項一一について

被告は、K検察官の本件照会及び本件利用が国賠法一条一項の適用上違法と評価されることもやむを得ないと考えているが、それは、被告第二準備書面第二の四（六四ページ以下）及び五（六六ページ以下）並びに被告の平成一一年六月三〇日付け第三準備書面（以下「被告第三準備書面」という。）第二の一（一三ページ以下）で述べた趣旨である。

二　求釈明書第二について

1　求釈明事項一について

（一）　同1について

被告第三準備書面第三の四（二一ページ）で述べたとおりである。

（二）　同2について

被告第三準備書面第三の三2（二一ページ）及び第四の二（二二ページ以下）で述べたとおりである。

（三）　同3について

身分帳簿（書信表）を乙号証として提出する用意があることにつ

いては、被告第三準備書面第一の三2（八ページ）で述べたとおりである。
また、身分帳簿（書信表）の保管方法については、被告第三準備書面第四の三（二五ページ）で述べたとおりである。
㈣　同4について
特に心情が不安定であると思われるような情報がなかったという意味において、被告人両名の心情を把握するのに役立った。
㈤　同5について
被告第三準備書面第三の三（一八ページ以下）で述べたとおりである。
㈥　同6について
本件各信書につき、前記㈡で述べたとおりである。
㈦　同7について
身分帳簿（書信表）の具体的記載例については、被告第三準備書面第一の三2（八ページ）で述べたとおり、被告人両名の書信表を乙号証として提出する用意があるので、それを参照されたい。
また、身分帳簿（書信表）の保管方法については、前記㈢で述べたとおりである。
㈧　同8について
被告第三準備書面第三の三（一八ページ以下）で述べたとおりである。
2　求釈明事項二について
被告第三準備書面第四の二（二二ページ以下）で述べたとおりである。
3　求釈明事項三について
㈠　同1について
被告の主張は、信書の内容を確認する必要がある点では、信書の相手方が弁護人であるか否かによって差異はないという趣旨である。
したがって、被告が第二準備書面第二の二1㈡④アで述べ（三二ページ）、原告らが求釈明書一〇ページで引用する①ないし④は、それを具体的に述べたものである。①ないし④以外の具体例が存する可能性を否定するものではない。
㈡　同2について
①ないし④に該当する事例は、いずれも容易に想定し得るものであって、その具体例が存在するか否かは被告の主張を明確にするために明らかに必要な事項でもないので、釈明の要がない。
4　求釈明事項四について
⑴　同1ないし3について
監獄の長は、本件法令に基づいて知ることのできた信書の内容について守秘義務を負っており（国家公務員法一〇〇条）、正当な理由がない限り、右内容を他に漏らしてはならない。
他方、刑訴法一九七条二項は、捜査機関が、捜査について必要があるときは、公務所等に照会して必要な事項の報告を求めることができる旨規定しており、同条項に基づく照会を受けた公務所は、照会に係る事項について報告すべき法的義務を負う。
そして、国家公務員法一〇〇条により守秘義務を負う事項について照会があった場合に、照会を受けた公務所において、いずれの義務を優先させるべきかは、一般的には、報告を求められた事項の捜査上の必要性と守秘義務の内容、すなわち、それによって保護されるべき権利・利益の重要性とを比較衡量して決すべきである（被告第二準備書面第二の三1㈠五五ページ）。守秘義務によって守られるべき国民の権利・利益が、本件のように弁護人の接見交通権等に関するものであり、それが憲法の保障に由来するものであっても、これが刑罰権ないし捜査権に絶対的に優先するような性質のものということはできない（安藤事件判決参照）。したがって、同様に右のような観点からの比較衡量が必要となり、その結果、捜査上の必要性が勝る場合には、正当な理由がある場合として守秘義務は免除されることになる。

しかしながら、監獄の長は、一般に、捜査の必要性について把握できる立場になく、また、捜査の密行性の観点から、監獄の長が、捜査の必要性について検察官に説明を求めることも適当でない。そのため、当該監獄の長は、通常の業務の過程で知り得た特段の事情に基づき、捜査の必要性がないことが明らかに認められるような場合を除き、検察官の判断を信頼して捜査の必要性があると判断せざるを得ないのであって、そのようにして捜査の必要性があると判断しても、その判断は合理的なものというべきである（被告第二準備書面第二の三1㈡、特に五七ページ）。そこで、監獄の長は、捜査の必要性があることを前提に、守秘義務によって保護されるべき権利・利益の重要性との比較衡量を行うべきことになる。

本件回答についてみると、大阪拘置所長は、捜査の必要性があるとのK検察官の判断を信頼し、捜査の必要性があることを前提として、回答するか否かを検討した。書信表には信書の用件のみが記載されており、被告人両名と原告らとの間の事件に関する打合せの具体的内容が記載されていなかったので、大阪拘置所長は、被告人両名の防御権ないし原告らの弁護権に対する配慮が十分されており、書信表に記載されている事項を回答しても、被告人両名の防御権ないし原告らの弁護権に不利益を及ぼすおそれはないと判断した。

また、本件照会によって報告を求められたのは、処遇上その他参考となるべき事項の要旨を記録した「書信表」の記載に基づく回答であり、通信の秘密という観点から見ても、その保護の必要性が常に捜査上の必要性を上回るわけではない。

したがって、大阪拘置所長は、捜査上の必要性が、回答することにより被告人両名の防御権等ないし原告らの弁護権が被る不利益より勝っているから、回答することには正当な理由があり、守秘義務は免除されると判断したのであり、その判断は相当である。

㈡　同4について

回答を行うか否かの判断に関する通達として、昭和三六年一〇月二三日矯正局長通達矯正甲第九一〇号がある。乙号証として提出する。

㈢　同5について

監獄の長は、検察官からの照会に対しては一切の問い合わせをしないという趣旨ではなく、捜査の必要性の具体的内容について説明を求めることは適当でないという趣旨である。

㈣　同6及び7について

本件は、K検察官の照会とこれに対する大阪拘置所長の回答の当否が争点となっている事案であり、照会の有無にかかわらず拘置所長が検察官に連絡や問い合わせをすることがあるか否か、「捜査の必要性がないことが明らかに認められるような場合」とはどのような場合かということなどは、いずれも右争点とは関連がないから、釈明の必要はない。

5　求釈明事項五について

㈠　同1について

被告第二準備書面第二の二1㈡⑷（特に三五ページ以下）で述べたとおり、本件法令の規定は未決拘禁者の防御権や弁護人の弁護権にも十分配慮しなければならないと解釈され、実際そのように運用されているから、「書信表の記載内容が、本件法令に沿った限度にとどめられていること」と「被告人両名とその弁護人である原告らとの間の信書の発受状況等の記載については、防御権ないし弁護権に十分配慮されていること」とは同じ意味である。

㈡　同２について

回答を行うか否かの判断に関する通達としては、前記４㈡で述べた昭和三六年一〇月二三日矯正局長通達矯正甲第九一〇号があるのみである。

６　求釈明事項六について

㈠　同１について

配慮に関する通達・内規・準則は存在しない。

しかし、本件各信書を閲読して書信表に記載する書信係において配慮し、本件回答書を起案した処遇部処遇部門主任矯正処遇官が書信表を見て配慮の有無を確認し、拘置所長の決裁を代決した処遇部長Uが本件回答書を見て配慮の有無を確認していた（被告第三準備書面第一の五３の記述は、右のとおり訂正する。）。

㈡　同２について

例えば、原則として土曜日、日曜日及び祝日には書信業務を行わないが、防御権ないし弁護権に配慮し、例外的に書信業務を行うなどして、なるべく速やかに処理するよう心がけている。

７　求釈明事項七について

㈠　同１及び２について

被告第二準備書面第二の二１㈡⑷イ（三五ページ以下）で述べたとおり、弁護人と被告人との間で行われた事件に関する打合せの具体的内容については、そもそも書信表に記載しないように配慮しているので、これらの事項を書信表の記載に基づいて作成する回答書に記載することはできないという趣旨である。

㈡　同３について

通達・内規・準則などの基準は存在しない。

８　求釈明事項八について

㈠　同１について

被告第三準備書面第一の四１（一〇ページ）で述べたとおり、一般的な基準は設けられておらず、各検察官の判断にゆだねられている。

㈡　同２について

本件は、K検察官の照会の当否が争点になっているのであって、同検察官以外の検察官の照会は本件と関係がないから、釈明の必要はない。

９　求釈明事項九について

㈠　同１及び２について

被告第三準備書面第二の一（一三ページ以下）で述べたとおりである。

㈡　同３について

そもそも捜査の必要性がない事項につき回答を得る目的であえて照会を行った場合の違法性の程度に比べれば、K検察官の行った本件照会は、被告人両名と原告ら以外の者との間の信書の発受状況等については捜査の必要性があったのであるから、その違法性の程度が軽微であるという趣旨であり、国の国賠法上の責任を検討するに当たり、本件照会の違法性の程度についても考慮すべきことを主張するものである。

なお、原告高見は、大阪地方裁判所に対し、本件照会に先立つ平成九年一二月二二日付けで保釈請求書を提出し、A被告人の保釈を請求したが、その際、同請求書に同被告人が原告高見あてに送った信書六通及び同被告人が原告高見あての信書に同封した被害者あての信書四通の各写しを添付していたから、右各信書に関する限り、裁判所はもとより、検察官の目に触れることを承諾し、秘密性を放棄していたものと認められる（刑訴法九二条一項参照）。したがって、その後にK検察官が行った本件照会の違法性の程度及び損害の有無を検討するに当たっては、このことをも考慮すべきである。

10　求釈明事項一〇について

㈠　同1及び2について

被告第三準備書面第二の二（一五ページ以下）で述べたとおりである。

㈡　同3について

K検察官の行った本件利用は、本件回答書のうち、被告人両名と原告らとの間で発受された信書の発受状況等を記載した部分を、実質的には全く利用しておらず、原告らの弁護権等に不当な影響を及ぼすものとは到底認められないから、その違法性の程度が軽微であるという趣旨であり、国の国賠法上の責任を検討するに当たり、本件利用の違法性の程度についても考慮すべきことを主張するものである。

なお、前記9㈡で述べたとおり、原告高見はA被告人から送られた信書の一部について、裁判官及び検察官の目に触れることを承諾し、その秘密性を放棄していたものと認められるから、K検察官が行った本件利用の違法性の程度及び損害の有無を検討するに当たっては、このことをも考慮すべきである。

三　求釈明書第三について

1　求釈明事項一について

いずれも被告第二準備書面第二の二1㈡（二七ページ以下）及び㈢（三七ページ以下）で述べたとおりであり、被告の主張は明確である。

2　求釈明事項二について

被告第二準備書面第二の二1㈣⑴（四一ページ以下）で述べたとおりであり、被告の主張は明確である。

3　求釈明事項三について

接見交通権は、憲法三四条、三七条三項の保障に由来する権利であるが、接見交通権を制限する本件法令が右各規定に適合するものである以上、手続の適正等について一般的に定める憲法三一条（適正手続の保障）、三二条、三七条一項（公平な裁判を受ける権利）にも違反することはないという趣旨である。

4　求釈明事項四について

被告は、B規約一四条3及び一七条が本件法令と何ら矛盾するものではないと主張しているのであり、同条が国内裁判所において直接適用されるかどうかについては、釈明の必要がない。

5　求釈明事項五について

㈠　同1について

被告第二準備書面第二の三3（六一ページ以下）で述べたとおりであり、被告の主張は明確である。

㈡　同2について

被告第二準備書面第二の二2㈢（五〇ページ以下）で述べたとおりであり、被告の主張は明確である。

㈢　同3について

被告第二準備書面第二の二２㈣（五二ページ以下）で述べたとおりであり、被告の主張は明確である。

㈣　同４について

前記１ないし３に摘示した準備書面の該当個所で述べたとおりである。

第二　第三回口頭弁論期日における原告らの求釈明について

一　原告らの一九九九（平成一一）年五月一〇日付け「釈明等を求める申立書」求釈明事項四のうち、被告が平成一一年七月九日付け第三準備書面において釈明しなかった４ないし８の再求釈明について

大阪地方検察庁の検察官が大阪拘置所長に対し未決拘禁者の信書について照会し、同拘置所長が回答したこと、特に、弁護人との間の信書を除外して照会し、それに対して弁護人との間の信書を除外して回答した例は存在するが、被告の第三準備書面第一の四２で述べたとおり、求釈明事項四の４ないし８は、いずれも本来釈明の必要のないものであるから釈明しない。

二　乙第一号証（本件照会書）について

1　手書き部分の筆跡は誰のものか。

K検察官の当時の立会事務官の筆跡である。

2　K検察官が発した本件照会書（大阪拘置所において受領後に記載を付加する前のもの）の控えはないか。

K検察官が発した本件照会書（大阪拘置所において受領後に記載を付加する前のもの）の控えはない。

三　乙第三号証（「被収容者身分帳簿及び名籍事務関係各帳簿の取扱いについて」平成六・三・二四矯保七五二法務省矯正局長通達の一部）の通達全部を書証として提出できないか。

右通達のそれ以外の部分は、本件とは直接関係がなく、被告の主張を明確にするために必要でもないので、現時点では書証として提出する必要性を認めない。

第二回準備書面（原告ら）

1999（平11）年9月9日

次回期日・九月一六日午前一一時〇〇分
平成一〇年（ワ）第一三九三四号
損害賠償請求事件

原　告　髙見　秀一
　　　　岡本　栄市
被　告　国

一九九九（平成一一）年九月九日

原告ら訴訟代理人
弁護士　浦　　　功
右同　弁護士　小坂井　久

大阪地方裁判所
第七民事部　御中

記

目　次

1　守秘義務との比較較量論の誤り
2　「捜査の必要性」に関する主張の誤り
3　原告らの権利の優越
二　回答による萎縮効果について
三　自由権規約一四条1について
四　本件照会について
五　本件利用について
第五　被告の国賠法上の違法自認をめぐって

（はじめに）

本準備書面は、今後において本件審理を追行していくために、必要不可欠と思われる点についての再求釈明申立を行ったうえで（第一）、主に、平成一一年五月二五日付被告第二準備書面における被告主張に対しての反論を展開するものである（第二ないし第四。なお、第五は、平成一一年七月九日付被告第三準備書面の一部についての反論である）。

但し、本準備書面において、今日迄の被告主張の全体についての反論を必ずしも完了させているわけではないので、この点は、追って、さらに準備書面を提出する予定である。

第一　再求釈明申立

一　**本件行為の日常性に関わる点の求釈明申立事項**

被告は、第三準備書面において、原告一九九九年五月一〇日付釈明等を求める申立書の四項における求釈明申立事項1〜3に対して、『日常的とはいえない』と主張した趣旨は、一般的な取扱いとして行われてはいないという趣旨である」などとおよそ釈明というに値しない趣旨定かでない応答をしたうえで（同書面一〇頁）、求釈明申立事項同項の4ないし8については、本件における「争点と関連性がなく、被告の主張を明確にするために必要な事項でもない」などとして、釈明しようとしなかった（同書面同頁）。そこで、原告としては、この点、第三回口頭弁論期日において口頭で再度の求釈明申立に及んだところである。

けだし、この点が、まさに本件争点であることはいうまでもないからである。すなわち、原告らは、本件の如き照会・回答が被告国によってまさしくシステムとしてなされていることを問題にしているところ（例えば、訴状一一頁〜一二頁、九八頁参照）、他方、被告は、これをあたかも一担当検察官のうっかりミスであるかのように主張されているわけで（被告第二準備書面六五頁、六九頁参照）、現在、この点が本件事実関係の上での一大争点となっていることは明白といわなければならない。

要するに、原告らは、これが一担当検察官の軽微な過失などとは全く捉えてはおらず、拘置所における検閲制度をも含めて、そのシステム全体が組織的な明白な故意による違法行為が敢行されたものと捉え、そう主張しているのである。そうである以上、右求釈明申立事項、例えば、「弁護人との間の信書を除外して照会したケースが本件以前に存在するのか。存在するとすれば、何時、如何なるケースについてなされたのか」との点、あるいは、「弁護人との間の信書については除外されて回答ないし連絡されたケースがあるのか否か。あるとすれば、何時、如何なるケースであったのか」との点、そして、その回数・頻度を訊ねている点などは、まさに本件争点そのものと不可分一体の事実関係にかかわる求釈明申立事項に外ならない。そして、被告において「日常的とはいえない」という意味を、

「一般的な取扱いとして行われてはいない」という趣旨であるなどと回答されても、これは何の具体性もなく、「積極」否認の態をおよそなしていないことも明らかである。

それゆえ、裁判所におかれても、右第三回口頭弁論期日において、合議されたうえで、被告に対して、「裁判所としては全く関係ないとは思えないので、次回までに答えられる点は答えてほしい」旨の事実上の釈明権を行使されたのである。このことが訴訟当事者に顕著な事実であることはいうまでもない。

ところが、被告は、平成一一年九月一六日付第四準備書面において、一方で、「大阪地方検察庁の検察官が大阪拘置所長に対し未決拘禁者の信書について照会し、同拘置所長が回答したこと、特に、弁護人との間の信書を除外して照会し、それに対して弁護人との間の信書を除外して回答した例は存在する」などと述べて、まったく漠然とした主張のみを行いながら（同書面二八頁）、その一方では、「いずれも本来釈明の必要のないものであるから釈明しない」などとして、結局、この点を具体的にはおよそ明確にしようとしないのである。被告は、これを個々具体的に明確にすべきであって、右求釈明申立事項について直ちに誠実な回答をすべきは明らかである。これを本件争点でないなどという被告主張は鷺を烏というに等しいのであって、まして被告において、右のように思わせ振りなことを述べる以上は、被告は右の各点につき直ちに釈明に応ずるべきである（民事訴訟法二条参照）。

以上論じたとおり、右求釈明申立事項は、主要事実に直ちに繋がる点についてのもので、本件争点に直接関わるものであることが余りに明らかであるから、裁判所におかれては、直ちに正式に釈明権の行使をされるよう求める。

二　削除・抹消に関わる求釈明申立事項

さらに、次の事項も、必要最低限という観点にたっても、明らかにされるべき事項と思料されるので、以下のとおり再釈明申立に及ぶ。

すなわち、原告は、一九九九年五月一〇日付求釈明申立書一項の2で、「大阪拘置所長が信書の内容を『勾留目的を阻害するような内容』であると判断して削除・抹消した『今日迄の具体例』及び信書の『削除・抹消』についての準則・内規の存否・内容について」釈明を求めた。これに対して、被告は、その第三準備書面（平成一一年七月九日付）第一の一項の2において（同書面二頁〜三頁）、「本件においては信書の『削除・抹消』を全く行っていない」から、本件の争点とは明らかに関係がないとして、これに答えていない。

しかし、被告は例外的にせよ、弁護人と被告人との信書について削除・抹消を行うことを自認しているのであって、そうだとすれば、本件においても信書の内容によっては削除・抹消のなされた可能性があったことは明らかである。つまり、本件信書についても、大阪拘置所長は係官をして、原告らと被告人間の信書の削除・抹消の要否を判断し、その必要性を認めたときは削除・抹消するという目的をもって本件信書を開披し内容を閲読したのである。それゆえ、大阪拘置所長が行った原告らと被告人間の本件信書の開披・閲読は、削除・抹消を行うためになされたものであって、開披・閲読は削除・抹消と一体をなす制度に外ならず、開披・閲読と削除・抹消を分離して考えることはできない。被告の右回答は、開披・閲覧と削除・抹消を分離させる前提に立つものという外なく、自ら明らかにしている制度の本質にも背くものであり、ことさらに実態を隠蔽するものといわなければならない。削除・抹消の実態が明らかにならなければ、開披・閲読の意味・性質も明確にならないし、むしろ被告が実態を明らかにしない以上、本件争点である萎縮効果が絶大であることを被告は当然認めざるを得ない筋合いである。

本件は、いうまでもなく、原告らにおいて、被告に違憲の行為があったとし、その所為の憲法判断を求めている訴訟であって、これに対して、被告が合憲である旨主張して争う以上は、原告の右求釈明申立に応え、被告において、「削除・抹消」の準則・内規の存否・内容等、制度の実態を明らかにすることを通して、自らの所為の合憲性を明らかにすべきである。実際、その実態が明らかにされなければ、大阪拘置所長の右所為の弁護権侵害・秘密交通権侵害に関わる違法性の存否・程度についても、適格な判断はなしえないであろう。

被告が、右の点につき、あくまで任意の釈明に答えないのだとすれば、その被告の態度は裁判所に対し、制度の実態を看過したままで憲法判断をするよう要求するものに外ならないというべきである。このような訴訟態度は到底誠実な訴訟遂行態度とは言えないといわざるをえないから、この点についても、釈明権の行使を求めたい。

第二　事実経過について（被告第二準備書面「第二　被告の主張　一　事実経過」に対する認否及び反論）

本件事実関係をより明確にしておくために、以下において、被告第二準備書面で被告が主張する「事実経過」（同書面一五頁～二四頁）に対して認否・反論しておく。

一　同項1について（公訴事実についての捜査段階の被告人両名の供述の概要）

1　前段については認める。

2　後段については、次に述べる点を否認する。

被告は、「被告人両名は、捜査段階では、強盗致傷及び窃盗の各犯行を認めていた」と主張しているけれども、少なくともA被告人については、右主張は正しくない。A被告人が認めていたのは、ひったくりの共謀をしたこと、被害者のショルダーバッグを掴んだこと及び被害者が路上に転倒したことだけである。

「被害者を路上に転倒させて引きずった」という点については、「故意に転倒させたこと」は否認していたし、「被害者が引きずられていたこと」も認識していなかった旨捜査段階から供述していたものである（なお付言すれば、客観的な証拠関係からも、被害者が引きずられていたかどうかは不明である）。それを、「強盗致傷の犯行を認めていた」と評価すること自体、間違いである。

二　同項2について（第一回及び第二回公判期日における、被告人両名の被告事件についての陳述）

1　前段については認める。

2　後段については次のとおり主張する。

㈠　第二回公判期日は、一二月八日ではなく、一二月一八日である。

㈡　B被告人の被告事件についての意見陳述が結果としてA被告人の意見陳述と類似した内容となったことは認めるが、B被告人の被告事件についての意見陳述は、独自に行われたものであって、A被告人の被告事件についての意見陳述に沿って行われたものではない。

三　同項3について（本件照会行為）

K検察官の内心そのものについて、原告らとしては「不知」と認否する外はないが、少なくとも「K検察官は、被告人両名が各弁護人を介して通謀を行っている可能性があるとは考えていなかったため、被告人両名と各弁護人との間で発受された信書の内容等を照会する意図は全くなかった」という点については、否認する。

すなわち、被告は、K検察官は被告人両名が直接に、あるいは家族、友人等を介して間接に、信書を発受すること等による罪証隠滅工作の可能性だけを考え、弁護人を介しての罪証隠滅の可能性は考えていなかったとし、被告人と弁護人との間で発受された信書の内容等を照会する意図は全くなかったと主張するものである。しかし、検察官において本件の如き照会を行う際、被告人と弁護人との間の信書についても、これを除外することなしに照会行為に及ぶことが通例であるところ、乙第一号証の「捜査関係事項照会書」の記載によれば、K検察官はいったんは、被告人両名の間の通信状況のみを照会の対象としたが、右通例に則って、これに、あえて文言を加筆して、被告人両名間「及びその他の者との」通信状況をも照会の対象に加え、「その他の者」から弁護人を除外していない。

以上の経緯からすれば、K検察官は、被告人両名が各弁護人を含む関係者を介して罪証隠滅工作をしている可能性があると考えたからこそ、被告人両名と弁護人を含むその他の者との通信状況についての照会に及んだとしか思われない。

四　同項4について（本件回答行為）

1　前段につき争う。その所以は次のとおりである。

大阪拘置所長は、監獄法施行規則一三九条の「処遇上その他参考となるべき事項の要旨」の有無にかかわらず、全ての本件信書の内容を確認し要旨を記載していた。すなわち、乙三号証「被収容者身分帳簿及び名簿事務関係各帳簿の取扱について（通達）」の9ウには、次のように記載されている。

つまり、これによれば、

「書信の要旨を簡潔に記載すること。

なお、処遇上参考となるべき事項があった場合には、本欄または視察表に記載すること」

と通達されているのである。

右通達によれば、処遇上参考となるべき事項の有無にかかわらず、すべての信書について、その書信の要旨を記載することになっている。それゆえ、右通達自体が、監獄法施行規則一三九条に違反する内容の通達という外はない。

この違法な通達によって、本件各信書についても、「処遇上その他参考となるべき事項」の有無にかかわらず、すべての書信について、内容が確認され、要旨が記載されたものである。

2　後段については事実自体は認めるが、弁護人との間で発受された信書を除外せずになされた照会が違法である以上、これを除外せずになされた回答も、また違法であることはいうまでもない。

五　同項5について（本件回答書についてのK検察官の検討）

1　前段について

原告らが、甲調書について一部不同意の意見を述べたことは認め、その余は不知。

2　後段について

Ｋ検察官が、本件回答書の中に、被告人両名とその弁護人である原告らとの間で発受された本件信書の発受状況などが含まれていることを認識したことは認め、その余は否認する。Ｋ検察官が、被告人両名の防御権や原告らの弁護権についての考慮に及んだなどということはありえない。

六　同項6について（平成一〇年二月六日の接見等禁止請求）

Ｋ検察官の意図については不知。その余の事実については認める。

七　同項7について（甲調書の刑訴法三二一条一項二号書面としての取調請求）

Ｋ検察官が甲調書を刑訴法三二一条一項二号書面に該当するとして証拠調請求をしたこと、および、その書面の記載が被告主張の内容であったことは認める。

八　同項8について（三月二日の第五回公判期日）

認める。但し、これについては以下の事実を付加して主張しておく。

１　右証拠調請求については、事前には弁護人には何らの通知もなく、本件回答書の事前の開示もなく、法廷で突然、口頭で証拠調請求がなされた。そのため、Ｋ検察官において、証拠等関係カードの用意も全くされていなかったものである。

２　原告髙見は、三月二日の第五回公判期日に先立つ二月二七日に裁判所において記録を閲覧した際、二月六日の接見等禁止請求書に本件回答書が添付されて裁判所に提出されていたことを知り、本件回答書の記載内容を覚知し、衝撃を受け、これを原告岡本に報告し、原告岡本も憤りの憾を禁じえなかったものであるが、さらに、原告両名は、Ｋ検察官が書証として取調請求までしてきたことに一層驚愕し、また、大きなショックを受けた。

裁判所から、書証についての意見を求められた原告髙見は「本件回答書には、弁護人と被告人との間で授受した信書についてまで記載されているところ、このようなものを取調請求されたことに対してショックであり、よう意見を言えないので、次回まで意見を留保する」旨回答し、岡本も同様の理由で意見を留保した。

３　するとＫ検察官は、「証拠能力に関する事実の証明は、自由な証明で足るから、弁護人の同意がなくても、是非とも採用されたい」旨、口頭で追加意見を述べた。

九　同項9について（三月二三日の第六回公判期日）

第六回公判期日、および、これに至る経緯については、次のとおり主張する。

１　平成一〇年三月二三日（月曜日）の第六回公判期日の前日である二二日（日曜日）正午すぎころ、原告髙見は、甲Ａ第五号証の意見書（三月二三日付）を大阪地裁第二刑事部及びＫ検察官にファックス送信し、裁判所及びＫ検察官に弁護人としての意見を事前に事実上告知した。

２　三月二三日（月曜日）の第六回公判期日は、午後三時四〇分に開廷した。

３　Ｋ検察官は、前日原告髙見から右意見書を受領し、本件回答書に被告人と弁護人との間の信書の発受状況及びその内容が記載されていることについての問題点を十二分に認識し、ないし認識すべき機会と時間を十二分に与えられながら、本件回答書全体についての取調請求をなお維持した。

4　大阪地裁は、「被告人と両弁護人との間における信書の授受部分について却下し、その余については採用決定」したため、原告らは右証拠決定に対して「本件回答書は、弁護人とのやりとりも含まれて作成された不可分一体の書類であるから、弁護人関係部分を除いた部分的な採用であっても、憲法三一条二項、三一条、三四条、刑訴法三九条一項及び二項に違反する」旨異議を申し立てた。

5　弁護人の異議申立に対してK検察官は「被告人と弁護人との間の信書の内容を検閲する行為は法律に基づくものであって何ら問題はなく、弁護人らの異議申立は理由がない」旨意見を述べた。要するに、K検察官は、被告が主張するような「拘置所長の行為は」という限定はしていなかった。これは、右公判調書（甲A第四号証）の記載からも明らかである。

6　また、K検察官の右意見は、むしろ大阪地裁が「被告人と両弁護人との間における信書の授受部分について却下」したことについての異議申立という趣旨の意見であった。

すなわち、部分的採用決定についての弁護人の異議申立に理由がない旨の意見を述べるのであれば、K検察官としては「本件回答書は、不可分一体のものではなく、可分のものであるから、弁護人の異議申立には理由がない」と述べるべき筋合いである。ところが、K検察官の意見は、「被告人と弁護人との間の信書の内容を検閲する行為には、何らの問題がない」旨の意見となっており、これは「被告人と弁護人との間の信書の内容を検閲する行為には、何らの問題がないのであるから、被告人と弁護人との間の信書の授受部分も証拠採用すべきである」という趣旨としか考ええないからである。

このように、K検察官は、被告人と弁護人の信書の授受部分をも証拠とすることに固執していた。

7　K検察官が本件回答書のうち却下された部分を除いた抄本を作成して、裁判所に提出したのは、公判期日終了後である。

第三　本件信書の内容確認等の違憲性・違法性に関して（被告第二準備書面「第二被告の主張　二本件信書の内容確認等の適法性」に対する概括的反論）

一　違憲性に関して

被告は、弁護人と被告人との間で発受された信書を大阪拘置所が閲読・記録化した行為は、監獄法四六条一項、五〇条、同法施行規則一三〇条、一三九条（以下、本件法令という）に基づく行為であるとし、本件法令は合憲であると主張している（被告第二準備書面二五頁〜四四頁参照）。この点についての原告らの主張は、訴状で述べたとおりであり、さらに次回準備書面でも詳論する予定であるが、ここでは、被告人の主張の問題点のうち、その基礎的部分についてのみ反論しておくこととする。

原告らは秘密交通権が弁護人と被告人との間の自由なコミュニケーション過程を保障する憲法上の自由権である旨主張しているが、これが、その権利の性質から精神的自由権に該ることはいうまでもない。それゆえ、秘密交通権についての制約の可否についての憲法上の問題を検討するにあたっては、本件法令の目的と手段が具体的に合理性を有し、かつ、それらが実質的合理的関連性を有することが被告国側において明らかにされなければならない。しかも、その判断をするためには本件法令を基礎づける立法事実を踏まえられなければならないことが明らかである。

しかし、被告が主張するところは、全く抽象的に未決勾留の目的などを述べるものにすぎず、そのうえで、合憲である旨の結論を先取りして主張しているだけのものである。本件法令の目的について、現憲法下においてなぜその目的が維持されなければならないのか、そこで図ろうとする具体的利益は何なのかについては何ら明らかにされているとはいえない。

また、目的と手段（発受に関しての許可制、信書の閲読・記録化）の合理的関連性についても、発受に関しての許可制、信書の閲読・記録化という手段が、現憲法下においてなぜ合理的なのか、また、現憲法下において達成されなければならない立法目的に照らして、なぜその手段が必要なのか、とりわけ、弁護人とそれ以外の者を区別しないで一律に閲読・記録化するという手段が必要な所以については、被告は、およそ具体的に明確にしえていない。

いうまでもなく、秘密交通権が弁護人と被告人との間の自由なコミュニケーション過程を保障するという自由権としての性格を有し、他方、本件法令が憲法上重大な権利である秘密交通権を侵害するものであることからすると、本件法令の目的の具体的実質的合理性とその目的と手段（発受の許可制、信書の閲読・記録化）の具体的実質的合理的関連性については、本件法令が合憲であると主張する被告国の側において積極的に主張し、明らかにすべき筋合いである。

要するに、それを行っていない被告主張は、主張自体失当といわなければならない。

二　国際人権自由権規約違反について

被告は、原告らの自由権規約一四条および一七条違反の主張について、規約人権委員会の一般的意見などはわが国に対して法的拘束力を持つものではないとして、原告らの主張は「その前提において誤っており、失当といわざるを得ない」としている（被告第二準備書面四五頁）。しかし、被告のこの主張は国際社会における国家の責務を全く放棄した無責任な主張といわなければならない。けだし、例えば、一般的意見について、「B規約締結国に対して法的拘束力を持つものではなく、B規約の解釈指針としなければならないものではない」という被告の主張は（同書面四六頁）、要するに、我が国の国家機関は、自由権規約を批准しているだけで、自由権規約の一般的意見を無視した解釈をせよといっているに等しいものなのだからである。

被告は右の如き詭弁を弄しつつ、本件法令が自由権規約に矛盾しないと主張しているが、秘密交通権が、憲法のみならず、自由権規約にも裏付けをもつ具体的かつ重要な基本的権利・自由権であることが明らかである以上、本件法令の自由権規約適合性についても、右一項で述べたところがそのままあてはまるというべきである。被告は、その目的と手段において、本件法令が自由権規約に反しない所以を具体的に明らかにすべきであり、これを行っていない被告主張は主張自体失当といわなければならない。この点、一九九八年一〇月二八日および二九日に開かれた国連規約人権委員会の会合において審査された日本政府の第四回定期報告書について、同委員会が同年一一月五日に開かれた一七二六回および一七二七回会合において採択した「最終見解」の三二項に次のように明記されていることを被告は銘記すべきである。

「委員会は、規約で保障された人権について、裁判官、検察官および行政官に対する研修が何ら提供されていないことに懸念を有する。委員会は、このような研修を受講できるようにすることを強く勧告する。裁判官を規約の規定に習熟させるため、裁判官の研究会およびセミナーが開催されるべきである。委員会の『一般的意見』および第一選択議定書による個人通報に対して委員会が表明した『見解』が裁判官に配布されるべきである」。

第四　本件回答・本件照会・本件利用について（被告第二準備書面「第二　被告の主張　三　本件回答について」「同四　本件照会について」「同五　本件利用について」に対する反論）

一　刑訴法一九七条二項に基づく回答義務について

被告は、拘置所長が照会を受けた場合の右義務について、

①　照会に応じるか否かは捜査の必要性と守秘義務（国家公務員一〇〇条）との比較衡量によって決めるべきである。

②　捜査の必要性については、拘置所長はその存否を知り得ないので検察官を信頼して原則として必要性ありと判断すべきである。

③　守秘義務については、防御権ないし弁護権に十分配慮した。

との主張を展開している（被告第二準備書面五五頁以下）。

しかし、これは以下のとおり、到底成り立たない考え方である。

1　守秘義務との比較較量論の誤り

㈠　被告主張は、本件回答行為を国家公務員法の守秘義務の問題としてとらえているが、それ自体、本件の違法性を不当に矮小化する誤った問題設定というべきである。なぜなら、国家公務員法は公務の適正な遂行の観点から公務員の服務規律を定めた法規であり、守秘義務も直接にはこの目的から定められたものにすぎないからである。

むろん、同法の守秘義務の最終目的は、公務の適正確保を通じた国民の権利の擁護にあると解すべきであり、また、公務員が個人の有する通信の秘密等の権利を侵害した場合には、その行為が同時に右守秘義務に違反することにもなろう。この意味で、本件においては同法の守秘義務違反も発生しているが、事案の本質はあくまで、原告らと国家の間の、防御権・弁護権、通信の秘密等、憲法・国際人権自由権規約上の権利の侵害にある。

いいかえれば、本件回答行為の法的評価は、端的に、防御権・弁護権ならびに通信の秘密と刑訴法一九七条二項に基づく回答義務の対立の問題であると把握すべきである。

㈡　これに対し、被告が、「検閲によって拘置所長の知ることとなった通信内容は、もはや通信の秘密や弁護権・防御権による保護の対象とならないから、もっぱら国家公務員法上の守秘義務の問題である」との趣旨で国家公務員法上の守秘義務を論じているのであれば、それは大きな誤りである。拘置所長が、たとえ通信の文面そのものでなく、検閲によって知り得た通信内容の要約や、発受年月日、相手方などを洩した場合であっても、前記諸権利を侵害する点に変わりはない。

以下、その所以を述べる。

⑴　第一に、いったん監獄法の検閲を経たからといって、その通信が憲法の保障する防御権ないし弁護権や通信の秘密の対象外になるとはいえないのであって、拘置所長が検閲で得た通信に関する情報を保持利用するに当たっては、依然としてこれら憲法規定の拘束を受けるものと解される。

拘置所長が把握した通信内容は、本来、防御権・弁護権や通信の秘密によって保護されるべき信書を、特に監獄法に基づいて検閲して、取得したものである。原告らは右監獄法による検閲自体が憲法上許されないと考えるが、その点をしばらくおくとしても、監獄法

に基づく検閲によって知り得た情報は同法の目的の範囲内でのみ保持利用できるにすぎない。それゆえ、同法が憲法の人権保障に対する重大な例外をなすことを考慮するならば、その得た情報の保持利用は極めて厳格に制限されるとともに、この制限を逸脱する利用、漏洩行為は直ちに憲法違反を生じると解さねばならない。さもなければ、いったん検閲によって取得された通信に関する情報は、何らの正当な理由もなくして憲法上の保護からはずされてしまう結果となろう。

なお、弁護人と拘置所の収容者との間の信書であっても、その当事者らが一般的に通信の秘密を放棄して発受しているといいえないことは明らかである。けだし、拘置所が監獄法に基づく検閲を行っているという現実が存在するとしても、だからといって、通信を行う者が、「どうせ検閲されるのだから誰に見られてもかまわない」などと考えているわけはなく、逆に、拘置所側があくまで秘密を守るであろうと信じて発受していることはいうまでもないことだからである。

(2)　また、通信の年月日や当事者、内容の要約のみを外部に漏洩した場合であっても、通信内容そのものを漏らすのと同様に、憲法違反の結果を生じると考えなければならない。

通信の秘密については、内容そのものだけでなく、発受信者の氏名、住所やその日時等も秘密の対象となると理解されている（佐藤幸治『憲法』第三版五七六頁など）。また、内容を逐語的に漏らす場合のみならず、いったんその内容を知った者が要約によって漏らす場合も秘密の侵害になることは当然である。

(3)　なお、郵便官署が刑訴法一九七条二項によって郵便物に関する照会を受けた場合の対応につき、内閣法制局昭和二八年一月三〇日付回答（法制局意見年報一巻八三頁以下）は、通信の秘密保持を定めた郵便法九条が憲法二一条二項に縁由するとした上で、

郵便物の差出人又は受取人の居所、氏名、及び差出個数等はもとより通信の意味内容をなすものではないけれども、通信そのものの構成要素であり、実質的に見ても、これらの事項を知られることによって、通信の意味内容が推知されることもありうるのであるから、これらの事項が通常郵便法第九条にいう「他人の秘密」に包含されることについては大なる疑問はないといってよかろう。

と述べ、

さらに、刑訴法一九七条二項に基づく照会の許否については、刑訴法二二二条、一〇〇条の存在を指摘し、これら郵便物の差押を定めた規定は、憲法第三五条の令状主義によって郵便物の秘密保護と捜査の要請の調和をはかろうとしたものであるから、

刑事訴訟法のこれらの規定は単に捜査官憲に郵便物に関する差押の権限を附与する規定であるに止まらず、これらの規定による場合の外は捜査上みだりにその秘密を侵すことは許されないという制限的な意味をも含むものと解さざるを得ない。果たして然らば、刑事訴訟法第一九七条二項のような概括的な規定について、この建前に反するような解釈をとることはとうてい許されないから、犯罪捜査のために郵便物の差出人又は受取人の居所、氏名、及び差出個数等を知ることが必要である場合には、前述の刑事訴訟法第二二二条によって準用される同法第一〇〇条の規定によってのみその目的を達すべきものと考える。

と明快に述べている。

ちなみに、この内閣法制局回答は、被告が「比較較量論」につき援用する「大コンメンタール刑事訴訟法」の一五八頁にさえ、引用されているのである。

(4)　弁護権・防御権についていえば、要約されているか否かを問わず弁護人との通信にかかる一切の要素が、弁護権・防御権による保護の対象となることが明らかである。なぜなら、ある通信にかかる要素が弁護権等の行使に支障を生じる性質のものであるか否かを、当該秘密を扱う国家機関の側で判断することは、そもそも不可能かつ不適正だからである。

すなわち、一見ささいな記載内容でも、それに前後する別の通信や出来事、訴訟の内容、進行状況その他当該通信を取り巻く具体的状況との関係によって重大な意味をもつことがありうるから、その内容の開示が弁護権等の行使に支障を来すか否かは、結局弁護人しか判断しえない。かつまた、刑事事件という国家と個人の利害が先鋭に対立する場合に、対立当事者たる国家にその当否判断を委ねるのは不適正である。

まして、拘置所が情報を開示しようとしている相手は、当の被告人・弁護人と直接対峙している検察官なのであるから、弁護権等に支障を来すおそれのあることは、一見にして明白であるといわねばならない。

(5)　このように考えれば、拘置所長が刑訴法一九七条二項による通信内容の照会を受けた場合の判断は、郵便物そのものの内容照会を受けた場合に通信事務を取り扱う官署がなすべき判断と同一でなければならない。まして本件で問題になっているのは、弁護人と被告人との秘密交通権なのであり、前記のように当該通信内容が弁護権・防御権との関係で重要か否かは弁護人の専権的判断に属すると考えるべきであるから、被告主張のような回答義務を優先させる判断は二重の意味で許されないことになる。

2　「捜査の必要性」に関する主張の誤り

被告は国家公務員法一〇〇条の枠組の中で「比較衡量」論を展開するにあたって、拘置所長は捜査の必要性の存否を知りえないから、検察官を信頼し、その必要があるとの前提で判断すべきであると主張しているが、これも理解し難い議論である。というのは、およそ比較衡量を行うためには、比較の一方の対象である「捜査の必要性」について、その存否のみならず程度、内容をも把握していなければならないはずだからである。ひとくちに捜査の必要といっても、その重要性の度合は、事件の内容、立証方針に占める照会事項の意義、他の代替的捜査手段の有無などによって異なってくるはずであり、比較較量という以上、そうした要素を勘案しながら個別に回答の許否を判断してゆくべきものである。逆にいえば、これらを捨象し、比較の一方の対象を具体的に把握しないままで行う比較衡量などというものは、およそ意味をなさず、現実には不可能なわざである。

以上のように、刑訴法一九七条二項と国公法一〇〇条の解釈に関する被告主張は、「比較衡量」といいながら、およそ何をどのように比較するのかさえ明確でない机上の空論である。このことは、実際には検察官からの照会に対し、拘置所長が「比較衡量」などしていないことを示している。もし現実に「比較衡量」がなされているのなら、当然ここで指摘したような問題に直面するはずだからである。

むしろ、検察官から照会があれば何らの検討も加えずに漫然とこれに回答し、それが日常化しているのが実態であって、被告の主張は、これを糊塗しようとして、あたかも拘置所長において「比較衡量」に基づく判断をしているかのように述べているにすぎない。

なお、甲Ａ七号証の二、三においては、拘置所長自身が、右照会に対しては原則的に回答していると述べており、他方、個別的に比較衡量して決定しているなどという発言は全くみられないから、おのずと被告主張の虚構性は暴露されているといわなければならない。

3　原告らの権利の優越

また、「比較衡量」によって回答義務を優先させたとすれば、その判断自体、許されないものといわなければならない。すでに指摘したとおり、本件照会・回答行為においては、刑訴法一九七条二項の回答義務と原告らの憲法、国際人権自由権規約上の権利が衝突しているのであり、そのどちらが優越するかはおのずと明白である。また、原告らの権利の重要性を各通信の記載内容に基づいて拘置所長が判断することは不可能であり、そもそも国家機関が判断すること自体不適正であるから、この優越性を、拘置所長の個別的判断によって否定することはできない。

刑訴法の解釈論としても、強制処分法定主義、郵便物押収の令状主義（刑訴法一〇〇条）からみて、たとえ弁護人との間の通信でなくとも、令状によることなく通信内容を照会しえないことは、容易に判断できるはずである（前掲内閣法制局回答参照）。まして、本件では秘密交通権を保障された弁護人との通信が問題となっているのであるから、令状によってもこれを知ることはできないといわねばならない。

二　回答による萎縮効果について

被告は、「本件回答のように、信書の用件等が簡潔に回答されたからといって、さらにこれ以上に具体的な内容が回答されるということはない」から萎縮効果はないなどと主張している（第二準備書面六〇頁）。

しかし、被告の右主張は、およそ萎縮効果の本義をわきまえないものという外はない。けだし、萎縮効果とは、たとえ当面の人権侵害がささいなものであっても、それが、より重大あるいは直接的な人権侵害を危惧、想像させることによって、人権の行使を心理的に抑止する結果になるというものであるからである。そして、本件のような検閲・照会に萎縮効果を生じるのは、それらが国民の前に実態を明らかにすることもなく、また法的許容性について徹底した議論を経ることもなしに、秘密裏に遂行され、本件のような問題があってはじめて表面化するような国家活動だからにほかならない。国家が、個人の情報流通に対して、「裏で何をされているかわからない」と思わせるような不透明な制約を課すとき、萎縮効果が生まれるのであり、萎縮効果の存在は、本件の場合にどの程度信書内容が漏洩したかや、本件信書自体がどの程度重要だったかによって決まるというようなものではない。

そもそも、被告は現在まで原告らからの求釈明申立に対し、拘置所における検閲についても、検察官によるその照会についても、そして、その回答についても、運用の全貌をおよそ明らかにしないのであるから、「（さらにこれ以上に）信書の具体的な内容を検察官に回答することはない」などという被告主張は（第二準備書面六〇頁参照）、裏付けを欠く全くの空論にすぎない。本件訴訟において明らかにされるべきは、まさに全国において日々実行されているであろう検閲と照会・回答の総体的な姿であり、それを踏まえなければ、およそ萎縮効果を論じることはできない。さらに言えば、運用の全貌を全く明らかにしようとしない本件訴訟における被告のこれまでの訴訟態度自体が更なる萎縮的効果を発生させているといっても過言ではない。

三　自由権規約一四条1について

被告は、自由権規約一四条1からは、検察官が、対立当事者である被告人・弁護人間の信書の内容を覚知したり、これを利用してはならないという結論は導かれないなどと主張している（第二準備書面六一頁以下）。

しかし、同規約の解釈にあたっては、国際的な理解の水準、すなわち訴状で詳細に論じたように、規約人権委員会の一般的意見、ヨーロッパ人権条約における解釈、被拘禁者保護原則、その他各国諸事例を参考にすべきであり、このことは、すでに訴状で引用した大阪高裁平成六年一〇月二八日判決、高松高裁平成九年一一月二五日判決などによって、わが国においても定着した理論である。

たとえば、規約人権委員会の一般的意見によれば、自由権規約一四条1にいう「公正な審理」とは、武器の平等、当事者の平等などを含むものであり、前記高松高裁判決もいうように、当事者たる被拘禁者と弁護士との十分な打ち合わせが妨げられれば、それは武器の平等原則に反し「公正」とはいえないし、打ち合わせ内容が国家機関の側に察知されるようなことがあれば、これもまた武器の平等に反するのである。被告の主張は、こうした現在の解釈水準に対して何らの検討も加えることなしに、旧態依然たる形式的な文言解釈を繰り返すものにすぎない（しかも、文言解釈としても誤りであることは次に述べるとおりである）。

被告の主張は、一見する限りでは自由権規約一四条1の文言を検討しているかのようであるが、同第二文「公平な裁判所による公正な公開審理を受ける権利」の「公正」とは何を意味するのかに、何ら触れていない。前記一般的意見、高松高裁はまさに、この「公正」という言葉に着目しているのである。被告は、被告人と弁護人との打ち合わせ内容を検察官が秘密裏に察知するような裁判が「公正」の名に値するというのであろうか。

四　本件照会について

被告は、K検察官の本件照会行為につき、捜査の必要性があり、刑訴法一九七条二項の要件を満たしていると主張している（第二準備書面六四頁以下）。しかし、すでに論じたとおり、監獄法に基づく検閲自体が憲法違反であり、その検閲の結果、判明した情報の照会を求めることも許されないことは明らかである。ところで、この監獄法の違憲性をしばらくおくとしても、K検察官の本件照会はおよそ許されない。

前記のように、通信の内容が検閲を通じて拘置所長の把握するところとなった場合でも、そのことによって、その信書の内容が、憲法による防御権・弁護権および通信の秘密の保障を受けなくなるとはいえないのであって、拘置所長は自らの把握した信書内容の保持につき右憲法規定の拘束を受けているといわなければならない。いうまでもなく、K検察官にとっても、このような憲法、法令の関係は明らかであったはずであり、また刑訴法一〇〇条が郵便物の押収について令状主義をとっているという刑訴法の構造からみても、漫然と郵便による通信の内容を照会すべきでないことは、容易に知り得たはずである。

ところが被告主張を前提にしてさえ、K検察官がこのような問題に配慮した形跡は全くうかがえず、まして被告人両名が、そのいうところの「通謀」を行っている可能性があるというだけの、極めて漠然とした捜査の見込みのみにもとづいて、同検察官は、一般的包括的に信書内容の照会を行ったのである。監獄法の違憲問題を別としても、これだけで明らかに違憲・違法であり、故意（少なくとも重大な過失）の存在を優に推認させるといえよう。

五　本件利用について

被告は、Ｋ検察官の本件回答書利用について、弁護人らとの信書部分を利用する意図はなく、かつ実際に利用されていないと主張する。また、同検察官の利用行為は本件回答書の一部を抹消しなかった点において不適切で違法と評価されることもやむを得ないが、その程度は極めて軽微であるなどと主張している（第二準備書面六五頁以下）。しかし、まず事実問題として、Ｋ検察官は単に弁護人・被告人間の信書部分を抹消して証拠請求しなかったというだけではなく、第一でも言及したとおり、弁護人からの指摘を受けてもなお、同部分の証拠請求を撤回しなかったのであり、これは、到底証拠請求時のみの単純ミスではありえない。

Ｋ検察官はむしろ、弁護人との信書をも含め、被告人の信書内容を照会し、これを利用することが、違憲・違法の問題を生じるとの自覚を決定的に欠いたまま行動していたのであり、とりもなおさずこれは、従来の拘置所及び検察庁の信書照会に関する運用が、およそ憲法上の人権への配慮も、これを侵害することの深い自覚もなしに行われてきたことを示している。

また、現実に本件回答書のうち、弁護人との通信にかかる部分が裁判所の目に触れなかったとしても、前記のとおり、弁護活動に対する侵害は、その萎縮効果をもふまえて評価されなければならず、あたかも当面の実害が生じていなければよいとするかのような被告主張は、到底本件の本質を真摯に受け止めているものとはいえない。

第五　被告の国賠法上の違法自認をめぐって

一　被告は、第三準備書面第二の一および二において、Ｋ検察官の本件所為が違法である理由を説明しているかのようである（同書面一三頁〜一六頁）。すなわち、被告が自認する「違法性」とは、Ｋ検察官が必要性のない照会をし、その結果、拘置所長をして判断を誤らしめ、国家公務員法一〇〇条に違反する結果を招来したことをもって、同検察官の行為が刑訴法一九七条二項に違反することをもって、これを国賠法上の違法性とするもののようである。

しかし、国賠法上の違法性は、公務員がどのような法令に違反したかという観点ではなく、公務員の行為が国民のどのような権利・利益を侵害したか、という観点から論じられなければならない。けだし、国賠法は権利・利益を侵害された国民の救済のための法律であり、公務員が形式的に法律や政令に違反していなければ一切国は賠償責任を負わないというものではないからである。

Ｋ検察官の行為が刑訴法一九七条二項に違反し、大阪拘置所長の行為が国家公務員法一〇〇条に違反するというとき、さらに、それらの行為により原告らのどのような権利・利益を侵害したかが論じられなければならない。

二　本件において原告らが侵害を受けた権利・利益は、訴状で詳述したとおり、弁護人の有する秘密交通権であり、それは憲法三四条および三七条三項の弁護人依頼権に基づく実質的弁護権、三二条および三七条一項の公正な裁判を受ける権利、一三条の人格的利益、三一条の適正手続保障、三八条一項の情報提供拒否権により保護される憲法上の権利であり、さらに、憲法二一条二項の検閲の禁止規定、通信の秘密・自由である。

ところが、被告は、原告が訴状において本件が憲法訴訟であることを詳述していることを敢えて無視し、原告らが侵害を受けた権利・利益をあたかも刑訴法や国家公務員法上の反射的利益のごとくに立論しようとするのである。この被告の態度は、本件の争点を憲法問題から下位の法令レベルの問題として矮小化し、さらに、下位法令の解釈・運用の問題にすりかえるものであって、憲法問題を判断の枠からはずそうとするその姿勢は、断じて認められるものではない。

それゆえ、国が自認すべき違法性は、刑訴法一九七条二項に違反するというレベルの話ではなく、K検察官および大阪拘置所長の行為が原告らの有する憲法上の権利を侵害した違法であることは明らかである。その違法性が国賠法一条にいう違法となるのである。

以上

被告に対する求釈明書

1999（平11）年9月16日

平成一一年九月一六日

被告に対する求釈明書

弁護人と被収容者との間で発受される信書の取扱いについて、以下の事項について釈明されたい。

一　拘置所における信書の取扱いについて、裁判所は、現在の被告の主張を、大要、次のとおりと理解しているが、この理解に誤りはあるか。

①　信書の発受に際して、拘置所長（実際には書信係の職員）が、監獄法施行規則130条に基づいてその信書を開披、検閲し、同規則139条に基づいて処遇上その他参考となるべき事項の要旨を身分帳簿の一部である書信表に記載する。これは、弁護人と被収容者との間の信書についても同様である。【被告第二準備書面中第二、二（本件信書の内容確認等の適法性）（24頁以下）参照】

②　同規則139条に定める「処遇上其他参考ト為ル可キ事項」の内容は、被収容者に関する情報を集めてその心情を把握することをも含むもので、多岐にわたり、被収容者が発受する信書のすべてに、多かれ少なかれ、この事項が含まれる。弁護人との間で発受する信書についても、その用件自体が刑事事件について弁護人ときちんと連絡を取り合っているかに関する情報であり、この事項に含まれる。【被告第三準備書面中第三、一ないし四、第四、二（17頁以下）参照】

二　乙3号証「被収容者身分帳簿及び名籍事務関係各帳簿の取扱いについて」（通達）の9ウに記載された内容について、その実際の運用と関連させて説明されたい。

また、（右一について特に誤りがないとして、）右一②の主張と乙3号証の通達の9ウの記載内容との関係、及び右通達の9ウの記載内容と監獄法施行規則139条の内容との関係について説明されたい。

三　前記一の取扱いが適法であることについて、従前の主張に追加、補充することはあるか。特に、刑事訴訟法39条1項に定める被疑者・被告人の権利、これに対応する弁護人の権利を考慮したとしてもなお適法であるとする説明、根拠はあるか。

釈明を求める申立書

1999（平11）年11月12日

次回期日・一一月一六日午前一〇時三〇分

平成一〇年（ワ）第一三九三四号損害賠償請求事件

釈明を求める申立書

原　告　髙見　秀一
　　　　岡本　栄市
被　告　国

一九九九（平成一一）年一一月一二日

原告ら訴訟代理人
弁護士　浦　　功
右　同　弁護士　小坂井　久

大阪地方裁判所
第七民事部　御中

記

被告は、裁判所からの平成一一年九月一六日付求釈明に対して、平成一一年一一月一六日付第五準備書面を提出している。同準備書面によれば、乙第三号証の⑨ウの「なお、処遇上参考となるべき事項があった場合には、本欄又は視察表に記載すること」との規定は、次のような意味だと回答されている。すなわち、監獄法施行規則一三九条が規定する「処遇上其他参考ト為ル可キ事項」のうち、「その他参考となるべき事項」を除いた「処遇上参考となるべき事項」を記載すべき「身分帳簿」には「視察表」も含まれ、右規定は、場合によっては、それを「書信表」だけではなく「視察表」にも記載することを定めたものであるというのである（同書面四頁～五頁参照）。

ところで、本件争点の一つとして、監獄法施行規則一三九条の運用実態が問題となっていることは明らかである。が、右回答においては、右の点につき、本件事案に則して、どのような運用がなされたのかについては何ら明らかにされてはいない。そこで、以下の各点について直ちに明確にされるよう釈明を求めたい。

一　甲A第一号証並びに乙第八号証・乙第九号証に表示されている信書について、右規定に則って「書信表」（乙第八号証・乙第九号証）だけではなく、「視察表」に記載されたものがあるか否か。あるとすれば、その記載内容を具体的に特定して明らかにされたい。

二　右一項を明らかにされるとともに、本件各被告人の「視察表」を書証として提出されたい（なお、本件被告人両名の同書証提出に同意する書面を可及的すみやかに提出する）。

以上

第五準備書面（被告）

1999（平11）年11月16日

平成一〇年（ワ）第一三九三四号　損害賠償請求事件
原　告　髙見秀一ほか一名
被　告　国

第五準備書面

平成一一年一一月一六日

右被告指定代理人
田邊　哲夫
伊藤　隆
竹田御眞木
岩倉　広修
谷岡　賀美
太田　義弘
島田　佳雄
小嶌　一平
成田　良造
杉尾　健二
茨木　正輝

大阪地方裁判所第七民事部合議一係　御中

被告は、平成一一年九月一六日付け釈明に対し、以下のとおり回答する。なお、用語の略称については、特に断らない限り、従前のとおりである。

第一　求釈明事項一について

一　①については、裁判所の理解に誤りはない。

二　②のうち、前段については裁判所の理解に誤りはないが、後段については、正確な理解ではない。すなわち、弁護人と被収容者との間で発受される信書の内容は、刑事事件に関するものばかりではなく、刑事事件に関する内容以外にも処遇上その他参考となるべき事項が記載されている場合があるのであって、このことは、被告第二準備書面三二ページ六行目ないし三三ページ五行目において述べたとおりである。

第二　求釈明事項二について

一　「被収容者身分帳簿及び名籍事務関係各帳簿の取扱いについて（通達）」（乙第三号証）の(9)ウの記載内容と監獄法施行規則一三九条の内容との関係について

「被収容者身分帳簿及び名籍事務関係各帳簿の取扱いについて（通達）」（以下「帳簿通達」という。）は、その名の示すとおり、「被収容者身分帳簿及び名籍事務関係各帳簿」の取扱いについて規定した通達である。帳簿通達の第２において、「身分帳簿（訓令様式第１

号ないし第7号関係）」と規定している（乙第五号証）とおり、訓令様式第1号ないし第7号に定められたものが「身分帳簿」に該当するところ、同通達は、その(9)として「書信表」（訓令様式第7号関係）という項目を設けており（乙第三号証）、また、「被収容者身分帳簿及び名籍事務関係各帳簿様式」（乙第二号証）によれば、「書信表」は様式第7号であるから、「書信表」は「身分帳簿」の一部である。また、帳簿通達は、その(6)として「視察表」（訓令様式第4号の1及び第4号の2関係）という項目を設けており（乙第六号証）、「被収容者身分帳簿及び名籍事務関係各帳簿様式」（乙第七号証）によれば、「視察表」は様式第4号の1及び第4号の2であるから、「視察表」も「身分帳簿」の一部である。

帳簿通達は、その(9)として「書信表」という項目を設け、そのウの「書信の要旨の欄」において「書信の要旨を簡潔に記載すること。」と規定しているが、これは、監獄法施行規則一三九条が規定する「処遇上其他参考ト為ル可キ事項」の要旨を記載すべき「身分帳簿」が「書信表」であり、「処遇上其他参考ト為ル可キ事項」の要旨を記載すべき欄が「書信の要旨の欄」であることを規定するとともに、その「要旨」の記載は簡潔にすべきことを規定したものである。

また、前記ウの「書信の要旨の欄」において「なお、処遇上参考となるべき事項があった場合には、本欄又は視察表に記載すること。」と規定しているが、これは、監獄法施行規則一三九条が規定する「処遇上其他参考ト為ル可キ事項」のうち、処遇上参考となるべき事項（したがって、「その他参考となるべき事項」は除かれる。両者の違いについては、被告第三準備書面一八ページ以下参照）を記載すべき「身分帳簿」には「視察表」も含まれ、場合によっては、「視察表」に記載することを規定したものである。

「書信表」と「視察表」とはいずれも「身分帳簿」であるが、両者の違いは、「書信表」が処遇部処遇部門にある書信室に保管され（被告第三準備書面第四の三）、同部門主任矯正処遇官（係長クラスの職員）及び統括矯正処遇官（課長補佐クラスの職員）、あるいは、せいぜい次席矯正処遇官（筆頭課長補佐クラスの職員）の決裁を受けるにとどまるものであるのに対し、「視察表」は総務部庶務課に保管され、所長の決裁を受けることを予定したものである点にある（乙第六号証参照）。そして、「処遇上参考となるべき事項」の要旨を「視察表」に記載することができる旨規定した趣旨は、「処遇上参考となるべき事項」の中でも所長に報告すべき事項については、その要旨を「視察表」に記載して、所長の決裁を受けることにしたものである。

大阪拘置所では、本件当時、統括矯正処遇官が、書信係において「書信表」に記載した「書信の要旨の欄」を見て、それを「視察表」に記載すべきか否かの判断を行っていた。したがって、「視察表」に記載されたものについては、当然、「書信表」にも記載されていた。

二　帳簿通達(9)ウの記載内容と実際の運用について

帳簿通達(9)ウに記載された内容の実際の運用においては、処遇上その他参考となるべき事項の要旨のみを「書信表」の「書信の要旨の欄」に記載するのが通常である。例えば、信書の内容が、単に家族の安否を気遣うものである場合には、「お母さん、お父さん、お元気ですか。」等と記載し、面会のお礼である場合には、「面会ありがとう。」等と簡潔に記載しており、信書の全文を記載してはいない。

しかし、処遇上参考となるべき事項のうち、信書の内容が被収容者本人の心情に大きな影響を与える可能性が高い重要な情報である場合や、被収容者の心情把握のため何らかの働きかけを起こすか否かを決定する場合などは、「視察表」に処遇上参考となるべき事項として記載して所長に報告し、又は、その判断を仰いでいる。例えば、日ごろから生きる意欲を失った旨口走っているため、カメラによる監視が可能な居室に独居拘禁中の被収容者が、より積極的に死を望む内容の信書を発信しようとしている場合には、その旨を「視察表」に記載して所長に報告し、新たな措置を施すべきか否か等について判断を仰いでいる。

三　帳簿通達⑼ウの記載内容と求釈明事項一②の主張との関係について

監獄法施行規則一三九条に定める「処遇上其他参考ト為ル可キ事項」の内容については、被告第三準備書面第三の三（一八ページ以下）において述べたところであるが、更にふえんして述べると、未決勾留によって拘禁されている被告人は、逮捕されて以来、拘禁施設での生活が続き社会から隔離されている状況にあり、被害者に対する謝罪の念や自責の念に駆られたり、今後の刑事裁判の行く末に不安を感じたり、家族等が自分から遠ざかったり、世間から迫害されることに対する不安感が高じるなどして、精神的にも不安定な状態で拘禁されている。そのような状態にある被告人は、ささいなことをきっかけにして精神の平衡を失い、自殺、自傷、逃走を企図したり、飲食物の摂取を一切拒否したり、職員の指導等にことごとく反抗するなど、拘禁目的を阻害し、又は施設の規律及び秩序を維持する上で支障となる行為に及ぶおそれが高い。したがって、被収容者の重要な交通手段である信書の内容を確認し、逃亡や罪証隠滅又は施設内の規律秩序を乱す行動を取ろうとしていることがうかがわれる内容や被収容者の心情に大きな影響を与える可能性が高いと思われる情報を発見し、その心情に与える影響をあらかじめ承知することは、未決勾留の目的を達成し、施設の規律及び秩序を維持する上で重要なことといえる。また、被収容者が誰といつどのような用件で信書の発受をしたかということも、それ自体が、被収容者の心情を把握するための情報の一つでもあり、「処遇上参考となるべき事項」に該当する。すなわち、一見ささいな記載内容でもそれに前後する別の信書の発受内容や接見内容その他の出来事との関連において、重大な意味を持つことがあり得るからである（例えば、ある一つの信書のみを検閲しただけでは、当該信書の意味やそれが被収容者の心情等にどのような影響を及ぼすものであるか不明な場合でも、その他の情報、例えば、その前後に発受された信書の用件や接見の内容等を検閲することにより、当該信書に記載された内容の真意及びそれが被収容者の心情にどのような影響を与えるかを察知することができることがある。）。

したがって、被収容者が誰といつどのような用件で信書の発受をしたかということも、それ自体が、被収容者の心情を把握するための情報の一つであり、「処遇上参考となるべき事項」に該当するから、当然、帳簿通達⑼ウに記載しているとおり、書信表の「書信の要旨」欄又は視察表にその要旨を記載することになる。また、信書の内容に「その他参考となるべき事項」があった場合には、書信表の「書信の要旨」欄にその要旨を記載することとなる。

第三　求釈明事項三について

刑訴法三九条一項に規定する被疑者・被告人の権利及びこれに対応する弁護人の権利、すなわち、接見交通権が憲法の保障に由来するとしても、絶対無制約な権利ではなく、弁護人から援助を受ける機会を持つことを保障するという趣旨が実質的に損なわれない限り、法律及びその委任を受けた命令により、憲法三四条の予定する未決勾留の目的のために必要かつ合理的な範囲で一定の制限を加えることが否定されるものではなく、本件信書の内容確認等を規定した本件法令が、刑訴法三九条二項にいう「必要な措置」として許容されるものであることは、被告第二準備書面第二の二1㈠（二四ページ以下）で述べたとおりである。

この点を更にふえんするならば、本件信書の内容確認等の目的は、接見交通の制約にあるのではなく、あくまでも逃亡及び罪証隠滅を防止し、監獄内の規律及び秩序を維持することにあり、拘置所職員は右目的を達成するために活動するものであって、被告人ないし弁護人の訴訟活動に関与するものではなく、身分帳簿への記載においても、被告人と弁護人との間で交わされた事件に関する打合せの具体的内容が分からないように配慮しているのである。

したがって、本件信書の内容の確認等は、刑訴法三九条一項が規定する接見交通権を考慮したとしても、なお、刑訴法三九条二項の定める法令である監獄法施行規則一三〇条、一三九条の運用として、適法というべきである。

第三回準備書面（原告ら）

2000（平12）年3月13日

平成一〇年　第一三九三四号損害賠償請求事件

原　告　髙見　秀一
　　　　岡本　栄市
被　告　国

二〇〇〇（平成一二）年三月一三日

原告ら訴訟代理人
弁護士　浦　　功
右　同　弁護士　小坂井　久

大阪地方裁判所
第七民事部　御中

目次

第一　事実関係論

一　拘置所における「検閲」「記録化」の実態と本件

本件審理において、大阪拘置所における信書「検閲」と「記録化」の実態が、相当程度明らかになったが、それは、弁護権・防御権・秘密交通権に対する配慮など何もなく、通信の秘密・自由に対する考慮をも著しく欠いたものであった。原告らは、その実態を知り、改めて驚愕の念を禁じえなかったものであるが、かかる実態は、直ちに改めなければならないことが明らかである。以下、その問題点を中心に論じておきたい。

1　信書発受の手続の流れ

大阪拘置所における被収容者の信書発受に関する手続の流れにつき、被告主張や拘置所職員の陳述・証言などによって明らかになったところは、おおよそ次のとおりである。

① 担当者など

大阪拘置所処遇部処遇部門書信係の係員は一一名いるが、原則として舎房別に担当者が決められている（乙第一〇号証二頁、H調書七頁—以下、単にH七頁というように表示する）。そして、一人一日約二〇〇通の信書を検閲し、一通あたりの時間は約二分三〇秒であるとされる（H四二頁〜四三頁）。

② 開披・閲読

担当者は被収容者が発信しようとする、または、被収容者宛に配達された信書の全部を例外なく開披し、封入物を確認し、信書の内容を閲読している。被告人と弁護人との間で発受される信書についても全く同様の扱いである（H三頁〜四頁）。

③ 書信表への記載

書信表には、発受信の年月日、発受信番号、信書の種別、相手方の住所氏名及び信書の「要旨」を記載する。どんなささいなことでも処遇上参考となるとの前提が予め置かれていて、書信表に「要旨」を記載しない信書はない（H六頁、一〇頁、二九頁、七一頁〜七三頁、八六頁）。これは被告人と弁護人との間で発受される信書についても同様である（H一五頁。この点、被告は「配慮」を主張しているが、そんな「配慮」など存在しないし、およそ「配慮」なるものが機能していないことは後述するとおりである）。

④ 視察表への記載

信書の内容から被収容者の心情に大きな変化が認められたときは、統括矯正処遇官の判断により書信表とは別に視察表に記載する。そして、書信表には視察表に記載した旨の記載をする（乙第三号証七頁、H一一頁）。

⑤ コピーなど

検閲において、所長への報告の関係上視察表に信書のコピーを添付して回すことがある。また、さらには、罪証隠滅のおそれのある信書が発見された場合、「検察官にお伺いを立てる意味で」コピーして、これを検察便で持っていって、その判断を仰いでいる（H三八頁〜四一頁）。

⑥ 交付・発信

右手続において不適当と認められなければ、信書の発受が認められるが、右手続において不適当と認められたときは、削除・抹消のうえ発受するか、または発受を許さず、二年経過後に廃棄、または、在監者が釈放されるときに交付する（監獄法四七条二項、同施行規則一三八条）。これらの最終的判断権者は、いずれも拘置所所長である（H八頁〜九頁）。

2　「検閲」し「記録化」することについての基準が不存在であり、あるいは、不明確であること

本件審理で明らかになったところによると、驚くべきことであるが、右一連の手続というもの、とりわけ、「検閲」し「記録化」するという作業には、客観的で合理的な基準というものが、全く存在していない。基準自体が何も定立されていないから、歯止めというものが一切無く、当然何らかの適正さを保つというチェック機能も働いてはいない。要するに、右手続は、専ら恣意的に行われていることが明らかである。しかも、その取り扱いには、弁護人の信書とそれ以外のものとの区別も全く無いのである。

以下、これについて詳論する。

㈠ 目的などをめぐって

未決拘禁者の信書発受を制限する目的について、被告は、平成一

一年五月二五日付第二準備書面三三頁において、「罪証隠滅の防止」という目的が含まれていることを明言していた。ところが、乙第一〇号証では「検閲は、被収容者の身柄の確保及び施設の規律・秩序という観点から行っている」とされ（同号証二頁）、H証人に対する補充尋問（八四頁～八六頁）においては、被告代理人において「罪証隠滅のおそれへの部分を発見するために、信書を検閲されているわけではないですよね」と質問し、「ありません」の答えを引き出し、その後、これを再度確認している。その尋問においては、罪証隠滅のおそれを発見するのは目的ではなく、あたかも偶発的・副次的効果であるかのような応答になっている。被告自身において、自己の主張と立証を矛盾させていることは余りに明らかであろう。「罪証隠滅の防止」が「検閲」の目的であるのか否か、そのような重要な問題についてさえ、被告自身、主張と立証が食い違うというのであるから、何を目的として「検閲」しているのか自体、大阪拘置所のみならず全国の拘置所において確立されていないことが示されたといわなければならない。本件裁判手続においてすら明確にできない（少なくとも、「ぶれ」が生じるような）「検閲」の目的について、現場担当の職員が一定の明確な意識をもちうるはずもないというべきである。これでは、ちゃんとした基準を現場で徹底することなどおよそ不可能である。

このことは、被告において強調されたいようである「心情把握」という観点においても同様である。「心情把握」なるものが、およそ弁護人との間との信書を開披・閲読する理由になりえないことは、後記第四で詳論するとおりであるが、ここではそのことをさて措くとしても、その「心情把握」なるものが、いわば全く場当たり的なものでしかないことを指摘しておかねばならない。すなわち、担当者証言によれば、その書信表への記載事項についての「心情把握」に関する説明自体、率直にいって、ほとんど子供騙しのような内容に終始しているといっても過言ではない（H四四頁、四九頁～五〇頁、五七頁～六〇頁参照）。他方、京都拘置所の記載は「心境通知」といった抽象的な記載になっており（甲A第二八号証の二参照—但し、同書自体は検察官に対する回答書）、これについて全国的な統一基準があるわけでないことも十分窺われるところである。要は、「検閲」が明確な一定基準・目的のもとになされているというわけではなく、その実態は、現場任せの全く恣意的な運用に委ねられているという事態の存在が明白になったのである。

さらに、被告は平成一一年七月九日付第三準備書面二六頁においては、信書の「コピーはとっていない」と主張していた。ところが、H証人は、罪証隠滅のおそれを発見した場合は検察官への報告のためコピーをとって検察官に渡すことがあると明言している（三八頁～四一頁）。被告主張の虚偽は厳しい批判を免れないが、H証人自身、「検閲」は罪証隠滅の防止が目的でないと言いながら、コピーまでとって検察官に「お伺いを立て」ているのであって、言っていることと実際にやっていることが、要は、バラバラであるという外はない。

以上要するに、被告の主張と立証姿勢自体が不整合であるだけでなく、現場の職員ですら目的意識と実際の行動とが意識的にか無意識的にか、およそ一致していないのである。

このような混乱は、被告が現場担当者の恣意的判断を承認しているからであり、それを、そのまま放置・容認しているのが実態だということが示されているのである。このような状況下にあって、弁護権に対する配慮が貫徹されているというような話を信じろというのは土台無理な話というべきである。

(二)　職員の研修をめぐって

書信係を担当する刑務官の研修が組織的に行われているとの立証は何もなされなかったから、そのような機会さえ現場職員に与えられていないことは明らかである。この点、H証人は「上司や先輩から教えていただい（た）」とか（H二二頁）、「自分らで研修をやるんです」とか証言しているが（H二四頁）、その研修の内容はいかに早く簡潔に要約するか、あるいは手紙を斜めに読んだり後から読んだりして暗号等を発見するということでしかない。

要するに、被告主張を前提にしても、通信の秘密の保護や弁護権・防御権の保護を考慮に入れた客観的で合理的な基準を定立し、それを実際例に当てはめるといった内容は、そのいうところの研修には全く含まれていないことが明らかである。弁護権への配慮についていうならば、「さらっと流す」以外には具体的証言はおよそないのである（H二六頁）。

H証人は初等科・中等科研修を受けて、監獄法等の研修を受けたと証言しているが、検閲業務の内容それ自体については証言が無く、もし、組織的に確実な研修を受けたのであれば、先ずそのことを証言するはずであるから、これは、初等科・中等科研修についても検閲そのものについての具体的な研修はなく、いわんや弁護権・防御権に配慮することについての研修は一切行われていないことを示している。

さらにあえて言えば、H証人は、憲法・国際人権自由権規約・刑訴法についての研修を受けていないばかりか、検閲する根拠についても「関係法令、監獄法」というのみで、監獄法施行規則一三九条の内容についても、さらには通達（乙第三号証）についても、明確な認識なしに実務を遂行していることが明らかである（H二四頁～三〇頁参照）。もとより、これはH証人個人の責任であるわけではなく、要するに、信書の開披作業を仮に前提としても、これについて、憲法・国際人権自由権規約に則った何らの研修も行っていない被告国の責任であることは明白である。本来、被告国は、少なくとも弁護人との間の信書については、その開披が許されない旨の研修を行うべきであり、これについては、H証人個人に責任があるわけもないというべきとはいえ、同人が書信係の責任者であることに照らすと、右実態は余りに酷いと断ぜざるをえないであろう。

(三)　書信表への記載事項をめぐって

Y証人は、規律維持・逃亡防止の観点から、被収容者がどの舎房に収容されているかは明らかにしないと述べていた（乙第一一号証三頁～四頁）。しかし、Bの書信表にはBがONに宛てた手紙（平成九年一〇月九日検閲）について、「六舎にYKがおったので、『共犯の共犯やろ』と（先生に）言われ三舎へ転房になりました」と記載され（乙第九号証・発第一七号）、Y証人は、これを検察官への回答書にも、ほぼそのまま記載している（甲A第一号証―前記の分のうち「先生に」の分が省かれているだけである）。また、YMからBへの手紙（同月三一日検閲）で「七房の人とうまくやれよ」との記載があり（乙第九号証・受第二四号）、検察官への回答も「七房」が「同房」に変わっているだけである。これでは被収容者がどの舎房にいるのか判明するおそれがある。ここでも、職員は、言っていることとやっていることがバラバラであり、要は、確たる実務上の基準など何もないことが明らかになっている。

実際、H証人は書信表に記載された内容が外部に出る可能性を認識しながら書信表を作成していると言うのであるが（H三二頁）、明そうであるならば、外部報告の際、万一転記される危険性に鑑み、舎房が特定できるほど詳しく書信表に記載すべきではないし、そこまで記載しなくとも、そのいうところの「心情把握」なるものはもとより可能なはずである。それにもかかわらず、舎房まで特定して書信表を作成しているのであるから、書信表記載の基準など実のところ何も確立されていないことが明らかである。要するに、被告のいうところの「配慮」など何もないのが実情という外はない。

３　弁護権・防御権に対する「配慮」の不存在について

以上のとおりの実態からすれば、被告の主張する弁護権・防御権に対する「配慮」なるものは、およそ存在せず、また現に機能しえないことが既に明らかである。

㈠　この点、被告主張に添うべく、Ｈ証人は、その証言の表面上は、弁護権・防御権に配慮している旨証言したが、その実態は「迅速な処理」ということ以外ではない（Ｈ一五頁、五〇頁参照）。というのは、同証人は、例えば、弁護人への信書について、「Ｂは運転席に座っていた」という事件の内容そのものに関わる事項を記載しているのだからである（乙第八号証一〇月一三日発第四三号）。いうまでもなく刑事事件の中身・争点については判らないと言うのであるから（Ｈ五一頁～五三頁）、判らないのであれば当該事項が事件の争点との関係でもつ意味は判断できないし、事件や裁判の争点が判らないのであれば、弁護権・防御権との関係で、信書のどの点に配慮すればよいのか判断できないことは自明である。そうであるならば、そのようなことは書くべきではないという結論しかないのに、Ｈ証人は漫然とこれを書いているのである。「実は私がやりました」という記載であってもそのまま書くしかないというのが、この問題についてのＨ証人の認識の実態なのであり（Ｈ五四頁～五五頁）、要は、問題意識など全くないことは明らかである。この点は、書信表からの転記によって検察官への回答書を起案したＹ証人の認識も全く同じである（第六回Ｙ六頁～二六頁、第七回Ｙ七頁～二四頁参照―証言段階で原告側から指摘されて、はじめて「多少配慮が足らなかったかな」というのが同証人の認識である）。これをもって「弁護権・防御権に配慮している」というのは単に強弁という以上の悪い冗談でしかない。

㈡　このような姿勢は、何もＨ証人やＹ証人だけの問題であるわけもなく、他にもみられ、要は、拘置所全体のシステムの問題であることが明らかである。例えば、本件の書信表ではないが、甲Ａ第一六号証の二の二枚目平成一〇年一月二三日受では、弁護人と思われる弁護士からの信書につき、控訴審の判決を引き伸ばすかどうかという弁護方針そのものの内容が記載されたりしている。

さらに、京都拘置所のケースを挙げれば、甲Ａ第二八号証の一に次のような記載がみられる。

・平成九年一〇月二二日発「事実誤認で控訴します」
・同月二九日受「弁護士からTELあって、捕まったことは三日前に知っていた」
・同月三一日発「判決二年一〇月、控訴の方は事実誤認で争う」

そして、甲Ａ第二八号証の二には、次のように記載されている。

・平成九年七月九日発「大徳寺のガサ入れ」
・同年八月一四日「●●先生に頼んでみましたが、受けられないとのことでした」
・同年九月三日発「弁護士に事件のこと話したら、無罪もありうるとのこと」
・同月五日発「裁判で情状証人や嘆願書が必要」

・同月一二日発「弁護人を解任する」
・同年一〇月二日受「●●先生に連絡したが、保釈は難しいようだった」
・同月二三日発「私は絶対無罪。至急面会お願いしたい」
・同年一二月五日発「弁護士によれば、おまえの証言次第で無罪もあるとのこと」
・平成一〇年六月一一日発「裁判官が君の言うことを信用しない。この言葉は裏を返せば先生の言うことも信用しないと思ってしまいます」

もとより、問題のある記載は、右に摘示したところにとどまるわけではない。要は、眼を覆いたくなるような記載が随所にみられるのであって、弁護人との直接のやり取りを含め、関係者の信書の内容から未決拘禁者と弁護人との打ち合わせのやり取りが如実にわかる記載が頻繁になされているのである。これで書信担当の刑務官が弁護権・防御権に配慮していると言うのは烏を鷺と言うのと同じである。要するに、「配慮」を主張する被告主張は虚偽と断ずる外はない。

4　小括に代えて

拘置所の信書検閲は、監獄法・同法施行規則に基づき、法務大臣の指揮のもと、全国一律に行われるべき被告国の事務である。京都拘置所で行われている検閲に伴う検察官への回答と大阪拘置所における回答とではフォーム自体が異なっており、そういう統一性さえもないことが明らかになっていて、それ自体についても、基準のなさを示しているという外はないが、「検閲」「記録化」についていえば、およそ弁護権・防御権への配慮を欠いた体制にあるという点ではまさに一致していることが明らかである。

しかも、かつて（昭和六二年頃）、このことが問題とされ、京都弁護士会からの勧告に対し、京都拘置所においては「全国的な問題であるので法務省と相談し、善処する」旨応答していたにもかかわらず（甲A第二九号証参照）、何ら改めることのないまま右体制は続けられたのである。要するに、そのような経緯を経てのシステムのもとでの「検閲」によって、原告らの信書が「検閲」され、本件が生起したのである。

翻って考えてみると、検閲により不適当と認められる信書は、該当部分を削除・抹消され、場合によっては、名宛人に交付されず廃棄され、これが裁判所の令状無しに、拘置所長の判断だけでなされるわけであって、これほど通信の自由に対する強度な制約は無い。そして、これは、弁護人との関係でも同じであって、現に、そうされたかどうかはともかく、本件においても、拘置所長は原告らと被告人らの間の信書を適切か不適切か判断するために、まさに「検閲」していたわけであり、当然、削除・抹消、あるいは廃棄のあることが自明の前提とされ、目的とされていることになる。しかし、弁護人との間の信書についてまで、これを行わねばならぬ理由は、結局、本件審理において、少しも明らかにされなかったというべきである。

他方、拘置所による信書の検閲・書信表への記載は何らの合理的客観的基準もなく現場担当者の恣意的判断によりなされている実態が明らかであって、結局のところ、弁護人との間の信書についてまで開披して書信表に恣意的な記載をするという行為が、一体、何のためになされているのか、その失うものに比し、得るところの余りの乏しさに誰も思い至らざるをえないところとなっている。本件の如き「検閲」「記録化」は、まさしく、百害あって一利もない悪しき慣行以外のなにものでもない。

二　検察官の照会と拘置所の回答の実態と本件

拘置所における「検閲」「記録化」の実態が右にみたとおりのものであるとき、本件がたまたま生起した事件というようなものでないことは明らかである。

被告は、あたかも、本件がK検察官個人の配慮不足のみから生じたかのように主張しているが、本件は決して、安全体制は完備されていたが、たまたま担当者がマニュアルに違反したなどという類の事案ではない。明らかに拘置所・検察庁全体の構造的かつ恒常的な弁護権・防御権軽視の姿勢こそが権利侵害の原因となったものである。この事実は、以下のとおり各証人の供述からも明らかである。

１　照会行為の実態と問題性

(一)　弁護人信書を含めた照会

K証人は、本件照会当時、弁護人との間の信書については、これを照会する意図がなく、弁護人との信書が含まれているとの意識さえなかったと供述している（K三頁以下）。しかし、以下にみるとおりこれは全く不合理であり、K検察官には弁護人との信書をも照会する意図があったとみるべきである。また、仮に弁護人との信書を意識していなかったのだとすれば、それ自体著しい不注意であるのみならず、検察庁全体にわたる弁護権・防御権無視の姿勢を端的に示すものといわなければならない。

(1)　K証人は、これまでに名古屋で三回、大阪で四、五回の照会経験があり、大阪の事例では弁護人との信書についても回答を得ていたと認めている（K一一頁～一八頁、九六頁～一〇〇頁）。しかも、大阪での照会は、本件照会前一年以内の出来事であるから、それらを行っていながら弁護人の信書のことが「念頭」にさえなかったというのはおよそ信じ難い。

また、名古屋での照会例については、一方で弁護人との信書は含まれていなかったと述べながら、原告代理人からその実情を具体的に問われるや、極めて曖昧な供述に転じている（K九七頁）。名古屋の例も、否認事件で罪体立証に留意しなければならなかったというのであるから、要するに争いの激しい事件であり、本件においても原告両名がそれぞれに被告人と信書のやりとりをしていることからも明らかなように、名古屋の事件もまた、当然弁護人と被告人との打ち合わせが活発だったはずである。それが、三件すべてについて弁護人との信書が全く発受されなかったなどということは到底考え難い。

なお、逆に、名古屋の拘置所が回答段階で弁護人との信書を除外する取り扱いをしていたのであれば、被告は、そのようなより適切な取り扱い例があるのに、この方式を全国的に周知徹底させてこなかったということであり、そればかりか、本件での原告側からの求釈明申立に対して、こうした取り扱いをしている拘置所があるということさえ明らかにせずにきたことになり、一層問題といわねばならない。

(2)　弁護人との間の信書について、照会する意図のなかったことの理由付けとして、K証人は、「B被告人が自白から否認に転じたのはA被告人が直接または第三者を介して働きかけたためではないか」との疑いから照会を決意したが、弁護人が罪証隠滅工作に及んでいることを疑う事情はなかったから、弁護人との信書まで照会しようとする意識はなかった、と述べている（乙第一六号証・第二の２・五頁）。しかし、以下のとおり、この供述は不合理である。

K検察官は、右のように、Aの働き掛けによってBが否認したと疑っていたと述べるが、照会前にこれを裏付ける確証を得ていたわけでないことはもちろんであり、実際には、なぜ否認になったのか未解明の手探り状態だったことが明らかである。本件照会は、このような状況下で否認の理由を探るために、いわば広く網をかける形でなされたとしかみられない。実際、照会書には「及びその他の者」という無限定に照会する旨の文言が付け加えられているのである。

ところで、被告人が否認に転じる場合、弁護人が、不法な罪証隠滅でなく、まさに適法な弁護活動としてこれに関与していることが多々ある。たとえば、被告人が自発的に否認を決意したとき（本件のBはまさにこれにあたる）、弁護人に対して自分の言い分を訴えかけるのは当然であるとともに、その訴えを聴取し、法廷で被告人が真意に基く意見を述べられるよう助言するのは弁護人本来の職務に外ならない。黙秘権等の諸権利を説明して、被告人が十分に権利を行使するよう勧めることも、いうまでもなく適法である。

また、共同被告事件において、双方の弁護人が連絡をとり合って弁護方針を調整することは、一般的に認められており、むしろ必要な弁護活動とされている（司法研修所編『刑事弁護実務』平成五年版一五七頁参照）。

ある程度公判経験を積んだ法曹ならば、当然これらの弁護活動の存在を認識していたはずであり、右のとおり司法研修所でも指導されていることであるから、K検察官がそれを意識しなかったとは到底考えられない。実際、ひったくりが強盗致傷として起訴される場合、窃盗か強盗かが争われ、弁護人がその職責として被告人に助言を行うことがしばしばあるのは、K証人も認めるところであり（K一〇九頁以下）、事件類型としてみても、弁護人からの助言が当然想定されるケースなのであるから、本件においてもまさに、こうした点において弁護人が被告人と通信し、その否認に関して助言していることは十分予想できたはずなのである。

このように、弁護人が通常の職務遂行として被告人の否認に関与していることは多々あり、それが信書にあらわれていることも当然想定でき、K検察官も知らないはずはないのであるから、本件のような否認理由未解明の状態での照会にあたり、単に「弁護人による罪証隠滅の可能性はない」という理由で弁護人との信書を念頭に置かなかったというのは、到底信じ難いところである。ましてや、本件では、本件照会の直前に、原告岡本が、A被告人についての原告髙見の主張（冒頭陳述）を援用して、B被告人の主張（冒頭陳述）を展開していることは、原告岡本作成の冒頭陳述書に明記されているのだから（甲A第二四号証、髙見本人一五頁～一六頁、六〇頁参照）、K検察官が弁護人との間の信書を念頭に置かなかったということなどは一層ありえないといわなければならない。

㈡　弁護権・秘密交通権侵害への配慮の欠落

ところで、K検察官の本件照会当時の意図がどうであったにしても、その照会行為が弁護権侵害に対する何らの配慮もなしに行われたことは余りに明らかである。

前記のようにK検察官は、本来弁護人と被告人との通信の重要性を認識していて当然であるのに、弁護人の信書を見てしまうのではないかとの明確な意識さえなかったと述べている。また、同証人は照会行為を「ルーチンワーク」であると明言しており、実際、照会書起案も事務官にまかせきりであった。照会書において、「及びその他の者」と挿入したのはK検察官の指示としか考えられないが、この時でさえ弁護人の信書のことを意識しなかったのだとすれば、そもそも刑事裁判の基本的な仕組みに対する認識が欠けていると評しても過言ではない。しかも、後に述べるとおり、接見禁止請求及び公判での証拠に本件回答書を使用しようとした際も、弁護権等を侵害しているとの意識はなかったというのである。

こうした意識の欠如は、後記3で詳しく指摘するようにK検察官一人の不注意ではなく、検察庁の構造的な問題に外ならない。すなわち、全国の検察官が本件同様の照会を行っており、それらが弁護人の権利を侵害するおそれの極めて高いことは明白であるのに、従来検察庁では何らその対策を講じることなく、かえって、検察官の間ではかかる手法が当然のこととして新任者にも推奨されていたというのである（K検察官も、拘置所に対する信書照会の手法を先輩検事から教えられたと述べている－K一七頁）。また、検察事務官も、照会業務を「ルーチンワーク」として、検察官からの簡単な指示のみによって、当然の如く日々遂行していたというのであり、K検察官の知らない「書信票（ママ）」という言葉まで知悉していたというのであるから、その「ルーチンワーク」振りは、もはや徹底していたというべきである（K二〇頁～二四頁、乙第一号証参照）。

本件はK検察官個人の不注意によって生じたものではでなく、右のように検察庁全体が日々発生させ続けている権利侵害が、たまたま現われたものに過ぎない。

2　回答行為の実態と問題性

㈠　検閲・記録段階での歯止めがないこと

検閲・記録の実態は前記のとおりであって、弁護人との信書に関してH証人は、その証言において、弁護人との信書内容は、「さらっと流す」ように記録すると述べながら、実際には、そのような「配慮」では弁護権等の侵害を防止できないことを暴露した。また、拘置所内の研修等において、弁護権等侵害の防止について具体的に教育を受けたり協議したりした形跡など全くないことは既に詳論したとおりである。

㈡　回答段階での歯止めがないこと

被告は、簡略な回答内容であるから弁護権等の侵害にならず、拘置所職員としても、この点に配慮して回答したものであるなどと主張している。しかし、この主張は到底成り立たない。

(1)　まず、すでに原告らが指摘してきたとおり、信書の記載内容は、その信書だけでなく、その前後に発受された信書や裁判の内容、進行状況など種々の事情によって、はじめて理解されうることがあるから、内容が被告人の防御にとって重大であるか否かは、その手紙一通だけからは判断できず、また、一見ささいな記載が右のような前後の流れによって致命的な意味を持ちうるのである。

しかも、「簡略」といっても、その基準は何ら客観化されているわけではなく、全国的に統一されているわけでもないことは、既に述べたとおり、大阪拘置所の回答と京都拘置所の回答（甲A二八号証の一、二）を対比すれば明らかであろう。したがって、弁護人と被告人との秘密交通権という極めて重要な人権が、およそ客観的基準もないままに各担当者の裁量に委ねられているという状態に陥っていることは否定の余地もない。

(2)　証拠によれば、そもそもプライバシーや防御権に配慮しているという被告の主張自体、以下のようにおよそ信じ難いものである。

すなわち、回答書を作成したY証人は、文面上明らかにプライバシーや弁護方針に係ると推測できる記載でさえ疑問なく回答してしまっており、法廷で原告代理人から指摘されるまでその判断が誤っていることに気付かなかったことを認めている（第七回Y二七頁以下参照）。同箇所で原告代理人が指摘しているように、実際には、離婚等プライバシーにかかわる事柄、「前回の面会の際聞きもらしたポイントを返戻して下さい」といった弁護人との打ち合わせに関する事柄、「控訴審の判決を3月ころまで引き伸ばすのは無理です」などという弁護方針など、訴訟進行そのものにかかわることが文面上明白な事柄まで記載されているのである。既に指摘したとおり、京都拘置所の回答（甲A二八号証の二）に至っては、「保護中に妻から事情聴取や尿の提出云々もあっては駄目なのでしょうか」をはじめ、「錯乱にしたてあげた調書は嘘ででっち上げられたもの」などどこからみても弁護人との秘密交通の対象であるべき内容が堂々と書かれている。

このように実際には、被告の主張する「弁護権・防御権への配慮」なるものは、およそ存在しない。

(3)　また、仮に防御権等に配慮しようとの意識がある程度存在したと仮定してみても、それが現実の歯止めにはおよそなりえていないことはすでに明らかである。

前記のように、信書記載は、たとえささいな、あるいは簡略な記載であっても、その前後の状況によって重大な意味を持ちうるものであるが、Y証言は、拘置所の回答担当者がこのような可能性を全く意識していないことを如実に示している。

同証人は当初、人権に配慮した記載を心掛け、被告人の防御権を侵害するおそれのある回答はしないと断言した（第六回Y一五頁以下）。ところが、実際の例を示した反対尋問に対しては、その記載例が重大な意味を持ちうるとの可能性に気付いてさえいなかったことを暴露している。

例えば、「Bは運転席に座っていた」との記載は事件内容にかかわるものではないのかとの質問に対して、同証人は、「かかわりあるとはこれを見る限りいえない」と述べたかと思えば、「ないとはいえないんですが、この程度であればそれほど防御権を侵害するものではないと判断いたしました」と述べるなど、あいまいな供述をしていたが、運転席に誰が座っていたかが争点かもしれないとは思い及ばなかったと認め（第六回二四頁以下）、さらに審理の進行や事件の内容を知らない拘置所職員には記載内容が公判との関係で重要か否かを判断できないのではないかと問い質されて、結局「配慮が足らなかった」と認めるに至っているのである（第七回Y二一頁以下）。また、具体的な打合内容を書きさえしなければ防御権を侵すことにならないとの考え方が間違っていたとも認めている（同頁）。

このように、仮に「防御権に配慮しよう」との意識があったとしても、そもそも何が防御権侵害になるのかを判断すること自体、拘置所職員にはおよそ不可能なのである。

(4)　ところで同証人は、書信表の、①「事件の事書いていく」、②「Bは運転席に座っていた」、という記載に関して、本件回答書に転記した際のこととして、次のように弁解している。

・回答書作成当時、Bが共犯者であること（BがB'の通名であること）を失念して、事件に関係ない人物と思っていた。

・②は①とは別の、事件と関係のない記載だと思った。

・①を転記しなかったのは防御権等に配慮して抜いた。

しかし、本件照会書及び書信表の表紙には「BことB'」と明記されており、仮に同証人のいうように回答書作成作業に二日かかったとしても、その間照会書と書信表の表紙を目にしないということはありえないから、失念していたという証言自体到底信じ難い。右問題箇所の次のページである本件回答書A分平成九年一一月一〇日の項目には、原告高見に宛てた「Bの調書の事で違う所があるので書きます」との記載があり、ここからも、「B」が事件関係者でA被告人に関する調書のある人物であることが容易に判断できるはずである。

また、書信表には「事件の事書いていく。Bは運転席に座っていた」と連続して書かれており（形式的にみても、「事件の事書いていく」が欄の末尾まで一杯に書かれ、次の行の「Bは」は行頭を一字下げない、つまり段落が変わらない形で書かれている）、これが全く別の文脈の記載であると判断したということ自体理解し難い。そもそも、②のような記載が、事件に関するものでなくて一体何だというのであろうか。このような文面をみれば誰しも、「事件の事書いて行く」が前置きで「Bは運転席に」がその事件内容であると理解するはずである。したがって、前置きたる①のみを外して肝心の内容にあたる②を転記・回答したというのは、「弁護権に配慮した」との主張と真っ向から矛盾するものである。

しかも、右①②と同じページである本件回答書A分平成九年一〇月二〇日の欄には、原告高見宛信書として「事件の流れを書きます」、また、前記のようにA分平成九年一一月一〇日には同じく高見宛の「Bの調書の事で違う所があるので書きます」との記載があるなど、事件に関して手紙を書くという趣旨の文言は回答書の随所にあるから、弁護権に配慮したため「事件の事書いていく」を省略したのだなどという証言は、自らの回答書記載とすら矛盾している。

同証人はこのように言を左右にしたあげく、現在ならばどのような記載が適当と判断されるかと問われて、最終的には、「僕は元気です。事件のこと書いていく」にすべきだったと述べた（第七回Y五四頁）。しかし、その直前に同証人は、「事件のこと書いていく」を「私なりに防御権等に配慮して」書かなかったと言っているのであるから（同五二頁）、もはやその述べるところは支離滅裂としかいいようがない。

このような、自己矛盾をもかえりみずに供述を二転三転させる態度は、拘置所の回答業務において、何を書いてはならないのかという基準がそもそも存在せず、現場担当者のその場の思い付きに委ねられているという事実を端的に示すものである。

(5)　さらに同証人は、検察官ないし警察官の照会において、「弁護人との信書を除く」との限定がつけられた例が一、二例あったと証言しているが、単に照会の必要がないから除外したのだと思った、弁護権等に配慮したためだとは考えなかったと述べている（第七回Y三八頁以下、四八頁以下）。そして、これまで弁護権等への配慮の見地から上司のチェックがはいったこともない（同四八頁）という。

このように拘置所側の回答行為において、「簡略に記載する」ということ以外に、弁護権等の侵害を防止する配慮が全くはらわれていないことは明らかである。そして、「簡略に記載する」ということ自体は「基準」とも呼べないうえ、既にみたとおり実際には何の役にも立っていないのである。

3　照会・回答による権利侵害の重大性

原告ら両名の受けた被害の深刻さについては、第五（損害論）で詳しく述べるが、ここでは、侵害行為の態様の面から、それがいかに重大であるかを、照会・回答行為の実情に即して指摘する。

㈠　侵害行為の頻繁・広汎であること

本件照会・回答行為は、全国的にかつ頻繁に行われている同種行為の一つ、いわば氷山の一角であって、実際には、同様の照会による弁護権・秘密交通権・防御権の侵害が文字どおり「日常的」になされている。原告らは本件一回限りの権利侵害を受けたにとどまらず、自分自身を含む弁護人全体が過去未来にわたって常時権利侵害の対象となっていることを知って、自分らの専門職としてのアイデンティティにかかわる甚大な衝撃を受けたものである。

被告は本件のような照会が日常的に行われていることを否認し、照会が「一般的な取扱いとして行われてはいない」などと述べているが（第三準備書面一〇頁）、以下のとおり、その主張におよそ正当性はなく、かえって権利侵害行為の悪質性をみずから示す結果となっている。

(1)　全国的な照会回数の点については、被告がこれを明らかにしないため、具体的数値が不明のままであるが、K検察官や拘置所職員の証言によっても、それが「日常的」といえる程度の多数に上っていることは明らかである。

すなわち、K検察官は、名古屋地検公判部在籍中の平成五年九月一日から平成六年四月一日までの間に三回、大阪地検公判部在籍中の平成九年四月一日から平成一〇年三月三一日までの間に五回、それぞれ照会を行ったと証言しているから（K一一頁以下）、これによれば、公判部在籍中は、ほぼ年五回の割合で照会を行っていたということになる。

同検察官が他の検察官よりも多数の照会を必要とする地位にあったとか、特別照会に熱心であったなどという事実はもちろんなく、また、照会を行うようになったきっかけが先輩からのアドバイスであること、同僚や前任者が照会しているのを見ていること（同一七頁）、本件照会について検察事務官もごく機械的に起案していることなどからみても、まさに「一般的」に他の検察官も照会を行っているとみるべきである（なお、K証人は同僚の照会をみた回数を「一回」だと述べているが、たとえ大部屋であっても同僚の職務をいちいち注意していないことは自明であるから、右供述は、それが事実だったとしても、たまたま気付いたことが一回あったという趣旨にすぎず、同僚の照会回数・頻度が少ないことを示すものではない）。

だとすれば、検察官一人当たりおよそ年五回の照会をしていると考えることが自然であり、平成一〇年四月一日現在大阪地検本庁に所属する公判部検事は一九名、同副検事は四名であるから、公判部に限っても、年間一〇〇回以上の照会がなされているということになる。これに加え、捜査検事（起訴後の余罪捜査や補充捜査も含まれる）の照会及び警察官からの照会が加わるのであるから、無視し難い多数であるということは議論の余地がない。

ところで、K証言によれば照会を行うのは否認事件の場合に集中しているというのであり、これは他の検事にとっても同様と考えられるから、否認事件の場合は他の事件に比べ照会のなされる比率が格段に上昇することになる。しかし、否認事件が弁護人にとっても特に被告人との秘密交通の必要性の高いものであること、いいかえれば秘密の侵害が致命的損害を生むおそれの高い事件であることはいうまでもないから、秘密性の保護が特に重視されなければならない事件ほど照会による侵害比率が高まるという結果になるというべきである。

(2)　照会がごく気楽に何ら特別の配慮もなしに行われているのが現実であることは、K検察官自身が「ルーチンワーク」であると述べている上に、同証人が説明する照会経過においても、上司の決済や同僚の意見を求め、あるいは内規先例を調査するなどの形跡が全くないことから明らかである。「ルーチンワーク」とはまさに、日常的・一般的な作業という意味にほかならない。

同証人は自分の配慮が足りなかったかのように述べているが、他の検察官も同様の照会をしていながら検察庁内で照会の是非が問題となった例がないこと、K検察官付の事務官（K検察官付となる前には他の検察官の下での照会事務経験が当然あると考えられ、実際、K検察官は本件照会書起案について簡単な指示をしたのみで事務官にまかせている）も何ら疑義を述べることなく起案したこと（「書信票（ママ）精査のうえ」と「ルーチンワーク」で記していること）、などからみれば、検察庁全体が、およそ無自覚であったと考える外はない。

(3)　照会のいわば要件についても、K検察官は、否認事件で通謀を許せば罪体立証が困難になる場合に照会をすると述べているが、まずこの考え方には照会によって侵害される権利利益への配慮が全く欠けている。また、右証言された「要件」は、何ら客観的基準として明文化されているわけでもなく、本件においてもごく漠然とした疑いのみで照会されているという実情なのであるから、結局のところ照会することについての何の歯止めもないことが明らかである。

(4)　被告は原告からの当事者照会・求釈明申立にもかかわらず、いまだに全国における信書照会の回数を明らかにしていない。

すでに再三指摘しているように、本件が一回限りの偶発的事故などでないことは明白であるが、同種の侵害行為が頻繁かつ全国的に行われていることは、侵害行為の違法性評価や原告らの被害内容にかかわる重要事項であり、これを無視して本件を適正に評価することはできない。

他方、拘置所は各照会・回答の記録を保存しているはずであり、被告にとって実情調査が困難であるとは到底考えられないし、回数を開示することによって、原告側の法益を上回る著しい公務上の損失が生じるとも認め難い。被告は「プライバシーや捜査の秘密」から答えられないとしているが（被告第三準備書面一一頁）、事件を特定せずに全国における年間の照会回数を答えることがなぜ「プライバシー」や「捜査の秘密」を侵害することになるのであろうか。このように被告の回答拒否は、本件の性格に照らし、著しく不誠実な態度である。

しかるに被告は、自ら情報を握り潰したまま、かつ、右(1)ないし(3)のような実態を無視したままで、原告本人尋問において、原告高見に対し「日常茶飯事といえる根拠は何か」などと、異様な尋問を行うに至っている。

このような応訴態度からみても、全国での照会行為の実態がまさに弁護士全体の職務遂行を脅かすようなものであり、被告としてもそれを隠さざるをえないほどの著しい侵害行為がなされているものと考える外はない。

(二)　萎縮効果の発生

被告は、簡略な記載の回答書が出るだけで、それ以上詳しいものは出ないから萎縮効果はないと主張してきたが、これも全く成り立たない弁解であることが明らかとなった。

すなわち、第一に、前記のとおり、「簡略な記載」だから弁護活動などに支障はないという説明自体が誤っており、たとえ文字どおり簡略な記載であっても、場合によって弁護活動に致命的なダメージを与えること、拘置所側も検察官も何らそのような問題意識を持っていなかったことが既に証明された。したがって、被告の萎縮効果に関する主張は前提を欠くものである。

第二に、回答書の記載自体も、京都拘置所と大阪拘置所では、どの程度内容にふみこんだ記載をするかなど明らかに異なっており、要するに、現場担当者の判断に委ねられたままであることが容易に推測できるのであって、「簡略な記載」しかなされていないという主張自体も、決して立証などされてはいない。

さらに第三として、既に指摘したとおり、拘置所が場合によって検察官に通報すること、コピーを出す例もあることが判明した（H三八頁以下）。H証言によれば、どのような場合にこれが行われるのかについては、明文の規定がないばかりか、およそ客観的に明確な基準がそもそも存在しないことが明らかである。しかも、このような検察官への通報やコピー提出の事実を把握し、その適否を審査する制度（たとえば緊急逮捕における裁判官の審査のごときもの）はなく、かつ、従来の通報等に関する記録も明らかにされていないから、かかる通報等によって被告人・弁護人の人権が日常的に侵害されていないといえる保証は何ひとつない。したがって、検察官の求めに応じて、書信表による回答のみならず、あらかじめ保管していた信書のコピーを提出するような可能性も否定されたとはいえないのであり、少なくとも、原告らをはじめとする全国の弁護士が、実はコピーの漏洩までなされているのではないかと考えて「萎縮」したとしても、これは無理ないことである。それはひとえに、被告国の不明朗な運用にその責任がある。

前記のように被告は照会回数などの実態を明らかにしておらず、結局のところ、弁護人がその信書をどの程度見られているのか、それによってどのような不利益を被っているのかの実態は、なお闇につつまれたままである。しかるに被告は、信書の当事者である原告らに対してさえ実態を示さずにいながら、原告髙見への反対尋問では「どういうところから日常的だといえるのか」などと、自らが管理する情報を伏せたまま原告に根拠を問う質問を行うという、極めて不誠実な態度を示している。

こうした被告の不明朗極まりない姿勢は、「依らしむべし、知らしむべからず」という過去の権力的支配の発想そのままである。このような発想によって情報を管理されることこそ、萎縮効果の原因となることはいうまでもない。

㈢　京都での先例の存在

ところで、被告の著しい不誠実さを示す顕著な事実がもうひとつ存在する。

既に言及したとおり、本件類似の照会事例につき、昭和六一年に京都弁護士会に人権侵犯申立事件として申立てられ、調査の結果、京都拘置所に対して、京都弁護士会から秘密交通権侵害であって許されないとの勧告がなされ、京都拘置所は「指摘を理解し、全国的な問題であるので法務省と相談し、善処する」と回答しているという事実である（甲第A二九号証）。

この勧告によって「善処」されなかったばかりか、検察官や拘置所に問題意識さえ生れなかったことは、本件が如実に示している。右当時の京都拘置所の説明は、「不当に人権または名誉を害するおそれのあるもの、又は、施設の管理運営に著しい支障を生じるおそれのあるもの以外は回答している」「明確な内規や質疑回答例等具体的な根拠はない」とのことであったが（同号証参照）、本件訴訟における被告の弁解は、これからいささかも進歩していない。被告は、一体、この間何をしていたのであろうか。

本件が単なる検察官の配慮不足によるものではなく、被告による全国の拘置所及び検察庁管理の誤りに起因するものであることは、右経過からも明らかである。一五年近く前に、弁護士会の勧告という公的な形式でその人権侵害を指摘されていながら、漫然とこれを放置してきた被告の責任は極めて重いといわなければならない。

㈣　侵害行為の頻繁性・広汎さと原告らの衝撃との関連性

原告らが受けた衝撃は、自己の弁護士活動の根幹をなす依頼者との通信が常時覗き見られており、しかも、本件のような事態が生じない限り侵害行為の存在を知ることさえできないという事実に基づいている。原告らにしてみれば、本件にとどまらず過去の弁護活動が同様の侵害を受けていたであろうことを今回初めて悟り、また、将来も何がされるかわからないという留まるところを知らない不安に捉えられてしまったわけである。このような不安感が、萎縮効果に直結することはいうまでもない。さらに、日本中で同様の侵害行為がなされ、弁護士という職種自体の独立性が侵害されているという認識が、原告らの専門職としてのアイデンティティや自信を失わせ、その精神的ショックを一層深刻なものにしている。

しかも㈢で指摘したように、原告らの先輩によってすでに一五年近くも前からその不法性が指摘され、拘置所も「善処」を約束していながら、被告はその後何らの改善もしないまま今日まで放置しているのであるから、被告の弁護士軽視は甚だしいといわねばならない。被告人と弁護人が秘密の内に交通し十分な打ち合わせを遂げることは、刑事司法の基礎というべきものであるから、この問題は、ひとり弁護士のみならず、刑事司法制度自体に対する被告の軽視をあらわしているといっても過言ではあるまい。原告らの陥った無力感がどれだけ深いか、この一事のみでも察するに余りあろう。

本件訴訟は実質的に、全国の弁護士の権利、ひいては弁護士によって防御権を行使する外ない国民及び市民の権利を擁護し、従来の不法かつ不透明な取り扱いを是正させようとするものであるが、仮に原告らの権利侵害に限って考えてみても、右に述べたとおり、侵害行為の頻繁かつ広汎であることは、精神的被害の内容・程度に密接な関連をもっている。従って、この点の事実（被告が今なお十分に実態を明らかにしていないダークゾーンが存在するという事実をも含めて）を直視せずには、本件の適切な法的評価はなしえないのであって、原告らは、裁判所の踏み込んだ判断を切望するものである。

三　本件における検察官の利用行為について

1　接見禁止請求での利用

㈠　弁護権等侵害への配慮はない

K検察官は、乙一六号証第4の1（同六頁～七頁）において、接見禁止請求の資料として本件回答結果を利用したことにつき、弁護人との通信日時と要旨が記載されているので、利用してよいか若干疑問に思ったが、極めて簡略な記載であるとともに、原告髙見自身が保釈請求書に信書を添付していたので、秘密交通権を侵害するようなことはないと判断したと述べている。

しかし、通信の秘密の対象に通信の当事者や日時も含まれ、ましてたとえ簡略であっても内容の要約が秘密性保護の対象となることは、憲法の一般的教科書レベルの知識である。

また、そもそもK検察官は、原告らの受任事件の対立当事者なのであるから、原告らの秘密交通権が、まず第一にK検察官に対して守られなければならないことは自明の理である。従って、当のK検察官が通信内容を見た上で自ら秘密交通権侵害の有無を決めるという判断構造がおよそ不適正であることは、法律家なら誰でも首肯すべきものであろう。これをおかしいと思わないのなら、あまりに初歩的なところで人権や適正手続に対する感覚が欠落していると評さざるをえない。

さらに、前記のように、「簡略」な記載であっても、訴訟の内容や前後の状況で弁護権を侵害することがありうることは明らかである。たとえ接見禁止請求の要件立証に目的を限定し、弁護人の通信部分を直接援用しない形の使用であっても、公判担当裁判官に適正な法の手続を経ることなくして弁護人の秘密事項を伝達することに変わりはなく、それが以後の訴訟経過に悪影響を及ぼさないという保証は何もない。

K検察官が、以上のような点にほんとうに気付かなかったのだとしたら、それは同検察官個人のミスだとは到底思われない。それは、かかる照会を永年続けてきた検察庁全体の姿勢の問題であり、本来対等な当事者たる弁護人の情報まで自己の判断で左右できると考えて疑わない思い上がりが、法律家として当然備えるべき謙抑とバランス感覚を失わせてきたのだという外はない。

㈡　保釈請求での使用はK検察官の判断を正当化しない

K検察官は、秘密交通権侵害はないと判断した根拠に原告高見の保釈請求書に信書が添付されていたことを挙げている。しかし、まず法的判断として、被告人と弁護人が自ら信書の一部を選択し、目的を限定して提出した場合に、以後全面的にその秘密性を放棄したと考えること自体誤っている。

また、事実問題としても、「K検事が右接見禁止請求当時、信書が保釈請求書に添付されていたことを考慮して使用の正当性を判断した」という主張自体極めて疑わしい。すなわち、K証言によれば、接見禁止請求にあたって、原告高見が保釈請求書に添付した信書の通数・内容を確認することなく、いいかえれば、高見が本件回答書記載の信書全部を提出しているのかどうかを何ら考慮せずに、本件回答書を提出したという（K五二頁以下）。弁護人がこうした信書を提出する場合に、被告人の意思や利益に従った選択を加え、提出目的に合ったものだけを出しているであろうことは自明の理であり、K証人自身そのことを認めている（同五四頁以下）。まして原告岡本については何ら信書の提出はしていないのである。

したがって、右利用行為当時、K検察官が本当に、原告高見が信書を提出しているという事実を自己の行為を正当化する理由と考えていたのだとすれば、当然、回答書の中に原告高見が未だ提出していない信書がどれだけあるかを確かめ、また、原告岡本については別段の配慮を加えているはずである。しかし、そのような確認や配慮のなかったことは、K証人自身が明らかにしているから（同五二頁～五六頁）、K証言はいわば自己矛盾である。

2　公判での証拠申請

㈠　提出前のK検察官の認識

K検察官は、甲証人の供述調書（いわゆる二号書面）を証拠請求するための資料として、本件回答書を公判裁判所に提出しようとした。その際の認識として同検察官は、

大阪拘置所に再照会をかけ、必要部分のみの回答書を作成することも考えたが、一度（接見禁止の資料として）弁護人に開示しているし、弁護人の信書内容を確認する目的で照会したのでもないので作為を加えることもないと思った

旨述べている（乙第一六号証八頁。なお、同七頁参照）。しかし、この説明は、以下のとおり不合理であって、実際には、長年の検察庁全体の慣れと無自覚により、何ら権利侵害への配慮もためらいもなく提出に及んだとしかみられない。

⑴　K陳述・証言によれば、秘密交通権への配慮から、拘置所への再照会によって弁護人の信書を除いた回答書を作成させようと考えたというが、にもかかわらず、K検察官自身が回答書の弁護人信

書部分を抹消して抄本を作るという、より簡便な方法を検討した形跡が全くない。これは著しく不自然であり、本件利用当時、K検事が実際には「再照会」など考えていなかったこと、ひいては弁護権に配慮する意識など皆無だったことを物語っている。

すなわち、K陳述・証言によれば、拘置所が回答書を作成すること自体、少なくともなんらかの法的根拠によって全く適法であると信じていたというのである（K四八頁以下）。だとすれば、K検察官は拘置所の回答自体には問題がなく、ただそれを裁判所に　提出することで争いになりはしないかと考えたことになる。

しかし、それならば、弁護人の意見を聞いた上、本件回答書の問題箇所をK検察官自身が抹消した抄本を作成して裁判所に提出すれば、全く問題がないことになる。ところが、K陳述書は、再照会のことしか記載しておらず、抄本作成はまるで意識していなかったことになっている。

これに対してK証言は、「再照会をかけたり、抄本で提出したところで、後でいろいろと疑義が生じるのではないか」「後ろめたい気持ちなどなかったというのが本音でして、それなら変な小細工をせずに出そうと、そのように判断したんです」と、あたかも、抄本作成を考えたが「変な小細工」だと思ってやめたかのような供述をしている（K七一頁）。しかし、弁護人の意見を聞いた上で問題箇所を抹消して抄本を作成することは、刑事裁判において常に行われているところであり、それが「変な小細工」だなどとは誰も考えはしない。前記のように、K証人は、拘置所の回答自体は適法と考えていたと述べているのであるから、弁護人に回答書そのものを示して意見を求めることをためらう理由もなかったはずである（それどころかK証人は、弁護人があらかじめ本件回答書をみていたと主張するのであるから、なおさら弁護人に意見を求めるのが自然であろう）。

しかも、同証人は、次の担当検事に引継ぐまでに甲調書を提出したかったと述べ、再照会をかける暇がなかったことを強調している（乙第六号証陳述書八頁、K一〇三頁）。このような場合、弁護人の意見を聞いたうえで、K検察官自身が抄本を作成するのが最もスムーズなことは明白であり、それを実行しなかった自己矛盾は覆い難い。

(2)　K証人はまた、当法廷において、接見禁止請求の段階で裁判所書記官から「本件回答書を弁護人に見せてよいか」との問い合わせがあったと述べた上、その後、検察事務官から弁護人が何か異議を唱えているらしいと聞いたとも証言している。これは、原告らが本件回答書の証拠請求前に、回答書を見ていたとの主張を裏付ける目的の供述であるが、実際には、原告らが述べているとおり、原告らは、原告高見が刑事事件の第五回公判直前である一九九八（平成一〇）年二月二七日に保釈意見書を閲覧に行くまで、本件回答書を見ておらず、本件証拠請求にいたっては全く予想していなかったものであるから、右K証言は明らかに事実に反している（K一〇三頁～一〇五頁、高見本人一七頁～一九頁参照）。

K証言は、この点、以下のとおり、明らかに不合理である。すなわち、右証言中「弁護人が異議を唱えていた」旨の供述は、陳述書や準備書面に全く現われておらず、法廷で唐突に述べられたものである。また、同検察官が本当に検察事務官から「弁護人に異議があるらしい」と聞いたのであれば、当然その異議の内容を確認し、対処しようと考えるはずであるところ、そのような形跡も全く存在せず、それどころか「利用する行為についての疑問はなかった」旨述べているのである（K八頁～一一頁、七八頁～八三頁参照）。しかも、前記のとおりK検察官としては引継ぎまでに甲調書を提出したいと考え急いでいたというのであるから、事前に弁護人の異議内容を知り、抄本作成等によってこれを回避できるのであれば当然そのような手段をとろうとするはずである。

以上のように、弁護人が異議を述べていたなどという供述は全く信用しえない。

さらに、接見禁止請求当時、弁護人が裁判書書記官を通じて本件回答書の閲覧を申し込んだという点も事実に反しており、原告らはそのような閲覧を全く行っていない。そもそも接見禁止自体は、決定が出るまで弁護人らに通知されないから（高見本人一七頁～一八頁参照）、決定前には、接見禁止請求が出ていることさえ知らないのであり、逆に、決定後には、本件記録の中に含まれた回答書を見るのに、いちいち裁判所書記官を通じて検察官に連絡をする必要もない。

(二)　提出時のK検察官の態度

本件刑事事件の第五回公判において、K検事は本件回答書を証拠請求し、これによって、原告らは、はなはだしい衝撃を受けた。原告らにとってこのような証拠請求が極めて意外なものであったことは、原告らの陳述書・供述から明らかである。前記のとおり、原告高見は一九九八（平成一〇）年二月二七日に初めて本件回答書を見、その直後である三月二日の第五回公判（二七日は金曜日で三月二日は月曜日にあたるから、原告高見が本件回答書を閲覧した日の次の平日が第五回公判である）で、事前の開示もなしに口頭で証拠請求を受けたものである。それ以前に原告らが本件回答書を見ていたということは全くない。

これに対して、K検察官は、本件回答書を証拠請求するにあたっても、何ら問題意識を抱いていた形跡がなく、単純にその全面的採用を求めていた。前記のようにK検察官が事前に原告らに本件回答書を開示していたなどということは全くないし、同検察官が秘密交通権等に配慮をしていたことも全くあり得ない。そもそも、事前開示は弁護人の意見を求めるためのものであるから、何らかの問題ありと考えるケースでは、事前開示に基いて弁護人の意見を述べるよう問い合わせをしているはずである。また、弁護人の信書が含まれている点を問題だと思ったのなら、当然抄本の作成が考えられるところであるのにK検察官は第五回公判においても全くこのような対応の準備をしていない。

それどころか、K証人は刑事事件の第五回公判に弁護人から異議がでた際、「自由な証明で足りるから採用されたい」と述べたことを認めている（K七五頁）。弁護人の信書に関わる部分に違法性の疑いがあれば、当然「自由な証明」の問題にはならないから、これは、当時、K検察官が弁護人との間の信書に関する回答はまずいのではないかとか、弁護人との信書部分を抹消すべきではないか、といった意識を全く持ちあわせていなかったことをおのずと示しているのである。

さらに、第六回公判期日においては、原告高見から送付された意見書を読んでいたにも関わらず、回答書の証拠請求を撤回しないばかりか、弁護人信書部分のみの撤回も試みていない。そのため、第六回期日においてさえ抄本の準備をしていなかった。同証言によれば、高見意見書「のとおり」交通権は尊重しなければならないとの認識を有した、少なくとも「少し問題なことをしたのかもしれない」と思ったというにもかかわらずである（K八〇頁、九三頁参照）。

再三指摘したとおり、K検察官自身は本件回答書ひいては甲調書の証拠請求について、引継ぎの関係で大変急いでいたとか、弁護人信書部分は必要なかったと強調しているのであるから、当然一部撤回による解決を申し出るはずである。弁護人の秘密交通権を意識していたのならなおさらであって、ここでもK検察官の供述は自己矛盾している。この事実は、同検察官に「秘密交通権」を尊重しようとする意識など皆無であったことをおのずと明らかにしている。

四　事実関係論のまとめに代えて

以上みてきたとおり、拘置所における「検閲」「記録化」の実態は眼を覆うものがあり、検察官の照会行為と拘置所の回答も、まさに日常的で、構造的な問題という外ないもので、いわんや、検察官による利用行為に至っては問題外という以外に言葉がないところである。このような実態・経緯のもとで、本件は生起しているのであって、その実情を踏まえた適確な判断が下されなければならない。

以上縷述したところによって、その問題点の大きさと深刻さは既に明々白々になったところであるが、次節以下においては、それが、憲法違反であること、国際人権自由権規約違反であること、そしてまた、刑訴法の解釈を誤り、監獄法施行規則などにも違反しているということを、念には念を入れる趣旨で、順次、詳論していきたい。

第二　憲法論

本節は、第一で論じた事実関係を前提にして、本件の違憲性について論じるものであり、第二回準備書面二一頁～二三頁で述べたところを敷衍するものでもある。同時に、適宜、被告第二準備書面二二頁～四四頁の被告主張に対して、一定の反論を行って、原告の主張をより明確にしておきたい。なお、本件の違憲性については既に訴状二〇頁～五二頁において論じたとおりであり、以下の論述は、訴状での主張と重複する部分も多いが、これは、いわば改めて整理した主張を行ううえで不可避であったためであることを予めお断りしておく。

一　法令違憲

監獄法四六条一項、同法五〇条、同法施行規則一三〇条一項、同規則一三九条（以下、本件法令という）は、憲法上の権利である秘密交通権を侵害するもので、法令違憲である。

1　秘密交通権と憲法

㈠　原告らが主張するように、弁護人と被疑者・被告人（両者を併せて以下、被告人という）との間の秘密交通権は、憲法三四条、三七条三項、三八条一項、三一条、一二条、一三条によって重畳的に保障される憲法上の権利である。とりわけ、秘密交通権は、憲法三四条・三七条三項によって保障される弁護人依頼権およびこれと表裏一体をなす弁護権の中核を構成する権利・自由である。けだし、右弁護人依頼権が、「弁護人の実質的で効果的な援助を受ける権利」であることはもはや疑いないところ（訴状二一頁～二三頁、原告第一回準備書面四頁～一〇頁、同二〇頁参照。なお、被告第二準備書面二七頁～二八頁を併せ参照）、被告人と弁護人との間で、被告人が訴追を受けている事件に関し、十二分な情報が交わされなければ、被告人は弁護人から十二分な時宜に応じた援助を受けられないし、弁護人も十二分な時宜に応じた援助を提供できないことは明白だからである。これを実現するために必要不可欠であるところの秘密のコミュニケーション過程こそは、まさに弁護人依頼権・弁護権の中核に存在する権利・自由として保障されなければならない。

そもそも被告人は、一般国民ないし市民と異なって刑事訴追を受けるという地位にあり、そのような特殊・固有の地位に相応して、後述するとおり被告人の防御権が保障されているが、その中核に位置する権利として被告人と弁護人との間の秘密交通権が保障されているといわなければならない。さらに身体拘束を受けた被告人は、身体拘束を受けない被告人に比して、弁護人との間で情報交換を行う手段・方法が極めて限定されている。この秘密交通権は、身体拘束を受けていない被告人との間でも保障されるのはもとより当然のことであるが、身体拘束を受けた被告人との間ではその手段・方法が限定されていることと相俟って、その保障の重要性はより一層大きいといわなければならない。本件でも、第一で論じたとおり、まさしく、その保障が重要であったことが明らかにされている。

㈡　このように、秘密交通権の保障は、被告人の地位に伴ういわば固有の権利として憲法上保障されているものであるが、実質的に考えても時宜に応じた実質的で効果的な弁護を被告人が受けるためには、弁護人と被告人間で活発な情報交換が行われなければならないところ、そのためには、交換されている情報を国家が覚知することなどはあり得ないということが、必要不可欠の基本条件になっていなければならない。

すなわち、右コミュニケーション過程は特に国家との関係で秘密でなければならない。いうまでもなく、国家においてこれを覚知する可能性があるとされるとき、弁護人と被告人間の情報交換は萎縮せざるを得ない。国家に知られるのではないかという疑心暗鬼は、いわば巨大な怪物となって、弁護人と被告人間の情報交換過程を破壊するであろう。実際、本件において、このことのもつ意味が甚だ大きいことについては、既に詳細に述べたとおりである。このような認識があるからこそ、後述するとおり、刑訴法も当然のこととして接見において官憲の立ち会いを禁止するなどして、秘密交通権を確認し、国家が覚知する可能性を完全に排除しているものと解されるのである。

㈢　この点、被告は、憲法三四条及び三七条三項は「被疑者又は被告人に対し、弁護人を選任した上で、弁護人に相談し、その助言を受けるなど弁護人から援助を受ける機会を持つことを実質的に保障して」いるとし、この憲法の趣旨を受けて刑訴法三九条一項は、「弁護人から援助を受ける機会を確保する目的で設けられたものであり、その意味で、刑訴法の右規定は憲法の保障に由来するものである」としている（被告第二準備書面二七頁以下）。

被告が述べていることは、それ自体誤りではないが、もし、ここでいう「機会」というものが単に援助を受ける何らかの方法を確保すれば足るという程度の意味にとどまるといいたいのだとすれば、「実質的に」という文言に明らかに抵触することとなろう。なぜなら、「実質的な保障」である以上は、狭義の接見（面会）のみならず信書の発受など被告人と弁護人の間で行われるコミュニケーション過程が、国家の干渉に晒されることなく秘密かつ自由に行うことを可能ならしめる具体的な方法として、まさに権利、すなわち、秘密交通権として、憲法によって保障されていると解すべきだからである。そして、この弁護人から援助を受けるという被告人の権利は、これを弁護人からみれば弁護人の弁護権といえるものであって、これは被告人の権利と表裏一体をなす権利として憲法上保障されているのである（訴状一八頁以下参照）。

2　包括的防御権

憲法は被告人の権利として、弁護人依頼権（同三四条、三七条三項）の外、個別的に、黙秘権（憲法三八条一項）、反対尋問権・証人喚問権（同三七条二項）、裁判を受ける権利（同三二条）などの権利を保障している。これらの個別的権利は、国家権力を背景にした捜査機関や検察官から、犯人だとして告発され処罰されなければならないと主張されることに対して、一個人として対抗していく自由と権利が被告人たる地位にあっては当然に認められることを前提にしている。これら個別的権利の背後にあって、このような被告人たる地位に当然認められる自由と権利を「包括的防御権」と呼ぶことが出来ようが（訴状八〇頁～八二頁参照）、この包括的防御権は憲法上の権利に外ならない。

そして、弁護人と被告人との間の秘密交通権は、この包括的防御権の中核に位置づけられる権利であることは明らかである。けだし、秘密交通権が保障されなければ被告人は自己の刑事訴追を受けているという事態に対して防御権にもとづく十分な防御を行うことが不可能になることはいうまでもないからである。そして、これと表裏の関係で、秘密交通権の保障がなされなければ、弁護人としては、被告人から十分な情報の提供を受けて（かつ、適確な情報を提供して）、時宜に応じた実質的で効果的な弁護活動を行うことなど到底できない。被告人の包括的防御権に対応して、弁護人には、いわば包括的弁護権があり、その中核に秘密交通権が存在するといわなければならない。本件でも原告らは、かかる弁護権を行使すべく最善の弁護活動を行うべく努力していたことは第一で述べたところから明らかであり、また、第五においても述べるとおりであるが、その中核にある秘密交通権を侵害されるという事態が生起したのであった。

3　秘密交通権の意義・機能等

㈠　秘密交通権の意義・機能

以上述べたとおり、秘密交通権は被告人の実質的で効果的な弁護を受ける権利の中核をなす権利であり、また、被告人の包括的防御権の中核を構成する権利である。同時に、弁護人にとって秘密交通権は、弁護人が被告人に対して実質的で効果的な弁護を行う弁護権の中核に存する必要不可欠な権利に外ならない。その内容は、弁護人と被告人が国家からの干渉を一切受けないで自由に意思疎通を行うことができるという権利であることは明らかである。

この権利が保障されてはじめて、被告人は国家の刑罰権行使に対して、当事者として対等の地位において戦うことのできる武器を取得することができる。

㈡　信書による情報交換の独自・固有の価値について

ところで、「信書」による情報交換は面会という狭義の「接見」による情報交換の単なる補助的手段にとどまるというものではない独自・固有の意義を有する。すなわち、「信書」においては情報伝達内容が確実に記録化され、伝えたい内容を正確に記載することが可能である。刑事事件においては、膨大な書証（例えば、実況見分調書、捜査報告書、第三者の供述調書、被告人の供述調書〔自白調書〕など）の内容について十分検討することが必要不可欠であるところ、この検討に際していちばん確実で、かつ、有効な手段は、右の書証等を被告人自身に直接読んでもらって内容を検討してもらい、問題の箇所についてコメントを「信書」に記入してもらったうえで、弁護人に伝えてもらうということである（この点、本件に関しては、髙見本人八頁～一一頁参照）。

それゆえ、むしろ、面会という狭義の「接見」の際に「信書」の内容について補充的に確認がなされており、これによって、効果的に「接見」（狭義）を行うことが可能となっている。そして、「信書」の内容について弁護人および被告人の双方がよりよく理解し、相互での情報の共有を可能としているのである。このことからも、「信書」という手段の独自・固有の価値性は容易に理解できよう。この理は、本件における原告髙見・原告岡本の弁護活動からも明らかである（甲A第二〇号証一六頁〜一七頁、同二五頁〜二七頁、甲A第二一号証一一頁以下参照）。要するに、「信書」によるコミュニケーション過程が秘密交通権の対象であることは論を俟たない。

㈢　秘密交通権と刑訴法三九条一項

右にみたとおり、秘密交通権は、弁護人と被告人との間で自由かつ秘密に情報交換を行う権利であり、国家が弁護人と被告人との間の情報交換過程に対して干渉することを禁止する権利である。

ところで、弁護人が被告人との間で情報交換を行う手段としては、直接面会して口頭により行う狭義の「接見」、紙の媒体に文字などを用いてする「信書」のやりとり、その他ファックス、電話、電子メールなどの通信手段がある。このうち、未決勾留中の被告人との間ではもっぱら右狭義の「接見」及び「信書」の手段によるしかないこととなる。

刑訴法三九条一項は「身体の拘束を受けている被告人……は、弁護人……と立会人なくして接見し、又は書類若しくは物の授受をすることができる」と定めているが、これは、右に述べた憲法上の秘密交通権を確認したものである。

この点、被告は、「刑訴法三九条一項の『立会人なくして』は、『接見し』にのみかかるものであり、『書類若しくは物の授受』にはかからない」としているが（被告第二準備書面一二頁）、そのような読み方によって、何を言わんとされているのであろうか。もし、それによって、「信書」については秘密性が制約されるといわれたいのだとすれば、その解釈は明らかに失当である。以下、その所以を述べておく。

①　まず、そのような読み方自体が合理的か否か自体甚だ疑問というべきである。同一項が、全体として秘密・自由のコミュニケーション過程を保障していると解されることからも、むしろ「立会人なくして」は全体にかかると読むのが自然な読み方というべきではなかろうか。

②　また、仮に、右被告の読み方を前提としたとしても「信書」によるコミュニケーション過程の独自・固有の価値に照らすならば、むしろ「信書」による交通は、広義の「接見」に含まれるものと解され、「立会人なくして接見し」の「接見」は、狭義の面会というかたちでの接見のみならず、「信書」による交通としての「接見」（広義の接見）を包含する意味と解すべきであろう。すなわち、「接見」について、「立会人なくして」と規定し、「接見」の「秘密」を権利として保障しているのは、憲法上の秘密交通権の一内容を具体的に規定すると同時に、コミュニケーション過程の秘密性を定めたものと解されるのである。そうだとすると、「信書」によるコミュニケーション過程もまた「秘密」でなければならないことは自明というべきである。

③　さらに、そのように解しえないと仮定した場合であっても、「立会人なくして」ではないということと秘密性の否定がイクォールであるわけではない。仮に立会人を置いても、信書を授受して、信書の内容については、秘密は守られうることはいうまでもない。

すなわち、「信書」を同条項の「書類」に含まれるものと解したとしても、刑訴法は当然のこととして「信書」の秘密性を権利として保障している。けだし、信書による交通は狭義の接見に勝るとも劣らない重要な意思疎通手段であって、その信書の「秘密」は当然の前提とされているとみられるからである。その条文の文言上、「立会人なくして」が「書類……の授受」にはかからないと読むのだとしても、それは、そもそも「立会人」を想定しても、「書類……の授受」には、「立会人」それ自体は、余り意味がないと考えられたからにすぎないであろう。決して、「立会人」を置きうるということが「秘密」を排斥する関係にあるなどと理解されているからではあるまい。

以上のとおり、どのように解しても、信書の「秘密」は狭義の接見の「秘密」とパラレルな関係にあることは明らかであり、刑訴法三九条一項は、信書によるコミュニケーションについても秘密交通権の存在を明らかにしていると解される。要は、この権利が憲法上の秘密交通権の当然の一内容として刑訴法に規定されていると解されるのである（以上については、甲B第一八号証・村井敏邦意見書四頁〜七頁参照）。

4　秘密交通権と憲法三四条・三七条三項（秘密交通権における「秘密性」の絶対的保障）

㈠　「憲法三一条以下の諸規定は、生命・自由の侵害の実体と手続を規定したものであるが、それは生命・自由についての内在的制約を憲法自体が具体化したものにほかならない」とされている（芦部信喜編『憲法人権⑵』有斐閣・一九八一年一一三頁〜一一四頁〈杉原泰雄執筆分〉）。例えば憲法三八条一項の保障する「黙秘権という権利概念は人身の自由保障のための中心的権利として刑事手続の当事者主義的構造を規定しており、その重要性からみて例外や包括的放棄（不行使とは異なる）を容易に許さない絶対的性質の強いものである。このことを『公共の福祉』との関わりで理論的に表現するならば、そもそも黙秘権は『公共の福祉』の中でもとりわけ重要性の大きい犯罪処罰の必要に対する優位性を与えられているものであり、この黙秘権を制約するには犯罪処罰の必要を越える重要性を持つ公共的必要をもってしなければならないが、このような公共的必要を考えることは極めて難しい、ということになろう」（小田中聰樹「本邦に不法に入国した外国人の登録申請義務と憲法三八条一項」『判例評論』二九五号六三頁以下参照）。

このように、憲法は、捜査・訴追・処罰の利益と身体を拘束された被告人の弁護人の援助を受ける利益とを比較衡量したうえで、例えば憲法三四条前段の弁護人依頼権を保障している。すなわち、弁護人から援助を受ける利益は、公正な裁判、当事者主義・武器対等の原則、適正手続の各憲法上の要請を受けており、被告人の憲法上の権利の保障上不可欠な利益として考慮され、そのため、「弁護人に依頼する権利を与へられなければ、抑留又は拘禁されない」と規定しているのである。

このような憲法の趣旨および文言からすると、憲法自身が弁護人から援助を受ける利益は捜査・訴追・処罰の利益の不可欠の前提であるという決断をしていることは明らかである。つまり、（まず現実には在り難いことであるが）弁護人の逃亡援助であるとか罪証隠滅などについては、これによって損なわれる捜査・訴追・処罰の利益は、例えば弁護士懲戒・刑事制裁などの方法で担保されるとの価値決定が既になされている（以上について、福井厚「接見交通権に関する最高裁大法廷判決を読んで」『季刊刑事弁護』二〇号一七頁参照）。

したがって、憲法上の権利である秘密交通権は、捜査・訴追・処罰の利益によっても制約されない権利・自由である。

㈡　このように考えると、秘密交通権について、「逃亡・罪証隠滅の防止、監獄内の規律・秩序維持」目的による制約はありえないというべきである。そもそも、右目的のうち「監獄内の規律・秩序維持」などということは、刑訴法三九条二項に照らしても、秘密交通権を制約する原理足りえないが、この点は後記第四において詳論することとし、ここでは、より大きな枠組としての未決拘禁制度というものの目的に則しても、かかる制約がありえないことを明らかにしておきたい。

すなわち、未決拘禁制度の目的として逃亡の防止、罪証隠滅の防止及び監獄内の規律・秩序の維持があげられているが（被告第二準備書面二八頁～二九頁参照）、未決拘禁制度自体、国家の刑罰権行使のための手段・制度であり、捜査・訴追・処罰の利益を確保するための手段・制度に過ぎない（なお、この点、信書「検閲」の目的について「罪証隠滅の防止」が現場での実務では問題とされていないかのような被告「立証」がなされたことは第一の一項で述べたとおりである）。それゆえ、そもそも未決拘禁制度の目的としてあげられる右の各目的によって秘密交通権を制約することが正当化されることはあり得ない。けだし、秘密交通権、とりわけ弁護人と被告人との間のコミュニケーション過程の「秘密」は、既に述べたとおり、弁護人から援助を受ける利益に直接関わるものとして捜査・訴追・処罰の利益の不可欠の前提とされているのであるから、捜査・訴追・処罰の利益によっても制約されない権利・自由として設定されているとみなければならないからである。むしろ、身体拘束を受けた被告人についていえば、弁護人との間の秘密交通権は、いわば、身体拘束の代償として付与された権利であって、その重要性・重大性に鑑みれば、情報流通の手段・方法を身体拘束のための目的などを理由にさらに制約すること、とりわけ「秘密」を侵すことなどは一切許されないといわなければならない。

したがって、弁護人と被告人との間の信書を開披することを憲法は許容していないというべきである。ましてその内容を閲読したり記録化することなどを憲法が許していないことは、当然のことといわねばならない。

㈢　被告は、「身体の拘束を受けている被告人又は被疑者と弁護人との信書の発受は、刑訴法三九条一項に規定されている接見交通権の一内容であり、憲法三四条、三七条三項の保障に由来する」としつつも（これ自体は、正しい）、これにつき「絶対無制約な権利であるということはできないのであって、弁護人から援助を受ける機会を持つことを保障するという趣旨が実質的に損なわれない限りにおいて、法律及びその委任を受けた命令により、憲法三四条の予定する未決勾留の目的のために必要かつ合理的な範囲で右信書の発受について制限を加えることが否定されるものではないというべきである」などと述べて、最高裁平成一一年三月二四日大法廷判決を参照している（被告第二準備書面三〇頁）。しかし、こと秘密性につき、右大法廷判決が、制限を加えうるなどという法理をおよそ展開していないことは余りに明らかである（この点、原告第一回準備書面で詳論したとおりである）。むしろ、右大法廷判決は秘密性を制約しえないことを自明の前提にしているというべきであって、被告の見解は牽強付会という外ない。けだし、既述のとおり、秘密が制限（侵害）されるとき、実質的で効果的な弁護が直ちに「実質的に損なわれる」ことはいうまでもないからである。しかも、前述したとおり、そもそも未決勾留というものは、憲法三四条によって保障されている被告人の弁護人から援助を受ける利益・権利を不可欠の前提とするものであり、「秘密」交通権は同利益・権利の中核であるから、未決拘禁制度目的によって秘密交通権が制約されることはありえないところである。

また、被告は「逃亡または罪証隠滅の防止目的のために必要かつ合理的な範囲において、それ以外の行為の自由をも制限されることを免れない」とも主張しているが（被告第二準備書面二九頁）、この被告の主張は、被告自身が弁護人から援助を受ける権利を憲法上の権利であると認めていることとおよそ整合しない。そればかりか、「必要最小限度の規制」の法理を全く看過するもので明らかに失当である。すなわち、「必要最小限度の規制」とは、①「当該拘禁目的の具体的内容に照らして、それを実現ないし維持するための手段として、拘禁それ自体の程度が必要最小限度の規制といえるか（目的実現手段としての必要最小限度性）」ということだけでなく、②「拘禁そのものが許されるからといって被拘禁者の表現の自由など諸々の人権行使に対して、具体的な拘禁目的を達成する上で必要最小限度以上の規制を加えてはならない、ということも意味する」のであり（甲B第一七号証三頁一一行目以下）、右被告主張は、かかる憲法解釈に明らかに反しており、誤っているという外ない。

さらに、被告は、「監獄は多数の被拘禁者を外部から隔離して収容する施設であり、右施設内でこれらの者を集団として管理するにあたっては、内部における規律及び秩序を維持し、その正常な状態を保持する必要があるから、この目的のために必要がある場合には、被告人または被疑者についてもこの面からその者の身体的自由及びその他の行為の自由に一定の制限が加えられることはやむを得ないところというべきである」などとも主張し、最高裁昭和五八年六月二二日大法廷判決を引用している（同二九頁〜三〇頁）。

しかし、被告が同最高裁大法廷判決の意義を歪曲していることは明らかである（甲B第一七号証七頁一三行目以下参照）。同最高裁大法廷判決の示したところは、「被拘禁者の表現の自由に対する制約は、拘禁目的との関係において『必要最小限度』のものに止まらなければならない、という法命題に合致」するものであって（甲B第一七号証一〇頁「(6)最高裁判決の枠組」以下参照）、「一定の制限」とか、必要かつ合理的な範囲で制約することが許されるなどという曖昧模糊とした制約が認められるなどとはおよそ判示してはいない。

これに加え、被告は、被告人と弁護人との間で発受される信書にも逃亡又は罪証隠滅を通謀したり、あるいは自殺を示唆する心情等を吐露することなども十分予想されるなどとも主張している（第二準備書面三一頁四行目以下）。

しかし、憲法は、既に述べたとおり、そのような事態については、例えば弁護士懲戒・刑事制裁などの方法で担保されるとの価値決定を行っており、それ以外の規制をおよそ想定していないのであるから、そもそも被告人と弁護人との信書の発受に関しては、そのようなことは考慮に値しない事由であるし、考慮されるべきではない。

実際、弁護人の信書の中に第三者の信書が封入されることはあり得るが、それは弁護人の判断・責任に基づいて封入するものである。その判断について事後的に弁護士懲戒・刑事制裁の対象になりうることはありえても、それは、拘置所が当該弁護人の判断に容喙することを許す根拠になるわけではない。

被告は、真に弁護人が発した信書かどうかわからないというような問題をも指摘しているが、そんなことは、そもそも住所等から外観で判断できることであり、仮にそれで足りないというのであれば、例えば、弁護人の発する信書には特定のシールを貼付するなどの方法によって識別することが可能であり、あるいは、発信者についての疑問が払拭できない場合は直接弁護人に確認するなどの方法を採れば足りるのであって、要は、代替方法はいくらもありうることはいうまでもない。被告の右指摘の点は、秘密交通権を制約する根拠に到底なり得ないものであるし、そんなことを確認するために信書を開披・閲読するなどというのは「必要最小限度」という基準を明らかに超えたものである。現に、そんな事態のおよそないこと、すなわち、立法事実の不存在をH証人は明言しているのである（H八九頁）。

要するに、仮に施設内における規律及び秩序を維持する目的のために、未決拘禁者に関する情報を集めてその心情を把握する必要があるとしても、少なくとも被告人と弁護人との間で発受される信書に関しては、この必要性をもって、当該信書を開披し、閲読し、記録化したり、あるいは、その内容の一部を抹消するなどの措置を講ずることなどの制約を正当化することなど到底不可能である。なお、刑訴法三九条二項の解釈としても、被告主張の如き法理は成立しないことが明らかである（この点は、後記第四で詳述する）。

5　秘密交通権と憲法二一条

この点については既に訴状で詳論したとおりであるが（同二五頁〜三五頁参照）、憲法二一条からのアプローチによっても、本件法令は法令違憲であるとの結論に達する外ないと思われる。

以下、甲B第一七号証（棟居快行意見書）を参照しつつ、原告らの主張を明確にしておきたい。

㈠　刑事手続の進行上、被疑者・被告人の身体が拘束されることのあることは、当然憲法も許容するところであるが、しかし、その許される程度は、既に述べたとおり、必要最小限度に限られる。

必要最小限度に限られるという意味は、既述のとおり、拘禁それ自体が必要最小限度でなければならないことを意味するばかりでなく、被拘禁者の表現の自由など諸々の人権行使に対して、具体的な拘禁目的を達成する上で必要最小限度以上の規制を加えてはならないということも意味している。このことを換言すれば、被拘禁者の表現の自由に対する制約といったものは、拘禁自体が合憲であっても、それに伴って当然に合憲となるものではないということである。

すなわち、拘禁によって人身の自由が拘束されている以上、それに付加して被拘禁者の表現の自由までが制約されなければならない場合とは、拘禁そのもの、あるいは、拘禁の目的（逃亡ないし証拠隠滅の阻止、刑の執行）を、当該表現行為において損われることが具体的に予見しうる場合に限られるといわなければならない。例えば、外部との信書のやりとりなどは、それ自体が拘禁そのもの、あるいは、前示の拘禁目的を阻害するものであるとは、当然には言い難いことは明らかであって、被拘禁者の信書の発信ないし受領の自由を施設当局が制約するとすれば、真に当該発受行為が拘禁そのもの、あるいは、拘禁目的を阻害する具体的危険性を有するか否かが、精査されねばならない。

㈡　この理は、最高裁も、最高裁大法廷判決（昭和四五年九月一六日民集二四巻一〇号一四一〇頁）および最高裁大法廷判決（昭和五八年六月二二日民集三七巻五号七九三頁）で認めているところである。すなわち、既に述べたとおり、後者の判決についていえば、同判決は、「……未決勾留は、前記刑事司法上の目的のために必要やむをえない措置として一定の範囲で個人の自由を拘束するものであり、他方、これにより拘禁される者は、当該拘禁関係に伴う制約の範囲外においては、原則として一般市民としての自由を保障されるべき者であるから、監獄内の規律及び秩序の維持のためにこれら被拘禁者の新聞紙、図書等の閲読の自由を制限する場合においても、それは、右の目的を達するために真に必要と認められる限度にとどめられるべきものである。したがって、右の制限が許されるためには、当該閲読を許すことにより右の規律及び秩序が害される一般的、抽象的なおそれがあるというだけでは足りず、被拘禁者の性向、行状、監獄内の管理、保安の状況、当該新聞紙、図書等の内容その他の具体的事情のもとにおいて、その閲読を許すことにより監獄内の規律及び秩序の維持上放置することのできない程度の障害が生ずる相当の蓋然性があると認められることが必要であり、かつ、その場合においても、右の制限の程度は、右の障害発生の防止のために必要かつ合理的な範囲にとどまるべきものと解するのが相当である」と判示している。

なお、右最高裁判決は、逃亡および罪証隠滅の防止という目的に加えて「監獄内の規律及び秩序の維持」をも、新聞閲読の自由を制限しうる正当な目的として掲げているが、最高裁も拘置所、刑務所の集団管理という特殊性に着目してこの目的を正当としているのであって、右判決が、施設長が漫然と「規律及び秩序の維持」を理由として包括的な制限を信書の自由に課すことまで、容認したものとは、とうてい解されない。なぜなら、右のように最高裁は「必要最小限度」という厳格な基準を定立したものと解されるのであるが、そのような厳格な立場と、施設長の自由裁量に「規律及び秩序の維持」を委ねる解釈とは、およそ両立しがたいからである。

㈢　以上を踏まえて、信書の自由の憲法上の位置づけを再度論じておけば、次のとおりである。

すなわち、憲法二一条が保障する表現の自由が、個人の人格の自由な発展、ならびに民主主義の実現にとって、不可欠の重要性を有することは多言を要しない。また、表現の自由の保障には、ひとり表現者の発信の自由のみならずそれと対をなすところの、表現の受け手の表現を受領することの自由もまた、含まれている。手紙をやりとりするという表現手段もまた、発信人の発信の自由ならびに、受領者の信書受領の自由の両面において、表現の自由の対象となる。憲法は二一条一項で表現の自由一般についての保障をしたうえで、さらに二項二文において通信の秘密を保障するが、この通信の秘密の保障に信書の秘密が含まれることは、殊更にいうまでもない。

このように、憲法二一条は、信書の発信ならびに受領の自由の保障と、それと密接に関連する信書の秘密の保護とを、ともに規定している（以下、「信書の自由」の概念を、信書の秘密の保護をも含むものとして用いる）。

信書という表現手段が他の表現方法と異なる点は、それが書かれた文字として記録に残るという点、いつ相手が受領し読むかについて発信者がある程度選択し操作することが可能である点に加えて、その秘密性のゆえに、発信者と受領者との間の一対一のコミュニケーションを可能とする点にあると考えられる。このような意味において、信書という表現形態は、他の表現形式、たとえば、著作物の公表や講演会の開催などという、代表的な表現行為の例とは、大きく性質を異にしている。世間一般に意見を発表するなどの場合には、著作によるのか講演会形式によるのかなど、様々の手段方法がありうるところであるから、特定の手段方法だけが禁じられても、当該意見の世間への伝達という観点からは、さほど致命的ではないかもしれない。しかしながら、信書という形態による特定の者同士のやりとりは、他の手段では代替不可能である。信書の秘密は、一面では、プライバシー保護、あるいは内心の自由の保護（憲法一九条の思想良心の自由に含まれる）にかかわっている。他面においては、信書という表現形態は電話と同様に、表現内容が当事者以外の者には秘密とされることによって初めて成立する特殊な表現形態である。

このように、信書の発受という表現形態は、他の表現形態では代替不可能な独自の意義を有する。それゆえ、憲法二一条二項は表現の自由を保障する一項に加えて、「通信の秘密」をわざわざ別項に保障しているのであって、通信の秘密の保障は絶対的なものである（制約は基本的に認められない）と考えられているのである。

ところで、信書の発受の全面的な禁止が、信書の自由にとり最大の制約であることはいうまでもないが、右に見たところからすると、信書の秘密性が保障されない場合には、信書という表現形態自体が成立しがたいことは明らかである。すなわち、行政機関が信書の内容を逐一検分することは、ひっきょう信書を信書にあらざるものに転化する所為に他ならないのであるから、監獄法施行規則一三〇条一項が規定する信書の「検閲」は、信書の発受そのものの禁止に匹敵すると言わざるを得ない。それが、信書の内容を施設長が逐一検分することを意味する以上、発受禁止に比して、「より緩やかな制限」であるとは言えないことは明らかである。

㈣　第一でも既に論じたとおり、本件について、今日までの審理によって明らかにされたところによると（乙第三号証参照）、書信表の「書信の要旨」欄には「信書の要旨を簡潔に記載すること」とされ、要旨記載の対象となる信書について弁護人との間の信書か弁護人以外の者との間の信書かを全く区別せず、一律に要旨記載の対象とされているのであり、しかも、すべての信書について「要旨」は必ず記載しなければならないというのが実務運用であることが明らかにされている。

つまり、被告によれば、「心情を把握する」などという目的のために（被告第二準備書面三三頁参照）、内容すべてを閲読するというのであり、これは「思想的内容等」の表現に踏み込んで審査しているという外なく、また、信書を網羅的に閲読し、審査していることに外ならない。そして、本件法令の法文上は信書の発受は「許可制」であって、閲読が一部削除や全部抹消を目的として行われていることも明白である（被告第一準備書面四頁～五頁、被告第三準備書面一頁～二頁参照。なお、原告第二準備書面八頁～一一頁を併せ参照）。これは憲法の禁ずる「検閲」に外なるまい。その所以は次のとおりである。

いわゆる検閲は憲法二一条二項も絶対的に禁じるところであるが、その定義について、最高裁（いわゆる税関検査事件最高裁大法廷判決―昭和五九年一二月一二日民集三八巻一二号一三〇八頁）は、憲法二一条二項にいう「検閲」とは、「行政権が主体となって、思想内容等の表現物を対象とし、その全部又は一部の発表の禁止を目的として、対象とされる一定の表現物につき網羅的一般的に、発表前にその内容を審査した上、不適当と認めるものの発表を禁止することを、その特質として備えるものを指すと解すべきである」としている。

右の定義の重点は「一定の表現物につき網羅的一般的に、発表前にその内容を審査した上、不適当と認めるものの発表を禁止すること」の部分にある。このような特徴を備えた行政機関による表現行為の事前抑制が、「検閲」として憲法二一条二項により、絶対的に禁止されているのである。

「検閲」の特性の一つに、右の最高裁判決も述べるように、発表の禁止という要素がある。著作物による学説の発表などの場合には、たとえば教科書検定に不合格とされ、検定済教科書としての発売が出来なくても、一般図書としての販売は可能であるなどの事情がある場合には、結果的には発表は禁止されていない。それゆえ、右の意味の「検閲」には該当しないとの見方も成り立つ。これに対して信書の場合には、他の表現形態で代替することは不可能であるから、信書の内容が行政機関によって網羅的に審査され、その内容のゆえに信書の発受が禁止されうるという仕組みが取られているとすれば、たちどころに検閲として違憲と評価されることになるといわねばならない。

なお、いうまでもないことであるが、憲法二一条二項は、右のような検閲制度を当然に違憲としているのであって、個々の事例で内容審査の結果その発表が禁止されない表現との関係においても、検閲制度はやはり違憲である。内容審査がなされ、その結果如何では発表が禁止されるかもしれないという畏れを表現者に与えること自体が、表現の自由の行使を萎縮させ、憲法上の重要な価値の実現を妨げるのである。憲法学説においては、このような「萎縮効果」はとりわけ表現の自由において発生しやすく、したがって、表現の自由を制約する立法はその要件が明確でなければならないと説かれている。

したがって、信書の発受自体は禁止されるに至らない場合であっても、発受禁止という権限を有する行政機関が、網羅的に信書の内容を検分することが、まさに違憲の検閲といいうるのである。本件における「検閲」は、まさしく憲法にいう検閲といわなければならない。

㈤　右に述べた事柄からすれば、被拘禁者に対して信書の発受を禁止する権限を施設長に認める監獄法四七条・四六条一項、ならびにその前提としての「検閲」を許す監獄法五〇条・監獄法施行規則一三〇条一項の規定は、いずれも憲法二一条二項が禁止する「検閲」に該当し、たちどころに違憲といって差し支えないはずである。

もっとも、この点については、被拘禁者が発受する信書は、場合によっては拘禁それ自体ないしは拘禁の目的を阻害することがあり得ないではない（たとえば、受領する信書についていえば、そこには自殺や脱獄を容易ならしめる記述が含まれるかもしれず、あるいは所内を混乱させる扇動的な言辞が含まれているかもしれない。発信する信書についても、右のような弊害の発生を意図して、外部との連絡を図る内容であることも考えられないではない）。そうだとすると、すでに見たように、憲法自身が被疑者・被告人、および受刑者の拘禁を認めているのであり、拘禁制度を危うからしめるような信書の発受行為に対しては、それを効果的に制約することを、憲法自身も許容するものと解する余地があり、そうであれば、拘置所、刑務所における信書の発受は、表現の自由の保障や検閲の禁止を全面的に享受するものではなく、拘禁そのもの、ないし拘禁目的の維持のために、必要最小限度の制約であれば、それを甘受せざるを得ないと解する余地はあろう。すなわち、信書の内容が拘禁そのもの、ないし拘禁目的を阻害することが具体的に予見されるのであれば、施設長は当該信書の発受に対して、当該弊害を防ぐための必要最小限度の制約を課すことが許されえよう。

しかし、施設長が、被拘禁者の信書の発受に対して、その内容が拘禁そのもの、ないしは拘禁目的を阻害する具体的危険性を有するものでないことを確認するために、信書の検分を行うことが許されているのだとしても、弁護人との間の信書は、これに含まれえない。すなわち、被疑者・被告人が弁護人とやりとりする信書については、面会による接見交通と同じ機能を有することは疑いなく、弁護人依頼権によって当該信書のやりとりもまた保障され、そうであれば、被疑者・被告人と弁護人との間で交される信書については、弁護人依頼権の行使の一態様であって、拘禁を阻害する危険性があるものとは到底認められないというべきである。そもそも、それは、原理的に法理として、そのような危険性はないとされているとしなければならない。

この点、弁護人にあっても、被疑者・被告人の逃亡等を助ける者がいるやも知れないという想定の下に、接見の際に逐一会話の内容を記録しそれを検分するとすれば、接見交通権、ひいては弁護人依頼権の侵害に当たると考えられることはいうまでもないのであって、これと同様に、弁護人と被告人との間の信書については、施行規則一三〇条一項が文言どおり適用され内容の「検閲」がなされるとすれば、弁護人依頼権の侵害の事態を招くことは余りに明らかである。監獄法四七条・四六条一項にもとづく施設長の権限は、その自由裁量によっていかようにも行使しうるというようなものではない。拘禁目的との関係で必要最小限度の制約のみが信書の自由に対する合憲的な制約である。

この観点からは、とりわけ弁護人と被告人との信書のやりとりは、弁護人依頼権に含まれ、秘密交通権という権利の行使と捉えられるのであって、このようなものについて、拘禁目的に対する具体的危険性の存在を前提として、当該信書を「検閲」の対象とすることは、到底許されえない。そして、本件法令は、そのような限定解釈を施すことが文言上困難という外ないから、結局、本件法令は法令違憲であることに帰する。

㈥　なお、以上の点につき、被告は、最高裁平成六年一〇月二七日第一小法廷判決（判例時報一五一三号九一頁）などを引用しているが（被告第二準備書面三九頁）、これは、弁護人以外の者が未決拘禁中の被告人に対して発した信書に関する事案であって、弁護人と被告人との間の信書の閲読に関する事案ではなく、弁護人と被告人との間の信書の閲読についてはおよそ争点になっていない。さらに、右事案において、閲読の実体が審理されたという形跡も見出せない。したがって、本事案は同判決の射程にあるとはいえないことは明白である。

被告は、なおいくつかの最高裁判決を援用して、被告人と弁護人との間で発受される信書の「検閲」（監獄法五〇条、監獄法施行規則一三〇条一項による）は、憲法二一条二項前段の「検閲」にはあたらないと主張するのであるが、被告も自認するとおり、信書の「検閲」（監獄法五〇条、監獄法施行規則一三〇条一項による）は、被告人と弁護人との間で発受される信書についても、「施設内における規律及び秩序を維持する目的のために、…、やむを得ず信書の発受を禁止したり、その一部を抹消するなどの措置を講ずることが必要となる場合もある」という前提のもとになされ、実際に信書の内容を拘置所において網羅的に審査しているという実態が存在しているのである。信書が一対一のコミュニケーションを成立させるという表現行為であるという点で他の出版・集会などの表現行為には見られない独自性を有しており、かつ、そのような観点から憲法二一条二項後段が設けられているのであり、しかも、弁護人との間で発受される信書というものは、既に述べたとおり、被告人の弁護人依頼権・防御権を保障するうえで不可欠な情報交換手段であり、信書独自・固有の価値・意義を一層有しているのであって、これは、憲法三四条・三七条三項によって保障されているのであるから、憲法二一条の表現の自由の保障を考える場合も、その価値・意義・不可欠性を考慮しなければならない。そうだとすればこのような信書の「検閲」（監獄法五〇条、監獄法施行規則一三〇条一項による）は憲法二一条二項前段の「検閲」に該当することは明白というべきである。この点、いうまでもなく、被告の援用する最高裁判決はいずれも被告人と弁護人との間で発受される信書に関するものではない。それゆえ、およそ参考にならないのである。

(七)　また、仮に本件が憲法上の検閲に該当しないと解される余地があったとしても、監獄法五〇条・同法施行規則一三〇条一項は、実質的には「検閲」と同一の効果を有していることは疑いを容れないであろう。けだし、繰り返し述べてきたとおり、弁護人と被告人との間の信書について、本件法令には、これを別扱いとする何らの実体的・手続的要件も定められていないのだからである。

この点、憲法二一条二項後段に関しても、被告は「検閲の禁止とは異なり、絶対無制約なものではなく、一定の制約に服するものである」って、「前記のとおり、本件法令による通信の秘密に対する制約は、合理的かつ必要やむを得ないものであるから」、同条項に違反しないと主張しているが、既に述べたとおり、被告の主張する制約根拠などによって通信の秘密の保障を制約することは許されない。郵便物の押収に関して令状主義がとられていることからも明らかなとおり（刑訴法一〇〇条。なお、同条項についても通信の秘密の保障との関係で違憲の疑いがあるとの見解があることは周知のとおりである）、ましてやそのような手続を経ないで、弁護人との間の信書を開披し、閲読し記録化することなどは、憲法も、刑訴法も、およそ許容していないのである。

したがって、いずれにしても弁護人との間で発受する信書は未決拘禁者の表現の自由に対する制約に本来的に服さないことは明らかである。結局、本件法令が事前抑制禁止の原則に違反することは明らかで、これは法令違憲という外はない。

6　秘密交通権と憲法一三条・憲法三一条

秘密交通権は、憲法一三条・三一条によっても保障されているというべきであるが、既に述べたところから明らかなとおり、これは、未決拘禁制度目的により制約を受けることはないというべきである。また、同目的から見て、これを制約すべき必要性も認められないから、秘密交通権は、同目的による制約に本来的に服さない。これらの憲法条文によっても、本件法令は法令違憲である。

7　まとめに代えて

本件法令は、弁護人と被告人との間の信書と弁護人以外の者と被告人との間の信書を区別していない。既にみたとおり、憲法は、弁護人と被告人との間の信書の秘密性について絶対的に保障しているのであって、したがって、本件法令の解釈が憲法に適合的であるためには、本件法令上の「信書」について弁護人以外の者と被告人との間の信書に限定していると限定的に解釈しなければならないことになる。しかし、このような合憲限定解釈が可能であるとも思われない。なぜなら、本件法令自体が文言上被告人の発受する信書一般を対象にしていることは余りに明白というべきで、そのような限定解釈を施すことは困難という外はないからである。

それゆえ、本件法令のもとでは、弁護人としては、被告人との間で交わされる信書の秘密性が貫徹されないので、信書による情報交換手段をとるのを差し控えざるをえないし、あるいは、記載内容について踏み込んだ内容を記載することを躊躇するという萎縮効果が生ずることは明らかである。その結果、被告人は時宜に応じた実質的で効果的な弁護を受ける機会を逸してしまう。

結局、本件法令は、合憲限定解釈をとることは甚だ困難という外はなく、文面上違憲（法令違憲）であるといわなければならない。

二　本件各行為の違憲性

仮に本件法令が法令違憲ではないとしても、以下に述べるとおり、大阪拘置所の開披・閲読・記録化の各行為及び検察官の照会・利用の各行為は憲法の解釈・適用を誤った行為であり、違憲である。けだし、本件法令が法令違憲でないとする場合のアプローチは、本件法令を合憲限定解釈するしかないところ、本件各行為は、この見地に立っても、明らかに違憲なのだからである。

なお、以下の論述では、第一で述べた各憲法条文については、必ずしもあえていちいち論及していないが、もとより、仮に法令違憲とされない場合にあっても、本件各行為自体が憲法三四条・三七条三項等に違反する行為であることは、前述したところから当然のことであることを予めお断りしておく。

1　大阪拘置所の本件信書の開披・閲読・記録化の各行為は違憲である

(一)　仮に本件法令が法令違憲でないと解される余地があったとしても、その場合は、大阪拘置所において本件法令の合憲限定解釈を行わねばならなかったことは明らかである。

すなわち、合憲限定解釈とは、「法文の意味を憲法に適合するように限定して解釈すること」であり（芦部信喜・憲法新版補訂版（一九九九年、岩波書店）一五〇頁）、換言すれば、法文をその文言の文理や目的だけを手がかりとして解釈した場合には、通常複数の選択肢が可能であるが、そのうちのある解釈を前提とすれば当該法令が違憲の内容を有することとなりうる場合には、そのような解釈を排し、合憲的な内容のものとして当該法令を解釈する選択肢のみを（仮にその解釈が文理そのものからは導き出されないものであるとしても）採用すべきであるということである。

この合憲限定解釈という手法は、本件法令に対しても、適用しうるとの見解がないわけでもあるまい。すなわち、繰り返し述べてきた「必要最小限度」という合憲性の判定基準はその実質において、ここで述べている合憲限定解釈による法令の限定解釈の基準としても機能しうるであろうし、本件法令についても、拘禁それ自体および拘禁目的との関係で、当該制限が「必要最小限度」といいうる範囲内に収まっているように、合憲限定解釈を施す余地はあろう。この場合、合憲限定解釈を経た当該法令のみが、実務運用の有効な根拠規定となりうるのであって、漫然と当該法令の文言解釈にもとづいて過度に広範な制限を信書の自由に課している実務運用というものは、まさに当該運用それ自体が違憲（運用違憲）といわなければならない。

(二)　このようにみると、まず、監獄法四七条・同四六条一項は、拘禁そのもの、もしくは拘禁目的（逃亡、罪証隠滅の阻止など）の観点からみて必要最小限度の制限のみを、信書の発受に対して課すことを施設長に許した規定であると解さなければならない。既に論じたとおり、このような解釈は文理解釈としては不自然であって、本来、法令違憲というべきであるが、仮にそう解さないとすれば、先に述べた合憲限定解釈の手法により、このような解釈を採用する外はない。

また、同五〇条は、同法四七条・四六条一項の制限は命令によるべきことを定め、これを受けて監獄法施行規則は監獄法の右規定の施行細則として、一三〇条一項に信書の「検閲」の規定を、また一三九条に「検閲」によって了知された参考事項の身分帳簿への記載の規定を、それぞれ置いているが、これら監獄法施行規則の右諸規定は、監獄法四七条・四六条一項を受けているのであるから、同各条が右に述べたように「必要最小限度」の要請を織り込んだものとして合憲限定解釈されるべきものであるとすれば、施行規則のこれらの規定もまた限定解釈を施された監獄法四七条・四六条一項の実施細則として、やはり限定解釈を施される外はない。これは、「検閲」の結果を身分帳簿に記載するという、施行規則一三九条の規定についても、同じである。

すなわち、弁護人と被告人との間でかわされた信書については、そもそも「検閲」がなされるべきではないのであるから、当該信書に対して仮に「検閲」がなされたとしても、その結果得られた参考事項を身分帳簿に記載することは許されない。その限りで、施行規則一三九条もまた、限定解釈を施されなければならない。

ところが、大阪拘置所は、本件法令にもとづいて、原告ら各弁護人とその各被告人の間の信書を開披・閲読し、これを記録化していたのである。

したがって、大阪拘置所の本件信書の開披・閲読・記録化の各行為は違憲である。

2　信書の内容を検察官に提供することは違憲である

右の信書が「検閲」され、その内容が記録にとどめられることだけでも、違憲といいうるのであるから、ましてや、照会に応じて回答するなどして、当該内容を検察官に提供する行為が、弁護人依頼権を侵害し、違憲であることは、いうまでもない。

のみならず、検察官への信書の内容の提供などという運用は、実質的にも、弁護人と被疑者・被告人との間の正当な防御権行使のための打ち合わせを無に帰さしめるものであって、当事者主義を標榜する戦後の刑事手続を根幹から揺るがすものである。

本来、施設長は拘禁目的を円滑に実現するために、信書の制限という重大な権限を付与されているにすぎず、当該目的との関係において必要最小限度の制限以上のことを、およそなしえないことは、繰り返しのべたとおりである。

右のような、検察官への信書内容の提供は、違憲のうえに違憲を重ねるものという以外ないのである。

3　憲法三八条一項違反

以上、憲法三四条・憲法三七条三項・憲法二一条等の観点を中心として本件各行為が違憲である外ない所以を述べたが、本件行為は憲法三八条一項の観点を中心にして捉えていっても違憲というべきであるので、以下、この観点からも論じておきたい。

㈠　刑訴法一九七条二項による検察官の照会行為は違憲である

被告人は自己に不利益な供述を強要されない（憲法三八条一項）。この規定は「人間性に対する配慮と自白偏重による人権無視を防止しようとする考慮とに基づくものである」（佐藤幸治「憲法（第三版）」六〇三頁）。被告人が、捜査・訴追機関に対して供述することを拒否した供述内容を、自由に、弁護人との接見の際に話し、あるいは弁護人宛の信書に書くことがあるのは当然のことであり、これによって弁護人と被告人との間の情報交換がなされ、情報の共有が行われ、被告人は時宜を得た実質的で効果的な弁護を受けることができるのである。そして、弁護人には守秘義務が課せられている以上、その被告人の供述内容が捜査・訴追機関に知れる可能性はない。

それゆえ、例えば、捜査・訴追機関が、被告人に対して強要しても当該機関に被告人が話さなかった内容について、当該被告人が弁護人に打ち明けた情報を、捜査・訴追機関がその秘密を侵して取得できるというのであれば、これは、憲法三八条一項を潜脱する行為以外の何ものでもない。仮に供述の強要という前提を措かなかったとしても、それは被告人から見れば偽計による自己負罪拒否特権の侵害行為に外なるまい。未決拘禁下の被告人が自らの意を伝える方法が限定されていることをも考慮すると、その偽計性は一層明らかというべきであろう。

したがって、憲法三八条一項は、弁護人の守秘義務と相俟って、被告人と弁護人との自由な情報交換の秘密を侵すことを禁止しているというべきである。捜査・訴追機関は、いかなる目的であっても、弁護人と被告人との間で交換される情報内容の秘密を侵すことは憲法三八条一項（もとより、憲法三四条・同三七条三項）に違反し、許されないのである。

よって、刑訴法一九七条二項の解釈としても、憲法三八条一項は、捜査機関等の公権力が弁護人と被告人との間の信書内容の秘密を侵す行為を禁止しているのであって、そもそも、弁護人と被告人との間の信書については、いわば原理的に捜査の必要性がない場合に該ると解釈しなければならない。したがって、照会をする際には弁護人と被告人との間の信書を除外しなければならないことは自明の前提になっているというべきである。

本件では、検察官がそのような解釈すら行わず、実際には弁護人と被告人との間の信書の秘密を侵すことを十分承知の上、もしくは、重大な過失によって、わざわざ照会書に「及びその他の者との」という文言までも付け加えた上で照会を行っているのである。このことからも、検察官が本件において大阪拘置所に対して照会した行為は違憲であることは明らかである。

㈡　検察官の照会に対する大阪拘置所の回答行為は違憲である

そして、右に述べたとおり、刑事訴訟法一九七条二項によって、大阪拘置所は、捜査の必要性がないと判断しなかったばかりか、捜査の必要があるという検察官の判断を鵜呑みにして回答し、弁護人との間の信書を除外せずに回答を行ったのであるから、憲法三八条一項との関係でも（もとより、憲法三四条・同三七条三項の関係においては当然）、これは違憲行為である。

被告の自認するとおり、捜査の必要性について、大阪拘置所は判断する能力がないのである。そうだとすれば、本件で明らかになっているように、それは要は、常に検察官の判断に従う関係にあるといわなければならない。そうだとすると、本件信書の照会・回答という場面では、いわば大阪拘置所は検察官の「目」ないし「手足」としての存在として、大阪拘置所が開披・閲読・記録化したものをそっくりそのまま検察官に伝えるだけの存在であって、独自の存在意義など全くなくなってしまっているという外はない。あえて言えば、検察官と完全に一体化してしまっているといわざるをえないのである。

形式的には、検察官による照会と大阪拘置所のそれに対する回答という各行為が存在し、また、大阪拘置所による弁護人と被告人との間の信書の開披・閲読・記録化の各行為が存在するのだとしても、実質的には検察官が弁護人と被告人との間の信書を開披して、閲読し、それを記録化し、被告人と弁護人との間で交換された情報を獲得して、その秘密を侵しているというべき実態に外ならない。

したがって、大阪拘置所の回答行為は、これも、憲法三八条一項（同三四条・三七条三項）との関係で刑訴法一九七条二項の解釈を誤った違憲行為である。

㈢　検察官が大阪拘置所の回答を利用した行為は違憲である

違憲な行為により取得した訴訟資料を接見禁止請求の疎明資料として裁判所に提出したり、刑事裁判において証拠として提出したりする行為（本件利用行為）はもとより違憲である。これは、本件利用行為の先行行為である照会・回答行為が違憲であるということにもとよりとどまらない。本件利用行為自体が余りに明白な違憲行為である。

すなわち、検察官が接見禁止請求の際、疎明資料を提出し、あるいは、証拠申請するといった行為は、刑事裁判における一方当事者として、刑事訴訟法上も認められた権能であり責務である。しかし、検察官の刑事訴訟法上の権能及び責務も憲法の規定に違反しえないことはあたりまえのことであって、むしろ、捜査・訴追・刑罰の利益を担う存在としての検察官には、公益の代表者として、より憲法適合的な判断・行為が憲法上要請されている。したがって、検察官においては、自らの行為が憲法に違反しないかどうかについて慎重な判断・言動を行わなければならないことはいうまでもない。

しかるに、本件では、検察官が弁護人と被告人との間の信書の秘密を侵し、弁護人と被告人との間で交換された情報を覚知したというだけでなく、これを積極的に利用したのである。これは、検察官が、被告人の捜査・訴追機関に対して自己負罪拒否特権で保護されるべき情報までを取得し、それを被告人に不利益なものとして、また有罪認定につながる証拠として、まさに利用し、利用しようとしたということに帰する。これは偽計的に自己負罪供述を獲得し利用するものであって、実質的に憲法三八条一項の趣旨を潜脱する行為である。

したがって、この意味においても、検察官の行った本件利用行為自体、違憲である。

㈣　被告主張の誤りについて

以上について、被告は、「本件法令は捜査機関が被告人と弁護人との間の信書の内容を確認することを許容する規定ではない」と反論するが（被告第二準備書面四三頁以下）、この反論自体、全く的を射ていない。けだし、原告らが問題としているのは、拘置所において被告人と弁護人との間で発受された信書を開披し、閲読し、記録化し、さらに記録化した内容を検察官の照会に応じて回答したという現実をまさに問題にしているのだからである。本件法令によって、かかる現実が生起しているのに、右のように言ってこと足れりという発想は、理解困難という外はない。

また、被告は、「憲法三八条一項の不利益供述の強要の禁止を実効的に保障するためどのような措置が採られるべきかは、基本的には捜査の実情等を踏まえた上での立法政策の問題に帰するというべきであり、右にいう不利益供述の強要の禁止の定めから被告人と弁護人との接見交通権の保障が当然に導き出されるものともいえない」などと主張し、最高裁平成一一年三月二四日大法廷判決を「参照」している。しかし、同判決は、刑訴法三九条三項に関する憲法判断であって、同判決の事案は身体拘束を受けている被疑者に関し、捜査機関と弁護人双方が、取調べないし接見を行おうとするために時間が競合する場面を問題にしているものである。信書の発受に関しては、およそ捜査機関と弁護人との間で時間が競合することなどあり得ないものであるから、本件とは事案が異なることはいうまでもない。

本件では被告人と弁護人との間で発受する信書を開披し、閲読し、記録化した上で、それを照会、回答という行為を介して検察官が覚知することが憲法三八条一項に違反するかどうかを問題にしているのであって、これは、「立法政策」の問題などとは関係がない。憲法三八条一項は、被告人が意思に反して捜査機関に不利益供述を強要されないことを権利として保障しているが、被告人と弁護人との間で行われた意思疎通過程そのものが、被告人の意思に反して捜査機関に覚知される場合には、その意思疎通過程が憲法三四条、三七条三項によって保障されていることに照らし、当然「強要され」ているのと同視しうるのである。それゆえ、憲法三八条一項に違反すると解さなければならないのであって、これは憲法解釈の問題以外のなにものでもない。

4　フェアトライアル・公正な裁判・当事者主義・武器対等の原則と本件各行為の違憲性

以上述べたところから既に明らかなように、本件各行為は、憲法が想定する刑事司法の根本理念に全く背くものといわなければならない。以下においては、この観点から論じておくこととする。

㈠　大阪拘置所の本件回答行為は、憲法上要請される中立義務に違反する

憲法がその三一条以下において、フェアトライアル・公正な裁判・当事者主義・武器対等の原則を刑事司法手続・刑事裁判において要請していることは既に訴状で詳しく述べたとおりである（同三八頁〜四一頁）。

そして、本来、未決拘禁施設は、捜査・訴追機関ではなく、他方、受刑者の収容施設（刑罰機関）でもない。それゆえ、捜査・訴追・処罰の利益との関係では、その利益を損なわずに、これに適合する限度で、憲法上存在意義が認められているものというべきである。もちろん、未決拘禁施設は、憲法上、刑事裁判への被告人の出頭を確保する目的ないし機能を果たすべき存在であるが、それは、むしろ公正な裁判・実質的当事者主義といった憲法上の価値の確保にも奉仕しなければならない存在であることを示しているといわなければならない。したがって、弁護人から援助を受ける利益との関係では、この利益を損なってはならないことが憲法上要請されていることも明らかである。少なくとも、未決拘禁施設は、捜査・訴追機関側と被告人・弁護人側との間で可及的に中立を保つ憲法上の義務があるといわなければならない。それゆえ、未決拘禁施設が右の中立義務に違反する行為を行うことは憲法上許されない。

本件に即していえば、刑事訴訟法一九七条二項により大阪拘置所は検察官の照会に対し回答義務を負うが、この回答義務は、未決拘禁施設が右中立義務を負うことを大前提とする義務であるから、右中立義務に違反するような大阪拘置所の回答行為は違憲という外はない。換言すれば、大阪拘置所の右回答義務は、捜査・訴追の利益のために生じるとしか解されないところ、捜査・訴追の利益というものは弁護人の援助を受ける利益を前提とするものであるから、弁護人の援助を受ける利益を侵害してまで回答義務が生ずると解することは不可能である。

しかも、本件では、被告は、大阪拘置所において捜査の必要性を判断できないことを理由に、検察官から照会があれば大阪拘置所において回答拒否ができないことを自認しているのであって、このことは、とりもなおさず、弁護人と被告人との間の信書の秘密を侵す

という点では、大阪拘置所は検察官の「目」ないし「手足」として一体の関係にたっていたことを明らかにしているといわざるをえない。大阪拘置所は、検察官の、いわば、「いいなり」になって、漫然とその照会に対する回答を行っていたことが常態だったのであって、このような関係自体、中立義務に違反するという外はない。

本件において、大阪拘置所が憲法上要請される中立義務に違反したことは明白であって、当該違反行為は違憲である。

㈡　検察官の本件照会・利用行為は憲法上要請されるフェアトライアルに違反する

検察官は、捜査・訴追・刑罰に関して公益を代表する存在であり、かつ、刑事裁判における一方当事者である。それゆえ、本来、その訴訟追行上、フェアトライアルを志向することがその職務内容の中核をなし、義務になっているといわなければならない。要するに、検察官が適正な手続によって適法に収集した証拠資料をもとに、フェアトライアルを行わなければならないことは憲法の要請である。

既に述べてきたとおり、本件照会行為は弁護人と被告人間の打合内容を覚知するための端緒となる行為であり、本件利用行為は弁護人と被告人間の打合内容を覚知したうえでそれを利用する行為であって、いずれの行為もフェアトライアルに背くものであり、明白な違憲行為である。このことは、通常の憲法感覚さえあれば、極めて明白な道理であり、憲法上の解釈の余地があるという問題ではない。

検察官の本件照会行為が常態化しており、本件訴訟提起後になってようやく弁護人と被告人の信書を除外して照会するように指導したという事実は（甲A第八号証の二参照）、検察官の照会・利用行為というものについて憲法感覚が鈍磨してもはや組織的行為と化してしまっていたことを如実に示している。

この点、被告は、適正手続や公平な裁判を受ける権利にも反することはないと主張し、その根拠を本件法令が憲法三四条・三七条三項に違反しないことに求めているが（被告第二準備書面四二頁以下）、何故に右根拠から被告主張の結論を導くことになるのかは理解しがたいというべきである。けだし、憲法三四条・三七条三項によって実質的に保障されている被告人の弁護人から援助を受ける権利が公判手続において保障されなければならないのは当然の事理であるが、そもそもフェアネスの精神が刑事裁判手続で貫徹されねばならないことは余りに当然のことといわねばならないからである。公判手続において相対立する、一方当事者たる検察官に被告人と弁護人との間で発受された具体的信書の内容を筒抜けにすることが違憲でないなどという発想自体、信じ難いものがある。

本件照会・利用行為は、被告も認めざるをえない違法行為なのであるが、それは、まさしく違憲なのである。

第三　国際人権自由権規約論

一九六六年一二月一六日に国連総会で採択され、わが国も一九七九年に批准した条約である市民的及び政治的権利に関する国際規約（いわゆる国際人権自由権規約。以下、B規約という）は、その一四条及び一七条において、弁護人と刑事被告人間の信書の授受における秘密交通権を保障し、また、裁判における武器対等の原則を保障している。

本件における検閲行為等をはじめとする一連の拘置所及び検察官の行為は、前節で述べたとおりの違憲行為であるが、右B規約の保障にも明らかに違反した行為である。本節では、このことを一層明確にしておきたい（なお、訴状と重複する記載もあることを前節と同様の趣旨で予めお断りしておくこととする）。

一　諸規範の法的拘束力について

1　総論

原告らは、弁護人と被告人との信書による秘密交通権がB規約でも保障されていることを指摘・主張し、その解釈指針として、国連規約人権委員会の一般的意見（general comment）及び見解（view）、被拘禁者保護原則、ヨーロッパ人権裁判所の判例、ヨーロッパ人権条約、世界人権宣言、米州人権条約などを挙げ、本件の秘密交通権侵害行為が、B規約一四条3(b)及び一七条に明確に違反していることを論証した（訴状五二頁以下）。これに対して、被告は、「B規約一四条3(b)及び一七条は本件法令と何ら矛盾するものではなく、かつ、原告らが指摘する規約人権委員会の一般的意見、被拘禁者保護原則、ヨーロッパ人権裁判所の判例などは、我が国に対して法的拘束力を持つものではないから、B規約一四条3(b)及び一七条が国内裁判所において直接適用されるかどうかを検討するまでもなく、原告らの右主張はその前提において誤っており失当といわざるを得ない」などと主張する（被告第二準備書面四五頁）。

右被告の主張は、条約の解釈、とりわけ条約法に関するウィーン条約（以下、ウィーン条約法条約という）に対する無理解を露呈したものにほかならず、また従来の高裁判例をも無視したものであって、明らかに失当である。ちなみに、一九九八年一一月五日に規約人権委員会は、わが国の第四回定期報告書について、最終見解を採択しているが、その中で、「委員会は、規約で保障された人権について、裁判官、検察官、および行政官に対する研修が何ら提供されていないことに懸念を有する」としている（甲B一号証二六二頁）。被告主張は、右規約人権委員会の「懸念」をまさに裏付けたものという外はない。

ところで、ウィーン条約法条約は、条約の解釈に関する国際慣習法を成文化したものである。ウィーン条約法条約は、自由権規約発効後に発効したものであり（一九八〇年一月二七日に発効。わが国においては、一九八一年八月一日発効）、条約については原則として遡及効は認められないが、同条約の内容は、それ以前からの国際慣習法を規定しているものである以上、当事国は、自由権規約の解釈についても、ウィーン条約法条約を遵守する義務を負うし、少なくとも解釈において、これが指針とされることには疑いの余地がない（大阪高判平成六年一〇月二八日判決）。日本の裁判所も、自由権規約の実体規定を解釈適用する際、ウィーン条約法条約にしたがった解釈適用をしなければならないのである。

2　ウィーン条約法条約における条約の解釈方法

それでは、ウィーン条約法条約は、条約の解釈について、どのように規定しているのか。以下、これをみることとする（以下については甲B第六号証参照。なお、甲B第一五号証を併せ参照）。

㈠　ウィーン条約法条約二七条（国内法と条約の遵守の関係）

ウィーン条約法条約二七条は、「当事国は、条約の不履行を正当化する根拠として自国の国内法を援用することができない」と明示している。

したがって、日本は、日本国内の法律を理由にしてはもちろん、日本国憲法に相当する条項がないことを理由として、自由権規約が保障する権利を否定することはできず、日本の国内法を解釈する際と同一の解釈方法で臨むことは許されないのである。

㈡　ウィーン条約法条約三一条（解釈に関する一般的な規則）

ウィーン条約法条約三一条は、以下のように規定する。

(1)　条約は、文脈によりかつその趣旨及び目的に照らして与えられる用語の通常の意味に従い、誠実に解釈するものとする。

(2)　条約の解釈上、文脈というときは、条約文（前文及び附属書を含む）のほかに、次のものを含める。

(A)　条約の締結に関連してすべての当事国の間でされた条約の関係合意

(B)　条約の締結に関連して当事国の一又は二以上が作成した文書であってこれらの当事国以外の当事者が条約の関係文書として認めたもの

(3)　文脈とともに、次のものを考慮する。

(A)条約の解釈又は適用につき当事国の間で後にされた合意

(B)条約の適用につき後に生じた慣行であって、条約の解釈についての当事国の合意を確立するもの

(C)当事国の間の関係において適用される国際法の関連規則

(4)　用語は、当事国がこれに特別の意味を与えることを意図していたと認められる場合には、当該特別の意味を有する。

すなわち、まず、日本の裁判所は、Ｂ規約を「誠実に」解釈しなければならず、恣意的・演繹的な解釈や専ら国内的事情のみを優先した解釈をすることは許されない。また、日本の裁判所は、Ｂ規約を、「文脈によりその趣旨及び目的に照らして与えられる用語の通常の意味に従い」解釈しなければならない（文理解釈、文言解釈ないし客観解釈）。「用語の通常の意味」による解釈は、「文脈」と条約の「趣旨及び目的」に照らしてなされなければならない。Ｂ規約の趣旨・目的は、その第二条に端的に表現されている。すなわち、国家に対する個人の政治的・市民的権利の保護こそがその趣旨であり、目的である。もし、「用語の通常の意味」について疑義があるときは、この趣旨・目的が解釈の指針となるのであり、したがって規約は個人にとって有利に広く解釈されなければならないのである。

(三)　ウィーン条約法条約三二条（解釈の補足的手段）

さらに、ウィーン条約法条約三二条は、以下のように規定する。

前条の規定の適用により得られた意味を確認するため又は次の場合における意味を決定するため、解釈の補足的手段、特に条約の準備作業及び条約締結の際の事情に依拠することができる。

(A)前条の規定による解釈によっては意味があいまい又は不明確である場合

(B)前条の規定による解釈により明らかに常識に反した又は不合理な結果がもたらされる場合

ここで、「解釈の補足的手段」としては、国際法の伝統的解釈として「条約の準備作業段階の事情（条文をめぐる討議の記録等）」、「条約に基づく判例法」、及び判例法が不十分な場合は、「同種の他の条約又は類似の条項に関する判例法」が含まれる。

したがって、日本の裁判所は、Ｂ規約を解釈適用する際には、前記ウィーン条約法条約三一条三項(A)の「解釈に関する条約締結後の当事国の合意」として、あるいは、ウィーン条約法条約三二条の補足的手段である条約に基づく判例法として、人権規約委員会の一般的意見及び見解を尊重しなければならない。

また、ウィーン条約法条約三一条三項(C)の「関連規則」として、あるいは、ウィーン条約法条約三二条の補足的手段である同種の他の条約又は類似の条項に関する判例法として、ヨーロッパ人権条約の関係条文とそれについてのヨーロッパ人権裁判所の判例等が参照されなければならない。

3　諸規範の法的拘束力

以上のウィーン条約法条約の諸規定からすれば、原告が挙げた国連規約人権委員会の一般的意見（general comment）及び見解（view）、被拘禁者保護原則、ヨーロッパ人権条約、世界人権宣言、米州人権条約などは、いずれもB規約を解釈する際の準則ないし指針として、日本の裁判所も参照すべきことは明らかである。

これをより具体的に見れば、以下のとおりである（以下については、甲B第一号証・甲B第九号証〜甲B第一四号証参照）。

㈠　国連規約人権委員会の一般的意見及び見解

規約人権委員会は、規約二八条により設置されたものであり、「高潔な人格を有し、かつ、人権の分野において能力を認められたこの規約の締結国の国民で構成」される（同二項）。

規約人権委員会は、規約締結国の報告（同四〇条一項）に対し、「一般的性格を有する意見」を述べる権限を有し（同四項）、実際の報告審査に当たっては、従前特定の国家に対する勧告に代えて、規約当事国全体に対して宛てた「一般的意見」を採択してきた。この一般的意見については、法的拘束力があることまでは意味しないが、少なくとも、規約解釈の際に参照とされるべき公的権威のある指針という点で、有権的解釈としての意味があるとされている。

また、規約人権委員会は、自由権規約選択議定書に基づく個人からの通報を審査した結果、規約違反の有無について準司法的な観点から「見解」を述べることが認められている。この見解そのものにも法的拘束力はないものの、個々の具体的事案の文脈において委員会が法的な分析を踏まえて規約の解釈を述べているので、判例法としての価値を有するとされている。

このように、規約人権委員会の一般的意見及び見解は、いずれも公式の客観的機関による権威ある判断であって、ウィーン条約法条約三一条三項Ⓑの「条約の締結につき後に生じた慣行であって、条約の解釈についての当事国の合意を確立するもの」であり、同条約三一条三項Ⓐの「条約の解釈又は適用につき当事国の間で後になされた合意」であり、ないし、条約に基づく判例法であり、同条約三二条の補足的手段にあたる。

㈡　ヨーロッパ人権条約、ヨーロッパ人権裁判所の判例、米州人権条約等

これらは、ウィーン条約法条約三一条三項Ⓒの「国際法の関連規則」であり、あるいは、同条約三二条の補足的手段である同種の他の条約又は類似の条項に関する判例法にあたる。

特に、ヨーロッパ人権条約は、B規約と共に世界人権宣言という共通の母体から生まれたこと、B規約の草案を基にしてヨーロッパ人権条約起草の審議が行われたこと、ヨーロッパ人権条約もその後に成立したB規約に影響を及ぼしていること、ヨーロッパ人権条約の下で広範な判例法が形成され、その判例法は規約人権委員会の一般的意見・見解に深い影響を及ぼしていることなどから、ヨーロッパ人権条約、ヨーロッパ人権委員会の意見及びヨーロッパ人権裁判所の判例を参照することは極めて重要である。

また、米州人権条約も、B規約と同様に、人権の包括的実体規定を掲げ、しかもその多くがB規約の文言と重複又は類似しており、特に被拘禁者と弁護人間の接見交通権については、各国から出された様々な意見を踏まえた上で採択がなされており（甲B第一二号証三五頁以下参照）、B規約の解釈指針として重要である。

㈢　国連総会の諸決議

被拘禁者保護原則その他の国連総会の諸決議は、ウィーン条約法条約三一条三項(B)の「条約の適用につき後に生じた慣行であつて、条約の解釈について当事国の合意を確立するもの」にあたる。

４　国内判例の状況

最近の国内判例も、ウィーン条約法条約に基づき、自由権規約の解釈の補足的手段として、規約人権委員会の一般的意見・見解やヨーロッパ人権裁判所の判例等を参照するに至っている。

㈠　大阪高判平成六年一〇月二八日（いわゆる指紋押捺拒否者の逮捕に関する国家賠償請求事件・判例タイムズ八六六号五九頁）

「ところで、B規約二八条以下の規定に基づいて、高潔な人格を有し、人権の分野において能力を認められ締結国の国民一八名で構成され、締結国から提出された報告を審査すること並びに市民的及び政治的権利に関する国際規約についての選択議定書（わが国は未批准）に基づくB規約にかかげられている諸権利の侵害の犠牲者であると主張する個人からの通知を審理し、これに対する『見解』を送付することをその主な職務とする規約人権委員会が設置されている。同委員会はB規約の個々の条文を解釈するガイドラインとなる『一般的意見』を公表しており、右『一般的意見』や『見解』がB規約の解釈の補足的手段として依拠すべきものと解される。更に、ヨーロッパ人権条約等の同種の国際条約の内容及びこれに関する判例もB規約の解釈の補足的手段としてよいものと解される」

このように、右判決は、規約人権委員会の一般的意見及び見解や、ヨーロッパ人権委員会やヨーロッパ人権裁判所の判例を参照した。

なお、右判決の結論自体は、その後最高裁判決により覆されたが（最判平成一〇年九月七日判時一六六一号七〇頁）、最高裁は、刑訴法及び刑訴規則上の逮捕の要件について判断しただけであって、国際人権規約にかかる右高裁の判断を何ら否定していないことに留意されなければならない。

㈡　高松高判平成九年一一月二五日（判タ九七七号六五頁）

「ヨーロッパ人権条約は、その加盟国がB規約加盟国の一部にすぎず、我が国も加盟していないことから、条約法条約三一条三項(C)の『当事国の間の関係において適用される国際法の関連規則』とはいえないとしても、ヨーロッパの多くの国々が加盟した地域的人権条約としてその重要性を評価すべきものであるうえ、前記のようなB規約との関連性も考慮すると、条約法条約三一条三項における位置づけはともかくとして、そこに含まれる一般的法原則あるいは法理念についてはB規約一四条一項の解釈に際して指針とすることができるというべきである。また、被拘禁者保護原則は国連総会で採択された決議であって、直ちに法規範性を有するものではなく、被拘禁者の弁護士との接見に関して定めたこの原則18に関し、当事国による適用が繰り返され慣行となっているとまで認めるに足りる証拠はなく、条約法条約三一条三項(B)の『条約の適用につき後に生じた慣行であって、条約の解釈についての当事国の合意を確立するもの』に該当すると解することは困難である。しかし、右被拘禁者保護原則は、『法体系又は経済発展の程度の如何にかかわりなく、ほとんどの諸国においてさしたる困難もなく受入れうるもの』として専門家によって起草され、慎重な審議が行われた後に積極的な反対がないうちに採択されたものであることを考慮すれば、被拘禁者保護について国際的な基準としての意義を有しており、条約法条約三一条三項(B)に該当しないものであっても、B規約一四条一項の解釈に際して指針となしうるものと解される。

右ヨーロッパ人権条約についてのヨーロッパ人権裁判所の判断及

び国連決議の存在は、受刑者の裁判を受ける権利についてその内実を具体的に明らかにしている点において解釈の指針として考慮しうるものと解される」

このように右判決は、ヨーロッパ人権条約、被拘禁者保護原則及びヨーロッパ人権裁判所の判断について、少なくとも人権規約の解釈の指針とすることを認めている。

㈢　徳島地判平成一〇年七月二一日（判例時報一六七四号一二三頁）

右判決は、ウィーン条約法条約が「B規約に適用されるものではないし、また、条約の第一次的な解釈権が各締結国にあるとしても、憲法九八条二項が定める国際協調の精神にかんがみれば、ウィーン条約三一条の趣旨を尊重し、B規約の解釈は、国際連合の各機関が定めた一般的意見（ゼネラルコメント）や、被拘禁者処遇最低基準規則、被拘禁者保護原則の趣旨に、できるかぎり適合するようになされることが望ましい」とした上で、「被拘禁者処遇最低基準規則222及び被拘禁者保護原則二四の内容を参照してB規約七条、一〇条一項の解釈」をした。

5　小括

以上のとおり、原告らが摘示した国連規約人権委員会の一般的意見及び見解、被拘禁者保護原則、ヨーロッパ人権裁判所の判例、ヨーロッパ人権条約、世界人権宣言、米州人権条約等のいずれもが、国際人権規約B規約の解釈指針となりうることは、国際慣習法及びウィーン条約法条約の解釈上当然であり、国内判例上も既に確立した考え方というべきである。

この点、右諸規範について、一切の意味を認めず、全く無視しようとする被告の主張は、国際人権法の解釈方法に対する無理解を露呈したものという外なく、ひいては日本国政府の人権感覚のレベルの低さを示したものと言って過言ではない。

二　B規約による弁護人と被告人の秘密交通権の保障

以上を前提に、B規約による弁護人と被告人の秘密交通権の保障について論じる。

1　被告主張

この点、被告は、B規約一四条3⒝について、「文理上は必ずしもその秘密まで保障するものか明確ではない。仮にそうだとしても、秘密交通権に対する合理的な制限すらも一切禁止するものとは到底解し得ない」などといい（被告第二準備書面五〇頁）、同一七条1について、「同規定は、通信等に対する恣意的又は不法な干渉を禁止するものであり、同規定が絶対無制約な通信の秘密を保障するものではないことは、文理上明らかである」として（同五二頁）、B規約一四条及び一七条は、本件法令と何ら矛盾するものではないなどと主張する。

しかし、B規約を解釈するに当たっては、右被告の主張するような一般的抽象的解釈にとどまることは許されず、前記のような解釈指針が踏まえた上でなされなければならないのである。

2　諸規範

右の点をより具体的に検討する。

㈠　一般的意見（ゼネラルコメント）

①　B規約一四条3⒝について

規約人権委員会が一九八四年四月一二日に採択した一般的意見一三（21）は、B規約一四条3⒝「防御の準備のために十分な時間及び便益を与えられ並びに自ら選任する弁護人と連絡すること」の解釈として、「本号は、弁護人に対しその連絡の秘密を十分尊重するという条件で被告人と連絡することを要求する。弁護士は、いかなる方面からもいかなる制限、影響、圧力又は不当な干渉も受けることなくその確立した専門的水準及び判断によってその顧客に助言しかつ顧客を代理することができるべきである」とする（甲B第七号証二六九頁）。

② 同一七条一項について

同じく規約人権委員会が一九八八年三月二三日に採択した一般的意見一六（32）は、B規約一七条一項の「何人も、……通信に対して恣意的に若しくは不法に干渉され……ない」の解釈として、「国家によって認められる本権利に対する干渉は、法に基づいてのみなし得るものであり、その法はそれ自体、この国際規約の規定、その目的および目標に合致していなければならない」とした上で、「法によって規定された干渉であってさえも、本規約の規定、目的及び目標に合致していなければならないし、かつまた、どんな事があろうとも、特定の状況の下で合理的な解釈でなければならない」とする（甲B第七号証二七四頁）。すなわち、通信の秘密に対する干渉である検閲行為は、法律に基づいてなされなければならないし、その法律も、前記B規約一四条3(b)をはじめとするB規約の目的および目標に合致していなければならないのである。

(二)　見解

一九八九年七月二八日採択のモエラル対フランス事件における自由権規約選択議定書五条四項に基づく規約人権委員会の見解は、「規約一四条一項における公正な審理の概念は、武器の平等、当事者対等の訴訟手続の遵守……などの多くの条件を要求しているものと解釈すべきである」とする（甲B第八号証）。

(三)　ヨーロッパ人権条約及びヨーロッパ裁判所の判例等

①　ヨーロッパ人権条約六条

ヨーロッパ人権条約六条は、B規約一四条とほぼ同じ内容の規定であり（甲B一〇号証）、その解釈はB規約一四条の解釈指針となる。そして、ヨーロッパ人権条約について有権解釈する権限を有しているヨーロッパ人権委員会及びヨーロッパ人権裁判所は、「キャンベル及びフェル対英国事件」において、同条約六条が、弁護士と依頼者の接見交通権について、単に刑事被告人との間の刑事事件についての場合だけでなく、受刑者について、かつ刑務所内での懲罰手続や民事裁判の提起についても、秘密交通権を保障したものであると認めた（甲B第一二号証二六頁・同一五号証六三頁）。

刑事事件における被告人と弁護人間の秘密交通権が、より強く保障されなければならないことは当然である。

このヨーロッパ人権委員会及びヨーロッパ人権裁判所の判断が、徳島刑務所における受刑者と弁護士代理人の立会人なしの接見の拒否を違法とした前記高松高裁判決の判断の基礎となっている。

②　ヨーロッパ人権条約八条とキャンベル事件

ヨーロッパ人権裁判所では、受刑者と弁護士間の信書の検閲について、B規約一七条と同趣旨の規定であるヨーロッパ人権条約八条に違反しないかが、いくつかの訴訟で争われた。そして、右にも触れたキャンベル対英国事件について、ヨーロッパ人権裁判所は、一九九二年三月二五日の判決において、以下のように判示して、受刑者と弁護士間の信書の検閲が、当該信書の内容が訴訟準備のためであるかどうかを問わず、ヨーロッパ人権条約八条違反であることを認定した。

確かに、訴訟準備のための信書と一般的性質の信書との間に境界線を引くことは困難であり、また弁護士との信書は、訴訟と殆ど又はまったく関係のない事柄に言及していることもあるだろう。しかし、当法廷は、弁護士との間の信書に種々のカテゴリーを設ける理由はないと考える。それらは、目的は何であろうと、指摘かつ秘密の事項に関するものであって、八条の下で特別扱いを受けるものである。

そのような信書が、その内容に直接的な利害を有するかもしれない個人又は機関によって規則的な検閲を受けるということは、弁護士とその依頼人との関係に付随する秘密保持の原則及び職業的特権に合致しない。……刑務所当局は、通常の検閲方法によっては発見できないような不法な内容物を含んでいると疑うべき十分な理由がある場合には、受刑者に対する弁護士からの手紙を開封することができる。しかし、信書は開封されるだけであって閲読すべきではない。たとえば、信書の閲読を防止するための適切な保障措置（受刑者の立ち会いの下で開封するなど）を講じるべきである。他方、弁護士と受刑者との間の信書の閲読は、信書の内容が刑務所の保安又は他の者の安全を侵したり又はその他の犯罪的性格のものであるような例外的事情のある場合にだけ許されるべきである。何が「合理的な理由」として見なされるべきかどうかは、すべての事情に依拠しているが、客観的観察者をして特権的手段が濫用されたと信ずべき事実又は情報の存在を前提としている。

また、訴訟の準備には関係しないその他の一般的な内容の手紙の検閲が許されるためには、「急迫した社会的要請」がなければならないが、政府側はその点の十分な理由を明らかにしていないとし、以上のような理由により、八条違反を認定した（甲B第一九号証二四九頁）。

すなわち、被拘禁者と弁護士間の信書の秘密の保障は、当該被拘禁者が未決・既決を問わず、かつ、信書による協議の内容（訴訟準備のためであるか否か）も問わないのであって、検閲行為は、ヨーロッパ人権規約八条の違反となるのである。法律による検閲の例外も、信書の中に不法な内容物を含んでいると疑うべき十分な理由がある場合に、信書の開封による確認に止められなければならず、その開封にあたっても、当該被拘禁者の立会などの保障措置が必要とされ、内容の閲読は許されないことが明らかにされた。

㈣　米州人権条約

米州機構諸国間で一九六九年に採択され、一九七八年に発行した米州人権条約八条二項は、無罪と推定される権利とともに、「あらゆる人は、手続中、次の最小限の保証を完全に平等に受ける権利を有する」とし、「自己の弁護人と自由にかつ私的に連絡する権利」を保障している。米州人権条約は、より明示的に被告人が「弁護人と自由にかつ秘密に連絡する権利」を保障しているのであって、B規約の解釈指針として重要である（甲B第一二号証三五頁参照）。

㈤　諸決議

①　被拘禁者取扱い最低規則93

一九五五年八月三〇日にジュネーブで開かれた「犯罪防止及び犯罪人取り扱いに関する第一回国際連合会議」で採択された被拘禁者取扱いのための標準最低規則は、「未決被拘禁者は、……自己の弁護のために弁護人の訪問を受け、及び内密の指示文書を準備してその者に手渡すことを許されなければならない」として、弁護人と未決拘禁者間の信書の秘密を強く保障している（甲B第一三号証一四三頁参照）。

② 被拘禁者保護原則18

一九八八年一二月九日の国際連合総会で決議された「あらゆる形態の抑留又は拘禁の下にあるすべての者の保護のための諸原則」の原則18は、より具体的に、被拘禁者と弁護人間の信書を含む通信の秘密を保障している。すなわち同3は、「被抑留者又は被拘禁者が、遅滞なく又は検閲なしにかつ完全な秘密裏に、自己の弁護人の訪問を受け並びに協議し又は連絡する権利は、停止又は制限することができない」と規定し、明確に弁護人と刑事被告人間の検閲のない信書の秘密を保障しているのである。さらに、同5は、「この原則にいう被抑留者又は被拘禁者とその弁護人の連絡は、それが継続的又は意図している犯罪に関係している場合を除き、被抑留者又は被拘禁者に対する証拠として認められてはならない」と規定し、本件のような検察官の証拠利用行為を、正面から否定している（甲B第一三号証一四五頁参照）。

前記高松高裁判決及び徳島地裁判決が、この被拘禁者保護原則を解釈指針として参照して、B規約を解釈したことは、前述のとおりである。

③ 弁護士の役割に関する基本原則8

一九九〇年一二月四日に国際連合総会で決議された「弁護士の役割に関する基本原則」も、「逮捕、拘禁、収監をされたすべての人は、遅滞なく、傍受、検閲されることなく、完全に秘密を保障されて、弁護人の訪問を受け、交通し、相談する十分な機会と時間と便益を保障されなければならない」と規定し、ここでも被拘禁者及び弁護士間の検閲のない信書の秘密を強く保障している（甲B第一四号証五七二頁参照）。

3 B規約の解釈

以上のような諸規範を解釈指針とすれば、B規約の解釈として、以下のような結論が当然導き出される。

㈠ 信書の秘密の保障とその内容

まず第一に、B規約一四条3(b)が、弁護人と被拘禁者間の秘密交通権を保障する趣旨であることは明らかであり、その保障は、信書による交通にも当然に及ぶ（B規約一四条3(b)に関する規約人権委員会の一般的意見、米州人権条約、被拘禁者取扱い最低規則、被拘禁者保護原則18、弁護士の役割に関する基本原則8）。そもそも、B規約一四条の公正な裁判を受ける権利の保障は、刑事事件に限らず、広く依頼者と弁護士との秘密交通権の保障を含むものと解すべきであって（キャンベル及びフェル対英国事件におけるヨーロッパ人権裁判所の判例等）、弁護人と刑事被告人間の秘密交通権はより厳格に保障されなければならない。

また、弁護人と被拘禁者間の信書による秘密交通権は、B規約一七条1によっても保障される。

右秘密交通権保障の帰結として、被拘禁者と弁護士間の信書は、完全に秘密裏に受け渡しがなされなければならず、その検閲は禁止される（被拘禁者取扱い最低規則、被拘禁者保護原則18、弁護士の役割に関する基本原則8）、その信書内容の証拠利用行為も厳格に禁止される（被拘禁者保護原則18 5）。

右の秘密交通権の保障に、例外的な干渉を認めるにしても、それは法に基づいてのみなし得るものであり、その法はそれ自体、このB規約の目的および目標に合致していなければならない（B規約一七条1に関する規約人権委員会の一般的意見）。

この点、右のとおりB規約一四条3(b)が、弁護人と刑事被告人間の秘密交通権を厳重に保障している趣旨からすれば、右秘密交通権に対する干渉は、その目的に強い必要性および合理性があり、かつその手段として必要最小限のものであることが要求される。すなわち、干渉が許されるとすれば、秘密交通権の特権を悪用して、不法物の授受や拘禁施設の安全や秩序が脅かされていることなどを疑う十分な理由があり、それを阻止する必要がある場合などに限られるべきであるし、その方法も、開封による内容物の確認など、その目的のため必要最小限の範囲に止めた上、当該被拘禁者に立会を認めるなどの権利保障がなされるべきなのである（ヨーロッパ人権裁判所キャンベル対英国事件、被拘禁者保護原則18 3等を参照）。

㈡　公正な裁判を受ける権利と武器対等の原則

また、B規約一四条の公正な裁判を受ける権利の保障は、当事者間の武器対等の原則を保障している（モエラル対フランス事件における規約人権委員会の見解）。受刑者と弁護士間の接見に刑務所の職員の立会が禁止されるのは、この武器対等の原則の保障から来る当然の帰結である。

そうである以上、刑事裁判において、一方当事者である検察官が、他方当事者間である弁護人と被告人間の信書での通信内容を覚知するような行為は、右武器対等の原則をないがしろにするものであって、当然にB規約一四条に違反する行為である。

さらに、検察官が、弁護人および被告人間の信書の内容を証拠として利用する行為が、B規約一四条が保障する武器対等の原則に反し、許されないことも当然である。この点、被拘禁者保護原則18が、「継続的または意図している犯罪に関係している」という極限的な場合を除いて、「被抑留者又は被拘禁者とその弁護人との連絡は……被抑留者又は被拘禁者に対する証拠として認められてはならない」としていることが留意されなければならない。

4　本件におけるB規約違反

以上を前提に本件の違法性を明らかにすれば、以下のとおりである。

㈠　拘置所における検閲行為

拘置所による本件各信書の検閲行為は、弁護人と被拘禁者間の秘密交通権を保障したB規約一四条、同一七条に違反する。

この点、被告は、右検閲行為を監獄法五〇条及び監獄法施行規則一三〇条一項に基づいてなされたもので、適法である旨の主張をする。しかし、右監獄法の規定は検閲の方法について、命令に包括的に委任しており、通信の秘密に対する干渉は、法によってのみなしうることを定めたB規約一七条1に明らかに違反する。B規約によって保障された秘密交通権が、法律ですらない下位の法規範にすぎない監獄法施行規則により制限されるいわれなど全くない。

仮に右の点をさて措くとしても、監獄法五〇条も、同施行規則一三〇条一項も、その規定内容から明らかなとおり、右秘密交通権の保障に何らの配慮もしていない極めて一般的包括的な規定である。かかる規定が、弁護人・被拘禁者間の秘密交通権を厳格に保障したB規約一四条の趣旨・目的と全く相容れないものであることは明らかである。

また、右各規定は、検閲の方法についても、何らの制約も付しておらず、公権力の恣意的な検閲に対する何らの歯止めにもなっていない（だからこそ本件のようなあまりに明白な違法行為が、検察官や拘置所職員らによって、何の疑念もなく行われたことは既にみたとおりである）。かかる監獄法および同施行規則による検閲が、B規約一七条1が禁止する不法かつ恣意的な干渉に該当することは明らかである（B規約一七条に関する規約人権委員会の一般的意見）。

結局、被告の主張する監獄法五〇条及び同法施行規則一三〇条一項は、いずれもB規約一四条および一七条に違反し、無効なものと断ぜざるを得ない。

仮に百歩譲って、右監獄法五〇条及び同法施行規則一三〇条一項を限定的に解釈するとしても、右各規定は、弁護人と刑事被告人間の信書の検閲を何ら正当化する根拠たり得ないことは明らかである。被告は、逃亡、罪証隠滅、施設内の規律・秩序を乱す行為又は自殺を示唆する心情等を吐露する可能性、第三者宛の信書を同封する可能性や第三者が弁護人になりすます可能性などをもって、検閲を正当化しようと試みるが、いずれも抽象的な（曖昧模糊とした）可能性の指摘にとどまり、それらの可能性が、秘密交通権を強く保障しようとするB規約一四条の目的とどのように整合するのか、全く論証されていない。どうしてそれらの可能性が、秘密交通権の保障に優越して、検閲行為を正当化するのか、全く説明されていないのである。仮に被告主張の目的に何らかの合理性を認めうる余地があったとしても、弁護人と被告人間のすべての信書を例外なく閲読し、さらに記録化するような態様の検閲には、その目的と手段の間に何らの合理的関連性も認められず、手段としての必要性相当性の範囲を超えることも明らかである。

いかなる意味においても、検閲を正当化することはできないのであって、被告主張は明らかに失当である。

㈡　拘置所における記録行為

信書の内容を書信表に記録化することは、信書の内容が詳細に閲読されることを意味する上、信書の内容が流出し、利用される危険性を飛躍的に高めるものであって（本件は、まさに、その危険性が現実化した事件である）、単なる閲読による検閲以上に、秘密交通権に対する侵害の程度は著しい。

かかる記録化が常態化しているのであれば、弁護士は、刑事被告人との連絡に信書を用いることをためらい、秘密にわたることを記載することなど、およそ不可能とならざるをえない。前述のとおり、B規約一四条3(b)は、「弁護士は、いかなる方面からもいかなる制限、影響、圧力又は不当な干渉も受けることなくその確立した専門的水準及び判断によってその顧客に助言しかつ顧客を代理することができるべきである」（一般的意見）ことを要求していると解されるが、信書の記録化は、信書による連絡に対して不当な制限、影響、圧力および干渉を与えるものに他ならず、B規約一四条および一七条による秘密交通権の保障、さらには弁護権の保障そのものを、正面から否定するものと言って過言ではない。

この点、被告は右記録行為を監獄法五〇条および同施行規則一三九条によって、正当化しようとしている。しかし、B規約によって保障された秘密交通権を、法律より下位規範の監獄法施行規則に基づいて侵害することなど、B規約一七条が許容するところではないことは、同一三〇条一項について論じたのと同様である。

また、施行規則一三九条による書信表への記録化の目的について、被告が主張立証するのは、要するに信書の内容が「処遇上参考となることがある」という極めて抽象的な可能性の主張にすぎない。すでにその目的においてすら、弁護人および刑事被告人間の秘密交通権の侵害を正当化する余地は全く存しないことが明らかである。しかも、実際の拘置所において行われているのは、すべての信書について、「ありとあらゆることが処遇上参考となる（なりうる）」（H証言）などという極めて恣意的な運用でしかないのであって、その手段には、その目的との関係ですら何らの合理性もないし、必要性相当性の範囲も明らかに逸脱している。

結局、弁護人および被告人間の信書の内容を書信表に記録化する行為を、何ら正当化する余地はない。B規約一四条および一七条に違反し違法であることは余りに明らかである。

㈢　検察官による拘置所への照会行為

K検察官が、拘置所に対し、弁護人および被告人間の信書も含めて、その内容を照会した行為が、B規約一四条の保障する武器対等の原則をないがしろにし、かつ、同条および同規約一七条の保障する弁護人および被告人間の秘密交通権を正面から侵害しようとするものであって、極めて悪質なものであることは論を俟たない。

㈣　拘置所による回答行為

右K検察官の照会に対し、拘置所所長が、弁護人および被告人間の信書の内容を何ら除外することなく、同検察官に回答した行為は、直接に弁護人および被告人間の秘密交通権を侵害するものであり、また、当事者間の武器対等の原則もないがしろにするものであって、B規約一四条、一七条に違反する。これまた、問題の余地のない規約違反行為であり、その違法性は著しいものがある。

㈤　検察官による利用行為

K検察官が、右回答内容を証拠として利用した行為が、B規約一四条、一七条の保障する秘密交通権を侵害し、B規約一四条の保障する武器対等の原則をないがしろにする違法なものであることは、右に述べたところと同様である。

特に、秘密交通権の内容を証拠利用することについては、B規約の解釈指針となるべき被拘禁者保護原則18において、信書内容の証拠利用が明文によって厳格に禁止されているのであって、右行為の違法性の程度は甚だ重大と断ずる外はない。

第四　刑事訴訟法三九条二項・監獄法・監獄法施行規則論

以上のとおり、本件が違憲であり、また、本件は、国際人権自由権規約にも反することが明確になったが、本件は、刑事訴訟法三九条二項に照らしても違法であり、また、監獄法施行規則にも明らかに反するもので、この見地からも、違法であることは疑いない。如何なる見地からも本件における拘置所の態様を合法視する余地はないのである。本節は、かかる観点を中心にして、本件の違法性（さらに違憲性）を論証するものである。

一　刑訴法三九条二項論（その1）

被疑者・被告人と弁護人との信書の発受が秘密交通権の一内容であることは当事者間に争いはない。争いがあるのは、この権利が絶対無制約なものか、それとも一定の制限を受けるものかということについてである。

この点につき、被告は、監獄法四六条一項及び五〇条並びに同法施行規則一三〇条一項及び一三九条は、刑訴法三九条二項の「法令」であるとして、本件法令による制限を論じている（被告第二準備書面二五頁以下）。しかし、本件法令は刑訴法三九条二項の「法令」には該当しない。それゆえ、本件法令をもって、秘密交通権を制限することなどはできないのである。

以下、右の点について、村井敏邦意見書（甲B第一八号証）を踏まえつつ論述する。

1　刑訴法三九条二項の合憲性について

刑訴法三九条二項は、接見又は物の授受については「法令」で、「被告人又は被疑者の逃亡、罪証の隠滅又は戒護に支障のある物の授受を防ぐため必要な措置を規定することができる」としている。この条項が、秘密交通権の保障に対する制限規定であるとすると、同項の合憲性が問題になる。

秘密交通権保障の基本的重要性からするならば、この条項を合憲であるというためには、この条項は、これによって秘密交通を一般的に制約するのではなく、ただ、未決拘禁の目的を害するおそれが明白で、かつ緊急性のある特別な場合について、秘密交通権保障のあり様を考える義務を国に負わせた規定と考えなければならない。

したがって、この規定を根拠として接見を一般的に制限したり、信書の発受を制限する法令を設けることは許されないと解しなければならない。

2　刑訴法三九条二項にいう「法令」について

刑訴法三九条二項にいう「法令」とは、監獄法四六条一項、五〇条、監獄法施行規則一三〇条一項を指しているのかどうかが問題になるが、これ自体否定される外はない。その理由は次のとおりである。

㈠　これらの規定は信書の発受を許可事項としている。これは基本的には信書の発受を認めないが、施設側の裁量によって許可するというものであるから、弁護人との信書の発受を権利として構成している刑訴法三九条一項とは真っ向から対立する規定である。弁護人との信書の発受の許可及び制限の根拠が監獄法四六条一項及び五〇条、さらにこれを受けた監獄法施行規則一三〇条にあるとするならば、これは明らかに秘密交通権保障の趣旨に反する。

㈡　したがって、本来的には、これらの規定は憲法三四条・三七条三項が制定されたときに、これに反する限度で無効になったと解すべきである。仮に百歩譲って、監獄法及び同法施行規則のこれらの規定を、秘密交通権を保障した刑訴法三九条一項と整合的に理解する努力をするならば、これらの規定は弁護人以外の者との信書の発受に関するものであり（すなわち、刑訴法八〇条の「法令」であるにとどまり）、それゆえ、刑訴法三九条二項にいう「法令」には該当しないと解する以外にない。

3　被告主張の誤り

「未決拘禁者は、未決拘禁の目的との関係において、逃亡の防止、罪証隠滅の防止の観点から接見交通及び信書の発受も一定の制限を受け、それは、弁護人との間の信書の発受についても同様である」という被告国の見解は、刑訴法三九条一項の存在を無視するものであって、到底受け入れられるものではない。

以下、その所以を述べる。

㈠　刑訴法三九条一項は、少なくとも、被疑者・被告人と、弁護人との間の会話の秘密性が完全に保護されることを明確に規定している。仮に、刑訴法三九条二項により、「逃亡、罪証の隠滅又は戒護に支障のある物の授受を防ぐため（法令により）必要な措置を規定することができる」としても、そして、その法令には、監獄法及び監獄法施行規則が含まれるとしても、制限できるのは、「物の授受」だけであって、「書類の授受」については制限することができないことは、刑訴法三九条一項及び二項の文理解釈として明らかである。

㈡　すなわち、三九条一項が「接見」及び「書類若しくは物の授受」について規定しているところ、二項は「前項の……授受については、法令……で、……戒護に支障のある『物の』授受を防ぐため必要な措置を規定することができる」と規定しているだけであって、「……戒護に支障のある『書類又は物の』授受」とは規定していない。

一項で「書類若しくは物の授受」と規定しているのに、二項が、「書類又は物の授受」としないで、あえて「物の授受」という文言を用いているのは、二項で制限できるのは、あくまでも「物」についての授受だけであり、「書類」の授受は制限できないという趣旨であることは明らかである。

刑訴法は、弁護人との交通手段としての信書の発受の重要性を認識して、二項に「書類」という文言を規定した場合には、信書の発受に対する制限を許容する趣旨に捉えられかねないことを慮って、「物の授受」のみに限定したのである。

㈢　信書の発受の秘密性を確保しながら、未決拘禁の目的を害するような物の授受を制限するための措置としては、せいぜい表記された信書の発信人と受信人から、弁護人との信書の授受であることを確認し、場合によっては、外部からその中に戒護に支障のある物が入っていないかを確認するにとどまる。これ以上に信書の検閲を認めることは、刑訴法三九条二項の「必要な措置」の範囲を超える。

㈣　なお、施設側が信書の発信・受信状況を記録にとどめることは、発信人・受信人を確認したことの内部的記録の限りでは、上の措置に含まれるといえようが、現在の取扱いは、信書の検閲（監獄法施行規則一三〇条一項）を前提とした監獄法施行規則一三九条の措置として行われている。それゆえ、刑訴法三九条一項及び二項との整合性は認められず、許されない措置という外はない。

二　刑訴法三九条二項論（その2）

拘置所の本件信書に対する内容確認等は、刑訴法三九条二項に規定されている目的以外の目的で行われているものである。それゆえ、違法かつ違憲であることは明らかである。

1　刑訴法三九条二項の目的を逸脱していることについて

㈠　拘置所は、刑訴法三九条二項に規定されている目的以外の目的で、本件信書に対する内容確認等を行っているものであるから、そのことのみでも、被告国の行った本件信書に対する内容確認等は、違法であることは明らかである。

そして、憲法の保障に由来する秘密交通権を、法律が許容しない規制目的で規制しているという意味において、違憲でもある。

㈡　刑訴法三九条二項が規定している秘密交通に対する制約目的は、「被告人または被疑者の逃亡、罪証の隠滅又は戒護に支障のある物の授受を防ぐ」目的だけであり、右目的以外の目的での制約は認められていない。

ところが、被告国は、次にみるように、拘置所が、「施設内における規律及び秩序を維持し、その正常な状態を保持する目的」という、刑訴法三九条二項には規定されていない目的で、被疑者・被告人と弁護人との信書の内容確認等を行っていることをその主張において自ら認め、しかも、右目的のみとの立証をしたことは、第一で述べたとおりである。この一事のみをもってしても、監獄法四六条一項、五〇条、同法施行規則一三〇条一項、一三九条は、刑訴法三九条二項の「法令」とは言えないこと及び右法令を根拠に本件信書に対する内容確認等を行っている拘置所の行為が違法であることは明らかである。

2　被告の主張

被告国は、「本件信書の内容確認等は、刑訴法三九条二項の『法令』に該当する監獄法四六条一項、五〇条、同法施行規則一三〇条、一三九条（以下これらを併せて「本件法令」という）に基づいて行ったものである」と主張する（被告第二準備書面二四〜二五頁「本件信書の内容確認等についての法令の根拠等」の項）。

そして、「本件法令は、刑訴法三九条二項にいう『必要な措置』として許容されるものであって、憲法の規定に違反しない」旨を、最高裁昭和五八年六月二二日大法廷判決を引用しながら次のように主張する（右準備書面三〇頁以下）。

「前掲最高裁昭和五八年六月二二日大法廷判決もいうように、拘置所長は、未決拘禁によって拘禁された被告人又は被疑者（以下「未決拘禁者」という）に対し、逃亡又は罪証隠滅の防止の目的のため、さらに、施設内における規律及び秩序を維持し、その正常な状態を保持する目的のため、必要な範囲で未決拘禁者の身体的自由及びその他の行為の自由に一定の制限を加えることができる。……未決拘禁者が信書を利用して第三者と逃亡又は罪証隠滅を通謀したり、施設内の規律及び秩序を乱す行為に出ることを通謀したり、あるいは、第三者に対して自殺を示唆する心情等を吐露することなども十分に予想される。

このことは、未決拘禁者と弁護人との間で発受される信書においても同様である。……そこで、監獄の長である拘置所長は、逃亡又は罪証隠滅の防止並びに施設内における規律及び秩序を維持する目的のために、未決拘禁者に関する情報を集めてその心情を把握する必要があり、さらに、右目的のために、やむを得ず、信書の発受を禁止したり、その一部を抹消するなどの措置を講ずることが必要となる場合もある。このように未決拘禁者に関する情報を集め、かつ、信書の発受禁止等の措置を講ずるためには、信書の内容を確認するほかないのであって、未決拘禁者が発受する信書の内容確認やその発受の禁止などといった未決拘禁者の権利に対する制限は未決勾留制度上やむを得ないものである。……このように、未決拘禁者が弁護人を含む第三者との間で発受する信書の内容を、監獄の長において確認し、あるいはその発受を禁止するなどの措置を講じ、さらには、処遇上その他参考となるべき事項を発見したときに、その要旨を記録することは、右の未決拘禁の目的を達する上で必要かつ合理的な範囲における制限である」（以上被告第二準備書面三五頁まで）。

さらに、裁判所の平成一一年九月一六日の求釈明書第三項（刑訴法三九条に定める被疑者・被告人の権利、これに対応する弁護人の権利を考慮したとしてもなお、拘置所における信書の取扱いが適法であるとする説明根拠はあるか）の求釈明に対しても、次のように釈明している（被告第五準備書面一〇頁以下）。

「本件信書の内容確認等の目的は、接見交通の制約にあるのではなく、あくまでも逃亡及び罪証隠滅を防止し、監獄内の規律及び秩序を維持することにあり、拘置所職員は右目的を達成するために活動するものであ（る）。……したがって、本件信書の内容の確認等は、刑訴法三九条一項が規定する接見交通権を考慮したとしても、なお、刑訴法三九条二項の定める法令である監獄法施行規則一三〇条、一三九条の運用として、適法というべきである」。

3　被告主張の誤り

右にみたとおり、被告国は、本件法令（監獄法四六条一項、五〇条、監獄法施行規則一三〇条一項、一三九条）を、刑訴法三九条二項の定める「法令」であると主張しながら、本件法令の規制目的を「監獄内の規律及び秩序を維持する」ことを含むとし、それのみとさえ立証している。

しかしながら、刑訴法三九条二項は、被告人または被疑者の「逃亡、罪証の隠滅又は戒護に支障のある物の授受を防ぐ」目的以外の制約を許容していないのであるから、「監獄内の規律及び秩序を維持する目的」による制約は、その制約目的自体、同項を逸脱しており、違法である。

なお、これに関して、被告国は、第二準備書面（三二頁等）で、最高裁昭和五八年六月二二日大法廷判決を引用しているけれども、右大法廷判決は、およそ被告主張の根拠足りえない。すなわち、右大法廷判決によって、被疑者・被告人と弁護人との間の秘密交通権を規制する目的として、右「監獄内の規律及び秩序を維持する目的」が正当化できると考えているとすれば、大きな間違いである。けだし、右大法廷判決は、「拘置所に未決勾留されていた収容者が自費で購入した新聞の中の、よど号乗っ取り事件の新聞記事を抹消した拘置所長の措置について争われた事件」であり、未決拘禁者と弁護人との間の交通についての事件では全くないからである。

4　小括

㈠　刑訴法三九条一項は、身体拘束を受けた被疑者・被告人と弁護人との秘密交通を制約する措置の目的として、前述のとおり、「被告人または被疑者の逃亡、罪証の隠滅又は戒護に支障のある物の授受を防ぐ」目的のみを許容しているのであり、右目的以外の目的による制約措置は認められていない。

㈡　ところが拘置所は、「被告人または被疑者の逃亡、罪証の隠滅又は戒護に支障のある物の授受を防ぐ目的」とは別個の「施設内における規律及び秩序を維持し、その正常な状態を保持する目的」のために、本件信書の内容確認等の行為をしているのである。これは、法が許容していない制約目的で、刑訴法三九条一項に定められた秘密交通権を侵害しているものであって、右が違法であることは、余りにも明らかと言う外はない。

㈢　刑訴法三九条一項の秘密交通権が憲法の保障に由来するものであることは被告も認めるところであるところ、憲法上の保障に由来する権利を、法律が認めた規制目的以外の規制目的で規制しているものであるという意味において、本件法令（のうち少なくとも、弁護人との信書に適用される部分）及び、本件信書に対する内容確認等の拘置所長の行為は、単に違法であるというにとどまらず、憲法違反でもある。

三　規則違反

さらに、「被収容者身分帳簿及び名籍事務関係各帳簿の取扱いについて」という矯正局長通達（法務省矯保大七五二号（例規））（乙第三号証）とその運用は、監獄法施行規則一三九条の規定にも違反している。

1　通達と運用

㈠　「被収容者身分帳簿及び名籍事務関係各帳簿の取扱いについて」という矯正局長通達（法務省矯保大七五二号（例規））（乙第三号証）には、次のように規定されている。

「ウ　書信の要旨の欄

書信の要旨を簡潔に記載すること。

なお、処遇上参考となるべき事項があった場合には、本欄又は視察表に記載すること」

㈡　右規定によれば、すべての書信について、その要旨を記載することになっている。

また、書信係職員であるH証人も、今までの経験上、要旨を記載しなかったことは一度もないと証言している（H五四頁）。この点について、被告は、書信係においても被告人の防御権及び弁護人の弁護権に配慮して書信表に記載しているなどと主張しているが、その実態は、仮に「実は私がやりました」という一文だけの信書であったとしても、書信表には「実は私がやりました」という記載をするというものであることは既にみたとおりである（同五五頁）。

要するに、右通達の規定上も、運用実務上も、すべての信書について、必ずその要旨を記載することになっているわけである。

２　規則の規定と被告主張の誤り

㈠　しかしながら、監獄法施行規則一三九条には「接見ノ立会及ヒ信書ノ検閲の際処遇上其他参考ト為ル可キき事項ヲ発見シタルトキハ其要旨ヲ本人ノ身分帳簿ニ記載ス可シ」と規定されている。右規定は、信書の検閲の際、処遇上その他参考となるべき事項を発見しない場合があることを当然の前提とした規定である。仮に全ての信書に処遇上その他参考となるべき事項があるという前提の規定であれば「信書の検閲の際には、処遇上その他参考となるべき事項の要旨を身分帳簿に記載すべし」と規定されているはずだからであり、その文言に照らし、右は疑義を容れない。

㈡　被告は「被収容者が発受する信書のすべてに、多かれ少なかれ、処遇上その他参考となるべき事項が含まれており、処遇上参考となるべき事項が全く含まれていない信書はあり得ない」などと主張する（被告第三準備書面二三頁）。しかし、右主張は、およそ一律にすべての信書を検閲し、全ての信書の内容の要旨を記載している実務運用に法的根拠があることを示さんがための苦しい弁解という外はない。監獄法施行規則一三九条についての、純粋の、文理解釈としても、極めて不自然な解釈であることは明らかである。要するに、本件「記録化」行為は、監獄法施行規則一三九条に明らかに違反しているというべきである。

四　通達違反などについて

また、拘置所長が検察官に対して行った回答は、乙第四号証の「昭和三六年一〇月二三日矯正局長通達矯正甲第九一〇号」の射程をはるかに超えている。かかる通達にもとづいて回答したという行為自体、違法といわなければならないし、いずれにしても、その回答行為を正当化する根拠は何もない。以下、このことを明らかにしたい。

１　被告の主張

被告は「検察官から刑訴法一九七条二項に基づき、未決拘禁者と弁護人との間で発受された信書の内容等についての報告を求められた場合、監獄の長は、その捜査上の必要性と守秘義務によって保護されるべき権利・利益の重要性とを比較衡量して右の求めに応ずるか否かを決しなければならない」としつつ、「監獄の長は、一般に、捜査の必要性について把握できる立場にない。また、捜査の密行性の観点から、監獄の長が捜査の必要性について検察官に説明を求めることも適当でない」として「捜査の必要性がないことが明らかに認められるような場合を除いては検察官の判断を信用して捜査の必要性があると判断せざるを得ないのであって、そのように捜査の必要性があると判断したとしても、その判断は合理的なものというべきである」などと主張し（被告第二準備書面五七頁）、また、次のようにも主張している（被告第四準備書面一六〜一七頁）。

「本件回答についてみると、大阪拘置所長は、捜査の必要性があるとのK検察官の判断を信頼し、捜査の必要性があることを前提として、回答するか否かを検討した。書信表には信書の用件のみが記載されており、被告人両名と原告らとの間の事件に関する打合せの具体的内容が記載されていなかったので、大阪拘置所長は、被告人両名の防御権ないし原告らの弁護権に対する配慮が十分されており書信表に記載されている事項を回答しても、被告人両名の防御権ないし原告らの弁護権に不利益を及ぼすおそれはないと判断した。また、本件照会によって報告を求められたのは、処遇上その他参考となるべき事項の要旨を記載した『書信表』の記載に基づく回答であり、通信の秘密という観点から見ても、その保護の必要性が常に捜査上の必要性を上回るわけではない。

したがって、大阪拘置所長は、捜査上の必要性が、回答することにより被告人両名の防御権等ないし原告らの弁護権が被る不利益より勝っているから、回答することには正当な理由があり、守秘義務は免除されると判断したのであり、その判断は相当である。

回答を行うか否かの判断に関する通達として、昭和三六年一〇月二三日矯正局長通達矯正甲第九一〇号がある。」

右通達は乙第四号証である。

2　被告主張の誤り

㈠　被告が行った本件回答は、右通達（乙四号証）にも違反していることは明白であると言わざるを得ない。

⑴　右通達は、「東京拘置所に未決勾留中の被告人に、いついかなる者が、面会に来たか、その状況（面会状況）及び、いついかなる者が、いかなる物件を差し入れたか（差入状況）」について、検察官から拘置所長あてになされた照会に対し、「その内容が不当に当該収容者、面会人若しくは差入人の人権又は名誉を侵害するおそれあるものとは思料されないので、施設の管理運営に著しい支障を生ずるおそれのない限り回答すべきである」としたものである。

⑵　被告は、右通達を、刑事訴訟法一九七条二項による照会に対し回答するか否かの判断に関する通達であるとしているが、右通達は、信書に関しては何も述べていないのである。

仮に被告が、本件照会に対する回答の根拠として、右通達を挙げているというのであれば、それは即ち、憲法上の「通信の秘密」及び刑訴法上の「秘密交通権」に対する、被告の無理解を如実に示しているといわざるをえない。

⑶　さらに本件回答書（乙第一号証）には、発受の日のみならず、信書の内容の要旨についても記載されている。右通達を根拠に、本件のような回答がなされうると拘置所長が解釈しているのであれば、とんでもない間違いという外はない。

㈡　さらに、人権侵害のおそれという観点につき、被告の主張する比較衡量論が全くの誤りであることは、既に原告ら第二回準備書面第四の一の1～3（二五頁～三六頁）で詳細に述べたとおりである。被告の主張が到底成り立たないことをすでに明白にしているので、ここでは再論しない。

㈢　また、本件回答書には、被告人両名と原告らとの間の事件に関する打合せの具体的内容（「僕は元気です。Bは運転席に座っていた」）が現に記載されているのであり（乙第一号証のA被告人の書信状況についての平成九年一〇月一三日発原告髙見あて信書についての「内容」欄）、また、本件回答書を起案した証人Yは、「僕は元気です。事件の事書いていく。Bは運転席に座っていた」というA被告人の書信表（乙第八号証）の記載をどのように転記すべきと考えるか、という問いに対して、Bが共犯者であることを認識した上であっても、防御権を侵害するものではないから、このまま転記することになると重ねて証言しているのである（第六回Y二〇頁～二三頁）。

右から明らかなのは、既に第一でも指摘したとおり、回答書を起案した職員において、およそ被告人の防御権ないし弁護人の弁護権というものに配慮など全くしていないか、全く理解していないという事実である。したがって、「被告人両名の防御権及び原告ら両名の弁護権を尊重し、当該信書の具体的内容は記載しないように配慮していた」という被告の主張が、全く根拠のない主張であることは、証拠上明らかであり、人権侵害のおそれに対する判断が全く誤っていることはもはや多言を要さない。

㈣　さらに、その回答行為の恐ろしさを端的に示す点として、次のことを挙げておかねばならない。すなわち、被告は「捜査の必要性がないことが明らかに認められるような場合を除いては、検察官の判断を信用して捜査の必要性があると判断せざるを得ないのであって、そのように捜査の必要性があると判断したとしても、その判断は合理的なものというべきである」と主張する（被告第二準備書面五七頁）。しかし、他方、K証人によれば、逆に「弁護人と被告人の信書の要旨がこれまでに比較して、多く載っていたから、少しだけ疑問に感じた」「本当に大丈夫かなという気はちょっとしました」「結局接見交通権の関係をどのように拘置所で扱われてるのか、その辺がはっきり分かりませんでしたし、ただ拘置所が回答してくることについて、何らかの根拠はあるだろうと思っておりました」「拘置所がいいと言って返してきたものだから、いいんだろうと、そういう漠然とした意識を持っておりました」というのである（K四七頁～五〇頁）。

要するに、K検察官は、「法的根拠についてはやや不安があったが、拘置所が回答してきたのだから何らかの法的根拠があるんだろうと思った」というのであって、被告主張では、検察官の判断を信用したことに問題はないとされているのに、逆に、その検察官自身は、「拘置所がいい（と言うんだ）からいいんだろう」と思っていたというのである。現実は責任の所在が宙に浮いているという実情なのであって、この無責任体制には、誰もが唖然とせざるをえまい。

ともあれ、被告の主張は、根底から覆っていると言わざるを得ないのであって、その回答行為を正当化する余地は絶無である。

第五　損害論

以上、本件事実関係とその違憲性・違法性を明確にしたが、これによって被った原告らの損害について、以下詳論しておきたい。

一　弁護人の権利・義務について

刑事弁護人に課された行為義務として、弁護士法第一条第二項は同条第一項の使命に基づき、「誠実にその職務を行い、社会秩序の維持及び法律制度の改善に努力しなければならない」と弁護士の民刑事を通じた誠実義務を規定し、弁護士倫理第九条は特に刑事弁護に関して「弁護士は、被疑者及び被告人の正当な利益と権利を擁護するため、常に最善の弁護活動に努める」と規定している。

弁護士倫理第九条は、刑事弁護人となる弁護士が被疑者・被告人の防御権の行使のために果たす役割が、単に弁護人依頼契約上の義務の履行としてのみではなく、まさに憲法上法定された制度であることに対応した規定であって（『注釈弁護士倫理』四二頁参照）、この刑事弁護人に課せられた「常に最善の弁護活動に努める」義務の履行が、他方では、弁護人としての刑事弁護権の行使なのである。

一方、弁護人が刑事弁護について要求される概括的行為規範として、刑訴規則一七八条の二、一七八条の六が規定されている。

しかし、刑訴規則は「できる限り証拠の収集及び整理をし（刑訴規則一七八条の二）」とか、「被告人その他の関係者に面接する等適当な方法によつて、事実関係を確かめておく（刑訴規則一七八条の六第二項一号）」と規定する以上の規定を設けてはいない。したがって、何が「適当な方法」か、どのような「適当な方法」があるかについて具体的に知るには、刑事弁護実務家によって後進弁護士の指導のために記された著作など（例えば、三省堂『実務刑事弁護』）によって知る他ない。そして、右著作などにおいては、被疑者・被告人との接見や逮捕状・勾留状・起訴状等を検討するだけでは不十分であり、勾留中の被疑者・被告人と弁護人間の信書による事実関係の調査・把握の重要性が力説されている。

すなわち、勾留中の被疑者・被告人と弁護人間の信書による事実関係の調査・把握は、被疑者・被告人との接見に匹敵する重要な刑事弁護活動と位置づけられているのである。

二　本件における実践について

右に述べた「勾留中の被疑者・被告人と弁護人間の信書による事実関係の調査・把握」は本件において、原告高見・岡本によって、以下のとおり実践されている。

1　まず、「事件の流れ」を正確に把握し、被告人の言い分を正しく認識するために、被告人に対して「事件の流れ」について詳しく説明させるために、手紙に書いて送るように指示している（甲第二〇号証・髙見陳述書一〇頁2〜3項）。特に、本件は捜査段階では、いわゆる接見指定のある通知事件であったため、接見によっては十分な事実関係の調査・把握ができず、刑事弁護人にとっては、被告人からの信書によって事実関係を把握し、その認識を被告人と共通化する他なかったのである。この段階での信書は、被告人の記憶を喚起し整理しておく意味と、将来における証拠としての使用の意味もある（甲第二〇号証・髙見陳述書一〇頁4項）。

2　また、第一回公判期日までに弁護人が準備すべき事前準備として、検察官から開示された証拠（特に供述調書）を勾留中の被告人に差し入れて被告人自身に検討を促すことは刑事弁護人の行為義務として具体的に要求されているところである（三省堂『実務刑事弁護』二〇頁。なお、刑訴法三二六条参照―書証についての同意・不同意権は被告人の固有権である）。その結果、被告人が問題点を信書によって弁護人に指摘し、それに応じた弁護活動をすることは、「最善の弁護活動に努める」刑事弁護人の当然の義務であり、現に本件でもなされているところである（甲第二〇号証・髙見陳述書一〇頁4項、甲第二一号証・岡本陳述書九〜一〇頁六項1、乙第九号証・平成九年一一月一七日付書信表）。

3　さらに、情状立証のうち、示談については「一般的には被告人、あるいはその親族等の関係者に示談させることは被害者側の感情を刺激しがちであり、刑事弁護人が示談を担当するのが望ましい」とされている（三省堂『実務刑事弁護』一八八頁）。ここでも、刑事弁護人は、被告人の謝罪の気持ちを被害者に伝えるために、被告人から被害者宛の謝罪の書面を弁護人が持参する等の方法により示談を担当することになる。

本件においても、原告岡本に被害者の住所を知らされたB被告人の母親が被害者に直接電話したために「被害者側の感情を刺激」するだけに終わっているといった状況がある（甲第二一号証・岡本陳述書五頁三項5）。そこで、被害弁償については被告人らの利害が一致するので、原告岡本は原告高見に被害者の住所を知らせ（甲第二〇号証・高見陳述書七頁１項９・24）、それぞれ連絡を取り合いながら弁護人を通じての被害弁償をするため、原告らは、その前提としての謝罪の手紙を勾留中の被告人に弁護人宛書かせているのである（甲第二〇号証・高見陳述書八〜一一頁10・６、10・13、10・23、11・21、甲第二一号証・岡本陳述書一二頁参照）。

４　右に述べた原告らの刑事弁護人としての活動は、共犯関係にある刑事被告人についてのものであるということに留意しなければならない。利益相反するかもしれない共犯者の弁護は、一層注意深い弁護活動が要求されるのである。

すなわち、最善の弁護をするためには、共犯者側と協力することが刑事被告人の利益となる場合は協力する義務が生じ、そうでなければ協力してはならないのである。

したがって、共犯者が存在する場合には、被告人・弁護人の冒頭手続における意見陳述をどうするかについて、第一回公判期日までに共犯者の弁護方針を照会することが弁護人に義務付けられている（三省堂『実務刑事弁護』五一頁、司法研修所編『刑事弁護実務』平成五年版一五七頁）。そして、共犯者の弁護方針を踏まえた当該被告人との充分な打合せが要求されているのである。

本件のように、共犯者の弁護方針と自らの弁護方針が一致した場合、各刑事弁護人間の打合せ（本件においては原告高見と原告岡本との打ち合わせ）のためには、いずれの刑事弁護人にとっても「共犯者と共犯者の刑事弁護人との接見・信書による打合せ」が、自らの刑事弁護にとっても重要なものとなる。

すなわち、原告高見とＡ被告人との打合せ内容は、原告岡本とＢ被告人にとっても検察側に秘匿されなければならないものとなる。その逆も同様である。

三　原告らの受けた衝撃の内容

右に述べたような弁護活動は、刑事弁護実務家による後進弁護士の指導のために記された標準的な著作（三省堂『実務刑事弁護』）の一部を例示したものである。原告高見・岡本はそれを忠実に実践している。

自ら実践しているだけではなく、原告高見・岡本はいずれも大阪弁護士会刑事弁護委員会の委員であり、司法修習生に対する刑事弁護実務についての研修の講師として、前記二項に述べたような実践を行なうよう指導の任に当たっているし、また、後進の弁護士をも指導している。

当然のことながら、その際には勾留中の被疑者・被告人と弁護人間の信書を手段とする弁護活動の重要性を強調し、それを自ら実践するだけではなく、他の弁護士に対しても実践することを要請してきたのである。

これは大阪拘置所・検察官の信書検閲を想定していないからに他ならない。

原告高見は一九九八（平成一〇）年二月二七日の記録閲覧によって、相手方検察官が自分とＡ被告人との信書内容を記載した書面を入手していることを知り「大変なショック」を受けた（甲第二〇号証一七頁〜一八頁）。

これは、自らの刑事弁護活動、自らの刑事弁護委員会における後進の指導の前提を根底から覆すものであることからすれば当然のことであろう。この衝撃の大きさを直接表現できる言葉はない。

この時のショックを、原告高見は、後に「まるで茶番です」（甲第二〇号証一八頁）、「裸の王様というか、猿芝居」（高見本人二六頁～一七頁）と表現している。原告岡本は「愚かな選択をしていた」（甲第二一号証一二頁～一三頁）、「間抜けな弁護活動をした」（岡本本人一五頁）と表現している。

原告らの屈辱感を察するに足る表現といえよう。

しかるに、あろうことか、本件ではK検察官は公判において勾留中の被疑者・被告人と弁護人間の信書内容を含んだ本件回答書を証拠として取調請求しているのである。原告高見は、その時「ショックで意見がよう言えない」状態であった（甲第二〇号証二〇頁）。

これは保釈請求に対する意見書・接見禁止請求書に被告人弁護人間の信書内容を添付することですら裁判所に誤った予断を与えるおそれがあるのに（甲第二〇号証二〇頁～二二頁）、さらに公判廷において検察官から当たり前のように証拠請求されたことについて受けた衝撃である。弁護人の存在価値を認めていないことを露骨に示されたことに対する憤りである。

しかも、その目的は検察官調書の特信性を立証するため、すなわち「被告人Aと被告人Bの信書の受発信の内容及び甲ら事件関係者と両被告人の通謀状況を立証することにあった」というのである（乙第一六号証九頁～一〇頁参照）。

すでに述べたように、共犯者が存在する場合には、弁護人は第一回公判期日までに共犯者の弁護方針を照会し、共犯者の弁護方針を踏まえた当該被告人との打合せがなされている。右の「通謀状況」には当然、弁護人と被告人との打合せ内容が含まれるはずである。

K検察官は「訟務部に行ってから接見交通権が重要であると再認識した」後である、本件訴訟における証言においても、原告代理人の「弁護人が被告人と打合せして、弁護人同士と情報を交換して、これは捜査段階の供述は事実ではなくって、否認するほうが真実であると思ってやれば、あなたの理解によると、弁護人は証拠隠滅工作に加担したということになるんですね」との問いに、正面からは答えず、「本件で弁護士さんが、そのようなことをしていませんよね」と答えている（K三四頁）。

右の原告代理人の質問は、原告高見と原告岡本が、刑事弁護人としてそれぞれの被告人と打合せして「弁護人同士と情報を交換して『強盗を共謀したという』捜査段階の供述は事実ではなく、否認するほうが真実であると思って」弁護活動をしているということ、B被告人からのA被告人宛信書は、その活動に基づくものであることを前提にしていることはいうまでもない。

右証言によって、K検察官は、本件国賠訴訟が提起された後、K検察官自身が「訟務部に行ってから接見交通権が重要であると再認識した」と述べた後においても、未だに刑事弁護人の活動・役割を全く理解していないことを、はしなくも露わにした。

K検察官の証言は、本件加害行為によって原告らに加えた侮辱に、さらなる侮辱を加えるものといって過言ではない。加害行為後の加害者の対応として最悪のものという外はないのである。

四　本訴訟における損害についての被告の主張について

被告は、第四準備書面二三頁において、原告高見が平成九年一二月二二日付保釈請求書で被告人が原告高見あてに送った信書六通および被告人が原告高見あての信書に同封した被害者あての謝罪文四通の写しを添付していたから、その秘密性を放棄していた、したがって、被告の行為の違法性の程度・損害の有無を考慮すべきだと主張している。

これは、あたかも引算をせよとの主張である。しかし、この主張も、本件国賠訴訟が提起された後においてさえ、被告側が未だに刑事弁護人の活動・役割を全く理解していないことを示しているというべきである。

いうまでもなく、原告高見が保釈請求書に添付した信書は、全体の信書の中の一部で、これを示してよいとの弁護方針に沿った開示である。示さない内部的な「弁護方針」を覗き見られることとは全く別の話である。被告が、開示分以外の他の信書をも含めて知ることにより、全体の信書の中の一部の位置づけや意味、すなわち、「弁護方針」をも知りうることになる。これは、信書の数の「引き算」ができるというような話ではない。

被告人の謝罪の手紙についても同様である。検察側に「弁護方針」を盗み見られることが問題なのである。原告高見や原告岡本らに対する被告側の反対尋問は全く的外れのものであったという外はない。

五　弁護人に強いる困難について

原告らは、最善の弁護活動をするために、勾留中の被疑者・被告人との間で信書を手段とする弁護活動をしているのである。また、このように刑事弁護活動をすべきだと後進弁護士を指導しているのである。

この信書内容が相手方検察官に見られ、弁護方針を知られていた、しかも「ルーチンワーク」として知られていたということが、原告らに与えた精神的打撃は計り知れないことは論を俟たない。

当然のことながら、その後の刑事公判係属中の勾留中の被告人との信書による交信は極めて慎重を要するものになっており、原告らのみならず刑事弁護人の多くが慎重な交信を強いられるということになっている。勾留中の被疑者・被告人との信書による交信を全くしないというわけにはいかないという現実があるにもかかわらず、である。これほど、弁護人に、矛盾・困難を強いる話はない。

繰り返し述べるように、勾留中の被疑者・被告人と弁護人間の信書を手段とする弁護活動の重要性が強調されてきたのは、大阪拘置所・検察官の信書検閲を想定していないからである。

本件でも原告らは大阪拘置所によって勾留中の被疑者・被告人と弁護人間の信書が開被されていることは、手紙に桜のマークが押捺されているゆえに、認識はしていた。そして、そのこと自体、信書の秘密を侵すものではあるが、現実の実務の過程では、あえて国賠訴訟までは提起せずにきたことは事実である。

しかし、それは、本件の如き事態まではありえないと信じていたからでもある。原告らは、それが大阪拘置所において記録化されることまでは、およそ認識していなかった。まして、その記録内容が検察官からの照会によって回答されることなど全く予想だにしていなかった。今回、これらの事実が明るみに出たのは、たまたまＫ検察官によって公判廷で証拠請求されたからにすぎない。他の検察官は、相手方弁護人に知られることのないように拘置所からの回答を利用しているだけの話である。

今回のＫ検察官の行為によって、現状では勾留中の被疑者・被告人と弁護人間の信書が拘置所によって検閲・記録化され、検察官からの照会があれば回答されることが明らかになった。

このことを想定して、刑事弁護人はどのような弁護活動を行えばよいのか。弁護士法も弁護士倫理も憲法・刑訴法・同規則も、刑事弁護人の義務を軽減することはない。刑事弁護人としては相手方当事者に漏れるかもしれないという不安を抱きながらも、信書を手段とする弁護活動を続けざるをえないのである。勾留中の被疑者・被告人に対して、検察官に漏れるかもしれないから手紙は出すななどという指示は「最善の弁護活動に努める」刑事弁護人にできることではない。

　したがって、原告らは（そして多くの刑事弁護人は）、現在も、刑事弁護人としては相手方当事者に漏れるかもしれないという不安を抱きながらも、信書を手段とする弁護活動を続ける外はないという実情にある。

六　まとめに代えて

　原告らは、本件において、Ｋ検察官の行為に対する国家賠償請求という形で争っているが、裁判所におかれては、問題の本質は、当事者主義的刑事訴訟・憲法の理念にもとづく刑事司法制度を護ること、これにもとづく、刑事弁護制度、刑事弁護人の活動の正当性を訴えることにあることを理解していただきたい。

　慰謝料とは「無形の利益の侵害に対して人びとの懐く感情に社会が置く価値を、社会の代弁者としての裁判官が、その自由な判断によって、あえて一定の金額に形象化したもの」である（四宮和夫『不法行為』五九三頁）。

　本件における慰謝料額の認定は、右に述べた一般的定義にとどまらず、刑事裁判における公正に対して裁判所がどれだけの価値を置いているかがまさに問われているのである。

　原告らの慰謝料請求額は決して過大なものではなく、むしろ控え目といわねばならない。

第六　結語

一　以上詳述してきたように、事実関係からみても、法律論からみても、原告らの主張は充分すぎる理由があり、これに対し被告の主張は全く理由を欠くことが明白となった。したがって、本訴において原告らの請求を認容する以外の結論がありえないことは多言を要しないところである。

　1　原告らは、事実関係論において、大阪拘置所における信書の「検閲」と「記録化」の実態は、弁護権・防御権・秘密交通権に対する配慮など全くなく、通信の秘密・自由に対する考慮をも著しく欠いたものであること、弁護人の信書を除くことなく行われた検察官の本件照会とそれに対する拘置所の回答の実態は、拘置所・検察庁が全体として、構造的かつ恒常的に、弁護権・防御権を軽視する姿勢を如実に示していること、しかも、右照会および回答による権利侵害は、頻繁かつ広範に行われている同種行為の氷山の一角にすぎないものであって、弁護人全体が過去・現在および未来にわたって、常時、権利侵害の対象とされていて、そのことによる弁護活動に対する萎縮効果は極めて大きいこと、加えて、本件ではあろうことか、右回答が検察官によって、接見禁止請求のほか公判においても使用されようとしていて、そのために、被疑者・被告人と弁護人の間の秘密交通権が著しく侵害されたことを明らかにした。

　2　次に、憲法論では、検察官および大阪拘置所の各所為が憲法に違反することを明らかにした。まず、監獄法四六条一項、同法五〇条、同法施行規則一三〇条一項、同規則一三九条は、憲法上の権利である秘密交通権を侵害するものであって、法令違憲であること、すなわち、被疑者・被告人には、憲法三四条・三七条三項によって弁護人依頼権、三八条一項によって黙秘権、三七条二項によって反対審問権・証人喚問権、三二条によって裁判を受ける権利等、刑事手続上の諸権利が憲法上保障されており、これらをもって被疑者・

被告人の「包括的防御権」と観念できるところ、本件における検察官および大阪拘置所の所為は、包括的防御権の中核にあたる秘密交通権を侵害したものであること、また、秘密交通権は憲法三一条やさらには憲法一三条・三一条によって根拠付けられ、秘密交通権のコロラリーとして、弁護人と被告人との間の信書の秘密性については、憲法上絶対的に保障されているのであるが、前記各法令は、弁護人と被告人間の信書と弁護人以外の者と被告人間の信書との間で、何ら区別することなく、被告人の発受する信書一般を対象にしている点で、前記各憲法の各文に違反する。

さらに、大阪拘置所の本件信書の開披・閲読・記録化の各行為は、憲法三四条・三七条三項に違反し、また、刑訴法一九七条二項による検察官の照会行為、右照会に対する大阪拘置所の回答行為ならびに検察官の行ったその回答の利用行為は、憲法三八条一項に違反しており、さらには、大阪拘置所の本件回答行為は、憲法三一条以下において要請される中立義務にも違反するものであって、これらの点でも検察官および大阪拘置所の所為は違憲である。

3　さらに、本件の検察官および大阪拘置所の所為は国際人権（自由権）規約・国際人権法にも違反する。一九六六年一二月一六日に、国連総会で採択され、わが国も一九七九年に批准した市民的及び政治的権利に関する国際規約（いわゆる国際人権（自由権）規約）は、その一四条および一七条において、弁護人と刑事被告人間の信書の授受における秘密交通権を保障し、また、裁判における武器対等の原則を保障している。また、ウィーン条約法条約によれば、右人権規約の解釈指針として、国連規約人権委員会の一般的意見および見解、被拘禁者保護原則、ヨーロッパ人権裁判所の判例、ヨーロッパ人権条約、世界人権宣言、米州人権条約などは、いずれも右人権規約を解釈する裁判官の準則ないし指針として、日本の裁判所も参照すべきことは明らかである。そして、大阪拘置所による本件信書の開披・閲読、すなわち検閲とその記録化、検察官による照会とそれに対する大阪拘置所の回答、ならびに検察官による右回答の公判等での利用行為は、右各規約等にてらしても、国際人権（自由権）規約や右条約等で形成されている国際人権法に違反することは明らかである。

4　また、刑訴法レベルにおいてみると、刑訴法三九条二項は信書の授受等に関して「法令」によって必要な措置を講ずることができるかのような規定をしているが、少なくとも、監獄法四六条一項および五〇条ならびに同法施行規則一三〇条一項および一三九条は、刑訴法三九条二項の「法令」には該当せず、また、本件行為には刑訴法三九条二項の目的を全く逸脱する違法があり、さらに、「被収容者身分帳簿及び名籍事務関係各帳簿の取扱いについて」という矯正局長通達（法務省矯保大七五二号（例規）と実務運用は、監獄法施行規則一三九条の規定にも違反しており、さらに、大阪拘置所が検察官に対して行った回答は、「昭和三六年一〇月二三矯正局長通達矯正甲第九一〇号」の定める範囲を大きく逸脱するものであって、右規則や通達、その実務運用の違法性も明らかである。

5　そして原告らは、刑事弁護人として被告人らのために最善の弁護活動に努めてきたものであり、その活動内容は極めて賞賛に値するものであるが、前述したような検察官と大阪拘置所による、いかなる観点からみても違憲・違法極まりない各所為に遭って、著しく弁護活動を妨害された。加えて原告らは、右違憲・違法な各所為によって精神的にも深甚な損害を蒙ったことは多言を要しないところである。

二　被告らは、第二準備書面において、K検察官が、被告人両名と原告らとの間の信書に関しては照会の対象とする意図は有していなかったのに、その旨を明記せず、被告人両名と原告らとの間で発受された信書を含む趣旨の照会であると解釈される照会を行い、現に拘置所長をして本件回答を行わせたという点、ならびに、本件回答書を利用するにあたって、回答書のうちの、被告人両名と原告らとの間で発受された信書の発受状況等を記載した部分を抹消するなどした上で利用すべきであるのに、これをしなかったという点において、K検察官の行った本件照会と本件利用行為は、「適切さを欠いたものであったことは否定できず、違法と評価されることもやむを得ない」などと主張して、K検察官の各所為の違法性を自白している。被告の右主張は、本件のごとき、構造的かつ恒常的な違憲・違法な弁護権侵害行為を、一検察官の責任に歪少化してトカゲのシッポ切りによって事態を糊塗しようとするものである。

しかしながら、本件の有する意味の重大さ、ならびに、原告らのみならず刑事弁護制度全体に及ぼす影響の深甚さと広範さにおいて、被告が主張するような姑息な彌縫策では、とうてい逃れることが許されないものである。

一九九九年三月二三日の第一回口頭弁論期日において原告ら代理人は、本件で問われるべき問題としては、次のような点を挙示した。

①　本件では、まず憲法・刑訴法の解釈論として、弁護人と身体拘束された被疑者・被告人との間の信書について官憲による検閲は許されるべきものではないし、ましてや、それを検察官が訴訟の資料として使用することは絶対に許されないものであることを明らかにすること。

②　二一世紀に向けた刑事手続において、刑事弁護をどのようにとらえその中で被疑者・被告人の弁護人依頼権をどのように位置づけるかという、刑事手続の改革課題の面からみた検討がなされなければならないこと。

③　加えて、この改革課題の検討は国際人権法の観点からもなされるべきであって、わが国の刑事手続のあり方を国際人権法等の国際的水準を充足するものにしなければならないこと。

④　さらには、身体拘束された被疑者・被告人と弁護人との間の信書を検察官が訴訟資料として使用するという行為に対して、あるべき検察官準則からみた検討がなされるべきこと。

本日をもって弁論が終結されるが、いまや弁論の終結にあたって、本訴の提起する右問題点を再確認しておかなければならない。本訴は、原告らのみならず、すべての刑事弁護人、ひいては刑事手続全体にわたって極めて重大な問題を孕むものであり、本件裁判の帰すうはわが国の刑事手続の根幹を左右しかねないものと言ってよい。

裁判所におかれては、被告が主張するように本件を歪少化された局面でのみとらえることなく、本訴の有する意義を充分に認識されて、勇気をふるって、わが国の刑事手続の改革・発展に資する判決を、また国際的な基準を充足させるに足りる判断をされますよう、強く希求する次第である。

以上

証拠説明書

２０００（平12）年3月14日

平成一〇年（ワ）第一三九三四号損害賠償請求事件

原　告　髙見　秀一
　　　　岡本　栄市

被　告　国

証拠説明書

（甲B第一七号証から第二八号証まで）

二〇〇〇（平成一二）年三月一四日

原告ら訴訟代理人
弁護士　浦　　功
右　同　弁護士　小坂井　久

大阪地方裁判所
第七民事部　御中

甲第B第一七号証
標　　目　「意見書」
作 成 者　棟居快行（成城大学法学部教授―憲法学）
立証趣旨　憲法学の見地からみて、本件各行為が違憲であること（第三回準備書面第二―とりわけ、同九二頁～九三頁、同九六頁～一一三頁、同一一六頁～一二七頁など―の主張を裏付けるもの）

甲第B第一八号証
標　　目　「意見書」
作 成 者　村井敏邦（一橋大学院法学研究科教授）
立証趣旨　刑訴法学の見地からみて、本件各行為が違憲・違法であること（第三回準備書面第二・第四―とりわけ、同八二頁～八六頁、同一一二頁～一一三頁、同一七二頁～一七九頁など―の主張を裏付けるもの）

甲B第一九号証
標　　目　「国際人権と刑事拘禁」と題する文献作成者　北村泰三
立証趣旨　国際人権法の解釈及び適用方法（特に第三回準備書面一五五頁～一五八頁の主張を裏付けるもの）
なお、甲B第一六号証と同一文献であるが、抄本作成部分は右の号証とは別の部分である。

甲B第二〇号証
標　　目　「監獄における書類等の授受―監獄法五〇条違憲説」と題する文献（『刑事裁判と防御』・日本評論社・一

九九八年・第二部「刑事弁護の充実と防御」第三章「拘置所の戒護権と防御権」所収）

作成者　渡辺修（神戸学院大学法学部教授）

立証趣旨　ウルフ・マクネダル事件判決（アメリカ合衆国連邦最高裁一九七四年）の内容（訴状四七頁以下参照）及び監獄法五〇条・同施行規則一三〇条は憲法三四条・刑訴法三九条一項・二項に反し違憲であること（訴状四七頁～四九頁、同七七頁、同八六頁～八八頁など、第三回準備書面九四頁～九六頁などの主張を裏付けるもの）。

甲B第二一号証

標　目「マサイア判決」と題する文献（『ミランダと被疑者取調べ』・成文堂・一九九五年・第二章「アメリカ法の概要」第一節三所収）

作成者　小早川義則（名城大学法学部教授）

立証趣旨　マサイア判決（アメリカ合衆国連邦最高裁一九六四年）の内容（訴状四九頁以下参照）。

甲B第二二号証

標　目「エスコビード判決」と題する文献（甲B第二一号証第二章第二節所収）

作成者　右同

立証趣旨　エスコビード判決（アメリカ合衆国連邦最高裁一九六四年）の内容（訴状五〇頁以下参照）。

甲B第二三号証

標　目「弁護人―依頼人間の特権　16（アップジョン社対合衆国一九八一年）」と題する文献（『米国刑事判例の動向』・日本比較法研究所・渥美東洋編・一四六頁以下所収）

作成者　宮島里史

立証趣旨　アップジョン対合衆国事件判決（アメリカ合衆国連邦最高裁一九八一年）の内容。弁護士と依頼人間の秘匿特権に関しての一判例であるが、法廷意見において、かかる秘匿特権はコモン・ロー上最も古くから認められてきたもので、弁護士と依頼者の相互のコミュニケーションに適用され、秘匿特権を狭くしてしまうと、弁護士が十分な情報を得られず、そのため適切な助言を与えることが困難になる旨が述べられている。

甲B二四号証

標　目「検察機能及び弁護機能に関する基準」と題するAB A（アメリカ法曹協会）の司法基準（二）（法務省刑事局・昭和五〇年二月・刑事基本法令改正資料第二〇号所収）

作成者　アメリカ法曹協会（訳者　法務省刑事局）

立証趣旨　アメリカ法曹協会の司法基準によれば、「拘禁施設の職員は、訴追請求又は拘禁から生じる法的活動に関する依頼人と弁護人との間のいかなる連絡又は通信をも調査し、その他これを妨害することが禁じられている」

事実及び「検察官が、故意に、証拠を獲得するために違法手段を用い又は他人を雇い、他人に指示し若しくは奨励して、そのような手段を使用させることは、非職業的行為（懲戒的制裁を受け又は受けるべき行為）」とされている事実。

甲Ｂ第二五号証
標　　目　英国「監獄ハンドブック」と題する文献（『監獄ハンドブック１９９７／９８』所収）
作 成 者　マーク・リーチ（訳者　橋口玲）
立証趣旨　英国の監獄における被収容者と弁護人との間の手紙の発受信についての運用状況。

甲Ｂ第二六号証
標　　目　英国「監獄法」と題する文献（『監獄法』・オックスフォード大学出版・一九九三年所収）
作 成 者　ステファン・リビングストーン及びティム・オーエン（訳者　橋口玲）
立証趣旨　ヨーロッパ人権裁判所において弁護人と在監者との通信の秘密の保護が確立され、英国においても上記秘密が拡充されつつある事実（英国は、この問題についてヨーロッパ諸国で、最も立ち遅れていたようであるが、それでさえ、日本の状況に比すれば、その取り扱いに格段の差のあることが、甲Ｂ第二五号証・甲Ｂ第二六号証から明らかである）。

甲Ｂ第二七号証
標　　目　「実務刑事弁護」と題する文献
作 成 者　北山六郎・監修／丹治初彦・浦功、渡辺修・編
立証趣旨　第三回準備書面第五の主張を裏付ける事実。

甲Ｂ第二八号証
標　　目　「刑事弁護実務」と題する文献
作 成 者　司法研修所・刑事弁護教官室
立証趣旨　司法研修所において司法修習生に対して共犯者の弁護人間で、その弁護方針を打ち合せる必要があると指導されている事実（第三回準備書面三三頁、同二〇一頁の主張を裏付けるもの）。

以上

最終準備書面（被告）

平成一〇年（ワ）第一三九三四号　損害賠償請求事件
原　告　髙見秀一ほか一名
被　告　国

最終準備書面

平成一二年三月一四日

右被告指定代理人
田邊　哲夫
伊藤　　隆
竹田御眞木
岩倉　広修
谷岡　賀美
太田　義弘
島田　佳雄
小嶌　一平
成田　良造
杉尾　健二
茨木　正輝

大阪地方裁判所第七民事部合議一係　御中

2000（平12）年3月14日

被告の主張は、これまでの準備書面において述べてきたとおりであるが、本準備書面においては、証拠調べの結果を踏まえて、更にふえんして主張する。なお、用語の略称については、特に断らない限り、従前のとおりである。

第一　本件信書の内容確認等の適法性について

一　被告の主張

刑訴法三九条は、一項において接見交通権を規定するとともに、二項において一定の場合に「法令」により接見交通権を制限し得ることを規定している。本件信書の内容確認等、すなわち本件信書の内容を確認し、処遇上その他参考となるべき事項の要旨を身分帳簿に記載する行為は、右「法令」に該当する本件法令、すなわち監獄法四六条一項、五〇条、同法施行規則一三〇条、一三九条の各規定に基づくものである。本件信書の内容確認等の適法性については、被告第二準備書面の第二の二（二四ページ以下）において詳述したところであるが、証拠調べの結果を踏まえて更にふえんすると以下のとおりである。

1　本件法令が憲法三四条、三七条三項に違反しないことについて

本件法令が憲法三四条、三七条三項に違反しないことについては、被告第二準備書面の第二の二1㈡（二七ページ以下）において詳述したとおりである。

すなわち、刑訴法三九条一項の規定する接見交通権は憲法の保障

に由来するものであるが、身体の拘束を受けている被告人又は被疑者（以下、「未決拘禁者」という。）と弁護人との信書の発受が接見交通権の一内容であるとしても、絶対無制約な権利ではなく、弁護人から援助を受ける機会を持つことを保障するという趣旨が実質的に損なわれない限りにおいて、法律及びその委任を受けた命令により、憲法三四条の予定する未決勾留の目的のために必要かつ合理的な範囲で右信書の発受について制限を加えることが否定されるものではない（最高裁昭和五八年六月二二日大法廷判決・民集三七巻五号七九三ページ及び安藤事件判決参照）。

未決拘禁者が信書を利用して第三者と逃亡又は罪証隠滅を通謀したり、施設内の規律及び秩序を乱す行為に出ることを通謀したり、あるいは、第三者に対して自殺を示唆する心情等を吐露することなどは十分に予想されるところである。このことは、未決拘禁者と弁護人との間で発受される信書においても同様であり、未決拘禁者が弁護人あての信書又は弁護人あての信書に同封した第三者あての信書において自殺を示唆する心情等を吐露する可能性があるばかりか、外形上は弁護人が未決拘禁者にあてた信書の体裁を有するものでありながら、実際には弁護人以外の者が発した信書であったり、弁護人以外の者が作成した信書等が弁護人の発した信書に同封されるなどして、逃亡若しくは罪証隠滅又は施設内の規律及び秩序を乱す行為を通謀したり、未決拘禁者の自殺を誘発するような情報を伝えるなどの可能性がある。

そこで、監獄の長である拘置所長は、逃亡又は罪証隠滅の防止並びに施設内における規律及び秩序を維持して正常な状態を保持する目的のために、未決拘禁者に関する情報を集めてその心情を把握する必要があり、さらに、その目的のために、やむを得ず、信書の発受を禁止したり、その一部を抹消するなどの措置を講ずることが必要となる場合もあることから、信書の内容を確認するほかないのであって、未決拘禁者が発受する信書の内容確認やその発受の禁止などといった未決拘禁者の権利に対する制限は未決勾留制度上、合理的かつ必要やむを得ないものである。

また、信書の内容を確認した際に、未決拘禁者が逃亡若しくは罪証隠滅又は施設内の規律及び秩序の維持を乱す行動をとろうとしていることをうかがわせる内容が記載されているときや、その者の心情を把握できる事情が記載されているときなどのように、処遇上その他参考となるべき事項が記載されていることを発見した場合には、身分帳簿にその要旨を記録して、処遇や施設内の規律及び秩序の維持に役立てることも、逃亡又は罪証隠滅の防止並びに施設内における規律及び秩序を維持して正常な状態を保持するという前記目的に照らして合理的かつ必要やむを得ないものである。

もっとも、未決拘禁者と弁護人との間で発受される信書については、防御権ないし弁護権との関係で、発受の制限に十分な配慮をすべきことは当然であり、原則としてその内容を削除又は抹消するようなことはなく、かつ、処遇上その他参考となるべき事項の要旨を記録するに当たっても、主に「事件の流れを書きます。」などと用件のみを記録するにとどめ、弁護人と未決拘禁者との間で行われた事件に関する打合せの具体的内容については、記録しないように配慮している。

したがって、監獄の長による信書の内容確認等を規定した本件法令は、刑訴法三九条二項にいう「必要な措置」として許容されるものであって、憲法三四条、三七条三項による弁護人から援助を受ける機会を保障するという趣旨を実質的に損なうものではないから、右各条項に違反しない。

2　本件法令が憲法二一条に違反しないことについて

本件法令が憲法二一条に違反しないことについては、被告第二準備書面の第二の二1㈢（三七ページ以下）において詳述したとおりである。

すなわち、憲法二一条二項前段は、検閲の絶対的禁止を宣言した趣旨と解されるが、監獄法五〇条、同法施行規則一三〇条に基づく信書の内容確認は、「思想内容等の表現物」を対象とした「発表の禁止」を目的とするものとはいい難く、また、「網羅的一般的に」審査するものともいえないから、憲法二一条二項前段の「検閲」には該当しない（最高裁平成六年一〇月二七日第一小法廷判決・判例時報一五一三号九一ページ）。

憲法二一条二項後段の保障する通信の秘密の保障は、弁護人と未決拘禁者との間で発受される信書についても及ぶと解すべきであるが、検閲の禁止とは異なり、絶対無制約なものではなく、一定の制約に服するものであり、また、憲法二一条一項が保障する表現の自由も同様であって、前記のとおり、本件法令による制約は、合理的かつ必要やむを得ないものであるから、同条に違反するものではない。

3　その他の憲法違反の主張について

本件法令がその他の憲法の規定に違反しないことについては、被告第二準備書面第二の二1㈣（四一ページ以下）において詳述したとおりである。

すなわち、憲法一三条は直接未決拘禁者と弁護人との信書の秘密を保護する規定ではないが、仮に信書の秘密を保護する規定であるとしても、一定の制約を免れないものであり、前記のとおり、本件法令は未決拘禁者及び弁護人に対し、合理的かつ必要やむを得ない制約を定めたものであるから、同条に違反しない。

また、前記のとおり、本件法令は、憲法三四条、三七条三項に違反しないのであるから、適正手続や公平な裁判を受ける権利を保障した同法三一条、三二条、三七条一項にも違反しない。

さらに、憲法三八条一項は不利益供述の強要を禁止する規定であるが、これを実効的に保障するためにどのような措置が採られるべきかは立法政策の問題に帰する上、同項から未決拘禁者と弁護人との接見交通権の保障が当然に導き出されるものとはいえないから（安藤事件判決参照）、本件法令は同項に違反しない。

4　B規約について

本件法令がB規約に違反しないことについては、被告第二準備書面の第二の二2（四四ページ以下）において詳述したとおりである。

すなわち、B規約一四条3(b)及び一七条は、本件法令と何ら抵触するものではなく、かつ、規約人権委員会の一般的意見、被拘禁者保護原則、ヨーロッパ人権裁判所の判例などは、我が国に対して法的拘束力を持つものではない。

二　甲B第一七号証及び甲B第一八号証に対する反論

原告らは、その主張を裏付ける証拠として、棟居快行作成の意見書（甲B第一七号証。以下、「棟居意見書」という。）及び村井敏邦作成の意見書（甲B第一八号証。以下、「村井意見書」という。）を提出しているが、同意見書が述べるところは、次のとおり、失当である。

1　棟居意見書について

(1)　棟居意見書は、監獄法施行規則一三〇条の規定する信書の検閲について、拘禁目的を阻害する抽象的危険が存在することを前提に、その具体的危険が存在しないことを確認するために許されるものであるが、未決拘禁者と弁護人との間の信書には拘禁を阻害する抽象的危険すら存在しないから、信書の内容の検閲は弁護人依頼権の侵害であって許されず、制限の必要性を確かめるために内容を検閲する必然性など観念し得ない旨述べている（二六ないし二九ページ）。

しかしながら、現実の書信業務においては、弁護人の発した信書の中に第三者が作成した信書が同封されていたり、未決拘禁者の発する弁護人あての信書の中に第三者あての信書が同封されていたりする例があるなど、未決拘禁者と弁護人との間の信書であるからといって、直ちに同意見書のいう抽象的危険が存在しないとは、到底いえないのである。のみならず、そもそも真に弁護人あての信書であるのか、真に弁護人からの信書であるのかを、信書の外形のみから判断することは困難であるから、その判断のためにも信書の内容を確認する必要がある（証人Ｈの証人調書（以下、「Ｈ証人調書」という。）三ないし五、八八ないし九〇ページ）。

(2)　棟居意見書は、監獄法施行規則一三九条に基づく参考事項の身分帳簿への記載について、そもそも同規則一三〇条に基づく未決拘禁者と弁護人との間の信書の検閲が弁護人依頼権の侵害であって許されないことを前提に、検閲の結果得られた参考事項を身分帳簿に記載することも許されない旨述べている（二七、二八ページ）。

しかしながら、(1)で述べたとおり、そもそも未決拘禁者と弁護人との間の信書の検閲が許されないという前提が誤りである上、信書の内容確認等の目的は、弁護内容の調査にあるのではなく、あくまでも逃亡又は罪証隠滅を防止し、監獄内の規律及び秩序を維持して正常な状態を保持することにあるのであるから（Ｈ証人調書三ページ、乙第一〇号証（以下、「Ｈ陳述書」という。）三、四、九ページ）、内容の確認においても、未決拘禁者と弁護人との間の信書であれば、専ら未決拘禁者の心情の把握の観点から目を通すだけであり（Ｈ証人調書三ないし六、一二三、七三、七九ページ、Ｈ陳述書八、一〇ページ）、参考となるべき事項の身分帳簿への記載に当たっても、弁護権ないし防御権に配慮して、刑事事件の打合せに関する具体的内容については記載せず、用件を記載するにとどめているのである（Ｈ証人調書一五、五〇ページ、Ｈ陳述書九ページ）。したがって、このような身分帳簿への記載は、弁護人依頼権の侵害には当たらない。

なお、原告らは、Ａ被告人の書信表（乙第八号証）に原告高見あての信書の要旨として、「自分の調書で言い間違っていた所を書きます。」、「僕は元気です。事件の事、書いていく。Ｂは運転席に座っていた。」とそれぞれ記載されている点を問題視しているようであるが（Ｈ証人調書四四ないし五三ページ）、前者については、調書のどの部分が間違っていたのかという点については一切記載されていないし、後者についても、「Ｂが運転席に座っていた」というだけで、事件の具体的な内容については記載されていない。このように、いずれの記載も具体性に欠ける断片的内容であって、Ａ被告人と原告高見との刑事事件の打合せに関する具体的内容とまでは認められないし、Ａ被告人及びＢ被告人の防御権の行使に具体的な支障が生ずるおそれがあったとは到底認められない。実際にも、供述調書に言い間違いがあったかどうか、あるいは、運転席に座っていたのが誰であるかについては、Ａ被告人とＢ被告人の強盗致傷事件の争点にすらなっておらず、原告らも、右各記載により、弁護権の行使について具体的な支障が生じたとまでは主張していない。このように、具体性を欠く右各記載は、いずれも弁護権の侵害に当たらないことが明らかである。

2　村井意見書について

(1)　村井意見書は、刑訴法三九条一項の接見交通権は、憲法三四条、三七条一項（三項の誤記であろうか。）に根拠を有する「弁護人の援助を受ける権利」であり、国はそれを保障するに当たっては最大限の努力を払わなければならず、仮にもそれを制限するような措置を採ってはならない旨述べている（五ページ）。

しかしながら、前記のとおり、接見交通権は絶対無制約の権利ではなく、弁護人から援助を受ける機会を保障するという意味が実質的に損なわれない限り、法律又は命令により、必要かつ合理的な範囲で制限を加えることが否定されるわけではないから、村井意見は独自の見解であり、失当である。

(2)　村井意見書は、刑訴法三九条一項が、信書の発信人・受信人の確認以上の内容確認まで行うことを認めているとは考えられず、表記された信書の発信人・受信人から弁護人との信書の授受であることを確認したり、外部から異物混入の有無を確認できるにとどまる旨述べている（六、七ページ）。

しかしながら、前記のとおり、現実の書信業務においては、弁護人の発した信書の中に第三者が作成した信書が同封されていたり、未決拘禁者の発する弁護人あての信書の中に第三者あての信書が同封されていたりする例がある上、そもそも真に弁護人あての信書であるか、あるいは真に弁護人からの信書であるかを信書の外形のみから判断することは困難で、その判断のためにも信書の内容を確認する必要があるから、内容の確認は刑訴法三九条一項に違反しないというべきである。

(3)　村井意見書は、接見交通権には直接面会して会話する方法と信書の発受による方法とがあり、両者は等しく保障されなければならないから、刑訴法三九条一項の「立会人なくして」は「接見」のみならず「書類若しくは物の授受」にもかかる文言で、両者を区別して扱う実質的根拠がなく、また、接見の際の書類・物の授受も許される旨述べている（五ページ）。

しかしながら、刑訴法三九条一項は、立会人なしの接見と書類・物の授受とを法文上並列して規定しているから、文理上、「立会人なくして」という文言は、「接見」のみにかかり、「書類若しくは物の授受」にはかからないから、接見の際の書類の授受は許されないと解されている（通説。柏木千秋・註釈刑事訴訟法第一巻一四八ページ、植村立郎・注釈刑事訴訟法〔新版〕第一巻二六七ページ、藤永幸治＝河上和雄＝中山善房編・大コンメンタール刑事訴訟法第一巻四〇一ページ〔河上和雄執筆部分〕）。しかも、前記のとおり、両者を区別して扱う実質的根拠もある。仮に「立会人のない」接見の際に書類・物の授受を許すならば、戒護上の支障が生ずる事態も想定されるのであって、刑訴法三九条一項がそのような接見や書類・物の授受まで許しているとは到底解し得ない。

(4)　村井意見書は、信書の発受に関する許可制を規定した監獄法四六条、検閲に関する定めを命令に委任した同法五〇条、所長の信書検閲について規定した同法施行規則一三〇条は、刑訴法三九条一項の接見交通権の趣旨に反するから、未決拘禁者と弁護人以外の者との信書の発受に関する規定であり、刑訴法三九条二項の「法令」には該当しないと述べている（六ページ）。

しかしながら、前記のとおり、接見交通権を有する未決拘禁者と弁護人との間の信書についても、その内容を確認する合理的理由があるから、村井意見書の右見解は独自の見解であって失当というべきであり、監獄法四六条、五〇条、同法施行規則一三〇条は刑訴法三九条二項の「法令」に該当するというべきである。

３　結局、棟居及び村井の両意見書は、失当というほかない。

第二　本件回答の適法性について

一　被告の主張

本件回答の適法性については、被告第二準備書面の第二の三（五五ページ以下）において詳述したところであるが、その概要を述べれば、次のとおりである。

拘置所長は、一方において、本件法令等に基づき、未決拘禁者と弁護人との間で発受された信書の内容を確認し、処遇上その他参考となるべき事項の要旨を身分帳簿に記載するが、その内容について守秘義務を負っており（国家公務員法一〇〇条）、他方において、刑訴法一九七条二項に基づく捜査機関からの照会に対して報告義務を負っている。そこで、検察官から刑訴法一九七条二項に基づき未決拘禁者と弁護人との間で発受された信書の内容について報告を求められた場合、拘置所長は、捜査上の必要性と守秘義務によって保護されるべき権利・利益の重要性とを比較衡量して、右の求めに応ずるか否かを決しなければならない（藤永幸治＝河上和雄＝中山善房編・大コンメンタール刑事訴訟法第三巻一五七ページ（馬場義宣執筆部分）参照）。

しかしながら、拘置所長は、通常の業務の過程で知り得た特段の事情に基づき、捜査の必要性がないことが明らかに認められるような場合を除いては、検察官の判断を信頼して捜査の必要性があると判断せざるを得ないのであり、そのようにして捜査の必要性があると判断して回答したとしても、その判断は合理的なものであって、回答は適法であるというべきである。そこで、矯正局長通達（乙第四号証）は、刑訴法一九七条二項の規定に基づく照会に対し、一般的に回答する義務があるとした上、照会事項について回答することが、施設の管理運営に著しい支障を生じ、又は不当に関係人の人権若しくは名誉を害するおそれがある等の理由により、相当でないと認められるときは回答すべきではないとしている。

これを証拠調べの結果を踏まえて、本件につき検討すると、大阪拘置所処遇部処遇部門主任矯正処遇官として本件回答書（甲A第一号証）を起案したＹ（以下「Ｙ」という。）は、右通達に則り、捜査の必要性があるという検察官の判断を尊重して回答することとし、回答に当たっては、書信表のみを資料としたが、それには刑事事件に関する具体的な打合せの内容が記載されていなかったことから、被告人の防御権等を侵害することはないものと判断して、書信表の内容をほぼそのまま本件回答書に記載したものである（乙第一一号証（以下、「Ｙ陳述書」という。）四ないし八ページ）。その際、Ｙは、被告人両名とその各弁護人であった原告らとの間の信書についても回答しているが、これは本件照会書（乙第一号証）が、被告人両名についての「現在に至るまでの、右両名の間及びその他の者との通信状況について」、「書信票を精査の上」、「その日時、信書等の内容」についての回答を求めるものであったためであり（Ｙ陳述書七ページ）、その判断に不合理な点はない。

二　棟居意見書に対する反論

棟居意見書は、未決拘禁者と弁護人との間の信書が検閲され、その内容が記録にとどめられることが違憲違法であることを前提に、その内容を検察官に提供する行為が弁護人依頼権を侵害し、また、刑訴法の当事者主義にも反するから違憲違法であることはいうまでもない旨述べている（二八、二九ページ）。

しかしながら、未決拘禁者と弁護人との間の信書の内容を確認し、その要旨を身分帳簿に記載することに合理的理由があることは前記のとおりであるから、これを違憲違法であるとする前提自体が失当である。のみならず、検察官に対する回答は、書信表の記載に基づいて行うが、書信表には信書の用件のみしか記載されておらず、被告人と弁護人との事件に関する具体的な打合せの内容については回答していないから（Y証人の第六回口頭弁論期日における証人調書（以下、「Y第六回証人調書」という。）九ページ、Y陳述書四、六ないし八ページ）、弁護人依頼権を侵害するものでも、当事者主義に反するものでもない。

なお、原告らは、本件回答書（甲A第一号証）に、A被告人から原告髙見あての信書の要旨として、「Bは運転席に座っていた。」と記載されている点をとらえて、その点が刑事事件の具体的争点であれば弁護権の侵害に当たるとして問題視しているようであるが（Y第六回証人調書一六ないし二六ページ）、前記のとおり、右記載は具体性を欠くものであって、事件の具体的な内容についてまでは記載されていない上、実際のA被告人とB被告人の強盗致傷被告事件において、運転席に座っていたのが誰であるのかについては争点にすらなっていない（K検察官の証人調書（以下、「K証人調書」という。）一一ページ、乙第一七号証）から、この記載が弁護権の侵害に当たると解する余地は全くない。

第三　本件照会について

一　被告の主張

本件照会については、被告第二準備書面の第二の四（六四ページ以下）において詳述したところであるが、その概要を示せば、次のとおりである。

すなわち、本件照会は、刑訴法一九七条二項に基づくものであるが、公務所に報告義務を課すことになるから、捜査の必要性がある場合にのみ行使することが許され、捜査の必要性がないのに回答を求めることは許されない。

そこで、証拠調べの結果を踏まえて、本件における捜査の必要性の有無を検討すると、被告人両名は、捜査段階においてはいずれも強盗致傷の犯行を認めていたにもかかわらず、A被告人は、平成九年一〇月二七日に行われた第一回公判期日において、強盗致傷の外形的事実は認めたものの、強盗の犯意及びショルダーバッグを強く引っ張った事実を否認する旨の意見を陳述し、B被告人は、意見を留保した上（乙第一三号証）、同年一二月一八日に行われた第二回公判期日において、強盗致傷の外形的事実は認めたものの、強盗の犯意を否認するとともに、A被告人がショルダーバッグを引っ張ったところ及び被害女性を転倒させたところは見ておらず、また、自分は自動車を急加速させたことはない旨、A被告人の陳述した意見に沿った内容の意見を陳述したのである（乙第一四号証）。

K検察官は、右のようにB被告人がA被告人の陳述した意見に沿った内容の意見を陳述したことから、大阪拘置所に勾留中の被告人両名が直接にあるいは家族、友人等を介して間接に、信書を発受信するなどして通謀し、罪証隠滅工作を行っている可能性があると考え、その真相を解明する捜査の必要性があると判断し、刑訴法一九七条二項に基づき、大阪拘置所長に対し、被告人両名の信書の発受状況を照会することとしたものであって（乙第一六号証（以下、「K陳述書」という。）第2、K証人調書二五ないし三四ページ）、この判断には合理的な理由がある。

その際、K検察官は、被告人両名が各弁護人を介して通謀を行っている可能性があるとは考えていなかったため、被告人両名と原告らとの間で発受された信書の内容等を照会する意図は全くなかった（K陳述書第2、K証人調書三、四、三七ページ）。

二　原告らの主張等に対する反論

1　原告らは、被告人両名が捜査段階において強盗致傷の犯行を認めていたと評価することは間違いである旨主張する（原告らの第二回準備書面一二ページ）。

しかしながら、被告人両名が敢行した強盗致傷の犯行は、B被告人の運転する自動車で被害者の後方から接近し、助手席に乗車しているA被告人が追い越しざまに被害者の所持しているショルダーバッグを奪ったというものであるが、A被告人の供述調書には、同人が被害者のショルダーバッグをつかんだ辺りでB被告人が自動車を加速したこと、A被告人はそれでもショルダーバッグを離そうとしない被害者を引きずってしまうことを認識していたことが録取されており（乙第一八号証）、また、B被告人の供述調書には、A被告人が被害者のショルダーバッグをつかんだが、同人がショルダーバッグを離さなかったため、同人を引きずる形になったこと、そこで、自動車を急発進させ、その勢いでショルダーバッグを奪い取ろうと思い、自動車を急発進させたことが録取されており（乙第一九号証）、A被告人の供述の一部を除いて、判決においてもその各供述の信用性が認められている（乙第一七号証）のである。したがって、公判立会検察官であったK検察官が、これらの各供述調書を根拠に、被告人両名が捜査段階では強盗致傷の犯行を認めていたと評価したことには合理的な理由があり、正当な評価であるというべきである。

2　原告らは、各本人尋問において、B被告人が第一回公判期日において意見陳述を留保し、第二回公判期日においてA被告人の陳述した意見に沿った内容の意見を陳述したのは、弁護人であった原告岡本との打合せの結果であって、K検察官はそのことを認識し得る状況にあったと述べて、K検察官が捜査の必要性があると判断したことを批判している（原告髙見の本人調書（以下、「髙見本人調書」という。）一二ないし一七ページ、原告岡本の本人調書（以下、「岡本本人調書」という。）六ないし一一ページ、甲A第二一号証（以下、「岡本陳述書」という。）九ページ）。

しかしながら、B被告人が原告岡本に対して起訴後の早い段階から強盗の犯意等を否認し、第二回公判期日において陳述したのと同旨の意見を述べており、第一回公判期日における意見留保が同原告との打合せの結果であったとしても、前記の各供述調書と対照すれば、K検察官が被告人両名の間に罪証隠滅のための通謀があったのではないかと考えたことに何ら不合理な点はない。

3　原告らは、本件照会書における照会の対象は、当初「右両名の間の通信状況」であったが、その後同文言の「間」と「の」の間に「及びその他の者との」という文言を加筆して、弁護人を除外していないから、K検察官は、被告人両名と各弁護人を含む関係者を介して罪証隠滅工作をしていると考え、照会に及んだとしか考えられない旨主張する（原告ら第二準備書面一四ページ）。

しかしながら、当初の「右両名の間の通信状況」という照会文言では被告人両名間の信書の発受状況についてしか回答を求めていることにならないが、K検察官は、被告人両名が直接信書を発受信するなどして通謀し、罪証隠滅工作を行っているとのみ考えていたわけではなく、家族、友人等を介して間接に信書を発受信するなどして通謀し、罪証隠滅工作を行っている可能性もあると考えていたため、被告人両名とその他の者との信書の発受状況についても回答を求めることができるよう、「及びその他の者との」という文言を挿入したにすぎない。他方、K検察官は、被告人両名とその各弁護人との間の信書の発受状況まで捜査する必要があると考えていたわけではなく、それを知ろうとする意図もなかったのであって、この点は、同検察官においてその旨明言している上（K証人調書三、二〇、二一、一〇八ページ）、K検察官が本件回答書の写しを疎明資料として添付した接見禁止等請求書を弁護人に閲覧させてもよいかという裁判所書記官からの問い合わせに対し、即座にこれを了承していることからも明らかである（K陳述書七ページ）。

これに対して、原告髙見は、起訴後に弁護人が刑事裁判記録（刑訴法四〇条の訴訟に関する記録）を閲覧する際に、裁判所書記官が検察官に意見を聴取して了解を得るようなことは制度上あり得ない旨述べている（甲A第二〇号証（以下、「髙見陳述書」という。）一九ページ）。

原告髙見は、本件回答書の写しが弁護人の閲覧の対象となる刑事裁判記録の一部であることを当然の前提としているが、本件回答書の写しと接見禁止等請求書との間には契印がないから、本件回答書の写しは接見禁止等請求書とは別個独立の疎明資料である（接見禁止等請求書には、理由として、「別紙記載のとおり（捜査関係事項の照会について（回答）含む）」と記載されているが、契印がない以上、それをもって本件回答書の写しが接見禁止等請求書と一体となったその一部であると判断することはできない。）。そして、疎明資料は、原告髙見も認めるとおり、必ずしも刑事裁判記録に編綴されるわけではなく、閲覧の対象とはならない（髙見本人調書四三ページ）。本件回答書の写しについて、裁判所書記官が検察官に対して弁護人の閲覧に供してよいか否かを照会したということは十分に考えられることである。

なお、原告髙見は、裁判所書記官が検察官に問い合わせをした事実はなく、裁判所書記官は弁護人が記録中のどの書類を閲覧したのかも分からないはずである旨述べている（髙見陳述書一九ページ）が、同原告が、裁判所書記官の動静の一部始終を把握し得たとは限らないから、裁判所書記官が検察官に問い合わせをした事実はないなどと断言することはできないはずである。

三　違法性の程度について

K検察官の行為が、被告人両名と各弁護人であった原告らとの間で発受された信書に関しては照会の対象とする意図は有していなかったのに、その旨を明記しないまま、被告人両名と原告らとの間で発受された信書を含む趣旨の照会であると解釈される照会を行った点において適切さを欠いたものであったことは否定できず、違法と評価されてもやむを得ないが、そもそも捜査の必要性がない事項につきあえて照会を行ったというような事案ではなく、単なる不注意の域を出ないものであって、その違法性の程度は軽微である

第四　本件利用について

K検察官は、まず本件回答書の写しを接見禁止等請求書（甲A第二号証）の添付資料として裁判所に提出し、次に本件回答書を刑訴法三二一条一項二号の特信性を立証する証拠として取調請求する旨の証拠調請求書（乙第一五号証）を裁判所に提出したが、いずれの請求書においても、被告人両名とその弁護人である原告らとの間の信書の発受状況等を記載した部分を証拠資料として利用する意図は全くなかった（被告第二準備書面の第二の五（六六ページ））。このことはK検察官も明言している（K証人調書六ないし一〇ページ）ほか、接見禁止等請求書及び証拠調請求書のいずれにおいても、被告人両名と原告らとの間で発受された信書について何ら触れていないことからも明らかである。

しかも、裁判所は、本件回答書を刑訴法三二一条一項二号の特信性を立証する証拠として採用するに当たり、本件回答書のうち、「被告人と各弁護人との間における信書の授受部分」を却下し、その余の部分のみを採用している（甲A第三号証）。

このような事情を併せ考えれば、本件回答書のうち、被告人両名とその弁護人である原告らとの間で発受された信書の発受状況等を記載した部分は、実質的には全く利用されていないといえる。

もっとも、K検察官は、本件回答書のうち、被告人両名とその弁護人である原告らとの間で発受された信書の発受状況等を記載した部分を抹消するなどした上で利用すべきであったともいえ、K検察官の本件利用は、この点において、適切さを欠いたものであったことは否定できず、違法と評価されることもやむを得ないが、その程度は極めて軽微である。

第五　損害について

一　本件回答書には、被告人両名と各弁護人との間で発受された各信書の発受年月日、用件等が簡潔に記載されているだけであり、本件信書の具体的内容にわたるものではなかった。そのため、K検察官が本件回答書の内容を覚知しても、原告らの弁護権の行使等に不当な影響を及ぼすものとは到底認められない。実際にも、K検察官は、本件回答書のうち、本件信書の発受状況等を記載した部分については、実質的には全く利用していなかったのであるから、原告らには何らの損害も生じていない。

二　しかるに、原告らは、被告人と弁護人との間の信書の内容を対等の対立当事者であるべき検察官に把握されていたことを知って甚だしい精神的苦痛を受けたと主張し（訴状九五ページ以下）、これに沿う供述をしている（髙見陳述書一八ページ、髙見本人調書二〇、二一ページ、岡本陳述書一一ページ、岡本本人調書一一ページ）。

しかしながら、原告らの精神的苦痛の主たる原因は、そもそも拘置所が被告人両名とその弁護人である原告らとの間で発受された信書を検閲し、その要旨を記録していることを知らなかった（髙見本人調書二〇ページ、岡本本人調書一一ページ）ということにあり、本件照会及び本件利用に基づくものではない。しかも、右検閲は前記のとおり適法であるから、原告らが右適法行為を知ったことによる精神的損害は、何ら慰謝すべきものではない。したがって、本件照会及び本件利用が違法と評価されるとしても、原告らには、金銭で賠償される程の損害は認められない。

三　さらに、原告髙見は、本件の具体的損害として、本件回答書の中には、A被告人から同原告に対して、「Iさんには本当に申し訳ないことをしました。」という内容の信書が送られてきたことが記載されていることをとらえて、被害者に対して謝罪の意思を持っているという事実は、公訴事実を認める趣旨ではないのに、通常の場合、自己の刑事責任をそのまま認めていることとなり、裁判所も通常はそのように解するから、本件の場合においても、裁判所は接見禁止等請求書に添付された本件回答書を見て、容易に公訴事実どおりの有罪の認定をされるおそれがあったが、公訴事実に対する弁護人の意見を陳述する際に、同原告が書面で比較的詳細な意見陳述をしたため、そのような危険を回避することができたものの、単に公訴事実を否認する旨の簡単な意見陳述にとどめていたら、取り返しのつかない結果となるところであったなどと述べている（高見陳述書二一ページ）。

しかしながら、原告高見も述べるように、謝罪の意思を有していても、公訴事実を認めるわけではないという事件はよくあることで（高見陳述書二二ページ）、それは原告以外の弁護士、裁判官、検察官にとっても共通の認識というべきである。しかも、A被告人は、第一回公判期日において、強盗の犯意と暴行の程度を否認したのみであり、自己が行ったこと自体は争ってはいなかったのであるから、被害者に対する謝罪の意思を有していることを裁判所が知ったからといって、それゆえに公訴事実どおりに有罪の認定をするなどということは到底あり得ない。

このように、原告高見のいう精神的苦痛というものは、同原告の独自の見解を前提とするものであって、法的保護に値しないから、金銭で賠償されるべき損害とは到底認められない。

四　また、原告岡本は、本件回答書を見れば、同原告がB被告人に被害者あての手紙を書かせて同原告あてに郵送させ、謝罪の意思が誤解なく被害者に伝わるよう指導していたが、これをK検察官に知られることにより、B被告人の謝罪の意思が容易に弾劾されることになり、弁護活動が意味をなさなくなったと述べている（岡本陳述書一二ページ）。

しかしながら、被告人の被害者に対する慰謝の措置を立証するため、弁護人から被告人の被害者あての謝罪の手紙等が取調べ請求されたり、被告人質問において、被告人が謝罪の手紙を作成して被害者に送付した事実を供述することはよくあることであるが、検察官は、必要があれば、これを弾劾し、謝罪の意思が被告人の真意に基づくものであるのか、謝罪の意思がどの程度であるのか等をただすのであって、このことは、被告人が弁護人の指導を受けたことを検察官が知っているか否かにかかわりはない。また、裁判官にあっても、弁護人が弁護活動の一環として被告人に謝罪文を書くよう勧めたことを知ったからといって、その一事から当該被告人の作成した謝罪文が真意に基づくものでないなどと判断するはずもない。仮に、検察官の弾劾によって、謝罪の意思の信用性が減殺されるなら、それは、検察官が拘置所長からの回答書によって被告人と弁護人との間の信書の内容を知ったからではなく、もともと被告人の謝罪の意思が信用性に乏しかったからである。弁護士である原告岡本は、刑事裁判において、弁護人が被告人に謝罪するよう勧めることも事案によっては重要な弁護活動に当たること、それに対し、検察官が謝罪の意思の信用性について弾劾すべく公判活動を行うであろうこと、裁判所においては、両者の立証活動を踏まえて、その信用性について慎重な検討を行うであろうことは、十分理解しているはずである。

以上からすると、原告岡本のいう「精神的苦痛」というものは、同原告本人においてさえ、右のような説明しかできない程度のものであって、法的保護に値する精神的苦痛といえないことは明らかであり、検察官が本件回答書を得たことによって、何らの損害も被っていないというべきである。

原告本人最終意見陳述（髙見秀一）

2000（平12）年3月14日

原告本人最終意見陳述
平成一二（二〇〇〇）年三月一四日

原告本人／髙見　秀一

一　本日提出された被告最終準備書面に対して

1　被告最終準備書面三一～三三頁には、あたかも本件回答書（甲A一号証）が、刑事裁判の一件記録に編綴されない疎明資料であるかのような記載があるが、本日被告が提出した書証である本件刑事事件についての判決（乙一七号証）が判決原本そのものであることからも明らかなように、被告は、本件刑事裁判（被告人両名について確定済）の一件記録を、刑事確定記録として自らの手元において所持しているものである。

そしてその記録中には、第三分類に、本件回答書が間違いなく編綴されていることは被告も十二分に承知しているはずである。にもかかわらず、あたかも、本件回答書自体が本件刑事事件の裁判所の一件記録に編綴されないものであるかのような被告の主張は、不当であり、理解不能である。

2　また、本日、A被告人（乙一八号証）及びB被告人（乙一九号証）の検察官調書が書証として提出され、A被告人の供述調書の信用性について、「A被告人の供述調書には、同人が被害者のショルダーバッグをつかんだ辺りでB被告人が自動車を加速したこと、A被告人はそれでもショルダーバッグを離そうとしない被害者を引きずってしまうことを認識していたことが録取されており、……A被告人の供述の一部を除いて、判決においてもその各供述の信用性が認められている」と主張されている（被告最終準備書面二七～二八頁）。

しかし、刑事判決においては、前記A被告人の検察官調書の信用性について、「被告人Aの検察官調書中、『ショルダーバッグを摑んで離さずにいたとき、段々危険になることはわかっていた。』などと述べる部分については、いかにも技巧的に事後的に評価を交えて録取された供述との感を抱かせるものである」と判示され、更に、被告国が、刑事裁判でも判決でその供述の信用性が認められたとして最終準備書面で引用しているところの「A被告人はそれでもショルダーバッグを離そうとしない被害者を引きずってしまうことを認識していた」の部分については、逆に「各供述調書中、被告人Aが被害者を引きずっていることにつき認識を有していた旨述べる部分については、被告人Aをことさら誘導して録取した疑いがあり、右供述部分をそのまま事実認定の用に供することは相当でないというべきである」と、被告最終準備書面の引用とは全く逆の評価が下されている部分であること（乙一七号証の六〇～六一頁）を、指摘しておく（被告最終準備書面の主張は、証拠に反する虚偽の主張であると言わざるを得ない）。

二

1　約一年前の三月二三日に、第一回口頭弁論期日が開かれてから、本日で一〇回目を数え、本日弁論終結を迎えることになりました。

2　本件訴訟において、被告国は、拘置所が、被疑者・被告人と弁護人との信書を検閲し記録化する過程や、検察庁に回答する過程においては、被疑者・被告人の防御権や弁護人の弁護権に十分に配慮している旨を主張していました。しかし証拠調べの結果、結局何らの配慮もなされていないことが、明らかになりました。

3　被告国は、本件が、担当検察官個人の不注意で起こされた偶発的なものである旨を主張し、担当検察官個人に責任を押しつけようとしていますが、本件の審理により、本件は、担当検察官個人の不注意で起こされた偶発的なものでは決してなく、検察庁及び拘置所が日常的に組織ぐるみで行っている違憲かつ違法な行為の氷山の一角が、担当検察官の不注意によって白日の下に晒されてしまったものであることが明らかになりました。

4　担当検察官の、被疑者・被告人と弁護人との秘密交通権に対する無理解には、当時も啞然とさせられ、大きなショックを受けましたが、本件訴訟の証人尋問の時点においても、刑事司法手続における弁護人の役割に対する担当検察官の無理解には、啞然とさせられ、また再度ショックを受けました。

およそ刑事司法手続において、検察官は弁護人の果たす役割・職責をいったいどう考えているのだろうか、弁護人なんていていてもいなくても同じと思われているに等しいと感じました。

5　如何に凶悪な犯罪を犯したとされる者であっても、弁護人の援助を受ける権利を保障されることなく身体を拘束されることはなく、また、訴追されて裁判を受けることはないという制度は、近代国家のよって立つ、根幹の制度であります。そして圧倒的な力の差のある捜査・訴追機関から、犯罪を犯したという嫌疑を受けた被疑者や、訴追を受けた被告人にとって、弁護人は唯一と言ってもよい援助者であり、弁護人は、そのような被疑者・被告人の権利保障の援助者として、刑事司法手続上、憲法及び刑訴法等によって独自の権能を与えられ、圧倒的な力の差のある捜査・訴追機関と対峙しなければならない、孤立無縁の立場にある被疑者・被告人の権利を保障し、その利益を守るために、最大限の努力を図ることを職務上要求されています。

我々弁護士は、そのような職務権限を与えられているが故に、自らの職業に誇りを持ち、弁護人として選任された場合は、被疑者・被告人の利益擁護のために、捜査・訴追機関との圧倒的な力の差や、不公平な実務運用等に砂を嚙むような思いをしながらも、最大限の努力を傾けて、弁護活動をしているのです。

その弁護活動の中で、信書の授受は、極めて重要な、根幹をなす活動であることは、私が第一回口頭弁論期日の意見陳述の際にも述べた通りであり、本件のA被告人の弁護を担当した弁護人として、私も、職業人としての誇りをかけて、A被告人のために、最善の努力を傾注して弁護をしてきました。

ところが、拘置所は、我々の知らない所で、信書を検閲して記録化し、その内容を極秘に、被告人の相手方当事者である検察官に提供していました。このことは、我々にとっては、職業人としての弁護士のアイデンティティーを否定されたに等しい事態でした。

被告人の言いたいことを法律的に、また分かりやすく、誤解のないように構成して裁判所に提出し、検察官の請求してきた書証の記載に対して詳細に検討して細かく意見を述べ、また、一生懸命尋問の準備をし、尋問の結果に一喜一憂しながら、時には自分の力の足りなさに落ち込みながらも一生懸命に、最善の努力をして弁護しているると思い込んでいたのに、実は相手に手の内を知られていたとは、何と馬鹿げた、そして虚しいことでしょうか。

6　本件は、担当検察官の不注意によって、その実態が弁護人に発覚してしまったと言える事件ですが、検察官が極秘裡に被疑者・被告人と弁護人との信書による打合せ内容を知ろうと思えば、全く何の歯止めもチェックもなく、自由にそれをすることができる制度であることが判明しました。

被告国は、本件照会及び回答が、たまたま担当検察官がうっかりミスしたことによって引き起こされたもので、日常的に同様のことが行われている訳ではないと主張しながら、本件のような照会や回答がなされている回数等を明らかにせよという原告からの度重なる求釈明に対し、回答を拒否し、第三回口頭弁論期日において、裁判所が合議の上で勧告したところの「弁護人との信書を除外して回答を求めた例及び回答した例等については、本件との関連性がないとは思えないので、答えられる点については答えて欲しい」との事実上の釈明権の行使に対しても、回答を拒否しています。この訴訟態度一つをもってしても、本件のような照会及び回答が日常的に行われていることが明らかですし、実態を隠されることによる萎縮効果にも甚だしいものがあります。

そして仮に被疑者・被告人と弁護人との信書をコピーして検察官に報告されていたとしても、我々弁護人には、全くわからない体制であることに、背筋の寒くなる思いがします。

三

1　我々が本件訴訟を起こしたのは、「とにかくこんなことは絶対におかしい。こんな馬鹿なことが許されるはずがない。何とかしなければ」という怒りからでした。そして第一回口頭弁論期日でも、私は「本件は、絶対に負けられない訴訟です。刑事裁判制度や、法の支配の根幹に関わる訴訟です」と陳述しました。本件審理を通じて、更にその思いを強くしています。

2　先にも述べましたが、被告国は、おそらくは、なんとしても拘置所の現在の検閲制度を守らなければならないとの判断のもと、担当検察官の個人的責任に転嫁して本件を乗り切ろうとしていると思われます。しかし、本件訴訟の審理を通じ、検察官の行為の違憲・違法性が論を俟たないのはもちろん、拘置所の検閲制度及び記録化自体が、まさに違憲・違法であることが明らかになったことは明白です。

3　諸外国の例をみれば、被収容者と弁護人との間の信書については、封筒に弁護人との間で発受する信書である旨を記すだけで、施設側は信書の開披さえできないというドイツやイギリスの例なども知るにつけ、我が国の現在の制度が、極めて遅れたものであることを、重ねて強く確信するにいたりました。

4　本日現在の原告代理人数は二八三名であります。全ての代理人弁護士が、本件を自分の問題ととらえて、代理人に就任してくれたものであり、本件に多大の労力を注ぎ込んでくれ、援助をしてくれました。これらの努力および援助に対して、原告本人としては、言葉では言い尽くせない感謝の念を抱いている次第でありますが、本件の訴状、原告準備書面、求釈明申立、当事者照会、証拠提出、証人等尋問等には、本件訴訟に関与した全ての代理人弁護士の、本件が、刑事弁護人として活動する弁護士全員にまさに関わる問題である旨の熱意が込められております。

5　裁判所におかれては、本件における被告国の行為が、憲法・国際人権法・刑訴法等に違反する、絶対に許されない行為であることを、特に、検察官の行為にとどまらず、拘置所の行っている行為及びその根拠規定である監獄法・監獄法施行規則の各条項が憲法・国際人権法・刑訴法等に違反する、絶対に許されない行為であることを、躊躇なく、明確に宣言していただくことを祈念するものであります。

以上

原告本人最終意見陳述（岡本栄市）

2000（平12）年3月14日

平成一二年三月一四日
大阪地方裁判所第七民事部　御中

意見書

平成一〇年（ワ）第一三九三四号損害賠償請求事件の審理を終えるにあたって、原告岡本栄市の意見は下記のとおりです。

原告　岡本　栄市

記

一　本件訴訟によって明らかになったこと

本件訴訟において取り調べられた証拠、とくに拘置所職員、公判立会検察官の証言により、拘置所では、弁護権・防御権に対する配慮は全くなく、弁護人と被告人との間で授受された信書とそれ以外の信書を全く区別せず、信書の内容が書信表という形で保存され、公判立会検察官は、その書信表について拘置所に対し、日常業務、K検察官の証言によれば「ルーチンワーク」として照会を行い、照会回答書によって弁護人と被告人との信書の授受・内容を見て、証拠として利用しているという実態が明らかになりました。

これは、弁護人の弁護権・防御権を侵害し、刑事裁判の根底を揺るがすものです。しかも、拘置所職員・検察官の証言によれば、彼らはこの問題の重要性に対する認識、理解が全く欠けており、驚く外ありません。

二　拘置所・検察官の反省、改善策

被告国は、検察官が弁護人と被告人との信書の授受に対し照会したこと、その照会回答書を証拠として利用したことについて、「違法と評価されてもやむを得ない」と主張していますが、問題をK検察官個人の対応の悪さに矮小化して済ませようとしています。

そして、弁護人と被告人の信書の内容を書信表という形で保存し、日常的に公判立会検察官は照会をかけ、その回答書を証拠として利用していることに対する反省や今後の改善策については、何らの主張も立証もありません。

このような被告国の対応は、全く遺憾であり、今後も弁護権・防御権に対する侵害は繰り返されるという外ありません。

三　本件訴訟に対する判決の意義と期待

本件訴訟で問題としているのは、K検察官個人の違法行為のみを問題としているのではありません。それが、拘置所・検察官の日常的・組織的な業務として行われていることを問題としているのです。

裁判所におかれては、今回問題とする違法行為が拘置所・検察官によって組織的・日常的に行われている実態を十分把握され、今後このような違法行為がくりかえされないことはもちろん、このような個々の違法行為を生み出している信書に対する組織的日常的な取り扱いが改まるような判決をしていただきたい。

以上

判決書

2000（平12）年5月25日

平成一二年五月二五日判決言渡　同日原本領収　裁判所書記官
平成一〇年(ワ)第一三九三四号　損害賠償請求事件
（平成一二年三月一四日・口頭弁論終結）

判　決

大阪市北区南森町二丁目二番一〇号　大阪昭興ビル三〇二　雄勁法律事務所
原告　髙見秀一
大阪市北区西天満四丁目六番四号　堂島野村ビル五階　野村務法律事務所
原告　岡本栄市
原告ら訴訟代理人弁護士　別紙〔略〕原告ら代理人目録のとおり
東京都千代田区霞が関一丁目一番一号
被告　国
右代表者法務大臣　臼井日出男
右指定代理人　別紙被告代理人目録のとおり

主　文

一　被告は、原告ら各自に対し、一〇〇万円及びこれに対する平成一一年二月一六日から支払済みまで年五分の割合による金員を支払え。

二　原告らのその余の請求を棄却する。

三　訴訟費用はこれを一〇分し、その一を被告の負担とし、その余を原告らの負担とする。

事実及び理由

第一　請求

1　被告は、原告ら各自に対し、一〇〇〇万円及びこれに対する平成一一年二月一六日から支払済みまで年五分の割合による金員を支払え。

2　訴訟費用は被告の負担とする。

3　仮執行宣言

第二　事案の概要

本件は、弁護士である原告らが、大阪拘置所において、同拘置所に勾留されていた被疑者・被告人とその弁護人であった原告らとの間の信書が開披され、又は未封緘のままで、その内容が確認されてその要旨が記録化された上、検察官からの照会に対して右信書の発受状況（信書の内容の要旨を含む。）が回答されたこと、並びに、検察官が右回答書を裁判所に対する接見禁止の申立ての資料及び検面調書の特信性を立証するための資料として使用したことが、いずれも、憲法、いわゆる国際人権自由権規約、刑訴法等に違反するとともに原告らとの関係においても国家賠償法上違法であると主張し、これにより被った精神的損害について、国に対して国家賠償を求めた事件である。

一　争いのない事実並びに証拠（甲A一ないし五、一九ないし二一、二三ないし二六、乙一ないし一九、証人K、同H、同Y の各証言、原告髙見秀一、同岡本栄市の各供述）及び弁論の全趣旨により認定できる事実関係

1　原告らは、大阪弁護士会所属の弁護士である。

原告髙見は、平成九年八月一九日、A（以下「A被告人」という。）から、後記の本件刑事事件に関して、財団法人法律扶助協会大阪支部の被疑者弁護援助制度を利用した私選弁護人に選任された。同原告は、その後同年九月一七日、右の私選弁護人を辞任し、大阪地方裁判所からA被告人の国選弁護人に選任された。

原告岡本は、同年八月一一日、B（以下「B被告人」といい、A被告人と併せて「被告人両名」という。）から、後記の本件刑事事件に関して、私選弁護人に選任された。

2　被告人両名は、左記の事実及び他の事実により、A被告人については平成九年九月三日から、B被告人については同月八日から、それぞれ大阪拘置所に勾留され、同月一二日、大阪地方裁判所に公訴提起された（大阪地方裁判所平成九年(わ)第三七五三号強盗致傷・窃盗被告事件。以下、右事件を「本件刑事事件」という。）。

記

被告人両名は、共謀の上、平成九年三月二四日午後一〇時ころ、駐車中の普通乗用自動車一台を窃取し、同月二五日午前一時ころ、被害者である通行中の女性が右肩に掛けていたショルダーバッグを強取しようと企て、B被告人の運転する右自動車で被害者に背後から近づき、助手席にいたA被告人において、追い越しざまに右ショルダーバッグを両手で掴んで強く引っ張るとともに、B被告人において、右自動車を急加速させて、被害者を引きずり、転倒させて、右ショルダーバッグを強取し、その際、被害者に入院加療約三か月を要する傷害を負わせた。

3　原告髙見はA被告人の弁護人として、原告岡本はB被告人の弁護人として、平成九年九月九日から平成一〇年一月五日までの間、それぞれ、大阪拘置所に在監中であった被告人両名それぞれとの間で、別表1、2のとおり、同表の「年月日」欄の日に、概ね「書信表」欄記載のとおりの内容の各信書（以下「本件信書」という。）を発し、あるいはこれを受領した。

4　拘置所内の被収容者の信書については、監獄法施行規則一三〇条、一三七条、一三九条、更には、「被収容者身分帳簿及び名籍事務関係各帳簿様式」（平成六・三・二四矯保訓七五一法務大臣訓令）、「被収容者身分帳簿及び名籍事務関係各帳簿の取扱いについて」（平成六・三・二四矯保七五二法務省矯正局長通達）により、被収容者が発する信書は封緘をしないまま所長に差し出し、被収容者宛の信書は、所長がこれを開披し、いずれもその内容を閲読した上、検印を押捺し、更に、その内容の要旨を各被収容者の身分帳簿の中の書信表に簡潔に記載するものとされていた。右の扱いには、被収容者である被疑者・被告人とその弁護人との間の信書についても、特に明確な区別は設けられていなかった。

平成九年九月から平成一〇年一月当時、大阪拘置所においては、所長であったOの下で、前記の期間中を含め、弁護人との間の信書を含めて同拘置所に勾留されていた被疑者・被告人が発受するすべ

ての信書について、監獄法四六条一項、五〇条、監獄法施行規則一三〇条一項に基づき、同拘置所処遇部処遇部門の書信担当の職員が、これを開披して、又は開披された状態のまま内容を確認し、同規則一三七条、一三九条に基づき、同条にいう身分帳簿の一部である書信表に、発受信の年月日、発受信番号、信書の種別、相手方の住所氏名とともに、その要旨を記録する扱いであり、更に、信書の内容から被収容者の心情に大きな変化が認められたときは、統括矯正処遇官の判断により書信表とは別に視察表に記載し、書信表には視察表に記載した旨を朱書きすることとされていた。

本件信書についても、書信係職員が、被告人両名が発受する他の信書とともに、いずれもこれを開披し、又は未封緘のままこれを受領し、その内容を閲読した上で、別表1、2の各「書信表」欄のとおり、その要旨を被告人両名の身分帳簿の中の書信表に記録化した。なお、被告人両名の書信表には、視察表に記載した旨の朱書きはなく、被告人両名が発受したすべての信書について、視察表に記載されたものはなかった。

5　A被告人は、平成九年一〇月二七日の本件刑事事件の第一回公判期日において、右2の公訴事実のうち、強取することを企てた事実及びショルダーバッグを強く引っ張った事実を否認する旨の意見陳述をした。B被告人は、証拠書類が膨大で更に検討する必要があったことから、十分検討ができていないとして、同期日での右公訴事実についての意見陳述を留保した。

そして、B被告人は、同年一二月一八日の第二回公判期日において、右公訴事実のうち、強取することを企てた事実及び車を急加速させた事実を否認するとともに、A被告人がショルダーバッグを引っ張ったところ及び被害者を引きずって転倒させたところは見ていない旨の意見陳述をした。

公判立会検察官であったK検察官は、被告人両名が、捜査段階での供述調書においては強盗の共謀及び強取の実行行為を認めていたのに公判期日において右のような態度をとった理由について、被告人両名が直接に又は家族、友人等を介して間接に、信書を発受するなどして共謀し、罪証隠滅工作を行っているためである可能性があると考えた。

そこで、K検察官は、平成九年一二月二四日、刑訴法一九七条二項に基づき、大阪拘置所長に対し、「右両名は貴所に勾留中の者ですが、現在に至るまでの間、右両名の間及びその他の者との通信状況について書信票（ママ）を精査の上、その日時、信書等の種類、信書の内容について至急回答願います。」と記載した捜査関係事項照会書を送付し、被告人両名が発受した信書について、日時、種類、その内容をそれぞれの書信表に基づいて報告するよう求める旨の照会（以下「本件照会」という。）を行った。K検察官は、大阪拘置所においては、弁護人との間の信書も他の信書と区別されずにその要旨が書信表に記載される扱いであることを知っていたが、本件照会においては、被告人両名とそれぞれの弁護人である原告らとの間の本件信書を除外する扱いはしなかった。もっとも、K検察官は、弁護人である原告らを通じた罪証隠滅の可能性があるとは考えていなかった。

6　大阪拘置所処遇部処遇部門主任矯正処遇官（処遇担当）であったYは、本件照会に対し、被告人両名の身分帳簿、特にその中の書信表を調査し、その記載に基づいて、「捜査関係事項の照会について（回答）」と題する文書（以下「本件回答書」という。）を起案し、同拘置所処遇部長UがO拘置所長の決裁を代決し、これによって、平成一〇年一月九日付けの本件回答書により、本件照会に対する回答（以下「本件回答」という。）がされた。Yは、本件回答書の起案に当たり、本件照会の範囲が、被告人両名と各弁護人との間で発受した信書を除外していなかったので、これを含めて回答することとし、本件信書を含めて本件回答書を起案した。

本件回答書には、被告人両名が大阪拘置所に勾留された時から平成一〇年一月七日までの間に同被告人らが発受した信書について、その年月日、発受の別、信書の相手の氏名及び住所、信書の内容の要旨が一覧表にして記載されており、原告高見とA被告人及び原告岡本とB被告人との間の本件信書についても、別表1、2の「本件回答書」欄のとおり、その信書の要旨が記載されていた。

7　K検察官は、本件回答書を検討したところ、第二回公判期日の二日前である平成九年一二月一六日にB被告人がA被告人から受領した信書の記載内容として「一緒に罪名変えへんか。俺はそれだけを思っている。」とあるのを発見し、この信書が、B被告人が第二回公判期日で供述を覆す契機となったものであると考えた。また、K検察官は、被告人両名が甲との間でも複数回にわたり信書の発受を行っていたことを発見した。

甲については、被害者を引きずってしまったなどとB被告人から事件直後に打ち明けられたこと等を内容とする検面調書が作成されていた。また、乙についても、犯行に使用した車両を被告人両名が捨てに行くのに同行したこと、その際、右車両を使用して被害者の所持品をひったくった際に被害者を引きずり、重体にしてしまった旨を被告人両名から打ち明けられたこと等を内容とする検面調書が作成されていた。右各検面調書については、第二回公判期日において、弁護人である原告らが一部不同意の意見を述べたことから、平成一〇年一月一二日の第三回公判期日において、K検察官の申請に基づき、甲及び乙の証人尋問が採用され、後日行われることとされていた。

8　K検察官は、被告人両名が通謀して罪証隠滅を行おうとしており、これを防止するためには、被告人両名相互間及び被告人両名と甲や乙等の関係者との間で接見及び書類その他の物の授受を禁止する必要があると判断した。

K検察官は、平成一〇年二月六日、裁判所に対し、被告人両名について、A被告人がB被告人に対して宛てた前記の内容の信書（「一緒に罪名変えへんか。俺はそれだけを思っている。」）をはじめとして相互に信書を発受していることや、証人予定者である甲との間でも信書を発受していることを指摘し、罪証を隠滅すると疑うに足りる相当な理由があるとして、刑訴法八一条に基づき、被告人と同法三九条一項に規定する者以外の者との間において、接見及び書類又は物（糧食、寝具及び衣類を除く。）の授受を禁止する決定を求める申立てを行い、その疎明資料として、弁護人である原告らとの間の本件信書の要旨が別紙1、2の「本件回答書」欄のとおり記載されている部分も含めて、本件回答書全部の写しを提出した。

9　甲は、平成一〇年二月九日の第四回公判期日において、証人として尋問された。しかし、同人は、B被告人から事件の概要について打ち明けられた状況について、大半の質問に対し、「覚えていない」「忘れた」などと供述するだけで、前記の検面調書の記載と実質的に相反するあいまいな証言に終始した。

そこで、K検察官は、平成一〇年二月二七日、期日外で、同人の検面調書の不同意部分を刑訴法三二一条一項二号後段に基づいて取調請求した。K検察官は、右証拠調請求書に、右検面調書に特信性が認められる理由として、甲が被告人両名と親しく交遊していた友人で、被告人両名との間で信書を発受しており、その中で、甲がB被告人に対して「一日でも早く帰ってきて欲しい」などと記載した手紙を送るなどしており、被告人両名をかばおうとしていることが明白である旨の意見を記載した。

10　K検察官は、同年三月二日の本件刑事事件の第五回公判期日において、甲の右調書の特信性を立証するため、立証趣旨を「両被告人の大阪拘置所での信書状況について（甲の検察官調書の特信性に関して）」として、前記のとおりの本件信書の要旨の記載も含む本件回答書全部の取調べを請求した（以下、K検察官が接見等の禁止の申立て及び検面調書の取調請求の資料として本件信書を利用したことを「本件利用」という。）。

右請求に対して裁判所から意見を求められた原告髙見は、「本件回答書には、弁護人と被告人との間で授受した信書についてまで記載されているところ、このようなものを取調請求されたことに対してショックであり、よう意見を言えないので、次回まで意見を留保する」旨を回答し、原告岡本も、同様の理由により意見を留保した。これに対して、K検察官は、「証拠能力に関する事実の証明は、自由な証明で足りるから、弁護人の同意がなくても、是非とも採用されたい」旨を述べた。

11　原告らは、同年三月二三日の本件刑事事件の第六回公判期日において、本件回答書の右取調請求に対して異議がある旨の意見を述べたところ、裁判所は、本件回答書のうち被告人両名と原告らとの間で発受された本件信書に関する部分については却下し、その余の部分については採用するとの決定をした。原告らは、右決定に対して、憲法二一条二項、三一条、三四条、刑訴法三九条一項及び二項に違反するとして異議を申し立てたが、裁判所は、右異議申立てを棄却し、K検察官は、その後、本件回答書のうち却下された部分を除いた抄本を裁判所に提出した。

12　大阪地方裁判所は、平成一一年一一月八日、本件刑事事件について、右2のとおりの事実を認定した上、他の公訴事実とも合わせて、A被告人を懲役五年に、B被告人を懲役八年にそれぞれ処する旨の判決を宣告した。

二　後記の争点に関する法令等の定め

1　憲法

三四条　何人も、理由を直ちに告げられ、且つ、直ちに弁護人に依頼する権利を与へられなければ、抑留又は拘禁されない。又、何人も、正当な理由がなければ、拘禁されず、要求があれば、その理由は、直ちに本人及びその弁護人の出席する公開の法廷で示されなければならない。

三七条一項　すべて刑事事件においては、被告人は、公平な裁判所の迅速な公開裁判を受ける権利を有する。

二項　刑事被告人は、すべての証人に対して審問する機会を充分に与へられ、又、公費で自己のために強制的手続により証人を求める権利を有する。

三項　刑事被告人は、いかなる場合にも、資格を有する弁護人を依頼することができる。被告人が自らこれを依頼することができないときは、国でこれを附する。

二一条二項　検閲は、これをしてはならない。通信の秘密は、これを侵してはならない。

一三条　すべて国民は、個人として尊重される。生命、自由及び幸福追求に対する国民の権利については、公共の福祉に反しない限り、立法その他の国政の上で、最大の尊重を必要とする。

三一条　何人も、法律の定める手続によらなければ、その生命若しくは自由を奪はれ、又はその他の刑罰を科せられない。

三八条一項　何人も、自己に不利益な供述を強要されない。

2　昭和四一年第二一回国連総会で採択された「市民的及び政治的権利に関する国際規約」（我が国は昭和五四年六月二一日批准書を寄託し、同年九月二一日発効、以下「B規約」という。）

一四条1　すべての者は、裁判所の前に平等とする。すべての者は、その刑事上の罪の決定又は民事上の権利及び義務の争いについての決定のため、法律で設置された、権限のある、独立の、かつ、公平な裁判所による公正な公開審理を受ける権利を有する。報道機関及び公衆に対しては、民主的社会における道徳、公の秩序若しくは国の安全を理由として、当事者の私生活の利益のため必要な場合において又はその公開が司法の利益を害することとなる特別な状況において裁判所が真に必要があると認める限度で、裁判の全部又は一部を公開しないことができる。もつとも、刑事訴訟又は他の訴訟において言い渡される判決は、少年の利益のために必要がある場合又は当該手続が夫婦間の争い若しくは児童の後見に関するものである場合を除くほか、公開する。

2　刑事上の罪に問われているすべての者は、法律に基づいて有罪とされるまでは、無罪と推定される権利を有する。

3　すべての者は、その刑事上の罪の決定について、十分平等に、少なくとも次の保障を受ける権利を有する。

(b)　防御の準備のために十分な時間及び便益を与えられ並びに自ら選任する弁護人と連絡すること。

一七条1　何人も、その私生活、家族、住居若しくは通信に対して恣意的に若しくは不法に干渉され又は名誉及び信用を不法に攻撃されない。

2　すべての者は、1の干渉又は攻撃に対する法律の保護を受ける権利を有する。

3　刑訴法

三九条一項　身体の拘束を受けている被告人又は被疑者は、弁護人又は弁護人を選任することができる者の依頼により弁護人となろうとする者（弁護士でない者にあつては、第三十一条第二項の許可があつた後に限る。）と立会人なくして接見し、又は書類若しくは物の授受をすることができる。

二項　前項の接見又は授受については、法令（裁判所の規則を含む。以下同じ。）で、被告人又は被疑者の逃亡、罪証の隠滅又は戒護に支障のある物の授受を防ぐため必要な措置を規定することができる。

三項　検察官、検察事務官又は司法警察職員（司法警察員及び司法巡査をいう。以下同じ。）は、捜査のため必要があるときは、公訴の提起前に限り、第一項の接見又は授受に関し、その日時、場所及び時間を指定することができる。但し、その指定は、被疑者が防禦の準備をする権利を不当に制限するようなものであつてはならない。

八〇条　勾留されている被告人は、第三十九条第一項に規定する者以外の者と、法令の範囲内で、接見し、又は書類若しくは物の授受をすることができる。勾引状により監獄に留置されている被告人も、同様である。

八一条　裁判所は、逃亡し又は罪証を隠滅すると疑うに足りる相当な理由があるときは、検察官の請求により又は職権で、勾留されている被告人と第三十九条第一項に規定する者以外の者との接見を禁じ、又はこれと授受すべき書類その他の物を検閲し、その授受を禁じ、若しくはこれを差し押えることができる。但し、糧食の授受を禁じ、又はこれを差し押えることはできない。

4　監獄法

四六条一項　在監者ニハ信書ヲ発シ又ハ之ヲ受クルコトヲ許ス

四九条　在監者ニ交付シタル信書及ヒ前条ノ文書ハ本人閲読ノ後之ヲ領置ス

五〇条　接見ノ立会、信書ノ検閲其他接見及ヒ信書ニ関スル制限ハ命令ヲ以テ之ヲ定ム

5　監獄法施行規則

一三〇条一項　在監者ノ発受スル信書ハ所長之ヲ検閲ス可シ

二項　発信ハ封緘ヲ為サスシテ之ヲ所長ニ差出サシメ受信ハ所長之ヲ開披シ検印ヲ押捺ス可シ

一三七条　信書ノ発送、交付及ヒ廃棄ノ年月日ハ之ヲ本人ノ身分帳簿ニ記載ス可シ

一三九条　接見ノ立会及ヒ信書ノ検閲ノ際処遇上其他参考ト為ル可キ事項ヲ発見シタルトキハ其要旨ヲ本人ノ身分帳簿ニ記載ス可シ

三　争点及び当事者の主張

1　大阪拘置所において本件信書を開披し、又は開披された状態のまま受領し、それらを閲読して内容を確認し、その要旨を書信表に記録したことが、違憲又は少なくとも国家賠償法上違法であるか。

㈠　原告らの主張

⑴　右のとおりの本件信書の開披等による内容確認及び記録化は、監獄法四六条一項、五〇条、監獄法施行規則一三〇条、一三九条の各規定（以下「本件各法令」という。）に基づくものとされるが、未決勾留により拘禁されている被疑者又は被告人（以下「被拘禁者」ともいう。）と弁護人との間の信書による秘密交通権を侵害することは明らかである。したがって、次のとおり、本件各法令自体がB規約、特にその一四条三項(b)に違反し、また、憲法三四条、三七条、二一条、一三条、三一条、三八条にも違反し、無効である。

①　憲法三四条及び三七条三項の保障する弁護人依頼権は、実質的で効果的な弁護を受けられる権利を意味するから、右各条項により、弁護人依頼権の当然の内容として、被拘禁者とその弁護人との信書による交通の秘密性が保障されなければならない。そして、憲法上、この秘密交通権を制約する法理は存しない。

②　右の秘密交通権は、防御権を全うするために刑事司法上必要不可欠なものとして組み込まれているもので、身体拘束の代償として特に憲法上保障されたものである。一般的にも、被拘禁者と弁護人との間の信書の秘密について、これを制限しなければならない真の必要性は存在しない。

③　憲法二一条二項後段の保障する通信の秘密の保障の主たる内

容は、公権力によって封書を開披されたり、通信の内容及び通信の存在自体に関する事柄（差出人・受取人、信書の通数、発受の年月日等）について調査の対象とされないこと（公権力による積極的な覚知行為の禁止）である。弁護人の弁護権の存在意義に照らすと、このような通信の秘密の保障は、被拘禁者と弁護人の間の通信には特に強く要請される。

④　拘置所長が被拘禁者と弁護人との間で授受される信書の内容について、その内容を不適当と認める場合に一部を墨塗りするなどの方法で表現行為（の伝達）を禁止することまで想定し、これを被告人ないし弁護人が受領する前に審査することは、憲法二一条二項前段の検閲に該当する。

⑤　憲法一三条によって保護されているプライバシーの権利は、自ら善であると判断する目的を追求して、他者とコミュニケートし、自己の存在にかかわる情報を開示する範囲を選択できる権利を包含している。被拘禁者が刑事裁判における自己の防御権を適切かつ効果的に行使するために弁護人と信書によりコミュニケーションを取り、必要な情報を提供し、又は弁護人から提供を受ける場面においては、被拘禁者のプライバシーの権利、弁護人の弁護権の観点からも、憲法一三条により、その秘密性が保障される。

⑥　憲法三一条は、刑事司法に適正手続を要請しているところ、国家の側が弁護人と被拘禁者の秘密交通権に立ち入るところに適正な手続など存在し得ない。

⑦　憲法三七条一項は、対立当事者間の武器対等の原則に基づくフェアトライアルの理念から、未決勾留中の被疑者又は被告人と弁護人との間の秘密交通権を憲法上保障するもので、本件各法令はこの権利を侵害する。

⑧　憲法三八条一項は、対立当事者である国家、捜査・訴追機関に対し、被疑者、被告人は、その供述を提供する義務のないことを意味し、更に、その反面として、被疑者、被告人が自らの援助者たる弁護人に任意に与える情報は、検察官に対しては秘匿されることを保障することをも意味する。

⑨　B規約一四条3項、一七条が弁護人と身体拘束された被告人との間の秘密交通権を保障していることは明らかである。また、一四条1項の規定とともに、裁判における当事者対等の原則・武器対等の原則を保障しており、対立当事者である検察官が弁護人と身体を拘束された被告人間との信書の内容を覚知するような事態をおよそ認めてはいない。

(2)　右のとおりの本件信書の開披等による内容確認及び記録化は、弁護人である原告らの権利を侵害するもので、違憲・違法である。

①　刑訴法三九条一項は、「立会人なくして」書類若しくは物の授受をすることをも保障するもので、被拘禁者と弁護人との間の信書の授受も、秘密交通権の内容として保障していることは、明らかである。これは、同項の文言上も、同法が八〇条とは別に三九条一項で特に弁護人との間の書類の授受を保障していることからも裏付けられ、更には、右(1)のとおりの憲法の各規定の趣旨からも疑いを差し挟む余地がない。

②　本件各法令は、信書の発受を許可制とするもので、弁護人との信書の発受を権利として構成している刑訴法三九条一項とは真っ向から対立する規定であり、同法八〇条にいう法令ではあっても、同法三九条二項にいう法令には当たらない。また、同項は物の授受についてのみ規定したもので、書類については規定していないと解すべきである。いずれにしても、封書を開披し、信書の内容の確認

をするのは、同法三九条二項にいう「必要な措置」の範囲を超える。

③　刑訴法は、右(1)のとおりの憲法の各規定の趣旨を受けて、三九条三項、三一二条四項、二五六条四項ただし書、二九五条、三一三条二項、三九〇条等の規定により、被告人の包括的防御権を保障していると解すべきである。秘密交通権は、被告人の包括的防御権を支える弁護権の一環として存在していることは明らかであり、弁護人と被告人との信書の秘密を侵害することなどがおよそ許されないことは、これらの刑訴法の各規定からも自明のことである。

(二)　被告の主張

(1)　本件各法令は、憲法及びB規約のどの条文にも違反しない。

①　身体の拘束を受けている被拘禁者と弁護人との間の信書の授受が、接見交通権の一内容として、憲法三四条、三七条三項の保障に由来するものであるとしても、弁護人から援助を受ける機会を持つことを保障するという趣旨が実質的に損なわれない限りにおいて、法律及びその委任を受けた命令により、憲法三四条の予定する未決勾留の目的のために必要かつ合理的な範囲で、右信書の発受について制限を加えることが許される（最大判昭和五八年六月二二日・民集三七巻五号七九三頁、最大判平成一一年三月二四日・民集五三巻三号五一四頁参照）。

被拘禁者は、信書を利用して、第三者と逃亡、罪証隠滅、施設内の規律や秩序を乱す行為を行うことを通謀したり、あるいは、第三者に対して自殺を示唆する心情等を吐露する可能性がある。この可能性は、弁護人との間で発受される信書においても否定できない。また、外形上は弁護人が被拘禁者に宛てた信書の体裁を有するものであっても、実際には弁護人以外の者が発した信書である場合も考えられる上、第三者が作成した信書等が弁護人の信書に同封される可能性もある。

そのため、拘置所長は、逃亡又は罪証隠滅の防止並びに施設内における規律及び秩序を維持する目的のために、信書の内容を確認し、やむを得ず、信書の発受を禁止したり、その一部を抹消するなどの措置を講ずることが必要となる場合もある。また、信書に、被拘禁者が逃亡、罪証隠滅又は施設内の規律や秩序の維持を乱す行動をとろうとしていることがうかがわれる内容が記載されているときや、その者の心情を把握できる事情が記載されているときなどのように、処遇上その他参考となるべき事項が記載されていることを発見した場合には、その要旨を記録して、処遇や施設内の規律や秩序の維持に役立てることも必要である。

被拘禁者の権利に対するこのような制限は、未決勾留の目的を達する上で必要かつ合理的な範囲内の制限である。

②　監獄の長が職務上知ることのできた信書の内容は、国家公務員法一〇〇条所定の守秘義務によって守られているから、本件各法令は、弁護人から援助を受ける機会を持つことを保障するという趣旨を実質的に損なうものではない。

③　通信の秘密の保障は、検閲の禁止とは異なり、絶対無制約なものではなく、一定の制限に服するものであるところ、弁護人と被拘禁者との間で発受される信書の内容を確認し、それを記録化することは、未決勾留の目的を達する上で合理的かつ必要やむを得ない制限である。

④　憲法二一条二項前段にいう検閲とは、「行政権が主体となって、思想内容等の表現物を対象とし、その全部又は一部の発表の禁止を目的として、対象とされる一定の表現物につき網羅的一般的に、発表前にその内容を審査した上、不適当と認めるものの発表を禁止

することを、その特質として備えるもの」を指す（最大判昭和五九年一二月一二日・民集三八巻一二号一三〇八頁参照）。

監獄法五〇条、監獄法施行規則一三〇条に基づいて在監者の発受する信書の内容を確認することは、その条文上は検閲と表現されているが、「思想内容等の表現物」を対象としたその「発表の禁止」を目的とするものではなく、「網羅的一般的に」審査するものともいえないから、憲法二一条二項前段にいう「検閲」には当たらない（最一小判平成六年一〇月二七日・判例時報一五一三号九一頁、最大判昭和四五年九月一六日・民集二四巻一〇号一四一〇頁参照）。

⑤　本件各法令は、捜査機関が被拘禁者と弁護人との間の信書の内容を確認することを許容した規定ではない。また、憲法三八条一項の不利益供述の強要の禁止を実効的に保障するためどのような措置が採られるべきかは、基本的には捜査の実状等を踏まえた上での立法政策の問題に帰するものというべきであり、不利益供述の強要の禁止の定めから被告人と弁護人との接見交通権の保障が当然に導き出されるものともいえない（前掲最大判平成一一年三月二四日参照）。

⑥　B規約一四条三項(b)の文理上は必ずしも接見交通権の秘密性まで保障するものであるか否かは明確でない。仮に、これを保障する趣旨であるとしても、その文言からすれば、これが絶対無制約な秘密交通権を保障したものとまでは到底解釈できない。また、B規約には国内法としての直接的効力はなく、法律に優位する効力も有しない。

(2)　大阪拘置所内で本件信書を開披し、又は開披された状態のまま受領し、それらを閲読して内容を確認し、その要旨を書信表に記録したことは、本件各法令に基づくもので（右の要旨の記載も監獄法施行規則一三九条に基づいて処遇上その他参考となるべき事項の記載である。）、B規約、憲法、刑訴法、監獄法のいずれにおいても適法であり、国家賠償法上も違法ではない。

①　刑訴法三九条一項は、「立会人なくして書類若しくは物の授受」をすることができるとは規定していないから、信書の授受については秘密交通権を保障するものではない。

現実の書信業務においては、弁護人の発した信書の中に第三者が作成した信書が同封されていたり、被拘禁者の発する弁護人宛の信書の中に第三者宛の信書が同封されていたりする例がある上、そもそも真に弁護人宛の信書であるか、あるいは真に弁護人からの信書であるかを信書の外形のみから判断することは困難で、その判断のためにも信書の内容を確認する必要があるから、内容の確認は刑訴法三九条一項に違反しない。

②　監獄法五〇条、監獄法施行規則一三〇条は、刑訴法三九条二項が許容する同条一項の接見交通権に対する法令による制限として、合理的である。

2　K検察官が本件照会をし、本件利用をしたことが違憲・違法であるか。

(一)　原告らの主張

(1)　被告人と対立する当事者である検察官が、被告人とその唯一の援助者である弁護人との打合せの内容を知ることができるというのは、一方当事者である検察官が事前に被告人の攻撃防御方法及び証拠等を知り、これに即応でき、被告人の応訴を実質的に制限できることを意味するから、憲法上予定された当事者対等の原則を破壊する。ただでさえ、検察官は強制力を行使して証拠を収集することができ、その取得した証拠は、証拠法上、被告人側の証拠より有利に取り扱われる面もあって、被告人よりも圧倒的に優位な立場に立っている。検察官が、その上に、弁護人と被告人との間の信書の内容をそのまま知ることができるというのであれば、当事者対等の原則などまさに画餅に帰する。

また、本件照会は、B規約一四条1項にも違反する。規約人権委員会の一般的意見によると、一四条1項の「公平な審理」とは、武器の平等、当事者の平等を含む。当事者たる被拘禁者と弁護人との十分な打ち合わせが妨げられれば、それは武器の平等原則に反し「公平」とはいえないし、打ち合わせ内容が国家機関の側に察知されるようなことがあれば、これもまた武器の平等に反する。

刑訴法一〇〇条が郵便物の押収について令状主義をとっていることに照らしても、漫然と郵便による通信の内容を照会すべきでないことは明らかである。

K検察官は、被告人両名が通謀を行っている可能性があるという極めて漠然とした捜査の見込みのみに基づいて、一般的包括的に被告人両名の信書の内容の照会を行ったのであるから、本件照会は明らかに違憲、違法である。

(2)　本件利用は、弁護人と被拘禁者との接見内容を被拘禁者に不利な証拠として刑事手続上裁判において使用したものであり、憲法、B規約、刑訴法に反する重大な違法行為である。

(二)　被告の主張

(1)　B規約一四条は、すべての者に対して裁判の拒絶の禁止を保障するものであり、それ以上に、対立当事者である検察官が弁護人と身体を拘束された被告人との間で発受された信書の内容を覚知するような事態をおよそ認めないという趣旨まで含むものではない。

(2)　K検察官は、被告人両名が直接にあるいは家族、友人等を介して間接に、信書を発受信するなどして通謀し、罪証隠滅工作を行っている可能性があると考え、その真相を解明する捜査の必要性があると判断した。この判断は合理的である。

もっとも、K検察官は、被告人両名がその弁護人である原告らを介して通謀を行っている可能性があるとは考えていなかったにもかかわらず、本件信書を除外せずに本件照会を行い、それにより、拘置所長をして、本件回答書に被告人両名と原告らとの間で発受された本件信書の内容についても記載させた。本件照会は、この点において適切さを欠いたものであることは否定できず、国家賠償法上違法と評価されてもやむを得ないが、その程度は極めて軽微である。

(3)　K検察官は、被告人両名とその弁護人である原告らとの間の信書の発受状況等の記載部分を証拠資料として利用する意図を全く有していなかったもので、接見禁止等請求書及び証拠調べ請求書にも、本件信書について、何ら言及していない。また、本件回答書には、本件信書の具体的内容は記載されていないから、これが証拠として裁判所に提出されたからといって、原告らの弁護権の行使等に不当な影響を及ぼすものとも到底認められない。

もっとも、K検察官は、本件回答書のうち、本件信書の発受状況を記載した部分を証拠として利用するつもりがなく、かつ、右部分を証拠として利用する必要性もなかったのであるから、本件回答書の右部分を抹消するなどした上で利用すべきであったともいえる。したがって、K検察官の本件利用は、この点において適切さを欠いたものであったことは否定できず、国家賠償法上違法と評価されてもやむを得ないが、その程度は極めて軽微である。

3　大阪拘置所長が本件回答をしたことが違憲・違法であるか。

(一)　原告らの主張

本件回答は、内容確認と記録化によって入手した情報を拘置所の拘禁目的以外に使用した（目的外使用）という意味において、重大な違法行為であり、憲法、B規約、刑訴法が保障する秘密交通権の根幹を侵害、破壊するものである。また、国家公務員法一〇〇条の守秘義務に違反するという点においても違法である。

㈡　被告の主張

原告らの主張は争う。監獄の長は、国家公務員法一〇〇条により、記録化した信書の内容について守秘義務を負っているところ、検察官から、刑事訴訟法一九七条二項に基づいて報告を求められた場合、それに応じるか否かを決定するに当たっては、その捜査上の必要性と守秘義務によって保護されるべき権利・利益の重要性とを比較衡量することが必要である。しかし、監獄の長は、一般的に、捜査の必要性について判断できる立場にはなく、また、捜査の密行性の観点から、監獄の長が捜査の必要性について検察官に説明を求めることも適当でないことから、結局、監獄の長は、通常の業務の過程で知り得た特段の事情に基づき、捜査の必要性がないことが明らかに認められるような場合を除いては、検察官の判断を信頼して捜査の必要性があると判断せざるを得ない。矯正局長通達は、刑訴法一九七条二項の規定に基づく照会に対し、一般的に回答する義務があるとした上、照会事項について回答することが、施設の管理運営に著しい支障を生じ、又は不当に関係人の人権若しくは名誉を害するおそれがある等の理由により、相当でないと認められるときは回答すべきではないとしている。

本件回答書を起案したYは、右通達に則り、捜査の必要性があるという検察官の判断を尊重して回答することとし、回答に当たっては、書信表のみを資料としたが、それには刑事事件に関する具体的な打合せの内容が記載されていなかったことから、被告人の防御権等を侵害することはないものと判断して、書信表の内容をほぼそのまま本件回答書に記載した。

4　損害

㈠　原告らの主張

被拘禁者と弁護人間の信書による事実関係の調査、把握は、被拘禁者との接見に匹敵する重要な刑事弁護活動である。原告らは、いずれも大阪弁護士会刑事弁護委員会の委員であり、司法修習生や後進の弁護士に対してもその旨指導してきた。特に、本件においては、捜査段階では、いわゆる接見指定のある通知事件であったため、接見によっては十分な事実関係の調査、把握ができず、刑事弁護人にとっては、信書によって事実関係を把握する必要が大きかった。また、本件のように共犯関係にある場合、共犯者の弁護方針を踏まえた当該被告人との十分な打ち合わせが要求され、信書を利用した打ち合わせが必要である。

ところが、被拘禁者と弁護人間の信書が拘置所によって検閲、記録化され、検察官からの照会があれば回答されることが明らかになった。これは、原告らの刑事弁護活動、後進の指導の前提を根底から覆すものであり、この衝撃の大きさを直接表現できる言葉はない。また、本件以外にも同様の行為が行われていたことが明らかになったが、原告らは、本件が氷山の一角にすぎないことによる衝撃を受けたのであり、本件以外にも同様の行為が行われていることをも慰謝料算定に当たって考慮すべきである。

なお、被告は、原告高見が平成九年一二月二二日付け保釈請求書に本件信書の一部を添付していたから、その秘密性を放棄していた旨主張するが、右信書は、全体の信書の中の一部にすぎず、これを示してよいとの弁護方針に従った開示である。示さない内部的な「弁護方針」を覗き見られることとは全く別の話であり、慰謝料を減額する理由にはならない。

原告らが前記の拘置所長及びK検察官の各行為（以下「本件各行為」という。）により被った損害としては、原告ら各自について一〇〇〇万円が相当である。

㈡　被告の主張

本件回答書には、本件信書の発受年月日、用件等が簡潔に記載されているだけであり、本件信書の具体的内容にわたるものではなかった。そのため、本件各行為によって、原告らの弁護権の行使等に不当な影響は何ら生じておらず、原告らには何らの損害も生じていない。

原告髙見は、平成九年一二月二二日付け保釈請求書でA被告人が原告髙見宛に送った信書六通及び同被告人が原告髙見宛の信書に同封した被害者宛の謝罪文四通の写しを添付していたから、その秘密性を放棄していた。

原告らの主張する精神的損害の主たる原因は、そもそも拘置所が被告人両名とその弁護人である原告らとの間で発受された信書の内容を確認し、その要旨を記録化していることを知らなかったということにあり、本件照会及び本件利用に基づくものではない。しかも、内容確認及び記録化は適法であるから、原告らが右適法行為を知ったことによる精神的損害は何ら慰謝すべきものではない。

第三　当裁判所の判断

一　争点１㈠⑴の原告らの主張について

１　原告らが主張すべき国家賠償請求権の請求原因のうち、信書の開披、その内容の確認及びその要旨の記録化に関する違法性の有無を判断するための主張としては、争点１㈠⑵の原告らの主張で必要かつ十分と考えられるが、争点１㈠⑴の主張は、原告らが国家賠償法上の違法性を基礎づける重要な事情として主張しているものと解されるので、以下のとおり判断する。

２　憲法三四条前段は、抑留又は拘禁された者に弁護人に依頼する権利を保障している。右の弁護人に依頼する権利は、身体の拘束を受けている被疑者が、拘束の原因となっている嫌疑を晴らしたり、人身の自由を回復するための手段を講じたりするなど自己の自由と権利を守るため弁護人から援助を受けられるようにすることを目的とするものである。したがって、右規定は、単に被疑者が弁護人を選任することを官憲が妨害してはならないというにとどまるものではなく、被疑者に対し、弁護人を選任した上で、弁護人に相談し、その助言を受けるなど弁護人から援助を受ける機会を持つことを実質的に保障しているものと解すべきである。

刑訴法三九条一項が、「身体の拘束を受けている被告人又は被疑者は、弁護人又は弁護人を選任することができる者の依頼により弁護人となろうとする者（弁護士でない者にあつては、第三十一条第二項の許可があつた後に限る。）と立会人なくして接見し、又は書類若しくは物の授受をすることができる。」として、被疑者と弁護人等の接見等の交通権を規定しているのは、憲法三四条の右の趣旨にのっとり、身体の拘束を受けている被疑者が弁護人等と相談し、その助言を受けるなど弁護人等から援助を受ける機会を確保する目的で設けられたものであり、その意味で、刑訴法の右規定は、憲法の保障に由来するものであるということができる（前掲最大判平成一一年三月二四日参照）。このように、右の接見等の交通権は、被拘禁者が勾留されていることを前提とした上での権利保障であり、弁護人の側からは、その固有権の中でも極めて重要なものであるということができる。

3　しかし、このような接見交通権も、被拘禁者が収容施設内に拘禁されていることを前提とする以上、収容施設内の物的条件等による事実上の制約又は調整があり得ることは不可避であって、このような制約又は調整が、被拘禁者が弁護人から援助を受ける機会をもつことを保障する趣旨を実質的に損なうことにならない限りにおいて、憲法も刑訴法もこれを予定しているものというべきである。

4　被拘禁者と弁護人との間の信書の授受も、右の接見等の交通権の一内容であることは明らかであり、これは、憲法の保障に由来するものというべきである。

本件各法令は、確かに、その文言上は、かなり緩やかな要件の下で制限を可能としているようにもみられるが、弁護人との間の信書の授受については、刑訴法三九条との関係で、後記二で判示するとおりに解するのが相当であり、それを前提とすると、結局、その内容は、被拘禁者が弁護人から援助を受ける機会を持つことを保障するという趣旨を実質的に損なうことにはならないと考えられる。したがって、本件各法令の規定は憲法三四条前段に反しない。

5　本件各法令に基づく信書の開披及びその内容の確認は、絶対的保障であると解される憲法二一条二項にいう検閲にも該当しないというべきである（前掲最大判昭和五八年六月二二日、前掲最一小判平成六年一〇月二七日参照）。また、本件各法令は、憲法二一条のその余の部分にも違反しない。なぜなら、憲法三四条前段は、前判示のとおり、被拘禁者であることを前提として弁護人を依頼する権利を保障したものであるのに対し、憲法二一条は、そのような前提はない。被拘禁者と弁護人以外の者との間の信書の授受のような弁護人を依頼する権利以外の関係においては、すなわち、被拘禁者と弁護人以外の者との間の信書の授受を本件各法令によって制約することは、未決勾留の目的、すなわち、罪証隠滅と逃亡の防止並びに収容施設内の規律及び秩序の維持のための必要かつ合理的な範囲内での制約を受けるものといわざるを得ず、本件各法令は、右の必要かつ合理的な範囲に限定して解釈するのが相当であり、かつ、そう解することも可能であるからである（右各最判参照）。

6　本件各法令が、弁護人を依頼する権利以外の関係で、憲法のその他の条項に違反するとする根拠は見当たらない（前掲最一小判平成六年一〇月二七日参照）。

7　また、B規約についても、その一四条、一七条が、被拘禁者と弁護人との間の信書の授受について、いかなる場合にもその内容を秘密にする権利を保障しているものとまで解することはできず、また、本件各法令は、後記二で判示するとおりに解するのが相当であるから、いずれにしてもB規約の右条項に違反しないものというべきである。

二　争点1のその余について

1　刑訴法三九条一項で定める被拘束者と弁護人とが立会人なくして接見し、又は書類若しくは物の授受をする権利は、憲法の保障に由来するものであることは前判示のとおりである。

2　また、刑訴法は、被拘禁者と弁護人又は弁護人となろうとする者以外の者との間の接見又は書類若しくは物の授受についての交通権については、三九条とは別個に、その八〇条及び八一条に規定を置き、逃亡し又は罪証を隠滅すると疑うに足りる相当の理由があるときには（なお、この要件自体は刑訴法六〇条一項の勾留の要件でもあるから、勾留の要件よりも罪証隠滅や逃亡のおそれがより高い場合を意味すると考えられる。）、裁判所が、検察官の請求又は職権によりこれらを禁止することができると規定している。このように、憲法三一条二項で保障されている権利も右規定により裁判所の決定による制約を受けることが許容されているところ、この接見等の禁止決定がされた場合であっても、三九条一項に基づく弁護人との間の接見や書類若しくは物の授受についての権利は、なおもその影響を受けないものとされている。

これは、前判示のとおり、右規定が憲法三四条前段の憲法の保障に由来するからであり、弁護人以外の者との通信等が禁止されるほどの事由があっても、むしろ右の禁止がされた場合にこそ、弁護人との間の接見等の交通権を確保することが極めて重要であるとみなしていることによるものと解される（なお、前記の最大判昭和五八年六月二二日も、勾留の目的及び収容施設内の規律及び秩序の維持のために許容される被拘禁者の自由に対する制限は、防御権との関係で制約され得ることを括弧内で説示している。）。

３　そして、刑訴法三九条一項が被拘禁者が弁護人と立会人なくして接見することができるとしているのは、弁護人から有効かつ適切な援助を受ける機会をもつためには、被拘禁者とその弁護人との間において、相互に十分な意思の疎通と情報提供や法的助言等が何らの干渉なくされることが必要不可欠であり、特に、その意思の伝達や情報提供のやりとりの内容が捜査機関、訴追機関、更には収容施設側に知られないことが重要であるので、この点を明文で規定したものと考えられる。なぜなら、接見の機会が保障されても、その内容が右の機関等に知られることになるというのでは、被拘禁者の側からは、その防御権、すなわち有効適切な弁護活動を弁護人にしてもらうことが期待できず、弁護人の側からは、その弁護権、すなわち有効適切な弁護活動を行うことができないことも十分予想されるからである。

したがって、右の「立会人なくして接見し」とは、接見の内容を右の各機関等が窺い知ることができない状態で接見する権利、すなわち接見についての秘密交通権を保障することを意味するもので、例えば、収容施設側の立会人がいなくても収容施設側が接見の内容を録音するというのでは、右規定に反することになるというべきである。接見についての秘密交通権がこのようなものである以上、被拘禁者とその弁護人との間の接見において、仮に訴追機関や収容施設側が重大な関心をもつと考えられる被拘禁者側からの罪証隠滅の希望や示唆、更には被拘禁者の心情の著しい変化等の内容にわたる可能性があったとしても、それを理由に右の接見についての秘密交通権自体を否定することは法的にはできないというべきである。同条二項にいう「必要な措置」の中には接見による秘密交通権自体を否定することまでは含まれないと解される。

このような接見についての秘密交通権は、それ自体が憲法の規定によって直接に具体的な内容として保障されたものであるとまではいえないが、前判示のとおり、憲法で保障された弁護人を依頼する権利の保障に由来する極めて重要なものであることは明らかである。

４　ところで、刑訴法三九条一項は、右のとおり、接見についての秘密交通権を「立会人なくして」という明文をもって保障しているが、被拘禁者と弁護人との間の書類若しくは物の授受については、右の明文はなく、単に「又は書類若しくは物の授受をすることができる」と規定するだけである。同項の文言上、同項を立会人なくして書類若しくは物の授受をすることができると読むことはできない。ただし、これは、秘密性の確保の観点からは、書類や物の授受については、被拘禁者と弁護人が口頭で意思の疎通をする場合とは異なり、例えば糧食の授受のように物によっては秘密にされるべき伝達される意思及び情報が問題とならない場合も多く、また、物の量、大きさ及び物の状態等の物的な状態も様々な場合が考えられ、接見の場合の「立会人なくして」の文言のように、弁護人との間の意思及び情報の伝達についての秘密性を定型的に保障する文言を置くことが困難であったことによるものとも考えられる。

そうすると、右の1、2で説示したところ、特に接見における秘密交通権の保障が憲法に由来する重要なものであることを考慮すると、書類若しくは物の授受の場合においても、被拘禁者と弁護人との間の意思及び情報の伝達が問題になる場面においては、同項は、秘密交通権の一態様として、その秘密保護のためのできる限りの配慮を要求しているものと解するのが相当であり、刑訴法三九条一項の解釈としても、単に書類若しくは物の授受に該当するとの一事で常に一律に捜査機関、訴追機関及び収容施設に対する同項による秘密の保護が及ばないと解することはできないというべきである。

5　刑訴法三九条一項の趣旨を以上のように解すると、書類の授受の中でも、少なくとも被拘禁者と弁護人との間の信書の授受については、他の書類の授受や物の授受とは別個の考慮が必要であるというべきである。かような信書の授受は、正に弁護人と被拘禁者の意思及び情報の伝達が問題になる場面であり、信書の授受による意思及び情報の伝達も、被拘禁者の防御権及び弁護人の弁護権にとって重要なものであり、それらが捜査機関、訴追機関及び収容施設側に対して秘密性が保障される必要性は接見における口頭の場合と実質的にはさほど異なるところはないと考えられるからである（因みに、旧刑訴法四五条は、被告人については接見及び信書の往復を禁止することはできない旨を規定し、信書の授受と接見とを同様に扱っていた。）。

このようにみてくると、被拘禁者と弁護人との間の信書の授受についても、刑訴法三九条一項は、できる限り接見に準じ、その内容についての秘密保護を要請しているというべきである。特に、弁護人が時間的あるいは場所的な要因で接見が困難な場合には、信書による意思及び情報の伝達が実質的には接見に代替する機能を営むことも考えられる。そして、かような観点を徹底するならば、被拘禁者と弁護人との間の信書（以下においては、専ら封緘された信書を念頭に置く。）は収容施設においても一切開封することなく常に封緘したままでその授受を認める扱いを要請することになる。

しかしながら、接見による口頭での意思及び情報の伝達と信書の授受によるそれらの伝達とを比較すると、収容施設側の事情も相当に異なる点があることもまた否定できない。すなわち、接見による口頭での意思及び情報の伝達の場合には、収容施設側においては、施設内の接見室の設備等による主として物的な条件を整えることにより、施設内の規律及び秩序維持等の目的を達しながら右の接見についての秘密交通権を確保することが可能である。これに対して、信書の授受の場合には、収容施設側において封緘された信書の中に信書以外の物又は書類が混入されていないか、第三者宛の信書又は第三者からの信書が混入されていないか、更には間違いなく弁護人からの信書なのかどうかを確認する必要があるといわなければならない。また、弁護人との間であるから極めて例外的な事態であるとは考えられるが、危険物や禁制品が混入されていないかどうかも確認する必要がある。ところが、信書が封緘されたままでは収容施設側でこれらの点を確認することは、器械等の物的な条件を備えることによっても極めて困難であるといわざるを得ない。このように、封緘したまま信書の授受を認めるには、そのための前提条件、すなわち、何らかの手続的な措置（例えば、発信者や宛先を手続上予め明確にする措置や特別の封筒を使用することなどが考えられる。）が少なくとも法令の規定によってとられることがどうしても必要となるといわなければならない。

かような点を考慮すると、一切開封することなく封緘されたままで弁護人との信書の授受を認めるには、法令の規定で右の点をも考慮したそのための手続的措置を設ける必要があるといわざるを得ないのであって、そのような明文の規定が見当たらない現行法の下では、刑訴法三九条一項は、弁護人との間の信書については開披しないままその授受を認める扱いまでを要求しているものと解することはできない。そして、混入物の存否や実際に弁護人との間の信書であるか否か等の確認を許容する以上、その目的の限度で信書を開披し、その内容を収容施設側が閲読することも、許容されているといわざるを得ないというべきである。このように、弁護人からの信書を開披し、あるいは弁護人宛に発信予定の信書を未封緘のまま受領し、その内容を施設側が右の限度で閲読することまでは、同項もこれを許容しているものというべきである。

このように解すると、被拘禁者及び弁護人としては、接見の場合と異なり、信書の授受については、完全な意味で秘密交通権が保障されているとはいえず、収容施設側に内容を閲読されることを予想しなければならなくなるが、弁護人が収容施設に赴いてする接見についいては秘密交通権が保障されていることを前提とすると、信書の授受についてのこのような制約は、やむを得ないものというべきである。右の制約はすべて違憲・違法であるとする原告らの主張は採用できない。

しかし、前判示のとおり、信書の内容をできる限り捜査機関、訴追機関及び収容施設側に秘密にすることを保障するのが刑訴法三九条一項の趣旨であることからすると、収容施設における信書の内容の閲読は、あくまで右の限度で認められるもので、それ以上の内容の精査は許されないというべきである。更に、右の信書の内容を収容施設において記録化することまで同項が許容しているとは考えられない。なぜなら、信書の開披等をしてその内容を閲読して弁護人宛のものあるいは弁護人からのものであることが判明した以上、前記の秘密保護の要請から、それ以上に信書の内容に収容施設側が立ち入ってはならないと解すべきであるからである。

6　ところで、被拘禁者の信書の授受については、刑訴法とは別個に、監獄法が規定しており、その四六条一項では信書の発受は許可制とされており、四九条において、被拘禁者に交付した信書は本人が閲読した後にこれを収容施設側で領置するとされ、五〇条において、信書の検閲その他接見及び信書に関する制限は命令でこれを定めるとされている。そして、監獄法施行規則一三〇条は、被拘禁者の発受する信書は所長がこれを検閲するものとし、発信は封緘をせずに所長に提出させ、受信は所長が封緘を開披して検印して押捺するものとされている。また、同規則一三七条は、信書の発送、交付及び廃棄の年月日を、一三九条は、信書の検閲の際処遇上その他参考となるべき事項を発見したときはその要旨を、いずれも、被拘禁者の身分帳簿に記載して記録化することとされている。

このような監獄法及び監獄法施行規則の各規定は、その文言上は、刑訴法八一条の決定がない場合であっても収容施設の所長の判断で信書の授受を不許可にできることとしたものであるだけでなく、弁護人との間の信書の授受とそれ以外の者との信書の授受についても何らの区別を設けておらず、一律に右の各規定によるものとしている。そうすると、少なくとも右各規定の文言どおりの意味は、弁護人との間の信書の授受についてその三九条で別に規定する刑訴法の内容とは相当に異なるものといわざるを得ず、憲法が規定する弁護人を依頼する権利に対する配慮が窺えない不備なものといわざるを得ない。したがって、監獄法及び監獄法施行規則の右各規定と刑訴法の右各規定とを整合性を有するように解釈する必要があることは明らかである。そして、刑訴法三九条一項の趣旨が右1、2にみたとおりであり、同項の内容が憲法で保障された弁護人を依頼する権利に由来するものであるのに対し、監獄法や監獄法施行規則の前記規定が弁護人を依頼する権利についての憲法の規定に対する配慮がないことに照らすと、法解釈としては、監獄法及び監獄法施行規則の規定を、少なくとも弁護人との間の信書に関する限り、刑訴法の各規定、特に三九条一項についての右5で説示した内容に整合するように解釈すべきである。

そうすると、弁護人との間の信書の授受については、監獄法及び監獄法施行規則を次のように解すべきである。まず、同法四六条一項の解釈としては、信書の授受自体の不許可、すなわち禁止はできないものと解すべきである（被拘禁者と弁護人との間の信書の一部を削除して授受を認めた措置が国家賠償法上違法であるとされた例として東京地判平成三年三月二九日・判例時報一三九九号九八頁がある。）。また、同規則一三〇条に基づいて発信の信書は封緘をせずに所長に差し出させ、受信の信書はこれを開披し、いずれもその内容を閲読することまでは許されるが、それは、あくまで、前判示のとおり、信書以外の物や第三者の信書又は第三者宛の信書が含まれていないかどうか、更には弁護人からの信書かどうかを確認する限度で行われるべきもので、それ以上に、その内容を精査することは許されないというべきである。そして、同規則一三九条については、弁護人との間の接見の場合と同様に（この場合には接見の内容の要旨が記載されることはあり得ない。）、その内容の要旨を記載することは、後記7の極めて例外的な場合を除いては同条からは除かれており、それを記載することは、「処遇上其他参考ト為ル可キ事項」としても、禁止されていると解すべきである。

7　ただし、弁護士である弁護人との間の信書については例外的な事態でしかあり得ないと考えられるが（弁護士法一条、二条参照）、収容施設において、右の限度で信書の開披等によりその内容の確認がされた際に、信書の内容から逃亡・罪証隠滅あるいは収容施設側の管理上重大な支障を現実に生じさせる差し迫った危険が判明した場合、又は封書の中に危険物や禁制品が混入されていた場合には、刑訴法二三九条二項の告発義務又は施設の管理義務の観点からも、施設内においてそれを問題にして、検察官への通知その他の対処をすべきもので、その際にその旨を何らかの文書に記録化することは、許されるものというべきである。かような場合には、勾留の裁判の執行指揮をする権限を有する検察官と、その指揮を実行する任に当たる施設の長との間では国家公務員法の秘密を守る義務の規定の適用はないと解される。その場合に、検察官がその事実を知るところになったとしても、かような事実を検察官が知ることは、当事者主義や武器平等の原則に反することにもならないと考えられる。

本件各法令をこのように解する限り、それは、刑訴法三九条二項の必要な措置を規定した法令というべきであり、また、このように解すると、被拘束者と弁護人との間の信書の内容が、処遇上その他参考となるべき事項として身分帳簿に記載されることは通常の場合にはなくなると考えられる。

８　以上のような判断の下に、前記第二の一で認定された大阪拘置所内における本件信書の扱いについて検討すると、次のようにいうことができる。

(1)　本件信書について、発信の信書は封緘をせずに被告人両名から所長に差し出させ、原告らからの受信の信書はこれを開披したこと自体は、違憲でも違法でもなく、適法であるといわざるを得ない。また、書信係の担当者がいずれもその内容を閲読した点については、本件証拠からも前記の内容確認の限度を超えていたことの立証はないといわざるを得ない。

(2)　しかし、大阪拘置所長が、同拘置所内において弁護人との間の信書の授受とそれ以外の者との間の信書の授受について、その取扱において刑訴法の趣旨に沿った明確な区別を設けず、書信係の担当者をして、原告らとの間の本件信書についてまで、すべて、その内容の要旨を被告人両名の身分帳簿の中の書信表に記載してこれを記録化させたのは、確かに、その内容は別紙1、2の各「書信表」欄のとおりで、断片的な短いものにすぎないけれども、刑訴法三九条一項並びに前記6、7のとおりに解釈すべき監獄法及び監獄法施行規則に違反して違法であるというべきである。ただし、違憲とまではいえない。

なお、前記の認定事実によれば、本件信書について視察表が記載されたことはなかったことから、その内容の中に犯罪の嫌疑や施設管理上重大な事由もなかったものと推認される。

三　争点2ないし4について

１　前記の認定事実によれば、そもそも本件信書の内容を前記のとおり書信表に記載したこと自体が違法であるが、大阪拘置所長が本件信書の内容も含めて本件回答をしたこともまた違法といわざるを得ない。

また、K検察官は、大阪拘置所においては本件信書の内容の要旨まで書信表に記載される扱いであったことを知っていたもので、このような違法な資料を使用すべきではなかったのに、大阪拘置所長に対し、本件信書を除外せずに本件照会をし、更に右照会によって得た本件信書の要旨の記載を被告人両名についての刑訴法八一条の接見禁止の請求及び検面調書の取調請求の資料として裁判所に提出して使用したもので、右各行為は、それにより被告人両名の防御権、ひいては原告らの弁護権を侵害することになる国家賠償法上違法な行為であるといわざるを得ない。この判断に反する被告の主張はいずれも採用できない。

２　次に、大阪拘置所長及びK検察官に過失があったかどうかについて検討する。

(一)　証拠（甲A一五ないし一七及び一八の一・二、甲Aの二九、乙四、一一、証人H、同Y、同Kの各証言）及び弁論の全趣旨によれば、(1)　当時、監獄法施行規則の文言上は、その一三九条において、弁護人との間の信書も含めてすべての信書について処遇上その他参考となるべき事項を書信表に記載して記録化するものとされており、右の規定は、長きにわたって施行されてきたものであって、しかも、拘置所等の収容施設内の実際の取扱もそのように扱うのが一般的であったこと、(2)　特にその点について本件において問題にされるまで訴訟においてとりたてて問題とされたこともなかったこと、(3)　ただし、昭和六一年に本件と同様の照会及び回答について京都弁護士会に対して人権侵犯の申立てがされ、同弁護士会は、京都拘置所長に対して、信書の秘密に関する人権を不当に侵害するものであるから速やかに関係機関と協議して運用を改善するよう勧告し、これに対して、京都拘置所長は、指摘を理解し、全国的な問題であるので法務省と相談し、善処する旨の回答をしていたこと、(4)　昭和三六年法務省矯正甲第九一〇号法務省矯正局長通達は、刑訴法一九七条二項に基づく照会について、一般的に回答すべき義務があるとし、例外的に、照会事項について回答することが、施設の管理運営に著しい支障を生じ、又は不当に関係人の人権若しくは名誉を侵害するおそれがある等の理由により、相当でないと認められるときは、回答の限りでないものとしており、信書の発受状況についても右通達に従って回答がされていたところ、右通達には、捜査の必要性との比較衡量や弁護権に対する配慮については特段の指摘がされていないこと、(5)　K検察官は、平成五年に検察官に任官したが、被拘禁者の信書の発受状況について拘置所長に照会を行うことができる旨、先輩検察官から指導を受け、本件照会以前にも、名古屋地方検察庁公判部に勤務していた平成五年九月一日から平成六年四月一日までの間に三回程度、大阪地方検察庁公判部に勤務していた平成九年四月一日から平成一〇年三月三一日までの間に四、五回程度、本件同様、刑訴法一九七条二項に基づいて、被告人の信書の発受状況について照会したことがあったが、いずれも弁護人との間で発受された信書について除外することなく照会し、回答書を保釈請求に対する意見書に添付するなどの形で利用したことがあったこと（なお、名古屋地方検察庁において行った照会に対する回答においては、弁護人との間で発受された信書の発受状況は記載されていなかった。）、(6)　原告らが知り得ただけでも、平成九年一一月から平成一〇年二月にかけて、大阪地方検察庁に所属するK検察官以外の複数の検察官が大阪拘置所長に対して本件と同様の照会を行い、O拘置所長が弁護人との信書の発受状況を含めて回答をした事例が三例あり、平成一〇年七月に、京都地方検察庁に所属する検察官が京都拘置所長と大阪拘置所長に対して信書の発受状況を各一回照会し、いずれについても弁護人との信書の発受状況を含めた回答がされたこと、以上の事実が認められる。

(二)　右の認定事実によれば、本件回答をすることが違法であることを法律の専門家以外の者が知ってそれに応じた処理をすることは極めて困難な状況にあったといわざるを得ない。したがって、法的な専門家ではない拘置所長には、過失は認められないというべきであり（最三小判平成三年七月九日・民集四五巻六号一〇四九頁参照）、他に右過失を認めるに足りる証拠はない。しかし、K検察官は、法律の専門家として、自らの前記各行為についての違法を認識すべきであったといわざるを得ず、過失責任は免れないというべきである。

3　原告らは、被告人両名と本件信書を授受することによって本件刑事事件の防御の打ち合わせをしていたもので、しかも、相当頻繁にこれを行い、これによって本件刑事事件における被告人両名の弁護に努めていたものである。ところが、原告らは、K検察官の本件照会と本件利用によって、自らが弁護している被拘禁者との間で発受した本件信書の発受状況及びその要旨が検察官の知るところとなり、裁判所にまで提出されたことにより、大きな精神的衝撃を受けたことは十分に首肯できる。

これらの点を勘案すると原告らの被った精神的損害を慰謝するに

足る額は各一〇〇万円をもって相当とする。

四　結論

以上のとおりであるから、原告らの本件請求は、各一〇〇万円及びこれに対する訴状送達の日の翌日であることが記録上明らかな平成一一年二月一六日から支払済みまで年五分の割合による遅延損害金の支払を求める限度で理由があり、その余は理由がない。なお、仮執行宣言は付さないこととする。

大阪地方裁判所第七民事部

裁判官　青木　亮

裁判長裁判官八木良一、裁判官谷口哲也は転補のため署名押印できない。

裁判官　青木　亮

原告ら訴訟代理人目録〔本書六頁参照〕

被告代理人目録

被告指定代理人　田邊　哲夫
同　増田　隆久
同　佐野　年英
同　野間　和儀
同　伊藤　隆
同　築　雅子
同　熊谷　健
同　島田　佳雄
同　小嶌　一平
同　成田　良造
同　杉尾　健二
同　茨木　正輝

以上

別表１　原告高見とＡ被告人との間の信書

年　月　日	発受の別(＊)	書　信　表	本件回答書
平成９年９月９日	受	Ｉさんの手の手紙同封しましたので読んでください　Ｉさん本当に申し訳のない事して済みません．　同封	Ｉさんには本当に申し訳ないことをしました。
平成９年９月11日	受	１日でも早く家族の所へ帰れる様にして下さい　次書くときはＩさんに対る反省文も同封させて頂きます	１日でも早く家族の所に帰れるようにしてください。
平成９年９月11日	発	来週接見行きます　・観護措置取消決定申請書（H. 9. 8／29）　・上申書（H. 9. 9／8）	来週接見に行きます。
平成９年９月12日	受	Ｉさんに対し悪いと言う気持でいっぱいです	Ｉさんに対し悪いという気持ちでいっぱいです。
平成９年９月18日	受	・被害弁償も考えています。　・働いて毎月少しずつでも払って行こうと思っていますお許し下さい　同封．	働いて毎月少しずつでも支払っていこうと思っています。
平成９年９月29日	受	よろしくお願いします	よろしくお願いします。
平成９年10月１日	受	反省しています、Ｉさんの手紙同封します　・お体の回復心から祈っております　同封（２枚）	お体の回復，心から祈っております。
平成９年10月６日	受	裁判よろしくお願いします．	裁判，よろしくお願いします。
平成９年10月９日	受	ひったくりする前の事を書きました．	ひったくりする前の事を書きました。
平成９年10月13日	受	僕は元気です。　事件の事書いていく。　Ｂは運転席に座わっていた。	僕は元気です。Ｂは運転席に座っていた。
平成９年10月15日	受	よろしくお願いします	よろしくお願いします。
平成９年10月20日	受	事件のこと流れをかきます	事件の流れを書きます。
平成９年10月21日	受	・Ｉさんの手紙よろしくお願いします　・お体の回復心から祈っています、本当に済みませんでした　同封２枚	Ｉさんの手紙よろしくお願いします。
平成９年10月27日	受	もう絶対に誰も裏切らずにしっかりと生きてゆきます．	もう絶対に誰も裏切らずしっかりと生きていきます。
平成９年10月28日	受	今日の才判ありがとうございました	今日の裁判ありがとうございました。
平成９年11月４日	受	才判でははっきりとさせて下さい　よろしくお願いします	裁判でははっきりとさせてください。
平成９年11月６日	受	反省を深めております	反省を深めております。
平成９年11月10日	受	Ｂの調書の事で違う所があるので書きます	Ｂの調書の事で違う所があるので書きます。
平成９年11月18日	受	反省し今後の事考えています　Ｉあての同封　お身体の回復祈っています．　同封	反省し今後の事を考えています。
平成９年11月19日	受	自分の調書で言い間違っていた所を書きます。	自分の調書で言い間違えていた所を書きます。
平成９年11月20日	受	僕の調書の言い違いの所について書いていきます	僕の調書で言い間違えていた所を書きます。
平成９年11月22日	発	被害者への手紙今日送っておきます。	被害者への手紙今日送っておきます。
平成９年11月25日	受	調書で違っていた所書きます　よろしくお願いします	調書で違っていた所書きます。よろしくお願いします。
平成９年12月８日	受	後悔の日々を送っています	後悔の日々を送っています。
平成９年12月11日	発	送付します　・証拠目録請求番号No25～33　・〃No53～55　・〃No57～61（記載なし）	
平成９年12月16日	発	・冒頭陳述書　検察官請求証拠に対する意見書送付します．	検察官請求証拠に対する意見書送付します
平成９年12月22日	受	日々反省してます．	日々反省しております。
平成９年12月24日	発	保釈請求書１部	保釈請求書１部
平成10年１月５日	受	才判よろしくお願いします	裁判よろしくお願いします。

＊　原告高見を基準に発受を記載

別表２　原告岡本とＢ被告人との間の信書

年　月　日	発受の別(＊)	書　信　表	本件回答書
平成９年９月19日	受	面会来て下さい	面会来てください。
平成９年10月３日	受	ごめん　被害者あての手紙を入れます．	被害者あての手紙入れます。
平成９年10月24日	受	被害者宛の文を同封します．　被害者の方に変化があれば連絡下さい　「毎日反省しています」　謝罪文２枚	毎日反省しています。被害者の方に変化（以下不明）
平成９年11月12日	受	先日．先生あてに被害者への手紙を出しましたか　連絡ないので気になってます	先日先生に被害者への手紙を送りましたが，連絡がないので気になっています。
平成９年11月17日	発	調書はよく読んで検討しておいて下さい　供述調書１部（写）	調書はよく読んで検討しておいてください。

＊　原告岡本を基準に発受を記載

A第　1　号証

（原本はA4版）

大拘丙収第１５３８号
平成１０年１月９日

大阪地方検察庁公判部
　検察官　検事　[redacted]殿
K

大阪拘置所長[redacted]
O

捜査関係事項の照会について（回答）

　平成９年１２月２４日付け文書で照会のありました[redacted]及び[redacted]に係る標記について，下記のとおり回答します。
A　B

記

1　[redacted]の書信状況について
A

年月日	発受	氏　名	住　所	内　容
				（要旨）
H9. 9. 4	発	高[redacted]　[redacted]夫	[redacted]区東中[redacted]5-2-[redacted]-601	お母さん，お父さんお元気ですか。面会ありがとう。
		〃　[redacted]子		
H9. 9. 5	発	[redacted]野　[redacted]生	〃	面会，本当にありがとう。
H9. 9. 8	受	〃	〃	早く帰ってきてね。
H9. 9. 8	受	[redacted]沢　[redacted]徳	[redacted]区[redacted]南2-5-[redacted]-50B	お前，本当に女，子供のこと考えてるのか。
H9. 9. 8	発	[redacted]田　[redacted]	大阪拘置所内	子供のために頑張ります。
H9. 9. 9	発	高見　秀一	弁護士	[redacted]さんには本当に申し訳ないことをしました。
H9. 9. 9	発	[redacted]本　武[redacted]	[redacted]区[redacted]西5-[redacted]-17	面会ありがとう。
H9. 9. 9	受	[redacted]　桂[redacted]	大阪拘置所内	ケンカするなよ。
H9. 9.10	発	[redacted]沢　[redacted]徳	[redacted]区[redacted]南2-5-[redacted]-50B	もう一度[redacted]で頑張るぞ。
H9. 9.10	発	[redacted]野　[redacted]生	[redacted]区東中[redacted]5-2-[redacted]-601	面会ありがとう。信じて裏切りません。
H9. 9.10	受	[redacted]山　[redacted]良	[redacted]区[redacted]3-5-[redacted]	体に気を付けて。また面会に行きます。
H9. 9.11	発	高見　秀一	弁護士	1日でも早く家族の所に帰れるようにしてください。
H9. 9.11	発	[redacted]　桂[redacted]	大阪拘置所内	子供二人目ができました。
H9. 9.11	受	[redacted]田　[redacted]雅	〃	1日も早く帰れるように頑張ってください。
H9. 9.11	受	高見　秀一	弁護士	来週接見に行きます。
H9. 9.12	発	〃	〃	[redacted]さんに対し悪いという気持ちでいっぱいです。
H9. 9.12	発	[redacted]山　[redacted]良	[redacted]区[redacted]西3-[redacted]-34	私が帰るまでしっかり頑張るように。
H9. 9.12	受	[redacted]本　[redacted]士	[redacted]区[redacted]5-[redacted]-17	拘置所ってどんな感じですか。
H9. 9.16	発	〃	〃	大阪拘置所はほんまヒマな所やわ。
H9. 9.16	発	[redacted]野　[redacted]生	[redacted]区東中[redacted]5-2-[redacted]-601	嘆願書を書いてもらえませんか。
H9. 9.16	受	[redacted]本　[redacted]士	[redacted]区[redacted]5-22-[redacted]	1日も早く出てきてください。
H9. 9.16	受	[redacted]山　[redacted]良	[redacted]区[redacted]3-5-[redacted]	近いうち顔を見にいく。
H9. 9.16	受	[redacted]野　[redacted]生	[redacted]区東中[redacted]5-2-[redacted]-601	帰ってから頑張ること信じている。
H9. 9.16	受	[redacted]　[redacted]和	[redacted]市[redacted]田本町2-20-[redacted]	できるだけ早く面会に行きます。
H9. 9.17	発	〃	〃	留守の間，俺の家族のこと頼む。
H9. 9.17	発	[redacted]野　[redacted]生	[redacted]区東中[redacted]5-2-[redacted]-601	嘆願書のこと頼みます。
H9. 9.17	受	〃		気持ちを楽にして頑張ってください。
H9. 9.17	受	大[redacted]　[redacted]之	大阪拘置所内	時間が解決してくれる。
H9. 9.17	受	[redacted]沢　誠[redacted]	[redacted]区[redacted]南2-5-[redacted]-50B	早く面会に行こうと思う。
H9. 9.18	発	[redacted]田　[redacted]雅	大阪拘置所内	今，家族がいちばん大切です。
H9. 9.18	発	高見　秀一	弁護士	働いて毎月少しずつでも支払っていこうと思っています。
H9. 9.18	受	[redacted]村　千[redacted]	[redacted]区[redacted]2-[redacted]-1548	体に気を付けてください。
H9. 9.19	発	〃	〃	早く面会に来いや。
H9. 9.19	発	[redacted]沢　誠[redacted]	[redacted]区[redacted]南2-5-[redacted]-50B	絶対に真面目にするぞ，真剣にな。
H9. 9.19	受	[redacted]村　[redacted]昭	大阪拘置所内	二人目，男か女か教えて。
H9. 9.22	発	大[redacted]　[redacted]之	〃	兄貴体に気を付けて。
H9. 9.22	発	[redacted]　[redacted]亮	〃	今回は高くついたな。お互い頑張ろう。
H9. 9.22	受	[redacted]野　[redacted]生	[redacted]区東中[redacted]5-2-[redacted]-601	木曜日，面会に行けなくてごめんね。

受付
大阪地検
大阪区検

甲A第1号証
捜査関係事項の照会について（回答）
1998（平10）年1月9日

H9. 9.24	発	[redacted]野 [redacted]生	[redacted]区東中[redacted]5-2-[redacted]-601	そんなに心配さすな。なんで逃げ回るの。
H9. 9.24	受	〃	〃	[redacted]くんと二人で面会行ったこと気にしてるやろ。
H9. 9.24	受	[redacted]田 一[redacted]	[redacted]区中[redacted]3-16-[redacted]	早く出れること祈ります。
H9. 9.24	受	[redacted]村 千[redacted]	[redacted]区[redacted]2-6-[redacted]	1回はちゃんと面会に行きます。
H9. 9.26	受	[redacted] [redacted]亮	大阪拘置所内	事件に引き込んだ事，一生償っていく。
H9. 9.26	受	大[redacted] [redacted]之	〃	11/7に求刑でるわ。
H9. 9.26	発	[redacted]山 [redacted]良	[redacted]区[redacted]野西3-[redacted]-34	嘆願書の事，[redacted]に聞いてくれよ。
H9. 9.26	発	[redacted]野 [redacted]生	[redacted]区東中[redacted]5-2-[redacted]-601	真面目にするわ。信じといてね。
H9. 9.29	受	〃	〃	信じてくれへんかったのが悲しいです。
H9. 9.29	受	[redacted]山 貞[redacted]	[redacted]区中[redacted]2-[redacted]-2	みんなパクられているからビックリ。
H9. 9.29	発	高見 秀一	弁護士	よろしくお願いします。
H9. 9.29	発	[redacted]野 [redacted]生	[redacted]区東中[redacted]5-2-[redacted]-601	絶対に浮気せんと待っていてな。
H9. 9.26	受	古[redacted]美	[redacted]区中[redacted]1-[redacted]-16	今度会いに行くわ。
H9. 9.30	発	[redacted] [redacted]亮	大阪拘置所内	反省してるか。俺は凄く反省しているぞ。
H9. 9.30	発	[redacted]村 千[redacted]	[redacted]区[redacted]2-6-[redacted]	俺以上の男は絶対見つからんぞ。
H9. 9.30	受	[redacted]野 [redacted]生	[redacted]区東中[redacted]5-2-[redacted]-601	許してあげる。その代わり，[redacted]のことも許して。
H9. 10. 1	発	〃	〃	お腹大丈夫か，大切にしろよ。
H9. 10. 1	発	高見 秀一	弁護士	お体の回復，心から祈っております。
H9. 10. 1	受	[redacted]田 [redacted]雅	大阪拘置所内	事件の事教えて。
H9. 10. 2	発	大[redacted] [redacted]之	〃	元気でやってますか。これからもよろしく。
H9. 10. 2	発	[redacted]山 貞[redacted]	[redacted]区中[redacted]2-[redacted]-2	私は元気です。面会に来てください。
H9. 10. 2	受	[redacted] [redacted]守	大阪拘置所内	求刑4年もらった。
H9. 10. 3	発	[redacted]野 [redacted]生	[redacted]区東中[redacted]5-2-[redacted]-601	会えて嬉しかった。
H9. 10. 3	発	[redacted]本 [redacted]士	[redacted]区[redacted]野西5-[redacted]-17	嘆願書書いて，[redacted]に渡してくれ。
H9. 10. 3	受	[redacted]野 [redacted]生	[redacted]区東中[redacted]5-2-[redacted]-601	今日は会えなくて残念でした。
H9. 10. 3	受	[redacted] [redacted]亮	大阪拘置所内	一番早く帰れる道を選んで欲しい。
H9. 10. 6	受	[redacted]野 [redacted]生	[redacted]区東中[redacted]5-2-[redacted]-601	早く帰ってきてね。
H9. 10. 6	発	〃	〃	早く外に出た方が気が楽になるわ。
H9. 10. 6	発	高見 秀一	弁護士	裁判，よろしくお願いします。
H9. 10. 7	発	[redacted] [redacted]守	大阪拘置所内	多分兄貴と同じころ出ると思います。
H9. 10. 7	受	大[redacted] [redacted]之	〃	お互い頑張ろうぜ。
H9. 10. 7	受	[redacted]野 [redacted]生	[redacted]区東中[redacted]5-2-[redacted]-601	一緒に出掛けたいです。
H9. 10. 8	発	〃	〃	すまんな，迷惑ばかりかけて。
H9. 10. 8	発	[redacted]村 千[redacted]	[redacted]区[redacted]2-6-[redacted]	昔と違って少しは女の子を幸せにできる思う。
H9. 10. 8	受	[redacted]野 [redacted]生	[redacted]区東中[redacted]5-2-[redacted]-601	[redacted]のことだけ，想っています。
H9. 10. 9	発	高見 秀一	弁護士	ひったくりする前の事を書きました。
H9. 10. 9	発	[redacted]山 [redacted]良	[redacted]区[redacted]野西3-[redacted]-34	面会頼むわな。
H9. 10. 9	受	大[redacted] 隆[redacted]	大阪拘置所内	裁判の進み具合どうや。
H9. 10. 13	発	高見 秀一	弁護士	僕は元気です。[redacted]は運転席に座っていた。
H9. 10. 13	発	[redacted]野 [redacted]生	[redacted]区東中[redacted]5-2-[redacted]-601	お腹の中大丈夫か。
H9. 10. 13	受	〃	〃	どんな事でもいいから手紙書いてね。
H9. 10. 14	発	[redacted]田 [redacted]雅	大阪拘置所内	僕は元気にしています。
H9. 10. 14	受	[redacted]山 [redacted]良	[redacted]区[redacted]野西3-[redacted]-34	早く戻ってこれるように頑張ってください。
H9. 10. 15	発	[redacted]野 [redacted]生	[redacted]区東中[redacted]5-2-[redacted]-601	嘆願書を頼むわ。
H9. 10. 15	発	高見 秀一	弁護士	よろしくお願いします。
H9. 10. 15	受	[redacted] [redacted]守	大阪拘置所内	[redacted]をどつき回して取調べ中です。
H9. 10. 15	受	[redacted]野 [redacted]生	[redacted]区東中[redacted]5-2-[redacted]-601	パパが生活費くれへんねんけどどうしよう。
H9. 10. 15	発	[redacted]野 瑞[redacted]	〃	お誕生日おめでとう。元気で育ってください。（電報）
H9. 10. 16	発	大[redacted] 隆[redacted]	大阪拘置所内	早く帰れるように頑張ってください。
H9. 10. 17	発	[redacted] [redacted]守	〃	風邪を引かないように。
H9. 10. 17	発	大[redacted] [redacted]之	〃	兄貴の手紙読んで元気でました。
H9. 10. 17	受	[redacted]野 [redacted]生	[redacted]区東中[redacted]5-2-[redacted]-601	気候の変わり目です，気を付けて。
H9. 10. 17	受	[redacted] [redacted]亮	大阪拘置所内	これからの人生頑張ろな。
H9. 10. 20	発	[redacted]野 [redacted]生	[redacted]区東中[redacted]5-2-[redacted]-601	感謝している。
H9. 10. 20	発	高見 秀一	弁護士	事件の流れを書きます。
H9. 10. 20	受	[redacted]野 [redacted]生	[redacted]区東中[redacted]5-2-[redacted]-601	手紙頑張って書きます。
H9. 10. 20	受	[redacted]村 千[redacted]	[redacted]区[redacted]2-6-[redacted]	いい女になれるかな。
H9. 10. 21	発	高見 秀一	弁護士	[redacted]さんの手紙よろしくお願いします。

H9. 10. 21	受	[redacted]田　[redacted]雅	大阪拘置所内	控訴しません。
H9. 10. 21	受	[redacted]野　[redacted]生	[redacted]区東中[redacted]5-2-[redacted]-601	お祭りの行ってきました。
H9. 10. 22	発	古[redacted]　義[redacted]	大阪拘置所内	兄さん初めまして。
H9. 10. 22	発	[redacted]野　[redacted]生	[redacted]区東中[redacted]5-2-[redacted]-601	[redacted]と[redacted]は心の支えとなる。本当にありがとう。
H9. 10. 22	受	[redacted]本　[redacted]士	[redacted]区亀野西5-[redacted]-17	しんどくて面会も手紙も書けなかった。ごめん。
H9. 10. 23	発	〃	〃	仕事頑張れよ。
H9. 10. 23	発	[redacted]田　[redacted]雅	大阪拘置所内	女の人を鉄パイプで殴るなんてしてませんよ。
H9. 10. 24	発	松[redacted]　[redacted]子	[redacted]区[redacted]6-[redacted]-3-812	[redacted]くんの手紙で住所を知りました。
H9. 10. 24	発	[redacted]野　[redacted]生	[redacted]区東中[redacted]5-2-[redacted]-601	いつも面会すまんな。
H9. 10. 24	受	〃	〃	今日面会に行く前に撮った写真送ります。
H9. 10. 27	受	〃	〃	保釈でもいいから帰りたい。
H9. 10. 27	発	高見　秀一	弁護士	もう絶対に誰も裏切らずしっかりと生きていきます。
H9. 10. 27	受	大[redacted]　隆[redacted]	大阪拘置所内	10/17，22才になったぞ。
H9. 10. 27	受	[redacted]野　[redacted]生	[redacted]区東中[redacted]5-2-[redacted]-601	今，5ヵ月に入ったばかりです。
H9. 10. 27	受	[redacted]村　千[redacted]	[redacted]区[redacted]2-6-[redacted]	帰ってくる時は結婚しているかもしれん。
H9. 10. 28	発	〃	〃	何でも相談してこいよ。
H9. 10. 28	発	高見　秀一	弁護士	今日の裁判ありがとうございました。
H9. 10. 28	受	松[redacted]　[redacted]子	[redacted]区[redacted]6-[redacted]-3-812	[redacted]と結婚するんですか。
H9. 10. 29	発	大[redacted]　隆[redacted]	大阪拘置所内	裁判頑張ってください。
H9. 10. 29	発	[redacted]野　[redacted]生	[redacted]区東中[redacted]5-2-[redacted]-601	面会ありがとう。
H9. 10. 29	受	〃	〃	早く帰ってきて助けてよ。
H9. 10. 29	受	大[redacted]　[redacted]之	大阪拘置所内	11/7求刑，3年半くらいとちがうかな。
H9. 10. 29	受	[redacted]田　[redacted]雅	〃	[redacted]くんの事件，女の人が意識不明になった[redacted]の事件と[illegible]がうんですか。
H9. 10. 29	受	古[redacted]　義[redacted]	大阪拘置所内	[redacted]先生と今戦っているが，強いぞ。
H9. 10. 30	発	[redacted]本　[redacted]士	[redacted]区[redacted]野西5-[redacted]-17	ほんま早く帰りたい。
H9. 10. 31	発	[redacted]野　[redacted]生	[redacted]区東中[redacted]5-2-[redacted]-601	面会がなかったので，凄くブルーな気持ちです。
H9. 10. 31	受	〃	〃	本2冊とお金入れといたよ。
H9. 10. 31	発	古[redacted]　義[redacted]	大阪拘置所内	弁護士の先生の件，もう少し考えてみます。
H9. 11. 4	受	中[redacted]　清[redacted]	〃	体に気を付けて頑張ってな。
H9. 11. 4	受	[redacted]野　[redacted]生	[redacted]区東中[redacted]5-2-[redacted]-601	高見先生も私選にして，[redacted]すまんけどどうにか考えといてな
H9. 11. 4	受	〃	〃	弁護士替えてどうするの。
H9. 11. 4	発	高見　秀一	弁護士	裁判でははっきりとさせてください。
H9. 11. 5	発	[redacted]野　[redacted]生	[redacted]区東中[redacted]5-2-[redacted]-601	これから二人で幸せになるねんから頼むで。
H9. 11. 5	発	[redacted]田　[redacted]雅	大阪拘置所内	帰ったら仲良くしてください。
H9. 11. 5	受	[redacted]野　[redacted]生	[redacted]区東中[redacted]5-2-[redacted]-601	早く帰れるように頑張ろうね。
H9. 11. 6	発	大[redacted]　[redacted]之	大阪拘置所内	一緒に頑張って幸せをつかみましょう。
H9. 11. 6	受	川[redacted]夫	[redacted]区[redacted]ケ辻2-[redacted]-1-15	時間あれば面会に行く。
H9. 11. 6	発	高見　秀一	弁護士	反省を深めております。
H9. 11. 7	発	川[redacted]夫	[redacted]区[redacted]ケ辻2-[redacted]-1-15	弁当で帰れること祈っています。
H9. 11. 7	発	[redacted]野　[redacted]生	[redacted]区東中[redacted]5-2-[redacted]-601	いつも迷惑かけてすみません。
H9. 11. 7	受	〃	〃	この前差入れした1万円どうなってるの。
H9. 11. 7	受	大[redacted]　隆[redacted]	大阪拘置所内	早く外に出て遊びたいなあ。
H9. 11. 10	発	高見　秀一	弁護士	[redacted]の調書の事で違う所があるので書きます。
H9. 11. 10	発	[redacted]野　[redacted]生	[redacted]区東中[redacted]5-2-[redacted]-601	面会ありがとう。
H9. 11. 10	受	〃	〃	少しはお腹のこと考えて，無理なこと考えさすのやめてよ。
H9. 11. 10	受	川[redacted]夫	[redacted]区[redacted]ケ辻2-[redacted]-1-15	帰ってきたら連絡ください。
H9. 11. 10	受	[redacted]村　千[redacted]	[redacted]区[redacted]2-6-[redacted]	4月にハワイで結婚式するね。
H9. 11. 11	発	大[redacted]　隆[redacted]	大阪拘置所内	部屋は入れ代わりが激しいです。
H9. 11. 11	受	古[redacted]　義[redacted]	〃	返事待ってる。
H9. 11. 11	受	[redacted]野　[redacted]生	[redacted]区東中[redacted]5-2-[redacted]-601	保釈きけば，外での裁判ですか。
H9. 11. 11	発	[redacted]村　千[redacted]	[redacted]区[redacted]2-6-[redacted]	姉ちゃん結婚するんですね。
H9. 11. 12	発	[redacted]　[redacted]亮	大阪拘置所内	裁判頑張るわ。
H9. 11. 12	発	[redacted]野　[redacted]生	[redacted]区東中[redacted]5-2-[redacted]-601	帰れるように裁判頑張るわ。
H9. 11. 12	受	[redacted]　[redacted]守	大阪拘置所内	体に気を付けて頑張れよ。
H9. 11. 12	受	[redacted]田　[redacted]雅	〃	エンピツでさしてタマを二つほどしまい込んでいたのですよ。
H9. 11. 13	発	古[redacted]　義[redacted]	〃	お金の件，どうすることもできません。
H9. 11. 13	発	[redacted]　[redacted]守	〃	猶予は甘いですか。

H9. 11. 14	発	[redacted]田　[redacted]雅	大阪拘置所内	[redacted]どうでした。
H9. 11. 14	発	[redacted]野　[redacted]生	[redacted]区東中[redacted]5-2-7-601	面会ありがとう。
H9. 11. 14	受	〃	〃	やんちゃな[redacted]にまいっています。
H9. 11. 14	受	[redacted]　栄[redacted]	〃	頑張って生活しております。
H9. 11. 14	受	大[redacted]　[redacted]之	大阪拘置所内	裁判、3年6月や。
H9. 11. 17	受	松[redacted]　[redacted]子	[redacted]区[redacted]6-[redacted]-3-812	次に私と会った時は、ちゃんとべべぶりを見せてね。
H9. 11. 17	受	[redacted]　[redacted]亮	大阪拘置所内	裁判長くなりそうや。
H9. 11. 17	発	大[redacted]　[redacted]之	〃	兄貴の事も[redacted]の事も裏切りません。
H9. 11. 17	発	[redacted]野　[redacted]生	[redacted]区東中[redacted]5-2-[redacted]-601	面会楽しみにしています。
H9. 11. 17	受	[redacted]村　千[redacted]	[redacted]区[redacted]2-6-[redacted]	考えている事わかってあげてください。
H9. 11. 18	発	〃	〃	裁判頑張るわ。
H9. 11. 18	発	高見　秀一	弁護士	反省し今後の事を考えています。
H9. 11. 18	受	[redacted]野　[redacted]生	[redacted]区東中[redacted]5-2-[redacted]-601	クリスマスまでには帰ってきてね。
H9. 11. 19	発	〃	〃	保釈金は高見先生に頼んでみる。
H9. 11. 19	発	高見　秀一	弁護士	自分の調書で言い間違えていた所を書きます。
H9. 11. 19	受	[redacted]野　[redacted]生	[redacted]区東中[redacted]5-2-[redacted]-601	淋しいけど浮気なんかしないから頑張ってね。
H9. 11. 19	受	[redacted]村　[redacted]	大阪拘置所内	私は元気でバリバリやっています。
H9. 11. 20	発	高見　秀一	弁護士	僕の調書で言い間違えていた所を書きます。
H9. 11. 20	発	[redacted]　[redacted]亮	大阪拘置所内	お前は最高の友達やと思ってる。
H9. 11. 21	発	[redacted]野　[redacted]生	[redacted]区東中[redacted]5-2-[redacted]-601	12/18の裁判終わりしだい保釈申請をします。
H9. 11. 21	発	松[redacted]　[redacted]子	[redacted]区[redacted]6-[redacted]-3-812	猶予で帰れるのとちがいますか。
H9. 11. 22	受	高見　秀一	弁護士	被害者への手紙今日送っておきます。
H9. 11. 25	受	[redacted]野　[redacted]生	[redacted]区東中[redacted]5-2-[redacted]-601	しんどかって面会行けなかったけど許してね。
H9. 11. 25	発	[redacted]井　英[redacted]	大阪拘置所内	生まれ変わって帰ってあげろよ。
H9. 11. 25	受	[redacted]　[redacted]守	〃	元気そうで何よりです。
H9. 11. 25	発	[redacted]野　[redacted]生	[redacted]区東中[redacted]5-2-[redacted]-601	1日でも早く出て、幸せにするからね。
H9. 11. 25	発	高見　秀一	弁護士	調書で違っていた所書きます。よろしくお願いします。
H9. 11. 26	発	川[redacted]夫	[redacted]区[redacted]ヶ辻2-[redacted]-1-15	ほんま早く帰りたい。
H9. 11. 26	受	[redacted]　[redacted]亮	大阪拘置所内	寒くなるので風邪引いたらあかんで。
H9. 11. 26	受	[redacted]野　[redacted]生	[redacted]区東中[redacted]5-2-[redacted]-601	保釈申請するかどうかは、[redacted]とが決めたらいいから。
H9. 11. 27	発	[redacted]　[redacted]守	大阪拘置所内	いつまでたっても兄貴は兄貴です。
H9. 11. 27	受	[redacted]村　千[redacted]	[redacted]区[redacted]2-6-[redacted]	あの頃のように遊びに行きたいね。
H9. 11. 27	発	[redacted]　[redacted]亮	大阪拘置所内	[redacted]君、なんで帰れるんやろ。
H9. 11. 28	発	[redacted]村　千[redacted]	[redacted]区[redacted]2-6-[redacted]	風邪引いてないか。
H9. 11. 28	発	[redacted]野　[redacted]生	[redacted]区東中[redacted]5-2-[redacted]-601	雨のなか面会ありがとう。
H9. 11. 29	受	[redacted]田　[redacted]雅	大阪拘置所内	単車買って一緒に乗りませんか。
H9. 12. 1	受	[redacted]野　[redacted]生	[redacted]区東中[redacted]5-2-[redacted]-601	また出てきたら、[redacted]をだまして浮気するんですか。
H9. 12. 1	受	大[redacted]　隆[redacted]	大阪拘置所内	俺らは12/3判決や。
H9. 12. 1	発	[redacted]野　[redacted]生	[redacted]区東中[redacted]5-2-[redacted]-601	金曜日の面会ありがとう。
H9. 12. 1	受	〃	〃	帰ってきたら浮気しないと守れ。
H9. 12. 2	発	〃	〃	[redacted]だけを愛する男になって帰ります。
H9. 12. 2	発	大[redacted]　隆[redacted]	大阪拘置所内	帰ったらすぐ連絡する。
H9. 12. 2	受	[redacted]　[redacted]亮	〃	この前、[redacted]君が面会に来たわ。
H9. 12. 3	発	徳[redacted]　[redacted]	〃	これから第一歩の始まりです。
H9. 12. 3	発	[redacted]　[redacted]亮	〃	風邪引くなよ。
H9. 12. 3	受	[redacted]井　英[redacted]	〃	[redacted]早く帰ってこいよ。
H9. 12. 3	受	[redacted]野　[redacted]生	[redacted]区東中[redacted]5-2-[redacted]-601	11/29に[redacted]の結婚式に行ってきた。
H9. 12. 4	発	大[redacted]　[redacted]子	[redacted]区[redacted]江北3-4-[redacted]-611	帰ったらどこか連れていってください。
H9. 12. 4	受	[redacted]田　[redacted]雅	大阪拘置所内	お顔を拝見し、うれしかったです。
H9. 12. 4	受	[redacted]村　千[redacted]	[redacted]区[redacted]2-6-[redacted]	11/29に[redacted]の結婚式に行ってきた。
H9. 12. 5	発	[redacted]野　[redacted]生	[redacted]区東中[redacted]5-2-[redacted]-601	出るまで待っていてくれよ。
H9. 12. 5	受	〃	〃	保釈の事しか考えていないの。
H9. 12. 5	受	[redacted]　[redacted]守	大阪拘置所内	納得行くまで頑張れよ。
H9. 12. 8	発	高見　秀一	弁護士	後悔の日々を送っています。
H9. 12. 8	発	[redacted]野　[redacted]生	[redacted]区東中[redacted]5-2-[redacted]-601	面会ありがとう。
H9. 12. 8	受	[redacted]　[redacted]亮	大阪拘置所内	風邪を引かんように。
H9. 12. 9	発	[redacted]村　千[redacted]	[redacted]区[redacted]2-6-[redacted]	元気にしています。
H9. 12. 9	発	[redacted]　[redacted]守	大阪拘置所内	控訴取り下げたのですか。

H9. 12. 9	受	[redacted]野　[redacted]生	[redacted]区東中[redacted]5-2-[redacted]-601	私選弁護士にしなくていいの。
H9. 12. 9	受	[redacted]田　[redacted]雅	大阪拘置所内	3月頃下獄ですね。
H9. 12. 9	受	大[redacted]　[redacted]子	[redacted]区[redacted]北3-[redacted]-21-611	夜はちゃんと眠れますか。
H9. 12. 10	発	[redacted]田　[redacted]雅	大阪拘置所内	言い分が通らなかったのですか。最悪ですね。
H9. 12. 10	発	[redacted]野　[redacted]生	[redacted]区東中[redacted]5-2-[redacted]-601	俺も一からやって行こうと思っている。
H9. 12. 10	受	〃	〃	保釈通らんかったら淋しい。
H9. 12. 11	発	[redacted]本　[redacted]士	[redacted]区[redacted]野西5-[redacted]-17	保釈申請してないねん。
H9. 12. 11	発	[redacted]井　英[redacted]	大阪拘置所内	裁判どうなっていますか。
H9. 12. 12	発	[redacted]　[redacted]亮	〃	早く帰れるよう頑張るわ。
H9. 12. 12	受	[redacted]野　[redacted]生	[redacted]区東中[redacted]5-2-[redacted]-601	面会行けなくてごめんね。
H9. 12. 12	受	大[redacted]　隆[redacted]	大阪拘置所内	風邪引かないよう気を付けて。
H9. 12. 12	受	[redacted]　[redacted]亮	〃	調書全部，事実と違っていると思っている。
H9. 12. 15	発	[redacted]田　[redacted]雅	〃	元気ですか。
H9. 12. 15	発	[redacted]　[redacted]亮	〃	これからは良い友達になろう。
H9. 12. 16	発	大[redacted]　隆[redacted]	〃	風邪引かないよう気を付けて。
H9. 12. 16	発	[redacted]野　[redacted]生	[redacted]区東中[redacted]5-2-[redacted]-601	1回帰りたいと思っている。
H9. 12. 16	受	〃	〃	頑張って面会行くからね。
H9. 12. 16	受	[redacted]井　英[redacted]	大阪拘置所内	みんなお前の事心配しているぞ。
H9. 12. 16	受	高見　秀一	弁護士	検察官請求証拠に対する意見書送付します
H9. 12. 17	発	[redacted]野　[redacted]生	[redacted]区東中[redacted]5-2-[redacted]-601	裁判どうなるか心配や。
H9. 12. 17	発	[redacted]井　英[redacted]	大阪拘置所内	猶予で出たら面会に来てください。
H9. 12. 18	発	大[redacted]　[redacted]子	[redacted]区[redacted]北3-[redacted]-21-611	[redacted]の事よろしく。
H9. 12. 18	発	川[redacted]夫	[redacted]区[redacted]ケ辻2-[redacted]-1-15	その内帰るから，楽しみに。
H9. 12. 18	受	[redacted]　[redacted]亮	大阪拘置所内	[redacted]は俺の事警察でとんでもないこと言っている。
H9. 12. 18	受	[redacted]田　[redacted]雅	〃	楽な所に行けたらいいのですが。
H9. 12. 19	受	[redacted]正　二[redacted]	[redacted]区大今[redacted]1-30-[redacted]	10/10仮釈で出ました。
H9. 12. 19	受	[redacted]野　[redacted]生	[redacted]区東中[redacted]5-2-[redacted]-601	絶対裏切ったりしない。
H9. 12. 19	発	[redacted]田　[redacted]雅	大阪拘置所内	裁判頑張ります。
H9. 12. 19	発	[redacted]野　[redacted]生	[redacted]区東中[redacted]5-2-[redacted]-601	早く[redacted]のもとに帰れるように。
H9. 12. 22	受	[redacted]山　[redacted]良	[redacted]区[redacted]野西3-[redacted]-34	[redacted]区逃げた。
H9. 12. 22	発	[redacted]野　[redacted]生	[redacted]区東中[redacted]5-2-[redacted]-601	家族4人一緒なら幸せです。
H9. 12. 22	発	高見　秀一	弁護士	日々反省しております。
H9. 12. 22	受	[redacted]井　英[redacted]	大阪拘置所内	[redacted]も[redacted]ですか。
H9. 12. 22	受	大[redacted]　[redacted]之	[redacted]区[redacted]北3-4-[redacted]-611	早く飲みにいきましょう。
H9. 12. 22	受	[redacted]野　[redacted]生	[redacted]区東中[redacted]5-2-[redacted]-601	[redacted]さんは検事側の証人ですか。
H9. 12. 24	発	[redacted]田　[redacted]雅	大阪拘置所内	共犯の奴，あまり信用できない。
H9. 12. 24	発	[redacted]野　[redacted]生	[redacted]区東中[redacted]5-2-7-601	お父さんが心配や，入院してるんやろ
H9. 12. 24	受	高見　秀一	弁護士	保釈請求書1部
H9. 12. 25	発	[redacted]　[redacted]亮	大阪拘置所内	俺の事信用しろよ。
H9. 12. 25	発	天[redacted]　[redacted]成	[redacted]区大[redacted]1-[redacted]-18	出所したら昔のようによろしく
H9. 12. 25	受	[redacted]野　[redacted]生	[redacted]区東中[redacted]5-2-[redacted]-601	お父さん入院しました。
H9. 12. 26	発	〃	〃	来年もよろしく。
H9. 12. 26	発	[redacted]山　彰[redacted]	[redacted]区[redacted]野西3-[redacted]-34	一生俺についてこい。
H10. 1. 1	受	川[redacted]夫	[redacted]区[redacted]ケ辻2-7-[redacted]-15	とんでもない1年でした。
H10. 1. 1	受	[redacted]野　[redacted]生	[redacted]区東中[redacted]5-2-[redacted]-601	保釈却下は辛い。
H10. 1. 5	受	〃	〃	今年も頑張ろうね。
H10. 1. 5	発	〃	〃	[redacted]をはなさへん。
H10. 1. 5	発	高見　秀一	弁護士	裁判よろしくお願いします。
H10. 1. 7	発	[redacted]田　[redacted]雅	大阪拘置所内	先に[redacted]で待っててください。
H10. 1. 7	受	[redacted]　[redacted]亮	〃	気を付けて生活してください。

2　B　の書信状況について

年月日	発受	氏名	住所	内容
H9. 9. 19	発	岡本　栄市	弁護士	（要旨） 面会来てください。

H9. 9. 22	受	[redacted]村 千[redacted]	[redacted]区[redacted]2-6-[redacted]	元気にしてるか。
H9. 9. 22	受	古[redacted]美	[redacted]区中[redacted]1-4-[redacted]	車の免許，頑張って取ります。
H9. 9. 24	発	〃	〃	笑って毎日過ごしてください。
H9. 9. 24	発	[redacted]村 千[redacted]	[redacted]区[redacted]2-6-[redacted]	面会来てくれよ。
H9. 9. 24	受	[redacted]野 清[redacted]	大阪拘置所内	多分二人とも少刑やな。
H9. 9. 25	発	〃	〃	今回の事件に引き込んだこと，一生負っていく。
H9. 9. 25	受	[redacted]守	〃	体にはくれぐれも気を付けて。
H9. 9. 26	発	〃	〃	10/3判決，頑張ってください。
H9. 9. 26	発	[redacted]川[redacted]	〃	体には気を付けてください。
H9. 9. 26	受	大[redacted]之	〃	元気で頑張らなあかんぞ。
H9. 9. 29	発	〃	〃	強盗致傷の罪名，手抜きですよ。
H9. 9. 29	発	[redacted]村 千[redacted]	[redacted]区[redacted]2-6-[redacted]	借金なんか絶対作るなよ。
H9. 9. 29	受	〃	〃	何かほしい物あればどんどん書いてね。
H9. 9. 29	受	古[redacted]美	[redacted]区中[redacted]1-4-[redacted]	風邪引かないように。
H9. 9. 29	受	[redacted]山 貞[redacted]	[redacted]区中[redacted]2-[redacted]-2	帰ったらまた飲みに行こうな。
H9. 9. 30	発	〃	〃	ひまがあったら面会来てな。
H9. 9. 30	発	古[redacted]美	[redacted]区中[redacted]1-4-[redacted]	[redacted]君なんで捕まったん。
H9. 10. 1	受	[redacted]守	大阪拘置所内	元気そうやったな。
H9. 10. 1	受	[redacted]野 清[redacted]	〃	今回は凄く反省しているぞ。
H9. 10. 2	受	大[redacted]之	〃	何か変わったことあれば手紙ください。
H9. 10. 2	発	森[redacted]也	守口署内	[redacted]君の罪名何ですか。手紙ください。
H9. 10. 2	発	[redacted]野 清[redacted]	大阪拘置所内	[redacted]頑張ってくれ，俺も頑張るからな。
H9. 10. 3	発	岡本 栄市	弁護士	被害者あての手紙入れます。
H9. 10. 3	発	大[redacted]之	大阪拘置所内	僕は毎日，部屋の人と楽しく過ごしています。
H9. 10. 7	発	[redacted]守	〃	1日も早く帰って，レースカーを作ってください。
H9. 10. 7	受	古[redacted]美	[redacted]区中[redacted]1-4-[redacted]	頑張ってください。
H9. 10. 8	受	大[redacted]之	大阪拘置所内	[redacted]は調べの時，俺の名前でてきたか。
H9. 10. 8	受	森[redacted]也	守口署内	俺がいらん事言うてもうたんで怒ってると思うけど。ごめん
H9. 10. 8	発	古[redacted]美	[redacted]区中[redacted]1-4-[redacted]	体だけは壊さないように。
H9. 10. 9	発	大[redacted]之	大阪拘置所内	6舎に[redacted]がおったので，共犯の共犯やろと言われ3舎へ転房になりました。
H9. 10. 13	発	森[redacted]也	守口署内	真面目になって社会復帰しようという気持ちでいっぱいです。
H9. 10. 13	受	[redacted]村 千[redacted]	[redacted]2-6-[redacted]	前向きに頑張るわ。
H9. 10. 14	発	〃	〃	体調はどうや。
H9. 10. 16	受	大[redacted]之	大阪拘置所内	[redacted]君も[redacted]も転房になったわ。
H9. 10. 16	発	[redacted]野 清[redacted]	〃	これからの人生頑張ろな。
H9. 10. 17	発	〃	〃	[redacted]ちゃんのこれからの幸せを祈ります。
H9. 10. 20	受	大[redacted]子	[redacted]区[redacted]3-4-[redacted]	3人とも元気で過ごしています。
H9. 10. 21	受	森[redacted]也	守口署内	お互い先は長いけど頑張っていきましょう
H9. 10. 22	受	[redacted]村 千[redacted]	[redacted]2-6-[redacted]	夜の仕事は頭がパンクします。
H9. 10. 22	発	大[redacted]子	[redacted]区[redacted]3-4-[redacted]	そっちの生活はどうですか。
H9. 10. 23	発	[redacted]守	大阪拘置所内	判決の結果教えてください。（電報）
H9. 10. 24	発	岡本 栄市	弁護士	毎日反省しています。被害者の方に変わ
H9. 10. 25	受	[redacted]守	大阪拘置所内	判決3年6月未決180日，きつい判決いただきました。
H9. 10. 27	発	〃	〃	控訴取り下げるんだったら教えてください。
H9. 10. 27	発	[redacted]村 千[redacted]	[redacted]区[redacted]2-6-[redacted]	ここの生活長くなりそうなんで頑張りますわ
H9. 10. 27	受	大[redacted]子	[redacted]区[redacted]3-4-[redacted]	1日でも早く帰ってきて。
H9. 10. 28	発	大[redacted]信[redacted]	大阪拘置所内	[redacted]君の下の名前教えてもらえますか。
H9. 10. 29	発	森[redacted]也	守口署内	これからも頑張りましょう。
H9. 10. 31	受	[redacted]守	大阪拘置所内	元気でやれよ。
H9. 10. 31	受	[redacted]田 昌[redacted]	〃	同房の人とうまくやれよ。
H9. 10. 31	受	大[redacted]之	〃	11/7求刑ですか。
H9. 11. 4	発	[redacted]田 昌[redacted]	〃	毎日元気に生活しています。
H9. 11. 6	発	大[redacted]之	〃	これからも頑張りましょう。
H9. 11. 6	受	森[redacted]也	守口署内	お互い長いけれど頑張ろう。
H9. 11. 7	発	〃	〃	次の裁判は12/18です。
H9. 11. 7	発	[redacted]政[redacted]	[redacted]市[redacted]6-[redacted]-23 [redacted]方	迷惑かけてごめんなさい。
H9. 11. 10	受	[redacted]田 昌[redacted]	大阪拘置所内	公判まであと1週間です。

H9.11.10	受	[redacted]村 千[redacted]	[redacted]区[redacted]2-6-[redacted]	風邪をこじらさないようにね。
H9.11.10	発	〃	〃	[redacted]に一度面会に来るように言ってくれませんか。
H9.11.11	発	〃	〃	風邪など引かず頑張ってください。
H9.11.11	発	[redacted]田 昌[redacted]	大阪拘置所内	今回が最後の手紙になると思います。
H9.11.12	発	岡本 栄市	弁護士	先日先生に被害者への手紙を送りましたが，連絡がないので気になっています。
H9.11.13	受	[redacted]野 清[redacted]	大阪拘置所内	マジで真面目になれよ。
H9.11.13	受	森[redacted] [redacted]也	守口署内	早く拘置所に行きたいな。
H9.11.13	発	[redacted] 誠[redacted]	大阪拘置所内	初めての未決生活はどうですか。
H9.11.13	発	[redacted]村 正[redacted]	〃	血圧の方どうですか。
H9.11.14	発	[redacted]野 [redacted]生	[redacted]区東中[redacted]5-2-[redacted]-601	今回の事件であなたをはじめ[redacted]には迷惑をかけました。
H9.11.14	受	[redacted]田 昌[redacted]	大阪拘置所内	絶対に面会にきたるから，期待して待っとくように。
H9.11.14	発	[redacted]野 清[redacted]	〃	今回の事件で，本当に自分の愚かさを知った。
H9.11.17	発	森[redacted] [redacted]也	守口署内	早く社会に帰りたいですね。
H9.11.17	発	[redacted] [redacted]守	大阪拘置所内	何か変わったことありませんか。
H9.11.17	受	[redacted]村 千[redacted]	[redacted]区[redacted]2-6-[redacted]	風邪治ったので元気です。
H9.11.17	受	岡本 栄市	弁護士	調書はよく読んで検討しておいてください。
H9.11.18	発	[redacted]村 千[redacted]	[redacted]区[redacted]2-6-[redacted]	無理せず体だけは大事にしてください。
H9.11.18	受	大[redacted] [redacted]之	大阪拘置所内	判決3年6月未決21日です。
H9.11.18	受	[redacted] 誠[redacted]	〃	体に気を付けて，未決生活を送ってください。
H9.11.19	発	〃	〃	保釈で出たら面会来てくださいね。
H9.11.19	発	大[redacted] 信[redacted]	〃	求刑3年6月ですか。ちょっとヤバイですね。
H9.11.21	受	[redacted] [redacted]樹	〃	判決12/5だよ。
H9.11.21	受	[redacted]野 清[redacted]	〃	次は12/18や。保釈通るか心配です。
H9.11.25	受	[redacted]野 [redacted]生	[redacted]区東中[redacted]5-2-[redacted]-601	帰ってくること願っています。
H9.11.25	受	[redacted]林 [redacted]	大阪拘置所内	求刑2年です。
H9.11.25	発	[redacted]野 清[redacted]	〃	保釈が通ったらすぐ教えてください。
H9.11.25	発	[redacted] 誠[redacted]	〃	先が長くなりそうです。
H9.11.26	受	〃	〃	風邪を引いたらあかんぞ。
H9.11.27	受	[redacted]村 千[redacted]	[redacted]区[redacted]2-6-[redacted]	元気にしてますか。
H9.11.28	受	[redacted] 誠[redacted]	大阪拘置所内	連絡先書きます。
H9.11.28	受	[redacted]野 [redacted]澄	〃	二人で昔のように頑張ろう。
H9.11.28	発	[redacted]村 [redacted]景	[redacted]区森[redacted]2-[redacted]-1548	早く写真送ってきてな。
H9.12. 1	受	森[redacted] 辰[redacted]	守口署内	調べずっとなくてカンズメ状態です。
H9.12. 1	発	[redacted]野 清[redacted]	大阪拘置所内	出たら遊びにいこう。
H9.12. 2	発	森[redacted] 辰[redacted]	守口署内	公判は12/18です。
H9.12. 2	受	大[redacted] 直[redacted]	[redacted]区[redacted]3-4-[redacted]	何か欲しい物あれば言ってきてや。
H9.12. 3	発	〃	〃	もっと自分の人生を大切にしてくださ
H9.12. 3	発	[redacted]沢 [redacted]樹	[redacted]市[redacted]本通[redacted]-6-34	差入れありがとう。
H9.12. 4	受	吉[redacted] [redacted]景	[redacted]区森[redacted]2-[redacted]-1548	帰ってきたら幸せつかんでください。
H9.12. 4	受	小[redacted] 清[redacted]	大阪拘置所内	風邪引くなよ。
H9.12. 5	受	〃	〃	弁護士が来て，[redacted]の保釈の事聞いて欲しいなと言うとったわ。
H9.12. 5	受	[redacted]野 正[redacted]	大阪拘置所内	人生山あり谷あり，何があっても負けるなよ。
H9.12. 5	発	[redacted]村 千[redacted]	[redacted]区[redacted]2-6-[redacted]	体の調子どうですか。
H9.12. 8	発	[redacted]野 正[redacted]	大阪拘置所内	これからの人生，頑張ってください。
H9.12. 8	受	[redacted]林 [redacted]	〃	12/4くらいに下獄の予定です。
H9.12. 8	受	森[redacted] [redacted]也	守口署内	1日も早く社会復帰できるよう努力しよう。
H9.12. 9	発	〃	〃	これからの裁判頑張りましょう。
H9.12. 9	受	[redacted]野 [redacted]生	[redacted]区東中[redacted]5-2-[redacted]-601	保釈は多分通らないと言われています。
H9.12.10	受	〃	〃	1日も早く帰ってきて。
H9.12.11	発	[redacted]野 清[redacted]	大阪拘置所内	[redacted]調書で書かれている事，全部事実と違っていると思っている。裁判では真実を言って頑張ろうな。
H9.12.11	発	[redacted] 政[redacted]	[redacted]市太[redacted]6-12-[redacted] [redacted]方	相手の保釈金の事は，向こうがお願いしますと言っているのならしてやって欲しいです。
H9.12.15	受	[redacted]野 清[redacted]	大阪拘置所内	最近太ってきた。
H9.12.16	受	〃	〃	一緒に罪名変えへんか。俺はそれだけを思ってる。
H9.12.16	受	森[redacted] [redacted]也	守口署内	20日くらいまでに大阪拘置所に行くと思います。

H9. 12. 17	発	[redacted]野　清[redacted]	大阪拘置所内	裁判で[redacted]さんを呼んで真実を言ってもらう。
H9. 12. 22	発	[redacted]沢　[redacted]樹	[redacted]市[redacted]本通7-[redacted]-34	面会来てください。
H9. 12. 22	受	大[redacted]　信[redacted]	[redacted]区[redacted]3-4-[redacted]	何事にも負けることなく頑張ってください。
H9. 12. 22	発	森[redacted]　[redacted]也	守口署内	1日1日頑張ってください。
H9. 12. 24	発	大[redacted]　信[redacted]	[redacted]区[redacted]3-4-[redacted]	検事控訴されたそうですが，頑張ってください。
H9. 12. 28	受	小[redacted]　[redacted]澄	大阪拘置所内	俺は[redacted]のこと信用してるぞ。
H10. 1. 4	受	吉[redacted]	[redacted]区[redacted]2-6-[redacted]	元気で頑張って生活していますか。
H10. 1. 4	受	大[redacted]　信[redacted]	[redacted]区[redacted]3-[redacted]-21	年明けてから[redacted]と面会に行くわ。
H10. 1. 5	発	[redacted]子	[redacted]市[redacted]6-[redacted]-23　[redacted]方	服と金の差入れありがとう。
H10. 1. 5	発	金[redacted]　誠[redacted]	[redacted]市[redacted]本通7-6-[redacted]	1日も早く帰れるように頑張ります。
H10. 1. 6	発	大[redacted]　信[redacted]	[redacted]区[redacted]3-[redacted]-21	[redacted]と仲良く文通しています。
H10. 1. 6	発	[redacted]野　清[redacted]	大阪拘置所内	年賀状ありがとう。
H10. 1. 7	発	松[redacted]子	[redacted]市[redacted]本通東[redacted]16-10	面会差入れありがとう。
H10. 1. 7	発	吉[redacted]　[redacted]景	[redacted]区[redacted]宮2-6-[redacted]	二人仲良く幸せになるよう祈ってます。
H10. 1. 7	受	松[redacted]治	大阪拘置所内	今年も頑張りましょう。
H10. 1. 7	受	[redacted]田　[redacted]	[redacted]区[redacted]3-6-[redacted]	一度会いに行きます。

甲A第2号証
接見禁止等請求書

1998（平10）年2月6日

刑第　号　2

大阪地方裁判所刑事部
受付
10.2.-6
午前・午後　時　分
（む）第149号

様式第４６号

（刑訴第八一条、規程第二七条、第九一条）

接見禁止等請求書

在監　(一)大阪拘置所　(二)大阪拘置所

（被疑者又は被告人氏名）　(一)[redacted]　(二)[redacted]

A　B

（罪名）強盗、強盗致傷

右被告人に対する頭書被告事件につき、罪証隠滅すると疑うに足りる相当な理由があるから、被告人と刑事訴訟法第三九条第一項に規定する者以外の者との交通につき、左記事項に関する裁判をされたい。別紙記載のあり（捜査関係事項の照会について（回答）含む）

記

一、接見の禁止

一、書類又は物（糧食、寝具及び衣類を除く。）の授受の禁止

平成１０年二月六日

大阪地方検察庁

検察官検事　[redacted]　K

大阪地方裁判所

裁判官　殿

注　「裁判官」の三字を削ること。

3753

別　紙

本件は、被告人両名が共謀の上、窃取した車に乗車し、通行中の[redacted]から、所持していたショルダーバッグを強取しようと企て、同女が所持していたショルダーバッグを両手で鷲掴みにして強く引っ張り、同女を路上に転倒させて引きずるなどし、その反抗を抑圧して、右ショルダーバッグを強取するとともに、その際、同女に入院加療約三か月を要する右硬膜下血腫、脳挫傷等の傷害を負わせた悪質重大事案である。

被告人両名は、捜査段階において、強盗の共謀、強取の実行行為を認めていたところ、平成九年一〇月二七日、第一回公判において、被告人[redacted]Aは、強盗の共謀及び強取行為を否認し、同年一二月一八日、第二回公判において、被告人[redacted]Bが、強盗の共謀及び強取行為を否認した。

そこで、被告人両名の信書の受発信状況について、大阪拘置所に照会したところ、別添解答書のとおり、被告人両名が互いに信書を受発信している事実が判明した。ことに、第二回公判前の同月一六日、被告人[redacted]Aが被告人[redacted]Bに対し、「一緒に罪名を変えへんか。俺はそれだけを思っている。」旨記載した信書を発信しており、被告人両名が通謀している事実が判明している。　加えて、被告人両名は、今後、証人として出廷予定である[redacted]甲

[redacted]とも信書を受発している。

　被告人両名が、強盗の共謀、強取行為を否認する中で、自由な接見、信書の受発信を認めれば、罪証を隠滅するおそれは極めて大きく、被告人両名の被告人質問終了まで、接見禁止の必要性があると思料し、本請求に及んだ次第である。

甲A第3号証

証拠関係カード

甲A第　3　号証

（請求者等　検察官）証拠等関係カード（甲）（No.25）

（このカードは、公判期日又は準備手続期日においてなされた事項については、各期日の調書と一体となるものである。）

（平成　九　年（わ）第三七五三号）

番号		164
標目（供述者・作成年月日、住居・尋問時間等）		捜照（回答）[redacted]（10．1．9）
立証趣旨（公訴事実の別）		両被告人の大阪拘置所での書信状況について（[redacted]の検面調書の特信性に関して）（甲 第一、一三）
請求	期日	5
	関係被告人	全
	裁判所書記官印	（印）
意見	期日	6
	関係被告人	全
	内容	証拠採止 ※5
	裁判所書記官印	（印）
結果	期日	6
	関係被告人	全
	内容	[illegible]　その余　決定　異議申立て ※6　済
	取調順序	
	裁判所書記官印	5（印）
備考		抄本提出
編てつ箇所		

甲A第4号証
証拠関係カード

甲A第 4 号証

証拠等関係カード（続）

（No. 1）

（このカードは、公判期日又は準備手続期日においてなされた事項については、各期日の調書と一体となるものである。）

（平成　九年（わ）第三七五三号）

※	期日	請求・意見・結果等	裁判所書記官印
1	10.1.30	不同意一部撤回、一部同意 高見弁護人 平成一〇年一月三〇日付け「検察官請求証拠に対する意見」と題する書面記載のとおり	
2	4	不同意一部撤回、一部同意 岡本弁護人 平成一〇年二月九日付け「検察官請求に対する意見書」記載のとおり	
3	10.2.27	相反部分等 検察官 平成一〇年二月二七日付け証拠調請求書記載のとおり	
4	6	不同意一部撤回、同意 高見弁護人 平成一〇年三月二三日付け「検察官請求証拠に対する意見」と題する書面記載のとおり 岡本弁護人 高見弁護人作成の右書面記載の主張と同様であるので右書面を引用する。	
5		証拠禁止 高見弁護人 平成一〇年三月二三日付け「甲一六四号証の取	

6

調請求に対する意見書」記載のとおり

岡本弁護人

高見弁護人作成の右書面記載の意見と同様であるので右書面を引用する。

異議申立て

高見弁護人、岡本弁護人

全体として、弁護人とのやりとりも含めての書類であるので、弁護人関係部分を除いた部分的な採用であっても、憲法二一条二項、三一条、三四条刑訴法三九条一項及び二項に違反する。

検察官

被告人と弁護人との間の信書の内容を検閲する行為は法律に基づくものであって何ら問題はなく、右弁護人らの異議申立ては理由がない。

裁判長

異議申立て棄却決定

7

弁護人の意見

高見弁護人

平成十年三月二三日付け意見書記載のとおり

岡本弁護人

高見弁護人作成の右書面記載の意見と同様であるので、右書面を引用する。

甲A第5号証　甲一六四号証の取調請求に対する意見書

1998（平10）年3月23日

平成九年（わ）第三七五三号
罪　名　窃盗・強盗致傷

被告人　A

甲一六四号証の取調請求に対する意見書

平成一〇年三月二三日

右A弁護人　髙見秀一

大阪地方裁判所
第二刑事部合議三係　御中

甲一六四号証の捜査照会回答書は、証拠禁止の観点から、裁判所として証拠として採用することができない書面であり、また、訴訟法的事実である証拠能力に関する事実（特信性）を立証するためには自由な証明で足りる、という立場に立っても、証拠禁止の観点から、裁判所は右書面の記載内容を判断資料とすることは許されない。

一　刑訴法三九条一項には、「身体の拘束を受けている被告人は、弁護人と立会人なくして書類の授受をすることができる」と規定されており、同法二項には、「前項の授受については法令（裁判所の規則を含む）で、被告人の逃亡、罪証の隠滅又は戒護に支障のある物の授受を防ぐため必要な措置を規定することができる」と規定されている。

二　ところで、甲一六四号証には、被告人が発受した信書及びその信書の内容の概略がすべて記載されており、その発受の対象者には、弁護人も含まれている。

三　拘置所長が、被告人と弁護人間の信書の検閲をしている根拠は、監獄法施行規則一三〇条によるものとしか考えられないところ、右監獄法施行規則一三〇条が、刑訴法三九条二項の「法令」に該当するという解釈論があるが、少なくとも刑事弁護人と、被疑者被告人との間の信書についてまで、右規則が無限定にそのまま適用されるとの解釈論は採りえない。

なぜなら、被疑者被告人と弁護人との間の接見交通権は、憲法上の権利であり（最判昭和二八年七月一〇日・最判昭和五三年七月一〇日等）、被疑者被告人と弁護人との間の信書の授受は、右接見交通権の根拠である秘密交通権の中でも極めて重要な、根幹部分を構成する要素だからである。

だからこそ、「法令の規定をもってしても、被告人等の本質的な権利を制限することはできない」（注解刑事訴訟法上巻一一七ページ）とされており、「監獄法施行規則一三〇条の信書の検閲は一般的に過ぎて刑訴法三九条の趣旨に反する」と指摘されている（注釈刑事訴訟法「新版」第一巻二六八ページ）のである。

四　仮に百歩譲って、「逃亡、罪証隠滅または戒護に支障のある物の授受を防ぐために必要な最小限度の制限はみとめられなければならないから、この目的達成の前提として、やはり必要最小限度において検閲も許されなければならないであろう」（前記注解刑事訴訟法上巻一一七ページ。なお弁護人としてはこの見解を容認するわけでないことを表明しておく）という立場をとるとしても、それは「逃亡、罪証隠滅または戒護に支障のある物の授受を防ぐために必要な最小限度の制限」でなくてはならないから、封筒の中身に危険物が混入していないかという外形的なチェックに止められなくてはならず、書かれている内容をチェックすることなど許されるはずもない。

この点で、拘置所長の、被告人と弁護人との間の信書の内容を検閲している行為は、憲法三一条二項、三一条、三四条並びに刑訴法三九条一項及び二項に違反する違法な行為である。

五　検察官が、被告人と弁護人との間の信書の内容を確知した行為について

1　検察官が、被告人と弁護人との間の信書の内容を確知した行為は、右拘置所長が監獄法施行規則一三〇条によるものとして検閲している行為とは質的に大きく異なる、極めて重大な違法行為である。なぜなら、信書の内容を検察官が確知することは、刑訴法三九条二項に規定されているところの「逃亡、罪証隠滅または戒護に支障のある物の授受を防ぐ」こととは全く関係がないことだからである。

2　そもそも、被告人弁護人間の信書の内容を、対立当事者である検察官が把握していたのでは、秘密接見交通を認めたとしても、何の意味もない。当事者主義など、全くの画餅に帰してしまうことは、明らかである。

監獄法施行規則一三〇条が存在し、それが刑訴法三九条二項の「法令」に含まれるという解釈を採ったとしても、拘置所長が、被告人弁護人間の信書の内容を検察官に報告したこと及び検察官が右報告を求め、その内容を確知したことは、いかに説明しようとも、重大な憲法違反の行為である。

3　刑訴法三九条三項で検察官に認められているところの、起訴前の接見または物の授受の指定についてでさえも、「弁護人と被疑者間で授受される信書については、接見が秘密交通権を保障されているのと同様に、検察官はその内容を調査することができないと解するのが、憲法三一条二項の論理的帰結である」（大コンメンタール刑事訴訟法第一巻四二一ページ。河上和雄執筆部分）とされているのであるから、本件において、検察官が被告人と弁護人間の信書の内容を確知したことは、憲法違反である。

五　従って、甲一六四号証は、証拠禁止の観点から、絶対に証拠としてはならない書面なのである。

以上

甲A第15号証の1

被告人の信書の発受状況、面会状況等調査照会書

1997（平9）年11月10日

甲A第 15 号証の1

5-8

平成九年一一月一〇日

大阪拘置所所長　殿

大阪地方検察庁

検察官　検事 [redacted]

[redacted]

被告人の信書の発受状況、面会状況等調査照会書

下記の者に対する平成九年九月四日から同年一〇月二一日までの間の、文書の発受状況、その内容及び面会者との面会内容を調査の上、各欄に記入して回答されたく、刑事訴訟法一九七条第二項によって照会します。

記

被告人　[redacted]　性別　男

生年月日　昭和[redacted]年八月一六日生

本籍　大阪市[redacted]芦[redacted]五番

罪名　覚せい剤取締法違反

右は謄本である

平成一〇年五月一一日

大阪地方検察庁

検察事務官 [redacted]

甲A第15号証の2

捜査関係事項の照会について（回答）

1997（平9）年11月17日

68

大拘丙収第１３２４号
平成９年１１月１７日

大阪地方検察庁
検察官　検事 [redacted]

大阪拘置所長 [redacted]

捜査関係事項の照会について（回答）

平成９年１１月１０日付け文書で照会のありました[redacted]に係る標記について，下記のとおり回答します。

記

1　文書の発受状況について

年月日	発受	氏　名	住　所	内　容
				（要旨）
H9. 9. 5	受	中[redacted] 早[redacted]	堺市[redacted]1-1-17	保釈金の段取りについて考えています。
H9. 9. 5	発	近[redacted] 陽[redacted]	[redacted]4-1-[redacted]-511	面会は午前中に来るように。早く来てくれ。（電報）
H9. 9. 6	受	〃	〃	結果，月曜日になる。
H9. 9. 6	受	〃	〃	月曜日に行く。
H9. 9. 8	受	井[redacted] 英[redacted]	大阪拘置所内	保釈金の方，うまくいきましたか。
H9. 9. 8	発	近[redacted] 陽[redacted]	[redacted]4-1-[redacted]-511	早く保釈するように。
H9. 9. 8	発	[redacted]	弁護士	先生早く来てください。（電報）
H9. 9. 9	受	大[redacted] 芳[redacted]	中央区[redacted]1-5-26	火曜日接見予定です。
H9. 9. 9	受	近[redacted] 陽[redacted]	[redacted]4-1-[redacted]-511	申請，承知でした。
H9. 9. 9	受	[redacted]	弁護士	10日，面会に行く。
H9. 9. 9	発	井[redacted] 英[redacted]	大阪拘置所内	手紙で書けないこともあるし，姉に言っておく。
H9. 9. 9	受	〃	〃	姉さんに面会するように言ってください。
H9. 9. 9	受	吉[redacted] 博[redacted]	〃	保釈の方どうなりましたか。
H9. 9. 9	受	近[redacted] 陽[redacted]	[redacted]4-1-[redacted]-511	[redacted]の所で話聞きました。明日，離婚届出しますので書いて，送り返してください。
H9. 9. 9	発	〃	〃	子供のことだけ頼むぞ。
H9. 9. 9	発	〃	〃	[redacted]の言うことだけ聞かないでくれ。とりあえず明日面会に来て，話を聞いてくれ。
H9. 9. 10	発	〃	〃	俺が出るまであの女にうまく言って聞かせてあっただけや。戻っていく所はおまえしかない。
H9. 9. 10	発	吉[redacted] 博[redacted]	大阪拘置所内	すぐにお金差入れさすわ。
H9. 9. 11	発	井[redacted] 英[redacted]	〃	第1回公判が終わったらもう一度保釈申請してみます。
H9. 9. 11	受	中[redacted] 早[redacted]	堺北署内	第1回公判済まないと保釈わからない。
H9. 9. 11	受	後[redacted] 和[redacted]	大阪拘置所内	連絡ないので心配しています。
H9. 9. 11	発	近[redacted] 陽[redacted]	[redacted]4-1-[redacted]-511	昨日は本当にゴメンな。俺のこと信用してくれ。（電報）
H9. 9. 12	発	松[redacted] 和[redacted]	南署内	俺の嫁と勝手に連絡とるな。用事がある時は俺に言え。
H9. 9. 12	受	井[redacted] 英[redacted]	大阪拘置所内	30万円くらいすぐいけるから，嫁はんに早く面会来てもろて。
H9. 9. 12	受	松[redacted] 和[redacted]	浪速区[redacted]-1-40-609	本当の気持ちを素直に言って欲しい。
H9. 9. 12	発	〃	〃	[redacted]の件は終わったんや。帰るところは[redacted]のとこしかない。（電報）
H9. 9. 13	受	近[redacted] 陽[redacted]	[redacted]4-1-[redacted]-511	信用して待ってます。
H9. 9. 14	受	松[redacted] 和[redacted]	南署内	引受人の件こちらで探します。姉さんには今後一切連絡しません。
H9. 9. 14	受	近[redacted] 陽[redacted]	[redacted]4-1-[redacted]-511	休み明け面会に行きます。
H9. 9. 14	受	〃	〃	昨日も今日も手紙が届かない。体の方悪いのですか。
H9. 9. 15	受	〃	〃	何か変わったことがあったのですか。心配しています。
H9. 9. 16	受	〃	〃	なぜ手紙も電報もくれないのですか。
H9. 9. 16	発	〃	〃	兄貴に金借りれるんやったら借りとけ。
H9. 9. 16	発	井[redacted] 英[redacted]	大阪拘置所内	兄貴，100万だけ借ります。
H9. 9. 16	受	近[redacted] 陽[redacted]	[redacted]4-1-[redacted]-511	明日面会に行きます。

交付
-9.11.19

H9. 9. 16	受	松[redacted] 和[redacted]	南署内	[redacted]へ行く話は、なかったことにしておいてください。
H9. 9. 16	受	中[redacted] 早[redacted]	堺北署内	今回の件、詳しく知らせてください。
H9. 9. 16	受	松[redacted] 和[redacted]	南署内	初公判、10/7に決まりました。
H9. 9. 17	発	高[redacted] 勇[redacted]	中央区[redacted]5-3[redacted]グビル6	南署ではありがとうございました。保釈金、力になってください。
H9. 9. 17	発	近[redacted] 陽[redacted]	[redacted]西4-1-[redacted]-511	一度[redacted]の会長に相談してみい。
H9. 9. 17	受	中[redacted] 早[redacted]	堺北署内	今の私にはあなただけです。
H9. 9. 18	発	吉[redacted] 博[redacted]	大阪拘置所内	裁判は10/22です。
H9. 9. 18	発	中[redacted] 早[redacted]	堺北署内	俺は今、誰にも怒ってないぞ。
H9. 9. 18	受	吉[redacted] 博[redacted]	大阪拘置所内	公判決まりましたか。
H9. 9. 19	発	上[redacted] [redacted]子	[redacted]	お母さん体の方は大丈夫でしょうか。
H9. 9. 19	発	近[redacted] 陽[redacted]	[redacted]4-1-[redacted]-511	俺の帰る所は[redacted]の所だけ。
H9. 9. 20	受	〃	〃	手紙届いていない。何をしているんですか。
H9. 9. 20	受	〃	〃	今は何をしていますか。
H9. 9. 21	受	〃	〃	パパ[redacted]からの手紙届きましたか。子供のことはまかせておいてください。パパの帰りを待ってます。
H9. 9. 21	受	〃	〃	毎日どんな生活をしているのですか。一日も早く帰ってきてください。
H9. 9. 22	受	〃	〃	月曜日面会に行きます。楽しみに待っていてください。
H9. 9. 22	受	〃	〃	明日10時くらいに[redacted]ちゃんと一緒に面会行きます。
H9. 9. 22	発	高[redacted] 勇[redacted]	中央区[redacted]6-3[redacted]グビル6	直が面会の時色々聞き、本当にありがとうございます。
H9. 9. 22	発	近[redacted] 陽[redacted]	[redacted]西4-1-[redacted]-511	[redacted]の親父に相談して、外で働いてくれ。
H9. 9. 23	受	三[redacted] 孝[redacted]	大阪拘置所内	俺の家の住所を書いておきます。
H9. 9. 24	発	〃	〃	保釈で出るので大丈夫です。
H9. 9. 24	発	近[redacted] 陽[redacted]	[redacted]西4-1-[redacted]-511	車の件はOKです。
H9. 9. 25	発	吉[redacted] 博[redacted]	大阪拘置所内	会に戻ることになった。
H9. 9. 25	発	近[redacted] 陽[redacted]	[redacted]西4-1-[redacted]511	一日も早く出たい。
H9. 9. 25	受	川[redacted] 勝[redacted]	南署内	保釈の件もう少しだけ待っていただけますか。
H9. 9. 25	受	中[redacted] 早[redacted]	堺北署内	クスリからは脱皮します。
H9. 9. 26	発	高[redacted] 勇[redacted]	中央区[redacted]東5-3[redacted]グビル6	親父一度だけ無理言います。面会に来てください。
H9. 9. 26	受	近[redacted] 陽[redacted]	[redacted]4-1-[redacted]-511	[redacted]さんには人に言って動かす事できない。これ以上裏切るな。
H9. 9. 29	受	中[redacted] 早[redacted]	堺北署内	体に気を付けて。
H9. 9. 29	受	近[redacted] 陽[redacted]	[redacted]西4-1[redacted]-511	とりあえず帰ったら、家を探さなあかんな。
H9. 9. 29	発	〃	〃	もう[redacted]の女の事ほっとけ。子供たちのこと頼むで。
H9. 9. 29	受	三[redacted] 孝[redacted]	大阪拘置所内	早く保釈で出れるといいですね。
H9. 9. 30	発	中[redacted] 早[redacted]	堺拘置支所内	夫とのことかばって自分のものと言ったんや。
H9. 9. 30	発	近[redacted] 陽[redacted]	[redacted]西4-1[redacted]-511	2万円くらい入れといてくれ。
H9. 9. 30	受	吉[redacted] 博[redacted]	大阪拘置所内	色々面倒見てくれてありがとう。
H9. 9. 30	受	後[redacted] 和[redacted]	〃	求刑1年6月、判決は10/3です。
H9. 10. 1	発	川[redacted] 勝[redacted]	南署内	兄弟には一日も早く出て欲しい。
H9. 10. 1	発	松[redacted] 和[redacted]	浪速区[redacted]-1-40-609	[redacted]も元気でやってますか。
H9. 10. 2	受	近[redacted] 陽[redacted]	[redacted]西4-1-[redacted]-511	今日弁護士来たか。また、明日行く。
H9. 10. 2	受	〃	〃	早く帰ってきてね。
H9. 10. 2	発	寺[redacted] 伴[redacted]	東署内	[redacted]ちゃん頑張りや。手紙待ってます。
H9. 10. 2	発	近[redacted] 陽[redacted]	[redacted]4-1-[redacted]-511	無実ですので、最後まで闘います。
H9. 10. 2	受	中[redacted] 早[redacted]	堺拘置支所内	出所したらすぐ会いに行きます。
H9. 10. 3	発	〃	〃	おまえは俺の気持ちをわかってない。
H9. 10. 3	発	近[redacted] 陽[redacted]	[redacted]4-1-[redacted]-511	子供たち頼むぞ。
H9. 10. 3	受	中[redacted] 早[redacted]	堺拘置支所内	私のことどう思っていますか。
H9. 10. 6	受	近[redacted] 陽[redacted]	[redacted]4-1-[redacted]-511	みんな元気にしています。明日の面会楽しみに。
H9. 10. 6	受	〃	〃	子供たちは元気ですよ。
H9. 10. 6	発	〃	〃	パパもうすぐ帰ります。
H9. 10. 6	発	中[redacted] 早[redacted]	堺拘置支所内	この手紙、親に見せるなよ。
H9. 10. 6	受	近[redacted] 陽[redacted]	[redacted]4-1-[redacted]-511	元気ですか。写真10枚在中
H9. 10. 7	発	上[redacted] [redacted]子	[redacted]	もうすぐ保釈で出れると思います。
H9. 10. 7	受	寺[redacted] 伴[redacted]	東署内	手紙いただきありがとうございます。
H9. 10. 7	受	中[redacted] 早[redacted]	堺拘置支所内	会いたいなあ。
H9. 10. 7	受	近[redacted] 陽[redacted]	[redacted]4-1-[redacted]-511	手紙届いた。意味はわからないがやってみる。
H9. 10. 7	発	〃	〃	元気ですか。

H9.10.8	受	近[redacted] 陽[redacted]	[redacted]西4-1-[redacted]-511	みんなが帰ってきてからやったのですが、できませんでした。帰ってきてからゆっくり教えてください。
H9.10.8	発	中[redacted] 早[redacted]	堺拘置支所内	今まで本当に好きになった[redacted]です。
H9.10.8	発	近[redacted] 陽[redacted]	[redacted]4-1-[redacted]511	早くここから出してくれ。
H9.10.9	発	〃	〃	公判の日を楽しみにしています。
H9.10.9	発	中[redacted] 早[redacted]	堺拘置支所内	クスリもうするなよ。
H9.10.9	受	〃	〃	愛ある人をこれほど愛したことは初めてです。
H9.10.9	受	吉[redacted] 博[redacted]	大阪拘置所内	姐さんからお金の差入れありました。
H9.10.9	受	中[redacted] 早[redacted]	堺拘置支所内	実刑2年6月。控訴どうしよう。
H9.10.10	受	松[redacted] 和[redacted]	浪速区[redacted]-1-40-609	私たち家族はみんな元気です。
H9.10.11	受	近[redacted] 陽[redacted]	[redacted]西4-1-[redacted]-511	今日運動会終わった。
H9.10.11	受	〃	〃	公判終わるまで辛抱してください。
H9.10.12	受	宮[redacted] 信[redacted]	大阪拘置所内	第2回公判ありましたが、ものの5分で終わりました。
H9.10.12	受	近[redacted] 陽[redacted]	[redacted]4-1-[redacted]-511	親父さんから電話あり、東京におるみたい。
H9.10.12	受	〃	〃	体に気を付けて。
H9.10.13	受	〃	〃	早く帰ってきてね。
H9.10.13	発	〃	〃	写真ありがとう。
H9.10.13	発	中[redacted] 早[redacted]	堺拘置支所内	心配するな、出したる。
H9.10.13	受	近[redacted] 陽[redacted]	[redacted]西4-1-[redacted]-511	先生に電話したのですが、いませんでした。明日面会に行きます。
H9.10.14	発	宮[redacted] 信[redacted]	大阪拘置所内	公判10/22です。
H9.10.14	発	近[redacted] 陽[redacted]	[redacted]西4-1-[redacted]-511	元気ですか。
H9.10.14	受	中[redacted] 早[redacted]	堺拘置支所内	10/9、控訴しました。
H9.10.14	受	吉[redacted] 博[redacted]	大阪拘置所内	保釈、裁判のこと教えてください。
H9.10.15	発	中[redacted] 早[redacted]	堺拘置支所内	何日くらい大拘に来るのですか。
H9.10.15	発	近[redacted] 陽[redacted]	[redacted]西4-1-[redacted]-511	保釈効くかどうか心配です。
H9.10.15	受	〃	〃	親父さんが、わしにまかしときと言ってました。
H9.10.16	発	吉[redacted] 博[redacted]	大阪拘置所内	10/22、公判が終わったら保釈します。
H9.10.16	発	高[redacted] 勇[redacted]	中央区[redacted]丁目東5-3[redacted]グビル6	公判が終わったら保釈お願いします。
H9.10.16	受	中[redacted] 早[redacted]	堺拘置支所内	あんたを困らせてない。あまえてるねん。
H9.10.17	発	近[redacted] 陽美[redacted]	[redacted]西4-1-[redacted]-511	第1回公判後、保釈できればいいのですが。
H9.10.17	受	〃	〃	弁護士に言ってもらったらどうですか。面会行くまで待っていてください。
H9.10.17	受	宮[redacted] 信[redacted]	大阪拘置所内	出たら面会来てください。
H9.10.17	受	近[redacted] 陽[redacted]	[redacted]西4-1-[redacted]-511	第1回公判が終わってから保釈申請してみる。来週面会に行って詳しいこと言うと、西村先生が言ってました。
H9.10.18	受	〃	〃	今日、朝のうちに手紙出しますので、夕方には届くと思います。
H9.10.18	受	吉[redacted] 博[redacted]	大阪拘置所内	手助けして欲しいのですが。
H9.10.19	受	近[redacted] 陽[redacted]	[redacted]4-1[redacted]-511	元気ですか。
H9.10.19	受	〃	〃	頼みごと何ですか。また聞かせてください。
H9.10.19	受	〃	〃	[redacted]が、パパが帰ってきた夢見たそうです。
H9.10.20	受	〃	〃	病院の都合で面会昼からになるかもしれない。
H9.10.20	発	中[redacted] 早[redacted]	堺拘置支所内	今は辛抱、早く大拘に来い。
H9.10.20	発	[redacted]	弁護士	面会来てください。
H9.10.20	受	近[redacted] 陽[redacted]	[redacted]4-1-[redacted]-511	一からやり直そう。
H9.10.20	受	〃	〃	面会だめでした。
H9.10.21	発	宮[redacted] 信[redacted]	大阪拘置所内	保釈は効くでしょうか。
H9.10.21	発	近[redacted] 陽[redacted]	[redacted]西4-1-[redacted]-511	子供たちは元気にしてますか。

2　面会状況について.

年月日　時間	面会者氏名	住　所	内　容
H9.9.5 13:20~13:30	近[redacted] 陽[redacted]	[redacted]4-1-[redacted]-511	(要旨) 本　保釈許可になれば知らせてくれ。　外　わかりました。 本　金いくらかも知らせてくれ。　外　先生がわかり次第知らせると言ってました。

H9. 9. 8 9:24~ 9:34	近[redacted]　陽[redacted]	[redacted]西4-1-[redacted]-511	外　先生は追起訴があるみたいで，保釈だめって言うてるで。 本　何の件かな。　外　保釈で出ても追起訴されるから出ない方が良いそうや。　本　どういうことかな。
H9. 9. 9 9:45~ 9:55	近[redacted]　陽[redacted]	[redacted]西4-1-[redacted]-511	本　[redacted]から電話あったら連絡取り合ってくれ。　外　うん 本　先生に第1回公判を早くするように言ってくれ。
H9. 9. 10 10:30~10:40	近[redacted]　陽[redacted]	[redacted]西4-1-[redacted]-511	本　第1回公判終わったら出るから，それまで待ってくれ。何にも言わせないように手紙を出してるんや。　外　出て，向こうに行かれたら世話ないわ。　本　そんなことするか。
H9. 9. 11 15:45~15:55	近[redacted]　陽[redacted]	[redacted]西4-1-[redacted]-511	本　俺は22日まで待つわ。それで保釈申請するからな。金の段取りどうや。50はいけるからあと100やな。　外　そうや。
H9. 9. 12 11:12~11:22	近[redacted]　陽[redacted]	[redacted]西4-1-[redacted]-511	本　先生何か言ってるか。　外　これからのことが大切やからと言うてる。　本　とにかく第1回までは待たんとしょうない。
H9. 9. 16 9:37~ 9:47	近[redacted]　陽[redacted]	[redacted]西4-1-[redacted]-511	外　[redacted]に会った。　本　そうか，会長にか。先生に聞いたんか。　外　うん。動くとは言ってなかったけど，第1回公判が終われはすると言ってた。
H9. 9. 17 9:34~ 9:44	近[redacted]　陽[redacted]	[redacted]4-1-[redacted]-511	外　会長には出たらよろしく頼みますと言っておいたよ。 本　先生に面会に来てくれと言っておけよ。俺が出るまで辛抱してくれよ。
H9. 9. 18 9:14~ 9:24	近[redacted]　陽[redacted]	[redacted]西4-1-[redacted]-511	外　[redacted]やさんも22日公判であると手紙きました。 本　姐さんに保釈金100万円借りれるなら借りるようにしろ。
H9. 9. 19 9:22~ 9:32	近[redacted]　陽[redacted]	[redacted]西4-1-[redacted]-511	外　会長が金のことは心配するなって。　本　では保釈出してくれるな。弁護士に[redacted]のことも頼んどいてくれ。
H9. 9. 22 11:26~11:36	近[redacted]　陽[redacted] (A) 松[redacted]　和[redacted] (B)	[redacted]西4-1-[redacted]-511 浪速区[redacted]-1-40-609	本　オヤジどんなに言ってた。　A　お金のことは心配するなって言ってた。　本　10月22日裁判やから，24日には出れるかもしれん。　B　早く出ておいで。
H9. 9. 24 9:30~ 9:40	近[redacted]　陽[redacted]	[redacted]西4-1-[redacted]-511	本　オヤジに24日ころに金出してくれと言っといてくれ。 外　先生は追起訴のことが気になると言ってた。　本　延びたら通算を考えてくれるやろ[redacted]は捕まってるのか。　外　まだいるわ。
H9. 9. 25 9:23~ 9:33	近[redacted]　陽[redacted]	[redacted]西4-1-[redacted]-511	外　あの子にまた手紙出したよろ。　本　いいや出してない。 外　ダンナが出てくるんで一緒に面会来るそうや。　本　来んでいいと言うとけ。　外　ダンナとやり直すそうや。　本　それでいいんや。
H9. 9. 26 10:17~10:27	近[redacted]　陽[redacted]	[redacted]4-1-[redacted]-511	本　先生に連絡して，出れるように話してくれよ。　外　それがなかなか連絡とられないのよ。[redacted]さんが面会に行くと伝えてくれとのことでした。
H9. 9. 29 9:32~ 9:42	近[redacted]　陽[redacted]	[redacted]西4-1-[redacted]-511	本　先生，保釈どうやて。　外　大丈夫やろうて。お金150万円くらいいるって。　本　そうか，良かった。
H9. 9. 30 9:13~ 9:23	近[redacted]　陽[redacted]	[redacted]4-1-[redacted]-511	本　金入れてくれるか。　外　1万円でいい。　本　ああ。 外　中にいてたらよく使うのね。　本　うん。
H9. 10. 1 9:36~ 9:46	近[redacted]　陽[redacted]	[redacted]西4-1-[redacted]-511	外　事務員の話では近々先生が面会に来るみたいなこと言ってました。　本　保釈の件は。　外　面会の時に話したら。

H9. 10. 2 9:51~10:01	近[redacted] 陽[redacted]	[redacted]4-1-[redacted]-511	本 昨日弁護士が来て，27日までに保釈で出れるだろうて。150万円用意しとってくれ。 外 うん。 本 先生は無罪を勝ち取ると言ってた。
H9. 10. 3 9:45~ 9:55	近[redacted] 陽[redacted]	[redacted]西4-1-[redacted]-511	本 身元引受けの件，先生に話といてくれ。 外 わかった。 本 お金の件，会長に言うてくれたか。 外 言った。いけるそうやけど，体調崩して検査入院してる。
H9. 10. 6 9:52~10:02	近[redacted] 陽[redacted]	[redacted]西4-1-[redacted]-511	本 先生は[redacted]に会いに行くのや。 外 今週か来週に行くと言ってたけどな。 本 そうか。また先生同志話してもらうよ。
H9. 10. 7 9:50~10:00	近[redacted] 陽[redacted]	[redacted]西4-1-[redacted]-511	本 今度の三連休長いわ。先生は保釈のこと言ってたか。 外 公判が終わってからやると言ってたよ。
H9. 10. 8 10:53~11:03	近[redacted] 陽[redacted]	[redacted]西4-1-[redacted]-511	外 へたしたら2回目公判の後と言ってた。 本 皆1回目でいけてるのに。先生に23日に出すようにしろと言っといて。生活もやっていけないやろ，早く出してくれないと。
H9. 10. 9 9:49~ 9:59	近[redacted] 陽[redacted]	[redacted]西4-1-[redacted]-511	外 先生が来るから相談してみたら。 本 俺が帰ったらお金返すから。
H9. 10. 13 10:10~10:20	近[redacted] 陽[redacted]	[redacted]西4-1-[redacted]-511	本 保釈の件はどうした。 外 オヤジさんには，22日の裁判終わってから申請すること言ってある。 本 お金の方は。 外 その件は，前から出してやると言ってくれてる。
H9. 10. 14 10:59~11:09	近[redacted] 陽[redacted]	[redacted]西4-1-[redacted]-511	本 弁護士の先生は保釈いけると言ってたか。 外 うん。お母さん今度来て，差入れしてやると言ってました。
H9. 10. 15 10:25~10:35	近[redacted] 陽[redacted] (A) 高[redacted] 勇[redacted] (B)	[redacted]西4-1-[redacted]511 中央区[redacted]丁目東5-3	本 一日も早く保釈で出たいんですが。 B あわてる事はないぞ。22日裁判やな。 本 弁護士が2，3日してから保釈してやると言ってます。 B 子供と嫁はんが法廷に行くようにした方がええな。
H9. 10. 16 9:52~10:02	近[redacted] 陽[redacted]	[redacted]西4-1-[redacted]-511	本 [redacted]に返事の手紙出したから，電報打っておいてくれ。 外 うん。 本 [redacted]さんからお菓子の差入れがあった。
H9. 10. 17 10:31~10:41	近[redacted] 陽[redacted] (A) 近[redacted] 菊[redacted] (B)	[redacted]西4-1-[redacted]-511	B [redacted]，何でこんなことするんや。普通に生活できるのに。子供もかわいそうや。 本 わかってる。帰ったらちゃんとする。それまで嫁はんに子供のこと頼むわ。
H9. 10. 20 11:55~12:05	三[redacted] 孝[redacted]	[redacted]1-4-4504	本 俺は22日の公判で24日くらいに保釈で出れるはずや。おまえのことは段取りしているから。住所どこや。 外 手紙出しますわ。 本 もう悪いことしたらあかんで。 外 はい。
H9. 10. 21 9:20~ 9:30	近[redacted] 陽[redacted]	[redacted]4-1-[redacted]-511	本 昨日，[redacted]が来てくれた。 外 弁護士，明日くらいまでに来ると言ってた。 本 保釈のこと何か言ってたか。 外 来た時に言ってみてよ。

甲A第16号証の1
被告人の信書の発受状況、面会状況等調査照会書

1997（平9）年12月25日

平成九年一二月二五日

大阪拘置所所長　殿

大阪地方検察庁

検察官　検事　[redacted]

被告人の信書の発受状況、面会状況等調査照会書

左記の者に対する平成九年九月四日から同年一二月二四日までの間の、文書の発受状況、その内容及び面会者との面会内容を調査の上、各欄に記入して回答されたく、刑事訴訟法一九七条第二項によって照会します。

記

被告人　吉[redacted]博[redacted]　　性別　男

生年月日　昭和四[redacted]年八月[redacted]日生

本籍　大阪市生野区[redacted]丁目[redacted]番地

甲A第16号証の1

5-2

罪　名　覚せい剤取締法違反

右は謄本である

平成一〇年五月二日

大阪地方検察庁

検察事務官 [redacted]

証拠目録
請求番号 No. 40

大拘丙収第１５５３号
平成１０年１月１３日

大阪地方検察庁
検察官検事 [redacted] 殿

大阪拘置所長 [redacted]

捜査関係事項の照会について（回答）

平成９年１２月２５日付け文書をもって照会のありました吉[redacted]博[redacted]に係る標記について，下記のとおり回答します。

記

1　信書の発受状況について

年 月 日	発受	氏　名	住　所	内　容
				（要旨）
H9. 9. 8	発	近[redacted] 伸[redacted]	大阪拘置所内	保釈どうなった。
H9. 9. 8	発	益[redacted] 成[redacted]	〃	至急連絡頼む。
H9. 9. 9	発	山[redacted] 裕[redacted]	〃	9/4より大拘に来ています。
H9. 9. 9	受	近[redacted] 陽[redacted]	[redacted]西4-1-[redacted]-511	面会行きます。体に気を付けて。
H9. 9. 9	発	辻[redacted] [redacted]子	大阪拘置所内	文通してください。
H9. 9.10	発	近[redacted] 陽[redacted]	[redacted]4-1-[redacted]-511	保釈は初公判が終わらないとダメです。
H9. 9.10	発	富[redacted] 健[redacted]	南署内	[redacted]さんには感謝しています。
H9. 9.11	発	津[redacted] 祐[redacted]	枚方[redacted]-27-304	初めまして，文通してください。
H9. 9.11	受	近[redacted] 伸[redacted]	大阪拘置所内	弁護士面会は，9/10の午後です。
H9. 9.12	発	吉[redacted] [redacted]子	東成区[redacted]-17-7-30	お金の件，本当に最後ですので聞いてください。
H9. 9.12	受	近[redacted] 陽[redacted]	[redacted]4-1-[redacted]-511	お金の方，少ししかできません。
H9. 9.12	受	山[redacted] 裕[redacted]	大阪拘置所内	ごめんやけど，差入れしてください。
H9. 9.12	発	下[redacted]ひろ[redacted]	〃	初めまして。
H9. 9.16	発	吉[redacted] 幸[redacted]	中央区[redacted]-12-15-1003	9/4，大拘に来ました。
H9. 9.16	受	近[redacted] 陽[redacted]	[redacted]西4-1-[redacted]-511	元気ですか。いつも手紙ありがとう。
H9. 9.16	受	吉[redacted] [redacted]子	東成区[redacted]-17-7-30	南署へ面会に行ったが，大拘に移っていた。現金1万在中
H9. 9.17	発	近[redacted] 伸[redacted]	大阪拘置所内	公判10/22。早ければ11月の終わりにあると思う。
H9. 9.17	受	辻[redacted] [redacted]子	〃	今，どんな気分ですか。
H9. 9.17	受	富[redacted] 健[redacted]	南署内	今月一杯で調べも終わる。
H9. 9.18	発	小[redacted]山美[redacted]	埼玉県[redacted]1791-13	初めまして。
H9. 9.19	受	近[redacted] 陽[redacted]	[redacted]4-1-[redacted]-511	最近，保釈金のことで走り回っています。差入れ1週間くらい待ってください。主人の公判10/22です。
H9. 9.19	発	辻[redacted] [redacted]子	大阪拘置所内	今回，外に出たらどうするんですか。
H9. 9.19	受	近[redacted] 伸[redacted]	〃	お金の件は既に言ってある。
H9. 9.22	発	辻[redacted] [redacted]子	〃	先日の便り読んでもらえましたか。返事待ってます。
H9. 9.22	発	近[redacted] 陽[redacted]	[redacted]4-1-[redacted]-511	姐さん，気を遣ってもらいありがとう。
H9. 9.24	発	花[redacted] 裕[redacted]	大阪拘置所内	金の件，近い内に差し入れるよう頼んでいる。
H9. 9.24	発	西[redacted] [redacted]	弁護士	今回，[redacted]はどうなるんですか。
H9. 9.24	受	井[redacted] 英[redacted]	大阪拘置所内	[redacted]の兄弟のこと，どうみてますか。
H9. 9.24	受	辻[redacted] [redacted]子	〃	出てから何をするか，本当に悩んでいる。
H9. 9.24	受	西[redacted] [redacted]	中央区心[redacted]-3-10	面会に行けなくてゴメン。悪く思わんといて。
H9. 9.25	発	近[redacted] 陽[redacted]	[redacted]4-1-[redacted]-511	一日でも早く帰りますので，待っててくれますか。

H9. 9.26	受	辻[redacted] 倫[redacted]	大阪拘置所内	人生これからが初まりなのと，何を言ってるの。
H9. 9.26	受	近[redacted] 伸[redacted]	〃	兄弟は俺の家族や。
H9. 9.26	受	近[redacted] 陽[redacted]	[redacted]-1-[redacted]-511	元気ですか，カゼ引いてませんか。
H9. 9.26	発	西[redacted] [redacted]	中央区[redacted]-3-10	二度と連絡取れないと思っていた。うれしいです。
H9. 9.26	発	辻[redacted] 倫[redacted]	大阪拘置所内	いつまでここにいるの。
H9. 9.29	発	近[redacted] 伸[redacted]	〃	弁護士は[redacted]です。
H9. 9.29	受	近藤 陽[redacted]	[redacted]-1-[redacted]-511	控訴を下げしてください。[redacted]と文通しない方がよい。ろくな女ではありません。
H9. 9.29	受	吉[redacted] [redacted]子	東成区[redacted]-17-7-30	お金1万円送ります。
H9. 9.30	発	吉[redacted] 幸[redacted]	中央区[redacted]-12-15-1003	何から何までお世話になりすみません。
H9. 10. 1	発	吉[redacted] [redacted]子	東成区[redacted]-17-7-30	送金ありがとう。
H9. 10. 1	発	近[redacted] 陽[redacted]	[redacted]-1-[redacted]-511	弁護士は[redacted]です。
H9. 10. 2	発	井[redacted] 英[redacted]	大阪拘置所内	これから先，私と[redacted]の兄弟をよろしく。
H9. 10. 3	発	花[redacted] 裕[redacted]	〃	変わったことないですか。
H9. 10. 6	受	辻[redacted] 倫[redacted]	〃	10/6の公判で出る。
H9. 10. 6	発	西[redacted] [redacted]	中央区[redacted]-3-10	家出してるみたいですけど，今どこで生活しているの。
H9. 10. 8	発	近[redacted] 伸[redacted]	大阪拘置所内	公判10/22，10：40です。手紙待ってます。
H9. 10. 13	発	〃	〃	元気ですか。
H9. 10. 13	受	近[redacted] 陽[redacted]	[redacted]-1-[redacted]-511	お金の方，もう少し待ってください。
H9. 10. 14	発	[redacted]	弁護士	調書のコピーを送ってくれませんか。
H9. 10. 14	発	近[redacted] 陽[redacted]	[redacted]-1-[redacted]-511	いつもお金の心配をしてくれてありがとう。
H9. 10. 15	発	吉[redacted] 幸[redacted]	中央区[redacted]-12-15-1003	10/22，公判です。
H9. 10. 16	発	西[redacted] [redacted]	中央区[redacted]-3-10	仕事の方はどうするのですか。
H9. 10. 16	発	近[redacted] 陽[redacted]	[redacted]-1-[redacted]-511	10/22，求刑がでる。
H9. 10. 16	受	浮[redacted] 美[redacted]	大阪拘置所内	9/30大阪に来た[redacted]です。
H9. 10. 17	発	近[redacted] 伸[redacted]	〃	最近，何をするにもやる気が出ず毎日がイヤになります。
H9. 10. 17	受	〃	〃	俺が保釈でたら，いつか旅行いこうや。
H9. 10. 17	発	浮[redacted] 美[redacted]	〃	大阪の生活どうですか。
H9. 10. 18	受	近[redacted] 陽[redacted]	[redacted]-1-[redacted]-511	私は面会に行けないので，近々友達に行ってもらいます。
H9. 10. 20	発	吉[redacted] 幸[redacted]	中央区[redacted]-12-15-1003	罰金10万円の半分助けてほしい。
H9. 10. 21	発	近[redacted] 陽[redacted]	[redacted]-1-[redacted]-511	このまま行けば11/19前後です。
H9. 10. 22	受	〃	〃	[redacted]のとこ，いくら電話しても出ない。
H9. 10. 22	受	浮[redacted] 美[redacted]	大阪拘置所内	どうして4回も大阪に来たの。
H9. 10. 23	発	近[redacted] 陽[redacted]	[redacted]-1-[redacted]-511	求刑2年6月でした。判決10/29です。刑務所に行くか悩んでいます。
H9. 10. 24	受	花[redacted] 裕[redacted]	大阪拘置所内	公判お疲れさまでした。
H9. 10. 24	発	近[redacted] 伸[redacted]	〃	11/19前後が下獄になります。
H9. 10. 24	発	浮[redacted] 美[redacted]	〃	いつ懲役に行くのですか。
H9. 10. 25	受	近[redacted] 陽[redacted]	[redacted]-1-[redacted]-511（電報）	10/24から11/28まで接見禁止になりました。
H9. 10. 27	発	〃	〃	罰金が確定した。10/31下獄するで。
H9. 10. 27	発	高[redacted]美江[redacted]	〃	何かあったら[redacted]さんに相談すること。
H9. 10. 28	発	吉[redacted] [redacted]子	東成区[redacted]-17-7-30	求刑2年6月でした。10/29判決です。
H9. 10. 28	受	浮[redacted] 美[redacted]	大阪拘置所内	大阪拘置所の集団生活は大変です。
H9. 10. 30	発	〃	〃	裁判はいつ頃終るのですか。
H9. 10. 30	受	〃	〃	判決はいくらくらいになったの。
H9. 10. 31	発	吉[redacted] [redacted]子	東成区[redacted]-17-7-30	身分帳には一応載せます。
H9. 10. 31	発	富[redacted] 健[redacted]	大阪拘置所内	懲役1年11月となった。今，控訴を考えてる。
H9. 10. 31	受	浮[redacted] 美[redacted]	〃	落ち込んでいるんじゃない。
H9. 11. 4	発	〃	〃	4回目の懲役ですか。
H9. 11. 4	受	西[redacted] [redacted]	中央区[redacted]-3-10	子供は取り戻すことができました。親戚の方皆々と喜んでいます。

H9.11. 4	発	浮[redacted]　美[redacted]	大阪拘置所内	連休どうでしたか。
H9.11. 5	発	吉[redacted]　[redacted]子	東成区[redacted]-17-7-30	お金がなくて困っています。
H9.11. 5	受	浮[redacted]　美[redacted]	大阪拘置所内	保釈却下されました。でも，私は幸せになるよ。
H9.11. 7	発	〃	〃	控訴することに決めた。
H9.11. 7	受	〃	〃	ストレスのために体調が悪いと思います。
H9.11. 7	受	富[redacted]　健[redacted]	〃	元気とのこと安心しました。
H9.11.10	発	浮[redacted]　美[redacted]	〃	罰金納めに行ってきますわ。
H9.11.11	受	〃	〃	女区の手紙は夕点検後にきます。
H9.11.12	発	吉[redacted]　[redacted]子	東成区[redacted]-17-7-30	8万くらい[redacted]さんに借りてもらいたい。
H9.11.13	発	浮[redacted]　美[redacted]	大阪拘置所内	罰金刑のことについて書きます。
H9.11.13	受	〃	〃	4ヵ月で2キロも太った。
H9.11.14	受	〃	〃	授業で怒られた。
H9.11.17	発	〃	〃	11/12控訴しました。
H9.11.17	受	〃	〃	公判はやはり弁護士さんに助けてもらわないとダメですね
H9.11.17	発	吉[redacted]　[redacted]子	東成区[redacted]-17-7-30	身分帳のことで悩んでいます。
H9.11.18	発	花[redacted]　裕[redacted]	大阪拘置所内	判決どうでした。頑張って。
H9.11.18	発	浮[redacted]　美[redacted]	大阪拘置所内	俺はもう30才になるよ。
H9.11.18	受	〃	〃	早く外で会いたいね。
H9.11.19	発	〃	〃	弁護士が来てくれて良かったね。
H9.11.19	発	吉[redacted]　[redacted]子	東成区[redacted]-17-7-30	罰金のお金，[redacted]さんたちと相談して決めてください。
H9.11.19	受	浮[redacted]　美[redacted]	大阪拘置所内	あったかい家庭を作りたい。
H9.11.20	発	〃	〃	はっきりと出所が判ったら知らせます。
H9.11.21	発	〃	〃	外で会いたいです。
H9.11.21	発	千[redacted]　恭[redacted]	長野県[redacted]5510-D-102	初めまして。
H9.11.21	受	浮[redacted]　美[redacted]	大阪拘置所内	私，視力が悪いの。
H9.11.25	受	〃	〃	柔道は初段です。中学の時していた。
H9.11.25	発	草[redacted]　光[redacted]	茨城県[redacted]1568-5	初めまして。
H9.11.25	発	浮[redacted]　美[redacted]	大阪拘置所内	俺の告白を受けてくれてありがとう。
H9.11.26	発	〃	〃	[redacted]は[redacted]とは仲がいいのかな。
H9.11.26	発	花[redacted]　裕[redacted]	〃	これから先頑張れよ。
H9.11.27	発	浮[redacted]　美[redacted]	大阪拘置所内	ロングヘアーだったらここでは大変ですね。
H9.11.27	受	〃	〃	[redacted]ちゃんとはどういう知り合いですか。
H9.11.27	発	吉[redacted]　[redacted]子	東成区[redacted]-17-7-30	少しでもいいからお金を送って欲しい。
H9.11.27	発	浮[redacted]　美[redacted]	大阪拘置所内	悩み事があったら言ってね。
H9.11.28	受	〃	〃	今の私は借金で首が回らない状態です。
H9.12. 1	発	〃	〃	[redacted]にはもう便りしてないよ。
H9.12. 1	受	〃	〃	こんな[redacted]やけどお嫁さんになれる。
H9.12. 1	受	細[redacted]　末[redacted]	田辺拘置支所内	久しぶりやな。俺5年振りにパクられた。求刑2年で判決 12/4や。
H9.12. 1	受	松[redacted]　裕[redacted]	大阪拘置所内	悪い噂って何。はっきり書いて。
H9.12. 1	発	近[redacted]　陽[redacted]	[redacted]4-1-[redacted]-511	そろそろ助けてください。控訴どうしようか悩んでいる。
H9.12. 2	発	細[redacted]　末[redacted]	田辺拘置支所内	まさか捕まっているとは思ってもなかった。今までのこと は見ずに流して許して欲しい。
H9.12. 2	発	浮[redacted]　美[redacted]	大阪拘置所内	ゴルフは15才の時からやってる。
H9.12. 2	受	細[redacted]みえ[redacted]	御坊[redacted]51	[redacted]くんからの手紙代です。1千円在中
H9.12. 2	受	浮[redacted]　美[redacted]	大阪拘置所内	今の生活，やっぱりどこか落ち着かへん。
H9.12. 3	受	近[redacted]　陽[redacted]	[redacted]4-1-[redacted]-511	次に面会に行くとき差入れします。
H9.12. 3	発	細[redacted]みえ[redacted]	御坊[redacted]51	送金ありがとう。
H9.12. 3	発	浮[redacted]　美[redacted]	大阪拘置所内	俺のことを信じて欲しい。
H9.12. 3	受	草[redacted]　光[redacted]	茨城県[redacted]568-5	初めまして。
H9.12. 4	発	浮[redacted]　美[redacted]	大阪拘置所内	俺の彼女になって文通してね。

H9. 12. 4	受	浮[redacted] 美[redacted]	大阪拘置所内	私以外に[redacted]ちゃんと文通してるって，気になるな。
H9. 12. 4	発	近[redacted] 陽[redacted]	[redacted]-1-[redacted]-511	差入れありがとう。
H9. 12. 5	受	浮[redacted] 美[redacted]	大阪拘置所内	元彼氏ともやり直す気ないし。
H9. 12. 5	発	〃	〃	[redacted]が欲しい。
H9. 12. 5	発	中[redacted] 早[redacted]	〃	覚えてますか。私は控訴中です。
H9. 12. 8	受	細[redacted] 末[redacted]	田辺拘置支所内	判決，1年2月未決15日でした。
H9. 12. 8	発	浮[redacted] 美[redacted]	大阪拘置所内	写真を入れる。
H9. 12. 8	発	大[redacted] 美[redacted]	港区[redacted]-7-25	初めまして。
H9. 12. 9	発	吉[redacted] [redacted]子	東成区[redacted]-17-7-30	[redacted]さんたちはどうなってる。怒ってる。
H9. 12. 9	発	浮[redacted] 美[redacted]	大阪拘置所内	もっと[redacted]のこと詳しく知りたい。
H9. 12. 9	受	〃	〃	やっぱり集団生活って怖いわ。
H9. 12. 10	発	〃	〃	公判，長くなりそうですね。
H9. 12. 10	受	中[redacted] 早[redacted]	〃	2年4月の40日，控訴してきた。
H9. 12. 11	発	浮[redacted] 美[redacted]	大阪拘置所内	俺はまだ[redacted]をつかんでないのかな。
H9. 12. 11	受	〃	〃	たった2ヵ月のそれも顔を知らん者同士の文通やのに，なんでやろ。
H9. 12. 11	発	中[redacted] 早[redacted]	〃	悩み事は相談してきてくださいね。
H9. 12. 12	受	浮[redacted] 美[redacted]	〃	保釈却下，ショックです。
H9. 12. 12	発	〃	〃	今年は26日が終わりで，新年1/5からです。
H9. 12. 12	発	〃	〃	俺に任せてついて来い。
H9. 12. 15	受	〃	〃	[redacted]と会える日が待ちどおしいです。
H9. 12. 15	発	〃	〃	体調崩してないか。
H9. 12. 15	発	近[redacted] 陽[redacted]	[redacted]-1-[redacted]-511	お金貸してほしい。
H9. 12. 16	受	浮[redacted] 美[redacted]	大阪拘置所内	彼と知合ったのは去年の9月です。
H9. 12. 16	受	細[redacted] 末[redacted]	田辺拘置支所内	君に言いたいことは山ほどある。
H9. 12. 16	発	吉[redacted] [redacted]子	東成区[redacted]-17-7-30	19日までに送金してください。
H9. 12. 16	発	浮[redacted] 美[redacted]	大阪拘置所内	何から何まで気になって仕方がないねん。
H9. 12. 17	受	中[redacted] 早[redacted]	〃	私の顔知ってますか。自己紹介します。
H9. 12. 18	受	浮[redacted] 美[redacted]	〃	[redacted]の写真ほしい。
H9. 12. 18	受	〃	〃	最近の手紙手抜きやけど気にせんといて。
H9. 12. 18	受	区検 交通分室		領収証書（額面1万円）
H9. 12. 19	受	浮[redacted] 美[redacted]	大阪拘置所内	[redacted]の似顔絵送ります。
H9. 12. 22	発	吉[redacted] [redacted]子	東成区[redacted]-17-7-30	送金お願いします。
H9. 12. 22	受	〃	〃	元気そうで安心しました。

2　面会状況について

年月日　時間	面会者氏名	住　所	内　容
H9. 10. 20 13:58~14:08	近[redacted] 陽[redacted]	[redacted]-1-50-511	（要旨） 本　求刑3年で2年くらいになると思う。保釈いけるか。 外　1回公判が終わってから申請しようと思っています。 本　俺に罰金きている。会長に聞いてもらえますか。 外　24日までに10万円できるか聞いたらいいのね。
H9. 10. 28 11:15~11:18	松[redacted] 和[redacted]	[redacted]-1-40-609	外　[redacted]ちゃんと手紙のやりとりできないし，接見禁止が28日までやし。 本　そうですか。僕の方も罰金1回済めなあかんしね。一応控訴すると言っといて。 外　わかりました。

← 接禁だけ [redacted]

H9. 11. 18 11:43~11:53	近[redacted]　陽[redacted]	[redacted]-1-[redacted]-511	本　弁護士の先生面会に来ないな。 外　先生と連絡取れない。それで，ほってあるんやけど。 28日終ったら保釈申請しようと思ってる。
H9. 12. 3 9:20~ 9:30	近[redacted]　陽[redacted]	[redacted]-1-[redacted]-511	外　弁護士変えたから。 本　そうか，しゃあないな。そんなら，今接見禁止か。 外　そうやねん。証人だけ頼むわな。 本　昨日，裁判所から書類来たから。 外　しっかり頑張ってやってや。

甲Ａ第17号証の1

被告人の信書の発受状況、面会状況等調査照会書

1998（平10）年2月19日

甲A第17号証の1

平成一〇年二月一九日

大阪拘置所所長　殿

大阪地方検察庁

検察官　検事 [redacted]

N

被告人の信書の発受状況、面会状況等調査照会書

左記の者に対する平成九年一二月二五日から同一〇年二月一九日までの間の、文書の発受状況、その内容及び面会者との面会内容を調査の上、各欄に記入して回答されたく、刑事訴訟法一九七条第二項によって照会します。

記

被告人　吉[redacted]博[redacted]　　性別　男

生年月日　昭和四[redacted]年八月[redacted]日生

本籍　大阪市生野区[redacted]丁目[redacted]番地

X.F

罪名　覚せい剤取締法違反

10.2.19 信書・面会状況照会書 吉[redacted]博[redacted]

右は謄本である

平成一〇年五月二日

大阪地方検察庁

検察事務官

[redacted]

甲A第16号証の2
捜査関係事項の照会について（回答）
1998（平10）年2月19日

証拠目録請求番号 No. 61

大拘丙収第１９５号
平成１０年２月１９日

大阪地方検察庁
検察官検事 [redacted] 殿

大阪拘置所長 [redacted]

捜査関係事項の照会について（回答）

平成１０年２月１９日付け文書をもって照会のありました吉[redacted]博[redacted]に係る標記について，下記のとおり回答します。

記

1　信書の発受状況について

年　月　日	発受	氏　　名	住　　所	内　　容
				（要旨）
H 9. 12. 25	発	浮[redacted]　美[redacted]	大阪拘置所内	今日帰ってきました。クリスマスおめでとう。（電報）
H 9. 12. 25	受	〃	〃	[redacted]から手紙届かない。どうしたん。
H 9. 12. 26	発	〃	〃	よい年であるように。
H 9. 12. 26	発	吉[redacted]　[redacted]子	東成区[redacted]-17-7-30	頑張ってください。
H 9. 12. 27	受	浮[redacted]　美[redacted]	大阪拘置所内	体に気を付けてね。
H 9. 12. 27	受	秋田　真志	弁護士	前回の面会の際聞きもらしたポイントを返戻してください
H 9. 12. 27	受	浮[redacted]　美[redacted]	大阪拘置所内	[redacted]遊びに行きたい。
H 9. 12. 31	受	吉[redacted]　[redacted]子	東成区[redacted]-17-7-30	あまり無理できない。これが最後かも。1万円，80円切手10枚在中。（現金書留）
H10. 1. 1	受	細[redacted]　末[redacted]	田辺拘置支所内	年賀状
H10. 1. 1	受	浮[redacted]　美[redacted]	大阪拘置所内	年賀状
H10. 1. 1	受	吉[redacted]　[redacted]子	東成区[redacted]-17-7-30	年賀状
H10. 1. 5	発	松[redacted]　裕[redacted]	大阪拘置所内	おめでとう。
H10. 1. 5	発	浮[redacted]　美[redacted]	〃	正月休みは何してたん。
H10. 1. 6	発	秋田　真志	弁護士	先月は面会ありがとう。
H10. 1. 6	発	黒[redacted]　裕[redacted]	八尾市[redacted]-182	[redacted]くんはもう確定しました。
H10. 1. 7	発	川[redacted]　[redacted]	高槻市[redacted]-13-A201	今の私には何もできない。情けないです。
H10. 1. 7	発	浮[redacted]　美[redacted]	大阪拘置所内	頑張って執行猶予で帰ってくれ。
H10. 1. 7	受	〃	〃	今年もよろしく。
H10. 1. 8	受	松[redacted]　裕[redacted]	〃	控訴で未決を少しでももらって行こうと思う。
H10. 1. 8	発	近[redacted]　陽[redacted]	[redacted]4-1-[redacted]-511	控訴中です。
H10. 1. 8	発	浮[redacted]　美[redacted]	大阪拘置所内	頑張って上申書を書いてください。
H10. 1. 9	受	〃	〃	お揃いの物が欲しいです。
H10. 1. 9	発	〃	〃	おれ達は弁護士しか信用できない。
H10. 1. 9	発	松[redacted]　裕[redacted]	〃	[redacted]さんと仲良くして欲しい。
H10. 1. 10	受	浮[redacted]　美[redacted]	〃	裁判のアドバイスもっと下さい。
H10. 1. 12	発	〃	〃	写真が欲しいです。
H10. 1. 13	発	〃	〃	事件の事，大変だね。
H10. 1. 13	受	〃	〃	やっと弁護士への手紙ができた。
H10. 1. 14	受	〃	〃	この生活飽きたよ。早く帰りたい。
H10. 1. 14	発	田[redacted]あつ[redacted]	北区[redacted]-5-25	27才，岡山県生まれです。
H10. 1. 14	発	近[redacted]　陽[redacted]	[redacted]4-1-[redacted]-511	3月はじめには確定となり刑務所に行くことになります。

H10. 1.16	発	浮[redacted] 美[redacted]	大阪拘置所内	[redacted]から差入れありましたか。
H10. 1.16	受	秋田 真志	弁護士	検事の尋問には何も隠し立てする必要はありません。
H10. 1.16	受	浮[redacted] 美[redacted]	大阪拘置所内	大阪拘置所へ来て3ヵ月半，とうとうダウンです。
H10. 1.16	発	〃	〃	私は[redacted]の性格が気に入り，好きになったんです。
H10. 1.19	受	〃	〃	3年前の成人式を思い出すな。
H10. 1.19	発	〃	〃	初めての経験で何かと困っているでしょう。
H10. 1.19	発	[redacted]山 [redacted]	弁護士	控訴保釈をすれば，いくらくらい要るのか。
H10. 1.20	発	浮[redacted] 美[redacted]	大阪拘置所内	他にできることあれば言ってください。
H10. 1.20	発	近[redacted] 陽[redacted]	[redacted]4-1-[redacted]-511	下着の差入れありがとう。
H10. 1.20	受	松[redacted] 裕[redacted]	大阪拘置所内	控訴，最後まで行くの。
H10. 1.21	発	大[redacted] 芳[redacted]	〃	保釈中に捕まったのですか。
H10. 1.21	発	浮[redacted] 美[redacted]	〃	20才から27才まで，ほとんど刑務所生活です。
H10. 1.21	発	〃	〃	100羽くらい鳥おるで。
H10. 1.22	発	〃	〃	外での生活はどうなんですか。
H10. 1.22	発	福[redacted] 美[redacted]	西区[redacted]-12-33-403	懲役1年11ヵ月で控訴している。
H10. 1.23	発	近[redacted] 陽[redacted]	[redacted]西4-1-[redacted]-511	控訴審，2/12です。
H10. 1.23	発	浮[redacted] 美[redacted]	大阪拘置所内	団体生活は色々ある。今は辛抱しかない。
H10. 1.23	受	[redacted]山 [redacted]	弁護士	控訴審の判決を3月ころまで引き伸ばすのは無理です。何か特別な事情がない限り。
H10. 1.25	受	浮[redacted] 美[redacted]	大阪拘置所内	いつもありがとう。
H10. 1.26	発	新[redacted] 祐[redacted]	門真市[redacted]-2-507	初めて仕事にいったんか。
H10. 1.26	発	黒[redacted] 裕[redacted]	八尾市[redacted]2-182	今は[redacted]とは連絡取らないのですか。
H10. 1.27	受	浮[redacted] 美[redacted]	大阪拘置所内	今の[redacted]は[redacted]しかいない。
H10. 1.27	受	大[redacted] 芳[redacted]	〃	和歌山で保釈中に捕まったわ。
H10. 1.27	受	井[redacted] 美[redacted]	西区[redacted]-12-33-403	成道が10/28に捕まって，今一人淋しく日々送っている。
H10. 1.28	発	近[redacted] 陽[redacted]	[redacted]4-1-[redacted]-511	元気にやってますよ。
H10. 1.28	発	浮[redacted] 美[redacted]	大阪拘置所内	内妻のこと説明しておくわな。
H10. 1.29	発	井[redacted] 美[redacted]	西区[redacted]-12-33-403	結婚おめでとう。頑張りや。
H10. 1.29	発	浮[redacted] 美[redacted]	大阪拘置所内	写真，もう少し待って欲しい。
H10. 1.29	受	〃	〃	手紙届いた。ありがとう。
H10. 1.29	発	川[redacted] [redacted]	高槻市[redacted]-13-A201	今日は本当に悲しい思いをした。金がいるのです。
H10. 1.30	発	松[redacted] 裕[redacted]	大阪拘置所内	[redacted]にも一度連絡をするよう伝えて欲しい。
H10. 1.30	受	浮[redacted] 美[redacted]	〃	いつも気をつかってくれてありがとう。
H10. 2. 2	発	〃	〃	今辛抱したら，後でいい事がある。
H10. 2. 2	発	近[redacted] 陽[redacted]	[redacted]西4-1-[redacted]-511	控訴中で，2/12公判です。
H10. 2. 2	受	浮[redacted] 美[redacted]	大阪拘置所内	寒さとしもやけのかゆさで眠れません。
H10. 2. 2	受	黒[redacted] 裕[redacted]	八尾市[redacted]-182	3月までそちらにおられるんですよね。
H10. 2. 3	発	浮[redacted] 美[redacted]	大阪拘置所内	俺は3月ころ下獄する予定や。
H10. 2. 4	発	〃	〃	俺は[redacted]をポイ捨てなんかしないよ。
H10. 2. 4	受	〃	〃	裁判で[redacted]はえらい悪い者になってしもてん。
H10. 2. 4	発	近[redacted] 陽[redacted]	[redacted]西4-1-[redacted]-511	はっきり言って，信用できるの[redacted]さんしかいません。
H10. 2. 5	発	浮[redacted] 美[redacted]	大阪拘置所内	中学出たらグレたよ。
H10. 2. 5	受	〃	〃	帰る家がなくなった。どうしたらいい。
H10. 2. 6	受	〃	〃	お子様ランチ食べたいな。
H10. 2. 6	発	〃	〃	一度面倒見ると言ったら最後まで見るよ。
H10. 2. 9	発	〃	〃	なげやりになったらあかんで。
H10. 2. 9	受	〃	〃	[redacted]さんの面会で泣いてしまった。
H10. 2. 9	発	〃	〃	俺の好きな物はハンバーグだよ。
H10. 2. 9	発	辻[redacted] 介[redacted]	西成区[redacted]-6-6-306	初めまして。[redacted]さんから連絡入ってる。[redacted]に送ってください。（80円切手10枚在中）

H10. 2. 10	発	福岡田川市役所		資料請求します。
H10. 2. 10	受	浮[redacted]　美[redacted]	大阪拘置所内	控訴審ってどんなんやろな。
H10. 2. 10	発	〃	〃	文通始めて長いね。
H10. 2. 12	発	〃	〃	手の方大丈夫か。
H10. 2. 12	発	近[redacted]　陽[redacted]	[redacted]4-1-[redacted]-511	本10冊宅下げしました。
H10. 2. 12	受	浮[redacted]　美[redacted]	大阪拘置所内	[redacted]の手はしもやけです。
H10. 2. 13	発	〃	〃	安心して俺についてこい。
H10. 2. 14	受	〃	〃	バレンタインいつか本物をあげる。
H10. 2. 16	発	〃	〃	写真早く送ってくださいね。
H10. 2. 16	発	近[redacted]　陽[redacted]	[redacted]4-1-[redacted]-511	暇あったら面会来てください。
H10. 2. 17	発	吉[redacted]　[redacted]子	東成区[redacted]-17-7-30	26日判決となる。
H10. 2. 17	受	浮[redacted]　美[redacted]	大阪拘置所内	私の写真見るんやね。恥ずかしいわ。
H10. 2. 18	受	〃	〃	女区は6人ずつ風呂に入るねん。
H10. 2. 18	受	松[redacted]　裕[redacted]	〃	公判，3/10です。
H10. 2. 18	発	浮[redacted]　美[redacted]	〃	来週判決や。
H10. 2. 18	発	〃	〃	元気そうなので安心している。
H10. 2. 19	受	〃	〃	公判どうやった。

2　面会状況について

年月日　時間	面会者氏名	住　　　所	内　　　容
H10. 1. 14 11:31~11:41	近[redacted]　陽[redacted]	[redacted]4-1-[redacted]-511	（要旨） 外　先生来てくれたんやろ。労役に入るまでにお金入れといたからね。　本　はい，来てくれました。金は入っています。あれでよかったですか。　外　先生はあれでいいと言ってました。
H10. 2. 2 11:00~11:10	近[redacted]　陽[redacted]	[redacted]4-1-[redacted]-511	外　宅下げは[redacted]の住所で頼みます。　本　12日に裁判があります。3月始めに確定すると思います。 外　大正の姐さん，[redacted]兄さんのところへ来ているのやね。　本　結婚すると言ってるよ。早く刑務所に行きたいと思っているんや。
H10. 2. 13 11:44~11:54	近[redacted]　陽[redacted]	[redacted]4-1-[redacted]-511	本　26日，今度判決や。　外　上告して延ばすことはできるのか。おっさんは後4～5回あるそうで，ひょっとしたら次で拘禁切れるかも。　本　上告してもすぐやと思うけどな。　外　延ばすだけやってみて。

[redacted]の知り合い女

第　83　号

A
第 28 号証の 1

大拘丙収第８８１号
平成１０年７月２８日

京都地方検察庁
検察官　検事 [redacted] 殿
KM

大阪拘置所長 [redacted]
K M

捜査関係事項の照会について（回答）

平成１０年７月３日付け文書で照会のありました[redacted]に係る標記について，下記のとおり回答します。

記

1　照会事項一及び二について（面会状況）

年　月　日	時　　間	氏　　名	関係	住　　所
H10. 9.16	11:01〜11:11	川[redacted]浩[redacted]	友人	大津市[redacted]３－８－２
H10. 9.24	11:43〜11:53	藤[redacted]正[redacted]	友人	京都市[redacted]５８
H10. 9.29	13:20〜13:40	加[redacted]	弁護人	
H10. 9.30	11:09〜11:19	浅[redacted]苗[redacted]子	知人	京都市[redacted]２０－１
H10.10. 3	8:51〜 9:01	若[redacted]卓[redacted]	友人	京都市[redacted]4-55
H10.10. 7	8:42〜 8:53	若[redacted]卓[redacted]	友人	京都市[redacted]4-55
H10.10.14	13:52〜14:02	浅[redacted]苗[redacted]子	知人	京都市[redacted]２０－１
H10.10.29	13:29〜13:39	浅[redacted]苗[redacted]子	知人	京都市[redacted]２０－１
H10.10.30	12:32〜12:50	加[redacted]	弁護人	
H10.10.31	15:01〜15:10	友[redacted]健[redacted]	友人	田辺市[redacted]３５－１
H10.11.18	13:15〜13:25	西[redacted]定[redacted]	知人	田辺市[redacted]１
〃	〃	河[redacted]倫[redacted]	知人	同　上
H10. 1. 5	13:06〜13:16	浅[redacted]奈[redacted]子	知人	京都市[redacted]２０－１
H10. 1.19	15:27〜15:37	河[redacted]征[redacted]	知人	南区[redacted]９
〃	〃	河[redacted]美[redacted]	知人	同　上
H10. 2.19	10:24〜11:02	小[redacted]	弁護人	
H10. 3.28	11:32〜11:42	浅[redacted]苗[redacted]子	知人	京都市[redacted]２０－１
H10. 6.26	15:05〜15:15	堤[redacted]晶[redacted]	知人	京都市[redacted]８－３２
H10. 7.24	14:34〜14:4	堤[redacted]晶[redacted]	知人	京都市[redacted]８－３２

2　照会事項三及び四について（文書の発受状況）

年　月　日	氏　　名	発受の別	住　　所	内　　容
H 9. 9. 5	[redacted]弓	発	大阪拘置所内	京都拘置所は3年よりです。
H 9. 9. 5	村[redacted]早[redacted]	受	大阪拘置所内	短い求刑を祈っております。
H 9. 9. 8	湯[redacted]喜[redacted]	発	京都拘置所内	[redacted]は昔っからの盗人や。
H 9. 9. 8	[redacted]弓	発	大阪拘置所内	週刊誌も仮出ししてない。
H 9. 9. 8	[redacted]喜[redacted]夫	受	徳島東警察署	一日も早い再会を楽しみにしています。
H 9. 9. 8	[redacted]淳	受	京都拘置所内	元気で頑張ってくれ。
H 9. 9. 8	[redacted]真[redacted]	受	大阪拘置所内	水虫になってぬり薬をもらっています。
H 9. 9. 8	[redacted]喜[redacted]夫	受	徳島東警察署	ちょうどいいタイミングで再会しましょう。
H 9. 9. 9	西[redacted]部[redacted]	発	京都府田辺署	係長如何お過ごしですか。

H 9. 9. 9	[redacted] [redacted] 弓	発	大阪拘置所内	お金，俺もないけど送ったる。
H 9. 9. 9	田 [redacted] 浩 [redacted]	受	滋賀刑務所内	お金の件，何とか頼む。
H 9. 9. 9	國際[redacted]	受	新宿北郵便局私書箱[redacted]	案内書送ります。パンフ在中
H 9. 9.10	河 [redacted] 久[redacted]子	発	東京拘置所内	今回は3年は務めることになる。
H 9. 9.10	[redacted] 喜[redacted]夫	発	徳島警察署内	約2年半ぶりの拘禁生活です。
H 9. 9.10	王 [redacted] [redacted]	受	京都拘置所内	近況知らせます。
H 9. 9.10	[redacted] 淳	受	京都拘置所内	近況知らせます。
H 9. 9.10	島 [redacted] 武 [redacted]	受	大阪拘置所内	判決懲役2年6月，通算40日です。
H 9. 9.11	[redacted] [redacted] 律	発	滋賀刑務所内	[redacted]が[redacted]に迷惑掛けてないか心配です。
H 9. 9.11	[redacted] [redacted] 弓	受	大阪拘置所内	京都拘置所に移ったんですね。私に連絡ないのはどういうことですか。
H 9. 9.11	上 [redacted] 社 [redacted]	発	京都府[redacted]	金が無く困っています。少し貸して下さい。
H 9. 9.12	[redacted] [redacted] 弓	発	大阪拘置所内	裁判の結果知らせてね。
H 9. 9.12	西 [redacted] 忠 [redacted]	受	田辺警察署内	10月3日，最終の公判と思います。
H 9. 9.12	村 [redacted] 早 [redacted]	受	大阪拘置所内	[redacted]は居ないようだ。
H 9. 9.12	島 [redacted] 武 [redacted]	発	大阪拘置所内	大拘の当所執行の炊場に下りれること祈ってます
H 9. 9.16	落 [redacted] [redacted]	受	京都拘置所内	近況知らせます。
H 9. 9.16	[redacted] [redacted] 弓	発	大阪拘置所内	俺の買った「Z」がガレージから無いのです。
H 9. 9.16	村 [redacted] 早 [redacted]	発	大阪拘置所内	ミニカの件，俺が壊した。いきさつは，カギを[redacted]ちゃんが持って行ったからしかたなしに作る為に壊した。
H 9. 9.16	す [redacted]	受	住所不記載	[redacted]氏の代理で[redacted]氏が面会する。話を聞くよう，報酬有り。
H 9. 9.17	[redacted] 淳	発	京都拘置所内	10月には判決あると思う。
H 9. 9.17	[redacted] [redacted] 律	受	滋賀刑務所内	[redacted]の誘惑に負けてしまった。
H 9. 9.17	高 [redacted] ナ[redacted]ミ	発	京都市[redacted]	冬物の服が必要となる季節となりました。
H 9. 9.18	芳 [redacted] 泰 [redacted]	発	京都市[redacted]20-1 [redacted]805号	10月3日，結審です。
H 9. 9.18	吉 [redacted] [redacted]	発	京都市[redacted]1-90	お金少し貸しておいて。
H 9. 9.19	[redacted] 喜[redacted]夫	受	徳島東警察署内	京都拘置所帰るかどうか，近々決定します。
H 9. 9.19	村 [redacted] 早 [redacted]	受	大阪拘置所内	2万でもいいからなんとかしてくれ。
H 9. 9.19	島 [redacted] 武 [redacted]	受	大阪拘置所内	[redacted]のこと間に立って貰えませんか。
H 9. 9.19	和 [redacted] まさ[redacted]	受	京都拘置所内	近況通知
H 9. 9.19	若 [redacted] 卓 [redacted]	発	京都市[redacted]3階	京都刑務所はいややし，控訴するつもりです。
H 9. 9.19	[redacted] [redacted] 律	発	滋賀刑務所内	控訴して，大拘の当所執行を願っています。
H 9. 9.22	落 [redacted] [redacted]	受	京都拘置所内	近況通知
H 9. 9.22	和 [redacted] 昌 [redacted]	発	京都拘置所内	本をありがとう。私も[redacted]に宅下げします。
H 9. 9.22	島 [redacted] 武 [redacted]	発	大阪拘置所内	[redacted]に返す10万円私の方に貸してくれんか。
H 9. 9.24	宮 [redacted] よし[redacted]	発	大阪府[redacted]	一度面会に来てくれたら幸せです。
H 9. 9.24	落 [redacted] [redacted]	発	京都拘置所内	本を読むことぐらいしか楽しみはない。
H 9. 9.24	芳 [redacted] 泰 [redacted]	受	中立売署内	中立売署の留置署に居る。
H 9. 9.25	山 [redacted] [redacted]	発	大阪拘置所内	アキの兄貴が連絡くれとの事。中立売署に居る。
H 9. 9.25	芳 [redacted] 泰 [redacted]	発	中立売署内	[redacted]ですが，1回手紙が来ました。
H 9. 9.25	[redacted] 喜[redacted]夫	受	徳島東警察署	京都に戻れそうです。
H 9. 9.26	上[redacted]園 公 [redacted]	発	京都拘置所	[redacted]氏が来て内容は判った。先に半金でも入れてくれやな，話はのめない。
H 9. 9.26	[redacted] [redacted] 弓	発	大阪拘置所内	何かあったのか。連絡待っている。
H 9. 9.27	山 [redacted] [redacted]	受	大阪拘置所内	太秦署の件では気を使っていただきありがとう。
H 9. 9.29	山 [redacted] [redacted]	発	大阪拘置所内	求刑3年とは，高いと思います。
H 9. 9.30	島 [redacted] 武 [redacted]	受	大阪拘置所内	今回の事件でまじめになれない事が判った。
H 9. 9.30	赤 [redacted] 昭 [redacted]	受	京都拘置所内	近況通知
H 9.10. 1	[redacted] 喜[redacted]夫	発	京都拘置所内	[redacted]は共犯なので喋るのは気を付けて下さい。
H 9.10. 1	田 [redacted] 浩 [redacted]	受	滋賀刑務所内	[redacted]との件は[redacted]には内緒やで
H 9.10. 1	村 [redacted] 早 [redacted]	受	大阪拘置所内	[redacted]どこに居るのやろ。
H 9.10. 1	和 [redacted] まさ[redacted]	受	京都拘置所内	近況通知
H 9.10. 1	芳 [redacted] 泰 [redacted]	発	京都拘置所内	兄貴，面会，差入れありがとうございました。
H 9.10. 1	赤 [redacted] 昭 [redacted]	発	京都拘置所内	僕でよければできる事があれば言って下さい。
H 9.10. 2	森 [redacted] 孝 [redacted]	発	京都市[redacted]20 [redacted]103号	千円ほど送ってくれ。

H 9.10. 2	芳[redacted]泰[redacted]	受	京都拘置所内	近況通知
H 9.10. 3	落[redacted]	受	京都拘置所内	娑婆に出て金が入ったら，一番に差入れに来ます
H 9.10. 3	山[redacted]	受	大阪拘置所内	金がないので，出来次第暮めに行こうと思います
H 9.10. 6	島[redacted]武[redacted]	発	大阪拘置所内	求刑4年です。
H 9.10. 6	山[redacted]	発	大阪拘置所内	求刑4年
H 9.10. 7	上[redacted]園[redacted]順	発	京都拘置所内	3日に3回目の公判行った。
H 9.10. 7	和[redacted]昌[redacted]	発	京都拘置所内	10月3日に求刑がありました。
H 9.10. 7	[redacted]喜[redacted]夫	受	京都拘置所内	近況報告
H 9.10. 8	芳[redacted]泰[redacted]	発	京都拘置所内	[redacted]は執行猶予でした。
H 9.10. 8	新[redacted]真[redacted]	発	四條畷市[redacted]102号	私は求刑4年でした。
H 9.10. 8	[redacted]	受	電報	アニキドコニイルノヤ。ジカンナイヘンジクレ。
H 9.10. 9	村[redacted]早[redacted]	発	大阪拘置所内	[redacted]を紹介します。
H 9.10. 9	[redacted]律	発	大津市[redacted]1-1	[redacted]元気か。僕の実家の住所教えておきます
H 9.10.10	上[redacted]園[redacted]順	受	京都拘置所内	近況通知
H 9.10.10	田[redacted]浩[redacted]	発	何日町署留置管理課内	[redacted]が猶予で出た。俺の事どうするのか，そこから電話で聞いて欲しい。
H 9.10.13	上[redacted]園[redacted]順	発	京都拘置所内	今回の件悪いと思うのやったら差入れでもしてくれたらどうや。
H 9.10.14	村[redacted]早[redacted]	受	大阪拘置所内	金がないので，とりあえず1万だけでも送って。
H 9.10.14	[redacted]喜[redacted]夫	発	京都拘置所内	求刑4年だった。少々落ち込みぎみです。
H 9.10.14	留置管理課	発	京都府田辺署捜査三課	求刑4年だった。一度当所に調べにきて下さい。
H 9.10.15	落[redacted]	発	京都拘置所内	俺が出るまで悪い事するな。
H 9.10.15	中[redacted]	発	京都市[redacted]	5千円ほど送って欲しいい。
H 9.10.15	山[redacted]	受	大阪拘置所内	控訴期間は週明けまで，どうするか迷ってる。
H 9.10.15	島[redacted]武[redacted]	受	大阪拘置所内	[redacted]判決の方やすくなること祈ってる。
H 9.10.16	上[redacted]社[redacted]	発	京都府[redacted]	5千円程送ってもらえないか。
H 9.10.16	竹[redacted]真[redacted]之	発	京都市[redacted]17-1-3-403	送金してくれないか。
H 9.10.16	和[redacted]まさ[redacted]	受	京都拘置所内	近況通知
H 9.10.16	[redacted]律	受	大津市[redacted]－１－１	体に十分気を付けて早く帰って来て。
H 9.10.17	捜査（西園）・留管（勝部）	発	田辺警察署	だぶるし，1日発売の12月号にしてくれ。
H 9.10.17	上[redacted]園[redacted]	発	京都市[redacted]	[redacted]に電話して別れんのかはっきりしてくれと気持を聞いて欲しい。
H 9.10.17	芳[redacted]泰[redacted]	受	京都拘置所内	近況通知
H 9.10.20	芳[redacted]泰[redacted]	発	京都拘置所内	兄貴からの便り拝見しました。
H 9.10.20	山[redacted]	発	大阪拘置所内	出来るだけ早く，今年中にそっちに行くつもり。
H 9.10.20	[redacted]喜[redacted]夫	受	京都拘置所内	近況通知
H 9.10.20	森[redacted]孝[redacted]	受	京都市[redacted]20	友達から一切断ち切らないと自滅してしまうよ。
H 9.10.21	島[redacted]武[redacted]	発	大阪拘置所内	僕は事実誤認で二審を争う予定です。
H 9.10.21	森[redacted]孝[redacted]	発	京都市[redacted]20	家の敷居をまたげる日を夢見て頑張ります。
H 9.10.21	落[redacted]	受	京都拘置所内	判決は10月24日，出られると思う。
H 9.10.22	芳[redacted]泰[redacted]	発	京都拘置所内	[redacted]ですが，姐さんに言って連絡してもらえないでしょうか。
H 9.10.22	和[redacted]昌[redacted]	発	京都拘置所内	事実誤認で控訴します。
H 9.10.23	[redacted]喜[redacted]夫	発	京都拘置所内	[redacted]の公判はどうですか。
H 9.10.23	芳[redacted]泰[redacted]	受	京都拘置所内。	近況通知
H 9.10.23	加[redacted]	発	弁護士	お願いしていた伝言の県はどうなったのか。
H 9.10.24	芳[redacted]泰[redacted]	発	京都拘置所内	[redacted]は否認のままおそらく起訴らしいです。
H 9.10.24	友[redacted]健[redacted]	発	川辺市[redacted]101号	千円でも2千円でも送金してくれると助かる。
H 9.10.27	加[redacted]	受	弁護士	奈良の彼女は執行猶予でした。
H 9.10.27	拘置所通信係	発	東京都[redacted]-9-5M412	ファンレター待ってます。
H 9.10.28	芳[redacted]泰[redacted]	発	京都拘置所内	出てからええ女連れて幸せになったる。
H 9.10.28	鳥[redacted]武[redacted]	受	大阪拘置所内	判決，結果が出たら知らせて。
H 9.10.29	芳[redacted]泰[redacted]	受	京都拘置所内	近況通知
H 9.10.29	[redacted]喜[redacted]夫	受	京都拘置所内	近況通知
H 9.10.29	非[redacted]京[redacted]	受	大阪市[redacted]4-11-2-1010	弁護士からTELがあって，捕まった事は3日前に知っていた。最初一週間くらい前に姐さんからTELあり，買える所知ってるかと聞かれたが断った。またTELあり，手に入ったから誰か買う人紹介してと言われ面会した。知ったのは2回目

				のTELの時です。
H 9.10.30	井[redacted]京[redacted]	発	大阪市[redacted]4-11-2-1010	お金ありがとう。姫と俺は5月22日に田辺署に逮捕されたんや。[redacted]の伝言判ってくれましたか。
H 9.10.30	竹[redacted]米[redacted]	発	京都市[redacted]66	娘さんの結婚おめでとうございます。
H 9.10.30	和[redacted]まさ[redacted]	受	京都拘置所内	近況通知
H 9.10.30	湯[redacted]喜[redacted]	受	京都市[redacted]31	済んだ事はガタガタ言わないけど，男らしくいきろ。
H 9.10.30	田[redacted]浩[redacted]	受	向日町署内	俺の場合，シャブで1年6月。
H 9.10.31	芳[redacted]泰[redacted]	発	京都拘置所内	判決2年10月，控訴の方は事実誤認で争う。
H 9.10.31	湯[redacted]喜[redacted]	発	京都拘置所内	俺が原因で起訴されたんやったら，証人出廷で本間の事言うたる。こんなに言われるなら，全部字にしたらよかった。
H 9.11. 3	井[redacted]京[redacted]	受	大阪市[redacted]4-11-2-1010	猫ちゃんは元気です。
H 9.11. 4	森[redacted]孝[redacted]	発	京都市[redacted]20	判決2年10月でした。
H 9.11. 4	渡[redacted]	発	京都市[redacted]87	大津の件では迷惑掛けました。
H 9.11. 4	湯[redacted]喜[redacted]	受	京都拘置所内	人を呪えば，お前も呪われる。皆起こってる。
H 9.11. 4	井[redacted]京[redacted]	受	大阪市[redacted]4-11-2-1010	11月7日から新しい店に行きます。
H 9.11. 5	井[redacted]京[redacted]	発	大阪市[redacted]-11-2-1010	控訴の予定です。
H 9.11. 5	田[redacted]浩[redacted]	発	向日町警察署内	元気そうで安心した。
H 9.11. 5	田[redacted]浩[redacted]	受	向日町警察署内	俺を恨んでいるのか。
H 9.11. 6	[redacted]喜[redacted]夫	発	京都拘置所内	判決2年10月でした。
H 9.11. 6	島[redacted]武[redacted]	発	大阪拘置所内	判決は2年10月でした。
H 9.11. 6	芳[redacted]泰[redacted]	受	京都拘置所内	近況通知
H 9.11. 6	日[redacted]放送	受		記念品を贈ります。
H 9.11. 7	和[redacted]まさ[redacted]	発	京都拘置所内	判決は2年10月でした。
H 9.11. 7	芳[redacted]泰[redacted]	発	京都拘置所内	控訴します。
H 9.11.10	井[redacted]京[redacted]	受	住所不記載	面会に行きたいが京都は遠いです。
H 9.11.10	西[redacted]部[redacted]	発	田辺市[redacted]	事実誤認で控訴します。来所尋問に来てほしい。
H 9.11.10	田[redacted]浩[redacted]	発	向日町署	[redacted]とは縁を切らない。
H 9.11.11	加[redacted]	発	弁護士	私の調書全て欲しい。
H 9.11.11	友[redacted]健[redacted]	発	田辺市[redacted]101号	出てからの身柄引受人のこと考えといてな。
H 9.11.11	田[redacted]浩[redacted]	受	向日町署	次回情状証人です。
H 9.11.12	ペ[redacted]	発	[redacted]	リクエスト希望
H 9.11.12	樋[redacted]信[redacted]	発	八幡市八幡五反田町八幡署	[redacted]の組は連絡取れますか。伝言お願いします。
H 9.11.12	芳[redacted]泰[redacted]	受	京都拘置所内	近況通知
H 9.11.12	[redacted]喜[redacted]夫	受	京都拘置所内	近況通知
H 9.11.13	島[redacted]武[redacted]	受	大阪拘置所内	控訴した。
H 9.11.13	山[redacted]實[redacted]	発	京都拘置所内	控訴します。
H 9.11.13	芳[redacted]泰[redacted]	発	京都拘置所内	[redacted]には縁を切らないと伝えています。
H 9.11.14	田[redacted]浩[redacted]	発	向日市[redacted]	[redacted]は元気か。俺は控訴した。
H 9.11.15	芳[redacted]泰[redacted]	受	京都拘置所内	近況通知
H 9.11.17	森[redacted]孝[redacted]	発	京都市[redacted]20	毛布をお願いします。
H 9.11.17	井[redacted]京[redacted]	発	大阪市[redacted]11-2-1010	手袋送って下さい。
H 9.11.18	橋[redacted]	発	京都拘置所内	[redacted]の件，残金70万早く返して。
H 9.11.18	夕[redacted]ウ[redacted]	受	向日市[redacted]	[redacted]とは今でも兄弟やと思っている。
H 9.11.18	樋[redacted]修[redacted]	受	八幡市八幡五反田町八幡署	[redacted]のおかげで再逮捕され，未決へ送られる
H 9.11.19	[redacted]喜[redacted]夫	発	京都拘置所内	25日あたり確定や。
H 9.11.20	島[redacted]武[redacted]	発	大阪拘置所内	仮釈放はもらえるに越したことはない。
H 9.11.20	西[redacted]英[redacted]	発	田辺市[redacted]	当所まで来てくれてありがとうございました。
H 9.11.20	井[redacted]京[redacted]	受	住所不記載	仕事頑張っています。
H 9.11.20	山[redacted]寛[redacted]	受	京都拘置所内	近況通知
H 9.11.20	和[redacted]まさ[redacted]	受	京都拘置所内	近況通知
H 9.11.20	田[redacted]浩[redacted]	発	向日市[redacted]5向日町署	[redacted]に手紙出すなとあるけど，[redacted]何時の話をしてるの。
H 9.11.21	樋[redacted]修[redacted]	発	八幡市八幡五反田町八幡署	[redacted]組々長の居場所は大津署に掴くられたらしい
H 9.11.21	芳[redacted]泰[redacted]	受	京都拘置所内	近況通知
H 9.11.25	森[redacted]孝[redacted]	受	京都市[redacted]	衣類送付
H 9.11.25	大[redacted]晋[redacted]	受	京都拘置所内	近況通知

H 9.11.25	村[redacted]早[redacted]	受	大阪拘置所内	金の件，年明けまでに何とかして。
H 9.11.25	[redacted]	発		リクエスト
H 9.11.26	芳[redacted]泰[redacted]	発	京都拘置所内	10日に控訴しました。
H 9.11.26	井[redacted]京[redacted]	発	大阪市[redacted]4-11-2-1010	手袋ありがとう。
H 9.11.26	和[redacted]まさ[redacted]	発	京都拘置所内	弁護人は[redacted]です。
H 9.11.27	田[redacted]浩[redacted]	発	滋賀刑務所内	調書も指印しなければただの紙切れ
H 9.11.27	中[redacted]達[redacted]	受	京都拘置所内	近況通知
H 9.11.27	田[redacted]浩[redacted]	受	滋賀刑務所内	大津署には[redacted]代目の話は聞こえない。
H 9.11.28	大[redacted]晋[redacted]	発	京都拘置所内	皆に迷惑かけるなよ。
H 9.11.28	村[redacted]早[redacted]	発	大阪拘置所内	控訴しました
H 9.11.28	[redacted]喜[redacted]夫	受	京都拘置所内	近況通知
H 9.12. 1	田[redacted]浩[redacted]	発	滋賀刑務所内	控訴している。
H 9.12. 1	森[redacted]孝[redacted]	発	京都市[redacted]20－103	毛布等届きました。
H 9.12. 1	島[redacted]武[redacted]	受	大阪拘置所内	控訴審，弁護士し決まった。
H 9.12. 2	中[redacted]達[redacted]	発	京都拘置所内	控訴するのか。
H 9.12. 2	[redacted]都	発		リクエスト
H 9.12. 3	[redacted]送	発		投稿
H 9.12. 3	[redacted]喜[redacted]夫	発	京都拘置所内。	俺は控訴で大拘に行く
H 9.12. 3	和[redacted]まさ[redacted]	受	京都拘置所内	近況通知
H 9.12. 3	芳[redacted]泰[redacted]	受	京都拘置所内	近況通知
H 9.12. 4	[redacted]都	発		リクエスト
H 9.12. 4	井[redacted]京[redacted]	発	大阪市[redacted]4-11-2-1010	年賀状を出してほしい
H 9.12. 5	[redacted]阪	発		リクエスト
H 9.12. 5	石[redacted]真[redacted]子	発	小菅拘置所	よかったら文通して下さい。
H 9.12. 5	高[redacted]良[redacted]	受	尼崎拘置所内	情報交換したいので返事待つ。
H 9.12. 8	井[redacted]京[redacted]	受	住所不記載	お兄ちゃんあと1年くらいで帰って来れるよ。
H 9.12. 8	和[redacted]まさ[redacted]	発	京都拘置所内	一・二審とも[redacted]先生です。
H 9.12. 8	島[redacted]武[redacted]	発	大阪拘置所内	神刑がベストと思っている。
H 9.12. 8	山[redacted]寛[redacted]	受	橿原[redacted]13-10	来週ぐらいには面会に行けます。
H 9.12. 9	高[redacted]良[redacted]	発	尼崎拘置所内	控訴して１月です。
H 9.12. 9	芳[redacted]泰[redacted]	発	京都拘置所内	[redacted]さん身体大切にして下さい。
H 9.12.10	谷[redacted]正[redacted]	発	大阪拘置所内	そちらの状況も知らせて。
H 9.12.10	村[redacted]早[redacted]	受	大阪拘置所内	無理はせんといてくれ。
H 9.12.10	[redacted]喜[redacted]夫	受	京都拘置所内	近況通知
H 9.12.10	赤[redacted]昭[redacted]	受	京都拘置所内	近況通知
H 9.12.10	福[redacted]善[redacted]	受	福井県[redacted]1-10	退屈してると思って手紙書いた。
H 9.12.10	井[redacted]京[redacted]	発	大阪市[redacted]-11-2-1010	大拘へ移ったら面会楽しみにしている。
H 9.12.11	森[redacted]孝[redacted]	受	京都市[redacted]103	思うもの見つからなかったが送る。
H 9.12.11	[redacted]送	発		リクエスト
H 9.12.11	[redacted]送	発		リクエスト
H 9.12.11	和[redacted]まさ[redacted]	受	京都拘置所内	近況通知
H 9.12.11	中[redacted]達[redacted]	受	京都拘置所内	近況通知
H 9.12.11	水[redacted]麻[redacted]子	受	東京拘置所内	文通依頼
H 9.12.12	[redacted]守[redacted]	受	京都市[redacted]	[redacted]のこと腹立つことはよくわかります。
H 9.12.12	津[redacted]一[redacted]	受	大分市[redacted]	[redacted]はまだ若い。これからだと信じています
H 9.12.12	米[redacted]正[redacted]	受	愛媛県[redacted]1243-2	実話ドキュメント見ました。私も経験した。
H 9.12.12	高[redacted]良[redacted]	発	尼崎拘置所内	確定までよろしく頼みます。
H 9.12.12	赤[redacted]昭[redacted]	発	京都拘置所内	二審で思い切りやってみよと思っている。
H 9.12.12	森[redacted]孝[redacted]	発	京都市[redacted]103	服届いた。ありがとう。
H 9.12.15	水[redacted]麻[redacted]子	発	東京拘置所内	自己紹介します。
H 9.12.15	[redacted]守[redacted]	発	京都市[redacted]	判決は2年10月，控訴しました。
H 9.12.15	水[redacted]和[redacted]	受	福岡県[redacted]1丁目7番2号	[redacted]はいつごろ確定ですか。
H 9.12.15	堀[redacted]育[redacted]	受	大阪拘置所内	いつまで京都拘置所に居るのですか。
H 9.12.15	大[redacted]俊[redacted]	受	愛知県[redacted]1-1	実話ドキュメント見ました。
H 9.12.16	和[redacted]昌[redacted]	発	京都拘置所内	谿口とは反目です。
H 9.12.16	高[redacted]良[redacted]	発	尼崎拘置支所内	当所執行の次は京都刑務所に務めていました。
H 9.12.16	井[redacted]京[redacted]	受	大阪市[redacted]1丁目11-2-1010	手紙遅れてごめん。
H 9.12.16	島[redacted]武[redacted]	受	大阪拘置所内	俺も元気で頑張っている。
H 9.12.17	[redacted]喜[redacted]夫	発	京都拘置所内	[redacted]さんは鬱病みたいです。

H 9.12.17	津[redacted]一[redacted]	発	大分市[redacted]303	11月10日控訴しました。
H 9.12.17	日[redacted]放[redacted]	受		記念品を送ります。
H 9.12.18	山[redacted]寛[redacted]	発	揖宿郡[redacted]13-10	控訴で大拘移監待の身です。
H 9.12.18	[redacted]都	受		プレゼント当選
H 9.12.19	井[redacted]京[redacted]	発	大阪市[redacted]4丁目11-2-1010	実話ドキュメントに載りました。
H 9.12.19	水[redacted]和[redacted]	発	福岡県[redacted]1丁目7番2号	控訴中，大拘へ移監の身です。
H 9.12.19	[redacted]龍	受	京都拘置所内	近況通知
H 9.12.19	高[redacted]良[redacted]	受	尼崎拘置支所内	尼崎はボン中がわんさかいます。
H 9.12.21	[redacted]宏	受	京都市[redacted]	高い刑をもらって辛抱しろよ。
H 9.12.22	和[redacted]まさ[redacted]	受	京都拘置所内	近況通知
H 9.12.22	村[redacted]早[redacted]	発	大阪拘置所内	兄貴，舎弟の枠を越えた仲でいこや。
H 9.12.22	堀[redacted]育[redacted]	発	大阪拘置所内	判決2年10月でした。
H 9.12.22	川[redacted]征[redacted]	受	住所不記載	出所したら，俺のとこで仕事させてやる。
H 9.12.24	島[redacted]武[redacted]	発	大阪拘置所内	当所の上空はヘリがよく飛んでいる。
H 9.12.24	大[redacted]俊[redacted]	発	名古屋拘置所内	これからもよろしく
H 9.12.24	[redacted]喜[redacted]夫	受	京都拘置所内	京刑がおもしろそう。
H 9.12.24	津[redacted]一[redacted]	受	大分市[redacted]303	私もこのまま終わるつもりはありません。
H 9.12.25	井[redacted]京[redacted]	受	住所不記載	実話ドキュメント拝見しました。
H 9.12.25	浅[redacted]苗[redacted]子	発	京都市[redacted]12-[redacted]305	1回面会頼みます。
H 9.12.25	芳[redacted]泰[redacted]	発	京都拘置所内	近況知らせます。
H 9.12.26	米[redacted]正[redacted]	受	愛媛県[redacted]1243-2	今後ともよろしく。
H 9.12.26	芳[redacted]泰[redacted]	発	京都拘置所内	年明けに大拘に行く。
H 9.12.26	[redacted]宏	発	京都市[redacted]7	反省してます。
H 9.12.29	村[redacted]早[redacted]	受	大阪拘置所内	懲役3年でした。
H 9.12.29	堀[redacted]育[redacted]	受	大阪拘置所内	よい年を。
H 9.12.29	水[redacted]和[redacted]	受	福岡県[redacted]1丁目7番2号	手紙ありがとう。

検　第　89　号

A
甲第 28 号証の 2

京拘収第１０７１号
平成１０年７月２４日

京都地方検察庁
検察官　検事 [redacted] 殿

京都拘置所長 [redacted]

捜査関係事項照会に対する回答について

本年７月３日付け照会の[redacted]に関する面会及び発受信の状況について，別紙のとおり回答します，

甲A第28号証の2
捜査関係事項の照会について（回答）
1998（平10）年7月24日

別紙１　[redacted]の接見状況

日　　時	接見時間	相手方氏名	関　係	住　　　所
9．6．30	16:25～16:51	久[redacted]	弁護人	
9．7．1	8:42～9:53	若松芳也	弁護人	
9：7：7	10:25～10:59	若松芳也	弁護人	
9．7．11	8:36～9:05	若松芳也	弁護人	
9．7．16	8:32～8:43	若松芳也	弁護人	
9．7．18	13:11～13:21	吉[redacted]幸[redacted]	妻	京都市[redacted]57
9．7．22	11:25～11:35	吉[redacted]幸[redacted]	妻	同上
9．7．22	14:08～14:18	竹[redacted]	友　人	京都市[redacted]47-1
9．7．22	16:12～16:37	若松芳也	弁護人	
9．7．23	11:40～11:50	吉[redacted]幸[redacted]	妻	前記
9．7．24	12:03～12:13	吉[redacted]幸[redacted]	妻	前記
9．7．25	11:55～12:05	吉[redacted]幸[redacted]	妻	前記
9．7．25	15:45～16:10	若松芳也	弁護人	
9：7：25	16:15～16:25	田[redacted]	友　人	大阪市[redacted]1-13-4
9．7．28	15:13～15:23	鶴[redacted]	友　人	京都市[redacted]51-2
9．7．29	12:00～12:17	吉[redacted]幸[redacted]	妻	前記
9．7．29	15:04～15:14	西[redacted]	友　人	京都市[redacted]
9．7．30	14:43～14:53	吉[redacted]幸[redacted]	妻	前記
9．7．31	13:14～13:47	若松芳也	弁護人	
9．7．31	15:19～15:29	鶴[redacted]	友　人	前記
9．8．1	9:10～9:30	金[redacted]	弁護人	
9．8．1	11:53～12:05	吉[redacted]幸[redacted]	妻	前記
9．8．4	12:00～12:06	吉[redacted]幸[redacted]	妻	前記
9．8．4	13:31～13:41	柿[redacted]	義　姉	京都市[redacted]60
9．8．5	15:25～15:35	鶴[redacted]	友　人	前記
9．8．6	14:24～14:34	吉[redacted]幸[redacted]	妻	前記
9．8．7	11:41～11:51	吉[redacted]幸[redacted]	妻	前記
9．8．7	15:47～15:57	鶴[redacted]	友　人	前記
9．8．11	13:46～13:56	吉[redacted]幸[redacted]	妻	前記
9．8．11	16:05～16:15	鶴[redacted]	友　人	前記
9．8．12	14:26～14:36	吉[redacted]幸[redacted]	妻	前記
9．8．13	9:35～9:55	[redacted]冨	弁護人	
9．8．13	9:57～10:22	若松芳也	弁護人	
9．8．13	14:17～14:32	[redacted]幸[redacted]子	妻	前記
9．8．13	15:50～16:01	吉[redacted]佳[redacted]	長　女	京都市[redacted]3-B
9．8．14	11:37～11:50	吉[redacted]幸[redacted]	妻	前記
9．8．15	11:46～11:56	吉[redacted]幸[redacted]	妻	前記
9．8．18	13:15～13:26	吉[redacted]幸[redacted]	妻	前記
9．8．20	13:13～13:23	吉[redacted]幸[redacted]	妻	前記
9．8．21	11:37～11:50	吉[redacted]幸[redacted]	妻	前記
9．8．22	14:15～14:25	吉[redacted]幸[redacted]	妻	前記
9．8．25	11:31～11:43	吉[redacted]幸[redacted]	妻	前記

9.8.25	15:28〜15:38	鶴[redacted]	友人	前記
9.8.26	11:35〜12:07	若松芳也	弁護人	
9.8.26	13:18〜13:28	吉[redacted]幸[redacted]	妻	前記
9.8.28	11:46〜11:57	吉[redacted]幸[redacted]	妻	前記
9.8.28	16:04〜16:14	鶴[redacted]	友人	前記
9.8.29	13:50〜14:00	吉[redacted]幸[redacted]	妻	前記
9.9.1	11:52〜12:05	吉[redacted]幸[redacted]	妻	前記
9.9.1	16:49〜16:59	鶴[redacted]加[redacted]	友人	前記
9.9.2	11:22〜11:32	吉[redacted]幸[redacted]	妻	前記
9.9.3	14:17〜14:28	吉[redacted]幸[redacted]	妻	前記
9.9.4	11:33〜11:44	吉[redacted]幸[redacted]	妻	前記
9.9.4	15:08〜15:18	鶴[redacted]	友人	前記
9.9.5	15:20〜15:30	鶴[redacted]	友人	前記
9.9.8	14:30〜14:40	鶴[redacted]	友人	前記
9.9.8	15:11〜15:15	吉[redacted]幸[redacted]	妻	前記
9.9.9	13:07〜13:17	吉[redacted]幸[redacted]	妻	前記
9.9.9	13:20〜14:01	若松芳也	弁護人	
9.9.9	15:37〜15:47	鶴[redacted]	友人	前記
9.9.11	14:23〜14:38	吉[redacted]幸[redacted]	妻	前記
9.9.11	15:35〜15:45	鶴[redacted]	友人	前記
9.9.12	11:55〜12:08	吉[redacted]幸[redacted]	妻	前記
9.9.12	14:20〜14:33	鶴[redacted]	友人	前記
9.9.16	11:43〜11:58	吉[redacted]幸[redacted]	妻	前記
9.9.16	14:40〜14:50	鶴[redacted]	友人	前記
9.9.17	11:47〜12:00	吉[redacted]幸[redacted]	妻	前記
9.9.17	14:25〜14:35	鶴[redacted]	友人	前記
9.9.18	13:32〜13:42	吉[redacted]幸[redacted]	妻	前記
9.9.18	14:31〜14:41	鶴[redacted]	友人	前記
9.9.19	11:34〜11:44	吉[redacted]幸[redacted]	妻	前記
9.9.19	13:34〜13:44	鶴[redacted]	友人	前記
9.9.22	13:25〜13:35	鶴[redacted]	友人	前記
9.9.22	15:32〜15:42	吉[redacted]幸[redacted]	妻	前記
9.9.24	11:50〜12:00	吉[redacted]幸[redacted]	妻	前記
9.9.24	14:13〜14:23	鶴[redacted]	友人	前記
9.9.25	11:32〜11:42	吉[redacted]幸[redacted]	妻	前記
9.9.25	15:53〜16:03	鶴[redacted]	友人	前記
9.9.26	9:25〜10:05	若松芳也	弁護人	
9.9.26	13:55〜14:05	吉[redacted]幸[redacted]	妻	前記
9.9..26	14:55〜15:05	鶴[redacted]	友人	前記
9.9.29	11:52〜12:02	吉[redacted]幸[redacted]	妻	前記
9.9.29	14:12〜14:30	瀬[redacted]	弁護人	
9.9.29	15:39〜15:49	鶴[redacted]	友人	前記
9.9.30	11:45〜11:55	吉[redacted]幸[redacted]	妻	前記
9.9.30	15:04〜15:14	鶴[redacted]	友人	前記

—2—

[redacted]の文書発受状況

発受信日	殻	相手方氏名	内　容
9. 6.30	発	久[redacted]	面会お願いします。
	発	若松芳也	同上
7. 2	発	若松芳也	[redacted]の片付け至急お願いします。
7. 9	発	若松芳也	７月８日刑事調べがあり，[redacted]の家ガサが入ったが，引き上げるものは，無かったようです。
	発	若松芳也	例の刑務官の提訴の事お願いします。
7.10	発	若松芳也	１１日金，朝からセンター[redacted]行くので必ず今日中に片付けておいてください。センターの鍵開いています。
7.14	発	若松芳也	保護中に妻から事情聴取や尿の提出云々もあっては駄目なのでしょうか。
7.15	発	若松芳也	保護や逮捕について違法はないのでしょうか。
7.18	発	吉[redacted]幸[redacted]	俺は嫁と二人の子供のために，これからは一生懸命頑張って生活する。
	発	鶴[redacted]	手紙，面会よろしく。
7.22	発	吉[redacted]	身内とは縁を切る覚悟です。
	発	吉[redacted]幸[redacted]	おまえら身内を一生恨みます。お金や家を勝手に売られる前に俺の手で処分します。
7.23	発	鶴[redacted]	心境通知
	発	吉[redacted]幸[redacted]	通帳全額おろして差入れすること。今回の件で縁を切る。
	受	吉[redacted]	これは一体どういう事ですか。彼氏に何て説明したらいいのですか。私の結婚はどうでもいいのですか。
7.24	発	柿[redacted]	警察に連絡し弟が覚醒剤をして暴れている。いつ暴れた，迷惑をかけた。１１０番してよくも嘘ばかり言ったな。絶対許さない。
	発	吉[redacted]幸[redacted]	おまえも俺と別れるつもりでしょう。そのつもりなら早く別れましょう。
7.25	発	共[redacted]ハ[redacted]ン[redacted]社[redacted]	土地の査定をお願いします。
	発	金[redacted]	弁護士になってもらえますか。
	受	鶴[redacted]	面会に行きたい。
7.27	受	鶴[redacted]	金曜日面会行ったのですが，２回終わっていたので出来ませんでした。月曜日に行きます。

別紙２

発受信日	発受	相手方氏名	内　　容
9　7.28	発	鶴[redacted]	心境通知
	発	吉[redacted]幸[redacted]	おまえも兄貴も何故１１０番したのか。
7.29	発	鶴[redacted]加[redacted]	公判が決まった。
	発	吉[redacted]幸[redacted]	[redacted]金を入れてくれ。
7.30	発	鶴[redacted]	心境通知
	受	鶴[redacted]	心境通知
	受	鶴[redacted]	[redacted]病院へ行った初診は何時ごろですか。診察券にカルテＮｏが書いてあるそうです。
	発	新[redacted]本[redacted]（[redacted]）[redacted]	私名義[redacted]の土地・家を買取り査定をお願いしたいのです。
7.31	発	吉[redacted]幸[redacted]	[redacted]の家主に手紙を書くので住所を教えて。
	発	鶴[redacted]	社会復帰したら少しくらい楽になることを約束する。
8．1	発	鶴[redacted]	近況通知
	受	鶴[redacted]	将来のこと。
	受	吉[redacted]ち[redacted]	どこへ行っても，お母さんはおまえと一緒です。
	発	吉[redacted]幸[redacted]	[redacted]俺の嫁でも何でもない。俺を舐めるな。絶対許さん。
8．4	受	鶴[redacted]	心境通知
	発	吉[redacted]ち[redacted]	心境通知
	発	鶴[redacted]	出所してからの事
	受	鶴[redacted]	心境通知
8．5	発	鶴[redacted]	心境通知
	発	吉[redacted]幸[redacted]	保釈のため診断書を提出してください。
	受	鶴[redacted]	心境通知
8．6	発	鶴[redacted]	診断書ヘルニアの手術を必要のことを記載の旨，弁護士に提出してほしいのです。
	発	吉[redacted]幸[redacted]	保釈の件進めてほしい。
	受	鶴[redacted]	心境通知
8．7	受	鶴[redacted]	心境通知

甲A第29号証（第一五回人権擁護大会報告書）

1988（昭63）年11月26日

とき　昭和六三年一一月二六日（土）
ところ　京都国際ホテル

第一五回人権擁護大会

近畿弁護士会連合会

三　人権侵犯申立事件

概要は次のとおりである。

②　M会員上申事件　昭和六一年第一二号

1　申立年月日　昭和六一年一二月一三日

2　事案の概要　京都拘置所に勾留中の被収容者について、検察庁からの刑訴法一九七条二項による照会に回答することにより信書の秘密が侵害されたとするもの。

3　結果　勧告（京都拘置所からは指摘を理解し、全国的な問題であるので法務省と相談し、善処する旨の回答を得た。）

三、刑事被拘禁者の信書等の秘密に関する事件

一、申立年月日　昭和六一年一二月一三日

二、申立の要旨

京都拘置所に勾留中の被収容者について、検察庁からの刑事訴訟法第一九七条第二項による照会に回答することにより信書の秘密が侵害されたとするもの。

三、調査経過

1　昭和六二年二月一四日、京都拘置所管理部長及び同保安課長から事情聴取。

2　本件関係人である検事に面談を申入れたが、話をすることはない旨返答。

四、結論

本件は、通信の秘密を保障した憲法に違反し人権を不当に侵害する行為と判断、昭和六二年八月二一日、左記勧告書を当会常議員会で可決。同月二四日、京都拘置所あて提出。なお、同日、法務省矯正局及び京都地方検察庁あて右勧告をした旨通知し、勧告の趣旨にそった善処方を依頼する文書を、また、日弁連には、本件の報告を兼ね全国的な取り組みをするよう要望した文書をそれぞれ送付。

勧告書

当会人権擁護委員会は、昭和六一年一二月一三日付当会会員Mからの上申を重視し、京都地方検察庁検察官から貴庁に対して発せられた、被収容者発信にかかる信書に関する刑事訴訟法第一九七条二項に基づく照会に対し、発信の日時、相手方の氏名及び発信内容の要旨を回答した貴庁の取扱の当否について検討した。

貴庁は、同種照会に対し、「照会の内容が不当に当該被収容者の人権又は名誉を侵害するおそれのあるもの、又は、施設の管理運営に著しい支障を生ずるおそれのある場合を除いて回答する」との運

用方針により、信書に関する照会に対する対応を行ない、本件照会に対しても、何ら問題なきケースとして回答されたものである。

当会は、憲法上規定された国民の信書の秘密に関する人権保障の観点から、右運用の当否につき、関係法令、通達を参照し、慎重に検討した。その結果、左記理由により、当該運用は、憲法二一条、監獄法五〇条、刑事訴訟法一九七条二項の相互の関係につき、解釈、適用を誤り、被収容者の信書の秘密に関する人権を不当に侵害するものであるとの結論に達した。

よって、貴庁におかれては、本勧告書の内容を御検討のうえ、速やかに関係機関と協議して、運用を改善されるよう勧告する。

記

一、問題の発端及び調査経過

㈠　当会会員Ｍからの上申

昭和六一年一二月一三日Ｍ会員から当会人権擁護委員会宛、検察庁からの刑事訴訟法第一九七条二項による照会手続により、京都拘置所に勾留中の被収容者の信書の秘密が侵害されていることを具体的刑事公判手続中に発見したので、検討のうえ、然るべく処置されたい旨上申がなされた。そこで、同委員会は、右問題の重要性に鑑み、同上申を受けて、調査を開始した。

㈡　Ｍ会員からの資料提供

Ｍ会員から、当該刑事裁判における公判調書関係部分のコピー及び貴庁に対する弁護士法第二三条の二第一項に基づく照会及び同照会に対する回答が提出された。

同書面を検討した結果、京都地方検察庁検察官Ｎ検事から、昭和六一年一〇月二九日付にて京都拘置所所長宛刑事訴訟法第一九七条二項により、刑事被告人の入所後の発受信の年月日、その相手方、及び発受信の内容の要旨の照会がなされ、これに対して貴庁からすべて回答されたことが認められた。

㈢　京都拘置所管理部長及び保安課長からの事情聴取

昭和六二年二月一四日京都拘置所内において、右両名から事情聴取を行った。その結果、被収容者の信書に関する刑事訴訟法一九七条二項の照会は、その数は多くはないが従前より受けており、これに対する取扱は、不当に人権又は名誉を害するおそれがあるもの、又は、施設の管理運営に著しい支障を生じるおそれのあるもの以外は回答していること、及び、今回の照会に対しては、特段右に該当する事由はないとの判断で照会事項の全てについて回答されたことが認められた。

また、右両名の説明によれば、本件のような信書に関する照会の取扱については明確な内規や質疑回答例等具体的な根拠はないとのことであり、被収容者と弁護士間の信書についての照会例の有無は定かではないが、現状での考えについてはその場合も一般の信書に関する取扱と特に区別は考えていないとのことであった。

㈣　Ｎ検事との接触

Ｎ検事に事実の確認ならびに意見聴取をする為面談したき旨申し入れたが、個人として話すべき問題ではないので、話しをすることはない旨返答があった。

そこで、本件は事実関係に特段問題はなく、要は法解釈ないし評価の問題であるので、右検事の対応も勘案してそれ以上に検事からの聴取を求めることは断念した。

㈤　京都拘置所から前述の事情聴取をした後、後日同拘置所に対し、本件のような信書に関する照会に対する取扱につき、上級庁へ質疑回答を求めるなどして処理の明確化ないし再検討する意向の有無を重ねて問合せたところ、当面そのような意向はないとの回答であった。

そこで、京都拘置所としては、当面、本件で行った取扱を自主的に再検討する考えはないものと認められた。
二、法令の検討
本件は、検察官から拘置所に対する被勾留者に関する信書の発受の状況についての照会に対して、拘置所が回答したというものである。

果して、検察官は刑事訴訟法第一九七条二項に基づいて拘置所に対して、被勾留者の信書の発受の状況の報告を求めることができるかという報告書請求権行使の当否も問題であるが、ここでは、右検察官の報告請求に対し、拘置所が回答したことの当否について法令、通達にてらし検討する。

㈠　被収容者の面会の自由と信書発受の自由
被収容者の信書発受の自由については、国際人権規約B規約第一七条「何人も、その私生活、家族、住居若しくは通信に対して恣意的に若しくは不法に干渉され又は名誉及び信用を不法に攻撃されない」、憲法第二一条「集会、結社及び言論、出版その他一切の表現の自由は、これを保障する。検閲は、これをしてはならない。通信の秘密は、これを侵してはならない」という規定によって、基本的に保障されているものである。

しかし、右自由権も、犯罪の予防、鎮圧のためという公共の福祉の目的のために、憲法第三一条所定の適正な法定手続きの履践によって制限されることはある。

㈡　刑訴法一九七条二項の限界
(イ)　刑訴法一九七条二項は、捜査について公務所に対して照会報告を求めることができる旨定めているが、この報告請求権も前述のような憲法その他の法律との調整上、一定の限界があるものと考えるべきである。これに関し考察すべき憲法以外の法令通達を概観すると、郵便物に関して知り得た他人の秘密の漏洩を禁じた郵便法九条、被告人に関する郵便物の押収を定めた刑訴法一〇〇条、弁護人との面会及び物の授受を保障した刑訴法三九条一項、被告人に対する発受信の検閲を定めた監獄法五〇条、郵便業務に従事する者が刑訴法一九七条二項の照会に応ずることは郵便法九条に反する旨の昭和二八年の法制局通達、収容者の身分帳は刑訴法九九条所定の提出命令による場合以外に外部に持ち出すことを禁じた昭和四〇年の矯正局長通達、刑訴法一九七条二項に基づく被告人との面会の状況に関する照会に対して施設の管理運営に著しい支障なき限り回答すべきとした昭和三六年の矯正局長通達等の法律や通達がこれにあたる。
(ロ)　郵便物の検閲を定めた監獄法五〇条等は、本件回答を正当化できるものではない。即ち、監獄法上の検閲は、本来憲法上の保障として検閲が禁止されているところ、勾留目的の維持及び施設管理運営の必要の観点から例外的に、許容されていると解されるものであるからその目的を超えて検閲により知り得た事項を利用することは憲法に違反すると考えるべきである。
(ハ)　本件の拘置所の措置は、前記昭和三六年の矯正局長通達に準じたもののようであるが、同通達は、被告人の面会の状況についての回答を容認したものであって、被告人の発受信の状況についての回答を容認したものではない。従って、右通達によっても、被告人の発受信についての回答は必ずしも容認されるということにはならない。むしろ、前記のように信書の秘密は憲法上特別に保護されていることからすると、これに関する照会への回答は容認されないと考えることが自然である。

(ニ)　郵便法の規定の解釈について前記法制局通達は郵便物についての被告人の発受信の状況を捜査官に報告することは許されないことを詳細な法解釈のもとに明言している。この考え方は、矯正職員に対する同種照会に対する回答の可否にもあてはまるはずである。もとより、矯正職員はその職務の性質上、郵便職員以上の守秘義務があっても、郵便職員より守秘義務が軽減されるということはないからである。

(ホ)　弁護人と被告人との面談及び発受信の状況については、更に弁護人依頼権の趣旨から考えて、これを捜査官に回答することは、憲法三四条、三七条三項、刑訴法三九条の保障する秘密交通権を侵害するものであって、許されないものと考えられる。

(ヘ)　以上検討した結果、刑事訴訟法第一九七条二項の照会手続により信書の秘密を侵すことは、とうてい許されないと解すべきであり、速やかに現行の実務取扱を改めるべきである。

昭和六二年八月二一日

京都弁護士会
会長　平田武義
京都弁護士会人権擁護委員会
委員長　谷口忠武

京都拘置所
所長　寺田實殿

所長	部長	課長	課長補佐	係長	係

乙第１号証

捜査関係事項照会書

捜査のため必要があるので、左記事項につき至急回答されたく、刑事訴訟法第百九十七条第二項によって照会します。

平成九年一二月二四日

大阪地方検察庁公判部
検察官検事　K[redacted]

大阪拘置所長　殿

照会事項

接見状況等

被告人　A[redacted]

同　B[redacted]

処遇部長

／コピー配付　処遇

乙第1号証

捜査関係事項照会書

1997（平9）年12月24日

右両名は貴所に勾留中の者ですが、現在に至るまでの間、右両名の間及びその他の者との通信状況について書信票を精査の上、その日時、信書等の種類、信書の内容について至急回答願います。

大阪地方検察庁

乙第2号証
法務省矯保訓第751号
被収容者身分帳簿及び名籍事務関係各帳簿様式
1994（平6）年3月24日

乙第　2　号証

副本

法務省矯保訓第７５１号

矯正管区長

行刑施設の長

被収容者身分帳簿及び名籍事務関係各帳簿様式を次のように定める。

平成６年３月２４日

法務大臣　三ヶ月　章

被収容者身分帳簿及び名籍事務関係各帳簿様式

被収容者身分帳簿及び名籍事務関係各帳簿様式は，次のとおりとする。

様式第７号

称呼番号・氏名	第　　　番

書　信　表

許否その他		書信の要旨	発受信者の身上及び本人との関係	
			備考	担当者印
許可	不許可			
	全部・一部			
発第　　号				
年　月　日発送			はがき・封書・郵便書簡・電報	担当者印
受第　　号			速達・内容証明・簡易書留	
年　月　日交付			書留	
許可	不許可			
	全部・一部			
発第　　号				
年　月　日発送			はがき・封書・郵便書簡・電報	担当者印
受第　　号			速達・内容証明・簡易書留	
年　月　日交付			書留	
許可	不許可			
	全部・一部			
発第　　号				
年　月　日発送			はがき・封書・郵便書簡・電報	担当者印
受第　　号			速達・内容証明・簡易書留	
年　月　日交付			書留	
許可	不許可			
	全部・一部			
発第　　号				
年　月　日発送			はがき・封書・郵便書簡・電報	担当者印
受第　　号			速達・内容証明・簡易書留	
年　月　日交付			書留	

乙第3号証　法務省矯保第752号（例規）

1994（平6）年3月24日

法務省矯保第七五二号（例規）
平成六年三月二四日

矯正管区長　殿
行刑施設の長　殿
矯正研修所長　殿（参考送付）

法務省矯正局長　松田　昇

被収容者身分帳簿及び名籍事務関係各帳簿の取扱いについて（通達）

本日、被収容者身分帳簿及び名籍事務関係各帳簿様式（平成六年法務省矯保訓第七五一号法務大臣訓令。以下「訓令」という。）が制定され、平成七年一月一日から施行されることとなったことに伴い、その取扱いを下記のとおり定め、同日から実施することとしたので、その適正な運用に配意願います。

(9)　書信表（訓令様式第七号関係）

ア　許否その他の欄

信書の発受の許否について、決裁者が、それぞれの該当欄に押印すること。

なお、不許可とした場合には、全部不許可又は一部不許可の別により、不許可欄のそれぞれ該当する不動文字を丸で囲むこと。

イ　受信番号の欄

本欄に記載した受信番号は、当該受信書の表面にも同じ番号を記載すること。

ウ　書信の要旨の欄

書信の要旨を簡潔に記載すること。

なお、処遇上参考となるべき事項があった場合には、本欄又は視察表に記載すること。

エ　発受信者の身上及び本人との関係・備考の欄

(ア)　発受信の相手方の住所、氏名、職業及び本人との関係を記載すること。

なお、受刑者の信書の発受の場合において、その相手方が、親族申告書等をもって申告がなされている者であるときは、その住所及び職業の記載を省略して差し支えない。

(イ)　信書の発受を全部又は一部不許可とした場合には、本欄にその理由を記載すること。

(ウ)　郵券その他が封入されている場合には、本欄にその品目及び数量並びに処置内容を記載すること。

乙第4号証　法務省矯正甲第910号 刑事訴訟法第197条第22号の規定に基づく照会について

1961（昭36）年10月23日

法務省矯正甲第九一〇号
昭和三十六年十月二十三日

法務省矯正局長　大沢一郎

矯正管区長
拘置所長
刑務所長
少年刑務所長
少年院長
少年鑑別所長
婦人補導院長　御中

刑事訴訟法第一九七条第二項の規定に基づく照会について

標記の件について、別紙甲号照会に対し、別紙乙号のとおり回答したから、参考のため送付する。

別紙甲号
東管収第二八二三号
昭和三十六年九月十五日

東京矯正管区長　楠本順作

法務省矯正局長　大沢一郎殿

刑事訴訟法第一九七条第二項に基づく照会について

標記について東京拘置所長から別紙のとおり伺いがありましたが、これが処理についていささか疑義がありますので、何分のご教示を願います。

東拘発第一一三二号
昭和三十六年九月七日

東京拘置所長　小穴鐘蔵

法務省矯正局長　大沢一郎殿

刑事訴訟法第一九七条第二項に基づく照会について

当所収容者について、別紙のとおり、標記照会がありましたが、その照会内容が信書の秘密又は人権若しくは名誉に関する事項である場合その取扱いについて従来より疑義があり、本件照会にかかる面会は信書に準ずべき性質を有するものとも思料されますので、いかが処理すべきか御教示のほど願います。

なお、刑事訴訟法第二七九条及び刑事事件に関する弁護士法第二三条の二の規定に基づく照会についても本件と同様の性質を有するものと思われますのであわせて御教示願上げます。

（別紙）
東京地検公事第一六〇五号
昭和三十六年七月七日

東京地方検察庁
公判部副部長　岡崎悟郎

東京拘置所長　小穴鐘蔵殿

被告人〇〇に関する照会の件

左記事項について、至急書面を以て回答頂き度くお願いする。

記

一、殺人、同未遂被告事件の〇〇のもとに、現在迄の間、いつ、いかなる者が、面会に来たか、その面会の状況等を貴所備付の資料を礎にして回答ありたい。
二、右〇〇のもとに、いつ、いかなる者が、いかなる物件を差入したか、現在迄の差入状況を貴所備付の資料を礎にして回答ありたい。
三、右一、二、は同一書面を以て回答されればよろしいが、尚同書面にはその基礎資料の名称等を明示しておかれたい。

別紙乙号
法務省矯正丙第三三四八号
昭和三十六年十月二十三日

法務省矯正局長　大沢一郎

東京矯正管区長　殿

刑事訴訟法第一九七条第二項の規定に基づく照会について

昭和三十六年九月十五日東管収第二八二三号をもつて照会のあつた標記の件は、左記のとおり解すべきものと思料する。

おつて、本件については、刑事局長及び官房司法法制調査部長とも協議ずみにつき申し添える。

記

標記規定に基づいて、検察官その他の捜査機関から矯正施設の長に対して照会があつた場合は、一般的に、回答すべき義務があるものと解する。ただし、照会事項について回答することが、施設の管理運営に著しい支障を生じ、又は不当に関係人の人権若しくは名誉を侵害するおそれがある等の理由により、相当でないと認められるときは回答の限りではない。なお、刑事訴訟法第二七九条又は刑事事件に関する弁護士法第二三条の二の規定に基づく照会についても理論上同趣旨に解すべきものと思料する。

ところで、本件照会は、刑事訴訟法第一九七条第二項の規定に基づき検察官からなされたものと解すべきであり、その内容が不当に当該収容者、面会人若しくは差入人の人権又は名誉を侵害するおそれあるものとは思料されないので、施設の管理運営に著しい支障を生ずるおそれのない限り回答すべきである。

乙第5号証　法務省矯保第752号（例規）被収容者身分帳簿及び名簿事務関係各帳簿の取扱いについて（通達）

法務省矯保第七五二号（例規）
平成六年三月二四日

矯正管区長　殿
行刑施設の長　殿
矯正研修所長　殿（参考送付）

法務省矯正局長　松田　昇

被収容者身分帳簿及び名籍事務関係各帳簿の取扱いについて（通達）

本日、被収容者身分帳簿及び名籍事務関係各帳簿様式（平成六年法務省矯保訓第七五一号法務大臣訓令。以下「訓令」という。）が制定され、平成七年一月一日から施行されることとなったことに伴い、その取扱いを下記のとおり定め、同日から実施することとしたので、その適正な運用に配意願います。

第2　身分帳簿（訓令様式第一号ないし第七号関係）

1　記載要領

(一)　表紙（訓令様式第一号の一関係）

ア　本籍、住所、職業、氏名及び生年月日の欄

(ア)　外国人は、本籍欄に、その者の国籍を記入すること。ただし、本籍を有する場合には、国籍と本籍を併記すること。

(イ)　氏名には、必ずふりがなを振ること。なお、いわゆる「こと名」を有する者は、本名とこれを併記すること。

イ　犯数、入所度数、直近前科の欄

(ア)　受刑者について、収容されるに至った刑を含んだ犯数及び入所度数を「初犯一入」、「準初犯二入」、「累犯三入」等と記載すること。この場合において、犯数は、刑法（明治四〇年法律第四五号）第五六条の規定により再犯加重の要件を満たす者は「累犯」と、当該要件を満たさない者のうち入所度数が二回以上の者は「準初犯」と、初めて入所する者は「初犯」とそれぞれ記載すること。また、入所度数は、受刑のために行刑施設に入所した回数を記載すること。

(イ)　直近に服役した行刑施設からの釈放日、施設名及び出所事由を「平成〇年〇月〇日××刑務所仮（満期）釈放」等と記載すること。なお、受刑者を居住地付近の行刑施設へ保護移送して釈放した場合等は、現に当該受刑者を釈放した施設を施設名として記載すること。

乙第6号証　法務省矯保第752号（例規）被収容者身分帳簿及び名籍事務関係各帳簿様式（通達）

法務省矯保第七五二号（例規）
平成六年三月二四日

矯正管区長　殿
行刑施設の長　殿
矯正研修所長　殿（参考送付）

法務省矯正局長　松田　昇

被収容者身分帳簿及び名籍事務関係各帳簿の取扱いについて（通達）

本日、被収容者身分帳簿及び名籍事務関係各帳簿様式（平成六年法務省矯保訓第七五一号法務大臣訓令。以下「訓令」という。）が制定され、平成七年一月一日から施行されることとなったことに伴い、その取扱いを下記のとおり定め、同日から実施することとしたので、その適正な運用に配意願います。

(6)　視察表（訓令様式第四号の一及び第四号の二関係）

ア　決裁の日の欄

戒具使用や保護房収容のように緊急に所長の決裁を必要とする場合において、口頭で伺いを立てて所長の決裁を得たときは、後にその経緯及び内容を記録として残すために、視察表をもって改めて所長の確認のための決裁を得ることになるが、視察表による決裁の終了日が、口頭による決裁の日と異なるときには、口頭で決裁を得た日を記載し、視察表の決裁終了の日を括弧書きで付記すること。

イ　起案者の欄

起案者が、官職名及び氏名を記載し、押印すること。

官職名は、例えば、「処遇第一統括」、「処遇主任」、「処遇○○区統括」等と記載して差し支えない。

ウ　標題の欄

本欄の左上に視察番号を記載すること。

なお、未決から既決に資格異動した場合の視察番号は、改めて一番から記載すること。ただし、資格異動がない限り、移送により施設が異なっても、視察番号は継続して付すること。

乙第　7　号証　謄本

法務省矯保訓第７５１号

矯正管区長

行刑施設の長

被収容者身分帳簿及び名籍事務関係各帳簿様式を次のように定める。

平成６年３月２４日

法務大臣　三ヶ月　章

被収容者身分帳簿及び名籍事務関係各帳簿様式

被収容者身分帳簿及び名籍事務関係各帳簿様式は，次のとおりとする。

様式第４号の１

称呼番号・氏名	第　　番

視　察　表				
決裁	所長	部長　課長等	起案の日	年　月　日
			決裁の日	年　月　日
			起案者	職名　　印
標題	第　　号			
事項				

（　施　設　名　）

様式第４号の２

称呼番号・氏名	第　　　　番

事項	

（　施　設　名　）

乙第8号証

外部交通注意事項表（書信表）

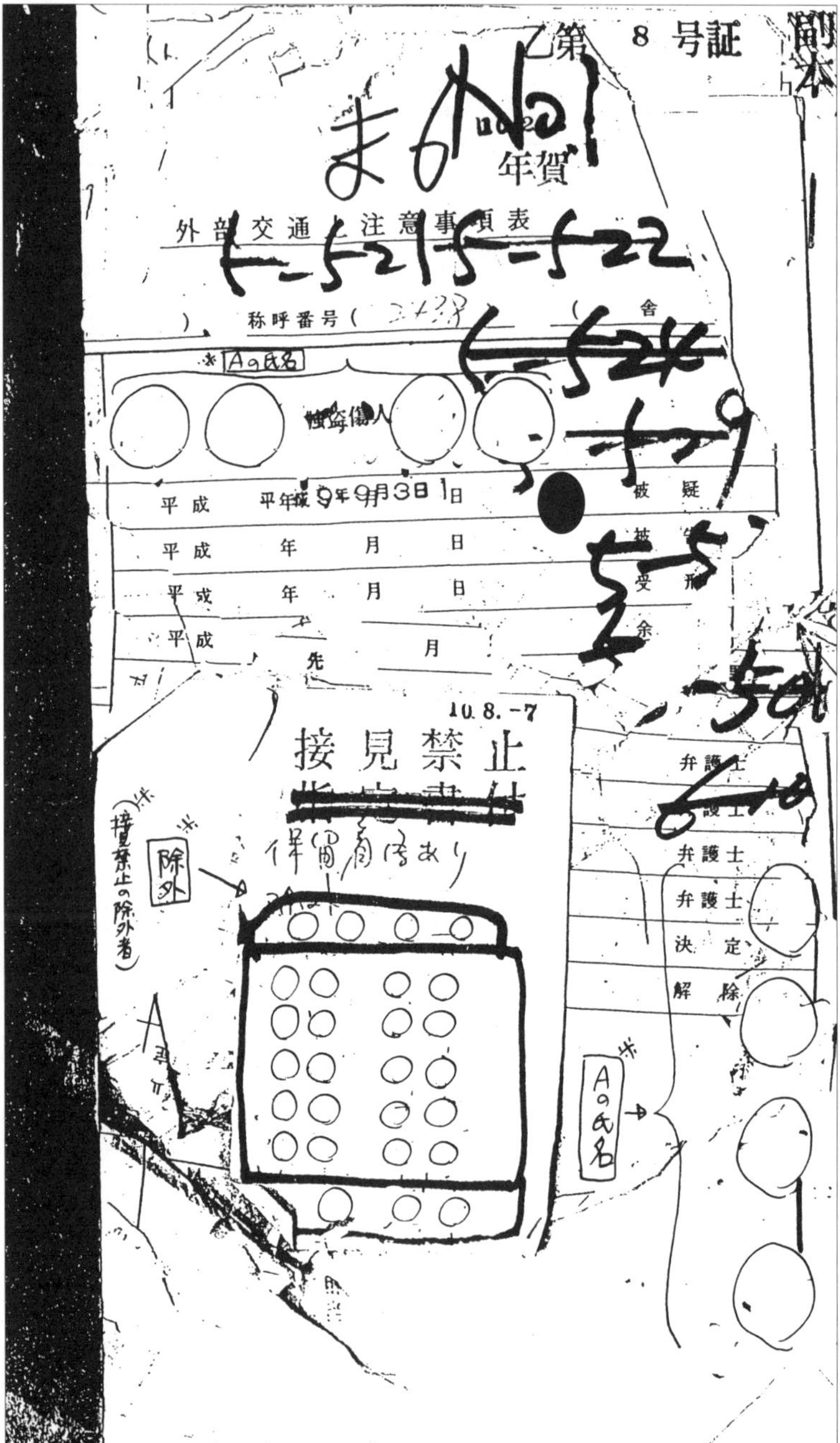
乙第　8　号証

年賀

外部交通上注意事項表

称呼番号（

※ Aの氏名

平成　平成9年9月3日　日　被疑

平成　年　月　日

平成　年　月　日

平成　先　月

10.8.-7

接見禁止

保留有信あり

※（接見禁止の除外者）

除外

※ Aの氏名

弁護士

弁護士

弁護士

弁護士

決定

解除

強盗傷

※Aの氏名

称呼番号・氏名　ホ2438　直　○○○○

様式第7号

書信表

許否その他	書信の要旨	発受信者の身上及び本人との関係 備考	担当者印
許可・不許可 全部・一部 発第1号 平成9.9.4日発送 受第　号 平成　年　月　日交付	お母さん、お父さん、元気ですか。前は面会来てくれてありがとう。	大阪市○○区○○ ○丁目○−○○号 ○○○○ はがき・封書・郵便書簡・電報・速達・内容証明・簡易書留・書留	担当者印
許可・不許可 全部・一部 発第2号 平成9.9.5日発送 受第　号 平成　年　月　日交付	面会来てくれてありがとう	大阪市○○区○○ ○○○○○○○方 ○○方 ○○○○ はがき・封書・郵便書簡・電報・速達・内容証明・簡易書留・書留	担当者印
許可・不許可 全部・一部 発第　号 平成　年　月　日発送 受第①〜②号 平成9.9.8日交付	今度逢う時まで笑ってて下さい 本当に早く帰って来てね。	〃 はがき・封書・郵便書簡・電報・速達・内容証明・簡易書留・書留	担当者印
許可・不許可 全部・一部 発第　号 平成　年　月　日発送 受第③号 平成9.10.[illegible]日交付	お前は本当に○○○ ○○○○○○○○	大阪市○○区○○ ○-○-○ ○○○○ はがき・封書・郵便書簡・電報・速達・内容証明・簡易書留・書留	担当者印

様式第７号

称呼番号・氏名　第　　番

書信表

許否その他	書信の要旨	発受信者の身上及び本人との関係 備考	担当者印
許可・不許可 全部・一部 発第 41 号 平成 9.10. 9 日発送 受第　号 平成 年 月 日交付	ひっくりする前に を書きました。	弁 髙見秀一 はがき・封書 郵便書簡・電報 速達・内容証明 簡易書留・書留	
許可・不許可 全部・一部 発第 42 号 平成 9.10. 13 日発送 受第　号 平成 年 月 日交付	面会頼むわ等	大阪市〇〇区〇〇 〇丁目〇-〇〇 〇〇〇〇 はがき・封書 郵便書簡・電報 速達・内容証明 簡易書留・書留	
許可・不許可 全部・一部 発第　号 平成 年 月 日発送 受第 27 号 平成 9.10. 9 日交付	裁判の進み具合 について	大阪 〇〇〇〇 はがき・封書 郵便書簡・電報 速達・内容証明 簡易書留・書留	
許可・不許可 全部・一部 発第 43 号 平成 9.10. 14 日発送 受第　号 平成 年 月 日交付	僕は無実です。 事件の時、車いすをひくと 〇〇は運転席に座って いた。 ※ Bの氏名	弁 髙見秀一 はがき・封書 郵便書簡・電報 速達・内容証明 簡易書留・書留	

(133　静岡製)

意見書（棟居快行）

監獄法四七条一項、同五〇条の合憲限定解釈、同施行規則一三〇条、一三九条の限定解釈について

二〇〇〇（平成一二）年二月四日

成城大学法学部教授（憲法学）
棟居快行

大阪地方裁判所
第七民事部　御中

一　問題の所在

憲法上重要な意義を有するところの表現の自由には、当然のことながら信書の自由も含まれる。すなわち、信書を発信し、および受領する権利は、表現の自由の一環として保障される。

ところが、監獄法は四七条一項において、在監者の信書の発受につき、「不適当ト認ムルモノハ其発受ヲ許サス」として、拘置所長・刑務所長等の包括的許可制の下に置いている。また同五〇条は、「接見ノ立会、信書ノ検閲其他接見及ヒ信書ニ関スル制限ハ命令ヲ以テ之ヲ定ム」とし、これを受けて監獄法施行規則一三〇条一項は、「在監者ノ発受スル信書ハ所長之ヲ検閲ス可シ」とし、また同一三九条は、発受そのものの制限とは別に、「接見ノ立会及ヒ信書ノ検閲ノ際処遇上其他参考ト為ル可キ事項ヲ発見シタルトキハ其要旨ヲ本人ノ身分帳簿ニ記載ス可シ」とも規定している。

このような制約が、拘禁それ自体に当然に伴うものとは言い難いはずの信書発受一般に対して加えられていることについて、本稿は右の諸規定（ならびにその運用）の合憲限定解釈の必要を述べるものである。

2000（平12）年2月4日

二　妥当すべき法命題

(1)　制約が必要最小限度であるべきこと

国民一般との関係で、右の監獄法、同施行規則の諸規定に相当する規制が立法化されるとすれば、当該法律が違憲であることはいうまでもない。被疑者・被告人ないし囚人についても、一般国民と同等の人権保障が基本的には及ぶと解すべきであり、これらの者などに対して一般国民とは異なる制約を当然に認める、いわゆる特別権力関係理論は妥当でない。

もとより、既決囚のみならず未決囚との関係でも、憲法自身が厳格な手続保障の下で拘禁を認めている（三四条）。また、そもそも逮捕、起訴、刑の執行という刑事手続の進行にとって身柄の拘束は不可避であるから、憲法も刑罰制度に織り込み済みの事柄として、身柄の拘束という人身の自由の制約は許容するところである。

このように、拘禁という在監者の人身の自由の制約は憲法上も許容されているのであるが、しかし、その許される程度は、拘置ないし刑の執行という目的との関係で、必要最小限のものに限られる、

と解されるべきである。

なぜなら、人身の自由は、個人が自由に場所を移動し、さまざまの人と交流する、という意味で表現の自由の前提をなすという一点を捉えても明らかであるように、憲法が保障する人権のなかでも根幹的価値を有する。憲法一八条は、奴隷的拘束を国家による場合のみならず、私人による場合も含めて絶対的に排除しているが、このように、対私人との関係でも自由権の保障が憲法上当然に直接適用されるように規定されている場合は他には見当たらないのであり、それだけ憲法が人身の自由をその人権価値の体系のうえで高次元に位置づけているといいうるのである。

(2)　「必要最小限度の規制」の具体的意味

さて、右に述べた「必要最小限度の規制」は、次の二つの意義を有すると考えられる。

第一に、「必要最小限度の規制」とは、当該拘禁目的の具体的内容に照らして、それを実現ないし維持するための手段として、拘禁それ自体の程度が必要最小限度の規制といえるか（目的実現手段としての必要最小限度性）ということである。

たとえば、逃亡・自殺や証拠隠滅のおそれがなく、従って逮捕・拘禁の必要がないのに拘置所に収監するとか、それらのおそれが事後的に消滅した後もなお拘置し続ける、などは、必要最小限度の拘禁とはいえず、過大な部分が違憲の拘禁となる。

第二に、「必要最小限度の規制」とは、拘禁それ自体が必要最小限度でなければならないことを意味するばかりでなく、拘禁そのものが許されるからといって被拘禁者の表現の自由など諸々の人権行使に対して、具体的な拘禁目的を達成する上で必要最小限度以上の規制を加えてはならない、ということも意味する。

(3)　拘禁との関係で表現の自由に対する制約が「必要最小限度」であるべきことについて

右の第二の点を換言すれば、被拘禁者の表現の自由に対する制約は、拘禁自体が合憲であっても、それに伴って当然に合憲となるものではない。むしろ、拘禁によって人身の自由が拘束されている以上、それに付加して被拘禁者の表現の自由までが制約されなければならないとすれば、それは拘禁そのもの、あるいは拘禁の目的（逃亡ないし証拠隠滅の阻止、刑の執行）を、当該表現行為が損なうことが具体的に予見しうる場合に限られるというべきである。

もとより、営業活動の自由などは拘禁によって大幅に制約されざるをえないのは当然であるし、表現の自由についても、人身の自由が制約されている以上、拘置所、刑務所の外でのみ可能な表現行為、例えばデモ行進や集会への参加、講演会の聴講、スピーチなどが事実上全面的に禁止されることになるのも拘禁制度それ自体に織り込み済みの事態である。

しかしながら、当該施設内における休憩時間内の会話、読書、新聞閲読さらには外部との信書のやりとりなどは、それ自体が拘禁そのもの、あるいは前示の拘禁目的を阻害するものであるとは、当然にはいいがたい。そこで、被拘禁者の信書の発信ないし受領の自由を施設当局が制約するとすれば、果たして真に当該発受行為が拘禁そのもの、あるいは拘禁目的を阻害する具体的危険性を有するのかが、精査されねばならないのである。

右の命題、すなわち被拘禁者の表現の自由に対する制約は、拘禁そのもの、ないし拘禁目的との関係で必要最小限度のものに限り許される、という命題は、独自の私見にかかるものではなく、最高裁もこれを認めていると解される。以下に代表的な判例を掲げ、検討する。

(4)　最高裁判例―喫煙禁止事件

まず、勾留中に喫煙を禁じられたことによって多大の精神的苦痛を味わったとして国家賠償訴訟が提起された事案で、最高裁大法廷判決（昭和四五年九月一六日民集二四巻一〇号一四一〇頁）は次のように述べ、結論としては訴えを退けたものの、右記の「必要最小限度」の考え方を表明している。曰く、「監獄内においては、多数の被拘禁者を収容し、これを集団として管理するにあたり、その秩序を維持し、正常な状態を保持するよう配慮する必要がある。このためには、被拘禁者の身体の自由を拘禁するだけでなく、右の目的に照らし、必要な限度において、被拘禁者のその他の自由に対し、合理的制限を加えることもやむをえない」。

(5)　最高裁判例―よど号事件新聞記事抹消事件

さらに、施設長がいわゆる「よど号ハイジャック事件」に関する新聞記事を抹消し、公安事件の被告人であった未決拘留者がそれを閲読することを不可能としたことが違憲として争われた事案で最高裁大法廷判決（昭和五八年六月二二日民集三七巻五号七九三頁）は訴えを退けながら、一般論としては次のように述べた。

イ　「監獄は、多数の被拘禁者を外部から隔絶して収容する施設であり、右施設内でこれらの者を集団として管理するにあたっては、内部における規律及び秩序を維持し、その正常な状態を保持する必要があるから、この目的のために必要がある場合には、未決勾留によって拘禁された者についても、この面からその者の身体的自由及びその他の行為の自由に一定の制限が加えられることは、やむをえないところというべきである」。

ロ　「未決勾留により監獄に拘禁されている者の新聞紙、図書等の閲読の自由についても、逃亡及び罪証隠滅の防止という勾留の目的のためのほか、前記のような監獄内の規律及び秩序の維持のために必要とされる場合にも、一定の制限を加えられることはやむを得ないものとして承認しなければならない」。

ハ　「しかしながら、未決勾留は、前記刑事司法上の目的のために必要やむをえない措置として一定の範囲で個人の自由を拘束するものであり、他方、これにより拘禁される者は、当該拘禁関係に伴う制約の範囲外においては、原則として一般市民としての自由を保障されるべき者であるから、監獄内の規律及び秩序の維持のためにこれら被拘禁者の新聞紙、図書等の閲読の自由を制限する場合においても、それは、右の目的を達するために真に必要と認められる限度にとどめられるべきものである」。

ニ　「したがって、右の制限が許されるためには、当該閲読を許すことにより右の規律及び秩序が害される一般的、抽象的なおそれがあるというだけでは足りず、被拘禁者の性向、行状、監獄内の管理、保安の状況、当該新聞紙、図書等の内容その他の具体的事情のもとにおいて、その閲読を許すことにより監獄内の規律及び秩序の維持上放置することのできない程度の障害が生ずる相当の蓋然性があると認められることが必要であり、かつ、その場合においても、右の制限の程度は、右の障害発生の防止のために必要かつ合理的な範囲にとどまるべきものと解するのが相当である」。

ホ　新聞記事抹消の根拠規定である監獄法三一条二項、同施行規則八六条一項等「の規定を通覧すると、その文言上はかなりゆるやかな要件のもとで制限を可能としているようにみられるけれども、上に述べた要件及び範囲内でのみ閲読の制限を許す旨を定めたものと解するのが相当であり、かつ、そう解することも可能であるから、右法令等は、憲法に違反するものではない」。

(6)　最高裁判決の枠組

右の喫煙禁止事件判決においては、被拘禁者の人身の自由以外の自由に対しても、拘禁目的に照らして「必要な限度における合理的制限」を加えることが許されるとされたが、このことは、「必要な限度における合理的制限」を超えた制約に対しては違憲との評価がなされるべきことを、最高裁も認めていることを示している。よど号事件新聞記事抹消事件においても、そのイで同旨が述べられている。

よど号事件新聞記事抹消事件判決はさらに詳細であり、右のロでは、逃亡および罪証隠滅の防止という拘禁目的に加えて、集団で管理するという特徴を有する（イ参照）ところの「監獄内の規律及び秩序の維持」を目的とする、表現の自由に対する制約も許容されるとされている。ここだけを見れば、広く監獄内の秩序維持のために被拘禁者の表現の自由に対する制約が認められそうであるが、続いてハでは、この点についての施設長の裁量権の行使に厳格な制約が加えられている。

すなわち、右のハにおいては、被拘禁者も「原則として一般市民としての自由を保障されるべき者である」とされ、したがって、「監獄内の規律及び秩序の維持のためにこれら被拘禁者の新聞紙、図書等の閲読の自由を制限する場合においても、……右の目的を達するために真に必要と認められる限度にとどめられるべきもの」とされた。これは、先に本稿が(3)で述べた、被拘禁者の表現の自由に対する制約は、拘禁目的との関係において「必要最小限度」のものに止まらなければならない、という法命題に合致する。

(7)　「監獄内の規律及び秩序の維持」の意義

なお、右最高裁判決は、逃亡および罪証隠滅の防止という目的に加えて「監獄内の規律及び秩序の維持」をも、新聞閲読の自由を制限しうる正当な目的として掲げている。

しかしながら、最高裁も拘置所、刑務所の集団管理という特殊性に着目してこの目的を正当としているのであって、施設長が漫然と「規律及び秩序の維持」を理由として包括的な制限を信書の自由に課すことまで、右判決が容認したものとは、とうてい解されない。

なぜなら、右のように最高裁は「必要最小限度」という厳格な基準を定立したものと解さざるを得ないのであるが、そのような厳格な立場と、施設長の自由裁量に「規律及び秩序の維持」を委ねる解釈とは、およそ両立しがたいからである。

要するに、右の最高裁の判示は、集団であるがゆえに騒乱や内部抗争、あるいは放火・失火などの不測の事態を招き、拘禁そのものが阻害されること（脱獄がはかられたり被拘禁者自体が危険にさらされるなど）を想定して、そのような事態に至る具体的な危険性があるといいうる場合にはじめて、「監獄内の規律及び秩序の維持」が、信書発受の制限の正当な理由となりうるというのである。

(8)　合憲限定解釈の手法について

なお、右のよど号事件新聞記事抹消事件判決はホにおいて、施設長による新聞抹消行為の根拠規定である監獄法三一条二項、同施行規則八六条一項などにつき、いわゆる「合憲限定解釈」を施している。

　合憲限定解釈とは、要するに、「法文の意味を憲法に適合するように限定して解釈すること」（芦部信喜『憲法新版補訂版』一九九九年・岩波書店、二五〇頁）である。換言すれば、法文をその文言の文理や目的だけを手がかりとして解釈した場合には、通常複数の選択肢が可能であるが、そのうちのある解釈を前提とすれば当該法令が違憲の内容を有することとなりうる場合には、そのような解釈を排し、合憲的な内容のものとして当該法令を解釈する選択肢のみを（仮にその解釈が文理そのものからは導き出されないものであるとしても）採用すべきである、ということである。

　このような合憲限定解釈という手法については、とりわけ罰則規定にこれが用いられる場合には、法文の明確性の要請（罪刑法定主義）に反するという問題も指摘されているところである。最高裁自身も、その点を指摘し、国家公務員の争議行為のあおり行為を処罰する国家公務員法一一〇条一項一七号につき、合憲限定解釈を行った判例を変更した例がある（いわゆる全農林警職法事件最高裁大法廷判決―昭和四八年四月二五日刑集二七巻四号五四七頁）。

　しかしながら、合憲限定解釈を加えることが国民に有利に作用する場合すなわち、当該法令を文言に忠実なある解釈によって適用するならば、国民の権利利益が損なわれ、そこに違憲性が認められるという場合には、当該事態を回避すべく、法解釈について最終的権限を付与された司法権が、立法者の意図した法の適用範囲を合憲的な範囲にまで縮小することが認められるのである。なぜなら、このいわゆる合憲限定解釈は、法令の全面的な否認につながる法令違憲判決よりは、立法者の意図を尊重することにもなるからである。

(9)　合憲限定解釈の手法の信書発受制限規定への当てはめ

　この合憲限定解釈という手法は、新聞記事の抹消の根拠規定に対して適用しうるのみならず、信書の発受の制限の根拠規定である監獄法四七条一項、同五〇条、ならびに、これらを受けて制定されているものと解される同施行規則一三〇条一項（所長による検閲）、同一三九条（検閲によって得た参考事項の身分帳簿への記載）の諸規定に対しても、適用しうるものであり、また、適用すべきものと考えられる。

　もとより、新聞閲読の自由と信書発受の自由とは、ともに表現の自由に含まれ、拘禁に伴って当然に制約しうるものではなく、むしろ、その行使が拘禁それ自体、あるいは拘禁の目的を損なうといった事態は想定しにくい。

　例外的に当該の状況が具体的に発生する蓋然性があるといいうる場合にのみ、新聞閲読の制限、ならびに信書発受の制限が許されるのである。

(10)　「必要最小限度」と合憲限定解釈とが同一の事柄にかかわること

　なお、繰り返し述べてきた「必要最小限度」という合憲性の判定基準はその実質において、ここで述べている合憲限定解釈による法令の限定解釈の基準としても機能すべきものであるといえる。

　右のよど号事件新聞記事抹消事件の最高裁判決も、監獄法の諸規定を法令違憲としたのではもとよりなく、拘禁目的および所内での秩序維持の目的との関係で必要最小限度の制約のみを当該法令が許容しているものと、当該法令に合憲限定解釈を施したものに他ならないのである。

⑾　信書発受制限規定、ならびにその運用の合憲性判断の方法

右判例にならえば、監獄法、同施行規則における信書発受の制限規定に対しても同様に、拘禁それ自体及び拘禁目的との関係で、当該制限が「必要最小限度」といいうる範囲内に収まっているように、合憲限定解釈が施されなければならない。

さらには、合憲限定解釈を経た当該法令のみが、運用実務の有効な根拠規定となりうるのであるから、漫然と当該法令の文言解釈に基づいて過度に広範な制限を信書の自由に課している運用実務が存在するとすれば、当該運用はそれ自体が違憲（運用違憲）というべきである。

三　拘禁目的との関係で信書の自由の制限はどこまで許されるか

(1)　信書の自由の憲法上の位置づけ

憲法二一条が保障する表現の自由が、個人の人格の自由な発展、ならびに民主主義の実現にとって、不可欠の重要性を有することは多言を要しない。また、表現の自由の保障には、ひとり表現者の発信の自由のみならずそれと対をなすところの、表現の受け手の表現を受領することの自由もまた、含まれている。手紙をやりとりするという表現手段もまた、発信人の発信の自由ならびに、受領者の信書受領の自由の両面において、表現の自由の対象となる。

憲法は二一条一項で表現の自由一般についての保障をしたうえで、さらに二項二文において通信の秘密を保障するが、この通信の秘密の保障に信書の秘密が含まれることは、殊更にいうまでもない。

このように、憲法二一条は、信書の発信ならびに受領の自由の保障と、それと密接に関連する信書の秘密の保護とを、ともに規定している（そこで本稿では、特に断らないかぎり、「信書の自由」の概念を、信書の秘密の保護をも含むものとして用いるものである）。

(2)　信書という表現手段の特性

信書という表現手段が他の表現方法と異なる点は、それが書かれた文字として記録に残るという点、いつ相手が受領し読むかについて、発信者が有る程度選択し操作することが可能である点に加えて、その秘密性のゆえに、発信者と受領者との間の一対一のコミュニケーションを可能とする点にあると考えられる。

このような意味において、信書という表現形態は、他の表現形式、たとえば、著作物の公表や講演会の開催などという、代表的な表現行為の例とは、大きく性質を異にしている。

世間一般に意見を発表するなどの場合には、著作によるのか講演会形式によるのかなど、様々の手段方法がありうるところであるから、特定の手段方法だけが禁じられても、当該意見の世間への伝達という観点からは、さほど致命的ではないかもしれない。しかしながら、信書という形態による特定の者同士のやりとりは、他の手段では代替不可能である。

(3)　信書発受の制限と通信の秘密

右に述べたように、信書の発受という表現形態は、他の表現形態では代替不可能な独自の意義を有するものである。このことは、憲法二一条二項二文が表現の自由を保障する一項に加えて、「通信の

秘密」をわざわざ別項に保障していることにも表れている。

通信の秘密の保障は絶対的なものである（制約は基本的に認められない）と考えられている。いわゆる「通信傍受法」の制定に関連して、通信の秘密が侵害されることの違憲性が主張され、立法も相当に慎重に要件を限定してなされたのは、通信の秘密の保障がそれほどに強度の保障であることを裏付けている。

信書の秘密は、一面では、プライバシー保護、あるいは内心の自由の保護（憲法一九条の思想良心の自由に含まれる）にかかわっている。しかしながら、他面においては、信書という表現形態は電話と同様に、表現内容が当事者以外の者には秘密とされることによって初めて成立する、特殊な表現形態である。

そのような表現形態に対しても、表現の自由の保障を及ぼすという趣旨で、二一条の二項二文に通信の秘密が規定されたのであろうと解される。

(4)　施行規則一三〇条一項の検閲は、発受禁止に比して「より緩やかな制限」か

もとより、信書の発受の全面的な禁止が、信書の自由にとり最大の制約であることはいうまでもない。しかしながら、右に見たように、信書の秘密性が保障されない場合には、信書という表現形態自体が成立しがたいのである。

すなわち、行政機関が信書の内容を逐一検分することは、ひっきょう信書を信書にあらざるものに転化する所為に他ならないのであるから、信書の発受そのものの禁止に匹敵すると言わざるを得ない。監獄法施行規則一三〇条一項が規定する信書の「検閲」は、信書の内容を施設長が逐一検分することを意味する以上、発受禁止に比して、「より緩やかな制限」であるとは言えないこととなる。

(5)　憲法二一条二項一文の「検閲」の意義

なお、いわゆる検閲は、憲法二一条二項一文も絶対的に禁じるところであるが、その定義について、最高裁は次のように述べている（いわゆる税関検査事件最高裁大法廷判決―昭和五九年一二月一二日民集三八巻一二号一三〇八頁）。

憲法二一条二項にいう「検閲」とは、「行政権が主体となって、思想内容等の表現物を対象とし、その全部又は一部の発表の禁止を目的として、対象とされる一定の表現物につき網羅的一般的に、発表前にその内容を審査した上、不適当と認めるものの発表を禁止することを、その特質として備えるものを指すと解すべきである」。

右の定義の重点は「一定の表現物につき網羅的一般的に、発表前にその内容を審査した上、不適当と認めるものの発表を禁止すること」の部分にある。このような特徴を備えた行政機関による表現行為の事前抑制が、「検閲」として憲法二一条二項により、絶対的に禁止されているのである。

「検閲」の特性の一つに、右の最高裁判決も述べるように、発表の禁止という要素がある。著作物による学説の発表などの場合には、たとえば教科書検定に不合格とされ、検定済教科書としての発売が出来なくても、一般図書としての販売は可能であるなどの事情がある場合には、結果的には発表は禁止されていない。それゆえ、右の意味の「検閲」には該当しないとの見方も成り立つ。

これに対して信書の場合には、他の表現形態で代替することは不可能であるから、信書の内容が行政機関によって網羅的に審査され、その内容のゆえに信書の発受が禁止されうるという仕組みが取られ

なる。

なお、いうまでもないことであるが、憲法二一条二項一文は、右のような検閲制度を当然に違憲としているのであって、個々の事例で内容審査の結果その発表が禁止されない表現との関係においても、検閲制度はやはり違憲である。内容審査がなされ、その結果如何では発表が禁止されるかもしれないという畏れを表現者に与えること自体が、表現の自由の行使を萎縮させ、憲法上の重要な価値の実現を妨げるのである。憲法学説においては、このような「萎縮効果」はとりわけ表現の自由において発生しやすく、したがって、表現の自由を制約する立法はその要件が明確でなければならない、などと説かれている。

したがって、信書の発受自体は禁止されるに至らない場合であっても、発受禁止という権限を有する行政機関が、網羅的に信書の内容を検分することが、まさに違憲の検閲といいうるのである。

(6)　監獄法四七条一項、施行規則一三〇条一項の合憲性の一般論

右に述べた事柄からすれば、被拘禁者に対して信書の発受を禁止する権限を施設長に認める監獄法四七条一項、ならびにその前提としての「検閲」を許す監獄法施行規則一三〇条一項の規定は、いずれも憲法二一条二項一文が禁止する「検閲」に該当し、たちどころに違憲となりそうである。

この点については、しかしながら、被拘禁者が発受する信書は、場合によっては拘禁それ自体ないしは拘禁の目的を阻害することがあり得ないではない。たとえば、受領する信書についていえば、そこには自殺や脱獄を容易ならしめる記述が含まれるかもしれず、あるいは所内を混乱させる扇動的な言辞が含まれているかもしれない。発信する信書についても、右のような弊害の発生を意図して、外部との連絡を図る内容であることも考えられないではない。

すでに見たように、憲法自身が被疑者、被告人、および受刑者の拘禁を認めているのであり、拘禁制度を危うからしめるような信書の発受行為に対しては、それを効果的に制約することを、憲法自身も許容するものと解すべきであろう。

そうであれば、拘置所、刑務所における信書の発受は、表現の自由の保障や検閲の禁止を全面的に享受するものではなく、拘禁そのもの、ないし拘禁目的の維持のために、必要最小限度の制約であれば、それを甘受せざるを得ないものであると考えられる。

すなわち、信書の内容の検分も、表現の自由との関係では検閲として違憲とされるべきところであるが、被拘禁者が発受する信書についてであれば、そこまでの厳格な要請は憲法上もないと解される。信書の内容が拘禁そのもの、ないし拘禁目的を阻害することが具体的に予見されるのであれば、施設長は当該信書の発受に対して、当該弊害を防ぐための必要最小限度の制約を課すことが許されるのである。

(7)　監獄法四七条一項は合憲限定解釈されるべきであること

監獄法四七条は、以上のように、拘禁そのもの、もしくは拘禁目的（逃亡、罪証隠滅の阻止など）の観点からみて必要最小限度の制限のみを、信書の発受に対して課すことを施設長に許した規定であると解される。このような解釈は文理解釈としては不自然であるとしても、先に述べた合憲限定解釈の手法により、当該の解釈が採用されるべきである。

(8)　監獄法施行規則一三〇条一項、一三九条にも「必要最小限度」の要請が及ぶこと

また、同五〇条は、監獄法施行規則に対して、同法四七条の制限は施設長の命令によるべきことを定め、これを受けて監獄法施行規則は、監獄法の右規定の施行細則として、一三〇条一項に信書の「検閲」の規定を、また一三九条に「検閲」によって了知された参考事項の身分帳簿への記載の規定を、それぞれ置いている。

従って、監獄法施行規則の右諸規定は、監獄法四七条一項を受けているのであるから、同条が右に述べたように「必要最小限度」の要請を織り込んだものとして合憲限定解釈されるべきものであるとすれば、施行規則のこれらの規定もまた、限定解釈を施された監獄法四七条一項の実施細則として、やはり限定解釈を施される必要があるのである。

(9)　施行規則一三〇条一項の妥当な解釈

右の事柄を施行規則一三〇条一項についていえば、以下のとおりである。

すなわち、施設長はなるほど、被拘禁者の信書の発受に対して、その内容が拘禁そのもの、ないしは拘禁目的を阻害する具体的危険性を有するものでないことを確認するために、信書の検分を行うことが許されている。

しかし、それはあくまで、当該危険性が抽象的なレベルであれ存在する場合に限られるはずである。被疑者・被告人が弁護人とやりとりする信書については、面会による接見交通と同じ機能を有することは疑いなく、弁護人依頼権によって当該信書のやりとりもまた保障されているものと考えるべきである。

そうであれば、被疑者・被告人と弁護人との間でかわされる信書については、弁護人依頼権の行使の一態様であって、抽象的なレベルにおいても右に述べたような、拘禁を阻害する危険性があるものとは認められないのである。

弁護人にあっても、被疑者・被告人の逃亡等を助ける者がいるやも知れない、という想定の下に、接見の際に逐一会話の内容を記録し、それを検分するとすれば、接見交通権、ひいては弁護人依頼権の侵害に当たると考えられるであろう。同様に、弁護人と被疑者、被告人との間の信書については、施行規則一三〇条一項が文言どおり適用され、内容の「検閲」がなされるとすれば、弁護人依頼権の侵害の事態を招くこととなる。このような同規定の解釈は、排除されなければならないのである。

(10)　施行規則一三九条の妥当な解釈

「検閲」の結果を身分帳簿に記載するという、施行規則一三九条の規定についても、同一三〇条一項について右に述べたことが影響を及ぼす。

すなわち、弁護人と被疑者、被告人との間でかわされた信書については、そもそも「検閲」がなされるべきではないのであるから、当該信書に対して仮に「検閲」がなされたものとしても、その結果得られた参考事項を身分帳簿に記載することは許されないのである。その限りで、施行規則一三九条もまた、限定解釈を施されるべきである。

四　運用面での限界

(1)　弁護人と被疑者・被告人との間の信書の「検閲」は、違憲違法であること

右に述べたように、監獄法四七条一項に基づく施設長の権限は、その自由裁量によっていかようにも行使しうるものではない。むしろ、拘禁目的との関係で、必要最小限度の制約のみが、信書の自由に対する合憲的な制約なのであって、同条もその趣旨で合憲限定解釈される必要がある。

この観点からは、とりわけ弁護人と被疑者・被告人との信書のやりとりは、弁護人依頼権に含まれ、秘密交通権という権利の行使と捉えられるのであって、拘禁目的に対する具体的危険性の存在を前提として、当該信書を「検閲」の対象とすることは、適切に解釈された監獄法四七条一項および同施行規則一三〇条一項に違反するものである。

(2)　右の信書の内容を検察官に提供することが違憲違法であること

なお、右の信書が「検閲」され、その内容が記録にとどめられることだけでも、違憲違法というのであるから、ましてや、当該内容を検察官に提供する行為が弁護人依頼権を侵害し、違憲違法であることは、いうまでもない。

のみならず、検察官への信書の内容の提供などという運用は、実質的にも、弁護人と被疑者・被告人との間の正当な防御権行使のための打ち合わせを無に帰さしめるものであって、当事者主義を標榜する戦後の刑事手続を根幹から揺るがすものである。

本来、施設長は拘禁目的を円滑に実現するために、信書の制限という重大な権限を付与されているにすぎず、当該目的との関係において必要最小限度の制限以上のことを、およそなしえないことは、繰り返しのべたところである。そもそも正当な弁護人依頼権の行使そのものである、弁護人と被疑者・被告人との間の信書について、その制限の必要性を確かめるために、内容を「検閲」する必然性など観念しえないところである。

右のような、検察官への内容の提供は、それが仮にも実務上なされているというのであれば、さらに刑事手続の当事者の対等性まで否定するものである。このような事態に対しては、違憲のうえに違憲を重ねるものと評するほかに、適切な言葉を見いだすことは困難であろう。

以上

意見書（村井敏邦）

2000（平12）年2月15日

大阪地方裁判所
第七民事部合議一係　御中

意見書

平成一〇年（ワ）第一三九三四号損害賠償請求事件に関して、未決拘禁者と弁護人との接見交通権の保障と信書の発受との関係を中心にして、以下のように意見を陳述する。

一橋大学大学院法学研究科教授
村井敏邦

記

一　刑訴法三九条の立法過程における論議

1　刑訴法三九条の原形となるべき提案

(1)　被疑者・被告人と弁護人との接見交通権の保障規定は、現行刑訴法において創設されたものである。この規定の原提案とも言うべきものは、総司令部民間情報部保安課法律班（Legal Unit, Public Safety Section, CIS, G-2）が、昭和二一年三月ごろに作成し、日本政府に提示したProposed Revision of Code of Criminal Procedure（刑事訴訟法ニ対スル修正意見）に見られる。そこでは、「弁護人と勾禁せられたる其の依頼者は公判の前後に拘らず妨害を受くることなく内密に（in unviolated privacy）面接し会話をなし通信することを許容せらるべきものとす。」という意見が示され、そこで旧刑訴第四五条は、新第三八条として、「被告人が勾留、逮捕、拘留せられたる前後に拘らず弁護人は何等の妨害なく内密に被告人と接見し会話し通信をすることを禁止せらるることなし」というように改正されるべきであるとされている。上の意見における「被告人」は、被疑者と区別される被告人ではなく、正式告発の行なわれた者、すなわち被疑者をも含む概念として使用されていることは明らかである。英文においては、the accusedである。この点の理解には、当時刑事訴訟法の制定に携わっていた後の最高裁判事栗本一夫氏の次の言が参考になる。氏は、後に触れる刑訴応急措置法三条の解説において、合衆国憲法修正六条に触れて、「ここにいう被告人（the accused）とは、大陸法系のわが刑事訴訟法上の被告人という概念とは必ずしも軌を一にするものではなく、実質上からいえば、わが刑訴法上に被疑者と近似するところが多分にあるのであって、形式上からいっても、起訴（indictment）前においても既に被告人（the accused）は、弁護人選任権があること勿論である」（栗本一夫『被疑者の弁護人について――刑事応急措置法第三条について――』警察研究一八巻六号二二頁、註二）とされていた。

(2)　勾留されている被告人の一般接見については、旧刑訴一一一条は「法令の範囲内で他人と接見し又は書類若しくは物の授受をすることができる」としていただけで、弁護人との接見交通については特別の規定を置いていなかったが、この点についても、上の修正意見では、次のように修正すべきことが提案されていた。

新第九十一条　勾留せられたる被告人は他人と接見し又は書類若は物の授受を為すことを許さるべし。弁護人は必要なる限り何時間なりとも又何回たりとも相当なる時期に於て被告人と会見することを許さるべし。右会見は厳に秘密を守ることを要し、其の交談を盗聴するが如き措置は総て之を禁ズ。勾引状に因り監獄ニ留置セラレタル被告人亦同じ。

この二つの修正意見が原形となって、現行法の三九条が形成されたと考えられる。

(3)　憲法三四条に相当するマッカーサー憲法草案三一条には、憲法三四条前段と同文の文言に続いて、"he shall not be held incommunicado"という一節が加えられていた。当時閣議に配布されたこの草案の邦訳では、この部分は、「何人モ交通禁断者トセラルルコト無カルヘシ」と訳されていた（刑事訴訟法制定過程研究会「刑事訴訟法の制定過程(6)」法学協会雑誌九一巻五号九九頁）。この"incommunicado"という語は、スペイン語であるが、ミランダ判決にも、「コミュニケーションが遮断された尋問（incommunicado interrogation）という現在の実務は、個人の自己負罪を強制されないというわが国の最も大切な原理に合致しない」という形で用いられている。マッカーサー草案は、いわばミランダ判決を先取りしたと評価してもよい。ところが、当時の立案当局者にはこの言葉の意味がよく分からず、「incommunicadoノ意味ヲ訊シタルニアマリ明瞭ナラズ兎ニ角憲法ニ規定スル迄ノ要ナカルヘシトテ削除スルコトニ一致」（同前一〇一頁）ということになった。規定してもしなくても同じ、という趣旨で削除されたということは、憲法解釈上は、それがあると同じに解釈すべきが当然であろうから、憲法三四条は、抑留拘禁された者は外界とのコミュニケーションが遮断された状態に置かれてはならないことを保障している規定であり、そのために、直ちに弁護人と連絡を取る権利を保障していると考えなければならない。また、外界とのコミュニケーションの確保という点では、この規定は、弁護人との交通だけではなく家族等との交通も保障していると考えるべきである。

２　刑訴応急措置法第三条と弁護人の権限論議

刑訴応急措置法第三条において、「被疑者は、身体の拘束を受けた場合には、弁護人を選任することができる。」として、それまで被告人にしか認められてこなかった弁護人選任権を被疑者にまで拡張した。これは、憲法改正を受けたものである。

この規定に関連して、被疑者の弁護人の役割が論じられている。被疑者と弁護人との接見交通については、旧刑訴一一一条および一一二条の一般原則が適用されると解されていた。

たとえば、団藤重光「刑事新立法について(1)――とくに、検察庁法と刑訴応急措置法――」法律時報一九巻五号四五頁は、「刑訴第45条は、公判の規定だから、……準用されない。むしろ、刑訴第111条・第112条の一般原則が準用されることになる。第111条・第112条は、要急事件及び現行犯事件について検事のなす勾留――これは刑訴応急措置法で適用がなくなる――のばあいには準用されていなかったが（刑訴第131条）、刑訴第255条による勾留には準用がある（刑訴第255条第２項参照）。刑訴応急措置法第８条第４号第１段による勾留についてもおなじと解する。――もっとも刑訴第111条・第112条は、弁護人と他の者とを区別していないのであるから、とくに弁護人の権限としてみとめられるわけではない。右にのべたところは、勾留のばあいであるが、第三条の趣旨から考えるとき、勾留のばあいにかぎらず、「身体の拘束を受けた」すべてのばあいに、弁護人に関するかぎり、おなじことがいわれなくてはならないであろう。」としていた。また、栗本一夫「被疑者の弁護人について――刑事応急措置法第三条について――」警察研究一八巻六号二八、二九頁も、弁護人との接見交通について、一般接見についての原則規定である旧刑訴第一一一条だけではなく、逃亡、罪証隠滅の虞のある場合についての制限規定である第一一二条の類推適用もやむをえないとしていた。しかし、その一方で、「然し乍ら、運用の面は自ら又別個の問題であり、殊に弁護権の本質は、被告人又は被疑者との交通権の確保にありとも考えられるので、その運用については深甚なる注意が払わるべきものと信ずる。」としていたことは、注目される。

3　刑訴法三九条の立法趣旨・黙秘権との関係

最高裁平成一一年三月二四日大法廷判決（いわゆる「安藤事件判決」）は、「憲法38条1項の不利益供述の強要の禁止を実効的に保障するためどのような措置が採られるべきかは、基本的には捜査の実状等を踏まえた上での立法政策の問題に帰するものというべきであり、憲法38条1項の不利益供述の強要の禁止の定めから身体の拘束を受けている被疑者と弁護人等との接見交通権の保障が当然に導き出されるとはいえない」として、憲法三八条一項は、被疑者と弁護人との接見交通権をも保障しているという弁護人の主張を「独自の見解を前提として違憲をいうものであって、採用することはできない」とした。しかし、この弁護人の主張は、必ずしも独自の見解ではなく、以下に述べるように、むしろ、刑訴三九条の提案理由に沿ったものということができる。

第二回国会衆議院司法委員会（昭和二三年五月三一日）において、木内曾益政府委員から、刑事訴訟法改正法案の提案理由が述べられた。その中で、三九条については、次のように述べられている。

「被疑者または被告人が供述を拒む権利があり、また終始沈黙する権利があることを考えますと、被疑者または被告人と弁護人との接見に官憲が立会い、その会談の内容を聴取することは、建前として許されないところであります。」

これによると、供述拒否権、黙秘権保障との関係において、その制度的保障の一つとして秘密交通権が保障されているというのが、立法者意思であったことは明らかである。この規定における司法委員会においては、立会いなしの接見に対して、委員の中から、弁護人の立場からは、立会人がないために被疑者に対して罪証隠滅を教唆したりする事実がないかなどというあらぬ誤解を受けるもとになるから、かえって危険な規定だという意見が出されたが、これに対する政府委員の答弁は、「こういう権利は、刑事被告人の弁護人たる者の基本的権利の最も重要なものの一つと存ずる次第であります。この交通権を確保してありますので、弁護人は被告人と何らの干渉を受けることなく接見でき、被告人も少しも遠慮することなく事の真相を弁護人に打明ける。そうして弁護人は、どういう関係を調べたならばどういうことが大体聴き得るかという点も、これによって十分知り得て、そうして公判において被告人の弁護をし、また裁判所の真実の発見に協力するということも、この規定の運用によって出てくるものと信ずる次第であります」というものである。

被疑者・被告人と弁護人との秘密交通権の保障の重要性は、まさに右の政府委員の説明で尽くされている。戦前において、こうした保障なく弁護活動をしていた者からは、これによって十分な弁護活動が保障されるという思いとともに、官憲によって罪証隠滅工作に荷担するのではないかと誤解されないかという危惧もあったであろう。しかし、このような危惧を払拭することにこそ、秘密交通権の保障の意義があることを、右の政府委員の回答はみごとに解き明かしている。

4　被疑者の自己弁護権と国選弁護制度

国選弁護を一定の罪に限定する現行の規定は、総司令部のサジェスチョンによるものであるが、その根拠は、被告人の意思、すなわち自己弁護権の確保にあったとみることができる。政府案三四条「被告人が貧困その他の事由により弁護人を選任することができないときは、裁判所は、その請求により、被告人のため弁護人を附しなければならない。但し、被告人以外の者が選任した弁護人がある場合は、この限りでない。」および三五条「左の場合に被告人に弁護人がないときは、裁判所は、職権で弁護人を附することができる。1ないし5［省略］」に対して、総司令部は、「これらの規定は、被告人の希望に反する場合でも、裁判所は弁護人を選任しなければならないとしているのか（Problem 66 'Should there be provision that the court must appoint counsel, even against the wishes of the accused?'）」という問いを発し、次のような議論を提起している。

「憲法英文草案37条は、被告人は、いかなる時でも、自ら弁護人を確保することができないときは、国によって任命された資格ある弁護人の援助を受ける（"shall"）としている。問題は、憲法上の弁護人依頼権を放棄することができるかどうかである。実際問題として、多くの被告人は、弁護人の選任を請求することによって、検察官が求刑を重くするのではないかとか、審理期間が長くなるのではないかと恐れる。この恐れは被告人の保護を弱くする方向に作用するから、憲法上の弁護人依頼権の保障と迅速な裁判という実際上の問題との妥協を図るような修正を加える必要がある。」

その上で、次のような勧告を行なっている。

「35条の末尾に次の一項を加える修正をせよ。『長期三年未満の犯罪が問題になっている事件に限り、被告人は弁護人の援助を受ける権利を放棄することができる。その他の事件にあっては、被告人に弁護人がないときは、裁判所は、被告人が弁護人の選任を請求しない、または、任命を拒絶した場合であっても、被告人を代理する弁護人を任命しなければならない』」（以上、横井大三「新刑訴制定資料」刑法雑誌一巻一号）

要するに、総司令部は、憲法上の弁護人依頼権を基本的には放棄できない権利と捉えた上で、軽微事件に限り、被告人の意思を尊重して放棄を認めるという考えを示し、これが、国選弁護事件の一定犯罪への制限という現行法に採用されている。ここで、「被告人」として訳出したが、原語は 'the accused' であって、総司令部が念頭においていたのは、'charge' 後の被疑者を含む概念であろう。いずれにしても、ここでの妥協は、あくまでも被疑者・被告人の弁護権保障を弱体化させないために、弁護人依頼権の行使を被疑者・被告人の負担にならないように実質化することに、その意図があったと考えられる。

二　刑訴法三九条一、二項と監獄法四六、五〇条、監獄法施行規則一二〇条の関係

1　刑訴法三九条一項と二項の関係

三九条一項に保障された接見交通権は憲法三四条、三七条一《ママ》項にその根拠をもつ。そして、その権利は被疑者・被告人にとって「交

通を遮断されない権利」であり、「弁護人の援助を受ける権利」である。このことは、すでに、立法過程より明らかである。

立法過程によって明らかにされたように、被疑者・被告人は原則として自ら弁護する権利、すなわち、「自己弁護権」がある。この自己弁護権を実質化するのが「弁護人の援助を受ける権利」である。この権利は基本的には放棄し得ない権利として認識されている。ただし、あらゆる場合に放棄し得ないとすると、弁護人なしで自己弁護権を行使したいと思う被疑者・被告人の意思を無視することになる。そこで、法は、一定の軽微事件については、必要的弁護事件、国選弁護事件から除外することによって、自己弁護権との調和を図った。

「弁護人の援助を受ける権利」というのは、それほどに強力な権利であり、国はそれを保障するにあたっては、最大限の努力を払わなければならず、仮にもそれを制限するような措置をとってはならない。一定の制限があるとすれば、それは「自己弁護権」との衝突がある場合だけである。

「交通を遮断されない権利」は、「弁護人の援助を受ける権利」の最も重要な内容を構成する。（もっとも、前者は、弁護人との交通のみならず、家族との交通も保障する権利であるという意味においては、より広いものを持っているが。この点は、後述の監獄法施行規則との関係で触れる。）ここに、接見交通権が憲法の保障する弁護人の援助を受ける権利の中核を構成するものとして位置付けられる根拠がある。

この場合、「交通」とは、「コミュニケーション」であり、その意味で被疑者・被告人と弁護人のコミュニケーションを保障するのが接見交通権である。コミュニケーションの手段としては、直接面会して会話するという方法もあれば、信書の発受による場合もある。そのどちらをも等しく保障しなければ交通権の保障にはならない。

この点で、刑訴法三九条一項が「立会人なくして接見し、又は書類若しくは物の授受」としているところから、「立会人なくして」の文言は「接見」にのみかかり、「書類若しくは物の授受」にはかからないという見解があるが、立法過程上そのような見解の根拠になる資料はないこと、接見と書類・物の授受を別に扱う実質的な根拠もないこと、「接見し」と「授受をする」とでは動詞が異なるので、その間に句点をうっただけで、それによってその前後をまったく分断するとまでは解し得ないことから、この見解は採り得ない。仮に、「立会人なくして」が「接見し」だけにかかるとしても、接見交通権保障の趣旨からするならば、その場合には、三九条の「接見」には「信書の発受」も含まれると考えるべきである。信書の発受と一般の書類の授受とを分けることは、通信の秘密の保護の趣旨にも合致する。

また、次のような理解も可能である。刑訴法三九条一項が「立会人なくして接見し、又は書類若しくは物の授受をする」としているのは、接見の際の書類・物の授受をも想定していたと見るのである。すなわち、三九条一項は、第一に、弁護人との間での接見と接見以外の場においての書類・物の授受を保障し、第二に、弁護人との接見の際に書類や物を手渡しできることを保障した規定と理解するのである。これは、被拘禁者処遇国連最低基準規則九三条（「未決拘禁者は、……自己の弁護を目的として弁護人の訪問を受け、かつ、秘密の指示文書［confidential instructions］を準備して、これを弁護人に手渡せなければならない。」）に合致する解釈である。接見の場での文書の授受が手渡しで行なわれることの保障は、接見が立会人なしである限り、当然その文書も秘密性を保障されなければならない。この場合には、「立会人なくして」という文言が「接見し」だけにかかっているという解釈をとっても、一向に構わない。接見の場以外での書類・物の授受の保障は、郵送による授受を保障している。この場合には、身体を拘束されている被疑者・被告人については、発受は施設を通して行なわれるが、発信人受信人の確認以上の内容の確認まで施設側が行なうことを認めているとは、接見との比較からして、考えられない。少なくとも、三九条一項の規定から書類・物の授受についてこのような制限を付することができるという結論を導き出すことはできない。

2　被疑者・被告人と弁護人との信書の発受が接見交通権の一内容であることについては、争いはない。争いがあるのは、この権利が絶対無制約なものか、それとも、一定の制限を受けるかである。刑訴法三九条二項は、接見又は物の授受については、「法令」で、「被告人又は被疑者の逃亡、罪証の隠滅又は戒護に支障のある物の授受を防ぐため必要な措置を規定することができる」としている。接見交通権保障の基本的重要性からするならば、この条項がその保障に対する制限規定であると解すると、合憲性が問題になる。この条項を合憲であるというためには、これによって接見交通を一般的に制約するのではなく、ただ、未決拘禁の目的を害するおそれが明白で、かつ緊急性のある特別な場合について、接見交通権保障のあり様を考える義務を国に負わせた規定と考えるべきである。したがって、この規定を根拠として接見を一般的に制限したり、信書の発受を制限する法令を設けることは許されないと解しなければならない。

この規定にいう「法令」とは、監獄法四六条一項、五〇条、監獄法施行規則一三〇条を指しているのか。これらの規定は信書の発受を許可事項としている。これは、基本的には信書の発受を認めないが、施設側の裁量によって許可するというもので、弁護人との信書の発受を権利として構成している刑訴法三九条とは真っ向から対立する規定である。とくに、弁護人との信書の発受の許可および制限の根拠が監獄法四六条一項および五〇条、さらにこれを受けた監獄法施行規則一三〇条にあるとするならば、これは明らかに接見交通権保障の趣旨に反する。本来的には、これらの規定は憲法三四条、三七条三項が制定されたときに、これに反する限度で無効となったと解すべきであるが、仮に百歩譲って、監獄法および監獄法施行規則のこれらの規定を、接見交通権を保障した刑訴法三九条と整合的に理解する努力をするならば、これらの規定は、弁護人以外の者との信書の発受に関するものであり、したがって、刑訴法三九条二項にいう「法令」には当たらないと解する以外にない。

3　未決拘禁者は、未決拘禁の目的との関係において、逃亡の防止、罪証隠滅の防止の観点から接見交通および信書の発受も一定の制限を受け、それは、弁護人との間の接見交通においても同様であるという見解は、刑訴法三九条一項の存在を無視するものであって、到底受けいれられるものではない。刑訴法三九条一項は、秘密交通権を認めていることは明らかである。少なくとも、被疑者と弁護人との会話の秘密性は完全に保障されている。仮に、刑訴法三九条二項によって物の授受については、法令によって逃亡等の防止のために必要な措置を講じることができるとしても、また、その法令には監獄法および監獄法施行規則が含まれるとしても、それは、「物の授受」に限られる。刑訴法三九条一項が、接見と書類又は物の授受とについて規定し、二項が「書類又は物の授受」としないで、あえて「物の授受」としたのは、書類を含まない「物の授受」に限定する趣旨であることは明らかである。同じ三九条の一項と二項とで「物の授受」の解釈を変えることに合理的な説明は不可能であり、また、あまりにもご都合主義的な解釈である。法は、弁護人との交通手段としての信書の発受の重要性を認識して、二項に「書類」という文言を規定した場合には、信書の発受に対する制限を許容する趣旨に捉えられかねないことを慮って、あえて「物の授受」に限定したと考える方がより合理的である。

4　一方において、信書の発受の秘密性を確保しながら、他方において、未決拘禁の目的を害するような物の授受を制限するための措置としては、せいぜい表記された信書の発信人と受信人から、弁護人との信書の授受であることを確認し、場合によっては、外部からその中に異物が入っていないかを確認することにとどまる。これ以上、信書の検閲を認めることは、刑訴法三九条二項の「必要な措置」の範囲を超える。なお、このような措置をとる場合であっても、同条項からするならば、法令の規定が必要であるが、監獄法五〇条および監獄法施行規則一三〇条は、その場合の法令には当たり得ない以上、厳密には、そのような外部的確認措置さえ取り得ないことになる。もっとも、この程度のことならば、弁護人以外との信書の発受との区別を行なう際に確認できることであるから、その限りにおいて、法令による措置と認めることもできよう。しかし、立法的には、このような措置を規定した条項を設けるべきである。

なお、施設側が信書の発信・受信状況を記録にとどめることは、発信人・受信人の確認をしたことの内部的記録の限りでは、上の措置に含まれるといえようが、現在の取り扱いは、信書の検閲を前提とした監獄法施行規則第一三九条の措置として行なわれているので、刑訴法三九条との整合性は認められず、許されない措置という以外ない。

三　刑訴法一九七条二項と通信の秘密・検閲の禁止・刑訴法一〇〇条との関係

1　通信の秘密と内在的制約論

憲法の通信の秘密も、通信によって明白かつ現在の危険が生じる場合には内在的制約に服すといい得る。しかし、それ以上に、公共の福祉という一般条項によって制約されるという根拠はない（奥平康弘「いま市民的自由を語る意味」法律時報七一巻一二号四頁）。したがって、被拘禁者と家族などとの信書の発受も、その身分によって当然に制限されるべきものではない。本来的には、逃走のおそれなど、拘禁目的を害することの明白かつ現在の危険がある、よほどの事情のある場合にのみ、制約に服すると考えるべきである。もっとも、憲法学の多数説は、内在的制約論に立っている。

そこで、かりに内在的制約論に立脚して未決拘禁者の信書の発受に対する制約について考察をめぐらしてみよう。この点における内在的制約は、せいぜい未決拘禁の目的との関係で考えられなければならないであろう。この場合、未決拘禁の目的には、捜査目的は含まれない。逮捕については、いささかの議論があるが、勾留は取調べ目的などの捜査の目的で認められるものではなく、あくまでも、裁判のための身柄の確保にあるというのが、通説的理解である。この理解からするならば、逃走の防止というのが、未決拘禁の本来的目的である。罪証隠滅のおそれは、逃走のおそれを徴表する限りにおいて勾留の理由たりうるが、それ以上ではないと解すべきことになる。このような理解は、実は、前述の刑訴法制定議会における議論において強く主張されたところである。罪証隠滅のおそれを勾留の理由にしたり、権利保釈の除外事由にすることに、衆議院司法委員会において強い疑問が出されていた。

罪証隠滅に関わる要件を独立の勾留理由として認めるとしても、それは単なる「おそれ」ではなく、罪証を隠滅する相当な根拠が客観的・具体的に示されることを要するとする学説の多数の見解は、そのような議論を背景にして、罪証隠滅要件をできるだけ制限しようとするものである。

先に刑訴法の制定過程における議論との関係で触れた被疑者・被告人の自己弁護権という観点からするならば、被疑者・被告人が自らの弁護のために捜査や公判対策を考えるというのは当然のことである。もちろん、証拠の偽造や証人威迫などの違法に及ぶ行為は禁じられるが、共犯者間で戦術を打ち合わせるということは、それ自体殊更違法なことではなく、自己弁護権行使の範囲に属している。いわゆる「通謀」ということで、こうした行為を罪証隠滅行為として扱うというのは、被疑者・被告人の自己弁護権に対する無理解に発している。共犯者間においては、常にアリバイ工作などの違法な証拠隠しや証拠捏造があるというのは、根拠のない憶測であって、そのような憶測の上に立って罪証隠滅要件を考えるならば、被疑者・被告人の防禦権保障は絵に書いた餅のように儚いものに終る。刑訴法はそのようなものとして被疑者・被告人の権利を保障しているわけではない。

刑訴法三九条における弁護人との通信交通権の保障は、被疑者・被告人の自己弁護権を補完・補強するものとしてある。この通信交通において、被疑者・被告人は弁護人からの情報やアドバイスを受けつつ、弁護人と相談して弁護方針を立てる。その際、共犯者の動向も、被疑者・被告人と弁護人が弁護方針を立てる上からは重要な情報であって、このような情報伝達やその分析を捜査側に知られることなくできるということであってはじめて、防禦権は保障されることになる。

2　このような観点から被疑者・被告人の信書の発受に関わる監獄法、同法施行規則の規定を見た場合、一般的に信書の発受を検閲し、回数その他の制限をするというのは、上記の未決拘禁の目的による制限以上のものである。前述したように、憲法三四条は、被拘禁者を交通遮断の状態（incommunicado）に置いてはならないことを保障しており、その中核に弁護人との接触の保障があると考えられるが、それと同時に、家族等との接触も保障していると考えるべきである。そうだとするならば、拘禁目的との関係において未決拘禁者の通信の秘密が制約されるとしても、他方において、一定の交通権の確保を行なわなければ、憲法の要請に反することになる。その点においても、一般的に信書の検閲を認める監獄法施行規則の規定は、憲法違反の疑いがある。

さらに、検閲の禁止が絶対的であることは、判例も認めるところである。監獄法施行規則一三〇条の「信書の検閲」は、憲法の禁止する検閲にはあたらないという判例もあるが、それは、憲法上の検閲を不必要に限定して解釈した結果であって、そうした解釈に根拠があるとは考えられない。すなわち、これらの判例は、検閲とは「思想の発表を事前に検査して、それを制限したり禁止する行為」であって、被収容者という限られた範囲の人たちの信書の検閲はこれにあたらないとする。しかし、信書の発受行為は当事者間において限定されているとはいえ、一定の思想の表明である。その表明が一定の範囲に限定されているか否かは、検閲としての性格を考える上からはまったく関わりないことである。

3　かりに、この場合の検閲が思想の事前チェックではなく、その意味において憲法上禁止されている検閲にはあたらないとした場合にも、それはあくまでも施設における収容目的達成の範囲内で許容されるに過ぎない。それ以上に、捜査上の必要性から信書の検閲を行なうということは、刑事施設の長の権限の範囲を超え違法である。警察官や検察官が直接未決拘禁者の信書の検閲を行なう権限はもちろんない。

刑訴法一〇〇条一項は、被告人から発し、または被告人に対して発した郵便物の差押えと提出について規定している。しかし、この条項は捜索については触れていない。通信の秘密との関係からは、この条項は限定的に考えるべきである。したがって、被告人の発受する郵便物の差押えはこの条項によって認められるが、捜索については認められていないと考えなければならない。

刑訴法一九七条二項の認めている公務所等への照会は、一〇〇条一項との関係においては、被告人の通信の秘密を侵害しない限りにおいてのみ、認められるに過ぎない。被告人の信書の発受状況の照会は、発受信者の氏名に限ったとしても通信の秘密を害することになり、実質的には捜索であり、刑訴法一〇〇条一項が郵便物の捜索を認めていないという見解を採るならば、令状をもってしても許されない。同条項が捜索を認めていると考えたとしても、捜索令状によらない限りは、捜査機関が被告人に関する郵便物の発受信者を被告人の承諾なしには探知することはできない。このような照会を受けた機関が、被告人の承諾なしにその照会に応じるのは、明らかに違憲・違法な措置である。その場合、信書の内容の記録箇所の粗密は問題でないことはもちろんである。

四　結論

1　刑事施設に拘禁されている被疑者・被告人と弁護人との信書の発受の検閲は、憲法二一条二項前段の禁止する検閲に当り、さらに、秘密交通権を保障した刑訴法三九条一項に違反し、ひいては憲法三四条に違反する。

2　刑事施設に拘禁されている被疑者・被告人の信書の発受に関する検察官からの刑事施設に対する照会は、被疑者・被告人の郵便物の捜索に該当し、刑訴法一〇〇条の趣旨に違反し、憲法二一条二項後段に保障する通信の秘密を害し、憲法三五条の令状主義に違反する。したがって、こうした照会に対して、施設長がした信書の発受状況の報告は、憲法二一条に違反する。

3　弁護人との信書の発受状況の照会および報告は、検察官がそのことを殊更に意図したか否かに関わらず、上記2に加えて、憲法三四条および刑訴法三九条に違反する。

以上

証言録（H）

1999（平11）年12月2日

速記録（平成一一年一二月二日　第六回口頭弁論）
事件番号　平成一〇年（ワ）第一三九三四号
証人氏名　H

被告指定代理人（谷岡）

（速記録末尾添付書面〔本書四一二頁収録〕を示す）

――その図は大阪拘置所の組織図ですか。

はい、そうです。

（乙第一〇号証を示す）

――その陳述書は、あなたが作成したものですね。

はい。

――その記載内容に間違いはありませんか。

ありません。

――あなたの経歴は、陳述書添付の別紙経歴表のとおりですね。

はい、そうです。

――その経歴表によると、八番の平成七年四月一日から九番の直前の平成一〇年三月三一日までの間、大阪拘置所で書信担当として勤務されていたんですね。

はい。

――書信担当、あるいは書信係というものはどういうものか、簡単に説明してください。

書信係というのは、大阪拘置所の処遇部処遇部門に属し、被収容者の発受する信書を検閲し、発送及び交付の事務を執り行っています。

――ところで、陳述書の二ページによれば、あなたが書信係として勤務していた当時は、書信係はあなたを含めて一一名いたのですね。

はい。

――あなたは主任矯正処遇官ということですが、職名は何になるんですか。

いわゆる係長です。

――そうすると、書信係一一名の中で、あなたは書信係の業務全般について把握していたとお聞きしてよろしいのですか。

はい。

――ちなみに、あなたの直接の上司は統括矯正処遇官になるのですね。

はい、そうです。

――統括矯正処遇官の職名は何になるのですか。

いわゆる課長補佐です。

――ところで、被収容者の発受する信書は、すべて検閲するのですね。

はい。

――検閲した信書の内容は書信表に要旨ということですが記載するのですね。

そうです。

――そもそも何のために検閲をし、書信表に記載すると理解されて

います か。

検閲及び記載については、いずれも被収容者の身柄の確保と施設の規律、秩序の維持の観点から、監獄法及びその委任を受けた監獄法施行規則に基づいて行っています。

——被告人と弁護人との間で発受される信書についても、その内容を確認し、書信表に記載するのですね。

はい、そうです。

——弁護人との間の信書を検閲するのも、先ほどおっしゃったような目的からということになるんでしょうか。

基本的には同じです。ただ弁護士と刑事被告人との信書のやり取りについては、身柄の確保や規律、秩序の維持の観点というのでは、余りそういうような問題はなかったです。しかしながら、弁護人との発受に関して同封物等があり、例えば弁護人発信に関して第三者の物を入れてきたり、又は弁護人から同封物でお金や切手が入っていたりする問題等などの観点から検閲していたということもありました。

——同封物等とおっしゃったんですけど、等というのは物に限らずということですね。

そうです。

——例えばどういう。

弁護士あて発信に関して違う人の手紙を同封していたりとかいうことです。

——弁護人からの手紙に第三者からの信書が同封されていたりということですね。

そういうことです。

——逆の場合もあり得るわけですね。

はい。

——被収容者から弁護人あての信書の中に第三者あての信書が同封されるということですね。

はい。

——それ以外に、弁護人自身からのものかどうか実際に確認する必要があるということはないんですか。要するに、第三者が弁護人の名前をかたるということはないんですか。

いいえ、それもあります。

——今言われたのは、同封物とか、それから弁護人の名前をかたって第三者が送ってくることもあるということなんですけど、弁護人自身の信書の中とか、それから弁護人あての信書の中に、やはり参考となるというか、先ほどの観点から検閲する必要性というのがあるのでしょうか。

あります。

——それはどういうことですか。

それは、被告人から弁護士あてに心情を吐露する部分、例えば自殺を示唆するような内容を記載していたり、又はその逆で、弁護士から来た中に、被告人あてに離婚話や、そういう家族の身内の安否等を記載していることがあった部分です。例えば父親が亡くなったとか、そういうのが弁護士から連絡があったということです。

——そういう事項が参考になるということですね。

そうです。

（乙第八号証、乙第九号証を示す）

——それは、大阪拘置所において作成されたAさんとBさんの書信表ですね。

はい。

――書信表は被収容者ごとに編綴されているのですか。

はい、そうです。

――信書を検閲した場合は、必ず書信表に記載するのですか。

はい。

――だれが記載するのですか。

当該信書を閲読した職員が記載しています。

――乙第八及び九号証を見ると担当者の欄に押印がありますが、それが当該書信を閲読し記載した職員ということになるのですね。

はい。

――実際に信書を閲読する者は、どのようにして決められているのですか。

大阪拘置所の舎房別に担当する職員を原則として決めています。

――それは書信係一〇名が決められているということですね。

そうです。

――あなた自身は担当舎房は決まっていないのですね。

決まってません。

――そうすると、各舎房ごとに担当書信係は一定しているのですね。

原則として一定してます。

――そうすると、被収容者が舎房を移動すれば担当者も替わるのですね。

そうです。

――ある一つの信書を閲読するのは当該信書を担当する職員一名だけですか、それとも複数の職員が閲読するのですか。

原則として一名です。ただその当該信書について、例えば読みにくい文章とか記載されている疑義がある文章については、私又は統括矯正処遇官等が閲読します。


――検閲の結果、信書の内容によっては、その発受を制限することがあるのですね。

はい。

――発受の制限については、陳述書の三ページの２に記載されているところですね。

はい、そうです。

――その発受を許可するか制限するかについては、書信係が判断するのですか。

いいえ、許可する分については、書信係が閲読し何ら問題ないものについては統括矯正処遇官が判断し、代決の許可をしてます。

――代決というのは、所長決裁の代決という意味ですか。

そうです。

――じゃあ、不許可の場合はどういうふうになるのですか。

不許可については、書信係が閲読して、その信書がおかしいというふうに判断した場合は、書信係長である私及び統括等、またその上の上司に判断を仰いでいます。

――最終的にはどなたが判断するのですか。

最終的には所長の判断です。

――書信表には、許可、不許可の欄がありますが、そこにはだれが押印するのですか。

許可の欄については統括矯正処遇官が代理印を押してます。

――不許可の場合は。

不許可の場合は次席矯正処遇官が押してます。

――先ほど決裁は所長が決められるということでしたよね。

はい。

――だけど、書信表決裁欄には次席処遇官が代理印を押す。

　はい、不許可の場合は。

――そうすると、不許可する所長の決裁というのは別の書面で得ているわけですか。

　そうです。

――書信表の欄で決裁しているんじゃなくて、別の書面で決裁をされているんですね。

　はい。

――A及びB被告人の発受する信書について、削除、抹消を行ったことはありますか。

　ありません。

――書信表への記載要領についてお聞きします。信書の内容のすべてを記載するのではないのですね。

　はい。

――陳述書の四ページの2に記載しておられるように、信書の要旨を簡潔に記載するということですね。

　はい、そうです。

――書信表以外に信書の内容を記載することはありますか。

　はい、まれにあります。

――何に記載するのですか。

　視察表に記載しています。

――視察表に記載するのはどのような場合ですか。

　心情の変化に大きな差異が見られたときとか。

――信書の内容でですね。

　はい。

――そういう影響を及ぼすような事項があった場合に視察表に書かれるということなんですね。

　はい。

――視察表に記載するかどうかはだれが判断するのですか。

　私を経由して統括矯正処遇官が判断してます。

――視察表に記載した場合は、書信表の当該要旨欄に視察表記載と朱書きするのですね。

　はい、そうです。

――A及びB被告人の発受する信書について、書信表以外に視察表に内容を記載したことはありますか。

　ありません。

――本件書信表の要旨欄に視察表記載と朱書きされたものは全くありませんね。

　はい。

――信書の内容の記録についてお聞きしますが、書信表、視察表以外に、信書のコピーやメモ、あるいはワープロなどのフロッピー等に保管していますか。

　していません。

――書信表自体はどこに保管しているのですか。

　書信表は書信業務を執り行う事務室です。

――ところで、先ほど証言されたように、監獄法の委任を受けた監獄法施行規則ですが、その一三九条によれば、処遇上その他参考となるべき事項を記載することとされていますね。

　はい。

――これに基づき、書信表、視察表に要旨を記載しているということでよろしいのですね。

　はい、そうです。

――その処遇上その他参考となるべき事項というのは、処遇上参考となるべき事項と、その他参考となるべき事項とに分けられますけれども、まず処遇上参考となるべき事項とは、どのようなものを指すのですか。

我々刑務官が処遇する上で参考となる事項ということです。

――具体的にはどういうことですか。

具体的には、処遇の変化とかを来した場合です。というのは、心情の吐露をしている部分、例えば死にたいだとか、別れ話を抱えているとかいう、心情の変化を記載した内容が処遇上参考となる事項ということです。

――被収容者の心情の把握ということが処遇するに当たっては重要ということなのですね。

そうです。

――それで、そういう心情の吐露の部分などに特に処遇上参考となる事項があるということなんですね。

はい、そういうことです。

――では、その他参考となるべき事項とは、どのようなものを指すのですか。

処遇上参考となるべき事項以外で、例えば暴力団による抗争関係、例えばあの収容者ともめているとか、そういう内容があれば、その他参考となる事項に当てはまります。

――それは被収容者本人の処遇とは直接関係ないけれども、施設管理上参考となるという意味ですか。

はい、そういうことです。

――処遇上その他参考となるべき事項がない信書というものはあるのですか。

それはありません。

――それはどういうことからですか。

収容者が手紙を出すこと自体も処遇上参考となるべき事項なんです。例えば手紙出すことは心情的に安定していると、そういうふうな形で受け取ってます。

――いつだれに出したとか、いつだれからもらったとか、そういうこと自体も参考になることなんですね。

そうです。

――弁護人と被告人との信書の発受に関する取扱いについて伺いますが、これらの信書についても一般の信書と同様に検閲や書信表への記載をしているということでしたね。

はい。

――弁護人と被告人との間の信書であるということで特に配慮していることはありますか。

それは、弁護人の弁護権と刑事被告人の防御権等に配慮して、例えば刑事事件の打合せなんかは具体的に記載しないようにしています。

――それは書信表への記載についての配慮ですね。

はい。

――そのほかにどのような点について配慮していましたか。

とにかく早くしろと、迅速な処理です。

――早くしろというのは。

早く検閲して、早く交付しようとか、そういうことです。

――陳述書の一〇ページの４に記載されている点ですね。

はい、そうです。

――それから、削除、抹消についても配慮しているということが陳述書の八ページの２に記載されていますが、そのとおりですか。

はい。

原告本人（髙見）

──証人は、平成七年四月一日から大阪拘置所の処遇部処遇部門主任矯正処遇官書信担当に配置になっていますね。

はい。

（乙第一〇号証を示す）

──経歴表を示しますが、七のところの平成五年四月一日の仕事内容はどんなことをするのかということを教えてください。

これは現場の収容者の指導監督をしていました。現場というと、舎房の担当のその上の係長という仕事です。

──その主任矯正処遇官処遇担当の際に、本件で問題となっていますけれども、検察官にあてて捜査照会に答えるというようなことをしたことはありますか。

ちょっと分かりにくいんですけど、捜査照会の担当をしたことがあるかということですか。

──はい。

はい、あります。

──今日、後から証人に出られるYさんの担当部局が、Hさんがこの陳述書の経歴表の七におられたときの担当部局になるわけですか。

そうですね、はい……ちょっと待ってください。違います。間違いました。

──どこが違うんですか。

Y主任がやってたとこは六番です。七番は現場の処遇担当なんです。七番は舎房担当の上の係長の仕事なんです。六番が今弁護士さんがおっしゃったY証人のところです。

（乙第一一号証を示す）

──添付の経歴表八の部分を示しますが、これが証人の経歴表の七に相当するんじゃないんですか。

いえ、違います。六番に相当する。

──この乙一〇号証の経歴表の七番に「大阪拘置所処遇部処遇部門主任矯正処遇官（処遇担当）」とありますね。

はい。

──それからYさんの経歴表の八、「大阪拘置所処遇部処遇部門主任矯正処遇官（処遇担当）」、これ同じではないんですか。

大きく言うたら同じなんです。ところが中身が違いまして、舎房担当の仕事のその係長をするのと、これが私の七番なんです。

裁判長

──ちょっと分かりにくいですね。名称は確かに同じように書かれているように思うんですけどね。

先ほど舎房別に書信表を分担していると言うてたでしょう。名前は一緒でも職務の分担が違うんです。

原告本人（髙見）

──先ほどの質問の続きになりますが、Hさんの御経歴中に、検察官から捜査照会ということで、拘置所のほうに収容者が発受している書信の内容、あるいは、いつ、だれに発したかどうかということについて照会が来たことがありましたか。

はい。

──じゃあ、それに対して、答えをされたこともあるわけですね。

はい。

（甲A第一号証を示す）

――これは本件訴訟で問題になっている照会回答書なんですけれども、証人が今までの御経歴中にも、こういうふうな、収容者の発受した信書について、いつ、だれに出したか、それからその内容について記載したものを捜査照会に対して答えたことがありますか。

ありります。

――その際、この甲A一号証と同じような形でお答えになりましたか。

ちょっと忘れました。

――その際に、この書信の内容についても記載をしたという記憶がありますか。

あります。

――書信の内容については書信表から転記したということになるわけですね。

そうです。

――証人が一番初めに書信係になったのは、職員になられてから何年目くらいのことですか。

昭和五四年です。

――そうすると…。

書信の仕事じゃなしに、書信係ですか。

――はい、書信係。

書信係は平成七年の四月一日、係長が一番最初です。

――そうすると、書信係というか、収容者の書信を検閲する仕事をした一番最初が平成七年の四月ということなんですか。

じゃないです。一番最初に検閲した業務については昭和五四年に検閲したことがあります。

――そうすると、証人は昭和五四年に看守を拝命されていますから、一年目から検閲業務に関与されていたことがあるということなんですね。

関与というか、検閲したことはあります。

――平成七年四月一日以降、書信担当の主任矯正処遇官になられていますが、そのときに部下の方が一〇名おられたということですね。

はい。

――一番若い部下の方は、拝命後何年目くらいの方でしたか。

はっきり覚えてないですけど、拝命後一〇年くらいだったと思います。

――もっと若い方おられなかったですか。

はっきり覚えてません。

――証人が書信係という仕事に就いたのは、拝命後何年目だったですか。

平成七年ですから、一六年くらいですかね。

――私がお聞きしたいのは、要するに、検閲をして書信表に転記をするという仕事をしたことの一番最初は拝命後何年目くらいだったですかということをお聞きしたいんですけど。

一年くらいでもうやってます。

――検閲して書信表に転記をするという仕事をする場合、何かだれかから研修を受けるとか、指導を受けるということはありましたか。

はい。

――どんな内容でしたか。

私の場合は、上司又は先輩から教えていただいて、プライバシーの保護等かんがみて、できるだけ早く検閲してという形で教わり、後ろから読んだりとか、斜め読みをしろとか、いろんなことを教わりました。

——後ろから読むということですか。

はい。

——それはなぜですか。

それは、被収容者というのはいかなる手紙を書くか分からないと、暗号等を記載する分もあるしというような事柄で教わりました。

——斜め読みですか。

はい。

——それはなぜですか。

それも暗号等に結び付くというようなことでした。

——ほかにはどのような指導を受けたことがありますか。

ほかに、封入物は特に気を付けとか。

——それは、いわゆる仕事をする中で、実務上の指導を受けるというような形になるわけですね。

そうです。

——何か書信を書信表に記載するについての特別な研修とか、そういうものはないわけですか。

それは職務研修会というのがありまして、そこで、例えば書信をどのくらいの時間で読めるかという形でいろいろします。弁護士さんと刑事被告人との手紙のやり取りについて、こういうところはさらっと流すというような感じでとか、いろんなことをやりました。できるだけ早く迅速に処理するとか、職務研修会を通じて、みんなで勉強会という形でやっていました。

——その研修の内容としては、いわゆる実務的にどういうふうに記載するのかということが主になるわけですか。

いいえ。

——私よく分からないんですけど、どういう研修を受けるんでしょうかね。

自分らで研修をやるんです。書信係一〇名と私で一一名で研修、いかに早く検閲するにはどういうふうにやったらいいかとかいうふうな形で、応援をしようとか、そういう形で研修したりとか。

——それはいつごろされましたか。

いつごろって、二箇月に一回くらいは研修やったりしてます。

——それは、証人が主任矯正処遇官書信担当になって以降のことですか。

はい。

——憲法上こういう問題点があるとか、刑訴法上こういう問題点があるよというようなことの研修は受けるんですか。

いえ、それは分かりません。

——監獄法上こういう問題があるよというような研修を受けますか。

監獄法上と言いますと、どういうことですか。

——どういうことか分からないですか。

契印を押すとか、そういうことですか。関係法令に基づくようなという意味ですか。

——そしたら、検閲する根拠は、どこの法律の何条に書いてあるということは教えてもらいましたか。

いえ、それは関係法令に、拝命したときから検閲はすることというふうに習って、私もそういうふうに指導していました。

——じゃあ、今の証人の認識として、検閲をする根拠法、あるいは条文というものは出てきますか。

条文まで出てきません。関係法令に基づいてというだけです。

——何法に書いてあるかは分かりますか。

監獄法。

——それだけですか。

私の記憶ではそれだけです。

——国際人権規約上どういう問題点があるかということを研修したことはありますか。

いいえ、ありません。

——先ほどからの証言ですと、弁護人との信書についてはさらっと流せというようなことを教えられたということですね。

はい。

——それ以外には何か注意点はありましたか。

とにかく早く処理して早く交付しろと、だから、さらっと流すようになってくると。

——この訴訟が起きて以降、書信表の記載方法について研修がありましたか。

分かりません。

——書信表にどのように記載するかについての準則はあるわけですか。

いいえ、ありません。

——書信表に記載する方法についての通達があるのを知っていますか。

ちょっとすいません、ちょっと分からない。

——通達があるのを知っていますか。

書信表に何ですか。

——書信表にどのように記載するのかということについての通達があることを知っていますか。

いいえ、知りません。

（乙第三号証を示す）

——これは、今まで御覧になったことありますか。

はい、見たことはあります。

——見たことはあるけれども、先ほどの証言だと、書信表に記載するについての通達があることは知らないという御証言でしたね。

忘れました。

——じゃあ、今見たら、こういうのを見たことはあるなということは思い出したというレベルですか。

はい。

——そうしましたら、この通達の二枚目、(9)のウのところを見ていただきたいんですが、こういう通達、ウというのがあるということは、今お読みになれば今までにも見たことがあるということですか。

はい。

——「書信の要旨の欄」というのがありまして、「書信の要旨を簡潔に記載すること」とありますね。

はい。

——書信の要旨というのは何なんでしょうか。

例えば、収容者から発信する又は受信で来る手紙には便せん七枚くらいが入っております。それを七枚丸写ししていたら時間がなんぼあっても足らないと、そういうことで要旨で一、二行にまとめと、要約しろという内容です。

——その下に、「なお、処遇上参考となるべき事項があった場合には、本欄又は視察表に記載すること。」とありますね。

はい。

——この処遇上参考となるべき事項がなかった場合はどうするんですか。

そんなものはありません。

――そんなものはないんですか。

はい、手紙の中には、便せん五枚でも一枚でも、一枚の中には処遇上参考となる事項がある。

――監獄法施行規則一三九条という条文の内容については、どんなことが書かれているかというようなことは分かりますか。

いえ、ちょっと忘れました。

――先ほど被告指定代理人の質問の中で、監獄法施行規則一三九条に基づいて記載しているということですね、そしてその中には、処遇上参考となるべき事項と、その他参考となるべき事項に分けられていますがという質問があって、それに対してお答えになっているんですけどね。

はい。

――その処遇上参考となるべき事項が何なのかということはさっきお答えいただきました。それから、その他参考となるべき事項が何なのかということもお答えいただきました。これはいつから御存じでしたか。

拝命して……ちょっと忘れました。多分拝命して初等科研修に研修所行ってからだったと思いますけど、いつからというのは忘れましたけど、昭和五四年か五五年くらいだったと思います。

――その一三九条の中に身分帳簿という言葉が出てくるんですが、それは知っていますか。

はい、知ってます。

――身分帳簿というのは何ですか。

私の思うに、いわゆる被収容者のファイルみたいな感じと思うんですけどね。

――被収容者のファイルとおっしゃったんですか。

ファイルみたいな感じの、ファイルという表現はちょっとおかしいかな、分かりやすく言うたら何ですか……。

――大体言いたいことは分かるんですけれども。

名刺というのかな、そんな感じの、名刺だったら少ないですわね。履歴書みたいな感じ、そんな感じの処遇上参考となるような事項を書いているノート。

――この書信表とか視察表というのは、身分帳簿の一部ということになるわけでしょうか。

そうです。

――この書信表、視察表以外に、先ほどおっしゃった被収容者のファイルみたいなもの、あるいは履歴書みたいなものとして残しているものにはどんなものがあるんですか。

健康審査簿とかありますね。身長が何センチだとか、体重何キロだとか、人相表みたいな感じですね。

――健康何とおっしゃったんですか。

はっきり覚えてないですけど、健康審査……審査表。

――ほかにはどんなものがありますか。

……ちょっと覚えてないです。

――だれが面会に来て、どんなことを話したかというようなことを記録するものもありますか。

はい、接見表。

――弁護人がいつ接見に来て、接見がいつ終わったかというようなことを記載するものもありますか。

あったように思います。

――証人は書信表に記載したことが何らかの形で外部に出るという

可能性があるんだということは認識しておられましたか。

外部に出るというのは、書信表が丸々出るということですか。

――丸々じゃなくて、書信表に記載したことが転記、あるいは要約される等の方法で外部に出るという可能性があることは認識していましたか。

いいえ、ちょっと外部というのはマスコミとか、そういうことですか。

――拘置所以外の機関です。

はい、認識してました。

――外部というのはどういうところですか。

検察庁とか。

――ほかにはありますか。

捜査関係事項の照会のもんで、弁護士と検察庁と、あと警察があったかな、警察はちょっと覚えてないですね。弁護士、検察はありました。

――裁判所はありますか。

裁判所もあったように思います。

――それは、あなたの今までの経験上からして、そういう経験があるということですか。

平成三年のときの職務からです。

（以上　〔裁判所速記官〕大野　弥生）

――新聞や公刊物を収容者が房で読む前に検閲する部局はあると思うんですけれども、ありますよね。

あります。

――それは、どこの部局でチェックするんですか。

新聞は教育……教育だと思います。公刊物も教育だったと思います。それは教育だけというふうにはちょっと理解してませんけれども。

――例えば新聞の記載で、拘置所の処遇にとって阻害要因があるような場合に、塗りつぶしたりするようなこともありますよね。

基本的にはありますね。

――それは、どこの担当がするんですか。

塗りつぶすのは分かりません。それは大阪拘置所が判断して、塗りつぶすんだと思ってますけれども。係は、それ、だれがやるということですか。

――そうです。

係は、教育の職員だと思うんですけれども。

――どういう文言を塗りつぶしたかということは、記録に残るんですか。

新聞のことですよね、ちょっと私そこまでは分かりません。

――質問変えますが、被収容者が信書を発しようとした場合の手続について、ある程度陳述書で書かれているんですけれども、書信係で検閲をする場合は、収容者が書いた手紙が封筒に入った状態で、封はされずに回ってくるんですか。

そうです。

――拘置所から来た手紙に判子が押してありますよね。

はい、検印ですね。

――あれはどこで押すんですか。

それは書信係が押します。検閲した職員が押します。

――検閲をした直後に押すんですか。

そうです、検閲したという印で検印を押すんです。

――要するに封筒に封をするのは、だれがするんですか。

書信係です。

——それから被収容者が外部に発する信書について、一日当たり何回、一回当たり何枚という制約がありますか。

はい、あります。

——その内容教えてください。

一日二通、便せんが七枚以内。

——それ以上の文書、手紙を出そうと思った場合はどうしたらいいんですか。

それ以外に弁護士さんに出すという場合は、特別発信という願箋がありまして、例えば同封物の、手紙便せん七枚でしょう、それ以外に切手を同封するという場合は同封物の願箋を記載して願い出るという形で、だからそれ以外に出す場合は願箋に基づいて願い出るということです。

——書信係が信書を検閲するについて、拘置所には既決囚の方もおられると思うんですけれども、未決囚の方と既決囚の方とで、検閲の体制は違うんですか、同じですか。

基本的には一緒です。ただ既決囚は親族に限るということです。

——発受できる対象が違うだけで、検閲方法については同じであるということですね。

そうです。

——本件の信書については、コピーなどを残したことはないということですけれども、今までに証人の経験上、収容者あて、あるいは収容者から発した手紙について、コピーをしたことはありませんか。

まれにあります。

——どんな場合にするんですか。

それは視察表に記載するような場合、例えば心情の吐露変化で、自殺を示唆するような内容を手紙で書いてた場合、所長に報告する関係上、手紙を同封して視察表に付けられないから、コピーを取って、視察表にコピー添付で回したり、やってました。

——そうすると、その取ったコピーというのは、どこに編綴するんですか。

身分帳に編綴してます、視察表と同じく。

——身分帳というのは、身分帳簿という中に身分帳というのがあるんですか。

一緒です。

——書信表にのりでつけるとかいうことなんですか、それとも視察表というものにのりでくっつけるというようなことなんですか。

のりではくっつけないんです。視察表と同じように編綴してるということだけで、のりではつけてないです。

——所長に見せるため以外に、コピーをしたりしたことはありませんか。

あります。

——どういうためにコピーをしましたか。

私の経験ですか。

——はい。

被収容者が発受する信書の中で、罪証隠滅の恐れがあり、拘置所の判断できない場合は検察官に伺いを立てる意味で、コピーを取ったことがあります。

——そのコピーを取ったものは、検察庁に行くわけですか。

そうです、書類と一緒に検察庁に検察便で持っていってもうて、それで判断していただきます。

——それは拘置所のほうで、何のために検察官に聞くんですか。

罪証隠滅の恐れが多分に認められて、被収容者と、刑事事件まで、例えば覚せい剤だったら覚せい剤の中身までそんな具体的に分かりませんので、それで係の検事さんにお伺いを立てるということで、手紙付けたら手紙なくなる恐れあるから、コピー付けて、その要旨を記載して、こういう罪証隠滅の恐れがあるので、ちょっとお伺いお願いしますという形で持っていくんです。

――罪証隠滅の恐れがあると判断したら、どうなるんですか。

私ですか。

――拘置所としては。

拘置所が検察官にお伺い立てて、それであとは差押えとかいう形で。あとはちょっと分かりませんけど。

――そうすると削除抹消すべきかどうか分からないから、検察官にお伺いを立てるわけではないんですね。

削除抹消……。

――要するに検閲の目的は、その拘置所の紀律、秩序の維持に阻害する要因が信書に入ってはいけないということで、最終的にはそういう部分を発受を差し止めるために検閲するわけですね。

はい。

――それの削除抹消するべきかどうかが分からないから、検察官にお伺いを立てるわけではないわけですね。

そうです、罪証隠滅の場合です。

――それは、例えば特定の収容者について、そういうことがあり得るかもしれないから注意をしろというようなことは言われるんですか。

いいえ、言いません。特定の被収容者と言いますと。

――例えばＡという収容者がいて、この収容者についてはそういうことがうかがわれそうだから。

罪証隠滅の恐れが多分にあるということですか。

――はい、だから罪証隠滅の恐れが多分にあるから、この収容者の手紙については気を付けなさいというようなことを。

いえ、そこまで言うてる時間がないです。もう、何通も処理しなければいけないですから、これとこれはということでは。

――検察庁から、この収容者については、特にそういう恐れがあるから注意をしろというふうに言われたことはないですか。

私はありません。

――あなたの知る限り、ほかの人でそういう指示を受けたことがあるということは知りませんか。

知りません。

――書信表の記載方法について、どういうふうに記載するのかということについて、検察官にお伺いを立てたことはありますか。

ありません。

――拘置所にはたくさんの収容者の方おられて、たくさん手紙書かれると思うんですが、一〇名の職員の方で、一日平均で結構ですが、大体総通何通くらいの信書を。

一人二〇〇、一日二〇〇〇通です。

――一人二〇〇通ということですか。

はい。

――一通当たりに掛ける。

二分三〇秒、私が計算してた段階で。八時間ですよ、これは飽くまでも。執務やって八時間で二分三〇秒だったんです。だからそれを防ぐにはどうするかと言ったら、昼飯を少なくするとか、そういう形で三分四〇秒とか四分くらいになってますけれども、八時間労働では二分三〇秒でした、私やってるときは。

――八時間労働で二分三〇秒で間に合わないと。だから六時間くらいになるということなんですね。

はい。

――被収容者が同じ日に発する信書というのは、書信係の人は連続して読むんですか。

いえ、じゃないです。午前一回、午後一回ですから、連続しては読めません。

――本件の被告人A、それからBの信書の検閲について、この被告人を特別に他の収容者と違った取扱いにしたことがありますか。

ありません。

（乙第八号証を示す）

――乙八号証の平成九年一一月一九日発送という部分、これは発第96号ということになると思うんですけれども、この部分は証人が記載した部分ですよね。

そうです。

――ここには、「自分の調書で言い間違っていた所を書きます。」とありますが、なぜこれを書いたんですか。

もう忘れましたけれども、手紙の中で、要は心情がちょっと変化しているというような形で、言い間違っていたことを書きますということで、心情の変化があるんやなということで書いたと思います。

――これは先ほど言われた処遇上参考となるべき事項であるということなんですね。

はい。

――この記載をするについて、何か配慮する点、気を付ける点等ありましたか。

とにかく早く処理しようというだけで。だから中身まで具体的には記載せずに、多分冒頭だったと思います。

――先ほどの証言ですと、被収容者と弁護人との間の信書の検閲については、ほかの第三者と収容者とがやり取りする信書とは違って、さらっと流すでしたっけ。

はい。

――それからとにかく早くするということを言われたんですけれども、私よく分からないのは、収容者の心情を把握するために検閲をされるということでしたよね。

はい。

――であれば、じっくり読んで、全部何が書いてあるか読まないと、それ分からないんじゃないですか。

その時間あれば、手紙の通数が少なかったら、じっくり読んで、例えば、私これやってますけれども、一一月一九日二通出てるんです。これ二通じっくり読んで、こんなしてたら、九時、一〇時まで掛かってしまうと。そしたら、その日に処理できないと。それは一番迷惑を被るのはだれやと。収容者自身迷惑被ってしまうと。そんなゆっくり仕事してたら、収容者の、余計それがまた処遇する上でおかしくなってくると。

――そうすると時間があれば。

時間内で、できるだけ早く処理すると。

――そうすると時間があればじっくり読みたいところであるが、時間がないから読めないんだということですか。

通数少なかったら、また読めますよね。

――通数が少なくて時間があれば、弁護人とのやり取りでもじっくり読めるということですか。

弁護人のやり取りは、やっぱりできるだけ短くしたほうが、ほかの手紙をゆっくり読めますからね。

――ほかの手紙をゆっくり読むために、弁護人との手紙は時間を短くするということですか。

私はそう思ってます。

――私が思うには、心情把握をするためにはじっくり読まないといけないんと違うかなと思うものですから、弁護人との手紙をじっくり読んでるのではないかと思うんですが、そんなことはないわけですか。

私は早いです。

――で、この記載を見ますと、「言い間違っていた所を書きます。」ということは書いてあるんですけれども、どこが具体的に間違ってたかということは書いてないんですけれども、それは何か理由があるんですか。

それは私は刑事事件まで踏み込む必要はないと判断してるから、書きませんでした。

――刑事事件で、何が争点になっていたのかということは、知っていましたか。

知りません。

――調書に言い間違いがあったかどうかが争点であったとすれば、これは争点についての記載になりませんか。

分かりません。

――分からないですか。

そこまでは私考えずに書きました。

――ただね、公判廷での争点が、調書に言い間違いがあったかどうかということになっていたとすれば、正に争点についての記載になっていることは、あなたこれ見て分かりませんか。

そのときは何も考えずに。

――書信係官として、信書の内容をどのように記載するのかということを判断するために、この収容者が今刑事裁判で何を争っているのかということを、上司とか検察官に聞いたことがありますか。

ありません。

――次に乙第八号証の一〇月一三日発第43号の部分を示しますが、これも証人が記載した部分ですね。

はい。

――「僕は元気です。」という点が、これも処遇上参考となるべき事項ということですか。

はい。

――なぜ処遇上参考となるべき事項なんですか。

文章のとおりで、元気やということで、何も問題ないんやということが処遇上参考となる。至って元気やと、それは処遇上、この収容者は何ら問題ないんやなということが処遇上参考になると。

――次の「事件の事書いていく。」について、これはなぜ処遇上参考となるべき事項なんですか。

……その当時のことは、私はっきり覚えていませんけれども、今これ読んだ段階では、ちょっと事件のことで悩みがあるんだなというような感じを受けますけれども。

――次、「Bは運転席に座わっていた。」、これがどうして処遇上参考となるべき事項になるんですか。

先ほども言うたように、元気である反面、悩みを持っているんだなと。Bは運転席に座るということは、Bって共犯ですよね。

――そうです。

　何を言いたいのかちょっと分かりませんけれども、事件のことを書いていくということは、事件のことで悩みを持っているんだなと。元気な反面、悩みもあるんだなということで。

――なぜこういうことを書いたのか分からないというのは、収容者がどうしてそういう手紙を発したか分からないという意味ですか、それともあなたの書いた意味が、今読んでも分からないということですか。

　収容者がこういうことで悩みがあるんだなということで、弁護士さんに悩みを打ち明けているんだなという感じで書いたと思うんです。

――この記載をするについて、相手が弁護人であるということによって、何か考慮とか配慮はしましたか。

　迅速に処理すると。

――書く内容については配慮はしましたか。

　当然防御権、弁護権の絡みが。

――どのように配慮したんですか。

　具体的に刑事事件の内容なんか、事件のこと書いていくだけで、そんな具体的な記載はしないというふうにはやってます。

――あなたは、これは事件のことの具体的な意味ではないと考えるわけですか。

　はい。

――でも、「事件の事書いていく。」と、あなたが書いているわけですよ。

　はい。

――「Bは運転席に座わっていた。」と書いてあるわけですよ。これでも事件についての記載ではないとおっしゃるわけですか。

　私は刑事事件は分かりません。

――刑事事件は分かりませんというのは、刑事裁判のシステムが分からないということですか。

　中身が分からないということです。

――争点が何だか分からないということですよね。

　はい。

――でも、記載ですね、「事件の事書いていく。Bは運転席に座わっていた。」という記載が事件の中身についての記載だということは分かりませんか。

　……分かりません。

――分かりますか。

　分かりません。

――運転席にだれが座っていたのかということが刑事裁判の争点であるかどうかということの可能性について、どういうふうに判断していました。

　可能性と言いますと。

――もしかしたら、運転席にだれが乗っていたのかということが刑事裁判で争点になっているかもしれないなとは思わなかったんですか。

　思いませんでした。

――どうして思わなかったの。

　どんな収容者でもですけれども、そこまで細かく刑事事件のこと知りません。

――収容者の刑事事件の内容知らないのは分かりますが、だれが運転席に乗っていたのか、すなわち収容者本人なのかBなのか、どっちが運転席に乗っていたのかが問題となっていたかもしれないことは分かりますよね。

　いや、問題になっていたかどうかは分かりません。

――だから問題になってたかどうか分からないんだから、それが争点になっていた可能性も否定できないでしょう。

　…………。

――お答えがないようですので。

　いや、それが争点かどうか、ちょっと分かりません。

――あなたは先ほど私の最初の質問に対して、書信表の記載内容がそのまま出るわけではないけれども、それを引用するような形で検察庁とかに出る可能性はあるということは認識していたとおっしゃいましたよね。

　はい。

――あなた現実にそういう作業に従事したことあるんだから。

　はい。

――であれば、この記載内容が検察官に知れることになるかもしれないよということは分かるわけでしょう。

　そこまで考えて記載しません。とにかく二分くらいで処理していかなあかんから、ちょっと分かりません。

――質問ちょっと変えますが、今まで書信の検閲をした際に、要旨の記載をしなかったということはないわけですね。

　ありません。

――今までの経験で、証人が検閲をした信書の数というのは、トータルで何通くらいになるんでしょう。

　ちょっと覚えてません。

――もう万を超えるのは間違いないですね。

　それは間違いないですね。

――その経験上、弁護人あての信書の中に、実は私がやりましたという趣旨の記載見たことがありませんか。

　覚えてません。

――実は私がやりましたというような記載があったら、どういうふうに書信表に書くかということについて、研修なり上司から指導を受けたことはありますか。

　……ありません。

――必ず要旨の記載をしなければいけないということでしたよね。

　はい。

――手紙の中に、実は私がやりましたという一文だけがあったらどういうふうに記載するんですか、書信表には。

　その一行だけですか。実は私がやりましたでいいと思います。

――そのまま書くしかないわけですよね。

　はい。

――弁護人あての手紙の中に、争わないで認めたほうがいいんでしょうかというような記載があったことはありますか。

　ちょっと覚えてないです、そこまで細かく……。

――その弁護人の刑事裁判に対する方針と収容者の方針が違っているなというようなことがうかがえるような記載は見たことありますか。

　あります。

――例えばどんなことを書いてあります。

　このまま務めに行こうとか思ってるとか。

――それは。

　弁護士さんあてに出す分で、このまま務めに行こうと思ってますというような内容とかは多いです。

――弁護人の方針と被収容者の方針が違ってるというようなことは。

それはちょっと分かりません。

――弁護士あてに、先生は全部認めろと言うけれども、私は法廷では否認したいというようなこと書かれてるようなことありませんでしたか。

そんなんはないと思いますけど。

――乙八号証の一〇月三一日から一一月五日についての記載である分を示しますが、一〇月三一日に発72とありまして、これは弁護人あての手紙じゃないですけれども、弁護士の先生の件、もう少し考えてみますという記載があるようですね。これは証人が記載してないんですけれども、それからその一一月四日のところに「高見先生も私選にしてOY済まんけどどうにか考えといてな。」という記載ありますね。次の日にOY、これは収容者の妻ですが、「弁護士かえてどうするの?」というような記載がありますね。で、その次に弁護人あてに「才判でははっきりさせて下さいよろしくお願いします」というようなこと書いてあるんですけれども、弁護人との関係をどうしようかとか、保釈のこととか、そういうような記載がされてるのはどうしてなんでしょうかね。

……保釈はということは……これなんかは奥さんから来たやつで、ちょっと分かりませんけれども、これは保釈ですか、裁判ではっきりさせてくださいというのは。

――今これはと言われたのは一一月一四日弁護人あての分で、これは保釈じゃないですけれども、一一月一九日の、これは証人が検閲したOYあての手紙ですけれどもね。

保釈したいというのは、いわゆる拘置所の生活しんどいんやなというような感じで、保釈を先生に頼んでみようという、かなり拘禁生活がしんどいんやなというような心情の部分だと思って、記載してます。

――全般的に見ると、裁判についてどうするかとか、弁護士どうするかとか保釈のこととか、裁判に関する記載がいやに多いというような気はしませんか。

どうですかね……私思うに、やっぱり刑事被告人は入ってるということは、裁判のことか家族のことくらいしか考えないから、当然裁判のことの記載は多くなると思います。全般的に多いです。

（以上〔裁判所速記官〕矢野　治美）

（乙第八号証を示す）

――一一月一九日の欄、一番上の部分「保釈金は高見先生に頼んでみる。」ということで、被告人がOYにあてた手紙を、証人が検閲されていますよね。

はい。

――この「保釈金は高見先生に頼んでみる。」という記載は、どういう意味でしょうか。

……Aがお金ないんやなと、お金にちょっと苦労しとる部分があるんだなという感じで書いたと。要は、領置金の所持とか、そこら辺だなと、所持金が少ないんだなと。

――収容者が、お金に困っているんだなということが分かるということですか。

はい。

――「保釈金は高見先生に頼んでみる。」というのは、どういう意味でしょうか。

だから収容者がお金に困っていて、保釈金がないので高見先生に工面してもらうという意味で記載したんではないですか。

――では、証人はこの記載を、保釈金が少ないので、保釈金を弁護人に工面してもらうように頼んでみるということを書いたものだというふうに理解をして、このように書いたわけですか。

はい。

――それが処遇上参考となるべき事項ということですか。

はい。

――なぜですか。

家庭が困っているんだと。

――「家庭が困っている」ということが、処遇上参考になるという事項ですか。

はい、心情に、ちょっと、やや不安があると……お金に困っているということは。

――では、証人としては、保釈金の足りない部分を、弁護人である髙見秀一が立て替えるように、収容者が頼んでいるんだなと理解したということなのですね。

はい。

――視察表のことについてお伺いします。この収容者Ａについては、本件で出ております書信表の後で、視察表に転記をしたようなことはありましたか。

…………。

（乙第八号証を示す）

――これは平成一〇年一月九日で終わっているので、これ以降三月三一日まで証人が、この仕事をしておられる……。

いや、ちょっと記憶にありません。

――記憶にないですか。

はい。

――書信表に転記するか否かは、だれが判断するのですか。

……私を経由して統括矯正処遇官です。

――統括矯正処遇官は、その書信表の記載を見て視察表に書くかどうかを決めるのですか。

……私の報告です。

――一般的に、視察表への記載をする割合というのは、もちろん収容者によっても違うと思いますけれども、大体、信書何通につき一通くらいだとかというのは分かりますか。

いや、二〇〇〇通に一通あるかなしか……だから一日一通あるかなしかです。

――それから書信表の決裁ということについてお伺いします。

（乙第八号証（原本）を示す）

――これで決裁者の判子というのは、どこに押してあるのですか。

…………。

――各欄の左側で許可・不許可という欄の、どちらかに判子を押している、これが決裁者の判子ということになるわけですか。

はい。

――この決裁者の判子というのは、いつ押すのですか。

……午前一回、午後、回数はちょっと忘れましたけども、検閲後です。

――先ほどおっしゃった書信係一人につき、一日当たり二〇〇〇通、そうすると一日当たり二〇〇〇通ですか。

はい。

――それが午前、午後の二回にわたっていると、そうすると決裁官は、午前中であれば何通分くらいの書信表に決裁印を押すのですか。

ちょっと統計は取っていないですけども、発信が………大体、一四〇〇、受信が六〇〇ぐらいですね。

——午前中には、その半分くらいということですか。

（うなずく）大体そんなもんやわな。

——まとめて判子を押すのですね。

はい。

——決裁官としては、その書信表の記載を見て判子を押しているということになるのでしょうか。

この記載というのは、そういうことです。

（乙第八号証を示す）

——平成九年一〇月一六日発送、第49号の「別紙添付」という部分を示します。これは電報文を添付してあるということになるのでしょうかね。

はい、そうです。

——二枚ほど後ろに「ファクシミリ電報発信用紙」というのが添付されておりまして、先ほどの「別紙添付」というゴム印になっておりますけれども、この別紙として付けるものとして、NTTの電報発信用紙以外には、どんなものがあるのですか。

これと同封願箋です。

——同封願箋を添付したときには「別紙添付」と書くのですか。

いえ、書きません。同封と書きます。

——この「別紙添付」というゴム印は、電報を出すときに使うのは分かるのですが、ほかに何か使う場面というのはあるのですか。

………これはNTTの電報だけです。これは電報の所に〇をしているでしょう。これはNTTの電報用紙を添付しているんです。

——そしたら、この「別紙添付」というゴム印は、電報を出すときに限って使われるものだということですか。

そうです。電文を書くよりも「別紙添付」のゴム印を押すほうが早いから（うなずく）。

（乙第八号証を示す）

——それから平成一〇年一月一日の部分を示します。「年賀」というゴム印がありますね。

はい。

——これもゴム印ですが、この書信表を作成する際に、こういうゴム印として押すものは、ほかには、どんなものがありますか。

視察表というのも朱書きするんですけど、それをゴム印で一部の職員が持っている場合は、視察表には朱書きじゃなしに、赤のスタンプでピュっと押すと。

——それ以外にもありますか。

………ちょっと覚えてません。

（乙第八号証を示す）

——表紙部分を示します。黄色の紙で平成一〇年八月七日「接見禁止」という記載のある紙が付けてありますね。

はい。

——これは、どういう符箋ですか。

接見禁止になった日が平成一〇年八月七日で………なった日か、ちょっと分かりませんけど、接見禁止中にAがなったんですね。それの関係で保留着信が、接見禁止中は弁護士さんとの手紙のやり取りだけやからという意味で、接見禁止中という意味の印だと。

——この符箋の右上に「10・8・7」と書いてあるのは、平成一〇年八月七日の意味ですか。

はい。

——この符箋を貼った日付が、ここに記載されているということですか。

……ちょっと覚えてないです。

——被告人に接見禁止が付いたのは、平成一〇年二月なんです。だから平成一〇年八月に接見禁止が付いたというわけではないのです。よく分からないですかね。

ちょっと（うなずく）……。

（乙第八号証を示す）

——書信表の一枚目に添付されている平成一〇年一二月一八日の記載がある符箋を示します。これは、どういう意味ですか。

年賀状のあて先です。

——年賀状のあて先ですか。

はい、年賀状は収容者一〇通いけるんです。その中で、これを書いといたら検閲せずに、これを貼ったら「年賀」と書いたら、それで終わりますので、事務の省略も迅速になると。

——収容者が出せる年賀状の数は、全部で一〇通となっているという意味ですか。

いいえ、例外として一〇通。一日二通は、当然それは守られていると。それ以外に特別として、ほかにも一〇通出せますよと。

——その例外として出した人を書いているということですか。

いや、飽くまでも、これは年賀状の発信の分をAが五通出したという……。

——なぜ年賀状だけ、こういうふうにしてあるのですか。

年賀状は、ものすごく数が多いからです。

——右肩の「10．12．18」というのは、どういう意味ですか。

受け付けた日付です。OYから髙見先生までの五通を、これと一緒に束ねて舎房から出してくるんです。これは、この分を受け付けたと。

原告ら代理人（小坂井）

——先ほどの御証言ですと、検察庁等からの照会について回答の事務に携わったことがおありだということでしたね。

はい、そうです。

——これは、おおよそで結構ですけれども、いつからいつの間でしょうか。

…………。

（乙第一〇号証の別紙経歴表を示す）

平成三年四月一日から。

——おおよそ、いつころまでですか。

平成四年三月三一日まで。

——一年間ということですね

そうです。

——その間、何回くらい検察庁から照会があって、あなたは、その回答事務に携わったか、おおよそで結構ですから回数をお答えいただけませんか。

ちょっと覚えてないです。

——大体は分かるんじゃないですか。

いや、もうとにかく多かったです。

——多かった。

はい、覚えてないです。

——かなり日常的に検察庁に対する照会があって……。

いえ、検察庁だけじゃなしに、いろいろな照会事項が……。

——それは日々日常的に追われていると、そういう御記憶ですか。

はい。

——そのうち検察庁からは、どれくらいの割合であったというのが、あなたの御記憶ですか。御記憶の範囲で結構です。

いや、それも覚えてないです。

——検察庁からの照会、それに対する回答というのも、相当回数あったということは間違いないということになるのでしょうかね。

（うなずく）

——それでよろしいのですね。

いえ、その通数をちょっと覚えてないんで、それが、裁判所が一番多かったかも、ちょっと覚えてないんで、弁護士さんが多かったかも分からんし。

——例えば、その一年間に検察庁からの照会が一通だけだったとか、二通だけだったとか……。

それは、なかったです。

——そのようなことは、なかったのですね。

なかったです。

——回答されるときに、弁護人との間の書信の要旨部分、そういったものを殊更除外して回答されたというような御記憶は、あなたの御経験上はあるのでしょうか。

いや、記憶にありません。

——本日の御証言をお聞きしておって、端的にお伺いします。どうも証人の実務経験からしますと、信書を閲読しているときに、その信書の中身につきまして、処遇上その他参考となるべき事項を発見しようというような意識で読んでいらっしゃるようにも、必ずしもお見受けしないのだけれども、その辺りは、どうなんでしょうかね。処遇上その他参考となるべき事項を発見しようと、そういう意識を絶えず持って信書を読んでいらっしゃるのかなということを確認したいのです。

いや、発見しようじゃなしに、もう身に付いているような感じで、毎日信書を閲読していたら、大体心情の変化というのが分かりますので、その変化をパっと分かった場合には、とにかく参考にすると。

——処遇上参考となるべき事項を発見できないことはないというような趣旨で、先ほどお答えになったんでしたかね。

うん。

——そういう御趣旨だったんでしょうかね。

（うなずく）発見できないということじゃなしに、処遇上参考となる事項、そんな手紙はないということです。すべて、手紙の中には処遇上参考になると。

——だれと、いつ信書を発受しているかというのは、処遇上参考になるというお話をお聞きしたので、それはいいのですけれども、信書の中身そのものについて、やはり目を通されて、これは別に処遇上その他参考となるべき事項なんて何にも書いていないなというようなことは、やっぱり経験上おありなんじゃないんでしょうかね。

書いていないことが、また安定に結び付くと、私は、そのように思います。

——今のお答えからしますと、やっぱりパっと目を通されて、処遇上その他参考となるべき事項というのは、何にも書いていないなという信書もあることはあるわけですね。

いや、私は今まではなかったですけどね、もうとにかく元気やということだけでも、私は処遇上参考にしてましたので。

——必ず発見するというスタンスで読んでおられるということでも

なさそうですね。

……私が読むときには、そういうスタンスでいきます。

――やっぱり中身を相当検討しないと、そういうものは発見できないんじゃないかなという気もするから、念のために確認しているんです。

………（うなずく）。

――あなた自身は、そういう姿勢で臨んでいらっしゃるということですか。

はい。

――やっぱり弁護人との間の信書でも、じっくり本当は見ないといけないと、こういうスタンスなわけですね。

いや、飽くまでも、やっぱり先生との手紙はさらっと流してましたけど。

原告ら代理人（澁谷）

（乙第八号証を示す）

――今の点に関しまして、あなたが要約なさったことではないのですが、一二月一一日付けの髙見秀一弁護士からの受、この記載を見ていただけませんか。これは髙見弁護士からの「送付します」とありまして、証拠目録請求番号№25～33、№53～55、№57～61、こういう記載があるんですけれども、これは心情把握について何かあると思ってお書きになっておられた結果なのでしょうか。

…………。

――これが、どういうものかというのは、私たちには分かるんです、弁護士が依頼者に送る書面として。

（うなずく）

――何かあると思って、何かあって、先ほどの御証言によると、これが処遇上参考となるべき事項としてお書きになっておられるはずですね。

うん（うなずく）。

――処遇上どういう参考になりますか。

………これは余り処遇上参考には………もうこれは、その他ですわね。

――「その他」と言うと。

要は、証拠目録の請求書か何かを、同封物で弁護士さんから送られてきたということ。

――「その他」と言うと。

同封物で……。

――先ほど言われた規律ですか。

いえ、そこまで行かないです。同封物が入っていたということで、同封物をなくさないように、同封物まで、しっかり見ていたということです。

――同封物と言うと……。

手紙じゃなしに、これは、ちょっと分からないんですけども、証拠目録請求書……。

――これは少なくとも、その他参考となるべき事項だろうという今のお答えとしては、それでいいわけですね。

はい。

原告本人（髙見）

――その他参考となるべき事項であるというお答えだとすると、最初におっしゃっていた処遇上参考となるべき事項は何か、その他参考となるべき事項は何かの区別で、今澁谷代理人の質問に対してお答えになった内容とは合わないのではありませんか。

……（うなずく）……ちょっと分かりません。

――証人の理解として、その他参考となるべき事項とは何ですか。

処遇上以外の、心情把握以外の部分です。

――それは被収容者本人の心情把握以外の点で、何か拘置所の規律・秩序の維持に役立つ事項だということですか。

……（うなずく）同封物が来ているということは、なくさないようにとか、そういう意味で記載したんじゃないかと思います。

――「なくさないようにという意味で記載した」というというのは、どういう意味ですか。

要は、それが来て、普通だったら同封物というのは、うちが領置へ回さないといけないんです。ただ弁護士さんから、こういう同封物が来たということで、迅速に処理する関係上交付しているんです。それで領置係へ回さずに、直接入れていることから、その職員は、なくさないようにという意味で記載した……私が、その係やったら、そういうふうに記載します。

――では、なくさないようにという相手は、拘置所の職員の方……。

拘置所の職員本人です。

――では、こういうものが送られてきたので、なくすなよということを職員の方に認識させるために、これを書いたということですか。

そうです、本人と。本人も、勝手になくさないようにと、こういうことが届きましたよという形で同封物は記載してます。

――でも、書信表を本人が見るということはあるのですか。

ありません。ただ手紙の封筒の表面には、本人に交付するときに同封物があると書いてます。

――質問を変えます。先ほどの私の質問の中にあったのですが、被収容者の発受する書信をコピーして検察官に送ることがあったということですよね。

……それは罪証隠滅の場合ですね、はい。

――それは証人の経験としては何回くらいありましたか。

……ちょっと覚えてません。忘れました。

――例えば、一〇単位なのか、五〇くらいなのか、一〇〇くらいなのか。

一〇〇もありません。三年間やっていましたので、一〇通ぐらいあったかも分かりませんね。

――三年間で一〇通くらいあったかもしれないということですか。

それぐらいはあったように思いますね。

――少なくとも、一〇通はあったということですか。

（うなずく）

（乙第一〇号証を示す）

――陳述書の経歴表を示します。それは証人が、どこの部局におられたときですか。

…………。

――8番……。

から9番までの間。

――8番、平成七年四月一日から平成一〇年四月一日までの間におられたとき。

三月三一日までの間。

――この書信係の指導的立場にあられたときということですね。

はい。

――それは、だれから来た手紙だったのでしょうか。

……いや、覚えてないです。

――弁護人から来た手紙、あるいは弁護人あてにあてた手紙は入っていましたか。

入ってません。

――それは、はっきり、そういう記憶があるのですか。

あります。

――なぜ、そういうはっきりした記憶があるのですか。

いや、弁護人からの弁護権や、防御権は配慮してましたし、そういうのは何ら問題ないです、罪証隠滅のおそれは全く結び付きませんので。

――では、弁護人が出す手紙は罪証隠滅には全く結び付かないということですか。

そのように私は認識しております。

――では、なぜ弁護人との信書を検閲するのですか。

………それは関係法令に基づいて（うなずく）。

――どういうふうに書信表に転記するかについて、書信係で研修会をするということを証言されましたよね。

はい。

――そこでは、具体的な手紙を見ながら、これについては、どの部分を抜き出すべきかとかということを話するのですか。

しません。

――どういうふうに行うのですか。

例えば、本の要旨、本を一ページから一〇ページまで読んで、それで君やったら、どういうふうな記載をするかと、それを皆で、これやったら、これだけ時間が掛かるとか、そういうようなんです。

――では、具体的な手紙の要旨の記載の方法を行うわけではないのですね。

研修では、やりません。

――例えば、研修の際にも、だれかが、だれかにあてた手紙を、文学者でもだれでもいいですよ、そういう手紙を前提に、ここの手紙から、どういうものを要約すべきかということを行うことは、なかったのですね。

研修では、ありません。

被告指定代理人（谷岡）

――原告側の尋問の中で「書信表の内容が外部に漏れることを認識していた」というような証言をされたのですけれども、それは弁護士法23条の２とか、刑訴法197条２項の照会で、回答書の形で出ると、そういう意味ですね。

そうです。

――書信表が、そのまま出るという意味ではないのですね。

はい。

――それ以外に、書信表が外に漏れるということはあるのですか。

ありません。

――書信表の要旨ですけれどもね。

ありません。

――それから先ほど小坂井弁護士の質問で、あなたが回答書の起案・作成に従事されていたときに「弁護士を殊更除外して記載したことは記憶にありますか。」という質問に対して「記憶がない」と、あなたは御証言されたのですけれども、例えば、特定の相手方との信書について発受事実、日付等を問い合わせてくることは、なかったのですか。

…………。

――特定と言うか、要するに、相手方を限って……。

覚えてないです。

——では、すべての人との信書という、そういう漠然としたものばかりだったのですか。

（うなずく）………それ………。

——では、こう聞きましょう。記憶がないということは、常に、あなたの回答書には弁護士さんとのやり取りを記載していたということですか。

いや、照会の目的に沿って回答しとるから、例えば、特定の相手と言われたら、特定の相手だけを回答するという形を採っておりました。

——だから弁護士を殊更除外して記載したことは記憶がないということは、そういう記載をしたことはないという意味ではなくて、覚えていないという意味なのですね。

覚えてないです。

——それから昭和五四年に検閲したことがあるということを証言されましたけれども、それは応援でされたことがあるという意味ですか。

はい、そうです。

——では、そのときに検閲の方法、要旨記載の方法等の指導は受けられなかったのですか。

受けました。

——指導を受けてから、そういう応援に就かれたということですね。

はい。

——今までに、法律的な研修を受けたことがあるのですね。

………。

——先ほど初等科研修というようなことを、ちらっとおっしゃったのですけれども、監獄法、刑事訴訟法等の一般知識の研修を受けられたことはあるのですね。

あります。初等科、中等科。

——あるのですね。

はい。

——一番最初の研修は、拝命されてから間もなく研修を受けられたと思いますけれども、それは、いつですか。

昭和五四年九月ごろ、これもはっきりした記憶が、ちょっとあれです。

——大体で結構です。

（うなずく）

——監獄法、監獄法施行規則、現在は細かな条文を知らなくても、その研修で、そういうことを一通り習ってはおられたわけですね。

習いました。

——それから信書を検閲するのは、先ほどの主尋問・反対尋問でも出ておりましたけれども、身柄拘束の目的とか、施設の規律・秩序の維持ということでしたよね。

はい。

——罪証隠滅のおそれへの部分を発見するために、信書を検閲されているわけではないですよね。

ありません。

——たまたま見た信書の中に、罪証隠滅のおそれとか、そういう疑いのある部分が出てきたときに、検察官に相談されるということですね。

そうです。

——そういう部分は罪証隠滅に当たるというふうに検察官から回答

されると、どういうふうに取り扱われるのかは、あなたは御存じないわけですか。

…………。

――その信書の当該部分は、削除・抹消されるのかどうか、それは、あなたは御存じないということですか。

はい。

――先ほどの質問では「よく分からない」とおっしゃっていたのですが。

はい。

――その後の経緯は、あなたは知らないということになるわけですか。

はい。

――それから罪証隠滅の目的でなくて、何で弁護士との信書を検閲するのかというような御質問があったのですけれども、先ほどから、あなたが繰り返されているように、そもそも罪証隠滅の事実を発見するためではないわけですよね。

そうです。飽くまでも、心情把握。

――心情把握ですね。

はい。

――それは身柄確保とか、施設の秩序・維持の目的なんですね。

はい。

原告ら代理人（秋田）

――先ほどからの証言を聞いておりますと、心情把握のためとおっしゃいますけれども、では、結局すべてのことが、あなたのお話を伺っていると、処遇上参考とすべき事項に当たってくるわけですか。

（うなずく）

――ありとあらゆることが。

はい。

――すべてのことが、もうそれには該当してくるというふうな御認識であったと。

認識してます。

――すべてのことですね。

はい、私は、そのように認識しております。

裁判官（谷口）

――今の点に関連してお聞きします。心情の変化で、ある程度の問題があれば処遇改善、何がしかの準備をすることがあるとは思いますけれども、単に、元気であるとか、そういう内容の場合には、特に処遇が変わるわけでもないですし、何がしかの準備をされるわけでもないんでしょうね。

ないです。

――その場合、どういうふうに参考にされるわけですか。

ちょっと細かいんですけれども、転房等しなくてもいいということです。何も別に面接もしなくてもいいと、現場に連絡して、これは安定しとるからという形で、処遇上変化を来す場合は、面接指導等をして、心情で困っている部分とかを和らげるというふうな方法を採っているんです。何もないということで面接もしなくて、そういう連絡もしないで済むと。

――それは、あえて書信表に書いて、参考となるべき事項として残しておかなければならないようなことなのですか。

…………。

――それの前提になる元気さとか、挨拶とか。

残しておく。

――あえて残しておいたほうがいいという考えですか。

はい。

――収容されている被疑者に対して弁護人から手紙が来ますよね。

はい。

――その差出人が本当に弁護士さんなのか、それとも、その人の名を騙っているのかどうか、その辺りは審査されるわけですか。

それは検閲を閲読した職員が読んだ感覚で分かると思うんですけど。

――「読んだ感覚」というのは、その内容から判断するということですか。

はい、最初の………（うなずく）これあれですけども、大抵の弁護士さんは、事務所の住所が西天満になっていると、西天満だったら、郵便切手の押印が大阪市北区とか、そういうとんでもない所からは来ませんので、そういう消印とかでも、すぐ分かると。

――基本的には、その差出人の名前と、あと消印から判断すると。

消印と、最初の出だしが、ちょっと読んだ感覚で違います。

――内容と、その三つで判断をされるということですか。

はい。

裁判長
――今の点なのですけれども、差出人が弁護士本人かどうかということに疑いを持った例というのは、経験上ありますか。

ありません。

――ないですか。

はい。

――それから第三者の信書が、弁護士からの分に入っていたということはありますか。

あります。

――弁護士から……。

弁護士の手紙に、第三者の手紙を入れているということはあります。

――そういうことがあったのですね。

はい、あります。

――そういう場合には、書信表の記載に当たって、特に何かされたことはありますか。

いや、ただ「同封」と書いて……。

――「同封」というふうに書いて……。

はい、妻からの手紙……。

――が、同封されてくると。

同封という形です。

――そういうことは、よくありますか。

回数的にはちょっと分かりませんけど、まあ、ありますね。

（以上〔裁判所速記官〕中村清貴）

大阪地方裁判所
裁判所速記官　大野　弥生
裁判所速記官　矢野　治美
裁判所速記官　中村　清貴

添付書面

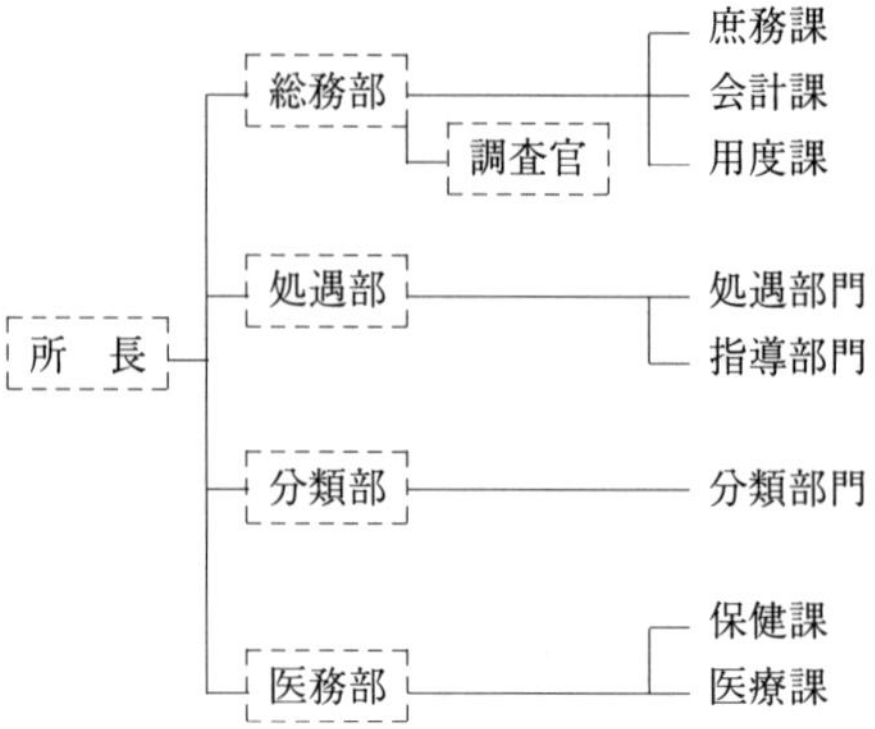
所　長
総務部
調査官
庶務課
会計課
用度課
処遇部
処遇部門
指導部門
分類部
分類部門
医務部
保健課
医療課

速記録（Y①）

1999（平11）年12月2日

速記録（平成一一年一二月二日　第六回口頭弁論）

事件番号　平成一〇年ワ第一三九三四号

証人氏名　Y

被告指定代理人（谷岡）

（乙第一一号証を示す）

――この陳述書は、あなたが作成したものですね。

はい。

――その内容に間違いはありませんか。

はい。

――あなたの経歴は陳述書添付の別紙経歴表のとおりですね。

はい。

――その経歴表によると、八番の平成九年四月一日から九番の直前の平成一〇年三月三一日までの間、大阪拘置所処遇部処遇部門で処遇担当として勤務されていたのですね。

はい、そうです。

――陳述書の一ページによりますと、処遇官をされていた間のあなたの職務内容は、大阪拘置所に対する各種照会のうち、処遇部処遇部門に関する刑事訴訟法一九七条二項に基づく捜査機関からの照会及び弁護士法二三条の二第二項に基づく照会に対し、その回答文書の起案事務をされていたのですね。

はい、そうです。

――「起案事務等」と書いてありますけれども、そのほかにどのような事務を担当されていたのですか。

処遇に関係する事項についての上級官庁への各種の報告等についての事務を担当しておりました。

――ところで、照会に対する処理事務について言えば、大阪拘置所に対する各種照会のうち、まず処遇部門に関する照会であって、そのうちでも刑訴法一九七条二項の照会と弁護士法二三条の二第二項の照会の処理を担当されていたということですね。

はい、そうです。

――その業務は何名の職員で行っていたのですか。

私一人で行っておりました。

――ちなみに、照会事項が処遇部門の業務以外のことに関するものについては、だれが担当していたのですか。

当該照会事項の内容を所管するそれぞれの部課の職員が担当しておりました。

――照会事項の内容によって、処理の担当が決まるというわけですね。

そうです。

――では、被収容者の信書の発受に関するものである場合には、どこが担当することになりますか。

被収容者の信書の発受については処遇部門が所管することでありますので、処遇部門の担当が処理することになります。

――そしてそれが刑訴法一九七条二項の照会であれば、あなたの担当になるのですね。

はい、そうです。

――なお、あなた自身は、被収容者の信書の発受に関する事務、つまり被収容者の発受する信書を閲読することはあるのですか。

いいえ、ありません。信書の発受の事務につきましては、書信担当が行っております。

（乙第一号証を示す）

――捜査関係事項照会書を示します。今言われた処理の基準から、この捜査関係事項照会書の処理は、処遇部門のあなたの担当であったということになるわけですね。

はい、そうです。

（甲A第一号証を示す）

――照会に対する回答書を示します。それで、その回答書をあなたが起案されたのですね。

はい、そうです。

――その回答書を起案された経緯をお聞きする前提として、そもそも照会があればすべてについて回答するわけではないのですね。

陳述書に記載しましたとおり、被収容者、あるいはその関係人の名誉とかプライバシーについては守秘義務がありますので、回答を拒否する場合もあります。

――陳述書の二ページの二以降に記載されているところですね。

はい。

――ところで、刑訴法一九七条二項に基づく捜査関係事項照会については、矯正局長通達があるのですね。

はい。

（乙第四号証を示す）

――それによれば、刑訴法一九七条二項に基づく照会については、一般的には回答すべき義務があるということですね。

はい。

――ただ、照会事項について回答することが施設の管理運営に著しい支障を生じ、また不当に関係人の人権若しくは名誉を侵害する恐れがある等の理由により、相当でないと認められるときは回答の限りではないとされているものですね。

はい。

――あなたが刑訴法一九七条二項に基づく照会を処理するに当たっても、この矯正局長通達に従って処理していたとお聞きしてよろしいですか。

はい、そうです。

――ところで、この陳述書の三ページ七行目から、「回答について、最終的に応ずるかどうかの決定は、拘置所長がすることに」なる旨の記載がありますね。

はい。

――ところが、本件回答書について言えば、処遇部長の代決、所長の代決ですね、処遇部長の代決だったようですけれども、それはどういう理由からだったでしょうか。

処遇部門に関する照会につきまして、疑義がある場合においては拘置所長の決裁を受けておりましたが、そうでない場合については処遇部長の代決だったと記憶しております。

――そうでない場合というのは、要するに疑義がない場合ということですね。

　はい、そうです。

――そこで、その乙一号証と甲Ａ一号証の本件照会書と本件回答書ですが、その処理の流れについて説明していただけますか。

　検察庁から捜査関係事項照会書の送付が当所にあった場合、総務部庶務課の文書係がこれの受付手続を行いまして、所定の決裁を経るわけですが、この本件につきましては信書の発受の状況ということでありますので、それを担当する私の元にこの文書が回付されてきまして、私が回答書を起案し、所定の決裁を経まして、文書係を通して当該検察官の元に送付いたしました。

――そこで乙一号証の右下に丸印で「大阪拘置所　受付」とのスタンプがありますが、これは文書係において受付の際に押印するものなのですね。

　はい、そうです。

――乙一号証の上の部分に印鑑欄があって押印されていますね。

　はい。

――それと、先ほどの丸印の受付スタンプの上に職名印が押印されてますけれども、これらは受付後の決裁者の印鑑ということになるわけですね。

　はい、そうです。

――そこで、この照会書の処理について、あなたはどのように判断したのですか。

　まず、この照会書は刑事訴訟法一九七条二項に基づく検察官からの照会であることを確認いたしました。次に、照会の内容につきましては、当所に在監しております二名の被告人の信書の発受の状況についてということでありましたので、当該二名の書信表を確認いたしまして、その内容から、不当に人権、それから名誉を侵害する恐れはないと思われましたので、回答すべきであると判断しまして、書信表を基に回答書を起案いたしました。

――本件照会について、検察庁に問い合わせなどはしましたか。

　いいえ、しておりません。

――本件照会書によれば、一行目に「捜査のため必要」と、印刷ですけれども記載されていますね。

　はい。

――真に捜査のため必要があるか否かについて調査することはあるのですか。

　いいえ、ございません。飽くまでも捜査に必要ということで、検察官の判断を尊重しております。

――それはなぜですか。

　拘置所側は捜査の遂行につきまして責任を負うべき立場ではございません。捜査の遂行については検察官の判断でございますので、それを尊重するのが適当だからです。

――本件回答書を起案するに当たって、書信表を基にして作成したとのことですが、書信表以外に資料としたものはありますか。

　いや、ありません。

――では、書信表の要旨欄の記載をそのまま写されたのですか。

　ほとんどはそうですが、更に省略できるものについては、そのようにいたしました。

――陳述書の四ページによれば、電報発信については被収容者が作成した電報発信用紙が書信表に編綴されているのですね。

　はい。

――それについても、あなたのほうでその要旨を回答書に記載されているのですね。

そうです。

――発信用紙の記載をそのまま写すことはないわけですね。

ありません。

――それは、矯正局長通達にのっとっているということですね。

はい。

――ところで、あなたが起案した本件回答書は、どのような決裁過程を経たのですか。

統括矯正処遇官、それから次席矯正処遇官、首席矯正処遇官を経まして、疑義がないということで処遇部長が代決をしていました。

――あなたが起案した本件回答書は、決裁の過程で訂正などはされましたか。

いえ、ありません。

――本件回答書には被告人と弁護人との信書の発受の状況についても記載されていますが、そのことの認識はありましたか。

はい。

――被告人と弁護人との信書の発受は、防御権行使上、重要なものであることは認識していましたか。

はい、しておりました。

――本件照会に対して、被告人と弁護人との信書の発受状況を回答することについて、検討された点はありますか。

まず、同件照会書の範囲において、弁護人との発受の状況を除くということになっておりましたので、これについても回答を。

――除くということになっていた。乙一号証を見てもらっていいですよ。

範囲において、弁護士との信書の発受について除くというふうにはなっておりませんでしたので、これについても回答する必要があると、まず判断しました。それから、これを回答することによりまして防御権を侵害する恐れはないか検討いたしましたが、書信表に書かれております内容につきましてはごく簡単な用件しかありませんでして、刑事事件の内容について、特に打合せ等、詳しい内容もございませんでしたので、これを回答することによって防御権が侵害されることはないと判断いたしました。

――書信表の要旨をさらに簡略化して、あなた自身が回答書に記載された部分もあるのですね。

はい。

――その場合は防御権にも配慮されているわけですね。

はい、そうです。

――本件回答書を検察庁に提出するに際して、回答書以外に、何か資料やメモを添付しましたか。

いいえ、回答書のみで、それ以外では添付物はございませんでした。

――あるいは、口頭などで検察官に説明しましたか。

口頭で説明することもありませんでした。

――本件回答書はどのようにして検察官に渡されたのですか。

決裁が下りまして、私が送付するため浄書いたしまして、総務部の庶務課文書係に引き継ぎまして、文書係がそれの送付手続をしたわけですけども、詳しくは分かりませんが、週に三回ほど庶務課の事務員が検察庁のほうに書類を届けておりますので、その便を利用したものだと思います。

――本件回答書について、検察官から問い合わせなどはありましたか。

いいえ、ありませんでした。

――本件回答書と書信表を照らし合わせると、書信表に記載があるにもかかわらず、回答書には記載がないものがありますね。

はい。

――その理由については陳述書の八ページ、三項の7番に記載されたとおりですか。

はい、受発信の件数が膨大で、迅速に処理するという意味もあって省略した部分もありますし、私が事務処理上見落としたものもありました。

原告本人（高見）

――今、証言の中で、弁護権に配慮をして記載を省略した部分があるということですか。

はい。

――それはどこですか。

具体的には今……。

――まず御記憶で結構ですが、回答書を起案するについて書信表の記載から書き写すときに弁護権に配慮をしたということですよね。

はい。

――どんな点に配慮をしたんですか。

防御権を侵害することについて配慮するということは当然前任者からも聞いておりましたし、そのようなことを私自身も十分認識を持って事務処理をしておりまして、そして書信表に書かれておる内容につきましては、当然ですけれども、弁護人もそうですけれども、用件のみということで、それから弁護人との発信についても、接見に行くとか、そのようなことだったと思いますので、その程度であれば防御権及び弁護権を侵害することもないと思っておりました。

――そうしますと、書信表から転記する際に、あえて弁護人との防御権に配慮をして、書信表の記載そのままではなく、証人の判断で変えた部分はないということですか、あるということですか。

いや、その点について、今申し上げたようなことで処理しておりまして、本件に限ってそれがあったかどうかというのは今ちょっと記憶にないんで、ここで申し上げられないんですが。

――記憶がないということですか。

はい。

――回答書の記載には、防御権の侵害の恐れはないと判断したということですね。

はい。

――それは刑事事件の内容について詳しい内容は記載されていなかったということが理由になるわけですか。

はい。

――この甲Ａ一号証の回答書は、証人が具体的にワープロ打ちをして作成したものですか。

はい、そうです。

――そうすると、証人が内容を転記する際には、具体的に証人の頭の中に記載する内容は入ってワープロで作成されるわけですね。

ええ、当然内容につきまして理解をしてワープロを打っております。

（乙第八号証を示す）

――平成九年一〇月一三日、発第43号の部分を示します。「僕は元気です。事件の事書いていく。Ｂは運転席に座っていた。」という記載がありますが、これは証人はどのように転記したか覚えておられますか。

今こうして見まして、このようなことがあったかなという記憶はかすかにはあります。

――どういうふうに転記をしたか覚えておられますか。

ええ、このとおりですね。拘置所としましては、私自身もそうですけれども、事件の内容とか、傷害致死傷というふうな形では分かりますけれども詳しいことは分かりませんし、こちらでは捜査についての遂行の立場でもありませんので、Bということについて、実際どういう人物かということも分からないということで、ただ運転席に座っていたというだけでは、それほど防御権等侵害する恐れもないと思ってワープロを打ったと思います。

――まず私の質問にお答えいただきたいんですが、この部分をどのように転記したかについてのはっきりした記憶はありますか、ありませんか。

いや、ですからかすかに、はっきりとは覚えていません。

――今これを御覧になって、どのように転記すべきであるというふうに思いますか。

先ほども申し上げましたように、こういうふうな文言でありましたら、防御権等を侵害するというふうなこともないと思ったということです。

――Bがどういう人間か分からないとおっしゃいましたが。

捜査にかかわっているものではございませんですし、子細は分かっておりません。

（乙第一号証を示す）

――この捜査関係事項照会書に、「強盗致傷等　被告人A　同B」と書かれていますね。

はい。

――これでもBという人間がどういう人間か分からないということですか。

当時、今おっしゃいましたですけども、実際に発受信の件数が多かったので、実際流れとしてやっておりましたので、その時点においては認識はなかったかなと思います。

――Bが共犯者であるという認識はなかったということですか。

と思います。

――証人は、この甲A一号証を記載する場合、書信表から転記したということですよね。

はい。

――じゃあ書信表はよく御覧になったんですよね。

はい。

（乙第九号証を示す）

――甲A一号証の回答書を作成するに当たり、乙九号証を当然御覧になってますよね。

はい。

――これはBさんの書信表の表紙ですね。

はい。

――共犯者にAとありますね。

はい。

――証人は、乙一号証の捜査照会に対する回答として甲A一号証を作成されたわけですよね。

はい。

――そしたら、この両名が共犯関係にあるということは一目りょう然ではありませんか。

はい。

――にもかかわらず、Bがどういう人間であるか分からないので大したことはないと思ったということですか。
Ａ、Ｂ、二名について当然共犯と認識を持っていました。Bこということ名について、処理をしているときに結び付きがなかったかと思います。
――先ほどの乙一号証を示します。照会事項のところに「BことB'」と、こと名も書いてありますが、これも御覧になってないんですか。

いや、見ました。

――見たけども、証人はBというのは共犯だという認識はなかったということですか。

いや、ですから、事務処理をしている、まあ当然。

――この回答書を作成するときに、Bが共犯者だという認識があったのか、なかったのか。

ですから、申し上げてますとおりに、最初は照会文書を見まして、Ｂ、それからＢ、こと名がBとあることは当然認識しておりました。しかし、その事務処理をしている間、要するにその時間がってておるわけですけれども、その発受信は膨大な数でございまして、それは一日で私は仕事の中でできたものではないと思います。ですから、ほかの仕事の合間というふうなことでございますので、二日はそれに掛かっているかと思いますが、それで最初、照会書を見たという認識は薄れていったものだと、今そのように思います。

――乙第八号証の平成九年一〇月一三日の発四三号の部分をもう一度示しますが、今の御認識として、Bが共犯者であるということを前提で考えてください。この記載をどのように回答書に転記すべきであると考えますか。

当時の認識は先ほど申し上げましたように、だから今どのように言われても……、実際に認識があったとしても、このBが座っていたということについて事件とどうかかわりがあるかどうか分かりませんので、防御権を侵害するものでもないかなとは思います。

――防御権を侵害するものでないかなとおっしゃったんですか。ないと。

――防御権を侵害するものではないと考えると。

はい。

――今の時点でどのように転記すべきと考えますかという質問に対するお答えは、どうですか。

このとおりになろうかと思います。

――このとおりになると。

はい。

――共犯者Bであることを前提としても、このとおり書くことになろうということですか。

はい。

――「事件の事書いていく。Bは運転席に座っていた。」であってもですか。

はい、これのつながりが、これを見る限りは分かりません。

――どういうことですか。

事件のことと、Bが運転席に座っていたということが、要するに、これが事件のことについてということは判断しかねるかと思います。

――判断しかねるということと、事件のことと関係ないことだということが言えますか。

……はい。

――はい、というのは、これが事件とは関係ないことと言えるということですか。

……思われます。

――どう思われるんですか。

関係ないと。

――関係ないと思われるんですか。

はい。

――Ｂが共犯者であったということを前提としてもですか。

はい。

――今日証言されるについて、乙八号証の平成九年一〇月一三日の欄にこのような記載があるということは認識しておられましたか。

今日ここに立つことについてですか。

――はい。

はい、見ました。

――認識していたわけですか。

認識というか、見ました。

――それについて、「事件の事書いていく。Ｂは運転席に座っていた。」ということも認識して証言しておられるということですか。

今示されましたので、要するにそのときは見ましたですけれども、今示されましたので、自分見たということを思い出しました。

――陳述書、あるいは主尋問に対するお答えの中で、防御権の侵害の恐れはないと判断した理由は、刑事事件の内容について詳しい内容がなかったので回答による侵害はないと考えたとお答えになりましたので、それはこの平成九年一〇月一三日の記載を見た上でもまだおっしゃっていることなのかどうかをちょっと聞きたいんですけれどもね。

はい、そうです。

――これが弁護人にあてた手紙であるということは分かりますよね。

はい。

――事件の内容について書かれているという認識はなかったということなんですか。

「事件の事書いていく。」ということですから、事件のことを書くと、これ一段ですね。「Ｂは運転席に座っていた。」、これが分かれて書かれているわけです。これが事件のこととかかわりがあるのかと言えば、かかわりあるとは、これを見る限りでは言えないと思います。

――かかわりがないと言えますか。

……ないとは言えないんですが、この程度であれば、それほど防御権を侵害するものでないと判断いたしました。

――証人は、甲Ａ一号証を作成する際に、本件訴訟、つまり刑事事件ですけれども、刑事事件で何が争点になっているのかということは御存じでしたか。

刑事事件の争点になっているところですか。

――はい。

いいえ。

――そしたら、被告人のＡなのかＢなのか、どっちが運転席に座っていたのかが争点になっている可能性もあるじゃないですか。それが争点でないということは分かりますか。

分かりますかと聞かれたら、分かりません。

――運転席にだれが乗っていたのかという点が争点になっているかもしれないなとは思いましたか。

いや、その作成しているときには思わなかったと思います。

――それが争点である可能性もあるということは分かりますか。

ええ、まあお聞きしましたら分かります。

――回答書を作成するときには、そこには思い至らなかったということなんですか。

はい。

大阪地方裁判所

裁判所速記官　大野　弥生

速記録（Y②）

1999（平11）年12月14日

速記録（平成一一年一二月一四日　第七回口頭弁論）

事件番号　平成一〇年（ワ）第一三九三四号

証人氏名　Y

原告ら代理人（澁谷）

――証人は書信係の仕事、書信を要約して書信表に書く、そういう仕事をしたことはありますか。

ありません。

――一度もないんですか。

ありません。

――そういう仕事をしなくても、書信係あるいは書信係の仕事をしている方の書信表への記載が、弁護権に配慮したものということは分かりますか。

はい。

――どうして分かりますか。理由を聞いてるんです。どうして分かるかということですか。

――はい。やったことがないけれども、弁護権に配慮しているということが分かるとおっしゃったですね。

書信係から、そのように聞いております。

――書信係から弁護権に配慮していると聞いているから、そうだろうというふうにあなたは思うということですね。

はい。

――経歴のところで矯正研修所大阪支所に併任ということが書かれているんですが、これは今でも併任ですか。

違います。

――途中解かれたわけですか。

はい。

――矯正研修所では、信書の検閲のことについて、習ったり教えたりしますか。

先ほどの研修所の支所の併任ということと。

――だから、併任しておられたころのことについて伺ってるんです、そういった経験がおありですかと。

研修支所併任と言いましても、研修支所の要するに当直を命ぜられるということで、仕事には携わっておりません。

――分からないということですね、私の質問につきましては。

はい。

――前回の尋問で、平成九年四月一日から一〇年三月三一日まで、刑訴法一九七条二項の照会に対する大阪拘置所の回答の事務、それをあなた一人でやっておられたというふうに答えておられますね。

はい。

――その間、本件の回答は平成九年一二月二四日付けで受け付けられて、平成一〇年一月九日に回答がなされてるんですけれども、その前後の照会、あるいはそれに対する回答については、あなたが回答を起案しておられるということでよろしいですか。

　前後ですね、はい。

――ですから、厳密に言えば平成九年四月一日から翌年三月三一日までの間にやった回答は、あなたがなさったと考えてよろしいですね。

　はい。

――これは、あなたが在任中に回答された本件とは別の回答書です。大阪拘置所からなされたものです。これ全部あなたが。

　私が書きました。

（甲Ａ第一五号証ないし甲Ａ第一七号証の各二を示す）

――検察官からの照会は、あなたが在任中どれくらいの頻度でありましたか。刑訴法一九七条二項に基づく照会です。

　はっきり覚えておりません。

――どれくらいですか、ざっと。

　照会と言いますのは検察、それから警察。

――だから検察官から、一九七条二項に基づく照会のことを伺ってるんですけどね。

　はっきり数は覚えておりません。

――今三つ回答なさってますね。

　はい。

――それと本件で四通ですね。

　はい。

――そういうことで頻度を伺っておるんですが、そういうことを手掛かりにしても分かりませんか。

　頻度と言いますと。

――月何回くらい、ざっとならして。

　いえ、分かりません。

――被収容者全員に来るわけではないですよね。

　はい。

――検察官からの書信表についての照会文書ですね、決まった書式、決まった聞き方ですかね、そういうものはありましたか、受け止める側の立場として。

　照会文書の様式ということですか。

――はい、そうです。

　いえ、それはまちまちであったかと思います。

（甲Ａ第一五号証ないし甲Ａ第一七号証の各一を示す）

――照会文書ですね。

　はい。

――担当検事が違っても、それよく似てるんで伺ってるんですよ。他の照会文書は、今お見せしたのとは全く違う、まちまちだというふうにお答えなさってるわけですか。

　はい。

――証人の回答文書の起案業務在職中に、被告人、弁護人間の信書を除外した照会文書ありましたか。

　ありました。

――どれくらいありましたか、覚えておられますか。

　いや、それも分かりません。

――今お見せしたのは除外されてないから言ってるんですよ、四つとも。

　はい。

――どれくらいあったか覚えておられますか。

　いや、分かりません。

――あったことは記憶にある、除外したものは。

　除外したものはありました。

――これが本件で問題になってる照会文書、手書きですけれども、「右両名の間の」ということが加えられてますね。

（乙第一号証を示す）

　はい。

――例えば、加えられないような、そういう照会文書、及びそれ以外のものについても加えられてますね、わざわざ。

　はい。

――それが加えられてないような、つまり「右両名の間の」という限定を付した照会文書はありましたか。

　はい、ありました。

――それは検察官からの照会文書でありましたか。検察官からの一九七条二項に基づく照会文書について伺っておるんですけどね。

　多分あったと思います。

――回答文書について伺いますね。あなたが起案したものですね。

　はい。

――これ皆、先ほどお見せしたようによく似た様式、書式になっておるんですけれども、これ何か拘置所の側でモデルみたいなの決めておられるんですか。

　決めておりません。

――そうするとよく似てるのは、あなたがよく似たものを作っておると。

　よく似たものと言いますと。

――形、形式、フォームが。

　はい、回答書の様式はそうです。

――特に決まってはないけれども、規則とか、こういうふうにしなさいという話はないけれども、あなたがああいうふうなフォームを決めて、回答書いておるということですか。

　前任者からの引継ぎもありましたし。

――前任者もああいう書式、フォームだったということですか。

　はい。

――回答の内容について伺いますね、昭和三六年一〇月二三日付けの法務省矯正局長通達、乙第四号証、これ御存じですか。それに対する例外として、あなた陳述書で、どの房にだれだれが収容されているというような内部情報、これは答えないというふうにお書きになっておられるんですけれども、これは検察官から強い要望があっても答えられないんですか、拘置所としては。

　はい。

――間違いなく。

　はい。

――拘置所の判断で、そういうふうにするということですか。

　はい。

――通達の例外として、ほかにどのようなものがありますか。施設としまして警備上のことが一番気掛かりなことでありまして、要するに警備に関するようなことが記載されておる場合は答えない。

――警備に関するもの以外のものでどういうものがありますか。拘置所の判断で答えないというものを伺ってるんです。あなたは例示として、どの房にだれだれが収容されてるかは答えませんとおっしゃってるから、ほかにはあるんでしょうか。

　収容されてることにより知り得た事実、それが警備上のことであるということであればということです。

――具体的にはどういうこと、例えば例示として。

例えば、夜中の何時ごろに夜勤者がこのコースを巡回するとか。

――そういうことを検察官が照会した場合には答えないという、要するに今伺ってるのは、検察官が一九七条二項に基づく照会をかけてきたときに、通達があって、答えなさいとなってるけれども、こういうものは答えませんよと陳述書でお書きになってるから、例外としてどういうものがありますかということを伺ってるんですよ。だから、ほかにどういうものがありますか。

内部情報以外のということですか。

――だから、どの房にだれだれが収容されているかという例示以外に、どういうものが拘置所の判断としてお答えしないものなんですかと伺ってるわけです。

プライバシー、それから人権等ですね、侵害するようなものがあれば、別に回答しなかったと。

――プライバシー、人権というのは、もう一つの例示として大ざっぱに挙げられてることなんですけれども、申し上げたいのは、いわゆる内部情報は検察にはお答えしませんというふうにおっしゃってる内容の、どの房にだれだれが収容されてるかというもの以外にどういうものがありますかということを伺っておるんです。

実際そういうことなかったので、ちょっと今答えられません。

――その例外については、一つの取決めのようなものはあるんですか。

いえ、ございません。

――どういうものは答えないよという、拘置所側の。

ございません。

――特にない。

はい。

――統一的な基準いうのは、特にないんですか。

ええ、通達に基づく。

――通達が漠然としたものやから、伺っておるんですよ。

はい、特にはございません。

――そしたら、もう一つの通達の例外に当たる、今おっしゃった不当に関係人の人権若しくは名誉を侵害するおそれ、これは具体的にはどういうものですか。あなたが仕事をしているときに、ああ、これは不当に関係者の人権を侵害するとか、名誉を侵害する、これはあかんなと判断なさることあり得るわけでしょう。

実際に記憶としまして、人権うんぬんということで配慮したということはなかったと思います、人権ですよ。

――なかった。

人権ですね。

――でも、通達には例外として挙げてあるんでしょう。

ですから私のときには、そういうことがなかったと思います。

――なかったというのは、人権を侵害するん違うかというふうに思われるような照会はなかったという趣旨ですか。

はい。

――でも、なかったという判断がある以上は、こういうものは不当に人権を侵害するという基準があるから言えるんですよね。

はい。

――そういう基準は、どういう基準ですかということを伺ってるんですよ、今ね。それをお答え願わんとしゃあない。

個人的ですけれども、人種差別にかかわるようなことが、それに該当するかと思います。

——個人的に、拘置所の仕事としてなさってるわけですから、まあ、フォームは前任者からの引継ぎとかってありますよね。

はい。

——ほかに仕事をする上で、こういうことには注意しようという申合せとか決まりですね、拘置所内部の。そういうものはないんですか。この部分ですよ、不当に関係者の人権あるいは名誉を害する、こういうのは幾ら検察官が言ってきても、拘置所の判断で答えんとこなという基準はないんですか。

特に文書にはありません。

——文書ではなかったら、ほかではあるんですか、申合せとか。

上司から。

——上司はどういうふうに指示なさるんですか。

通達に基づいて。

——その通達が漠然としておるから、具体的にどういうものならというふうに。

人権に配慮しなさいよと。

——人権に配慮するという内容が漠然としておるから、あなたが仕事をしているときに、こういうのは省かなあかんなと思いながら仕事をなさってるなら、こういうものというのはどういうものがありますかと伺ってるんです。

ですから、今申し上げたとおりですけども。

——答えになってないから、言っておるんですけれども、全然念頭にないわけですか、そういうことは具体的に。

実際ありませんでした。

——なかったのは、それはそれでそう思っておられるならいいんだけれども、ないということは、こういうのがあったらあかんなと思いながらやってて、ないからなかったという話になるわけで、そういうことは考えずにやってはったんですか。

いや、考えておりました。

——どういうことがあるの、こんなんあったらあかんなというのは。関係人の人権を害するというのは。

部落出身者であるとかですね。

——差別になるものは駄目だと思ってた。

はい。

——ほかにはないですか。

………ほかには。

——ない。

はい。

——今の絡みなんですけれども、これも陳述書でお書きになってるんですよ、「回答書にこの電報発信用紙の全文をそのまま書き写すことは、右通達にいう『不当に関係人の人権若しくは名誉を侵害するおそれ』があると理解されています」とお書きになってるから、あなたはそう理解されてるわけですね。

はい。

——ですから、それはほかの方もそうなんですね、あなただけではなくて。

はい。

——それは、どういう点で全文を書き写せば、不当に関係人の人権や名誉を侵すおそれがあるんですか。

電報であれ、その全文を記載するということ自体が、人権とのかかわりがあると、そのように思います。要するに要約ではなしに、全文をそのまま記載すること自体が、そのもの自体が人権にかかわってくるんじゃないかと。

——全体を写すか写さないかが人権にかかわる。

はい。

——短くても、電報というのはもともと短いものですね。

そうですね、長いものもありますけど。

——短いの全部写して、それが全部やったら、どうします。あなたさっきから内容の話するんじゃなくて、全部写すこと自体が人権を侵害するということをおっしゃったから、内容は考えますか。

当然内容は考えております。

——ほかに不当に関係人の人権若しくは名誉を侵害するおそれのあるもの、それはありませんか。今おっしゃったのは全文を写すのが人権を侵害するおそれがある例ですね、あなたが理解しておる、仕事なさってる上で。

はい。

——ほかにはありませんか。

そうですね、私がやってるときには。

——あったかなかったか、どういう基準でやっておったかということなどを伺っておるんですけどね、被告人の防御権を侵害するおそれがある場合、これ回答しますか。

おそれがある場合は、しません。

——しない。

はい。

——具体的な打ち合わせ内容を記載していなければ、被告人の防御権を侵害するおそれはないというふうな陳述書になっておるんですよ。

具体的な記載ですね、はい。

——それはそうお考えですか。

はい。

——今でもね。

はい。

——これ、被告国側の第五準備書面でお書きになってるんで、これは書信表に記載する信書全部を検閲して、要旨を書信表に記載する理由として、別のことで言ってはるんですけれども、「一見ささいな記載内容でもそれに前後する別の信書の発受内容や接見内容その他の出来事との関連において、重大な意味を持つことがあり得る」、だから全部見て、全部要旨を記載しているんだというふうに主張なさってます。これは書信表の記載の分。

全部ですか。

——全部。

を記載すると。

——いやいや、要旨を検閲し、要旨を記載する。それはなぜかというと、一見ささいな記載内容でも関連性があり、重大な意味を持つことがあり得るという意味でおっしゃってるんですよ。これ、あなたも拘置所の検閲についてはそうお考えですか。

私自身ですか。

——はい。

それは小さな分であっても、当然関係する場合があるだろうとは思います。

——拘置所が、一見ささいな記載内容でも処遇上参考となるべき事項として書信表へ記載する内容について、検察官が照会しているのは、捜査上参考になると思って照会しているわけですよね。

そうですね。

——なければ、しないだろうから。

はい。

——検察官にとって捜査上参考になる事項というのは、被告人、弁護人にとって不利になるとは思いませんか。

そう言われれば、思います。

——これ、回答事務をやっておられたときには、どうお考えでしたか。

防御権配慮しまして、しておりました。

——配慮しておった。

はい。

——僕申し上げてるのは、一見ささいな内容でも、検察官は捜査上参考になると思って照会かけるわけでしょう。

はい。

——一見ささいな内容でも、参考になればですよ、検察官の捜査上。被告人、弁護人にとって不利になるわけでしょう。

かもしれません。

——あなたこの仕事やってたとき、この本件の。それ考えておりました。

考えておりました。

——考えて、これをやったんですね、そしたら。

はい。

——被告人、弁護人にとって、こんなことを検察官に知られたら困ると、あなたどんなことがそれに当たるかどうか、どうお考えになってるかを伺いたい。

公判の進行上、かかわりがあるようなことは。

——でも、あなた公判の進行は分かりませんよね。

分かりません。

——だから前回の髙見原告の尋問にもあったように、事件のこと書きますと、Ｂが座っておったとかいうようなことも書いておるわけでしょう。

書きました。

——それ、公判の進行上、あなたが知らんことでっせ、公判どういうふうに進行しているか、何が争点になっているか、分からへんでしょう。それが相手に知られたら、訴訟としたら相手方に知られたら困るよね。それは今は分かる。

分かります。

——そのときは考えんと回答したんでしょう。

……まあ、考えておったつもりなんですが、多少配慮が足らなかったかなとは今は思います。

——一見ささいなことでも。

はい。

——だから具体的な打ち合わせ内容でなければ、被告人の防御権、弁護人の弁護権を侵害するおそれはないんだというのは、今は違うというふうに思います。

……はい。

——思います。

はい。

——この書信表を写して回答なさったときには、そうお考えでしたか。

いや、考えておりましたけれども、ちょっと配慮が足らなかったかなと。

――ささいなことでも、答えたら防御権、弁護権を侵害するかも分からんと思いながらやってはったわけ。

いや、思いながらというか。

――そういうことを認識、気い付けながらやったけれどもという意味ですか。

はい。

――だけれども、今までの証言だったら、もともと書信表に書いてるのは配慮されてるから、そのまま写して何が問題になるんやというような陳述書になってませんか。自分でお書きになったこと覚えておられませんか、陳述書の内容。

書信表の内容そのままですね。

――はい。

そのままでないものもあります。

――省略したのもあるけれども、もともと書信係が配慮しておるんやから、ほとんどそのまま写してますよね、量的に言えば。時間ないから照合しませんが、ほとんど一緒やね。

ほとんどというのが、どれくらいのことか分かりませんけれども。

――それは後でやれば分かることだけれども、あなたが検察官が知ってるその他の出来事、つまりその他の出来事との関連で、一見ささいなことが重要な意味を持つ、つまり公判、捜査の問題で申し上げてるんですよ、あなたが御存じないこと。

はい。

――検察が知ってるその他の出来事というのは御存じないですよね。

はい。

――分かれへんわけですな。

はい。

――でも、一応検察官が捜査の必要上照会をかけてきたものは、もう必要があるということで、お答えになってたわけでしょう。

まあ、その検察官の判断を尊重するということからです。

――前回、本件回答文書をワープロで起案したと証言されてますね、あなた。

はい。

――これは、フロッピーは保存されてます。

しております。

――他の回答書もみんな。

いや、みんなではありません。

――そのフロッピーは、どこに置いてあります。

引き出しの中にかぎを掛けて置いてると思います。

――それは、あなたの引き出し。

そうです。

原告ら代理人（秋田）

――先ほども聞かれておったんですけれども、前回の証言で、被収容者あるいはその関係人の名誉とかプライバシーについては回答拒否する場合があると。

はい。

――先ほどそのプライバシーとか人権とかいうので、部落差別の問題があるような場合とか、そういう例を挙げられましたね。

はい。

――ほかは何も思い当たることないですか。

そうですね。

――例えばね、不倫をして妻と離婚話になってると、そういうことというのはプライバシーにかかわるんじゃないかと思うんですが、どうでしょうか。

離婚話というのは、当然収容者の心情面で、すごく当方も気を遣うことでありますし。

――プライバシーにかかわる問題ですね。

ですけれども、それよりもうちの処遇上のことが優先するかと思います。

――今お聞きしてるのは、書信表に処遇上参考となるかどうかで記載するかどうかという問題じゃなくて、あなたが回答する立場、外からの照会にどういうことを回答するかということを聞いてるわけですから、そういうことが書信表に出てたとしても、あなたのお立場からすると、名誉、プライバシーにかかわるような問題であれば回答しないことがあり得るという、そういう御説明でしょう。

はい。

――それはいいんでしょう。

はい。

――だから今私が聞いてるのは、不倫をして離婚ざたになってるというような話になれば、これは名誉にもかかわるし、プライバシーにもかかわるような話じゃないですか。

………そう言われれば。

――そう思いますよね。

はい。

(甲A第一五号証の二を示す)

――これ、先ほど御証言いただいたとおり、これもあなたがお書きになったやつですね、御記憶ありますね。

日付から言いますと、私がしたものです。

――その一枚目に平成九年九月九日にずっとかなりの発受信があるんですけれども、その真ん中辺りのところに、Ｋ・Ｈという人から、中にいる被告人が受領したところで、「Ｓの所で話聞きました。明日、離婚届出しますので書いて、送り返してください。」、こういうことを書いた記憶ありますか。

書いてるんですね………書いてます。

――今の二行後のところに、中にいる被告人のほうが、同じＫ・Ｈさんに対して、「Ｓの言うことだけ聞かないでくれ。とりあえず明日面会に来て、話を聞いてくれ。」これもあなたの書いたものに間違いないですね。

書いてますね。

――で、その直後に、「俺が出るまであの女にうまく言って聞かせてあっただけや。戻っていく所はおまえしかない。」、これも同じく中の被告人が奥さんというか、Ｋ・Ｈさんにあてて送った手紙の内容である、これ何のやり取りか分かりますよね。

そうですね。

――これ、奥さんとの間で不倫がばれて離婚騒ぎになってると。

はい。

――そういう内容であるということは分かりますね、一目りょう然ですね。

この流れからですね。

――このことを回答することについて、何か悩んだという記憶はありますか。

いや、なかったと思います。

――だれかと相談したとか、そういうこともないわけですか、あなた一人の判断で、これはそのまま記載した。

はい。

――今御覧になると、配慮は足りなかったと思われるわけですか。

……そうですね、ちょっと書き過ぎちゃった。

――それから先ほども示された一五から一六、一七、いずれも弁護人、弁護士というのを除外されていないと。で、回答しているということはお分かりになりますね。

（甲Ａ第一六号証ないし甲Ａ第一七号証の各二を示す）

――はい、含まれてます。

――こういう回答をするに当たって、本件で問題になってる甲Ａ一号証と何か違う配慮をしたということありますか、弁護権に関して。

甲Ａ一号証と言いますと。

――今回問題になってる回答書ですね。

いや、同じ基準でした。

――ですから、弁護権について異なる配慮をしたとか、そういうことはないわけですよね。

はい。

――ちなみに、この回答書を作成するに当たって、一五の二、一六の二、一七の二、今日初めてこの場で示されたやつですけれども、これを作成するときに参考にされた資料というのは、やはり書信表だけですか。

はい。

――ちなみに弁護士さんが、中でだれが弁護人であるかというのは、その時点で分かるんですか。

分かりません。

――じゃ、弁護士と言えば常に弁護人である可能性を含んでいると、そういう理解なんですね。

はい。

――甲Ａ第一六号証の二の一枚目の平成九年一二月二七日のところに、弁護士秋田真志、これ私なんですけれども、私から、中の被告人が受信したと。「前回の面会の際聞きもらしたポイントを返戻してください」という内容になってますね。

はい。

――この秋田真志という弁護士が、この被収容者との関係で弁護人であるかどうか、当時分かっていなかったということですね。

ですけれども、やり取りからすると、そうであろうかとは思いました。

――むしろ逆に弁護人であろうと思ったということですね。

はい。

――こういう「前回の面会の際聞きもらしたポイントを返戻してください」というようなことを書くこと自体には、問題ないと思ったんですか。

はい。

――その根拠は。

……事件の打ち合わせとか、公判の打ち合わせ、具体的なことが書いておりませんので、大丈夫と思いました。

――これがね、きっかけになって何か新たな資料を手に入れる可能性があるとか、そういうことまで配慮しませんでしたか。何か聞き漏らしたポイントという話が出てくるわけですよね、検察官にとっては、何かそこで弁護人とここの被収容者との間のやり取りで、聞き漏らしたポイントを巡って。

それは分かりませんですね。

――そういうことは配慮しなかった。

分かりませんですね。

――一六号証の二の二枚目、上から二行目、やはり、秋田真志という記載がありまして、「検事の尋問には何も隠し立てする必要はありません」という記載が出てくるんですけれども。

はい。

――こういうことについて書くことにも、何のちゅうちょもためらいもなかったですか。

……これはこのままですね、写したものと思いますね。

――隠し立てするのかしないのか。

そうですね、するかしないかですね。

――そういうことというのは、弁護方針にかかわるような内容じゃないかとか、そういうことは考えなかったですか。

具体的にどう隠し立てするとかというふうなことが記述されてませんので、これくらいであればとは思ったと思います。

――そのときには、そういうことは配慮して大丈夫だと思ったと、そういうふうに思われたということですか。

はい。

――そしたら、その同じ二枚目の真ん中やや上のところに、平成一一年一月二三日というのから始まって、その三つ目なんですけれども、名前ちょっと二箇所塗りつぶしてありますけれども、何とか山何とかさんという弁護士さん、この人とのやり取り、「控訴審の判決を3月ころまで引き伸ばすのは無理です。何か特別な事情がない限り。」て書いてあるんです。これは、どうしてこんな記載されたんですか。

今見ると記載してますですね………。

――今見ると……。

どのように………。

――これ、弁護方針そのものですよね、違いますか。

私は弁護方針、詳しくは知りませんですが。引き延ばす、それも三月ごろというふうに書いてますから、そう言われれば。

――分かりますね。

そうですね。

――これ見たら、被告人のほうが弁護士に対して控訴審の判決を三月まで引き延ばしてくれということ依頼したこと一目りょう然ですよね。

はい。

――こういうことを書くことについて、何かためらいを感じたとかいう記憶ありますか。

………記憶はないですね、ちょっと分かりませんですね。

――だれかに相談したというような記憶ありますか。

いや、それはないです。

――先ほども聞かれていましたけれども、こういう弁護権への配慮とか人権への配慮とか言われますけれども、口ではおっしゃってるけど、何かそういうことを研修で聞いて、こういうふうにしなさいとか教えられたことあるんですか。

研修という形では、ありません。

――ない。じゃ、所内で検討会をしたとか、そういうことありますか。

いや、ありません。

(甲A第一五号証ないし甲A第一七号証の各一を示す)

――そこの照会文書のところなんですけどね、「各欄に記入して回答されたく、」という表現になってるんですね、どれも。「各欄に記入して」という表現なんですけど、分かります。

各欄ですね。

――こういう「各欄に記入して」というのは、大体こういう照会文書多いんですか。

いや、先ほども言いましたようにまちまちですので、今見れば、そうですね、こういうふうになってますね。

――何か、これは書式を示されたとか、そういうわけではないんですか。

それではありません。

――これは、もう既にこういう各欄に記入して回答するものだということが、ある程度拘置所では一般化していたから、こういう形になったんですかね。

一般化してたと言いますか、まあ、いつも回答しておりましたので、まあ、一般化しておったということですね。

――検察官は、そのことを十分分かってたということなんでしょうか。

いや、分かっておられたかどうか、ちょっと分かりませんが。

原告ら代理人（小坂井）

――結局証人の御証言をお聞きしてますと、検察官からの一九七条二項の照会を受けて、回答を拒否されたという経験自体が全くないと、こういう御趣旨なんですね。

ありません。

――照会の中身なんですが、信書の発受あるいはその内容を照会するという以外の、一九七条二項に基づく照会というのは、どんな内容がほかにあるんでしょうか。

まあ、外部交通としまして、信書の発受と接見があるわけですけれども、接見の状況、それからあとは領置物があるか、それは検察庁の問いかどうかは分かりませんけれども、領置物についてとい う、それくらいだと思います。

――そうしますと、あなたの御記憶でも一九七条二項に基づく照会ということになりますと、信書の発受とその内容、あるいは面会状況というのがほとんど、こういうことですね。

それがメーンでした。

――検事としては、やっぱり信書の発受及びその内容を聞いてくるのが件数的には多いと、こういう御認識でしょうかね。

内容まで及ばない、要するに対象者を限定したものとか、それからいついつか、内容まで求めないですね、月日を回答してもらいたいとか、そういうようなものもありましたけれども。

――信書にかかわるものが多いということが言える、そういうことになるんかな。

信書と接見のですか。

――うん。

………それが検察、それから警察の区別はちょっとつきませんけれども、多分半々くらいだったかなと思いますけれども、当然錯綜する部分もあるんですけれども。

――今ちょっと半々とおっしゃったのは、何と何。

接見状況と書信の状況と、それと錯綜する部分もありますけれども。

――一緒に聞いてくる部分もあるということですね、錯綜とおっしゃったのは。

はい。

――今のあなたの記憶だと、接見状況を尋ねてくるものと信書に関して尋ねてくるものが半々くらいだったということですか。

　はい。

——今もちょっとおっしゃりかけたけれども、先ほど弁護人との間の信書を除外した照会がありましたかという質問に対して、あったという趣旨でお答えになったと思うんですけれども。

　はい。

——これは特定の人との間の信書を聞いてきてると、こういう御趣旨なんではないでしょうか。

　当然特定の場合は除外されることになりますね。

——私が確認しておきたいのは、その更に照会文書の中に、弁護人等の間の信書については除きますという注意書きとかただし書とか書いてあって、照会があったようなケースは、あなたの御経験上であるんでしょうか。

　ありました。

——それは何件くらい。

　……それも少ない数だったと思います。

——少ないけれども、あったことはあったという御記憶なんですか。

　はい。

裁判長
——少ないというのは、一例か二例というくらい、それくらいの感じですか。

　はい。

——そのとき、弁護人との間で発受する信書を除いて、それ以外全部というような照会だったんでしょうか、それとも更に限定がついてたんでしょうか。

　いや、除くという、要するにそれ以外ということだったと思います。

——それ以外の、そしたらすべての、その当該被拘束者の発受する信書、こういうことですか。

　はい。それで検察と警察と、ちょっと分からないんですが。

——その記憶が一、二例はあった。
　一、二例か……。
——もっと。

　いやいや、五件はないんですよね、そこまでいかないと思います。実際分かりません。

原告ら代理人（小坂井）

——今の数少なくあったケース、それは刑事裁判自体は始まっておったケースでしたか、それともまだ始まってなかったですか。

　いや、ちょっとそれは。

——分からない。

　はい。

——それと先ほどもちょっとお尋ねしておったんですが、あなたの陳述書の中では、電報発信用紙の全文をそのまま書き写すのは人権若しくは名誉を侵害するおそれがあると理解されていますと、こうお書きになってますが、これ、あなた自身がそう理解していると、こうおっしゃるんですね。

　そうです。

——それと、この「理解されています」という文章からすると、これは拘置所内で何かこういう統一見解でもあるということなんですか。

　いや、先ほども言いましたように、ありません。

――それはないの。

はい。

――そうすると、この「理解されています」というのは、あなたとあとどなたがこういう理解されてたということなんですか。

当然上司を含めてですけれども。

――けれども、拘置所内で統一して、そういう見解が行き渡ってるわけでもない。

統一というのは、要するに文書でというふうな統一ということで。

――何となくその仕事している人の中では、何となくそういう話になってると、こういう趣旨なの。

はい。

――これ、電報の全文を書くと、要するに人権若しくは名誉を侵害するおそれがあるとおっしゃるんだけれども、先ほどの説明で分かりづらかったんだけれども、それはどうしてですか。

いや、飽くまでも書信表というのは要旨を書くということになっておりますので、電報というのは、長いものは用紙に四、五枚というようなものもあると聞いておりますので、実際それを全部写すというもの、当然その人権にかかわってくるわけですけれども、それも飽くまでも、ですから要旨だけということで、たとえ短い、全部書けるものであっても、それを全部網羅して回答するというのは、やはり人権にかかわるというふうに思っております。

――なぜ確認しているかと言いますと、書信係の方がおっしゃってるのは、電報発信用紙なんかそのまま書信表に編綴してるんだと。

はい。

――それは、電報は要旨を記載してもほとんど電文と変わらへんから、そうしてるんだと。

短い場合はですね。

――そういう趣旨でおっしゃってるんですよ。あなたの説明とちょっと整合性がないように思われるので、確認してるんですけどね。

短い場合はそうですけれども、まあ、長い場合については、要するにそれを要約するということですね。

――先ほどのあなたのお答えだと、全文だったらとにかく内容いかんにかかわらず、人権侵害のおそれがあると私はお聞きしたから、それはどうしてかなと思って、説明していただきたいなと思うんですけれども。

ですから、全文を知らせるということ自体が、やはり人権にかかわってくることじゃないかと、そういう認識なんですけれども。

――それ以上の答えは出てこないですか。

はい。

――結局は、やっぱり中身の問題じゃないんですか。

結局中身です。

――先ほど離婚問題など書いたことについては、配慮が足らなかったということをおっしゃいましたね。

はい。

――これはそうしますと、配慮されたときには、あなたはどういう回答されるということになるんでしょうか。

先ほどの回答ですか。考慮した場合ということですか。

――はい。

ちょっと見ないと分かりませんですが。

（甲A第一五号証の二を示す）

――例えば一枚目、平成一〇年九月九日の、「Sの所で話聞きました。明日、離婚届出しますので書いて、送り返してください。」、ここ配慮した場合は、あなたはこの回答については、どういう回答の仕方されます。

「Sの所で話聞きました。」ですね、ここまでです。

――そこで区切っちゃうの。

はい。

――そうしますと、例えば年月日とか発受とか氏名とか住所とか、そのあたりは全然そのままでよろしいわけですね、あなたの御理解は。

はい。

――内容だけ割愛してしまうんだと、こういうことになるわけですか。

はい。

――ちょっと教えていただきたいんですけどね、信書の発受状況、内容も含めてですが、これを法一九七条二項に基づいて回答していいんだということで、あなたのほうは事務していらっしゃるんだけれども、それは具体的にはどういう根拠に基づくんですか。

飽くまでも刑事訴訟法上、法律で条文でありますし、回答すべきであるというふうに認識しておりました。

――具体的に、そうしていいんだという、別に通達があるわけではございませんね。

昭和三六年のが、回答する必要があると、ただしというふうな例外設けてるのはありますけれども。

――ただ、あのケースは別に信書の内容について回答していいとか、そういう趣旨までは含んでおらないいんじゃないですか。

はい。

――そうですね、それは理解されてますね。

はい。

――それで何ゆえ、これは別に弁護人間の信書にこだわって言ってるわけじゃないんですけれども、信書一般についてお尋ねしてるんですけれども、あなたのほうはこの事務に就かれるときに、その点何か疑義があるとか、そういうようなことで議論された経験は全くないですか。

疑義があるというのは。

――信書の発受状況、内容について回答するということ自体について、これは問題だとか問題にならないとか、そういうような議論なり、したことはないですか。

議論はありません。

――全くない。

はい。

――あなたのほうで別に疑問感じられずに回答しておったということになるんですか。

はい、そうです。

（以上〔裁判所速記官〕矢野治美）

原告ら代理人（巽）

――前回のあなたの御証言で、あなたが起案した回答書を順次上役の方が決裁なさるという証言ありましたね。

はい。

――検察官からの刑訴法一九七条の照会の場合に、あなたの起案した回答書、主に内容をチェックするのは上司の方のどういう役割の方ですか。

統括矯正処遇官。

――その方ですか。

はい。

――今まで、この一九七条の照会に関する回答で、あなたが回答書を起案して、上司の方から訂正意見、その他注意が来たことはありますか。

語意がつながらないとか、ワープロの当然打ち間違いありますけれども、その指摘はありました。

――そうすると、弁護権であるとか、あるいは関係者のプライバシー、人権であるとか、そういうものとの関係でチェックや異議が来たことがありますか。

なかったと思います。

――そうすると、あなたに比べて上司の方のほうがその点の配慮が特に厳しいということはないわけですね。

いや、そこまではちょっと分かりません。

――弁護人を除くとわざわざ注記した照会書が今まで一、二回来たとおっしゃいましたね。

はい。

――それを見たときに、なぜそういうスタイルの照会書が来たのかと思いましたか。

別に要らんのやなということですね。

――そうすると、弁護人との信書を照会するとまずいから外したのだとは思わなかったわけですね。

いや、まずいかどうかちょっと分かりませんが、多分要らないんだなということですね。

――先ほどの弁護人との信書を除くという照会スタイルについての裁判長からのお尋ねの中で、あなたが検察庁と警察で違いますというふうなことをおっしゃいましたが、これはどういうことですか。もう一回おっしゃってください。

要するに記憶で、検察、警察の件数自体もよく分かりませんし、除くというふうに明記されておったのが検察のものであったのか、警察のものであったのか、分からないということです。

――警察からというのは、捜査の照会書か何かで問い合わせが来るわけですか。

はい。

原告本人（髙見）

（甲Ａ第一号証、甲Ａ第一七号証の二を示す）

――右上に「大拘丙収第１５３８号」という記載が甲Ａの一号証にありまして、甲Ａ一七号証の二には「大拘丙収第１５５３号」という記載があるんですけれども、甲Ａ一号証を見ますと一二月二四日付けの照会に対する回答、それから甲Ａ一七号証の二を見ますとその翌日である平成九年一二月二五日付けの照会に対する回答、そうしますと、一日当たりで、甲Ａ一号証の一五三八から次の甲Ａ一七号証の二の一五五三まで、これだけ同じような照会が検察官から来ているということになるんでしょうか。

私、庶務の文書事務は詳しくありませんですが、この一五三八号という番号は、庶務課がいかなる文書であっても受け付けたということの番号でありまして、一五三八から一五五三の間には、要するに捜査関係事項の照会以外の文書も受け付けているということで、これだけ間が開いていると思います。

――この一五三八とか一五五三というのは、いつから一号が始まるんでしょうか。四月一日から始まるのか。

暦年で一月一日からだと思います。

――甲Ａ一号証の大拘「丙」とありますが、これはどういう意味でしょうか。

丙というのは受けるということだと思いますが、発する場合は甲番とか甲とかいうふうなことで。

――それは「収」というのが受けるという意味ではないんですか。

ですから、私はそういう認識を持っていたので、今はっきり丙と収の使い分けは分かりません。

――「丙収」というふうに甲Ａ一号証に書いてあるので、その意味をお伺いしたいんですけどね。

要するに、受けたということだと、受ける番号だと、要するに発信するんじゃなしに。

――発するときはどういう字を書くんですか。

甲乙丙の甲ですね、甲発ということじゃないかと思います。

被告指定代理人（谷岡）

――甲Ａ一号証の本件回答書ですけども、この回答書を作成した時点で、ＢがＡの共犯者であることは忘れていたという証言を前回されてますが、それは間違いありませんか。

はい、そうです。

（乙第八号証、甲Ａ第一号証を示す）

――まず乙八号証のＡの書信表の平成九年一〇月一三日、発第四三号の部分について、書信表には「僕は元気です。事件の事書いていく。Ｂは運転席に座っていた。」と三文の記載がありますね。

はい。

――これに対して本件回答書の該当箇所、二枚目の中央よりやや下、平成九年一〇月一三日、高見弁護士あての部分を見ると、「僕は元気です。Ｂは運転席に座っていた。」と記載されていて、「事件の事書いていく。」の部分を書いてませんね。

はい、いません。

――これはなぜですか。

私なりに防御権等を配慮して抜きました。

――Ｂが共犯者であることを忘れていたが、弁護人と被告人Ａとの間の信書ということで、その適宜は別として、あなたなりに配慮して省略したということですか。

はい。

――しかし前回の証言では、Ｂが共犯者であることを前提としても、書信表の記載どおり三文とも転記するとおっしゃいましたね。

はい。

――その証言では、あなたが実際に転記した本件回答書の記載と矛盾することになりませんか。

矛盾しております。

――では、なぜそのような証言をされたのですか。

あのときは動揺しておって、気が動転しておったからだと思います。

――なぜ気が動転、動揺していたのですか。

尋問のときに、要するにＢでありますけれども、共犯であるというふうなことを知りまして、それからこの全文とも私が回答書に記載したんじゃないかというふうなことを思い込みまして、それでつい不安になったということもあるんですけれども、そのまま書きますと言いました。

――前回の尋問のときには、その回答書のほうを示されてなかったんですね。

　はい。

――書信表のほうだけを見せられて尋問されていたんですね。

　はい。

――全部転記したんじゃないかと不安になったということですか。

　はい。

――では今、Ｂが共犯だと分かった上で、書信表の三文の記載をどのように転記すべきだとお考えですか。

　やはり事件のこととかかわりがあるという可能性がありますので、上段の「僕は元気です。事件の事書いていく。」というふうにとどめておくべきだったと思います。

――つまり「Ｂは運転席に座っていた。」と転記すべきではなかったとお考えなのですね。

　はい。

（以上〔裁判所速記官〕大野弥生）

大阪地方裁判所
裁判所速記官　矢野　治美
裁判所速記官　大野　弥生

速記録（K）

1999（平11）年12月14日

速記録（平成一一年一二月一四日　第八回口頭弁論）

事件番号　平成一〇年（ワ）第一三九三四号

証人氏名　K

被告指定代理人（田邊）

――あなたは、平成九年四月から平成一〇年三月まで大阪地方検察庁公判部に勤務していましたか。

はい。

――あなたは、その間に被告人A、及び被告人Bの強盗致傷等被告事件の公判立会をしたことがありますか。

はい、ございます。

――あなたは大阪拘置所長に対し被告人A、及び被告人B両名の信書の発受状況について照会したことがありますか。

はい、あります。

――あなたは、それに対して大阪拘置所長から回答を得たことがありますか。

はい、あります。

――あなたは大阪拘置所長に対する照会、その大阪拘置所長からの回答、及びその利用の経緯・内容等について陳述書を作成しましたか。

はい。

（乙第一六号証を示す）

――これが、あなたの作成した陳述書ですか。

はい、そうです。

――これは、あなたの記憶どおりに作成したものですか。

はい。

――内容的に訂正すべき点は、ありませんか。

特に、ございません。

（乙第一号証を示す）

――これは、あなたが作成した捜査関係事項照会書ですか。

はい。

――あなたが本件照会書を作成して照会をした目的は何ですか。

被告人AとBとの間の通謀状況を明らかにするためです。

――二人は幾つかの公訴事実で起訴されていたと思いますが、そのうち、どの事件についてですか。

強盗致傷事件です。

――照会するに当たって、被告人両名と、その各弁護人との間の信書の発受状況まで捜査する必要があったのですか。

ございませんでした。

――あなたは、被告人と弁護人との間で行われた刑事事件に関する打合せの内容を知ろうと意図したのですか。

いいえ。

――そういう意図は、なかったのですか。

はい。

――では、今の照会を離れて、あなたは、これまでに被疑者や被告人と、その弁護人との間で発受される信書の内容を含む意図で、拘置所長に対して信書の発受状況について捜査照会を行ったことはありますか。

　ありません。

――あなたは、これまで信書の発受状況について拘置所長に対して捜査照会を行うときに、どのような照会の仕方をしていましたか。

　弁護人と被告人との間の信書について除外する旨を明記せずに、照会をかけておりました。

――本件の照会と同じような照会の仕方ですか。

　はい。

――本件照会書に被告人と、その弁護人との間で発受される信書を除くということを明記しなかったのは、なぜですか。

　私自身、従来から除外する旨明記せずに行っておりましたので、従前のやり方どおりにやったということです。

――被告人と、その弁護人との間で発受される信書を除くということを明記することまで考え至らなかったということですか。

　はい。

（甲A第一号証を示す）

――先ほどお尋ねした、あなたの照会に対する大阪拘置所長からの回答というのが、これですね。

　はい。

――この回答書には、被告人両名と、その各弁護人との信書の内容の要旨も記載されていることは分かりますね。

　はい。

――あなたは、被告人両名と、その各弁護人との信書の内容の要旨まで記載された回答書が返ってくるということを予期していましたか。

　いいえ。

――本件を離れて、あなたの、これまでの捜査照会に対して、拘置所長が被疑者、被告人と、その弁護人との信書についてまで回答してきたことは、なかったんですか。

　いえ、今から思い起こしますと、ありました。

――それは、いつころのことですか。

　大阪地検公判部にいるころです。

――何回くらいあったんですか。

　二回ございました。

――そういう経験があったのであれば、本件の照会をするに当たっても、被告人と、その弁護人との信書を除外する旨を明記しないと、被告人と弁護人との信書を含めた回答が返ってくるということを予期できたのではありませんか。

　この点については、私自身当初から余り深い問題意識を持っておりませんでしたので、今回の、この照会をかけるときに、そういった弁護人と被告人との間の信書の要旨が回答されることがあること自体、失念していたというのが正直なところです。

――あなたは、被告人両名の接見等禁止請求書に本件の回答書を添付しましたね。

　はい。

――それは何のためだったんですか。

　この回答書の中に、被告人双方が通謀していた事実、それから証人として出廷が予定されると思われます甲と被告人が多数回にわたって信書のやり取りをしていた事実等がございましたので、そのことを疎明することによって起訴後の接見禁止請求を付けようと、そのように考えました。

――具体的には、通謀がどんなことから窺えたのですか。

Ａ君のほうからＢ君に対して一緒に罪名を変えようと、そのような働きかけがなされているということが回答書から分かりました。それから甲さんのほうからＢ君のほうに対して一日も早く帰ってきてほしいというような安否を気遣う内容の文書がやり取りされていたということが分かりました。

――そういったことは接見等禁止請求書に具体的に指摘したんですか。

はい。

――ほかに裁判所に対して御理解いただきたい点を何か指摘しましたか。

はい、接見禁止請求の決定をいただくために留意していただきたい部分について、この回答書の欄外に○印を書いたのを記憶しております。

――では、接見等禁止請求に当たって、被告人両名と、その各弁護人との信書の発受状況まで裁判所へ明らかにして御理解いただく必要はあったんですか。

特に、必要はありませんでした。

――接見等禁止請求書には、被告人と、その弁護人との信書の内容を引用していますか。

引用しておりません。

――同様に本件回答書の被告人と、その弁護人との信書の欄の外に印を付けたりはしていますか。

しておりません。

――では、本件回答書のうち被告人両名と、その各弁護人との信書の発受状況を除外して利用しなかったのは、どうしてですか。

内容が簡潔でしたし、事件の詳細について書かれたものでもなく、そういったことからして、その当時は、特に、秘密交通権の侵害には該当しないのではないかと、そのように判断いたしました。

――その時点で、既に、何か明らかになっていた点は、ありますか。

はい。それから、この回答書を得る前ですが、平成九年の暮れのことだと思いますけれども、高見弁護人のほうからＡ君の保釈請求書が出されまして、その保釈請求書の中に、かなりの量の信書、手紙ですね、が添付されておりましたので、それが、この要旨に書かれているだろうと、ですから既に、私に開示されているものなので問題はないのではないかと、そのような認識を持ちました。

――今あなたがおっしゃった信書というのは、Ａ被告人と高見弁護人との間の信書ということですか。

そうです。

――あなたは、被告人と弁護人との信書の発受状況を積極的に利用しようと意図したのですか。

いえ、違います。

――その後、あなたは、本件回答書を甲の検察官調書の特信性を立証するための証拠として請求しましたね。

はい。

――そのときには、具体的に、どういうことを立証しようと思ったのですか。

甲証人の証言が非常に曖昧でしたので、甲証人と、それから被告人両名との間柄が親密であり、特に、Ｂ君の安否を非常に気遣っているという事実が、この回答書から窺われましたので、三二一条一項二号書面の特信性の立証に使えると、そのように考えました。

――そういったことは、本件回答書の取調請求に当たって、具体的に指摘したわけですか。

はい。

――では、その立証に被告人と弁護人との信書の発受状況が必要だったんですか。

いえ、必要ではありませんでした。

――それなのに、本件回答書のうち、被告人と弁護人との信書の発受状況を除外して請求しなかったのは、どうしてなんですか。

その内容が簡潔で、特に、事件の詳しい中身を書いたものではなかったという点が一点、それから接見禁止請求をして決定を受けたところに、弁護人の要請によって、この疎明資料である、この回答書をお見せしたという経緯がございました。ですから私自身、一度開示したものですから、あえて、これを抄本にするとか、再照会をかけるとか、そのようなことをするよりは、そのまま出すべきであろうというふうに考えて、このまま出しました。

――それから先ほど証言されたA被告人と高見弁護人との信書のやり取りの一部は、あなたにも明らかになっていたということも考慮されたわけですか。

はい、そうです。

――念のために伺います。被告人Aと被告人Bの強盗致傷等被告事件の公判において、自動車の運転席に座っていたのは、だれかという点は争点になっていましたか。

いえ、争点になっておりません。

原告ら代理人（後藤）

――今までに本件同様の照会をされたことは、全部で何回くらいあるんですか。

………私の経歴書を見ていただければ、お分かりかと思いますが。

――それでは順番にお聞きします。平成五年四月二日、名古屋地方検察庁刑事部に配属されて、九月一日付けで公判部に移っておられますね。

はい。

――この間、同様の照会をされたことはあるんですか。

公判部で三回くらいあると思います。

――平成五年九月一日から平成六年四月一日までの間に、三回という意味ですね。

そうです。

――その後、一宮支部に行っておられるようですが、ここでは照会をされたことはあるんですか。

否認事件がなかったので、ないというふうに記憶しております。

――平成八年四月一日から大阪地方検察庁刑事部におられるようですけれども、その後、一一月二五日に指導係補助になっておられますね。

はい。

――この間は、どうなんですか。

私自身が照会をしたことはございません。

――指導係補助をしておられるときは、どうなんですか。

ないです。

――平成九年四月一日から公判部に所属しておられて、平成一〇年三月三一日までおられたんですね。

はい。

――この間は、何回くらいされたんですか。

……四回か五回くらいではないかと思います。

――その間に、弁護人との信書を除外されたことは、結局一度もないんですね。

はい、ありません。

――照会をされたら、全部回答は戻ってきていますか、それとも一部拒否された場合がありますか。

…………。

――あなたが同趣旨の照会をかけられたことが名古屋地方検察庁当時、三件、大阪地方検察庁公判部当時、四、五件あったとおっしゃるわけでしょう。

はい。

――それらについて全部回答は返ってきておるわけですね。

はい、返ってきております。

――その回答は当然見ておられるわけですね。

はい、一応は見ておりますが。

――回答書を証拠調請求されたことはあるんですか。

名古屋であったように思います。

――名古屋で三件ほど照会されたようですが、そのうち何回くらい証拠調請求をされたんですか。

一回……あったのではないかと……。

――一回だけですか。

あとは保釈請求に対する反対意見を書きますので、そのときの疎明資料として使用したことがございます。

――それぞれ一回ですか、それとも三回とも何らかの形で裁判所に提出しておられて、そのうちの一件が証拠として請求されたということなんですか。

名古屋で一件……請求をしたような気がしますけれども。

――一件請求されて、一件は保釈の反対意見の意見書に添付されたということですね。

はい、そうです。

――あと一件は利用されなかったんですか。

いや……よく分かりませんが、もし利用しているとすれば、保釈の関係だと思います。

――全部利用して裁判所に提出しておられたということも、可能性としてはあるわけですね。三件とも何らかの形で裁判所に提出されたということがあり得るわけですね。

はい、令状のほうでという意味も含めて、そうです。

――それから大阪地方検察庁公判部のときに、四、五回あったということですが、これらについては、本件を除いて、証拠請求をしたことがあるんですか。

……ないように記憶しているんですが。

――保釈請求に対する意見書に添付されたことはありますか。

あります。あと接見禁止。

――それは何回くらいありますか。

……二回くらいです。

――では、接見禁止について二回ですか。

本件を含めますと、三回でしょう。

――本件は一応除外して全部お答えください。

二回……でしょうか。

――それが接見禁止等請求書に添付したという回数ですか。

はい。

――保釈請求に対する反対意見に添付されたことは、そのほかにありますか。

も、あるかもしれません。

――あなたの今日の御証言では、名古屋で三回、大阪で四、五回あるんだけれども、その大半について証拠調請求をしたり、あるいは接見禁止等についての添付資料、それから保釈に対する反対意見についての添付資料として裁判所に提出しておられるということになりますね。

はい、そうです。

――一番初めに、あなたが照会されたのが、平成五年九月一日から所属された名古屋地検公判部ですね。

はい。

――どういういきさつで、そのとき最初に、しようとされたんですか。

先輩検事のほうから、保釈請求について保釈で出すべきでないものについて、こういう照会をかけて資料を収集して疎明資料とすることがあり得るんだという方法論は聞きました。

――それは個別的にお聞きになられたのですか、それとも新人が複数名おられる所で、先輩検事のほうから、そういうお話があったのですか。

個別です。

――複数名、同期で新人の方が入られますよね。

私、名古屋では新任一人でやっておりましたので。

――あなたが見ておられた範囲で結構なんですけれども、ほかの検事も同じように照会をしておられるというようなことはありましたか。

……一件あったように記憶しております。

――それは名古屋当時ですか。

はい、そうです。

――大阪でもありますか。

大阪でも……刑事部時代に引継ぎを受けた事件であったように記憶しております。

――公判立会検事さんは、名古屋でも一つの部屋に複数名いらっしゃるんですか。

はい、大部屋でした。

――大阪でも複数名いらっしゃいますね。

はい、おります。

――ほかの人も、同じような照会をしているということは、たまたまでも何でも、分かることがあり得るわけですね。

……そういう照会自体は、そうです。ただ、どのような照会をしているかとか、どういう回答が返ってきているかとかということについて、私自身には分かりません。

――いちいち見ないけれども、同じようなことをやっておられるということは、大体分かるわけでしょう。

……ただ弁護人を除外しているかどうかとか、その辺については分かりません。

――先ほど言われた先輩の検事から、そういう捜査照会の方法があるということを聞かれたときに、弁護人を除外するか、しないかということについて何か聞かれたことはあるんですか。

聞いておりません。

――弁護人を除外しなさいというふうに注意を受けたことはないん

ですね。

はい。ただ名古屋では、返ってきたものは弁護人と被告人の信書の要旨は入っておりませんでした。

――あなたは、それに気が付いたんですか。

いえ、ですから気が付いたのではなくて、そもそも、そういったものを目にする機会がありませんでしたので、大阪で公判部に来るまで、そのような問題意識を持っていたこともなかったんです。

――いずれにしても、名古屋で照会をかけられたときに、弁護人との通信を除外するということを明記して、照会をされたわけではないんですね。

はい。

――しかし、回答が来たのは、弁護人との通信を除外してあったということなんですか。

それは私には分からないです。

――名古屋当時、あなた自身が照会をされた、あなたの照会に対する回答は、どうだったんですか。

名古屋では、弁護人と被告人との信書の要旨は返ってきておりません。

――回答はあったんだけれども、弁護人と被告人との信書は除外したあったということですか。

はい。

(乙第一号証を示す)

――これは、だれの字なんですか。

私の立会事務官の字です。

――あなたの陳述書には、立会事務官に起案するように指示した、とありますね。

はい。

――証人は、立会事務官に、どのように指示されたんですか。

……日ごろのルーチンワークですので、はっきりと細かいことは覚えておりませんが、被告人AとBとの間の手紙について拘置所に照会をしてほしいと言って、両名だけですかと言われたので、いや、そのほかの人もお願いと、そのようなやり取りだったのではないかと思います。

――あなたの陳述書に「起案するように指示しました。」となっておるんですけれども、一時に今言われたようなやり取りがあったんですか。

そうですね。

――「ルーチンワーク」と言われましたけれども、本件の照会までに何度か同じようなことを、同じ事務官に指示されたことがあるということなんですか。

そうです。

(乙第一号証を示す)

――「右両名の間（及びその他の者と）の通信状況について」と書いてありますが、その間に挿入がありますね。

はい。

――これは、あなたが二度にわたって指示したから、こういうふうになったんではないですか。

……………。

――一度指示して、指示されたものが出来上がってきて、それに対して、あなたが更に、ほかの人も入れてくれというふうに言われたんではないですか。

そうかもしれません。

――はっきりしない？

…………。

――はっきり記憶がないんですか。

恐らく、そうだと思いますが、ほんの五秒、一〇秒のお話ですので。

――立会いの事務官は、あなたの専属の事務官なんですか。

はい、そうです。

――あなたが、いちいち文章まで口述しないでも、これを書いてくれるわけですね。

はい、そうです。

――一番最初に、あなたが指示したときのことを覚えていますか。

……覚えていないですが。

――いちいち、あなたが書いたという御記憶ですか、それとも、こういうように同じようなことを言えば、事務官のほうでは、既に、経験があって、起案してくれたというような御記憶ですか。

……後者ではないかと思うんですが。

――それから、ここに「書信表を精査の上」と書いてありますね。

はい。

――「書信表を」という言葉が出てきますが、この書信表なるものが存在することは、どのようにして知ったんですか。

……私自身拘置所で、例えば、接見状況とか文書に関して何らかの帳面をつけているだろうという認識はありました。ただ、それが書信表という名前だということは、本件の訴訟で初めて知りました。

――乙第一号証には、書信表を精査の上、回答してほしい、と書いてありますね。

はい。

――これは、あなたが、そういうふうに指示されたんではないですか。

私が指示したのは、先ほど言ったような言葉です。

――あなたは自分で作成したと言っておられるけれども、作成した文書に書いてある、この書信表の意味・内容が、作成当時には分からなかったということになるんですか。

……見たのでしょうが、意識して見ていないということだと思います。

――とにかく当時、書信表なるものが、どういうものか、あなたは御存じなくって、この訴訟になってから分かったとおっしゃるわけですか。

はい。

――書信表の内容を見られたのは、訴訟になってからですか。

はい、先日初めて見せていただきました。

――書信表の意味・内容はいいんですけれども、この照会をかけられるときに、弁護人との信書は除外しようというふうに考えたことは全くないんですね。

はい、頭に浮かびませんでした。

――照会書を出すについて決裁は受けられるんですか。

受けておりません。

――通常、受けないんですか。

受けないです。

――それから書信表を精査して回答してほしいと、これには書いてあるんですが、書信表でなくって、信書そのもののコピーを、あなたが入手されたことはありますか。

捜査関係事項照会では、そのようなことはしておりません。

——そのほかではあるけれども、刑事訴訟法一九七条二項ではしていないということですか。

はい、差押えをしたことはございます。

——同僚の検事の方が、一九七条二項に基づいて、この信書そのものを入手しておられたというようなケースは見聞しておられませんか。

全く知りません。

——あなたの本日の御証言、あるいは陳述書によりますと、AさんとBさんが通謀したということを疑うに至った経緯は、第一回公判でBさんは留保して、第二回公判でBさんが全面否認をしたということがあったのが、きっかけということになるんですか。

はい、そうです。

——あなたの陳述書によりますと、第一回公判では自らあえて陳述を行わず、留保して被告人Aの陳述を聞くに止めたと、第二回では、第一回の公判におけるAさんの陳述に符合する陳述を行った可能性があると判断したんだと、こう書いてありますね。

はい。

——これは、そのとおりなんですか。

私自身は、そういうように考えました。

——証人の御理解では、第一回公判におけるBさんの意見の陳述の留保は、Bさんが自分で考えたということになるんですか。

……そうなるんでしょうか。

——Bさんは、Aさんの陳述を法廷で聞いておって、第二回目に否認したということなんですね。

はい、そうです。

——それをBさん自身が考えたと。

………。

——信書の発受状況を見ないでも、法廷で聞いておって話を合わせたということであれば、信書は全然関係ないんじゃないですか。

いえ……B君が、そのような行動をとる前に、A君のほうから何らかの働きかけがあったかもしれないというふうに私は考えたんです。

——意見の留保をするについて岡本弁護人と、どういうような話になっておるかということは、あなたは全く考えなかったんですか。

考えておりません。

——岡本弁護人が指導・助言をして留保に至ったという可能性を考えたことはないんですか。

……そういう可能性もあるかもしれないとは思いましたが。

——むしろ、被告人の意見陳述の前には、弁護人ときちっと打合せをするのが普通ではないですか。

はい。

——第一回公判期日におけるBさんの意見留保は、岡本弁護人のアドバイスによる可能性があると、それを考えたということになりますね。

それも考えますが、それ以外のものも考えました。

——それもあるし、それ以外もある。

（うなずく）

——信書の発受状況を弁護人を含めて照会して、その内容を見れば、ちょっとした弁護人のアドバイスで、そうなったかもしれない、ひょっとしたらA君の手紙で、そうなったかもしれないということになりますね。

（うなずく）私自身は、A君からB君に何らかの働きかけがあるのではないかと思いました。

――あなたは捜査もされたことがありますね。

はい。

――いろいろな可能性がありますね。

はい。

――先ほどもお認めのあったように、弁護人とのアドバイス、通信によって留保に至ったかもしれない、その後、否認に至ったかもしれない、あるいはA君の働きかけによって留保・否認に至ったかもしれない、それは可能性として両方ともあるということですね。

今から考えれば、そうかもしれません。

――あなたは捜査もしておられるんだから、今から考えなくっても、当時、両方の可能性があること自体は当然理解しておられたんではないですか。

………私の曖昧な記憶ではありますけれども、A君が公判で意見陳述をしたときに、B君のほうがA君の顔を窺うような様子を見せたんですよ。私は、それを見て、A君とB君との間で何かあるんではないかというふうに考えました。

――共犯者が、どういう意見を言うかというのを片方の共犯者が注目する、そんなことは当たり前でしょう。

いや、当たり前のことではありますけれども、そのときの雰囲気が私には、そのように見えました。

――あなたは、岡本弁護人とBさんとの連絡がないままに、Bさんが自分の判断で、そういった可能性だけを考えたということになるんですか、それは、どうなんですか、もう一度教えてください。両方の可能性があるとは考えなかったんですか。

岡本先生とB君とのやり取りについては、特に、興味を持って考えたことはございませんでした。

――なぜ、考えなかったんですか。

………B君とA君の関係のことのほうに興味が集中していたからだと思います。

――あなたは、捜査をしたことのある検察官なんだから、可能性が幾つかあるということは当然思い至るでしょう。

………でも、別に岡本先生が、特に、特殊な弁護活動をされているような方ではないように見受けましたし、別に、普通の方だというふうに私は見ておりましたから。

――普通の方だったら、ちゃんと接見をしてアドバイスをして第一回公判に備えるんではないですか。

………だから弁護士さんと被告人とのやり取りは、接見で行われるのが多いんではないかと。

――手紙もあるということは分かっておられたでしょう。

………余り、念頭にはなかったです。

――あなたは、第一回公判期日でB君が留保して、第二回公判で否認をしたというところで、被告人の弁護人である岡本弁護士の意向とは全く別に、あるいは、その意向があったというようなことは全く考えずに、本件通謀について考えたということになるんですか。

はい、そうです。

――一般的なことをお尋ねします。弁護人は、被告人にアドバイスをするものですか。

………されているんではないかと思います。

――捜査段階では自白しておったけれども、公判で、その自白を撤回して否認に至ることはありますか。

あったと思います。

——そのときに、弁護人と打合せをして直接接見なり、手紙なりでやり取りをするというケースはありませんか。

私自身、刑事弁護を経験しておりませんので、接見はされているだろうとは思っておりますけれども。

——否認事件等を扱われたら分かりますでしょう。

…………。

——どうして否認に至ったかとか、それから自白しておったのが撤回したかということが問題になるケースというのはありますでしょう。

はい。

——そういうケースを見ておられたら、弁護人とのやり取りの結果そうなっているということは、ままあるんではないですか。

あります。

——あなたの陳述書によりますと、弁護人との信書の発受状況を照会する意図はなかったと、今日も、そのようにおっしゃっていますが、弁護人が罪証隠滅工作に及んでいることを疑う事情はなかったというふうにおっしゃっていますね。

はい。

——ここで、あなたが言っておられる弁護人の罪証隠滅工作というのは、一体何を言っておられるんですか。

……例えば、経験はないですけれども、やくざの事件等で通謀の橋渡しをする……。

——この事件で書いておられるんだから、この事件で、どういうことを考えて言っておられるんですか。

本件では、そういう罪証隠滅工作をするような事情等見当たらないので、どういうものを想定されているかと言われましても、私自身……。

——本件で、あなたが考えられる罪証隠滅工作というのは何ですか。

ないです。

——弁護人がしないでもいいですけれども、被告人がした罪証隠滅工作というのは何なんですか。

一緒に罪名を変えようと。

——捜査段階の調書は事実が書いていないと、真実を法廷で述べようというのは、あなたの理解によると罪証隠滅工作になるんですか。

……信書の内容として、そのようになっていても、その裏にある事情も、どのような事情か分かりません。

——そういう事実があれば罪証隠滅工作ということになるんですか。

私自身は、罪証隠滅工作の可能性が高いと考えました。

——弁護人が被告人と打合せをして、弁護人同士と情報を交換して、これは捜査段階の供述は事実でなくって、否認するほうが真実であると思ってやれば、あなたの理解によると、弁護人は罪証隠滅工作に加担したということになるんですね。

本件で弁護士さんが、そのようなことをしていませんよね。

——そんなこと分かりませんよ。あなたが……。

仮定の質問ですので、お答えできません。

——あなたが、どのように理解したかを聞いているんですよ。仮定ではないんですよ。

私の理解は、被告人両名です。

——順番に聞いておるんですよ。あなたの今までの御証言を前提にすると、被告人と、その弁護人が連絡を取って弁護人同士が情報交換をして、その片方の弁護人が他の被告人とも打合せをしたら、これは故意か過失かは別にして、罪証隠滅工作に加担したということになるんではないですか。

その内容にもよると思います。

（以上〔裁判所速記官〕中村清貴）

——次に、あなたの陳述書の中で、「弁護人を除外することを明記することまで考えが及ばなかった」とありますけれども、これは弁護人を除外するという意識がそもそもなかったという意味に理解したらいいんですね。

頭に浮かばなかったです。

——うっかりして、その書き漏らしたとかいうことではないんですね。

………その当時の認識として………被告人の信書、そのほかの人達の信書を照会して返ってきたものが得られればそれでよかったんですけれども、そこに弁護人のものが入ってくるということも念頭になかったということです。

——だから、弁護人を除外するという意識ははなからなかったというふうに理解したらいいですね。

…………。

（甲A第一五号証の一を示す）

——あなたZさんという検事さん御存じですか。

はい、知っております。

（甲A第一六号証の一を示す）

——Nさんという検事さんを御存じですか。

はい、知っております。

——この方たちも、いずれも弁護人との信書を除外しておられませんけれども、あなたが勤務しておられた当時、同僚の検察官、後輩でもいいですが、除外しておられるということを見聞したことはないんですね。

私自身、ほかの検事がどのような照会文書を作成しているか自体全く知りませんでした。

——除外してるということを聞いたことはないんですね、見たこともないんですね。

そもそも話題にさえ上りませんでした。

——次に、あなたが通謀をしておるんではないかというふうに考えられた根拠についてお尋ねしますね。あなたの陳述書、あるいは本日の御証言によりますと、第二回公判の二日前にAからBに対して、「一緒に罪名変えへんか」というふうな信書が来て、この信書が供述を翻す契機となったというふうに言っておられますね。

はい。

——これはそうなんですか、事実そのように本当に考えられたんですか。

私はそう思いました。

——これは甲A第一号証のこの回答書を全部注意して読まれて、そう思われたんですね。

甲Aの一を見せていただけませんでしょうか。

（甲A第一号証を示す）

——この点検されたわけですね。

ざっとではありますが。

——丸印を付けられたというのは、原本に丸印を付けられたんですか。

そこが分からないんです。原本なのか写しなのか分かりませんが、丸印を付けました。

――丸印を付けたところは留意して検討されたということなんですかね。

それかまあ、令状を発付していただく裁判官に留意していただきたいところとして、注意を喚起しました。

――あなた自身も、それはもちろん点検されたわけでしょう。

そうです。

――一六日の手紙を見て、Bさんは捜査段階の自白を翻すことになったという理解なんですね。

はい。

――そういうふうに言われると、あなたが陳述書を書いておられて、先ほどもお聞きしたのとちょっと違うように思うけれども、Bさんは第一回公判期日におけるA君の陳述を見ておって、それで二回に変えたというふうに言われておるのが、どうしてこういうふうに変わるんですか。

すいません、第一回公判期日と第二回公判期日がいつだったか教えていただけないでしょうか。

――第一回公判期日は平成九年一〇月二七日、第二回が平成九年一二月一八日です。

メモしてよろしいでしょうか。

――いいですよ。

（乙第一三号証を示す）

――これが第一回公判。

はい。

（乙第一四号証を示す）

――あなたの陳述書及び本日の御証言によると、第二回公判の二日前にAさんからBさんに、「一緒に罪名変えへんか」うんぬんという手紙が来て、それで供述を翻す契機となったと、これが原因なんだとおっしゃってるんですよ。

はい。

――しかし最初のほうで聞いたように、あなたは陳述書の別のところで、第一回公判で顔色を見ておって、それで、その陳述に合わして第二回公判で否認の陳述をしたんだと、このようにおっしゃってるんです。

ですから、一連の流れだと考えておりますけれども。

――一連の流れだとは書いてないですけど。

私自身はそのように理解しております。

――とにかく第二回公判の二日前に、この手紙があったということがきっかけになったというのは、そうすると訂正はされないんですな。

はい、そうです。

（甲A第一号証を示す）

――この七枚目の平成九年一二月一一日の欄を見ていただけますか。その上のほうです。これはB君からA君に対して信書が出されたというものについての書信表ですね。要約回答ですね。

はい。

――ここに、「A、調書で書かれている事、全部事実と違っていると思っている。」と書いてありますね。

はい。

――これはB君からAさんに対して言っておるんですね。

はい。

――「裁判では事実を言って頑張ろうな。」と書いてありますね。

はい。

——これはB君がA君に言っておるんですね。

はい。

——あなたは、これ読んだんですか。

……読んだんだと思います。

——丸印を付けてあるでしょう。

はい。

——これを読んでるにもかかわらず、どうして一二月一六日の手紙が、供述を翻す契機となったと思ったというふうに、そういうふうに理解したんですか。

決定的な手紙だというふうに理解しました。

——一二月一一日付けのB君からA君に対する手紙は、調書は事実と違うんだということを明確に言ってますね。

ただ、それまでの、今詳しく見てみないと分からないんですけれども。

——こう聞きましょう、まず一二月一一日付けの手紙があるということは、あなたは理解しておったんですか。

理解していたんだと思います。

——だと思う。陳述書を書かれたときには、一二月一一日付けの手紙があると、こういう内容だということは、きちんと認識した上で陳述書をお書きになったんですか。

……認識していたんだろうと思います。でも……。

——ちょっと待ってください。認識していたんだろうと思う。

はい。

——はっきりしないんですか。

というより……。

——順番にお聞きしますからね、この陳述書をお書きになるときは、一二月一一日付けの手紙があるんだということは認識した上で陳述書をお書きになったんですか。

認識はしていたんだと思います。

——そしたら一二月一一日付けのことについて、どうして陳述書には書いてないんですか。

一一日の手紙があっても、その前からの経過がいろいろあるので、この一一日のこのB君の手紙が、最初からのB君の本心で出されたものかどうかは分からないというふうに、その当初私は思っていたと思います。

——そうすると「一緒に罪名変えへんか」という手紙があったとしても、これによってB君が気持ちが変わったかどうかも分からんということになりますね。

ですから一連の流れの中で、人間のことですから。

——そうすると、どうして一連の流れの中で変わったんだというふうにお書きにならなかったんですか、陳述書に。

私自身は、最も大きなのは、「一緒に罪名変えへんか」と、そこだと思ったからです。それがすべての引き金になってると思ったからです。

——あなたの御証言を聞いてますと、弁護人と被告人とのやり取りが供述の変化の原因になったとは思わない、それからたくさん手紙があるけれども、これが一番だと思うと言われるんだけれども、根拠は何なんですか、あなたがそういうふうに考えられた。

……正確な記憶ではありませんけれども、私自身、この書信表の回答書を見たときに、次第にB君の態度が変わってきているような感触を得たように記憶しております。

——それは、今の記憶を呼び起こしておられるんですか。

いえ、というか、その当時そういうふうに認識をしました。

——あなたは陳述書を書かれたときに、どうしてそういうことが書いてないんですか。

……ですから、そのすべての被告人両名の信書のやり取りと、その通謀状況を事細かに書くのが一番望ましいのかもしれませんけれども。

——そんなことではないでしょう、あなたがどう考えたかということを書いてあるんだから、事細かに書かないでも、一連の手紙があって、だんだんと変わって、これが決定的になったと陳述書に書けば、それは三行で済みますよ。

……書けばよかったかもしれません。

——一二月七日でしょう、陳述書お書きになったの。

はい、そうです。

——今日から、それ程遠くない過去ですよね。

はい。

——そのときには、あなたは一二月一六日の手紙のことだけを書いて、それはそれで自分の記憶と合致しておるという記憶だったんではないんですか。

最も大きなものがこれだというふうに理解しておりましたので、それだけを書きました。

——次に、陳述書には接見禁止請求の添付資料として、本件回答書を利用するときのことについて書かれてるんですけれども、そのときのお気持ち、覚えておられますか。

はい。

——疑問を感じたんですか。

少しだけ、はい。

——どうして疑問を感じたんですか。

弁護人と被告人の信書の要旨が、これまでに比較して、多く載っていたからですね。

——数が多いという意味ですか。

まず、それがありました。

——数が多かったら、どうだというんですか。

それまで、拘置所がそのような文書を見ていることについての何らかの法的な根拠はあるだろうというふうには理解しておりましたけれども、本当に大丈夫かなという気は、ちょっとしました。

——大丈夫かなという気がした。

はい。

——もう一遍言ってください、なぜ大丈夫かなという気がしたんですか。

まあ、内容として非常に簡潔でしたし、事件の詳細を書いているわけでもないので。

——いや、それは大丈夫だと思われた理由ですね。

はい。

——なぜ疑問に感じて、大丈夫かなと思ったと、そっちのほう、疑問に感じたほうの理由を聞いてるんです。

結局、接見交通権の関係をどのように拘置所で扱われてるのか、その辺がはっきり分かりませんでしたし、ただ拘置所が回答してくることについて、何らかの根拠はあるだろうと思っておりました。

——要するに何なんですか。要するに弁護人との信書の授受について、法律上の根拠があるかないかについて不安を感じたということですか。

あるんだろうけれども、どのようなものだろうかということです。

——端的にお尋ねしますけれども、資料として用いることについて、何か疑問を感じたということなんですか、それではないんですか。何らかの根拠はあるだろうから、根拠上は分からないけれども、問題がないと。しかし根拠は何かなと思って疑問に感じたというだけなんですか。

根拠はあるんだろうと。

——疑問に感じたところは何かと聞いてるんです。

……ですから、その根拠、それから拘置所でどのような基準によって、どのような取扱いがなされているのか、その辺に若干疑問を覚えました。

——そうすると、利用することについては疑問を感じなかったということなんですか。

拘置所がいいと言って返してきたものだから、いいんだろうと。そういう漠然とした意識を持っておりました。

——あなたは、拘置所が弁護人との通信内容をこのようにして書信表に記載することの法律的な根拠はどうなのかということで疑問を感じた、それからもう一つ、どういう基準によってしてるのかということがもう一つ不明であったと、その二つしかおっしゃってないんですけど、そうすると添付資料として利用してよいかどうかの疑問とは全然別ですね。

添付をすることについては、先ほども申し上げましたように、まあ比較的簡潔ですし。

——いや、ちょっと待ってください、疑問を感じたのかと聞いてるんですよ、添付することに。

若干。

——それはなぜなんですか。

ですから、その法的な根拠。

——今のと違うでしょう。法的な根拠は分からんというだけでしょう、あると言われるんでしょう。

はい。

——自分が添付する行為は法的に問題があるかもしれないと、それで疑問を感じたということですか。

大丈夫だろうと思いました。

——大丈夫だろうと思われた。あなたの陳述書に「若干疑問に思いました。」と書いてあるから、聞いてるんですけれども、結局あなたは大丈夫だろうと思って、疑問のほうを全然おっしゃらないから、しつこく聞いておるんですよ。

ですから、何らかの法的な根拠があるのだろうと。

——そうすると、拘置所のほうが信書を検閲して書信表に記載されるということについての疑問ですか。

そうですね。

——あなたが、その利用する行為についての疑問はなかったんですか。

なかったです。

——それからね、その理由として言われたことですけれども、あなたは保釈請求書に、髙見弁護人のほうから相当手紙が添付されておるということを言われましたね。

はい。

——何通くらい添付されてました。

通数は数えておりません。ただどちゃっと一センチくらいあったように記憶しております。

——あなたが見られた、この回答書で、高見弁護人と被告人の信書の授受の通数は相当多ございますね。

数えておりませんが、相当あるようです。

——そのうちの一部なのか全部なのかは。

そのとき確認はしておりません。

——読んでチェックもしてないんですか。

はい。

——保釈請求書に高見弁護人が添付しておったから、どうだと言われるんですか。

それについては、私にしても裁判官にしても、見ることを前提とした書類だろうというふうに認識しました。

——そうするとどういうことですか、この書信表に高見弁護人との信書の内容が要約してあるけれども、それは全部出しても問題ないということなんですか。全部これは保釈請求書に出ておるということなんですか。

おっしゃっている趣旨が、もう一度確認さしていただきたいんですが、その書信表のその用紙ですね、それに出ている高見弁護人と被告人との信書がすべて出ているという認識かということ。

——そうです、どさっとあったと言われるんだから、そのどさっとあったのは、全部通信をコピーして弁護人が出しておるという御理解だったんですか。

まあ、ほぼあったのかなくらいの認識でした。

——通数も数えずに、内容もチェックせずね、それでほぼ全部かなと思われたわけ。

そうです。

——どうしてそんなふうに考えたんですか。

保釈請求書に添付されていた内容が、被告人の反省を表す文書だったような記憶をしておりまして、で、その用紙にも、それに該当しそうな、そういう信書の要旨が書かれていた。

——それは一部あったかもしれませんが、それが全部だとどうして考えられたんですか、あるいはほとんどだとどうして考えられたんですかと聞いておるんですよ。

ですから、添付されているものが非常に多かったということです。

——保釈請求書に添付されておった信書というのは、被告人と弁護人の間の信書だけなんですか。

詳しく見ておりません。ですから、ほかに何か入っていたかもしれませんが、被告人と弁護人との間の手紙として、かなりのものが入っていたのは覚えています。

——あなた反対意見をお書きになったわけでしょう。

はい、そうです。

——それ、どのくらいの通数あったかというの確認せずに、書いておられたんですか。

通数までは確認しておりません。

——弁護人が、被告人との信書をコピーして保釈請求書に出す場合は、被告人、弁護人にとって不利なものを付けて出すと思われますか。

場合によるでしょうけれど、通常は出さないんでしょう。

——被告人の了解を得て、出すんではないですか。

それは私には分かりません。

——被告人の意向を無視して弁護人が出すと思いますか。

それはないんでしょう、恐らく。

——岡本弁護人についてあなたちょっと言われましたけれども、高見弁護人についで聞きますけれども、高見弁護人はきちっとした弁護士ですね。

はい。

——この手紙を出すについては、ちゃんと了解を得た上で出してると思いませんか。

今の認識としてお聞きですか。

——今の認識として、まず聞きましょう。

はい、今はそうですね。

——当時も、当然高見弁護人の訴訟活動を見ておったら、そう思われたんではないんですか。

というか、その被告人の了解を得た上で出すとか出さないとか、そのようなこと考えておりませんでしたから。

——いずれにしても、あなたは弁護人が付けた以外のものでも、裁判所に出して問題ないと思っておられたんですか。

結局は内容が簡潔で、事件の詳細について述べているようなものではなかったこと。

——あなたはその理由として、簡潔なものだったというのと保釈請求に相当添付されてたからだとおっしゃってるから、聞いてるんですよ。保釈請求書に相当添付されておったと言ってるんですよ。添付されてる以外のものを出しても、それは問題ないと、こう思っておられたんですか。

そうですね、今となってはそういう態度については反省しております が、その当時はそのように考えました。

——それから接見禁止の請求についてお尋ねしますけれども、あなたの陳述書の八ページに「一度、弁護人に開示してい」るというふうに書いてあるんですが、分かりますね。

はい。

——これは、その前のページに書いてある第四回公判終了後に、大阪地方裁判所刑事第二部の書記官からということですか。

（乙第一六号証を示す）

——七ページ、このことをおっしゃってるんですかね。

そうです。

——あなたのほうで七ページに書かれてあることとは別に、弁護人に開示したという趣旨ではなくて、ここのことですね。

まず最初の開示はここですから。

——だから八ページに書いてある、「一度、弁護人に開示していますし」というのは、ここのことをおっしゃってるんですね。

はい、そうです。

——接見禁止請求書は、裁判所の記録のどこに編綴されるんですか。

第一冊目の後ろのほうだと思いますが。

——分類で言うと、第何分類に入るんですか。

身柄関係ではないかと思いますけれども。ですから第三ですかね。

——分類番号は別にしましてね、記録に編綴されますね。

はい。

——第三分類を見るのに裁判所の許可が要りますか。

第三分類として編綴された後のことは知りませんけれども。

——第三分類かどうかは別にして、身体拘束関係の記録は、起訴後綴られていきますね。

はい。

——それは御存じでしょう。

はい、そうです。

――その身体拘束関係の記録を見るのに、裁判所の許可が要りますか。

いや、裁判所の許可が要るかどうか、それは知りません。

――許可なんか要らんのじゃないですか。弁護人が行けば当然見れるんではないですか。

ですから身柄関係の、検察官が疎明資料として出したものについては、非開示でいいというふうに、私の言いたいのはそのところです。

――編綴されたら、弁護人は見れるでしょう。

その点については分かりません。

――非開示でいいとは、どういうことですか。裁判所に編綴された記録を検察官が開示しない扱いが、見せれないようにできるんですか。

決定までの間かもしれませんけれども、少なくとも私の……。

――決定があった後はどうですか。

分かりません、それは。私の経験上のお話をさしていただきますと、接見禁止請求、例えばして、それについて疎明資料を添付いたします。それについて弁護人がそれを見たいというふうな話がありましたら、原則非開示だということで、裁判所の書記官のほうから見せてもいいかどうかというお話が必ずありました。

――第一回公判後のことをおっしゃってるんですか。

はい。

――公判後に、第三分類に編綴された接見禁止の請求書の添付資料を弁護人のほうが見ようとしたら、わざわざ裁判所に閲覧の許可申請を出して、それが検察官のほうに、見てもいいかどうか聞くというわけですか。

編綴後のことについては、私は分かりません。ただ常に請求をしたときに、疎明資料を見たいとおっしゃってるけれども、どうでしょうかという話は必ず書記官からあることになってます。

――編綴までかどうかと言われたけれども、そうすると請求をして決定が出た後に、そんなことを言われたことはありますか。

それはないです。

――決定が出た後はないんですね。

はい。

――そうすると本件の場合に、裁判所のほうから、弁護人から接見禁止請求書を見たいという連絡があったんですか、なかったんですか。

書記官からという意味ですね、私はあったように記憶しているんです。

――請求をされて、決定があったのはいつなんですか。

決定書と請求書を見ないと分かりませんけれども。

――あなたの陳述書によると二月六日に接見禁止請求があって、二月九日に決定があって、公判終了後にどうこうと言っておられるんではないんですか。

………。

（以上〔裁判所速記官〕矢野治美）

――髙見弁護士は、裁判所に対して閲覧謄写を願い出て検察官の意見を聞いてそれで見たなんてことは絶対ないと言っているんですよ。いいですか。

うん……。

――あなたの全くの記憶違いではないですか。

でも疎明資料をこちらの承諾なしに書記官が見せるということはなかったと思います。

――決定後あったんじゃないですか。

決定後にもし御覧になったとしても、書記官から見せましたよという話があったのかもしれませんが。

――あなたは大阪地検の公判部におられたときに、先ほどお聞きしましたね、第一回公判前にそういうことがあったかもしれんけれども、決定前にあったかもしれんけれども、決定後に意見を求められたことははっきりしない、あるいはないと言われたんではないんですか。

すいません。もう一度お願いします。

――分かりやすいように聞きます。接見禁止決定後、第三分類に編綴されるというのは分かりますね。

はい。

――そうすると、弁護人であればその記録も当然見れますよね。それも分かるでしょう。

その辺のところは私は裁判所の書記官ではないので分かりません。

――決定が既に出た後になって、裁判所から連絡があって、見たいというふうに言っておるけれども応じてもよいかというふうなことを言われた記憶は一回でもありますか。

決定後ですか、決定前はあります。

――私が聞いているのは決定後。

決定後についてはありません。

――ないですね。

（うなずく）

――あなたの陳述書の中に、再照会をかけることを考えたというくだりが出てまいりますね。

はい。

――再照会をかけようかというのは、いつお考えになったんですか。

……すいません。陳述書を見せていただけませんか。

――御記憶ではよみがえりませんか。

ちょっと記憶が混乱しているところがありまして。

（乙第一六号証を示す）

――八ページ、再照会のことが出てまいります。

だから特信性の立証に使うために再照会をしたほうがいいのかなと。

――照会をかけられたのが平成九年一二月二四日で、平成一〇年一月一四日に回答が参りましたね。

はい。

――証人の陳述書によりますと、忙しくて二月になってから内容を検討されたんですね。

はい、そうです。

――二月六日に接見禁止申立てですね。

はい。

――それで再照会をかけようと思われたのは、結局いつなんですか。

ですから甲の調書を二号書面請求するとき、その前辺りだと思います。

――甲さんの証人尋問は二月九日にあったんですかね。

はい、そうです。

――第四回公判ですね。

はい、そうです。

――そうすると、これを目印にするといつくらいになるわけですか。

二号書面請求をしなければならないということは二月九日の証人尋問の後から頭にはありました。ただ実際のところ、他の仕事と並行してやっておりますので、二号書面請求書を作成するのは、ごてごてに回ることが多いんですね。

――書面を作成されるのはもちろんそうなんでしょう。

はい。

――だけども、実際にしようと思われるのは、証人尋問の直後、あるいはその最中ということになるんですかね。

再照会をするのは、という意味ですか。

――それでもいいです。あなたが再照会をかけようと思われたのはいつかというのがもともとの質問ですから、それに端的にお答えいただければ、それはそれで結構ですよ。

二月の二七日に期日外で提出しておりますよね。ですから、その一〇日前くらい、二月の半ばごろにそのようなことを考えたことはあったかと思います。

――二月九日から二月の中ごろまではどうしておられたんですか。

ほかの仕事をしておりました。

――そうすると、二月二七日の一〇日くらい前というと、二月一七日とか一五日、とにかく半ばということなんですね。

そうです。

――再照会をそのときに考えられて、どうして再照会しなかったんですか。

結局、私の認識ですけれども、既にこの回答書を髙見先生、岡本先生もそうなのかもしれませんけれども、御覧になっていたと思います。

――いつ見ておったんですか。

いつ見たか正確なことは分かりません。

――あなたがお見せになったんですか。

いえ、私ではありませんが、裁判所のほうで。

――先ほどの話ですね。

そうです。

――でも先ほどの話は、あなたの御証言によっても、あるいは陳述書によっても、はっきりしない御記憶ですね。

でも裁判所のほうで御覧になっているというふうに聞いておりますけれども。

――それはずっと後のことではありませんか。

後のこと………、後のこととおっしゃるのは一体いつのことをおっしゃっているんでしょうか。

――こちらのほうで聞いておるんですから、あなたの御記憶で確認していただければいいんですよ。

私の記憶では接見禁止請求をして決定をした後だというふうに記憶しております。

――その後に弁護人がそれを見たというのは、何によって分かるんですか。

立会いのほうから話を聞きまして。

――立会いというのは立会いの事務官のことをおっしゃっているんですか。

そうです。回答書を、どちらの先生か分かりませんけれども、御覧になって裁判所のほうに何か異論を唱えられたらしいというふうに私聞いたんです。

――そうすると、先ほどの開示の問題とは別のことをおっしゃっているんですね。先ほどの話では、裁判所に弁護人が見たいと言って裁判所から検察官のほうに意見の照会があったということでしたね。

はい。

――それとは別のことをおっしゃっているんですか。

その後のことです。

――そんな事実は全くないん違いますか。

私自身はそのように認識をしておりました。

――今日おっしゃっていることは、陳述書にお書きになっていることと全然違いますよね。そんなこと全然お書きになってないでしょう。

陳述書では、弁護人らからは私に対し何らの異議の申立てはありませんでしたと、直接はなかったと。

――あなたの陳述書によりますと、弁護人らが見たのは、地裁の刑事二部書記官から連絡があって応じてもよいかと言われたので、理解を得るのが望ましいと考えてそれを了承したように記憶しているというふうにおっしゃってるでしょう。

はい、そうです。

――今のこととはまた全然別なんですね。

もちろん私の記憶ですよ、そうやって見てもらった後で、裁判所の書記官から私の立会い事務官が弁護人が何らかの異論を唱えられていているらしいというふうに私は聞いた記憶があります。

――一連のことだとおっしゃるわけ。

そうです。

――二月二七日まで弁護人は見に行ってないようなんですけどね、あなたの記憶が全然違うんではないですか。今言われたことはどうしてお書きになってないんですか。


……………。

――次に、話を戻しますけれども、二月半ばから二月二七日までどうして再照会しなかったんですか。

ですから、私自身はお見せしたという認識がありましたから、一度見せたものをまたさらに再照会をかけたり、抄本で提出したところで、後でいろいろと疑義が生じるのではないかと、それよりは、変な言い方かもしれませんが、私自身この照会をするに当たって後ろめたい気持ちなどなかったというのが本音でして、それなら変な小細工をせずに出そうと、そのように判断したんです。

――二月半ばでしたら、十分間に合いますよね、回答。二月二七日に仮にされるにしても。

間に合います。

――間に合うけれども、作為を加えたりされるのが嫌だと、やってることは全然間違いないということで、そのまま添付して証拠としてお出しになったということですかね。

はい。

――それから、第五回公判が三月の二日なんですけど、期日外で証拠調べ請求を出されて、それで本件の回答書ね、これはどうされたか記憶なさってますか。

すいません。もう一度お願いします。

――三月二日が第五回公判ですね。

はい。

――それで二月二七日に三二一条一項二号に基づいて甲さんの検察官調書を請求されておられるでしょう。

はい。

――三月二日に本件で問題になっておる回答書を取調べ請求された

のは覚えておられますね。

はい。

――これは当日口頭で行われたんでしょう。証拠等関係カードは用意されてませんでしたね。

そうですね、はい。

――当日、髙見弁護人が意見を留保したのは覚えておられますか。

はい、次回までに、とおっしゃいました。

――岡本弁護人も同様に意見を留保されたのを覚えておられますか。

はい。

――どうして弁護人は意見を留保したんですか。

分かりません。

――意見がどうして言えないかということを口頭で弁護人が言っておったでしょう。

意見がどうして言えないかというのは。

――意見を留保した理由を弁護人は言っておったんではありませんか。

覚えておりません。

――弁護人との信書のやり取りまで入っているのでびっくりであると、意見はすぐには言えないと、こういうことを髙見弁護人が言っておったでしょう。

私に対してですか。

――いや、法廷でですよ、もちろん。裁判所に意見を求められて、それは意見は言えませんと、あなたの目の前で、法廷で、そういうことを言っておりましたでしょう。

お二人で何かおっしゃっていたのは記憶があります。だけど……。

――記憶がない。

…………。

――あなたがこの日、裁判所に採用をそのままにしてほしいと言われたことは覚えておられますか。

言ったかもしれません。

――証拠能力に関する検察官の御見解を言われたんではないですか。

言ったかもしれません。

――証拠能力に関する事実の証明は自由な証明で足りるから、弁護人の同意がなくても採用されたい、こういう趣旨のことを言われましたでしょう。

言いました。不同意というふうにおっしゃったように記憶しているんですが、それについてそのように言った記憶があります。

――意見を言わないということに対して、同意、不同意の対象ではないんだから採用されたいと、こういうふうにあなたは言われたんではないですか。

恐らくそうだと思います。

――いずれにしても、自由な証明で足りるから採用されたいと言われたことは御記憶ですね。

それはあります。

――それから第六回公判期日は三月二三日なんですけど、第六回公判期日の前に髙見弁護人から意見があなたのところに送られてきましたね。

書面ですか。

――はい。

はい。

――ファックスで来ましたね。

ファックスで……、何で来たかは覚えておりません。

（甲A第一八号証の一を示す）

――これはファックスの送信案内ですが、分かりますね。

はい。

――これがあなたのところへ行っておるはずですけれども、分かりますか。

はい。

――三月二三日が第六回公判ですから、その前日ですね。

はい。

――あなたは、このファックスは三月二三日の第六回公判の開廷前に、もちろん見ておられるでしょう。

このファックスというのは一八号証の一ということですか。

――そうです。

見ていると思うんですが。

（甲A第五号証を示す）

――ファックスで送られてきた文書は二通あるわけですが、そのうちの一通がこれですね。大体思い出されましたか。

意見書ということですか。

――はい。

……ファックスで送られてきたのがこの意見書だったということは間違いないんでしょうか。

――はい。もう一度甲A一八号証の一を見てもらえますか。通信の本文のところに「明日提出予定のものです。」というふうに書いてありますね。

はい。

――今見ておる甲Aの五号証と、もう一通、三二一条一項二号書面の請求に対する意見書が送られたようですが、分かりますね。

はい。

――この内容はもちろん御存じですよね。

はい。

――理解しておられますね。

はい。

――第六回公判の開廷前に、もちろんこの内容を理解しておられますよね。

一応読みました。

――意見書には、回答書に弁護人と被告人との信書が含まれていることの問題点を指摘してありますね。

はい。

――第五回公判期日にあなたは照会書の取調べを請求されて、自由な証明でも足りるんだと言われたけれども、その後、第六回公判直前ですけれども、弁護人から今見ていただいているような意見が来ましたね。

はい。

――あなたは第六回公判期日に照会書の回答の証拠調べ請求を撤回されましたか。

いえ、しておりません。

――なぜ撤回しなかったんですか。

最終的に裁判所の判断に任せれば足りるだろうと考えました。少なくとも、弁護人と被告人の部分はあるものの、それ以外の部分を採用してもらうことが目的ですから、その被告人と弁護人の部分を却下していただいてもいいので、とにかくこの回答書は採用していただきたいと思いました。

——そうすると、あなたは、被告人と弁護人の信書の部分は問題であるというふうに弁護人が指摘したことについては、どうお考えだったんですか。

この書面を読む限りはやむを得ないのかなと。

——どういうことですか。

私自身は、先ほどから申し上げたように、不勉強であったこともあって、監獄法という根拠があり、かつ、監獄の長の裁量によって返ってきたものだという認識がありましたけれども、この意見書によって、これは若干難しい問題を含んでいるなということは分かりました。

——そこまで考えられたら、どうして撤回されなかったんですか。

でも飽くまで、一つの文書の中には多数の文書が入っておりますので。

——そうすると、あなたの御証言によると、弁護人と被告人のは問題ではあるけれども、それ以外の文書があるから、それはそのまま維持されたと、そうお聞きしたらいいんですか。

この当時からそうなんですけれど、私の目的は被告人と事件関係者との信書のやり取りです。私が一番目的にしていたのはそれであって、一方先生方がおっしゃるのは弁護人と被告人との信書の問題が重要なんだというふうにおっしゃいますので、そこに行き違いがあると思います。

——行き違いがあって、あなたはどう理解したんですか。要するに、あなたの目的は、被告人同士、あるいは被告人と他の証人らとの文書のやり取りだから、そこに弁護人との信書が混ざっておっても、それは目的が違うんだから、一括して出して何の問題もないと思われたんですか。

この先生の意見書を読んでからは、確かに少し問題なことをしたのかもしれないと思いましたが、最終的にその部分について却下していただければそれでいいだろうと。もう既に請求はしておりましたから。

——私の質問はなぜ撤回しなかったかということですけども、撤回するまでのことはないと、こういうふうにお考えになったということでいいんですか。

今更撤回できないというふうに考えました。

——どうして撤回できないと考えたんですか。

一応もう請求してしまったので。

——請求したら撤回できないんですか。

撤回してもいいんでしょうけれども。

——どうして抄本にしなかったんですか。

ですから、これについても先ほどから申し上げておりますが。

——抄本にするということは、証拠について時々されますよね。

はい、します。

——問題点を指摘されたけれども、抄本にもされなかったんですね。

はい。

——問題があると思われたけれども、抄本にされなかった。

はい。

——実際には問題があると思われなかったから抄本にもされなかったということではないんですか。

いや、やはりこの意見書を見る限り、ここではやはり少し問題があるのかなとは思いました。

——裁判所の決定は弁護人との信書部分は却下でしたね。

はい、そうです。

——それで弁護人は異議を述べられましたね。

はい、そうです。

——検察官は、一体として請求されたんでしょう。

一応一体として請求をしました。

——裁判所はその一部を却下したということになるんですね。

はい、そうです。

——そうすると、検察官の請求が一部間違っていたということを裁判所は言ったわけですね。

そうですね、はい。

——検察官は、自分の請求が間違っていると、そのとき思われたんですか。

このときに、そうですね、少し思いました。間違っていたのかと思いました。

——それで、弁護人は異議の申立てをしましたね。

はい。

——異議はこれは不可分なんだと、だから、異議があると、こういう理由をつけられましたね。

はい。

——あなたはどうしてそのときに、この信書の書信表は可分なんだと、だから裁判所の決定は可分だから正しいんだというふうに言われなかったんですか。

そう言えばよかったと本当に思っております。ただ、このとき非常に法廷が緊張いたしまして、裁判所が一部却下して採用されたことに対して先生方がすぐに異議を述べられ、裁判所がそれを振りきるような形ですぐに、検察官御意見は、と聞かれました。私自身こんなに緊張すると思っておりませんでしたので、このとき非常に慌てたのを覚えております。

——あなたしっかりと、被告人と弁護人との間の信書の内容を検閲する行為は何ら問題はない、というふうに言われたんではないんですか。

そのようなことは言っておりません。法律に基づくものだからいいと思います、そのようなことを言いました。

——それから、あなたの陳述書では、第六回公判期日でこの回答書が採用されたとおっしゃってますね。

はい。

——本日訂正するところはないと言われたんですけれども、これ間違いではないですか。

証拠カードを見ても分かりませんか。

（甲A第一九号証を示す）

——第六回公判期日で弁護人の意見を言って、提示命令を裁判所がかけられたんではないですか。

それは回答書についてですか。

——三二一条一項二号です。

甲の検面調書ですか。

——ええ、あなたの陳述書では九ページにそのように書いてありますね。「上記裁判所は、同検察官調書を刑訴法三二一条一項二号書面として採用するとともに、本件回答書につき」うんぬんと書いてありますね。

はい。

——本件回答書について一部却下して採用して、その上で検察官調書については提示命令を出して提出さしたということではなかったんでしょうか。

そうですね。そうだと思います。この点は訂正しないといけないと思います。

原告ら代理人（小坂井）

（乙第一六号証を示す）

――陳述書の六ページを示しますが、上から七行目、「資料17記載のとおり」という記載が出てくるんですけれども、これは何ですか。

この事件について陳述書を作成する前に、大阪地検のほうに私のほうから本件のてんまつに関する報告書を上げました。それに資料をたくさん添付いたしまして、それを基にしてさらに陳述書を詰めて作成をしたという経過がございます。その「17」というのは消し忘れになります。

――最初に出された報告書では資料を一杯付けていらっしゃって、その分の記載がそのまま消し忘れて残っておるのがこの部分だということなんですか。

はい。

――この記載番号から見ますと、その報告書には相当いろんな資料を付けられたようですね。

まあ本件の関係資料です。

――陳述書の一〇ページ上から三行目の最初に「監獄法59条」とありますが、これも誤りなんではないですか。

すいません。六法を見ないと分かりません。

――五〇条の誤りではないのかなと思うんですが、今はすぐ分かりませんか。

ああ、そうですか。分かりません。

――今日の御証言をお聞きしてますと、名古屋地検に最初に新任になったときに、先輩の検事さんからこういう方法があるんだと教えられたというお話なんですね。

はい、そうです。

――Kさん御自身は、どういう基準で照会というのはしていらっしゃったんでしょうか。その事件のより分けと言いますかね。

関係者と通謀をされてしまうと罪体の立証が困難になるような例というのが大体の基準だったと思います。

――先ほどの御証言をお聞きしてますと、一宮時代では否認事件がなかったので照会をしませんでしたと、こうおっしゃいましたよね。

はい。

――K検察官御自身の御認識としては、やっぱり否認事件であったらまずそういう対象として考えると、こういう御発想がおありだったということになりますかね。

もちろんその否認の中でさらに絞られますが。

――例えば名古屋地検の時代に三回されたと、こうおっしゃいましたね。

はい。

――今覚えておられる範囲で結構ですから、どういう基準に基づいてそういったケースでは照会されたのか御記憶ですか。

七年前ですので、申し訳ありませんが、分かりません。

――じゃあ大阪地検時代の四、五件、これについては当時どういう基準でもって照会していらっしゃったかは御記憶でしょうか。

基本的に、共犯事件とかで、否認で、共謀関係が立証のポイントとなるようなものでした。

――要素としてあげますと、否認で、共犯で、共謀関係が論点になるような事件と、大ざっぱに言えばそういう基準になるんですかね。

そうです。

――Kさん御自身は、こういう方法を先輩から教えられて、検察官として、もしそういう事案に出くわせば、そういう照会をしていくこと自体は、これはむしろ検察官としてやるべき行為なんだと、こういう御認識だったわけでしょうね。

はい、もちろん今回の弁護人のことについては反省するところしきりですけれども、それ以外の部分については、やはり通謀を防止することは必要だと考えております。

――陳述書の最後を読ませてもらってましても、今回の事件は、照会するに当たり私の配慮が足りなかったことから生じたと率直におっしゃっているんだけれども、これは、どういう配慮がどう足りなかったということになるんでしょうか。

私自身、大阪拘置所において信書の検閲がどのような運用でなされているか、ということのはっきりとした認識はございませんでしたから、当初に大阪地検に来て、弁護人と被告人の信書が含まれているものを見たときに、拘置所においてどういう取扱いがなされているのか、それから、こちらとしては回答は求めていなかったんですけれども、回答が返ってくる、そのようなことについて、その理由をきちんと明らかにして、それでその上でその後の照会についてはきちんと除外をすると、そういうことをしていれば拘置所にも御迷惑をおかけすることはなかったと思いますし、先生方にも不快な思いをさせることはなかったなと思っております。

――ちょっとお答えの趣旨が分かりづらかったんですけれども、配慮が足りなかったとおっしゃっているのは、端的にはどういう点の配慮が足りなかったということになるんですか。

ですから被告人と弁護人の信書を除くときちんと明示すれば、拘置所の方はそれを見て安心して回答されたんでしょう、恐らく。

――逆に聞きますと、どうして除かないといけないということになるわけですか。

今回初めて分かったことですけれども、除かない場合に、拘置所のほうとしては一定の基準を持ってやはり回答していたようですから、除けば拘置所に対して除外しているんだということがきちんと分かって回答を作ってもらえたと思います。

――私の質問の趣旨は、むしろ、除いて照会すべきだった、拘置所のほうがどう回答するか、どう回答しないかという問題じゃなくて、照会されたこと自体が問題だという趣旨で陳述書自体お書きになっているわけですよね。

今回の私の照会の方法が。

――除かずに照会したことが。

はい、そうです。

――どうして除くべきだという結論に至ったのか、その根拠を聞いているんです。

除けば返ってこなかったので。

――もちろん現象はそうなんですけれども、除くべきだという法的根拠は、あなたのほうは、そうすると、今日現在でも別に明確なお答えとしては出てこないと、こういう理解でよろしいかな。

ですから接見交通権をもっとデリケートな問題として認識して、もっと配慮すればよかったということでしょうか。

――例えば、新任時代に最初にこういう方法があるよと先輩検事から教えられた、被告人が、これは必ずしも弁護人に限りませんけど、いろんな信書のやり取りをしておると、その内容自体を照会することについては問題があるとかないとか、そういうことは意識されたことがありますか、ありませんか。

弁護人抜きでのお話ですか。

——必ずしも弁護人のみという意味合いではなくて、信書全般について照会をかけることについては一切問題はないという御認識で、ずっと今日まで来ていらっしゃるというふうにお伺いしていいんでしょうか。

はい、それは監獄法の規定がありますので。

——監獄法の規定と、検察官がそれを照会してその内容を知るということとは、必ずしも結び付かないんではありませんか。

でも場合によっては罪証隠滅の工作がなされる場合もございますし、拘置所外の参考人に対して威迫行為を加える例もございますから、やはりそこは、もちろん信書の内容にもよるとは思いますけれども、全くそういう照会をするべきではないと私は考えておりません。

（以上〔裁判所速記官〕大野弥生）

原告ら代理人（小坂井）

——今の続きで若干確認します。照会全般について、証人御自身が照会することの何か具体的な根拠と言いますか、そういったもので今パっと思い付くようなものがございますか。被告人の信書の発受状況、及び内容について照会することの証人なりの根拠と言いますか、そういったもので明示できるものがあればお答えください。

まず拘置所が、そういう信書を確認することについては、監獄法と監獄法施行規則の規定がございますよね。それについて捜査関係事項照会は刑事訴訟法上の検察官、警察官に与えられた権限ですので、それによって法的な根拠はあると考えております。

——先ほど接見交通権の問題は別枠だというふうに証言されましたね。

（うなずく）

——それは、どうして、そういうことになるんですか。

……だから、それは髙見先生が意見書に述べられた、あのとおりなのではないでしょうか。

——あなた自身のお言葉としては出てこないですか。

……そうですね。

——例えば、一般的にも通信の秘密とかありますよね。

はい。

——そういったものと接見交通権等を、あなた自身今現在区分けしていらっしゃるようにお見受けするんですけれども、根拠がはっきりしないようですが、そこを分けられる理由が、あなたには、何かおありなんでしょうか。

……接見交通権については、やはり、いろいろと裁判例もございまして、例えば、接見交通権の位置付けについて、いろいろ争いがございましたが、本年三月に大法廷の決定等も出ておりまして、やはり重きを置かなければならない権利なんだなということは、私自身恥ずかしながら訟務に来てから明確に認識いたしました。しかし、一般の信書について確かに、憲法上、通信の秘密の保障はされていますけれども、やはり拘置所という特別な場所の中で、罪証隠滅が行われたりする可能性があることを考慮した上で、監獄法の規定は、そういう信書についてチェックする権限を拘置所長に与えているんだと思うんです。ですから、やはり、そこは別だと私は考えております。

——例えば、被告人という立場ですと、公判が始まってしまえば、これは、いろいろな見解のあるところですが、検察官から見れば対立当事者側になるわけですね、それは、お分かりですね。

　はい。

――そういった対立当事者側が、いろいろな通信をしていることについて、正に対立している立場の検察官のほうから、そういう照会をかけることが問題だというような御発想は今日現在でも、Ｋさんの中にはないのですか。

　ありません。

――陳述書の最後のほうに「配慮が足りなかった」と陳述しておられるんですけれども、今日の御証言をお聞きしておりますと「配慮が足りない」というようなことについて、Ｋさんが検察官をしていらっしゃって、気付かせてくれるようなチャンスというのは別になかったわけですね。

　……そうですね、他の検察官と、このような問題で議論をするような機会はありませんでしたし……。

――あなたにしてみれば、新任時代に先輩から、そのように教えられて、事件を、もちろん選択はされるというお話ですけれども、むしろ、そういう照会は、どんどんしていくべきなんだという御姿勢だったわけですね。

　そうですね。

――今日の機会まで配慮が足りなかったと今はおっしゃっていますけれども、今回の件になって、初めて、それに気が付いたということになるわけですね。

　ただ私自身、名古屋地検にいるときにも、大阪地検刑事部にいるときにも、このような被告人と、その弁護人との信書が返ってきた例を見たことがないんです。

――大阪に来てからはあるという趣旨で、お答えになっていませんでしたか。

　それは大阪の公判部です。ですから、そもそも、そのようなことを意識して問題を考えるような機会もなかったというのが、本当のところなんです。

――名古屋時代には、返ってきたときには、弁護人との間の信書は除外して回答されていたという趣旨で、先ほど御証言されたんでしたかね。

　除外されているかどうかも分かりませんが、ありませんでした。

――要するに、なかったという御記憶なわけですね。

　はい、そうです。

――それは何かよほど明確な記憶として残っておられるんですか。

　と言うよりも、ここで初めて見たときに、あれっと思ったからです。

――逆に言いますと、名古屋時代に回答書を見ておられて、あっ弁護士との間の信書が入っていないなということを確認したという記憶があるというわけではないわけですね。

　ではないです。

――要するに、記憶に残っていないわけですね。

　ではないです。見たことがないんです。

――大阪に来られて、三、四件と証言されましたか。

　はい。

――これは時期的には本件前ですね。

　いや、ですから……本件の前は、二件です。

――二件とも、それは弁護人との間の信書も含まれておったのですか。

　三件。

――三件ですか。

一件がなかったんです。そのあとの二件がありました。

――本件を含めると三件目になるわけですね。

そうです。

――本件の後に、まだ二件あるということになるんですか。

…………。

――大阪で、四、五件と証言されましたか。

三件あって、本件があって、このあと一件くらいあったかもしれません。

――これは本件を除いて、四、五件という趣旨ですね。

はい。

――本件前に三、四件あって、それで本件になったわけですね。

はい。

――だから本件前の三、四件の間にも、弁護人との間の信書についての回答はあったけれども、本件に至ったという流れになるわけですね。

そうですね。

――本件があって、初めて、その配慮に足りないことに気が付いたということですね。

はい、そうです。

――本件後の照会というのは、それは、いつされた御記憶ですか。

……分かりません。

――当然それも弁護人との間の信書を除外せずに照会されたんですね。

もしかすると、今回の場合は関係者全部という形になりましたけれども、被告人両名という形で限定したものもあったと思うんです。

――本件後の分が弁護人との間の信書を除外して照会したのかどうか、どちらですか。

本件後の分かどうかは分かりません。けど、あったような気がします。

――今となっては、正確なことは思い出せないということになるんですか。

思い出せません。

原告ら代理人（巽）

――先ほど、あなたは、立会事務官の方から、弁護人が回答書を見て、異議を唱えているらしいと聞いたと証言されましたけれども、それは、どういう異議を唱えているか、あるいは回答書の、どの部分に問題があると言っているのか確認しましたか。

確認しておりません。

――それは、ただ聞き流しただけですか。

髙見先生のほうから連絡があれば、あるかなっとは思ってましたけれども、何も連絡がなかったので……。

――では、それを事務官からお聞きになったのは、どの時点あるいは、どの段階ですか。

接見禁止決定をいただいた後のような認識を、私は持っています。

――二月九日以後？

…………。

――二月九日に接見禁止が付いたんでしょう。

……はい。

――それ以後ですね。

はい、以後です。

——次の公判より前ですか。

はい、そうです。

——先ほど、あなたが本件回答書を甲供述に関する証拠として提出するのについて、全然後ろめたいところがなかったと証言されましたね。

（うなずく）

——でも、それより前に、あなたは問題があると聞いていたという証言にもなるわけですね。

私が後ろめたいところがないと言ったのは、見たいというふうに言われたので、見せた、そのときのことを言っております。ですから、このときのことを言っているつもりなんですが。

——「このとき」というのは、訴訟の段階、あるいは日時で言えば、いつということになりますか。

二月九日の接見禁止決定の後です。

——あなたが公判に証拠として出される前でしょう。ですから、そのときに、見せたら異論を唱えられているように立会事務官から聞きましたので。

——弁護人としては、異論のある証拠であろうと、逆に分かっていたということにならないですか。

そうです。ですから一度お見せしたものですから、それについて作為を加えるよりは、そのまま出すしかないだろうというふうに考えました。

——しかし、先ほどからの御証言ですと、そうやって全部出すことによって弁護人から異論が出て問題になるということ自体、あなたは、余り意識していなかったんじゃないですか。

…………。

——前後矛盾しているように思うから聞いているんです。

……8ページ目の所ですけれども、一応再照会をかけたり、必要部分のみの回答書を作成することも考えたけれども、作為を加える必要もないと考えて請求することにしたんです。

——ただ、作為を加える必要もないという決断をなさった過程が、前後矛盾しているように思うから、そこを聞いているわけです。

私の中では、矛盾はしておりません。

——要らないところでもめるよりは、はなから抄本を出したほうが一開廷でも早く裁判官に見てもらえるんじゃないですか。

……早くしておかないと、後任者に引き継ぐことになるという頭は、多分あったと思います。

原告本人（髙見）

——本件回答書を弁護人に一度開示しているからというお話が先ほどから出てきておりますが、証人がおっしゃるのは、どうやら私が裁判所へ行って記録を閲覧していたと、三月二日の第五回公判期日で甲A第一号証を、証人が取調請求をする前に、しかも、二月九日の直後ころに私が裁判所へ行って記録を見て、その時点で回答書の内容を把握しているはずだから、一度開示をしていたんだということをおっしゃっていますよね。

はい。

——この事件が訴訟になったりして、いろいろ記憶がごちゃごちゃになっているということは、ないですか。

それは考えられると思います。ただ私自身は、こういう記憶でした。

——これは私の本人尋問のときに申し上げますけれども、そういうことはないです。私が記録を見たのは、二月二七日金曜日に、ほかの目的で記録を見に行きました。そのときに、第三分類の中に接見禁止請求書の所に、この回答書が添付されているのを見て、びっくりしたわけです。だから三月二日の時点で、証人が取調請求をしたときに、このようなものを証人が取調請求すること自体についても非常にショックだったし、こういう回答が検察官に来ていること、それから裁判所に出ていることもショックだったんです。水掛け論になってしまうかもしれないけれども、あなたが今回証言した内容が、確たる記憶とか、メモとかに基づいたわけではないということは言えますね。

そうですね、もう公判記録しか私には残っておりませんので、あとは記憶に基づきました。

原告ら代理人（黒田）

——証人は、先ほど信書の差押えをされたことがあるというお話が出たと思いますけれども、それは何回くらいされたことがございますか。

一回あります。

——それは、どういう端緒で、その差押えに至ったんですか。

大阪拘置所の方から、共犯者間で通謀をしている手紙をやり取りしているというふうに言われまして、それを差し押えました。

——コピーか何か事前に見せていただいたんですか。

はい。

——そういうことは証人の経験としては一件だけですか。

はい、そうです。

——ほかの検察官で、そういう御経験があるということをお聞きになられたことはありますか。

……直接検察官から聞いたわけではなくて、私が刑事部に配属を受けて、引継ぎを受けた事件に、そのようなものが載っていました。

——拘置所の職員は、被告人間で通謀があるとか、罪証隠滅行為とかがある場合には、検察官に連絡が来るわけですね。

来る場合もあり得ます。ただし、恐らくですが、量が非常に膨大ですので、すべてを網羅することはできていないと思います。

——逆に、そういう形で全部網羅できていないかもしれないけれども、そういう重要なものについては、実際に尋ねてこられておるわけですね。

年に、ごくまれですけれども、あります。

——だったら、疑うと言っても、拘置所の職員も、そういう形でチェックしているのであれば、わざわざ照会等をかける必要はないんじゃないですか。

いいえ、ですから本当に、ごくまれにそういう話があるのに過ぎませんので、実際に、自分が担当している事件で共同被告人の間の供述が非常に変遷を遂げたりした場合には、やはり自ら、その点について調査しないといけない、と私自身は理解しております。

——その段階と言いますと、公判の段階ですね。

そうです。

——その段階では、被告人というのは相手方対立当事者ということにはなりますね。

まあ、そうですね。

——その間でも、そういうことはやっても全然構わないということですね。

一応罪証隠滅の内容になっていて、本件と関連性があって、令状請求をして、裁判所がそれに令状を出してくれるわけですから、問題はないと理解しております。

——令状を出す場合は、もちろん別なんですけれども、今回のような形で検察官のほうから拘置所に、刑訴法一九七条二項に基づく照会ということでやる場合は、令状の請求の場面とは違いますから、その点は公判中であっても、拘置所の職員が、そういうことを個別に尋ねられるのとは別に、そういうことで疑いがあれば、積極的に捜査上の必要ということで照会をかけられるということは全く問題がないという御認識ですか。

はい。

被告指定代理人（田邊）

（乙第一号証を示す）

——あなたの照会書です。先ほど原告ら代理人からも、その照会の文面の中で「及びその他の者との」こういう文言が挿入されている点について質問がありましたね。

はい。

——あなたとしては、このときに、そこに書いてある「その他の者」の中に、弁護士を含めて回答をもらうという意図はあったんですか、なかったんですか。

ありませんでした。

（甲A第一五号証の一、甲A第一六号証の一、甲A第一七号証の一を示す）

——これは、いずれも大阪地検の検察官の捜査照会ですが、照会の文言は、あなたの照会の文言と違いますね。

はい。

——照会の文言について何か公判部で統一した扱いはしているんですか。

全くありません。

——今示したZ検事とN検事の照会の文言は、日付の点は別として、同じように見えるんですけれども、これは、どういう趣旨だか分かりますか。

Z君とN君というのは、この当時新任検事で私の部屋と同じ所で仕事をしておりました。

——二人同時に勤務していたんですか。

いいえ、Z検事が先で、後でN検事が捜査部から公判部に上がって来ました。ですから立会事務官が同じだったこともありますし、立会事務官の作成した、こういうデータだったのかもしれませんし、Z君が作成したデータをN君に引き継ぐという形で、このような同じ書式の文書が出来上がったかもしれません。その点は分かりません。

——N検事がZ検事の事件を引き継いだという関係ですか。

そうです。

原告ら代理人（石川）

——乙第一号証の照会を出された一二月二四日というのは、第二回公判が終わって、しばらくしてですね。

はい。

——第一回、第二回を通じて、被告人あるいは、その弁護人の争いというのは、引ったくりを企てたことはあるが、強取を企てたことはない、このことは両方とも共通していますね。

はい。

——それから転倒させて怪我をするという結果の発生を初めから予測していたんでもないと。

はい。

——これが、この事件の争点だったんでしょう。

はい。

——一般に、強盗として起訴された事件が、それは強盗には当たらない、窃盗に過ぎないとか、あるいは恐喝に過ぎないと言って、弁護人側から争いになるという事件がけっこう多いのと違いますか。

はい。

——そうですね。

はい。

——つまり、強盗と恐喝とか、強盗と窃盗というのは、外形的事実が、ある程度似ていても、法的評価で振り分けられると、反抗を抑圧したか、しないかと、これも、また評価の問題ですね。

はい。

——こういうことで、しばしば刑事裁判の上で、そこが問題になっていると。

はい。

——実際判決の結果、縮小認定になるケースも、ほかの罪名間の問題より、割合多い事件じゃないんですか。

はい。ただ本件では、法的評価のみではなくて、それぞれの行った実行行為が、どのようなものだったかということ、そして事前の両名の共謀関係等も、やはり重要なポイントになってくると思いました。

——ただ、ここで争われているのは、片方の被告人は第一回で意見を述べ、弁護人も意見を述べている、あるいは釈明を求めたのも、引ったくりの意図だけじゃなかったかという釈明に対して、あなたのほうは、引ったくりにプラスαが付いているというような釈明をしていますね。

はい。

——これは、ほかの事件を幾つかやっている被告人のほうから、この事件を見てみると、やはり、ほかの事件と同じように引ったくりのつもりで、この第一の二の公訴事実についても同じように考えていたんだというのは、それは普通の弁解だけじゃなくて、ありそうなことだというふうには、あなたは思わなかったんですか。後で、たまたま転んだり、引きずったりしたとかということは発生したとしてもですよ。

…………。

——つまり、被告人のほうの引ったくりの意図だけだったというのは、ほかにも幾つかの事件で起訴されているのも、同じように引ったくりのつもりでやって、窃盗で起訴されて争いがないということになっている。この公訴事実第一の二の事件だけは被告人のほうも、引ったくりのつもりでやったというのに「強取を企て」というふうに起訴状になっている、そこの所を争っていると、これは被告人や、その弁護人としての争いとしては通常あることじゃないですか。

……はい。

——それは、あなたの経験でも分かるわけですね。

ですから強盗なのか、窃盗なのか争いになること自体は分かりますが。

——弁護人が、そういう評価の点、あるいは事実の点も争い、助言するというのは、弁護人の、むしろ職責だということは分かりますね。

それも分かります、はい。当然です。

裁判官（谷口）

――本件照会をするときには、罪証隠滅を疑っておられたわけですか。

はい、そうです。

――それで照会をして回答書が来ますね。

はい。

――それは、どういう目的に使うという予定で照会されたんですか。もし、罪証隠滅していれば、通謀があれば起訴後の接見禁止請求を付けようと考えておりました。

――接見禁止のために照会をしたということですか。

はい。

――特信性の立証のために回答書を提出するに当たって、再照会をかけよう思ったというふうに先ほど証言されましたけれども、再照会をかけるというのは、弁護人との信書を除いて再照会をかけるという趣旨ですか。

そうですね。

――なぜ、弁護人との信書を除いて再照会をかけようと思われたのですか。そのきっかけは、どういうことなんですか。

ですから私の記憶ですけれども、高見先生は、違うとおっしゃるんですが、一度お見せしたら、高見先生だと思います、岡本先生かもしれませんけれども、異論を唱えていらっしゃるというふうに伺って、法的に若干問題があるんだろうかと、このまま、疎明資料に使っていいのだろうかという疑問が浮かびましたので、そこで再照会をかけてもいいだろうかと、どうしようかというふうに考えたと思うんですが。

――再照会をかけようと思ったということ自体は、間違いないわけですか。

はい、そうです。

裁判長

――先ほど名古屋地検での経験をおっしゃっていたんですけれども、名古屋地検では、照会に対する回答の仕方が、照会をするほうから弁護人との関係の分を除外しなくっても、拘置所側の取扱いで除外するようなことになっていたというような記憶があると、今日の証言は、そういう御趣旨ではないんですね。

はい。

――そういう御趣旨ではないんですね。

その当時としては、全く弁護人と被告人の手紙について、目を触れるような機会もありませんでしたので、どのような取扱いがなされているかということを意識して考えたこともございませんでした。

被告指定代理人（谷岡）

――今の点に関連して、名古屋地検におられたときの回答書には、弁護人と被告人との信書についての記載は一切なかったという事実は認めておられるわけですね。

はい、そうです。

（以上〔裁判所速記官〕中村清貴）

大阪地方裁判所

裁判所速記官　矢野　治美

裁判所速記官　大野　弥生

裁判所速記官　中村　清貴

速記録（髙見秀一）

2000（平12）年2月1日

速記録（平成一二年二月一日　第九回口頭弁論）

事件番号　平成一〇年（ワ）第一三九三四号

本人氏名　髙見　秀一

原告ら代理人（小坂井）

（甲A第二〇号証を示す）

――この陳述書は、髙見さん御自身が全文自ら作成されたものですね。

はい、そうです。

――内容も間違いがないということでしょうか。

はい。

――この陳述書に沿ってお尋ねいたしますけれども、陳述書を拝見しておりますと、まず八月三〇日まで、本件刑事事件で毎日接見していらっしゃいますね。

はい。

――これはどういうことから毎日接見していらっしゃったのか、その理由をかいつまんでお話しいただけますでしょうか。

陳述書にも書いてありますけれども、被疑者は強盗致傷の事実については、違うということを言ってました。それから被疑者は一九歳の少年でした。そういうようなことから、捜査段階で毎日取調べがありますので、その取調べに対応して、自分の言い分どおりの調書を取ってもらうように、あるいは言い分ではない、違う趣旨の調書を取られないように、そういったことをアドバイスするために毎日接見する必要があると考えました。

――重点は、要は意に沿わない調書を作成させないようにするために、毎日行ってアドバイスしてた、こういうことになるんですかね。

はい、そうです。

――現実問題としまして、毎日接見をしておれば、今おっしゃったような目的、つまり正確に供述を録取してもらうというような目的は達成できるものなのでしょうか。

毎日行っても無理です。

――やはり難しいということですか。

はい。

――どうして難しいのか、その理由をお話しいただけますか。

まず取調べには弁護人の立会権がないというふうにされていますし、そういうことで被疑者は捜査官と一対一、あるいは二対一ということで対応せざるを得ません。そういうことで、まず言い分どおりのことを書いてもらうということが非常に大変であるということと、それからそもそも代用監獄に勾留されてますので、取り調べる側は自分の好きな時間に取調室に出して、取調べができます。が、本件では私の接見時間は一日三〇分から四〇分くらいしかできませんでした。そういうことで人的な数という面からも、時間という面からも十分なフォローというのは、残念ながら不可能だと思います。

――今おっしゃったのは、要は捜査機関の側は二四時間被疑者なら被疑者を管理してる状態にあって、髙見さんのほうは一日せいぜい三〇分から四〇分の接見でフォローしていくしかない、そういう圧倒的な力の差がある、こういうふうな御趣旨ですかね。

はい。

——本件でも、やはり現実に意に沿わない調書が作成されてしまうというようないきさつはあったんでしょうか。

ありました。

——簡単で結構ですけれども、どういうところでそういう調書が取られたのか、お話しいただけますか。

陳述書にも少し書きましたけれども、被害者のショルダーバッグのひもが外れた感触がしたという趣旨を本人が述べたのにもかかわらず、それがどうも引っ掛かったというふうな趣旨で取られているということが分かって、それについて対応したこともありますし、それは本人との接見の中で、意に沿わない、自分の言ってないような趣旨で調書が取られてるだろうなということは分かったんですけれども、それ以外にも本人は言っていないんだけれども、事件の流れを流れとして書く中で、本人が意識していない中で調書が取られてしまって、署名指印をしていたということが後日分かった調書もあります。

——毎日接見していても、どうしてもそういう調書が作られてしまうことは避けられないことだという現実があるわけですかね。

はい。

——髙見さんがこの事件の第一回口頭弁論、平成一一年三月二三日ですけれども、意見陳述をしていらっしゃいましたね。その中で刑事弁護人にはいろんな活動上の制約というものがあるんだという意見を述べていらっしゃいましたけれども、それはそのとおりの御認識をお持ちだということなんでしょうか。

はい。

——平成一一年三月二三日の意見陳述ですと、裁判官時代には気が付かなかったけれども、弁護士になってから刑事弁護人の活動には制約があることを知ったんだという趣旨の陳述をしていらっしゃいますけれども、そのとおりの御認識をお持ちだということですね。

はい。

——今おっしゃった意に沿わない調書というものについては、何かこの刑事事件の裁判でもはっきりしたという経緯はあるんでしょうか。

昨年判決が出ました。で、A被告人の調書の任意性と信用性についてですけれども、任意性は認められてしまいましたけれども、信用性については極めて怪しい、特にA君が被害者を引きずったというところを見たという旨の調書があるんですけれども、その信用性については、信用できないということを判決の中でも述べてくれています。

——陳述書の記載に戻りますけれども、八月三〇日までは毎日接見していらっしゃって、それ以降の接見状況を陳述書を見させていただきますと、八月三〇日の次が九月四日、その次が九月一七日、それから九月二六日、一〇月一六日、一〇月二四日と、第一回公判期日の前に接見されているんですけれども、八月三〇日以前に比べますと接見の頻度が間欠的になっておるんですが、これはどういう理由から、こうなったんでしょうか。

A君が家裁に送られたのが八月二九日だったと思いますが、それまでは毎日捜査官の取調べがありましたけれども、それ以降は彼に対する取調べはなくなりました。ですから、いわゆる調書についてフォローするという必要は一応は終わった。それから起訴されましたので、あとは公判に向けて準備をするということになりますけれども、そうなりますと検察官のほうから取調べ請求予定の書証の開示を受け、公判に向けてどういうふうに準備をするのかということになりますので、一応一段階を越えると言いますか、そういうふうになりますので、起訴後は連日の接見というようなことはしていません。

――むしろ弁護活動の重点いうのは、どういうふうに移っていくものなんでしょうか。

公判での弁護に移っていきます。

――これはどういう方法で検討していくということになるんでしょうか。

一つは接見、それから一つは、私の場合はA被告人に事件の流れについて詳しく書きなさいと言って、手紙を書かせました。

――そうしますと、じっくり公判の方針を立てていくのに際して、信書のやり取りを用いた、こういうことになるんですか。

そうです。

――そうしますと、公判に向けては弁護活動上被告人との信書のやり取りが重要な意味を持ってくるという理解でよろしいんでしょうか。

そうです。

――陳述書の二五ページから二七ページ辺りを読みますと、信書のやり取りの意味、必要性についてお書きになってますね。

はい。

――二五ページですが、まず刑事事件について公判の方針を立てるためと、こういう具合におっしゃってますけれども、これはかいつまんで言いますと、どういうことになりますか。

まず第一回の公判期日に被告事件についての陳述の機会があります。そのときにどのように陳述させるか、させるかというのは変な言い方ですけれども、被告人がどのように陳述するかについて弁護人としてどのようにアドバイスをして、言いたいことをきちんと言わせるか、そしてその後にある弁護人としての被告事件についての陳述の機会にどう言うか、それについては簡単な事件であれば、接見だけでも一応はできるとは言えるとは思いますけれども、事件が複雑になったり事実に争いのある事件等になりますと、事実自体について詳しく流れを押さえるとか把握するとかというためには、接見だけでは不十分なので、信書に書かせて、弁護人としてもそれを読んで事実を把握する、それから検察官請求の書証についての意見をどう述べるかについて、被告人本人に調書を差し入れてチェックしてもらうということが必要になってきます。

――今もおっしゃいましたけれども、書証を差し入れるのはどういう理由からでしょうか。

刑訴法上、書証についての同意不同意の意見を述べるのは被告人の権限とされているからです。それから事件について一番よく知っているのは、私よりは被告人本人ですから、そういった意味で、どういう書類ができていて、そこにどういう記載があって、それについて被告人の記憶と合うのか合わないのか、そういうことについてチェックをしてもらって、その結果を私に伝えてもらう、そういう必要があります。

――そうしますと公判の弁護方針を確立していくためには、信書でのやり取りというのは不可欠だということになるんですかね。

はい、そうです。

――陳述書の二六ページ辺りには、被害者への謝罪の意思を伝える方法なんだということで、信書のやり取りをした理由を述べていらっしゃいますけれども、これはどうして弁護人を介する必要があるということになるんでしょうか。

二六ページに書かれているとおりですけれども、まず刑訴法八一条の接見禁止決定が付いている場合は、直接第三者に手紙を書くということは法律上不可能ですし、そうでない場合でも被害者の方が直接加害者である被告人本人から手紙が来たということだけで、それだけで気分を害される方とか、あるいはどうして被告人本人が自分の住所を知ってるのかということで、非常に疑問を持たれたりというようなこともあります。またまじめに謝罪の意思を表明していても、被告人というのは文章能力とかに必ずしも十分な人というのは余りいません。で、それが正しく伝わるためにもあらかじめ弁護人が目を通して、正しく伝わっているか確認をする、そういうような必要もあると考えています。

――そうしますと被害者への謝罪の意思などを伝える方法としても、弁護人と被告人の間で信書のやり取りをすることは不可欠だと、こういうことになるんですかね。

はい。

――陳述書の二六ページから二七ページにかけては、接見を補完する役割が信書のやり取りにある、あるいはいろんな申立て、こういった内容を確認し合う意味でも信書のやり取りが必要だと書いてますが、これもそのとおりでしょうか。

はい。

――そうしますと、本件でも公判の方針を立てるについて、あるいは被害者への謝罪の意思等、いろんな意味合いから信書のやり取りは弁護活動上不可欠だと、こういうことになりますか。

はい。

――陳述書の七ページから一二ページですけれども、起訴後の弁護活動についてレジメ風に時系列を追って書いていただいてるんですけれども、端的にお尋ねして、この時系列からはどういうことが分かるという趣旨でお書きになってるんですか。

第一回公判期日での被告人の意見陳述、それから第二回公判期日でのB被告人の意見陳述の経緯について、分かっていただけるというふうに思うからです。

――同じく陳述書の一三ページから一五ページにかけて、岡本弁護人とのやり取りについてもまとめていただいてますね。

はい。

――これは、こういったやり取りから何が分かるという趣旨でお書きになってるんでしょうか。

まずB被告人が第一回の公判期日の前から、強盗致傷の公訴事実には争うんだということを岡本弁護士からも聞いていましたし、第二回公判期日でB被告人が公訴事実について争う陳述をしたきっかけが、被告国側の主張ですと、あるいはK検察官の証言、陳述書ですと、第二回公判期日の直前のA君からB君への手紙がきっかけだと、それで第二回公判期日でB君が公訴事実について争うということを決めたんだということを言っておられますので、それが的外れであると、事実とは全然違うということが分かると思います。

――共犯者の弁護人との間で、こういった連絡を取るということはよくあることなんでしょうか。

はい。

――それは被告人本人の了解を得ながらやられることなんでしょう

か。

もちろんそうです。

――本人にも報告しながら、そういった連絡をしていく、こういうことになるんですかね。

そうです。

――今もおっしゃりかけましたけれども、Kさんは A 被告人から B 被告人に対して、いわゆる罪証隠滅と言いますかね、そういった働きがあったことを疑ったので、本件照会に至ったんだとおっしゃってるんですけれども、高見さんがこういう形で陳述書にまとめられたところによると、それは見当違いだということになるんですかね。

はい、そうです。どれを見れば分かるかということをちょっと言いますと、第一回公判期日の前の段階、この陳述書ですと九ページを見ていただければ、一〇月二二日に私が岡本弁護士に電話をして、どこまで行くんかということを聞いてます。認否まで行く予定であるということを言っておられましたし、その前ですね、八ページの一〇月一五日、岡本弁護士から私に電話が来たときに、その電話の中で岡本弁護士から、強取の共謀はないから、事実については争いますということの方針は聞いてますし、それから一一ページ、一二月一一日の B 君から A 君への手紙で、既に「A、調書で書かれてること全部事実と違っていると思っている。裁判では真実を言ってがんばろうな」ということを B 被告人のほうから A 君に対して手紙を出してますし、その次、一二月一五日には弁護人が冒頭陳述を作成して、私が岡本さんにファックスをしてます。で、一二月一八日に出した冒頭陳述書面を見ていただければ分かりますが、岡本さんは私のこの冒陳を見て、一部援用しつつ書面を書いています。

(甲 A 第二二号証ないし甲 A 第二四号証を示す)

――甲 A 第二二号証が今おっしゃった岡本弁護士のほうにファックスを流した際の送信案内、こういうことですかね。

これは一二月一三日付けですので、ファックスで送ったのは一五日なんですけれども、この一三日付けのファックス送信案内見ていただければ分かるように、「冒陳は12／15の午後には作成したいと考えております。」というように書いてます。で、出来上がったのが甲 A 二三号証ですが、これを、ここの日付の下のメモにありますように岡本弁護士にファックス、裁判所には原本一部と手控え用三つ、検察官へも一つ、A 君本人へも速達で送付と書いてありますとおりです。で、甲 A 二四号証を見ていただくと、岡本弁護士作成の冒頭陳述書に「相被告人 A の弁護人の平成九年一二月一五日付冒頭陳述を援用し、」ということが書いてありますから、これを見ればまさしく共犯者の弁護人どうしで連絡を取り合いながら公判に臨んでいるんだということがはっきりすると思います。

――要は、当時立会いの検察官である K 検察官のほうも、こういった書面を見れば弁護人どうしが連絡し合って弁護方針を決めてること自体は一目りょう然ではないか、こういうことになるんですかね。

はい、そうです。

(乙第一号証を示す)

――これ、いわゆる本件の照会文書で、平成九年一二月二四日、一二月一八日の第二回公判の後ですね、K 検察官が照会をかけていらっしゃる文書なんですが、端的にお聞きしますけれども、その照会文書の中で、「右両名の間」のところに挿入して、「及びその他の者との通信状況について書信票を精査の上、」という形で照会を求めていらっしゃるんですが、この照会の仕方は高見さんのほうはどういうふうに理解されますか。

この挿入されている「その他の者」というものの中には弁護人は当然入っている、むしろ公判での進行を見れば、弁護人どうしが打合せをしているのはよく分かるので、被告人と弁護人との間のやり取りも見る趣旨である、そういうことで照会をかけたんではないかというふうに理解するのが普通だと思います。

——当時の流れからすれば、そうとしか理解できない、こういうことになるんですかね。

はい。

——ところで陳述書によりますと、本件回答書をあなたが初めて見たのは平成一〇年二月二七日ということになるんですかね。

はい。

——これは間違いないですか。

はい。

——念のため聞いておきますけれども、Kさんの証言では接見禁止請求に際して、添付資料を見せていいかという問い合わせが裁判所の書記官からあったというような記憶があるんだというお話がありましたけれども、そのような事実はあるんでしょうか。

全くありません。

——そもそも接見禁止請求の際に、その決定前に弁護人のほうの意見を聞くというシステムになってるんでしょうか。

なっていません。接見禁止決定は検察官の請求又は職権で裁判所が出す決定ですが、弁護人の意見を聞くということは書かれていませんし、実務上も接見禁止請求が出ましたよということを裁判所から聞かされたことはありません。

——そうしますと、先ほどのK証言というのは全くの記憶違い、こういうことになるんですかね。

はい、そうです。

——二月二七日に裁判所の記録閲覧の際に本件回答書の存在を知った、そうなんですね。

はい。

——これは、そもそも何のために記録閲覧に行かれたんですか。

二月二七日は金曜日ですが、三月二日の乙証人の尋問終了後にした保釈請求をするために、そのさかのぼる前年の一二月二二日ごろにした保釈請求に対して、検察官がどういう意見を述べて反対をしていたのか、それを確認するために記録を見に行きました。

(甲A第二五号証を示す)

——これは平成一〇年三月二日付けの保釈請求書ですけれども、この保釈請求書を見れば、今あなたがおっしゃったことが事実だということが分かるんでしょうか。

はい、第一項のところに「検察官が前回の保釈請求の際に罪証隠滅の対象であると意見した証人甲及び乙について、証人尋問が終了した。」という部分と、第五項の「(なお、検察官は保釈保証金の額では出頭確保ができるか疑問である旨、前回の保釈請求の際に述べているが、)」うんぬんという記載がありますが、これは二月二七日に記録を見に行って、検察官が前回の保釈請求に対してどういう反対意見を言ってたのか、見てメモをしてきたので、書けることなんです。

——それで、そういう趣旨で記録閲覧に行かれたときに本件回答書が目に入った、こういう流れなんですね。

そうです。

(甲A第一号証を示す)

——これを目にされたわけですね。

はい。

――見られて、最初にまずどうお感じになりましたか。

びっくりしました。

――それを目にされるまで、髙見さんは弁護人と被疑者、被告人間の信書について、例えば拘置所ではどういう扱いをされているというような御認識だったんでしょうか。

収容者から来る手紙には、各便せんの各ページごとに大阪拘置所のさくらの判子こが押してあります。ですから、手紙は見てるだろうなということは思いました。ただ中身まで読んでるとは思ってませんでした。それから記録に残してるということは全然思ってませんでした。あと、これを見ますと、検察官が照会をかける前から、要するに大阪拘置所に収容されて以降のやつが全部書いてますので、これ、どうやって記録に残してるんだろうと。コピーまで残してるかもしれないなと少し思いましたけれども、どうやって記録に残してるんだろうかということを不思議に思いました。

――いずれにしても、それを初めて目にされて大変驚かれた、こういうことになるんですかね。

はい。

――今のお話ですと、従来からも、いちいち読んではいないんだろうけれども、目は通してるんじゃないかという趣旨のことをおっしゃいましたけれども、それについては髙見さん御自身はどういう問題意識をお持ちだったんでしょうか。

正直言って、弁護士になりたてのときは刑訴法三九条一項との関係で大問題だと思いました。ただ、だからと言って、特にそれについて行動は起こしてませんでしたけれども。

――さらっと目を通されるだけでも問題は問題なんだという意識自体はお持ちだったんですね。

はい。

――ただ今回明らかになったように記録化されておるとか、いちいち中身を読んでおるとか、そこまでのことは本件以前には思っていなかった、こういうことなんですか。

はい、そうです。

――事実の流れでいきますと、平成一〇年二月二七日は金曜日でしたかね。

そうです。

――それで三月二日の月曜日に第五回の公判期日があって、本件回答書の証拠請求がされた、こういう流れですかね。

そうです。

――本件回答書が証拠請求されたことについては、どのようにお感じになりましたか。

これもびっくりしました。それからショックだったというか、ええっというふうに思いましたけれども。

――陳述書の一九ページには「ショックでよう意見を言えない」というふうに法廷でおっしゃったとなってますが、これは事実そのとおりですか。

はい。

――K検察官のほうは、「是非とも採用されたい」という趣旨の意見を述べられたようですね。

そうです。

――これは具体的には、どういう意見を言われたんですか。

要するに証拠能力に関する事実を証明するためのものであるから、自由な証明だから弁護人の同意がなくても証拠として採用されたいということを述べられました。

――次に三月二三日に第六回公判があって、最終的には抄本で弁護人との間の部分は省く形で証拠決定された、こういうことになるんですかね。

はい、抄本で証拠決定されたと言いますか、弁護人とのやり取りの部分については却下して、その余を採用するということになりました。

（甲A第五号証を示す）

――これは本件回答書の証拠請求に対する髙見さんの意見書と、こういうことですね。

はい。

――前日の段階でK検察官のほうにはファックス送信されたんでしょうか。

はい、そうです。

――前回の法廷では、Kさんもこの意見書の内容は全面的に正しいという趣旨の証言されておったようですけれども、当時はこれを事前に受け取っていらっしゃったけれども、別に抄本申請に切り替えられたという経緯もなかったんですね。

全くありませんでした。

（甲A第四号証を示す）

――裏面を示しますが、これは一部却下されて、あとは採用という流れの中で、検察官が弁護人の異議申立てに対して意見をおっしゃってるようですけれども、これはどういう趣旨の意見を述べられたというのが髙見さんの理解でしたでしょうか。

ここにも書かれているとおり、被告人と弁護人との間の信書を検閲しても何ら問題はないと、だから私は裁判所の一部却下決定に対する異議を言ってるんかなというふうには理解しました。

――髙見さんのほうでは、要するに弁護人との間の部分も証拠請求をしたことについても問題がないと意見を述べられたと、こういうふうに理解されたんですね。

そうです、検察官のそういう態度について問題がないというふうに意見を述べたというふうに感じました。

――今一連の流れの関連だったんですけれども、二月二七日に本件回答書を見られて、三月二日に証拠採用されたといういきさつですけれども、三月二三日に一部却下の上で証拠申請があって、三月二三日に一部却下の上で証拠採用されたといういきさつですけれども、陳述書でも詳しく書かれてはおりますが、こういった一連の流れの中で髙見さん自身、相当のショックと言いますかね、そういうのを受けられたということになるんでしょうか。

はい。

――その具体的内容ということになりますと、どういうものなんでしょうか。

まず拘置所に対してですが、こういうものを記録に残しているということ自体、それから検察官から照会があれば何の疑問もなく返してるということ、それが検察官のほうに行ってしまっていること、今回取調べ請求があったので初めて分かりましたけれども、これは弁護人にとってはやられているかどうかが分からないわけです。拘置所というのは、少なくとも中立的立場でないといけないはずなのに、一方当事者である被告人と弁護人の打合せ内容を検察官に報告しているというのは、これは一体どういうわけだろうと思いました。だから検察官に対しては、とにかくアンフェアであると一番思ったんですけれども、相手の打合せ内容に手を突っ込むと言いますか、少なくとも公訴提起後は当事者主義だということを検察官も法廷でよく言われますけれども、そういう建前さえもないがしろにしてるじゃないかと、相手の打合せ内容を知って法廷に臨むというのは一体どういうことかと。だから、それが密かにやられていたら僕ら分からないわけですから、そうすると僕らが一生懸命被告人本人と打合せをして事実を知って、あなたの言いたいことはこういうことなんだな、じゃ、こういうふうに主張して、こういうふうに法廷で言おう、あるいは証人に対してこういうふうに反対尋問していこう、そういうような内容を検察官に事前に知られていたら、何て言うんでしょうか……裸の王様というか、猿芝居と言ったら言葉変だと思うんですけれども、何かそういう感じがして、それを裁判所にまで出すというのは、ちょっと信じられなかったです。

——要は、相手に手の内を見られているということが分かったということのショックというのは、大きかったんですかね。

はい。

——あるいは刑事訴訟法の理念言いますかね、いろんな考え方はあるようですけれども、少なくとも公訴提起後は当事者対等の原則だと、こういうふうに言われておるんですが、そういったものもないがしろにされてると、こういう感覚でしょうか。

そうです、だから少なくとも建前上であっても、対等な当事者であるべき建前を維持しなくてはいけないはずなのに、それもないがしろにしているという、その相手の打合せ内容を知るということ自体についての意味が分かってるんかなというか、そういう感じしましたけれども。

——あなたの陳述書の二〇ページから二一ページ辺りを読ませてもらっておりますと、事件の内容について記載されていることについては論外というべきだけれどもという書き出しで始まる部分なんですがね、謝罪の言葉が本件回答書に書かれていると、これも気になるという趣旨のことをおっしゃっていますが、これはどういう意味だということになるんでしょうか。

通常の場合、被告人が被害者に対して申し訳ないという意思を表明するということは、公訴事実についてそのとおりです、申し訳ありませんというふうに普通はなりがちですから、それは被告人本人にとっては、自分の事件については不利益な陳述と言いますか、情報になるわけです。それが、そういう本人にとって不利益な情報を本人の同意なくして漏らしたり、開示してはいけないという、それは弁護人としての一番大事な根幹なんですが、それが侵されてしまう。私は第一回で詳しく被告事件についての陳述をしていましたので、謝っているということ自体は、私たちの法廷での訴訟活動とは矛盾しないんですけれども、でも簡単な意見陳述に留めていて、公訴事実については争いますというようなことだけで言ってたとしたら、裁判所はこれを見たら、本人は弁護人には被害者に対して申し訳ないと言ってるのに、これ弁護人が否認をさしているというふうに思われてしまいます。そうなったら、我々がどんなに一生懸命やっても、正面から受け止めてもらえないだろうし、被告人が何を言っても信じてもらえないだろうし、それは非常に感じます。

——今おっしゃったのは、いわゆる弁護人の誠実義務と言いますかね、被告人にとって不利益な事実を本人の承諾なしに裁判所に開示しない、あるいはまして相手方には開示しないといったようなことが、やっぱり弁護人の任務としては根幹にあるということになるんですかね。

そうです。

——本件では、正にそれが蹂躙されてると言いますか、ひいては弁護人の存在価値そのものを否定するような行いと、こういう御理解でしょうか。

　はい。

——いずれにしましても、こういった照会がされ、回答がされているという現状の中では、書面で打合せをする、そういうやり取りをするという方法自体できなくなると、こういうことなんですかね。

　そうです。

——本件裁判で拘置所の職員の方が出てこられて、いろいろ御証言されておったんですけれども、髙見さんはお聞きになっていて、そこにどういう問題点をお感じになりましたか。

　まず書信係の職員の方は、何のために弁護人の手紙を見てるのか、あれでは全然わけ分からないと思いました。要するにさらっと流すということを盛んにおっしゃってましたけれども、さらっと流すんだったら、一体何のために見てるんだということを思いました。

——要は、記録化されていること自体の意味が見い出せなかったという趣旨なのかな。

　はい、そうです。で、回答書を起案した職員の方は、弁護権への配慮をしたと盛んにおっしゃってましたけれども、事件内容について具体的に書いてますし、ルーチン・ワークということがK検事の証言で出ましたけれども、ああいう照会は日常的にあるということを言っておられましたし、ところが弁護人との信書についても除外せず、検察官から言われるとそのまま出している。あれは通達によっても信書の内容まで回答していいなんていうふうには読めないと思うんですけれども、あるいは信書の発受自体についての通達じゃないと思うんですけれども、要するに根拠規定とかを全然考えずに、日常の業務としてやられていると。弁護人とのやり取りがどういう意味を持ってるのかということについて全然配慮されてないなと。それから弁護人との信書をコピーしたことがあるということは言われませんでしたけれども、信書をコピーしたものを検察官に届けることもあるということをおっしゃってましたし、そうなると歯止めは全くないわけで、弁護人との信書も、やろうと思えばコピーを届けることはできる。歯止めは全くないと思いました。

——要はシステムとしても、本件のようなことを防止するようなシステムになっていないということをお感じになったということになりますかね。

　はい。

——あと記録化する目的と、検察官に回答することの意味合いについては、どのようにお感じになりました。

　何のために信書の中身を見て、それを記録化しているのかということは、国側の主張でも出てきていますけれども、それを検察官に内容をオープンにするということは完全な目的外使用ですから、全く説明ができないんじゃないかなと思います。捜査の必要と言うけど、捜査の必要があったら目的外に使ってもいいということになるのか、その辺のところが全然分かりません。分かりませんというか、おかしいと思います。

——前回Kさんがいろいろ御証言されてましたけども、髙見さんはそれをお聞きになってどういうことをお感じになりましたか。

　K検事は、我々弁護人が刑事裁判の中でどういう役割を果たしているのかということについて、全く配慮がないというか、いてもいなくても同じ存在であるかのようにも受け取れるような証言だったんではないかと思います。

——証言を文字どおり聞けば、そういうふうに取れる部分があったという趣旨かな。

はい。

――その辺、実際のところはどうだというふうに髙見さんは思われますか。

初めのほうに申し上げましたように、第一回公判、第二回公判の流れを見れば、共犯事件で、弁護人同士が打合せをして法廷に出てきているということはよく分かるはずですし、弁護人が被告人にアドバイスをしたりして方針が出ているということははっきり分かるはずだと思いますけれども、にもかかわらず、弁護人が何かアドバイスをしたり関与をして被告人の意見が法廷で述べられるということ自体を、それを想定してなかったということまで言われたと思うんですけど、あれはおかしいと思います。

――Ｋさんの御証言から、本件のようなことが防止できるシステムになっておるかどうか、その点についてはどういうふうにお感じになりましたか。

全く防止できない、システム上不可能と思います。

――それはどうしてでしょうか。

結局、検察官が拘置所から入手した回答書をオープンにさえしなければ、こういうことが行われていること自体も分からなかったわけですから、我々にも当然分からないからです。

――先ほどもおっしゃったけど、ルーチン・ワークということも出てまいりましたですね。

はい。

――それについてはどのようにお感じになりましたか。

だから、検察官がルーチン・ワークとして照会をかけて、それに対してルーチン・ワークとして返ってくると、そういうシステムになっているわけですから、そこに弁護人の関与する余地は全くないわけですから。

――歯止めは全くないということですかね。

そうです。

――被告人と弁護人との間の秘密交通権については、Ｋさんはどんな認識を持っているというふうにお受け取りになりましたか。

たしか訟務部に行ってから接見交通権が重要であるということを再認識したというような趣旨で言われたと思うんですけど、検察官ってそんなもんなんだろうかと思いました。だから、弁護人が一生懸命やっても意味ないなというか、我々一体何をやっとんじゃという感じがしました。何をやっているというふうに理解されているのか、一生懸命やっているのに、猿芝居だと思います。

――今日では、Ｋさんの御証言だと、秘密交通権の重要性は認識しておるという趣旨の御証言だったけれども、その点は髙見さんどういうふうに受け取りましたか。

……よく分かりません。

――いずれにしても、本件当時、そういった重要性を全く認識されていなかったことは間違いないということになりますかね。

はい。

――本件回答書の存在が分かってから、Ａ被告人からは何か連絡がありましたか。

当然、こういう裁判を起こすについては、Ａ被告人本人に事前に言ってますし、本人から来た手紙の中に、検事さんが自分の手紙を見ていたということはずるいんじゃないですかと、自分は悪いことをしたんだけど、だからと言ってこんなことをされたんでは、自分が言っていることが全然信用されなくなってしまうし、検事さんはアンフェアであると、これからは手紙でも書けなくなってしまうという趣旨を書いてきてます。

――それは、髙見さん御自身がお感じになったことと同じだということになりますかね。

　はい。

（甲A第一五号証ないし甲A第一七号証の各一、二を示す）

――これは本件以外の照会文書と回答書なんですけれども、これは髙見さんどういう機会にこういうものの存在をお知りになりましたか。

　この訴訟を起こすについて弁護団会議を何回か開いていただく中で、同じような事例がないか調べようということになって、こういうのがあるよということが分かりました。

（甲A第二八号証の一、二を示す）

――これはどういう機会に入手されたものですか。

　これは本件訴訟を提起した前後ごろだと思いますけれども、京都の若松弁護士さんが御自分の担当された事件で検察官から取調べ請求されたものがあるよということで頂いた資料です。

（甲A第二九号証を示す）

――甲A第二九号証は、髙見さんはいつの段階でお知りになった文書でしょうか。

　これはつい最近です。

――この甲A第二九号証を見ておりますと、昭和六一年の段階で京都弁護士会が京都拘置所に対して信書の秘密が侵害されたということでの勧告をしているということが分かったわけですね。

　はい。

――こういう事例があるにもかかわらず本件がまた起こったと、こういう流れになるわけですかね。

　そうですね、この二九ページの②の3のところを見ますと、勧告をしたと、その後に、「京都拘置所からは指摘を理解し、全国的な問題であるので法務省と相談し、善処する旨の回答を得た。」と書いているんですけれども、にもかかわらず本件が起こっているんだなということをこの度再認識しました。

――もう一度、最後に、あなたが本訴を提起された理由を述べていただけますか。

　私がされたことは全国の弁護士がされていることです。こういうことがされていたんでは、刑事裁判は成り立たないし、打合せは信書ではできなくなります。ですから、この状態は絶対に改善しなくてはいけない。そのためには、是非とも裁判所において、この運用、今回なされたこと、拘置所がしていること、検察官がしたことについて、明確に違憲、違法であるということを宣明していただいて、監獄法や監獄法施行規則の改正、あるいはその違憲無効であるということを宣言していただいて、さっき言った監獄法や施行規則の改正、あるいは実務の改変、改善、そういうことをしなくてはいけないと思いましたので、訴訟を提起することにしました。

被告指定代理人（田邊）

（甲A第一五号証ないし甲A第一七号証、甲A第二八号証の各一、二を示す）

――これらを先ほど示されましたけれども、本件の訴訟を提起されたり、あるいは維持されるに当たってお集めになった本件と同様の回答書は、これですべてなんでしょうか。それとも、ほかにも資料の提供はおありだったんでしょうか。

現在私どもが入手しているものは、これですべてだと思います。

――先ほどＡ被告人の判決について触れられましたのでちょっと伺いたいんですが、Ａ被告人が争っていた強盗致傷は、結局は事実として裁判所は認められたんでしょうか。

罪名としては強盗致傷を認定しました。

――しかし、捜査段階の供述調書の信用性について裁判所は否定されたようにおっしゃったんですが、そうすると、公判廷での供述を前提にしても強盗致傷が認定されたということなんですか。

公判廷での供述と言いますか、ほかの証拠関係で強盗致傷は認定できるということでした。

――あなたは陳述書の中で刑訴法四〇条の訴訟に関する記録について述べておられまして、実際にあなたの行った保釈請求に対する検察官の意見書を御覧になったということですね。

はい。

――検察官の意見書は、保釈に関する決定の前後によって、閲覧できるかできないかという違いがあるんですか。

ないと思います。

――決定の前後を通じて閲覧できるものだということですか。

はい。

――弁護人であれば。

そのはずです。

――それは大阪地裁の取扱いがそうだということなんでしょうか、それとも、それは広く一般的な認識なんでしょうか。

まず、保釈請求に対する検察官の意見書がいつ見れる状態になるかということについては、法律上は公訴提起後ですから、必ず決定の前でも閲覧謄写できるべきだ、法律上そうなると思います。ただ、現在の運用では、たしか司法事務協議会か何かで協議事項に挙がりまして、私の記憶では、検察官の意見書の謄写は保釈に対する判断があった後はできるというふうに司法事務協議会では確かなっていると思いますけれども、それは個々の裁判官の判断で、もちろん閲覧自体はどうぞ見てくださいという裁判官も多いですし、そういう運用にはなっていると思います。

――決定後も閲覧を許さないような裁判官、そういった実例はないんですか。

それはないと思います。

――ないですか。

はい、保釈ですよね。

――はい。

それはないです。

――今回は接見禁止請求の際に添付書類があったわけですが、公訴提起と同時に接見禁止を検察官が求める場合がありますね。

はい。

――勾留中求令状で提起する場合がありますね。

はい。

――そういう場合に、今回のようなごく一部の書類を疎明資料とするのではなくて、いわゆる一件書類、捜査書類全体を裁判官のところに提出するような扱いはありませんか。

それは、私は接見禁止請求をしたことがないので分かりませんが。

――あるいは、勾留中求令状でそれを判断なさったような経験はおありになりませんか。

私自身はないです。

――では知識として、そういう場合に検察官が一件記録を提出して判断を求めるような例はないでしょうか。

あり得るとは思います。

――その一件記録は、これは起訴後なんですけど、刑訴法四〇条で閲覧できるんですか。

それは、おっしゃっているのは、捜査段階で作った供述調書とか、そういう一件記録のことをおっしゃっているんですか。

――はい。

それは法律上は解釈の問題で、訴訟に関する書類だという解釈を取って閲覧謄写すべきであるという説も十分成り立ちもしますが、実際にそういうことをおっしゃっている方もおられますし。ただ現在の運用上は、それは閲覧謄写の対象とはしないというふうに判断する裁判官が多いんではないかなとは思います。

――その場合、裁判官が判断すると、その一件記録は検察官のもとに返されますよね。

はい。

――そうすると、理屈はどうであれ、戻してしまったら閲覧はできないことになりますよね。

そうですね。

（甲A第二号証を示す）

――あなたは裁判所でこの接見禁止等請求書を閲覧したときに、本件回答書が添付されていたのを発見なさったということですね。

はい。

――本件回答書を見ますと、一枚目に接見禁止等請求書という表題があって、二枚目に別紙が添付されておりますね。

はい。

――本件回答書は、この書類のどこに添付されていたのですか。

多分この後ろだと思います。

――この後ろというのは、二枚目の別紙のさらに後ということですか。

多分そうだと思います。

――今回甲号証としてお出しになった接見禁止等請求書には、別紙までは付いているんですが、その後の本件回答書が付いてないんですが、これはどうしてなんですか。

それは甲A一号証で出しているからです。

――重複するからということですか。

おっしゃっている趣旨がよく分からないんですが。

――今日お出しになった甲A二七号証の一で、あなたは接見禁止等請求書の謄写を請求してますね。

はい。

――あなたは接見禁止等請求書という概念を本件回答書を含めてお使いになっているんですよね。

いや、それは違うと思いますけれども、言われた書証をちょっと見せてほしいんですが。

（甲A第二七号証の一を示す）

――これの裏面、手書きで「謄写部分」という記載がありまして、それの下のほうに、「平成10年2月6日付検察官作成の接見禁止等請求書（同請求書に添付されている大阪拘置所長作成の捜査関係事項照会回答書を含む）」というふうに記載されていて、あなたのおっしゃる接見禁止等請求書というのは、ここまで含めておっしゃっているということですよね。

そこまでは厳密に考えてません。その間に契印があるかどうかということも確認はしてませんし。

（甲A第二〇号証を示す）

――二〇ページを見てください。６という項目の一番最後の段落、「そして裁判所の記録に編綴されていた接見禁止等請求書及び本件回答書を謄写したものが、それぞれ（甲A第２号証）と（甲A第１号証）です。」というんですが、そうすると、ここでも厳密に本件回答書を含めて接見禁止等請求書という表示をしているのではないわけですね。

私の陳述書の二〇ページの６の部分は、接見禁止等請求書と本件回答書を別々というふうに書いていると思います。

原告ら代理人（澁谷）

――書証について若干誤解があると思います。甲A第二号証、接見禁止等請求書の中に、「別紙記載のとおり（捜査関係事項の照会について（回答）含む）」というふうに記載されております。つまり、接見禁止等請求書に添付されておるというふうに、接見禁止等請求書には記載されておるということだけ申し上げておきます。

被告指定代理人（田邊）

――先ほど契印の話が出ましたんで、甲A第二号証をもう一度示しますが、接見禁止等請求書と題する一枚目のものと、それから二枚目の別紙との間では、K検事の契印があったことを伺わせる形跡がありますね。

はい。

――ただ、この別紙の裏面には契印らしいものがないので、少なくともこの後には一体となった書類がないらしいことは伺えるんですが、それはいいですか。

そうですね。

――そうすると、先ほど疎明資料の扱いについていろいろ伺ったんですけれども、本件で問題になっている本件回答書は、接見禁止等請求書と一体となっているものではなくて、検察官としては、それと別の疎明資料として裁判所に提出したと、そういう可能性もあるわけですね。

それは分かりません。ただ、今聞かれたことの意味がよく分からないんですが、それだからどうだというのかちょっと私理解できないんですが。

――あなたは、昭和六三年四月から平成二年三月末までの二年間、大阪地裁第五刑事部で左陪席裁判官をなさっていたわけですね。

はい。

――その間に、その第五刑事部で、いわゆる判決手続、準抗告などを除いた一般の刑事事件の審理は何件くらいなさったんですか。

分かりません。

――じゃあ、当時どれくらいの件数が係属していたか、それは各部ごとに統計を出されるでしょうから、何か記憶にないですか。

現時点よりは事件数は少なかったと思います。

――今というのは、どれくらいなんですか。

最近は刑事事件が多くてなかなか期日も入りませんし、当時は現時点よりは事件数は少なかったとは思います。

――じゃあ、何件判決を起案したか、およその数を覚えてらっしゃいますか。

……はっきり覚えてませんけれども、五〇から一〇〇の間くらいでしょうか、もっとしたかな……。

――それは二年間でということですか。

　はっきりしたことは全然覚えてません。

――五〇から一〇〇かなとおっしゃったのは二年間ということですか。

　……二年ではちょっと少ないかもしれないですね、もっと多いかもしれません。

――準抗告裁判所として手掛けた刑事事件というのは、どれくらいありましたか。

　……よく分かりませんが、二〇くらいはあったんじゃないかなと思いますけど。

――それから平成二年五月に弁護士登録をされて、平成九年にA被告人の弁護を引き受けられるわけですが、その間に手掛けた刑事事件はどれくらいおありになるんですか。

　数えたことがありません。分かりません。

――五〇件未満ですか。

　もっと多いです。

――あなたは、平成一〇年二月二七日に、あなたとA被告人との間の信書のやり取りが記載された本件回答書を発見されて、大きな衝撃を受けられたわけですね。

　はい。

――それまでには、本件回答書のような弁護人と被告人、被疑者とのやり取りが記載された回答書を見たことがなかったんですか。

　ありませんでした。

――準備書面のやり取りの際に日常的という言葉について、被告国の認否がなってないという御指摘を受けたんですが、原告のお使いになっている日常的というのはどういうことを指してらっしゃるのか、ちょっと教えていただけますか。

　いわゆる検察官がやろうと思えばいつでもできる状態でできるということです。ルーチン・ワークとしてやられているということです。

――実際やったかどうかは別としてということなんですか、実際もやったということなんですか。

　実際もやっていると思います。

――日常茶飯事というような趣旨なんですか。

　日常茶飯事という言葉の意味自体がはっきりしないので、答えようがありません。

――今回のあなたの陳述書にも出てくるんですが、本件のような照会とか回答書が日常的だという言い方をされているんですよね。これまでの証拠調べの結果を踏まえて、どういうところから日常的だと言えるんだと、御指摘いただける点があったら御指摘していただけますか。

　照会をかけている検察官がK検事一人ではない、それから名古屋の先輩検事もやっていた、その引継ぎである、大阪に来ても同じようなことはほかの検察官もやっておられる、それから拘置所の職員の方もこの事件以外にもたくさんあることを認めておられるし、照会の文書自体も具体的に示された上でこれ以外のものがありますと言っておられます。そういうことからして日常的にやっているということは言えると思います。

――拘置所の職員がたくさんあるというような証言をしましたか。

　というふうに私は理解しましたけれども。

――だれとだれとの間のというふうな特定があるものとか、弁護人との間のものを除くというふうに明記したものとか、それから内容にはわたらない、日時だけのものとか、いろいろな種類があるというふうには証言したと思うんですが、たくさんあるという表現で、あるいはそう思われても仕方ないような証言をしましたでしょうか。

私としてはそう理解しましたけれども、そういう尋問をされるんであれば、国側において、一年間に何回照会をかけて回答をしているのか、明確に答えられれば済むことだと思います。そういう求釈明をしているんですから、お答えになってほしいと思いますけれども。

――先ほど拘置所にいる被告人と弁護人とのやり取りについても、あなたのところに届いた信書の一枚一枚に桜のマークの入ったスタンプのようなものがあるんで、拘置所のほうで見ているんだろうなということは分かったとおっしゃいましたね。

はい。

――そうすると、何のために桜のマークを押しているんだというふうに認識なさっていたんですか。

要するに、その手紙の中に何かほかの異物とかが入ってないのかということを確認しましたよと、全部の紙に目を通しましたということでチェックをしたという意味で押しているくらいかなと思いましたけれども。

――その法律上の根拠として、監獄法五〇条があるんだというふうなことまではお考えにはならなかったですか。

ほかには根拠条文はないだろうなと思います。

――一応は、その点に根拠をお求めになったわけですね。

と言いますか、三九条二項でいう法令というものの中に何が入るのかということで、現行法の解釈法としては、あれ以外にそれに当たる可能性のある条文はない、それが当たると解釈すべきだと私は思いませんけれども。

――先ほど、それを知って刑訴法三九条一項との関係で大問題だと思ったとおっしゃったんですが、その前に、弁護士になりたてのころはというようなことをおっしゃったと思うんですが、それはどういう意味で付け加えられたんですか。

裁判所にいるときには、拘置所が弁護人と被告人との手紙を検閲しているとは思ってなかったんですよ。それで、弁護士になって、桜のマークが入ってますので、ああ、これ見てるんだなということを感じまして、ええ、どうして、そんなことできるのかなと思って、そういう意味です。

――もう弁護士になられて約一〇年になられるわけですが、その後、大問題だというような認識はなくなったんですか。

いえ、大問題だという認識は変わりません。

――先ほどのお話ですと、特にその点で行動は起こさなかったということなんですが、それはどうしてなんですか。

本来であれば、それについても国賠請求を起こすべきだったかもしれません。

――あなたの陳述書、甲Ａ第二〇号証を示しますが、二一ページを見ていただけますか。先ほども質問があったかと思いますけれども、最後の段落ですね、「被告人が被害者に対して謝罪の意思を持っている、という事実は、通常の場合は、即ち『自己の刑事責任をそのまま認めている』ということになるわけで」とあるんですが、こうなるという経験則はあるんですか。

あると思いますけれども。

――それに続けて、「裁判所も通常はそのように理解しますから」というのも、今あなたのおっしゃった経験則から言えば、裁判所は通常このように認定するという御理解なんですね。

そういう可能性が高いと思います。それはすべての裁判所がそうだとは言いませんけれどもね。

——でも、あなた「通常」と書いているでしょう。

はい。

——すべてではないけれども、通常の裁判所はそうなんですね。

……質問の趣旨がよく分かりませんが、裁判所というのは、そういう認定をする場合のほうが多いと思いますけれども、あるいはそういう心証を抱く恐れは十二分にあるとは思いますけれども。

——それは、あなたの裁判官時代の経験ですか。

裁判官時代もそうですし、弁護士になってからも同じように思います。

——同じページの①の第二段落のところに、「被告人の行為と結果との条件関係がある以上、被告人が『申し訳ない』という気持ちを持っていても、公訴事実をそのまま認めるわけではないという事件はよくあることです。」とありますね。私も「よくあることです。」というあなたの意見には賛成なんですが、それは、あなた以外の人、特に裁判官には余りないということなんですか。

そう言って間違いないと思いますけど。

——同じ陳述書の最後のページを御覧いただけますか。数字の5と記載された項目なんですが、ここであなたは、本件回答書に記載された信書の相当数が開示されていたから、本件回答書を利用しても秘密交通権を侵害することはないと考えたというK検察官の陳述書について、後付けした理由だと述べているわけですね。

はい。

——ただ、こういう説明は、前回のこの法廷での証言でもしたんですが、覚えてらっしゃいますか。

はい、覚えてます。

——そうすると、その部分は虚偽だとおっしゃるんですか。

いろいろ、人の記憶ですから、自分の記憶がその当時の記憶を残しておくことはできないんで、後から考えたら、こういうことを考えたとしてもおかしくないなと思ったら、本人としてはそう思い込むこともあるでしょうし、私としては、Kさんがあえて虚偽を言ったということまで言えるかどうか、そこまでは私も分かりませんけれども、後付けした理由であるということは間違いないと思います。

——先ほど、本件の回答書というものをお知りになって、そのことをA被告人にも話したところ、A被告人のほうから、検事が自分の手紙を見ていたとしたらずるいというような指摘があったということですね。

（うなずく）

——あなたは、手紙そのものを検事が見たというふうに説明されたんですか。

いや、手紙そのものというふうには言ってません。

——その要旨を拘置所が把握していて、それを回答書として受け取ったK検察官が見ているということを正しく伝えているんですか。

この回答書を本人に見せてます。

被告指定代理人（谷岡）

——被告人が被害者に対して謝罪の意思を持っているということについて、これは公訴事実に対してどういう争い方をしているかによって意味が異なってくるんじゃないんですかね。

はい、それは異なってくるかと思います。

――犯人性自体を争っておられるときとしては、明らかに矛盾する不利益な事実になるでしょうが、犯意だとか暴行の程度だとか、そういうものを争っている場合は、並行して謝罪の意思を表すということは何ら不利益な事実にはならないんじゃないですか。

きちんとそれが分かるように説明をして述べていれば不利益な事実にはならないと思いますけれども、それがないんであれば不利益な事実になると思います。

――ただ、A被告人の場合、犯人性自体は争っていたわけではないんですよね。

はい、争ってません。

――ですから、並行して被害者に対して謝罪行為を行うということは何ら不利益ではなかったわけでしょう。

本件の場合だけ言えばそう言えると思います。だから私は、一回目できちんとしてたから、辛うじて大丈夫だったと、でも、あれをしてなかったら、被害者の人に対しては申し訳ないと思いますということを最初の時点から述べていますし、そういうことがたくさん書かれてますので、それは非常に気になりました。

――第二回公判前に、あなたと岡本弁護士がいろいろやり取りをされて方針を考えられたということはよく分かったんですけれども、その第二回公判時点でのK検察官には、そのやり取りというのは分かりませんよね。

ただ、冒頭陳述書の記載を見ればよく分かると思いますけれども。

――ただ、冒頭陳述書というのは、これは、飽くまで弁護人というのは被告人の言い分を前提に、言い分を聞いた上で、これを補完して、その方針を立てるという活動ですよね。

もちろんです。

――そうすると、その被告人の言い分が形成される段階で、既に被告人同士で何らかの通謀をやったんじゃないかというふうに検察官が疑いを持っても、これはあながち不合理な考えではないのではないですか。

いや、私は不合理だと思いますけれども。

大阪地方裁判所
裁判所速記官　矢野　治美
裁判所速記官　大野　弥生

速記録（岡本栄市）

2000（平12）年2月1日

速記録（平成一二年二月一日　第九回口頭弁論）

事件番号　平成一〇年（ワ）第一三九三四号

本人氏名　岡本　栄市

原告ら代理人（後藤）

（甲A第二一号証を示す）

――これは、あなたがお書きになった陳述書ですね。

はい、そうです。

――内容に誤りはありますか。

ありません。

――経歴はここに書かれているとおりですね。

はい、そうです。

――本件でB君の弁護人となった経緯も書かれておりますが、ここに書いてあるとおりですか。

はい、そうです。

――問題となっておるのは強盗致傷の事件についてですね。

はい。

――この事件についてB君から本格的に聞いたのはいつのことになりますか。

拘置所で最初に接見したときです。

――何月何日になりますか。

陳述書に書いているとおりなんですけれども。

――最初に接見したのは九月一一日となっていますが、その後、起訴後の九月一九日にも接見しておられますね。

はい、九月一一日に拘置所で初めて接見して、このときに、その以前の段階とは違いまして、自分の調書がどういうふうにできているとか、事実と違うというようなことをこのときに概略を聞きました。

――このときは概略をお聞きになったんですか。

はい。

――詳しく聞かれたのはいつになるんですか。

九月一九日です。

――ここに書いてありますけれども、大事なことですのでもう一度教えていただけますか。どういうことをお聞きになったんですか。

九月一九日は起訴状がもう入手されてましたので、その起訴状の事実について、具体的にこれはどうなのかと、日時、場所、行為、そういうことについて具体的に聞きました。

――その結果はどうでしたか。

強盗を企てたという事前の強盗の意思ですね、これは全くないということですね。それから、被害者を転倒させたとか、そういうことは見ていないと、分からないということですね。それから傷害の結果等についても自分は分からない、知らないということだったと思います。

――そしたら、強盗致傷については公訴事実を争うということになるんですかね。

はい、そうです。

——ところで、本件では、高見弁護人と打合せをしたり連絡をしたりされてますね。

はい。

——通常こういうことはされるんですか。

共犯のケースの場合には、弁護方針にもよりますけれども、どういう方針を採るのかというのをまず聞かなきゃいけませんから、連絡は取ります。

——どうしてそういうことをするんでしょうか。

それは、こちらの被告人の弁護のために必要、有益だからです。

——その際に注意されることはありますか。

その際に、やはり伝えて不利になるような事実、あるいは被告人との関係で守秘義務に違反するような事実については、伝えないように注意しています。

（以上〔裁判所速記官〕大野弥生）

——本件の場合に、協議することがB君の利益に反するというような事情はありましたか。

当初の段階では、どちらが主犯かということが十分把握できていない段階では、その点について利益に反する事情も出てくるかと思いましたけれども、強盗の共謀を争うという点では、もう一致しておりますので、むしろ共同して弁護活動に当たるのが有益であるというふうに考えました。

——B君は、あなたが高見弁護人と連絡を取っておるということは、御存じなんですか。

知ってます。高見弁護士がA君のほうに就かれて、私のほうへ連絡を受けてから、よく知ってる弁護士だということで説明しております。

——あなたのほうで、高見弁護人と打合せ、あるいは連絡を取るということは、B君も了解しておったんですね。

はい。

——その上で、いろいろ詳しい内容的なやり取りもしておられたんですか。

はい。

——第一回公判が、平成九年一〇月二七日にありますね。

はい。

——この日までに、あなたのほうは、この強盗致傷についての意見はどうするかというようなことは、大体決めておられたんですか。

強盗致傷については、九月一九日の段階で争うという方向は決まっておりました。

——その方針は、高見弁護人のほうには伝えておられましたか。

伝えてると思います。

——高見弁護人のほうの被告人であるA君が、どういうふうに言っておるかというのは、高見弁護人から聞いておられましたか。

大体同じ方向だということを聞いております。

——第一回公判期日の前に、あなたの方針は向こうに伝わっておる、向こうの方針もこちらに伝わっておると、こういう状態ですね。

はい、そうです。

——その伝わっておるということは、B君にも言っておられましたか。

はい。

——B君も、第一回公判期日前に、A君の意見がどうなるか、弁護人の意見がどうなるかというのは、大体分かっておられたんですか。

分かっていたと思います。

――第一回公判期日で、この公訴事実に対する意見を留保されましたね。

はい。

――これは、どういう理由で留保されたんですか。

これは、A被告人と共通している強盗致傷については、意見を言おうと思えばできたんですけれども、記録の謄写の関係が非常に遅れまして、特に、A君と共犯関係にない五件のB被告人特有の事件について、記録が十分検討できていないというような事情がありましたので、一部強盗致傷についてだけ認否しようと思えば、できなくはなかったんですけれども、まとめて書面で次回行ったほうがいいだろうと、記録も、その間に十分検討したほうがいいだろうという判断から留保することにしました。

――あなたの陳述書によりますと、一〇月二二日にようやく記録の謄写ができたんですね。

はい。

――そうすると五日しかないんですね。

そうですね。

――いつも大体そういうふうにされているんですか。つまり記録を一応全部検討してから意見陳述を行うということなんでしょうか。

はい、当然そうです。

――当然きちっとした弁護をしようと思ったら、そうなるんですかね。

そうですね（うなずく）。

――五日間くらいでしたら、ちょっと無理ですか。

無理ですね、特に、本件は記録がかなり量が多くて、ちょっと五日間で検討するというのは困難でした。

――司法事務協議で検察庁に対しても、記録謄写のできる時期、開示を急いでほしいというのを何度か申し上げているんですけれども、それは御存じですね。

はい。

――最低何週間というようなことを言ってますよね。

（うなずく）まあ一箇月前ぐらい……。

――できたら、それくらいはほしいけれども、最低二週間ということで。

はい。

――五日では、到底無理だということで留保すると。

（うなずく）

――その留保は、第一回公判期日前に、もちろん、あなたのほうで決められて、それでB君にも留保するということは、伝えておられるんですか。

はい、伝えてます。

――Kさんは、当法廷で証言されまして、第一回公判期日で、A君が意見を述べるのを、B君が見ておった様子で疑いを抱いたとかというふうに言われているんですけれども、あなたは、それを聞いて、どう思われますか。

私は、その場面は見ていなかったんですけど、共犯者の一人が、どういう意見を述べるかについて、もう一人の方が、それを注目されるというのは当然のことだと思います。どうしてかって言いますと、やはり事実自体の認否と言うよりも、むしろ、どちらが主犯的なものなのかとか、そういうことを言うんじゃないのかとかというようなことが当然ありますし、本件について言うと、Ｂ被告人は、やっぱりＡ被告人を引っ張り込んだというようなことがありまして、その点について非常に自責の念を持っておりましたので、その辺についてＡ被告人が、どういうような意見を言うかというのは、非常に気にしていたことだと思いますから、後から考えると、そういうことが非常に気になって、見てたんじゃないのかなというふうに推測ですけど、思います。

——共犯関係にある事件をやっておられて、今までの経験から、ほかの人が言っておるときに関心がないというような被告人にお目にかかったことはありますか。

そういうのはありません。

——多かれ、少なかれ、やっぱり注目するんでしょうね。

そうです。

——今言われたことは、Ｂ君に具体的に生じたであろうことを、あなたが推測して言っておられるわけですね。

そうです。

——結局、Ｋさんが言われておるような、本人同士の通謀によって意見留保がなされて、第二回目で否認の意見になったというようなことは、これは全くないんですね。

およそ考えられないことだと思います。

——弁護人と打ち合わせて、方針を決めて、通常の弁護人がやるような方針に従って訴訟が進行したということですね。

そうです。

——あなたは、本件で出されたような回答書、このようなものを知って、どう感じられましたか。

……こういう事態が行われているということを知って、どういうこっちゃ、これは、という……あってはならないことが、平然と行われているというような感じを受けました。

——あなたは弁護人と被告人との信書の内容が、書信表という形で記載されて保存されているということは御存じでしたか。

知りませんでした。

——被告人からの手紙に、サクラのスタンプが押されてくるということは御存じでしたか。

はい、それは知っていました。

——これは、どういうふうに理解されていましたか。

それは被告人の手紙に異物が入っているかという一応目を通して、見てるんだろう、チェックしてるんだろうというくらいに考えておりました。

——本件で被告人と弁護人との手紙の授受が、書信表という形で保存されて、公判立会の検察官の照会によって、そのまま回答されたということが分かりましたね。

はい。

——これはショックはショックでいいんですが、もう少し詳しく、どういうふうに考えられたかということを言ってもらえますか。

公判立会の検察官は当事者ですから、その当事者が、こちらの打ち合わせてる内容、そういう手の内を見ているということが分かったわけですので、これは裁判制度、特に近代裁判制度の根底を覆すような行為だというふうに思いました。

——もう少しだけ、具体的に、お尋ねしたいのですけれども、本件の照会行為でショックを受けたことを陳述書に書いてありますけれども、その中で、一番あなたがショックだったというのは、どういうことか、具体的なことについて説明してもらえますか。

手紙のやり取りについて、いろいろな打合せの可能性はありますけれども、具体的に、私が本件で必要不可欠ということで行ったのは、陳述書にも書いてありますように、その被害者に対する謝罪の手紙を書くということで、これはB被告人が被害者に謝罪したいという意思が強かったものですから、それについて、やはり、B被告人本人、まあ被告人一般に、そうですけれども、そういう誤字・脱字・言い回しの稚拙ということがありまして、被害者に対して非常に謝罪の意思が伝わりにくいような表現になる可能性がありますので、本人に、まず自由に書かせて、それを、こちらのほうに郵送させてチェックするということをやっておりました。そういう方法を、私は、当然公判立会の検事は、そういうことは見ていないだろうということで、やっておりますので、それを見ておられるということになると、可能性としては、いろいろな手紙を訂正させたり、やったり、戻したりという形のやり取りが検察官に分かるわけですから、それが分かれば、この謝罪の手紙というのは、当然弁護活動として法廷に出しますので、それを検察官のほうから弾劾されるおそれがあるということで、私としては、そういう極めて弾劾されやすい方法で、そういう被害者に対する謝罪の意思という重要な証拠について、そういう危険を冒しながら……愚かな方法で立証していたということになると思いますから、その点は非常にショックだと考えます。

——自分の弁護能力と言うか、弁護方法とか、そういうのについての自信とか、そういうものについての影響は、どうでしたか。

やっぱり弁護士としては、まあ適法・違法ということはありますけど、やはり検察官から、こういう対応があることを予想して対策を考える、最悪の場合にも、その効果が生かされるような形で弁護活動をしなければならないのに、こういう信書を見られておれば、そういうことが結局やれていないことになるわけですから、間抜けな弁護活動をしたということになるわけで、非常に自信喪失になると思います。被告人にも申し訳ないと思います。

被告指定代理人（田邊）

——あなたは、平成四年四月に弁護士登録をされてから、平成九年にB被告人の弁護を手掛けられるまでに、どれくらいの刑事弁護を手掛けられたんですか。

具体的な数字は、私には分からないんですけれども、大体常時四、五件くらいの刑事事件はやるような形でやっておりました。

——本件回答書をご覧になって、非常なショックを受けたということですが、本件のように弁護人と被告人、被疑者とのやり取りが記載された拘置所の回答書をご覧になったのは、今回が初めてですか。

そうです。

——拘置所にいる被告人から、あなたの所に届く手紙には、サクラのマークのスタンプが押してあるということは御存じだということですね。

はい、そうです。

——それは、手紙の一枚、一枚に押してありますね。

そうですね。

——あなたの御認識ですと、それは手紙の中に入っている異物の有無を確認するためではないかということだったようですね。

はい。

——だったら、その一枚、一枚に押さなくても、封筒の表にぽんと押せば済むはずなんですけれども、それ以上のお考えは、なかったんですか。

………。

――つまり、検閲をしているというお考えまではなかったんですか。

まあ検閲概念というのは、差し止めるというような概念も入りますので、私は、ただ見ている、枚数が何枚かあれば、その間をチェックしているという意味で、サクラのマークを一枚、一枚押してるんだなというくらいの理解でした。

――その法律上の根拠としては、監獄法五〇条には思い当たっていらっしゃったんですか。

実務上そういう根拠に基づいて運用されているということの理解はしていますけれども。

――そのこと自体については、特に問題であるというような認識は、なかったんですか。

問題であるとは思いましたけれども………まあ当初弁護士登録してから、その辺についての明確な意識と言うか、実務に、そういう意味では流されたと言いますかね……。

――B被告人は、最初に窃盗で逮捕されたんですね。

はい、そうです。

――これについて、あなたは別件逮捕であるというような認識を、お持ちだったんですか。

そうですね（うなずく）。

――それは、いわゆる違法捜査として問題になるような別件逮捕という問題意識だったんですか。

当然その可能性があるものとして考えてました。

――髙見さんの陳述書には、その点が記載されていて、あなた御自身の陳述書にはその点が、何も記載されていないように思ったものですから、お尋ねしたんですが、特に本件では重視されてはいらっしゃらないですね。

………。

――別件逮捕は、特に、この国賠訴訟とは関係ないということで、よろしいんですか。

はい。

――あなたの弁護されたB被告人ですが、強盗致傷については有罪判決をもらったわけですか。

はい、そうです。

――今回の拘置所の行為、あるいは検察官の行為として、今問題点を指摘されたんですが、その中に謝罪文のことを御指摘になりましたね。

はい。

――検察官が公判で、被告人・弁護人側から情状証拠として謝罪文が出てきたときに、被告人質問で、それに関して被告人に問いただすことがありますね。

はい。

――そのときに、どういういきさつで、その謝罪文を書いたのかという質問をすることがありますよね。

はい。

――その中で、これは、あなたの自発的な気持ちから出たものなのか、それとも弁護人からアドバイスを受けて書いたものなのか、そういう質問をすることがありませんか。

ありますね。

――そういう検察官の法廷活動は、いけないことなんですか。

……それ自体は、いけないとは言いません。

――法廷で弾劾することは、別に構いませんよね。

ええ。

――その方法として、弁護人の助言があったのかどうか、ということに触れても構いませんよね。

……（うなずく）……まあ打合せの結果を見ていないという前提ではね。

被告指定代理人（岩倉）

――今言われたのは、打合せ、弁護方針として非常にまずいことをしていたなぁとショックを受けたということですか。

はい。

――それはB被告人に謝罪をさせようという弁護方針の基に、謝罪のいろいろアドバイスをされたということですね。

（うなずく）

――それが検察官に分かってしまったということですか。

だから検察官が分かっている、また分かるようなね、方法を採っていたということですね。だから私は、検察官は、そういうことはしていないだろうという前提で、これがベストの方法だということでやっていたんだけれども、実際には見られていたわけですからね、結果的には、そういう、だめな方法を用いたことになりますから、そういうことが予想できるのであればね、それに対応した弁護活動を、やっぱりやるべきだったというふうなことから言ってるんです。

――検察官に知られてしまったというのは、この本件回答書の記載のことですか。

そうです。

（甲A第一号証を示す）

――そこの「2Bの書信状況について」とありますね。

はい。

――そこの記載のことを言われているわけですか。

…………。

――そこの2以降ずっとありますよね。

はい。

――そこでの記載のことを言われているわけでしょう。

はい、そうです。

――今言われているのは、原告岡本さんと被告人Bのやり取りのことですね。

はい。

――そこによると、平成九年九月一九日に「面会来てください。」というのと、それから平成九年一〇月三日「被害者あての手紙入れます。」というのと、平成九年一〇月二四日「毎日反省しています、被害者の方に変化」というのと、それから平成九年一一月一二日「先日先生に被害者への手紙を送りましたが、連絡がないので気になっています。」それから平成九年一一月一七日「調書はよく読んで検討しておいてください。」と、その記載ですか。

はい。

――この記載から検察官によって、被告人Bの謝罪の意思が弾劾されてしまうということなんですか。

だから、これによって、まあ平成九年一〇月三日の手紙で、被害者あての手紙を入れますということで、被害者あての手紙を私のほうに送ってきているということが分かるわけで、その手紙についてのやり取りをしているということが、これだけでも分かりますから。

——要するに、刑事被告人が謝罪の意思を表明したいということで、弁護人に手紙を送って見てもらうとか、そういうことが、およそ被告人の謝罪意思を弾劾されてしまう材料だと原告は、お考えですか。

だから、その用い方でね、私が検察官だったらね、こういうやり取り、相談をね、弁護士さんとしてるでしょうという形で、公判で被告人に質問をすればね、それに対して十分被告人が対応できればいいですけれども、それで簡単に弾劾される被告人も多いと思います。

——被告人が、自分の弁護士さん、特に、先生は私選ですよね。

はい。

——私選の弁護士さんに、謝罪文を見てもらうということは、そんなに謝罪意思を弾劾されるような出来事なんですか。

出来事じゃなくて、用い方です。そういう用い方をされる危険があるということを言ってるんです。

（以上〔裁判所速記官〕中村清貴）

大阪地方裁判所

裁判所速記官　大野　弥生

裁判所速記官　中村　清貴

高見→A「弁護人の冒頭陳述」「書証に対する意見」送付
12月16日　高見→A「検察官請求証拠に対する意見書送付します」
12月18日　午前10時～10時30分　第二回公判期日
書証に対する意見
弁護人冒頭陳述（甲A第21～22号証）
12月22日　保釈請求（A・第1回）
12月24日　K検事が拘置所へ本件照会
12月25日　保釈請求却下決定

1998（平成10）年

1月9日　拘置所本件回答書作成　K検事へ送付（1月14日受領）
1月12日　第3回公判期日　証人2名採用
2月6日　接見禁止請求（本回答書添付　裁判所へ）
2月9日　第4回公判期日　甲証人尋問
2月27日　高見が記録閲覧（裁判所の記録中に本件回答書が編綴されているのを発見）
3月2日　第5回公判期日　乙証人尋問　本件回答書取調請求
3月23日　第6回公判期日　本件回答書証拠決定（弁護人との間の信書部分については却下）

1999（平成11）年

9月20日　検察官論告（求刑A懲役8年，B懲役10年），弁護人弁論
11月8日　判決宣告（A懲役5年，B懲役8年。いずれも未決630日算入）
11月23日　判決確定

高見・岡本国賠事件の基になる刑事事件・経過一覧表

1997（平成９）年

3月25日　午前1時前，事件発生（自動車使用のひったくり）
（右肩にショルダーバッグを下げて歩行中の被害者の右後ろからＢ被疑者運転車両が近づき追い越し際に，助手席に座ったＡ被疑者が，窓から体を乗り出して被害者のショルダーバックをつかんでひったくろうとしたところ，機序不明であるが，不幸にも被害者が転倒してしまい，重症を負わせてしまったもの。犯行時被疑者両名はいずれも少年）

8月5日　Ｂ被疑者（原告岡本が弁護人），窃盗で逮捕

8月15日　被疑者両名本件（強盗傷人）で逮捕

9月3日　Ａ被疑者（原告高見が弁護人）大阪拘置所へ移監（成人逆送決定による）

9月8日　Ｂ被疑者大阪拘置所へ移監（成人逆送決定による）

9月12日　両名起訴（強盗致傷）

10月9日　Ａ→高見（信書）「ひったくりする前のことを書きました」
（以下，信書の内容の表示は，本件回答書の記載をそのまま転記する。国賠訴訟において，国側は「拘置所は，弁護権に十分配慮して，極力事件の内容についての記載をしないように配慮した」と主張しているが，この回答書の記載中には，まさに事件の内容そのものにあたる記載があり（例えば10月13日の信書の第２文など），「弁護権への配慮」など，全くなされていないことがわかる）

10月13日　Ａ→高見（信書）「僕は元気です。Ｂは運転席に座っていた」

10月20日　Ａ→高見（信書）「事件の流れを書きます」

10月27日　午前10時40分～　第１回公判期日
冒頭手続
証拠調手続
（検察官冒頭陳述及び書証の取調請求まで）
甲１～163，乙１～41

11月10日　Ａ→高見（信書）「Ｂの調書で違う所があるので書きます」

11月17日　岡本→Ｂ（信書）「調書はよく読んで検討しておいて下さい」

11月19日　Ａ→高見（信書）「自分の調書で言い間違えていたところを書きます」

11月20日　Ａ→高見（信書）「僕の調書で言い間違えていた所を書きます」

11月25日　Ａ→高見（信書）「調書で違っていた所書きます」

12月11日　Ｂ→Ａ（信書）「きー坊，調書で書かれてること全部事実と違っていると思っている。裁判では真実を言ってがんばろうな」

12月15日　高見→岡本（ファックス）
弁護人の冒頭陳述作成

弁護人との間の信書について除外した照会がかけられることもあるが，その数は少ない。

収容者の発受する信書がコピーされて，検察官に届けられることもある。

本件回答書の具体的記載について，具体的な事件との関わりがある可能性のある部分については，今にして思えば記載すべきでなかった部分があると言わざるを得ない。

第８回口頭弁論期日

（1999〔平成11〕年12月14日午後１時15分・大阪地裁202号大法廷）

原告両名・代理人19名
証人尋問　③　Ｋ検事　終了
証言の要旨
本件のような照会は，他事件においても，接見禁止請求や保釈に対する意見書に添付するために「日ごろのルーチンワーク」として行われている。そのため，検察事務官に照会書を起案させ，押印した。

初任地の名古屋地検の先輩検事から教えてもらったことである。

大阪の他の検事（複数）も同様の照会を行っている。

本件照会の際，弁護人との間の信書を除外することは頭に浮かばなかった。

回答書に被告人と弁護人との間の信書が含まれていたことについて，少し気にはなったが，拘置所が回答してくることだから，何らかの法的根拠があるのだろうと思った。

それを利用することについては，特に問題点は感じなかった。

本件回答書を書証として取調請求した際及びその後，弁護人から問題点の指摘を受けたが，裁判所の判断に任せれば足りるくらいの認識しかなかった。

第９回口頭弁論期日

（2000〔平成12〕年２月１日午後１時15分・大阪地裁202号大法廷）
原告両名・代理人21名
原告両名本人尋問　終了

第10回口頭弁論期日（弁論終結）（弁論終結時の代理人数283名）

（2000〔平成12〕年３月14日午前11時・大阪地裁202号大法廷）
原告両名・代理人18名
原告最終準備書面（３月13日付）
被告最終準備書面（３月14日付）
原告両名意見陳述
弁護団長意見陳述

第11回口頭弁論期日

（2000〔平成12〕年５月25日午前10時・大阪地裁202号大法廷）
原告両名・代理人20名
判決言い渡し

裁判所から被告に対して釈明権の行使

刑訴法39条1項に定める被疑者・被告人の権利，これに対応する弁護人の権利を考慮したとしても，なお監獄法施行規則139条の「処遇上その他参考となるべき事項」として，弁護人との間で発受する信書についても記録化することの適法性についての，説明・根拠はあるのか

進行について裁判所の見解（本件に関する裁判所の意欲が強く感じられる訴訟指揮であった）

事実関係について固めるため，必要のある証人についての証人尋問期日を指定したい。

法的主張については，証拠調べと併行して双方提出されたい。

第5回口頭弁論期日

（1999〔平成11〕年11月16日午前10時30分・大阪地裁202号大法廷）

原告両名・代理人15名

原告求釈明申立書（11月12日付）

被告第5準備書面（11月16日付）（第4回期日の裁判所からの釈明権の行使に対するもの）

人証の採用　①　H（書信票作成者－検閲担当係）

②　Y（本件回答書起案者）

③　K検事

第6回口頭弁論期日

（1999〔平成11〕年12月2日午後1時15分・大阪地裁806号大法廷）

原告両名・代　理人18名

証人尋問　①　H（書信票作成者－検閲担当係）　終了

証言の要旨

弁護人と被告人間で授受される信書も，他の信書と同様に，その要旨を書信票に記載している。

すべての信書についてその要旨を記載しているものであり，例外はない。

一通の信書の検閲にかける時間は平均して2分30秒

書信票への記載方法について，憲法・刑訴法等の観点からの研修は何らなされていない。

②　Y（本件回答書起案者）　反対尋問の途中まで

第7回口頭弁論期日

（1999〔平成11〕年12月14日午前10時30分・大阪地裁806号大法廷）

原告両名・代理人15名

証人尋問　②　Y　反対尋問終了

証言の要旨

本件のような照会は，特異なものではなく，他の検事からも同様の照会が日常的になされている。

弁護人との間の信書について除外した照会でない以上，拘置所としては求められた全事項について回答している。

髙見・岡本国賠訴訟審理経過一覧表

大阪地方裁判所平10年（ワ）第13934

第１回口頭弁論期日

（1999〔平成11〕年３月23日午前10時30分・大阪地裁202号大法廷）
原告両名・代理人50名
原告訴状口頭陳述（浦弁護団長の総論・小坂井事務局長の各論）
被告答弁書陳述
原告両名意見陳述
５月17日　原告当事者照会

第２回口頭弁論期日

（1999〔平成11〕年５月25日午前11時・大阪地裁202号大法廷）
原告両名・代理人34名
原告求釈明申立書（５月10日付）
第１準備書面（５月14日付）
被告第１準備書面（４月30日付）（事実関係についての認否）
第２準備書面（５月25日付）（法的主張）
（「検察官の行為について，適切さを欠い たものであったことは否定できず，違法と評価されることもやむをえない」旨の自認）
裁判所から被告に対して求釈明
①書信票と，監獄法施行規則139条の「身分帳簿」の関係如何
②書信票の記載要領ないし記載方法についての定めの有無，監獄法施行規則139条の「処遇上その他参考となるべき事項」の記載の運用状況如何
③被告の主張は，原告らと被収容者間の信書の内容が「処遇上その他参考となるべき事項」に該当するという主張か

第３回口頭弁論期日

（1999〔平成11〕年７月９日午前11時30分・大阪地裁202号大法廷）
原告両名・代理人26名
原告求釈明申立書（６月８日付）（被告第２準備書面に対するもの）
被告第３準備書面（７月９日付）（原告５月10日付求釈明に対するもの）

第４回口頭弁論期日

（1999〔平成11〕年９月16日午前11時・大阪地裁202号大法廷）
原告両名・代理人17名
原告第２準備書面（９月９日付）（被告第２準備書面に対するもの）
被告第４準備書面（９月16日付）（原告６月８日付求釈明に対するもの）

◉あとがき

弁護人と被告人間の接見交通内容が反対当事者である検察官に漏れているのではないか、との疑いはかねてからあった。高見・岡本国賠訴訟はこの疑いが事実であることを明らかにした。弁護人と被告人間の通信内容を検察官が覗いていたという事実が明らかとなっただけでなく、検察官がそのことを問題と意識していなかったことをも明らかになった。これは驚くべきことと言わなければならない。

しかし、翻って考えると、このような「驚くべき」事態はなにも突出した異常事態ではない。被疑者が取調時に取調官から弁護人との接見の内容を聞かれることは日常茶飯事である。任意性に関する証人として捜査官を調べると、捜査官が被疑者に弁護人との接見の内容を聞いたことを何のためらいもなく証言する。つまり、取調官が被疑者に「弁護人とどんな話をしたか」と聞くこと自体に何の問題もないという前提で取調が行われているだけでなく、取調官がそれを法廷でも何の臆面もなく証言する。このようなことがまかり通っているのは実に驚くべきことではないか？　ところが、本来驚くべきことであるはずなのに、現実にはありふれたことなのである。高見・岡本国賠訴訟のテーマとなった、検察官が弁護人と被告人の通信内容を覗くことは、このような「ありふれた」状況の延長線上にある。検察官が弁護人と被告人の通信内容を覗くことに疑問を感じていなかったのは、検察官が取調で日常的に「弁護人とはどういう話をしたか」などと聞いており、しかもそれに疑問を感じていないことの現れでもある。要するに、秘密交通権は単に接見室内で立会人なしに会える権利としか意識されてこなかった。

高見・岡本国賠訴訟は秘密交通権の絶対性を明確にした。また、この判決は直接的には弁護人被告人間の信書に関する判決である。本判決をうけてすみやかに実務上の改革を果たさねばならない。だが、すでに本文中でふれたように、この判決の射程は秘密交通の重要問題のすべてに及ぶと理解してよい。判決はわれわれに、信書の取り扱いに関する改革だけでなく、同時に秘密交通権に対するあらゆる侵害を排除するための弁護活動をすることを求めてもいる。勝ち得た画期的な判決をけっして「相変わらず変わらない実務」などに埋もらせてはならない。判決が示した地平を日常的な弁護活動でも踏み固めなければならない。

本書がそのための一助になれば幸いである。

二〇〇一年六月一〇日

後藤　貞人

秘密交通権の確立
高見・岡本国賠訴訟の記録

2001年10月20日　第1版第1刷

編　者●高見・岡本国賠訴訟弁護団
発行人●成澤壽信
発行所●株式会社現代人文社
〒160-0016　東京都新宿区信濃町20　佐藤ビル201
振替●00130-3-52366
電話●03-5379-0307（代表）
FAX●03-5379-5388
E-Mail●daihyo@genjin.jp（代表）
hanbai@genjin.jp（販売）
Web●http://www.genjin.jp

発売所●株式会社大学図書
印刷所●株式会社ミツワ
装　丁●清水良洋

検印省略　PRINTED IN JAPAN
ISBN4-87798-065-2 C3032